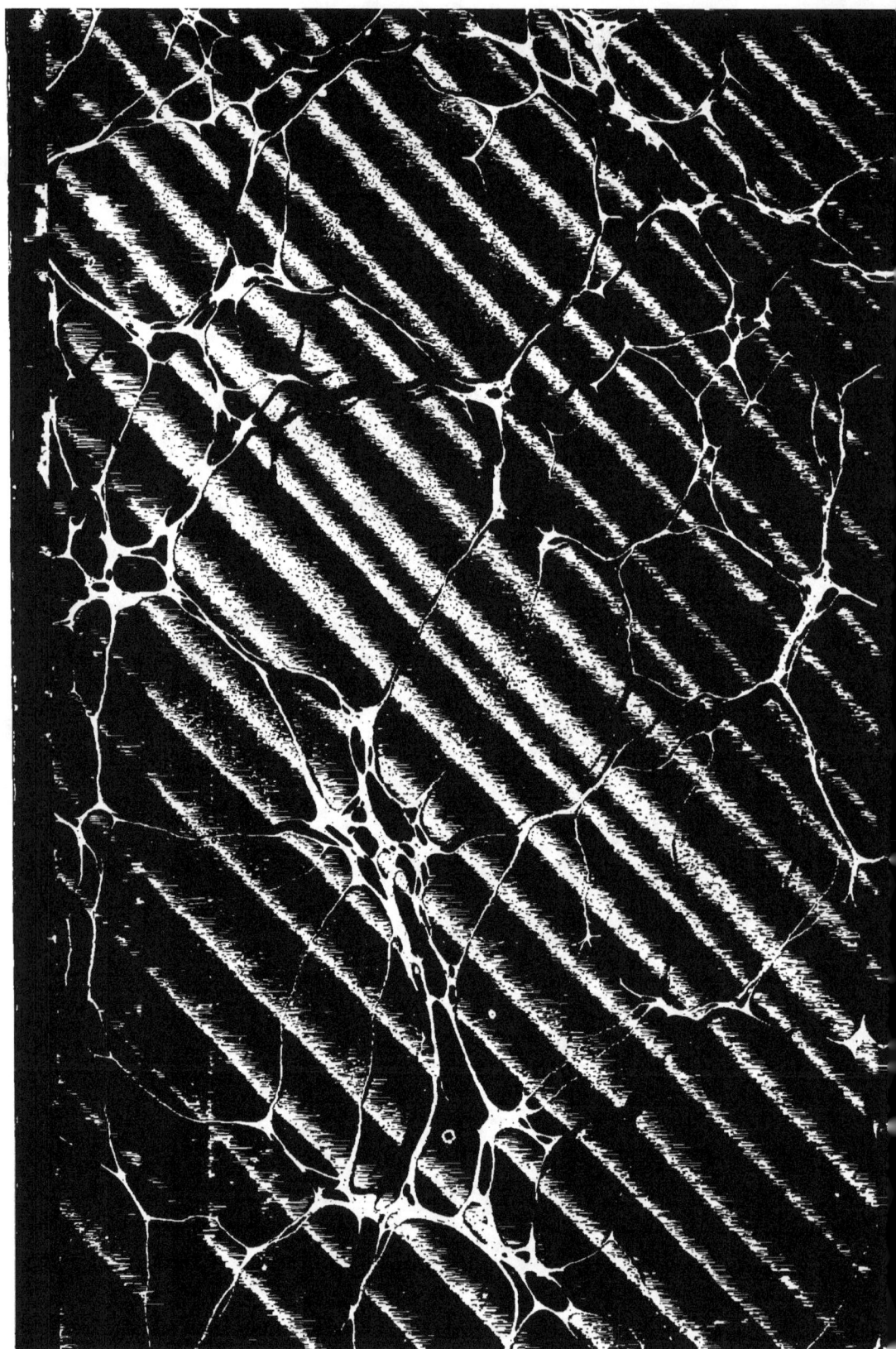

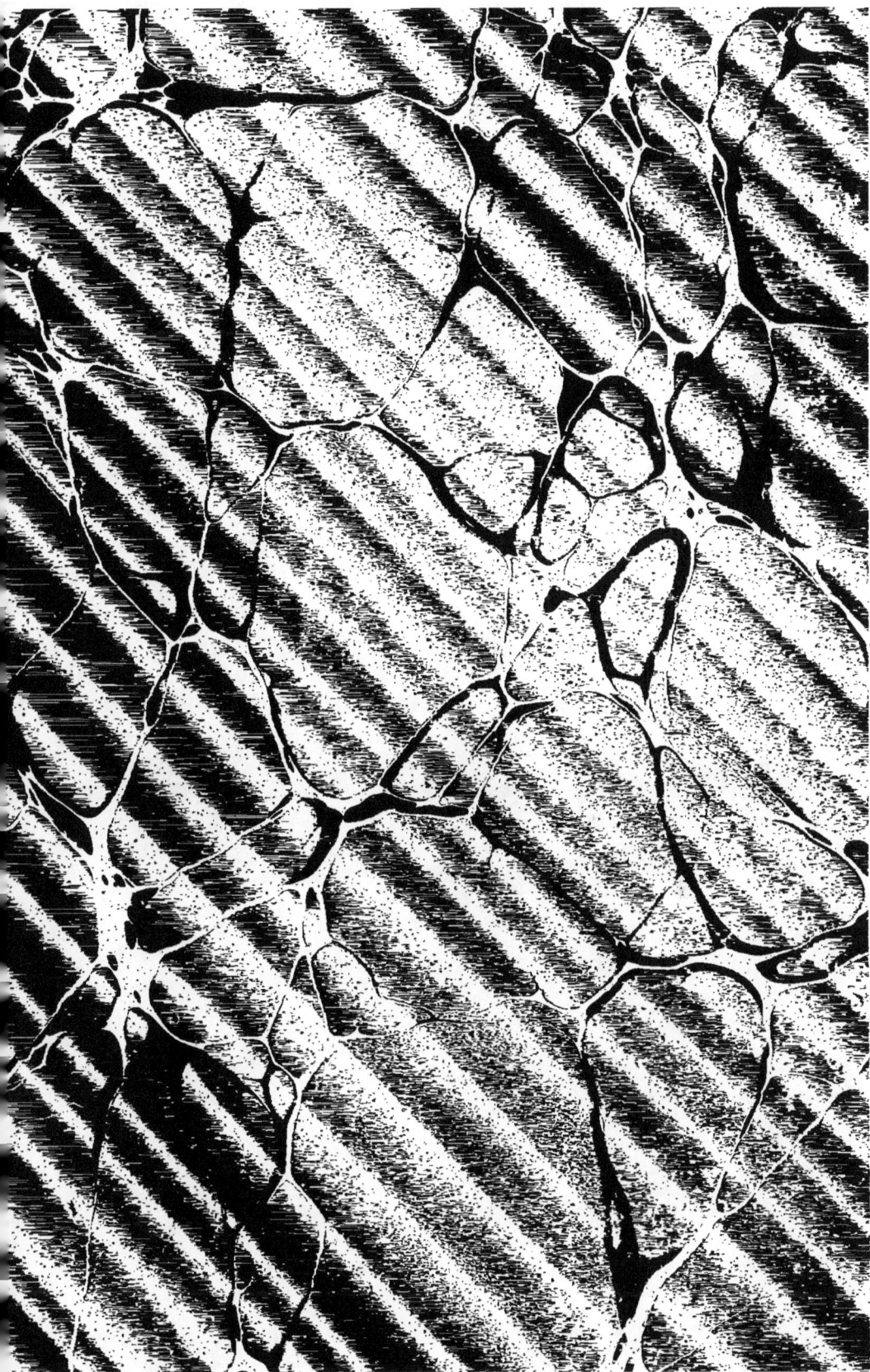

EXPLICATION ÉLÉMENTAIRE

DU

CODE NAPOLÉON

BATBIE.

TRAITÉ THÉORIQUE ET PRATIQUE

DE

DROIT PUBLIC ET ADMINISTRATIF

7 volumes in-8.................... 56 fr.

PRÉCIS D'UN COURS DE DROIT PUBLIC ET ADMINISTRATIF, professé à la Faculté de Droit de Paris. 1 vol. in-8.. 9 fr.

Ce volume contient le PROGRAMME DES FACULTÉS DE DROIT, UNE TABLE DES MATIÈRES, UNE TABLE ALPHABÉTIQUE ET LE PROGRAMME DES CONCOURS POUR LE CONSEIL D'ÉTAT ET LA COUR DES COMPTES.

NOUVEAU COURS D'ÉCONOMIE POLITIQUE, professé à la Faculté de Droit de Paris. 2 vol. in-8..... .... 15 fr.

MÉLANGES D'ÉCONOMIE POLITIQUE, contenant un mémoire sur le prêt à intérêt et un mémoire sur l'impôt avant et après 1789. 1 vol. in-8.... 7 fr. 50

BRAVARD-VEYRIÈRES.

MANUEL DE DROIT COMMERCIAL, contenant un Traité sur chaque livre du Code de commerce, l'indication du dernier état de la jurisprudence, une analyse de tous les articles réduits en questions. 1 fort vol. in-8..... 9 fr.

EXPLICATION ANALYTIQUE ET SYNTHÉTIQUE DES LOIS NOUVELLES sur les commandites par actions, l'arbitrage forcé et les concordats par abandon, formant le complément des cinq premières éditions du *Manuel de droit commercial*. In-8............. 3 fr.

Le *Manuel de droit commercial*, dont la sixième édition est aujourd'hui à peu près épuisée, est l'œuvre considérable d'un professeur qui, pendant vingt années, a enseigné à la Faculté de Paris le droit commercial.

DE L'ÉTUDE ET DE L'ENSEIGNEMENT DU DROIT ROMAIN. 1 vol. in-8. 4 fr. 50

DOMENGET.

TRAITÉ ÉLÉMENTAIRE DES ACTIONS PRIVÉES en droit romain. 1 vol. in-18.............. .... 4 fr.

LAFERRIÈRE.

COURS DE DROIT PUBLIC ET ADMINISTRATIF, suivi d'un appendice contenant le Programme d'examen du Droit administratif et son explication, avec une table de concordance, par un membre de la Faculté de Droit de Paris. 2 forts vol. in-8..... 18 fr.

BOUTRY-BOISSONADE.

TABLEAU SYNOPTIQUE DU DROIT ROMAIN.
Une feuille gr. aigle......... 1 fr.
Cartonné................. 1 fr. 50
Sur toile................. 3 fr.

Ce travail, bien que destiné aux étudiants qui veulent, à la veille d'un examen, se retracer d'une manière saisissante, avec l'enchaînement des idées, les divisions et subdivisions si nombreuses qui existent dans le droit romain, n'est pas moins utile à ceux qui veulent étudier d'avance avec ordre et méthode.

BUFNOIR.

THÉORIE DE LA CONDITION DANS LES DIVERS ACTES JURIDIQUES, suivant le Droit romain. 1 vol. in-8.... 7 fr.

Conférences faites à la Faculté de Droit de Paris pour les aspirants au doctorat.

CORBEIL. — Typ., stér. et galv. de CRÉTÉ.

EXPLICATION ÉLÉMENTAIRE

DU

CODE NAPOLÉON

MISE EN RAPPORT

AVEC LA DOCTRINE ET LA JURISPRUDENCE

PAR J.-J. DELSOL

Docteur en droit, avocat à la Cour impériale de Paris.

DEUXIÈME ÉDITION

REVUE, CORRIGÉE ET CONSIDÉRABLEMENT AUGMENTÉE.

> Quidquid præcipies, esto brevis, ut cito dicta
> Percipiant animi dociles, teneantque fideles.
>
> (HORACE, *Art poétique.*)

TOME TROISIÈME

PARIS

COTILLON. ÉDITEUR, LIBRAIRE DU CONSEIL D'ÉTAT

24, rue Soufflot, 24

—

1867

EXPLICATION

DU

CODE NAPOLÉON

LIVRE III. TITRE V.

Du contrat de Mariage.

(Décrété le 10 février 1804; promulgué le 20 du même mois.)

NOTIONS GÉNÉRALES.

Le mariage donne lieu à deux contrats : l'un confère aux époux les qualités respectives de mari et de femme ; l'autre règle leurs rapports purement pécuniaires.

Le premier est reçu par un officier de l'état civil, et le Code en a traité dans le livre Ier, où se trouve organisée la famille.

Le second est reçu par un notaire, et, à raison de son importance, il est placé par la loi en tête des divers contrats qui touchent à la fortune des particuliers.

On appelle plus spécialement MARIAGE l'union légale des époux, et CONTRAT DE MARIAGE l'ensemble des conventions qui régissent leurs rapports de fortune. Le mariage est le contrat principal : les conventions pécuniaires ne sont jamais que le contrat accessoire. Ces deux contrats sont d'ailleurs liés intimement l'un à l'autre, et tous les deux ont un caractère d'irrévocabilité absolue.

Dans le *mariage*, toutes les dispositions de la loi sont

impératives, car la famille est l'élément primitif et nécessaire de la société ; et si les parties pouvaient, à leur gré, étendre ou diminuer la puissance maritale ou paternelle, par exemple, elles s'exposeraient à introduire dans la famille un despotisme ou une anarchie également contraires au bien de l'Etat.

Dans le *contrat de mariage,* le principe opposé domine : les parties ont, dans leurs conventions, une *liberté entière,* qui n'a d'autre limite que le respect dû aux bonnes mœurs et à l'ordre public. Peu importe, en effet, que les patrimoines du mari et de la femme restent séparés ou soient plus ou moins confondus, que le mari les administre l'un et l'autre ou que chacun administre le sien ; le but de la loi est atteint si les parties ont su trouver, dans une combinaison quelconque, cette sécurité qui est la source première d'une intimité réciproque, et cet intérêt à la prospérité commune, qui est l'aiguillon nécessaire du travail individuel.

Le Code trace, sans les imposer, les principales règles qui peuvent régir l'association conjugale. Il en forme, pour ainsi dire, quatre faisceaux distincts, appelés RÉGIMES. Nous allons exposer les caractères essentiels de chacun.

Régime de COMMUNAUTÉ. — Ce régime est d'origine nationale, et la loi le préfère aux autres. Il consiste dans une sorte de société qui se forme entre le mari et la femme, société dont les règles sont en général empruntées au droit commun, mais avec de nombreuses et profondes modifications que la qualité respective des deux associés rendait ici nécessaires. Si les époux se sont mariés sans contrat, ils sont réputés l'avoir choisi et on leur en applique les dispositions.

La communauté, malgré le sens naturel du mot, n'implique pas la confusion de tous les biens du mari avec ceux de la femme, formant une masse indivise dont ils seraient copropriétaires. Ses éléments, il est vrai, sont puisés dans la fortune particulière de chaque époux ; mais, une fois constituée, la communauté est une personne morale, distincte et du mari et de la femme, ayant son actif et son passif, et jouissant d'une indépendance qui domine parfois l'autorité du mari et de la femme réunis. Ainsi le mari ne peut aliéner à titre gratuit ni les immeubles de la communauté, ni une quote-part de ses meubles, ni même un meuble déterminé, s'il s'en réserve l'usufruit ; et comme le consentement de la femme ne peut augmenter les pouvoirs du mari à l'égard des biens qui ne lui sont pas propres, il en résulte que la loi, en sauvegardant ainsi les droits qui appartiennent à la communauté, consacre formellement son existence et sa personnalité. Dans presque tous les cas cependant, le mari a les pouvoirs d'un propriétaire, quoiqu'il soit simple administrateur ; car la loi présume que ses actes seront toujours inspirés par le désir de faire prospérer les intérêts communs. Son autorité ne reçoit de limites que lorsqu'elle devient véritablement abusive.

Le Code traite successivement de l'actif et du passif de la communauté, de son administration, de sa dissolution et de sa liquidation. On la voit ainsi naître, vivre, mourir et se partager.

Ce régime présente deux avantages principaux. D'abord il donne un grand crédit aux époux, car les obligations par eux contractées auront souvent la garantie de trois patrimoines ; puis, comme les économies et les acquisitions résultant de leur fait personnel tombent dans la communauté, et que, lors du partage, chacun en prend la moitié, il est, par cela même, un stimulant énergique pour le travail individuel. Les époux ont confondu leurs chances de fortune ainsi que leurs destinées, et la communauté paraît être l'expression la plus parfaite de l'unité qui doit régner dans le mariage.

Cependant un tel régime a aussi ses inconvénients. Sans parler des difficultés et des procès que sa liquidation fait souvent naître, il faut avouer que les pouvoirs du mari sont

parfois compromettants pour les intérêts de la femme, surtout si elle a une fortune composée principalement de
meubles.

Régime SANS COMMUNAUTÉ. — Sous ce régime, les patrimoines des époux restent tout à fait séparés. Seulement le
mari devient administrateur et usufruitier de celui de la
femme, sans qu'aucun avantage vienne compenser pour elle
un sacrifice aussi complet et de son indépendance et de ses
intérêts.

Régime de SÉPARATION DE BIENS. — Les patrimoines des
époux sont encore distincts ; mais chacun administre le sien
et en perçoit les fruits. La femme verse un tiers de ses revenus entre les mains du mari, et ne doit aucun compte du
surplus. Ce régime est aussi peu conforme à la dignité du
mari, que le précédent était peu favorable aux intérêts de la
femme. Il n'est guère adopté que dans le cas où la future
épouse, ayant seule de la fortune, ne veut pas la soumettre à
l'administration de son mari, ou bien lorsque, les deux futurs
époux étant d'un âge avancé, la femme ne consent au mariage qu'à la condition de conserver la direction de ses
affaires et la jouissance de son patrimoine.

Régime DOTAL. — Il exclut toujours la confusion des biens
d'un époux avec ceux de l'autre ; mais le mari est administrateur et usufruitier de la dot que sa femme lui apporte. Ce
qui constitue la différence entre ce régime et celui sans
communauté, ce sont les mesures exceptionnelles de conservation dont la dot est entourée. Les immeubles dotaux sont
en effet *inaliénables* et *imprescriptibles*. Une jurisprudence
constante applique même aux meubles le principe de l'inaliénabilité. Sous ce régime, la femme n'a rien à gagner,
mais elle y trouve une sécurité complète.

De vives critiques ont été dirigées contre le régime dotal,
qui, d'un côté, n'intéresse point la femme à la prospérité
commune, et, de l'autre, met une entrave à la circulation de
ses immeubles par l'inaliénabilité et l'imprescriptibilité dont

il les frappe. Il est certain que les raisons sous l'empire desquelles il s'établit ont disparu. Le régime dotal se développa surtout aux jours de la décadence romaine, lorsque le mariage était devenu le moyen non d'avoir des héritiers, mais des héritages. Le divorce n'était plus qu'un jeu, et la fragilité des unions avait le double inconvénient d'exposer la dot à de nombreux périls, et de forcer les femmes à convoler à de nouvelles noces. Il importait de protéger leur fortune contre toute atteinte, car, sans dot, elles fussent restées sans mari. Les jurisconsultes romains le disaient nettement et sans périphrases : *interest reipublicæ dotes mulierum salvas esse, propter quas nubere possunt.* L'inaliénabilité et l'imprescriptibilité du fonds dotal furent donc, tout ainsi que les lois caducaires, un de ces moyens factices auxquels les gouvernements ont recours, lorsque, dans la dissolution des mœurs, l'intérêt devient le premier mobile des mariages, et la seule garantie contre l'anéantissement de la population légitime.

Aujourd'hui le même but n'est plus à atteindre ; aussi les rédacteurs du Code voulaient-ils supprimer le régime dotal. Il ne fut maintenu que sur les réclamations unanimes des pays de droit écrit.

De graves raisons peuvent encore le justifier. Lorsque les affaires des époux prospèrent, ses inconvénients se font peu sentir, car le crédit du mari est suffisant pour que les tiers n'aient jamais à compter sur les biens de la femme, et peu leur importe alors qu'ils soient inaliénables ou imprescriptibles.

Si, au contraire, un désastre menace les époux, il est utile de protéger fortement la dot, exposée à tous les coups de la mauvaise fortune, non peut-être dans l'intérêt de la femme, car souvent elle aura pris part aux dépenses exagérées ou aux spéculations téméraires du mari, mais dans l'intérêt des enfants, qui n'ont pu ni prévoir ni empêcher le malheur qui va les frapper. Par là, on épargne aux familles ces irritations et ces haines domestiques qu'engendre la misère venue après l'opulence, et à l'État un déclassement de personnes, toujours regrettable et parfois dangereux.

CHAPITRE PREMIER

DISPOSITIONS GÉNÉRALES.

Art. 1387. La loi ne régit l'association conjugale, quant aux biens, qu'à défaut de conventions spéciales, que les époux peuvent faire comme ils le jugent à propos, pourvu qu'elles ne soient pas contraires aux bonnes mœurs, et, en outre, sous les modifications qui suivent.

1388. Les époux ne peuvent déroger ni aux droits résultant de la puissance maritale sur la personne de la femme et des enfants, ou qui appartiennent au mari comme chef, ni aux droits conférés au survivant des époux par le titre *de la Puissance paternelle* et par le titre *de la Minorité, de la Tutelle et de l'Émancipation*, ni aux dispositions prohibitives du présent Code.

1389. Ils ne peuvent faire aucune convention ou renonciation dont l'objet serait de changer l'ordre légal des successions, soit par rapport à eux-mêmes dans la succession de leurs enfants ou descendants, soit par rapport à leurs enfants entre eux ; sans préjudice des donations entre-vifs ou testamentaires qui pourront avoir lieu selon les formes et dans les cas déterminés par le présent Code.

1390. Les époux ne peuvent plus stipuler d'une manière générale que leur association sera réglée par l'une des coutumes, lois ou statuts locaux qui régissaient ci-devant les diverses parties du territoire français, et qui sont abrogés par le présent Code.

1391. Ils peuvent cependant déclarer, d'une manière générale, qu'ils entendent se marier ou sous le régime de la communauté, ou sous le régime dotal. — Au premier cas, et sous le régime de la communauté, les droits des époux et de leurs héritiers seront réglés par les dispositions du chapitre II du présent titre. — Au deuxième cas, et sous le régime dotal, leurs droits seront réglés par les dispositions du chapitre III. — « Toutefois, si l'acte de célébration du mariage porte que les époux se sont mariés sans contrat, la femme sera réputée, à l'égard des tiers, capable de contracter dans les termes du droit commun, à moins que, dans l'acte qui contiendra son engagement, elle n'ait déclaré avoir fait un contrat de mariage. » (L. 10 juillet 1850.)

1392. La simple stipulation que la femme se constitue ou qu'il lui est constitué des biens en dot ne suffit pas pour soumettre ces biens au régime dotal, s'il n'y a dans le contrat de mariage une déclaration expresse à cet égard. — La soumission au régime dotal ne résulte pas non plus de la simple déclaration faite par les époux, qu'ils se marient sans communauté ou qu'ils seront séparés de biens.

1393. A défaut de stipulations spéciales qui dérogent au régime de la communauté ou le modifient, les règles établies dans la première partie du chapitre II formeront le droit commun de la France.

1394. Toutes conventions matrimoniales seront rédigées, avant le mariage, par acte devant notaire. — Le notaire donnera lecture aux parties du dernier alinéa de l'art. 1391, ainsi que du dernier alinéa du présent article. Mention de cette lecture sera faite dans le contrat, à peine de dix francs d'amende contre le notaire contrevenant. — Le notaire délivrera aux parties, au moment de la signature du contrat, un certificat sur papier libre et sans frais, énonçant ses nom et lieu de résidence, les noms, prénoms, qualités et demeures des futurs époux, ainsi que la date du contrat. Ce certificat indiquera qu'il doit être remis à l'officier de l'état civil avant la célébration du mariage. » (L. 10 juillet 1850.)

1395. Les conventions matrimoniales ne peuvent recevoir aucun changement après la célébration du mariage.

1396. Les changements qui y seraient faits avant cette célébration doivent être constatés par acte passé dans la même forme que le contrat de mariage. — Nul changement ou contre-lettre n'est, au surplus, valable sans la présence et le consentement simultané de toutes les personnes qui ont été parties dans le contrat de mariage.

1397. Tous changements et contre-lettres, même revêtus des formes prescrites par l'article précédent, seront sans effet à l'égard des tiers, s'ils n'ont été rédigés à la suite de la minute du contrat de mariage ; et le notaire ne pourra, à peine des dommages et intérêts des parties, et sous plus grande peine s'il y a lieu, délivrer ni grosses ni expéditions du contrat de mariage sans transcrire à la suite le changement ou la contre-lettre.

1398. Le mineur habile à contracter mariage est habile à consentir toutes les conventions dont ce contrat est susceptible ; et les conventions et donations qu'il y a faites sont valables, pourvu qu'il ait été assisté, dans le contrat, des personnes dont le consentement est nécessaire pour la validité du mariage.

Des stipulations PERMISES *ou* INTERDITES *dans le contrat de mariage.* — Nous savons que les futurs époux ont toute liberté dans leurs conventions matrimoniales, à la seule condition de respecter l'ordre public et les bonnes mœurs. Il est en général facile de distinguer si une stipulation a ou n'a pas un caractère illicite ou immoral. Toutefois le Code a cru nécessaire de s'expliquer sur certaines clauses qui au premier abord ne semblent avoir rien que de très-licite, et qui cependant sont de nature à intéresser plus ou moins l'ordre public. Ainsi, aux termes de l'art. 1388, les époux ne peuvent toucher à aucun des droits qui servent de fondement à la constitution même de la famille, et particulièrement à ceux résultant de la puissance *maritale* et *paternelle*. D'où il suit que, nonobstant toute convention contraire, le mari a toujours le droit de choisir le lieu du domicile commun, d'accorder ou de refuser à sa femme l'autorisation de contracter ou d'ester en justice, etc., et que pareillement il a celui de diriger comme il l'entend l'éducation de ses enfants, de leur accorder ou de leur refuser son consentement lorsqu'ils veulent se marier, de les émanciper ou de ne pas les émanciper, etc.

De là encore cette conséquence que les époux ne pourraient pas valablement convenir, dans leur contrat de mariage, que les garçons seraient élevés dans la religion du père et les filles dans la religion de la mère, car une telle convention porterait atteinte à la puissance du père, qui est libre de faire élever ses enfants, sans distinction de sexe, suivant les idées et les principes qui lui paraissent les meilleurs.

L'art. 1388, après avoir mis la puissance maritale et paternelle à l'abri de toute atteinte, ajoute que les futurs époux ne peuvent pas non plus déroger aux droits qui appartiennent au mari comme *chef*. Quel est le sens de cette expression ? Si elle ne fait allusion qu'à la puissance maritale et paternelle,

elle est évidemment inutile. Aussi faut-il lui reconnaître une
portée plus étendue, et voici laquelle. Le mari n'est pas seulement le chef de la famille, il est encore celui de la communauté, et, à ce titre, il est investi de certains pouvoirs que le
Code définit. Or la loi prohibe, et avec raison, toute stipulation qui tendrait à diminuer ses droits comme chef de la
communauté. Elle veut l'unité dans l'administration de cette
communauté, et la femme tenterait vainement de se l'arroger
en tout ou partie par une convention de mariage : si la
femme veut conserver le gouvernement de sa fortune, qu'elle
adopte le régime de la séparation de biens ; celui de la communauté n'admet pas de telles restrictions aux pouvoirs du
mari administrateur.

Est encore interdite toute dérogation à l'ordre légal des
successions, soit que les parties aient voulu régler le partage
de leur propre succession allant à leurs enfants, ou de la succession de leurs enfants venant à eux, ou enfin de la succession des enfants qui prédécéderaient allant aux enfants survivants. Les motifs de ces diverses prohibitions sont faciles à
saisir. Les époux ne peuvent pas d'abord disposer de leur propre succession, parce que le contrat de mariage est essentiellement *irrévocable*, et que toute libéralité faite pour l'époque
du décès doit au contraire rester essentiellement *révocable*,
ainsi que nous l'avons vu en étudiant les testaments. Ils
ne peuvent pas non plus faire des dispositions relatives aux
successions de leurs enfants, parce que, outre leur irrévocabilité
qui les condamne, elles constitueraient de véritables *susbtitu-
tions pupillaires* qui ne sont point permises par notre législation. Lorsque les enfants ne peuvent pas faire leur propre
testament, la dévolution de leurs biens se fait selon la loi, et
le père ne peut jamais tester à leur place.

Dans le but de faire disparaître l'usage où l'on était autrefois de s'en référer à telle ou telle coutume, et pour assurer
ainsi le succès de la législation nouvelle dans les mœurs publiques et dans la pratique notariale, le Code défend aux par-

ties de stipuler d'une manière générale que leur association sera réglée par les lois ou statuts autrefois en vigueur : si elles veulent adopter certaines règles du droit coutumier, elles doivent les rapporter en détail dans leur contrat de mariage.

Nous avons dit qu'il y avait quatre régimes : on donne le nom générique de *dot* aux biens que la femme apporte à son mari pour l'aider à soutenir les charges du mariage, quel que soit d'ailleurs le régime adopté par les époux. De là il suit que la déclaration faite par la femme ou par un tiers qu'elle apporte ou qu'il lui est constitué tels biens en dot, ne suffit pas pour exclure le régime de communauté et pour soumettre les époux au régime dotal (art. 1392). Lorsque les parties veulent adopter ce dernier régime, elles doivent en faire la déclaration formelle, et nous verrons même plus tard que les biens de la femme ne deviennent dotaux, que lorsqu'ils ont été aussi l'objet d'une stipulation expresse de dotalité.

Au surplus, les époux peuvent combiner à leur gré les différents régimes, et, tout en se mariant sous le régime de la communauté, stipuler sous certains rapports ou pour certains biens le régime dotal. Par exemple, la clause en vertu de laquelle la femme déclarerait mettre tous ses biens présents en communauté, et soumettre tous ses biens à venir au régime dotal, serait parfaitement valable.

Rédaction *du* contrat *de mariage et des* contre-lettres. — Le contrat de mariage doit toujours précéder la célébration du mariage. Si les époux se marient sans avoir fait de contrat, ils sont soumis au régime de la communauté légale, et désormais leur situation est irrévocable. Faites avant le mariage, les conventions matrimoniales, toujours contrôlées et souvent dictées par les familles des futurs époux, sont en général empreintes de raison et d'équité. Faites après le mariage, elles auraient souvent perdu ce double caractère, et quelquefois même les discussions d'intérêt, survenant après coup, auraient pu troubler la bonne harmonie entre les époux ou tout au moins entre leurs familles. Tel est le motif qui a fait prohiber toutes conventions matrimoniales postérieures au mariage, et proclamer irrévocables celles qui le précèdent.

Le contrat de mariage, étant accessoire au mariage, est par cela même essentiellement *conditionnel*. Il est considéré comme non avenu, *si nuptiæ non sequantur*. Enfin le contrat de mariage est *solennel*, c'est-à-dire que l'acte notarié est indispensable, non-seulement pour la preuve, mais encore pour l'existence même du contrat. Cette solennité a pour but et pour effet d'assurer l'immutabilité des conventions matrimoniales. Fait par acte sous seing privé, le contrat de mariage eût pu être facilement modifié ou supprimé. Au surplus la rédaction en sera faite par le notaire selon les règles ordinaires et en minute.

Dans le but de prévenir la fraude que pourraient commettre les époux, en rédigeant plusieurs contrats de mariage différents, qui seraient tour à tour produits, suivant les besoins de la circonstance, ou en déclarant qu'ils se sont mariés sans contrat, ce qui implique le régime de communauté, lorsqu'en réalité ils auraient fait un contrat dans lequel ils auraient peut-être stipulé le régime dotal qui rend les immeubles dotaux inaliénables et imprescriptibles, une loi du 10 juillet 1850, due à l'initiative de MM. Valette et Demante, exige que le notaire délivre aux parties un certificat qui devra être remis à l'officier de l'état civil avant la célébration du mariage, et qui donnera aux tiers les indications nécessaires pour qu'ils sachent où prendre connaissance du contrat de mariage qui les intéresse.

Lorsque les époux déclarent à l'officier de l'état civil s'être mariés sans contrat, la femme est réputée, à l'égard des tiers, capable de contracter dans les termes du droit commun, à moins que, dans l'acte qui contiendra son engagement, elle n'ait déclaré avoir fait un contrat de mariage ; cas auquel les tiers seraient en faute de ne pas l'avoir consulté. Le notaire qui reçoit le contrat de mariage doit, à peine de 10 francs d'amende, faire

connaître aux parties cette dernière disposition. Il doit de
plus leur délivrer un certificat sur papier libre et sans frais,
contenant toutes les indications nécessaires aux tiers pour re-
trouver le contrat de mariage; et, afin d'assurer la mention
de ce certificat dans l'acte de célébration, la loi exige que sur
le certificat même le notaire dise qu'il doit être remis à l'officier de l'état civil avant la célébration du mariage. Grâce à
toutes ces précautions, les tiers ne sont plus exposés à être
trompés; car, ou les époux ont déclaré s'être mariés sans
contrat et alors la femme même dotale est traitée selon les
règles du droit commun, c'est-à-dire, selon les règles du régime de la communauté légale; ou ils ont remis le certificat
du notaire, et alors le contrat de mariage reçu en son étude
est le seul qui puisse être invoqué de part et d'autre.

Nous avons vu que par la célébration du mariage les conventions matrimoniales deviennent incommutables; mais
jusqu'à cette célébration, le contrat de mariage n'est qu'un
projet, et les parties peuvent y apporter tous les changements qu'elles jugent à propos. — Le Code donne à ces
changements le nom de *contre-lettres*. Cette locution n'a
pas ici son sens habituel, car elle éveille ordinairement
l'idée de modifications secrètes apportées à un contrat osten-
sible, tandis que dans le contrat de mariage les contre-lettres
sont soumises aux mêmes règles de rédaction et de publicité
que le contrat lui-même. — Pour que les changements
dont il s'agit soient entièrement réguliers, il faut en effet :

1° Qu'ils soient constatés par acte passé dans la *même
forme* que le contrat de mariage;

2° Qu'ils soient faits en la *présence* et avec le *consentement
simultané* de toutes les parties;

3° Qu'ils soient rédigés *à la suite de la minute* du contrat
de mariage;

4° Qu'ils soient *transcrits* à la suite de toute grosse ou expédition du contrat de mariage.

Au surplus l'importance de toutes ces conditions n'est pas

la même. Si l'une des deux premières manque, la contre-lettre est radicalement nulle, même *inter partes*. Ainsi les parties, après avoir stipulé le régime dotal dans le contrat notarié, conviendraient inutilement par acte sous seing privé qu'elles adoptent le régime de communauté : le régime dotal leur serait applicable, puisque seul il figure dans l'acte authentique. De même, si l'une des parties n'avait pas figuré à la contre-lettre, ou si les diverses parties n'y avaient figuré que successivement et non simultanément, la contre-lettre serait radicalement nulle comme manquant d'une condition intrinsèque et substantielle.

Quand les deux premières conditions sont remplies, la contre-lettre est parfaitement valable entre les parties, car tout ce qui est substantiel s'y trouve ; mais, pour qu'elle soit opposable aux tiers, il faut de plus et en même temps il suffit, que la contre-lettre se trouve inscrite *à la suite* de la minute du contrat. De la sorte en effet les tiers qui consulteront la minute ne pourront pas ignorer la contre-lettre.

Enfin la quatrième condition ne concerne que la responsabilité du notaire, et n'affecte nullement la validité de la contre-lettre, soit entre les parties, soit à l'égard des tiers. En effet, quand les parties ont pris soin de la faire rédiger à la suite de la minute du contrat, elles ont fait tout ce qu'elles pouvaient pour en révéler aux tiers l'existence, et elles ne doivent point souffrir de la négligence du notaire qui aurait délivré une grosse ou expédition du contrat sans l'y transcrire. Si donc les tiers éprouvent un dommage par suite de l'ignorance où ils auraient été de la contre-lettre, ce sera exclusivement la faute du notaire contre lequel ils n'auront qu'à exercer leur recours, sans pouvoir d'ailleurs prétendre que la contre-lettre ne leur est pas opposable, parce qu'elle n'a point été transcrite sur l'expédition du contrat qui leur a été représentée.

Quel est maintenant le sens précis de ces mots de l'art. 1396 : *parties au contrat de mariage ?* D'abord il faut mettre au

nombre des *parties* les futurs époux , même lorsque les ascendants se seraient portés forts pour eux [1], les ascendants du
futur époux qui serait mineur de vingt-un ans, puisque leur
consentement est nécessaire à son mariage; enfin les donateurs, parents ou autres. Mais faut-il y ajouter les ascendants, lorsque l'enfant mâle est majeur de vingt-un ans, et
mineur de vingt-cinq, c'est-à-dire lorsque, capable pour les
actes ordinaires, il est encore incapable pour le mariage?
Nous admettrons l'affirmative : effectivement les conventions matrimoniales ont une telle importance que dans la
plupart des cas les ascendants en font dépendre leur consentement au mariage lui-même. Ces conventions influeront
toujours sur l'avenir de l'enfant, et telle union qui peut être
heureuse avec tel régime, sera au contraire exposée aux plus
graves péripéties avec tel autre régime. On objecte en vain
qu'au moment de la célébration, l'ascendant pourra se faire
représenter le contrat de mariage, et, s'il a été modifié, refuser
son consentement. Pour prendre cette précaution, il faudrait
que l'ascendant éprouvât un sentiment de méfiance qu'on ne
peut guère lui supposer, et d'ailleurs serait-il bien libre de
mettre son *veto* au mariage, à l'heure même où il va être
célébré [2] ?

Lorsqu'une des parties, autre que les futurs époux, est
interdite ou décédée, la contre-lettre peut évidemment être
faite avec le consentement de ceux qui la représentent. Dans
ce cas, la personne physique est différente, cela est vrai,
mais la *partie* qui figure à la contre-lettre est la même que
celle qui avait figuré au contrat, et cela suffit à la validité du
changement.

De la CAPACITÉ *nécessaire pour le* CONTRAT *de mariage.*
— Toute personne qui est capable de contracter mariage de-
vient par cela même capable de faire un contrat de mariage.
Le principal entraîne l'accessoire. En conséquence la loi qui

[1] Cass., 9 janv. 1855, 6 avril 1858.
[2] Duranton, t. XIV, 57.

permet, comme nous le savons, au mineur de se marier, lui permet aussi de faire des conventions matrimoniales (article 1398). A cet effet, il faut que le mineur soit assisté des personnes dont le consentement est nécessaire à son mariage. S'il est sous l'autorité d'un conseil de famille, il suffira que le consentement de ce conseil aux conventions matrimoniales soit exprimé par un membre délégué. On ne peut raisonnablement exiger que le conseil se transporte tout entier devant le notaire.

Qu'arriverait-il, si, le mariage étant valable, le contrat de mariage était nul, soit parce que les formes n'auraient pas été observées, soit parce que les futurs époux, encore mineurs, n'auraient pas reçu l'assistance nécessaire? Les époux se trouveraient sans aucun doute alors mariés sous la communauté légale. Quel que soit le régime qu'ils aient stipulé, leurs conventions sont nulles, et on ne peut en conséquence leur appliquer que le régime auquel la loi soumet tous ceux qui sont mariés sans contrat, c'est-à-dire la communauté [1].

CHAPITRE II

DU RÉGIME EN COMMUNAUTÉ.

ART. 1399. La communauté, soit légale, soit conventionnelle, commence du jour du mariage contracté devant l'officier de l'état civil : on ne peut stipuler qu'elle commencera à une autre époque.

PREMIÈRE PARTIE

DE LA COMMUNAUTÉ LÉGALE.

ART. 1400. La communauté, qui s'établit par la simple déclaration qu'on se marie sous le régime de la communauté, ou à défaut de contrat, est soumise aux règles expliquées dans les six sections qui suivent.

---

[1] Aubry et Rau, t. IV, § 502, p. 212. — Cass., 15 novembre 1858, 20 juillet 1859.

Des DIVERSES ESPÈCES *de communauté.* — La communauté
est LÉGALE OU CONVENTIONNELLE. — Légale, lorsque les parties
n'ont pas fait de contrat de mariage, ou qu'ayant fait un
contrat, elles ont déclaré s'en référer au Code purement et
simplement. Cette dernière hypothèse est, nous devons l'a-
vouer, inconnue dans la pratique. Toutes les fois que les
parties font un contrat de mariage, elles modifient plus ou
moins les règles de la communauté légale. On peut cependant la concevoir dans le cas où le contrat aurait été fait dans
l'unique but soit de constater les apports des époux, soit les
donations que les parents ou des étrangers leur feraient à l'occasion et en faveur de leur mariage.

La communauté est conventionnelle lorsque les parties,
conservant la communauté légale comme type et dans son
ensemble, y apportent cependant des changements plus ou
moins notables.

Dans le premier cas, la loi est l'interprète de la volonté des
parties ; dans le second, les parties elles-mêmes ont exprimé
cette volonté.

Sous le droit coutumier, la communauté était dite conventionnelle, lors même que les parties ne changeaient rien aux
règles du droit commun, si toutefois elles avaient déclaré par
contrat qu'elles acceptaient le régime de la communauté.
Aujourd'hui, il n'y a de communauté conventionnelle que
celle qui n'est pas absolument conforme à la communauté
légale.

Il est important de dire que la communauté *légale* est
l'expression de la *volonté présumée* des parties ; car si elle
était l'expression de la volonté du législateur, il faudrait la
ranger parmi les lois réelles ou parmi les lois personnelles.
Or, si elle était un statut réel, elle ne comprendrait point les
biens que les époux possèdent à l'étranger, puisque les statuts
réels ne sont applicables qu'en France ; et si elle était un statut personnel, elle ne concernerait que les Français, de telle
sorte qu'on ne saurait sous quel régime placer des étrangers

mariés en France sans contrat de mariage. Ce double inconvénient se trouve écarté par le seul fait que la communauté est toujours l'œuvre expresse ou tacite des parties ; ce qui, à notre avis, la rend applicable tant aux biens situés à l'étranger qu'aux étrangers mariés en France sans contrat.

La présomption que toutes les personnes qui se marient en France, sans faire de contrat, entendent se soumettre au régime de la communauté, ne s'applique évidemment aux étrangers que si les circonstances ne tendent pas à établir de leur part une volonté contraire. Et, en effet, si ces étrangers étaient simplement de passage en France au lieu d'y être établis et domiciliés, on devrait plutôt supposer qu'ils ont voulu suivre la loi de leur pays.

Quant aux Français qui se marient, sans contrat, en pays étranger, avec des étrangères, on devra également se guider sur les circonstances pour savoir quelle est leur volonté présumée. Tantôt ils auront entendu revenir en France après leur mariage et rester fidèles à la loi française ; tantôt ils auront voulu fixer leur domicile conjugal à l'étranger, et se soumettre à la loi étrangère. Les tribunaux ne devront consulter qu'une chose : la volonté des contractants, car, les conventions matrimoniales étant libres, les époux ont aussi bien pu adopter le régime qui est de droit commun à l'étranger que le régime qui est de droit commun en France [1].

L'immutabilité du contrat de mariage fait que les époux ne peuvent pas convenir qu'un régime succédera à un autre, par exemple qu'ils seront soumis pendant dix ans au régime dotal, et après dix ans au régime de la communauté. Mais on se demande s'ils peuvent adopter un régime *conditionnellement,* par exemple dire qu'ils seront en communauté *s'il ont des enfants.* La question est délicate, car d'un côté toute condition accomplie rétroagit au jour du contrat (art. 1179), et si les époux ont des enfants, ils seront rétroac-

---

[1] Aubry et Rau, t. IV, § 504 *bis*, p. 235 et suiv. — Troplong, *Cont. de Mar.*, t. 1, n° 33. — Cass., 11 juillet 1855.

tivement soumis au régime de communauté depuis le jour du mariage ; et de l'autre côté une incertitude complète régnera sur leur régime définitif jusqu'à la naissance des enfants, incertitude qui paraît bien contraire à la fixité que comportent les conventions matrimoniales. La plupart des auteurs admettent et avec raison, selon nous, que la stipulation conditionnelle d'un régime est valable, à cause de l'effet rétroactif de la condition accomplie. Sans doute les époux et les tiers ne sauront le sort définitif du contrat qu'après un temps plus ou moins long à dater du mariage, mais comme l'éventualité à laquelle il est subordonné leur est connue, ils n'auront qu'à traiter en conséquence.

En attendant, sous quel régime vivront les époux ? Ce n'est pas sous le régime de communauté, puisqu'ils l'ont exclue conditionnellement ; ni sous le régime dotal, puisqu'il doit être expressément stipulé. Restent les régimes de séparation de biens et sans communauté. On devra, selon nous, leur appliquer l'un ou l'autre, suivant qu'en fait les époux paraîtront avoir suivi les règles d'administration du premier ou du second. Cet état durera toujours, si la condition ne s'accomplit jamais.

Ajoutons, pour terminer, que, si une condition casuelle est licite, toute condition potestative serait au contraire absolument illicite. En effet, si la volonté ou le fait des parties pouvait exercer une influence sur la nature du régime qui leur sera appliqué, le principe de l'irrévocabilité du contrat de mariage serait violé. Il n'en est pas de même quand la condition est purement casuelle, puisqu'elle s'accomplit toujours en dehors et indépendamment de la volonté des contractants.

PREMIÈRE SECTION

COMPOSITION ACTIVE ET PASSIVE DE LA COMMUNAUTÉ.

§ 1. — De l'actif de la communauté.

ART. 1401. La communauté se compose activement : — 1° de tout le mobilier que les époux possédaient au jour de la célébration du mariage, ensemble de tout le mobilier qui leur échoit pendant le mariage à titre de succession ou même de donation, si le donateur n'a exprimé le contraire ; — 2° de tous les fruits, revenus, intérêts et arrérages, de quelque nature qu'ils soient, échus ou perçus pendant le mariage, et provenant des biens qui appartenaient aux époux lors de sa célébration, ou de ceux qui leur sont échus pendant le mariage, à quelque titre que ce soit ; — 3° de tous les immeubles qui sont acquis pendant le mariage.

1402. Tout immeuble est réputé acquêt de communauté, s'il n'est prouvé que l'un des époux en avait la propriété ou possession légale antérieurement au mariage, ou qu'il lui est échu depuis à titre de succession ou donation.

1403. Les coupes de bois et les produits des carrières et mines tombent dans la communauté pour tout ce qui en est considéré comme usufruit, d'après les règles expliquées au titre *de l'Usufruit, de l'Usage et de l'Habitation*. — Si les coupes de bois qui, en suivant ces règles, pouvaient être faites durant la communauté, ne l'ont point été, il en sera dû récompense à l'époux non propriétaire du fonds ou à ses héritiers. — Si les carrières et mines ont été ouvertes pendant le mariage, les produits n'en tombent dans la communauté que sauf récompense ou indemnité à celui des époux à qui elle pourra être due.

1404. Les immeubles que les époux possèdent au jour de la célébration du mariage, ou qui leur échoient pendant son cours à titre de succession, n'entrent point en communauté. — Néanmoins, si l'un des époux avait acquis un immeuble depuis le contrat de mariage contenant stipulation de communauté, et avant la célébration du mariage, l'immeuble acquis dans cet intervalle entrera dans la communauté, à moins que l'acquisition n'ait été faite en exécution de quelque clause du mariage, auquel cas elle serait réglée suivant la convention.

1405. Les donations d'immeubles qui ne sont faites pendant le mariage qu'à l'un des deux époux ne tombent point en communauté, et appartiennent au donataire seul, à moins que la donation ne contienne expressément que la chose donnée appartiendra à la communauté.

1406. L'immeuble abandonné ou cédé par père, mère ou autre ascendant, à l'un des deux époux, soit pour le remplir de ce qu'il lui doit, soit à la charge de payer les dettes du donateur à des étrangers, n'entre point en communauté ; sauf récompense ou indemnité.

1407. L'immeuble acquis pendant le mariage à titre d'échange contre l'immeuble appartenant à l'un des deux époux n'entre point en communauté, et est subrogé au lieu et place de celui qui a été aliéné ; sauf la récompense s'il y a soulte.

140⁸. L'acquisition faite pendant le mariage, à titre de licitation ou autrement, de portion d'un immeuble dont l'un des époux était propriétaire par indivis, ne forme point un conquêt, sauf à indemniser la communauté de la somme qu'elle a fournie pour cette acquisition. — Dans le cas où le mari deviendrait seul, et en son nom personnel, acquéreur ou adjudicataire de la portion ou de la totalité d'un immeuble appartenant par indivis à la femme, celle-ci, lors de la dissolution de la communauté, a le choix ou d'abandonner l'effet à la communauté, laquelle devient alors débitrice envers la femme de la portion appartenant à celle-ci dans le prix, ou de retirer l'immeuble, en remboursant à la communauté le prix de l'acquisition.

Notions générales. — Nous avons dit plus haut que sous le régime de la communauté il y a trois patrimoines, celui de la communauté et ceux des deux époux. Le Code s'occupe dans notre section de la composition active et passive du patrimoine de la communauté, et il fait en même temps connaître celle du patrimoine propre de chaque époux.

Et d'abord la loi établit en principe et comme point de départ la présomption, que tout bien appartient à la communauté, sauf la preuve contraire. Cette présomption était nécessaire parce que la communauté est dans l'impossibilité de fournir aucune preuve, tandis que les époux n'ont qu'à produire leurs titres pour établir que tel ou tel bien leur est propre. Nous aurons plus d'une fois l'occasion de revenir sur les conséquences de la présomption dont il s'agit.

*Composition de l'*ACTIF *de la communauté.* — La loi compose l'actif de la communauté au moyen de deux éléments distincts : l'élément *capital* et l'élément *revenu*. Nous allons les étudier successivement.

PREMIER ÉLÉMENT : CAPITAUX.

A ce point de vue, l'actif de la communauté comprend :

1° Tous les *capitaux mobiliers* qui appartiennent aux époux au moment de la célébration du mariage, ou qui leur arrivent, pendant le mariage, à titre de succession ou de donation, quand le disposant n'a pas exprimé la volonté contraire. Comme on le voit, l'actif mobilier de chaque époux, son actif mobilier présent et futur tombe tout entier dans la communauté. De là cette conséquence que, si la fortune de l'un des époux est purement mobilière et celle de l'autre purement immobilière, toute celle du premier tombera dans la communauté, tandis que toute celle du second lui restera propre. Comment le Code a-t-il pu établir une règle qui peut produire de tels résultats? Cela ne peut s'expliquer que par la tradition historique. Autrefois la fortune mobilière était peu développée ; et le législateur de 1804 ne soupçonnait certainement pas l'essor quelle allait prendre dans un avenir prochain. Aussi regardait-on alors les valeurs mobilières comme ayant en général peu d'importance : *mobilium vilis possessio*. De là le principe proclamé par l'ancien droit coutumier et maintenu par le Code, que tout l'actif mobilier tombe en communauté. Mais aujourd'hui que tant de fortunes sont presque exclusivement mobilières, la pratique est obligée de modérer les effets de la loi, et il est rare que les personnes ayant un avoir quelque peu important ne fassent point un contrat de mariage pour modifier les règles qui régissent la composition de l'actif de la communauté.

2° La communauté comprend les *immeubles* et, à plus forte raison, les meubles acquis à *titre onéreux pendant* le mariage. La raison en est que la communauté ayant tous les capitaux mobiliers est présumée les avoir payés. Ces immeubles ou meubles sont ainsi regardés par la loi comme étant la représentation de valeurs de communauté, auxquelles ils ont été substitués. Ce n'est toutefois là qu'une présomption, et nous verrons plus tard, en traitant du remploi, que, si l'un des époux établit avoir fourni lui-même la contre-valeur, et avoir acquis l'immeuble pour remplacer un propre qu'il avait aliéné; cet immeuble lui reste propre, comme l'était la valeur qui a servi à son acquisition.

Les immeubles dont la communauté devient propriétaire portent le nom d'*acquêts* ou de *conquêts*, par opposition à ceux qui sont la propriété personnelle des époux, et qu'on appelle *propres*.

En vertu de la présomption que tout bien est présumé appartenir à la communauté, sauf preuve contraire, les immeubles sont tous réputés *acquêts*, tant que l'un des époux ne prouve point que tel ou tel de ces immeubles lui est *propre*.

3° Enfin tombent en communauté les *immeubles* acquis par l'un des époux, *en échange de valeurs mobilières*, et en dehors de toute convention expresse, dans l'*intervalle* qui sépare la rédaction du contrat de mariage de la célébration du mariage lui-même. Pourquoi ces immeubles tombent-ils en communauté, puisqu'ils sont acquis par l'époux avant le mariage, c'est-à-dire avant que la communauté commence à exister? Cette disposition a pour but de prévenir une fraude que l'époux aurait pu commettre au préjudice de son futur conjoint. Au moment de la rédaction du contrat de mariage, les conventions sont faites en raison de la composition de la fortune respective des futurs époux. Or, si celle de l'un des deux est, par exemple, moitié mobilière et moitié immobilière, l'autre a dû nécessairement compter que la première moitié tomberait en communauté et que la seconde seule resterait propre. Cette prévision se trouverait déçue, et la foi du contrat serait violée, si l'époux dont le patrimoine est ainsi constitué pouvait, en acquérant des immeubles en échange de ses valeurs mobilières, dans l'intervalle du contrat à la célébration, exclure de la communauté et se réserver de la sorte propre la moitié de son patrimoine qui devait tomber dans l'actif commun. La disposition que nous expliquons rend une telle fraude impossible.

Qu'arriverait-il dans l'hypothèse inverse, c'est-à-dire dans celle où pendant le même intervalle le futur époux convertirait en meubles les immeubles qu'il possède ? Nul doute alors qu'on ne dût faire tomber en communauté toutes ces valeurs mobilières. Les principes le veulent, et la transformation dont il s'agit ne pouvant nuire qu'à l'époux qui l'accomplit, nul n'est fondé à la critiquer : l'époux, parce qu'il serait non recevable à renier les conséquences de son acte ; le conjoint et la communauté, parce qu'ils ont intérêt à son maintien et non à sa révocation.

DEUXIÈME ÉLÉMENT : REVENUS.

1° L'actif de la communauté comprend *tous les fruits* naturels, industriels ou civils qui proviennent des biens restés propres aux époux. La communauté a de la sorte l'usufruit général des biens dont elle n'a pas la propriété, et on applique à cet usufruit, sauf exception, les règles de droit commun en matière d'usufruit. Ainsi les droits de la communauté sur les propres de chaque époux sont circonscrits dans les mêmes limites que ceux d'un usufruitier ordinaire (art. 1403). D'où la conséquence que tous les produits extraordinaires perçus sur le propre ou à l'occasion du propre d'un époux, tels que les coupes de bois de haute futaie non mis en coupe réglée, les matériaux extraits d'une carrière non ouverte au moment de la célébration du mariage, etc., lui restent propres, comme le fonds lui-même. A vrai dire, ce sont là des fragments du propre, et il est naturel que la partie ait la même nature que le tout. Les produits des propres ne tombent donc en définitive dans la communauté que s'ils constituent des revenus, à titre de fruits naturels, industriels ou civils.

Pourquoi l'art. 1401 2° prend-il soin de dire que les *intérêts* et *arrérages* tombent en communauté, lorsque les *capitaux* qui produisent ces intérêts, ou les *rentes* qui produisent ces arrérages y sont déjà tombés en leur qualité de meubles? Il est certain que, si le Code entend parler des capitaux ou des rentes qui appartiennent à la communauté, c'est là une pure redondance. Mais il arrivera souvent que, par contrat de mariage, les époux se seront réservés propres certains capitaux ou certaines rentes, et alors l'art. 1401 2° trouvera son utilité et recevra son application.

Le dernier alinéa de l'art. 1403 a été modifié par la loi du 21 avril 1810 sur les mines. Nous avons vu en effet dans le t. Ier qu'aujourd'hui l'usufruitier n'a droit aux produits de la mine, même lorsqu'elle était ouverte avant la constitution de l'usufruit, que si le propriétaire du fonds était en même temps concessionnaire de la mine. Dès lors, la communauté ne jouira de la mine que si l'époux propriétaire de la surface en était concessionnaire. Quant aux carrières, elles appartiennent toujours au propriétaire du sol, et la communauté en aura l'usufruit, si elles étaient ouvertes avant le mariage. Dans le cas contraire, leurs produits resteront propres à l'époux, parce qu'ils n'auront plus le caractère de fruits. Si, en fait, la communauté a profité de meubles propres à l'un des deux époux, elle lui en devra *récompense*.

Une différence importante est à signaler entre la communauté usufruitière et un usufruitier ordinaire : celui-ci n'acquiert les fruits naturels que par la perception réelle; il en est autrement de la communauté. Si une récolte, par exemple une coupe de bois, devait être faite avant sa dissolution, et qu'elle ait été retardée jusqu'à ce moment, l'époux propriétaire du fonds en devra récompense, car autrement la communauté serait privée d'une partie des revenus qu'elle était en droit de percevoir (art. 1403 2°). Le retard à faire la coupe est toujours imputable au mari, puisque seul il administre la communauté. Ordinairement la coupe ainsi retardée sera celle d'un bois qui lui est propre, et ce retard aura eu pour but d'en frustrer la communauté. La disposition que nous expliquons prévient une telle fraude. Si la coupe était celle d'un bois qui fût pro-

pre à la femme, le retard du mari ne pourrait s'expliquer que
par sa négligence, ou par son désir de procurer indirectement à sa femme un avantage. Dans les deux cas la communauté a droit à une récompense, car elle ne doit souffrir ni de
la faute du mari ni d'une libéralité indirecte, libéralité nulle
parce qu'à raison de sa forme déguisée elle n'était pas révocable, comme la loi l'exige.

Terminons ce point par une observation critique.
L'art. 1403 2º dit que la récompense sera due à l'*époux* non
propriétaire du fonds. C'est évidemment une inexactitude.
En effet, ce n'est point l'*époux*, mais la *communauté* qui a
été frustrée. Il faut donc que la récompense soit donnée à la
communauté et non à l'*époux*. Et il n'est point indifférent
que ce soit à l'un ou à l'autre, car dans le cas où la femme
renoncerait à la communauté, elle ne profiterait en rien de la
récompense, qui serait payée à cette dernière par le mari ; tandis que, si la récompense était versée directement entre les
mains de la femme, celle-ci en profiterait malgré sa renonciation, ce qui ne peut être.

2º L'actif de la communauté comprend enfin tous les produits du *travail* et de l'*industrie* des époux ; unis dans les
liens de la société conjugale, ils doivent à cette société tous
leurs soins et tous les bénéfices de leur travail ou de leur industrie. Si l'un des époux tentait de se réserver propres ses
profits personnels, il violerait la loi fondamentale de la communauté qui est le partage égal de tous les produits de l'acti-
vité commune.

Nous avons parcouru la nomenclature des choses qui tombent dans la communauté en vertu d'une disposition formelle de la loi, et sans qu'il y ait à leur égard aucune contestation. Nous avons maintenant à examiner certains droits ou
objets qui, suivant les diverses opinions, tombent ou ne tombent pas dans la communauté.

QUESTIONS CONTROVERSÉES. — 1º Supposons d'abord que
l'un des futurs époux fasse partie d'une *société commerciale*,

comprenant à la fois des meubles et des immeubles. Son droit tombera-t-il dans la communauté ? L'affirmative est certaine pour tout le temps que durera la société ; puisqu'aux termes de l'art. 529 du Code Nap. ce droit est jusqu'à sa dissolution purement mobilier. Mais, dans le cas où la société viendrait à se dissoudre plus tôt que la communauté, le droit dont il s'agit changera presque toujours de nature, et il pourra même devenir entièrement immobilier, si dans le lot de l'époux ne se trouvent que des immeubles. Restera-t-il alors dans la communauté, ou deviendra-t-il un propre de l'époux sociétaire ?

Dans une première opinion le droit de l'associé ne sera irrévocablement acquis à la communauté que si son lot comprend des meubles ; si, au contraire, il comprend des immeubles, il restera propre à l'époux sociétaire. Cette théorie est l'application de l'article 883 du Code civil, aux termes duquel les copartageants sont censés avoir toujours été propriétaires du lot qui leur est échu, de telle sorte qu'ici l'époux sera réputé, suivant les cas, n'avoir jamais eu que des meubles ou des immeubles ; et, dès lors, son droit sera dès l'origine tombé définitivement dans la communauté, ou en sera toujours resté exclu.

Ce système, qui livre les intérêts de la communauté au hasard d'un partage, sinon aux combinaisons frauduleuses de l'époux avec ses coïntéressés, ne nous semble pas fondé. On sait en effet que la fiction de l'article 883 est uniquement établie dans le but d'empêcher que l'un des copartageants ne souffre des charges qui auraient pu être imposées, durant l'indivision, à la chose commune par un autre copartageant. Or, toutes les fois que la fiction cesse de présenter un intérêt pour les copropriétaires, on ne doit plus l'appliquer. Dès lors, voici comment se régleront selon nous les droits respectifs de l'époux et de la communauté. Soit une société comprenant un actif de 100, dont 60 en meubles et 40 en immeubles ; s'il y a deux associés, chacun est, après la dissolution, copropriétaire de cette masse indivise, c'est-à-dire de 30 en meubles et de 20 en immeubles. Les 30 de meubles revenant à l'époux sociétaire doivent tomber dans la communauté ; et, s'il reçoit plus ou moins en meubles, la différence donnera lieu, soit pour lui, soit pour la communauté, à une récompense.

La même solution devrait évidemment être donnée et pour les mêmes motifs dans le cas où l'un des futurs époux aurait, au moment du mariage, des droits à exercer dans une succession ouverte et non encore partagée, qui se composerait à la fois de meubles et d'immeubles.

2° La découverte d'un *trésor* par l'un des époux peut également donner lieu à difficulté. Si cette découverte a été faite sur le fonds d'autrui, ou même sur le fonds de l'autre époux, la moitié qui appartient à l'époux inventeur tombe évidemment dans la communauté puisqu'elle constitue un *acquêt*. Mais en sera-t-il de même de la moitié qui appartient à l'époux propriétaire de l'immeuble, ou, ce qui ne change pas la question, du trésor que l'un des époux trouverait sur un fonds à lui propre ? Pothier soutenait que le trésor, n'étant pas un fruit, restait propre à l'époux propriétaire de l'immeuble, par une sorte de droit d'accession. Mais il est préférable de dire que le trésor, qui n'est pas plus un produit extraordinaire du fonds qu'un fruit naturel, tombera dans la communauté à titre d'acquêt ; car le principe est que tous les meubles, sauf exception, et il n'y en a aucune pour le trésor, tombent dans la communauté.

3° Si l'un des époux reçoit d'un parent, dont il est l'héritier *réservataire*, une donation ou succession mobilière, avec clause qu'elle ne tombera pas dans la communauté, cette prohibition est-elle valable ? Dans un système, on admet qu'elle n'est pas valable ; car, dit-on, l'autre époux a dû nécessairement compter sur ces biens qui, d'une part, étaient meubles, et, de l'autre, étaient frappés de réserve, et qui, par cela même, semblaient ne pas pouvoir échapper à la commu-

nauté. Mais ce système fait produire à la réserve un effet
qui ne lui est pas naturel. Elle a été établie dans l'intérêt du réservataire, et lui seul peut l'invoquer; or, la
clause, loin d'être compromettante pour ses intérêts, lui
est favorable. Pourquoi donc n'en profiterait-il pas? Et de
ce que la loi lui fait sous un rapport une condition meilleure, est-ce une raison de le priver, à un autre point
de vue, des avantages du droit commun, qui autorise de
semblables prohibitions lorsqu'il s'agit de biens non réservés ?

Ajoutons que ce sera souvent le seul moyen, pour un ascendant, de sauver des dilapidations du mari les restes de la
fortune qu'avait sa fille.

4° Un immeuble est donné, pendant le mariage, aux *deux
époux* par un *seul* et *même contrat :* tombe-t-il dans la communauté, ou devient-il propre pour moitié à chaque époux?
La solution de cette question n'est pas douteuse, quand les termes de l'acte, ou les circonstances de la donation permettent
de discerner la véritable intention du disposant. Mais lorsque
tous ces indices manquent, nous pensons qu'il faut appliquer le principe en vertu duquel les immeubles acquis à
titre gratuit pendant le mariage sont des propres et non des
acquêts. On objecte en vain qu'aux termes de l'art. 1405 la
donation d'immeubles qui n'est faite « qu'à l'un des deux
époux » ne tombe point en communauté, ce qui semble implicitement dire que, faite aux *deux époux,* elle doit tomber
dans la communauté. Cette rédaction n'a pas le sens qu'on lui
prête. Elle s'explique par cette circonstance historique que le
législateur, voulant donner une solution contraire à celle de
l'art. 246 de la Coutume de Paris qui disait : L'immeuble
donné à *l'un des* conjoints est commun, a naturellement
adopté une formule analogue, et dit : L'immeuble qui n'est
donné *qu'à l'un des deux* époux lui reste propre. On ne peut
donc pas baser sur cette rédaction de l'art. 1405 une solution
que les principes condamnent. Aussi, selon nous, l'immeuble

donné conjointement sera-t-il propre à chacun des époux [1].

5° Les *rentes viagères* qui appartiennent à l'un des époux au moment du mariage tombent-elles en communauté pour le *fonds* comme pour les *arrérages?* La raison de douter vient de ce que la rente, étant fixée sur la tête de l'époux, semble lui être éminemment propre. On doit décider que la rente tombe pour le fonds comme pour les arrérages en communauté, et en effet elle est mobilière, et tout ce qui est meuble tombe en communauté. Si la rente est sur la tête de la femme, le mari pourra donc l'aliéner sans son consentement, comme il aliénerait tout autre bien de communauté. Il faudrait cependant donner la solution contraire au cas où la rente serait incessible et insaisissable. Elle resterait alors propre à l'époux, puisque dans aucun cas il .ne peut s'en depouiller ni en être dépouillé [2].

6° L'*office ministériel*, tel que charge d'avoué, de notaire, d'agent de change, etc., dont le mari est investi lors de son mariage, tombe-t-il en communauté ? Il est d'abord certain que l'*office lui-même* n'y tombe pas, puisque, à raison de sa nature, il est exclusivement attaché à la personne du titulaire. Mais la valeur représentative de cet office y tombe, car on ne peut pas dire qu'un office est immeuble, et tout ce qui n'est pas immeuble fait partie de l'actif de la communauté [3]. Seulement, comme à la dissolution de la communauté le mari reprend nécessairement l'office, il doit récompense à la communauté de la valeur qu'il a au moment de cette dissolution.

7° Enfin les *œuvres littéraires* ou *artistiques* des époux appartiennent-elles à la communauté, ou sont-elles des propres ? Aucun doute ne peut s'élever pour les œuvres dont la composition a lieu pendant le mariage : elles appartiennent à la communauté puisqu'elles sont le produit du travail et du

---

[1] *Sic*, Massé et Vergé, t. IV, § 640, note 37 ; Rodière et Pont, t. I, n° 591. — *Contrà*, Marcadé, art. 1405, n° 3. — Odier, t. I, n° 125.

[2] Aubry et Rau, t. IV, § 507, p. 241, texte en note 4. — Marcadé, art. 1401, n° 3.

[3] Cass., 4 janv. 1853. Douai, 14 fév. 1863.

talent des époux. Quant à celles qui avaient été composées
avant le mariage, elles tombent encore dans l'actif commun,
par la raison qu'elles constituent des valeurs mobilières, et
que tous les meubles deviennent communs. Une loi du
19 juillet 1866 a du reste donné au survivant des deux
époux, quel que soit le régime matrimonial, et indépendamment des droits qui peuvent résulter en sa faveur de la communauté, la jouissance, pendant cinquante ans, des droits
dont l'auteur prédécédé n'a pas disposé par acte entre-vifs ou
par testament, sauf réduction à la quotité disponible si
l'auteur laisse des héritiers à réserve.

Cette jouissance n'a pas lieu lorsqu'il existe au moment
du décès une séparation de corps prononcée *contre* le conjoint survivant ; et elle cesse au cas où ce conjoint vient à
contracter un nouveau mariage.

Des biens mobiliers ou immobiliers RESTÉS PROPRES *aux
époux*. — En indiquant la composition de l'actif de la communauté, nous avons implicitement fait connaître celle des
propres de chaque époux, puisque ces propres comprennent
tous les biens des époux qui ne tombent pas en communauté.

Des PROPRES MOBILIERS. — A cause du principe qui veut
que tout l'actif mobilier des époux devienne commun, les
propres mobiliers ne peuvent être que tout à fait exceptionnels ; ce sont :

1° Les meubles donnés à l'un des époux sous la *condition*
qu'ils ne tomberont pas en communauté, et nous avons vu
que cette clause d'exclusion est valable, même pour les meubles frappés de réserve ;

2° Les meubles que l'un des époux aurait acquis en
échange d'un propre, par exemple le prix d'un immeuble
qu'il possédait avant le mariage et qu'il a depuis aliéné ;

3° Enfin tous les meubles détachés d'un propre, qui, au
lieu d'être des fruits, constituent *des produits extraordinaires*, ainsi que nous l'avons précédemment expliqué.

Jusqu'à la dissolution de la communauté, ces meubles

restent-ils la propriété de l'époux ou deviennent-ils momentanément celle de la communauté ? En d'autres termes, la
communauté a-t-elle sur eux un véritable usufruit, ou un
simple quasi-usufruit? La question est importante, car les
risques sont pour le propriétaire, en telle sorte que, si les
meubles périssent, ou augmentent de valeur, la perte ou la
plus value sera pour l'époux si on adopte la première solution, et pour la communauté si on adopte la seconde. En
l'absence de toute disposition, il est rationnel de distinguer si
les meubles sont des *corps certains* ou des *genres*. Dans le
premier cas, l'époux restera propriétaire ; dans le second, la
communauté le deviendra. Nous reviendrons sur ce point
en traitant *de la communauté réduite aux acquêts*.

Des PROPRES IMMOBILIERS. — D'après les principes que nous
avons exposés plus haut, ils comprennent : .

1° Tous les immeubles qui appartiennent aux époux *lors
de la célébration du mariage*, sauf, bien entendu, ceux qu'ils
auraient acquis dans l'intervalle du contrat de mariage au
mariage lui-même, en échange de valeurs mobilières.

2° Tous les immeubles que les époux acquièrent pendant
le mariage *à titre gratuit*, c'est-à-dire par donation entre-
vifs ou par testament.

3° Tous les immeubles qu'ils acquièrent pendant le mariage en *remploi*, c'est-à-dire en remplacement d'un propre,
que cette substitution ait lieu par voie d'échange ou par voie
de vente. Lorsque, dans l'échange d'un propre avec un autre
immeuble, une soulte a été stipulée, parce que l'immeuble
acquis est d'une valeur supérieure à l'immeuble aliéné, le
nouvel immeuble n'en acquiert pas moins le caractère de
propre ; mais il y a lieu à récompense. Cependant il faut plutôt regarder la réalité des faits que leur apparence, et, si la
soulte était trop considérable, les tribunaux pourraient voir
un acquêt dans l'immeuble reçu en échange, et l'attribuer à la
communauté, qui en aurait payé de ses deniers la plus grande
partie, sauf récompense à l'époux de la valeur de son immeuble.

L'art. 1408 prévoit une hypothèse particulière. Il suppose que l'un des époux est, au moment du mariage, copropriétaire avec un tiers d'un immeuble *indivis*, et que le partage ou la licitation a lieu au cours de la communauté. Quand le partage est fait en nature, il est évident que le lot échu à l'époux dans l'immeuble lui reste propre. Quand il y a licitation, et qu'un tiers se porte adjudicataire, la portion qui revient à l'époux dans le prix lui est également propre, et il en doit être fait remploi à son nom et pour son compte. Enfin l'art. 1408 décide que, si, au cas de licitation, l'époux se rend adjudicataire de la totalité, l'immeuble tout entier lui restera propre, sauf récompense à la communauté de la portion du prix qu'elle aurait avancée. Cette solution est basée sur ce motif qu'on ne pourrait pas rendre la communauté propriétaire de la portion indivise qui appartenait au tiers, sans que l'époux retombât d'une indivision dans une autre, ce qu'il fallait éviter. Dès lors il était naturel et juste de décider que tout l'immeuble lui resterait propre, puisqu'il l'était en partie auparavant, et que la communauté aurait simplement droit à une indemnité à raison de la somme qu'elle aurait fournie pour le payer.

La loi, craignant avec raison un abus d'autorité de la part du mari, décide que, s'il se porte, *en son nom personnel*, et pour son *propre compte*, adjudicataire de tout ou portion d'un immeuble appartenant par indivis à sa femme et à un tiers, celle-ci aura le choix, lors de la dissolution de la communauté, ou d'abandonner l'effet à la communauté en se faisant payer la part qui lui revenait dans le prix d'adjudication, ou de le retirer en remboursant à la communauté le prix d'acquisition. Sans cette disposition, le mari aurait pu empêcher la femme d'acquérir en son nom personnel un bien de famille, pour le faire tomber dans la communauté. Mais la loi est trop favorable à la femme, lorsqu'elle lui permet de délibérer jusqu'à la dissolution de la communauté. En effet, ou l'immeuble aura augmenté de valeur, et alors la femme le reprendra, en restituant à la communauté le prix d'acquisition ; ou il aura diminué, et alors elle l'abandonnera à la communauté, qui supportera la perte. Il eût été plus juste de fixer à la femme un délai raisonnable pour se déterminer, au lieu de lui laisser une si grande latitude.

Le retrait dont nous venons de parler porte le nom de *retrait d'indivision*.

4° Tous les immeubles acquis pendant le mariage en vertu d'une *cause qui lui était antérieure*, par exemple en vertu d'une prescription que l'époux avait commencée avant le mariage, ou par l'accomplissement d'une condition stipulée avant la même époque et qui se réalise au cours de la communauté ; car la prescription et la condition accomplies ont toutes les deux un effet rétroactif.

5° Enfin reste propre, aux termes de l'art. 1406, l'immeuble abandonné ou cédé par un ascendant à l'un des deux époux, soit pour le remplir de ce qu'il lui doit, par exemple pour se libérer envers lui d'une dot en argent qu'il lui avait constituée, soit à la charge par l'époux de payer les dettes du donateur. Cette disposition de l'art. 1406 est très-plausible, car elle tend à conserver entre les mains de l'époux un bien patrimonial. Ajoutons que le Code a bien fait de la formuler, car autrement on aurait pu croire que l'immeuble ainsi abandonné ou cédé était un ACQUÊT et non un *propre*, puisqu'il représente une valeur mobilière quand il sert de payement à l'époux, et qu'il est en quelque sorte acquis avec les deniers de la communauté, quand l'époux est chargé de payer les dettes du donateur. L'art. 1406 prévient à cet égard toute espèce de doute.

L'époux devra récompense, cela va sans dire, de toutes les sommes dont la communauté aura été privée, ou qu'elle aura versées à l'occasion de l'abandon ou de la cession de cet immeuble.

§ 2. — Du passif de la communauté, et des actions qui en résultent contre la communauté.

Art. 1409. La communauté se compose passivement : — 1° de toutes les dettes mobilières dont les époux étaient grevés au jour de la célébration de leur mariage, ou dont se trouvent chargées les successions qui leur échoient durant le mariage, sauf la récompense pour celles relatives aux immeubles propres à l'un ou à l'autre des époux ; — 2° des dettes, tant en capitaux qu'arrérages ou intérêts, contractées par le mari pendant la communauté, ou par la femme, du consentement du mari, sauf la récompense dans le cas où elle a lieu ; — 3° des arrérages et intérêts seulement des rentes ou dettes passives qui sont personnelles aux deux époux ; — 4° des réparations usufructuaires des immeubles qui n'entrent point en communauté ; — 5° des aliments des époux, de l'éducation et entretien des enfants, et de toute autre charge du mariage.

1410. La communauté n'est tenue des dettes mobilières contractées avant le mariage par la femme, qu'autant qu'elles résultent d'un acte authentique antérieur au mariage, ou ayant reçu avant la même époque une date certaine, soit par l'enregistrement, soit par le décès d'un ou de plusieurs signataires dudit acte. — Le créancier de la femme, en vertu d'un acte n'ayant pas de date certaine avant le mariage, ne peut en poursuivre contre elle le payement que sur la nue propriété de ses immeubles personnels. — Le mari qui prétendrait avoir payé pour sa femme une dette de cette nature n'en peut demander la récompense ni à sa femme ni à ses héritiers.

1411. Les dettes des successions purement mobilières qui sont échues aux époux pendant le mariage sont pour le tout à la charge de la communauté.

1412. Les dettes d'une succession purement immobilière qui échoit à l'un des époux pendant le mariage ne sont point à la charge de la communauté ; sauf le droit qu'ont les créanciers de poursuivre leur payement sur les immeubles de ladite succession. — Néanmoins, si la succession est échue au mari, les créanciers de la succession peuvent poursuivre leur payement soit sur tous les biens propres au mari, soit même sur ceux de la communauté ; sauf, dans ce second cas, la récompense due à la femme ou à ses héritiers.

1413. Si la succession purement immobilière est échue à la femme, et que celle-ci l'ait acceptée du consentement de son mari, les créanciers de la succession peuvent poursuivre leur payement sur tous les biens personnels de la femme ; mais si la succession n'a été acceptée par la femme que comme autorisée en justice au refus du mari, les créanciers, en cas d'insuffisance des immeubles de la succession, ne peuvent se pourvoir que sur la nue propriété des autres biens personnels de la femme.

1414. Lorsque la succession échue à l'un des époux est en partie mobilière et en partie immobilière, les dettes dont elle est grevée ne sont à la charge de la communauté que jusqu'à concurrence de la portion contributoire du mobilier dans les dettes, eu égard à la valeur de ce mobilier comparée à celle des immeubles. — Cette portion contributoire se règle d'après l'inventaire auquel le mari doit faire procéder, soit de son chef, si la succession le concerne personnellement, soit comme dirigeant et autorisant les actions de sa femme, s'il s'agit d'une succession à elle échue.

1415. A défaut d'inventaire, et dans tous les cas où ce défaut préjudicie à la femme, elle ou ses héritiers peuvent, lors de la dissolution de la communauté, poursuivre les récompenses de droit, et même faire preuve, tant par titres et papiers domestiques que par témoins, et au besoin par la commune renommée, de la consistance et valeur du mobilier non inventorié. — Le mari n'est jamais recevable à faire cette preuve.

1416. Les dispositions de l'article 1414 ne font point obstacle à ce que les créanciers d'une succession en partie mobilière et en partie immobilière poursuivent leur payement sur les biens de la communauté, soit que la succession soit échue au mari, soit qu'elle soit échue à la femme, lorsque celle-ci l'a acceptée du consentement de son mari ; le tout sauf les récompenses respectives. — Il en est de même si la succession n'a été acceptée par la femme que comme autorisée en justice, et que néanmoins le mobilier en ait été confondu dans celui de la communauté sans un inventaire préalable.

1417. Si la succession n'a été acceptée par la femme que comme autorisée en justice au refus du mari, et s'il y a eu inventaire, les créanciers ne peuvent poursuivre leur payement que sur les biens tant mobiliers qu'immobiliers de ladite succession, et, en cas d'insuffisance, sur la nue propriété des autres biens personnels de la femme.

1418. Les règles établies par les articles 1414 et suivants régissent les dettes dépendant d'une donation, comme celles résultant d'une succession.

1419. Les créanciers peuvent poursuivre le payement des dettes que la femme a contractées avec le consentement du mari, tant sur tous les biens de la communauté, que sur ceux du mari ou de la femme ; sauf la récompense due à la communauté, ou l'indemnité due au mari.

1420. Toute dette qui n'est contractée par la femme qu'en vertu de la procuration générale ou spéciale du mari est à la charge de la communauté ; et le créancier n'en peut poursuivre le payement ni contre la femme ni sur ses biens personnels.

Composition du PASSIF *de la communauté.* — Nous savons que l'actif de la communauté se compose de deux éléments, l'élément capital et l'élément revenu. Le passif de la communauté comprend à son tour les deux mêmes éléments. En général, la loi fait, comme nous le verrons, tomber dans la communauté toutes les *dettes afférentes à l'actif qui y tombe,* et elle laisse propres aux époux toutes les *dettes afférentes à leurs biens propres.* En d'autres termes, la règle fondamentale est que le passif et l'actif de la communauté doivent être composés proportionnellement l'un à l'autre. Par malheur le Code n'a pas toujours fait une application judicieuse de ce principe, et c'est là une des difficultés de notre matière. Pour l'exposer avec netteté, il est nécessaire d'établir tout d'abord une importante distinction. Nous allons examiner en premier lieu ce que devient le passif existant *lors de la célébration du mariage,* et en second lieu ce que devient le passif qui survient au *cours du mariage,* car l'un et l'autre, soumis en apparence aux mêmes règles, sont cependant répartis différemment entre les époux et la communauté.

I. Du passif antérieur au mariage.

La formule qui régit le passif dont les époux sont grevés lors de la célébration du mariage est fort simple. On peut ainsi l'exprimer. *Là où va l'actif mobilier, là va le passif mobilier,* et par contre : *La où reste l'actif immobilier, là aussi reste le passif immobilier.*

Au premier abord ce principe paraît aussi juste qu'il est simple, et la formule qui précède semble consacrer la proportionnalité qui doit exister entre le passif et l'actif qui tombent en communauté. Rien cependant n'est plus inexact. Aujourd'hui en effet toutes les dettes, sauf de très-rares exceptions, sont mobilières, ainsi que nous l'avons expliqué dans notre tome 1er. En faisant tomber toutes les dettes mobilières dans la communauté, le Code y fait donc tomber en réalité tout le passif des époux, en telle sorte que par la célébration du mariage les époux se trouvent déchargés, et la communauté grevée de l'intégralité des dettes qu'ils avaient en se mariant. Un tel résultat ne pourrait être juste que si la totalité de leur actif tombait aussi dans la communauté. Mais, quoique les fortunes mobilières aient pris un grand développement, elles sont loin d'égaler en importance les fortunes immobilières, et le plus souvent les époux conserveront plus en propres qu'ils n'apporteront à la communauté. Celle-ci sera donc chargée de tout le passif, et elle n'aura qu'une partie de l'actif. Il pourra même arriver que l'un des époux ait une fortune purement mobilière, et l'autre une fortune purement immobilière. Dans ce cas, la règle que nous critiquons aura les conséquences les plus contraires à la logique et à l'équité. Ainsi supposons que la femme ait 100 d'actif mobilier et point de dettes, et que le mari ait 100 d'actif immobilier et 50 de dettes. Si la communauté vient à se dissoudre le lendemain du mariage par la mort de l'un des époux, voici quel sera le résultat. Les 100 d'actif mobilier provenant de la femme seront tombés en communauté ainsi que les 50 de passif provenant du mari. L'actif net de la communauté ne sera donc que de 50, et sur ces 50, qui sont communs, la femme ou ses héritiers ne pourront reprendre que 25, et les autres 25 appartiendront au mari ou à ses héritiers. En définitive, la femme aura perdu 75; et le mari aura d'une part fait payer ses dettes par la communauté, et de l'autre il aura bénéficié de 25 d'actif mobilier qui viendront accroître son capital immobilier de 100, lequel lui était resté propre.

Il suffit de signaler de telles conséquences pour condamner le principe. Aussi dans la pratique ne manque-t-on jamais de corriger sur ce point la communauté légale.

Il nous reste à expliquer comment le Code a pu édicter une semblable disposition. La tradition historique nous le fera comprendre. La règle « Là où va l'actif mobilier, là va le passif mobilier » était inscrite dans l'ancien droit coutumier, et autrefois elle n'avait pas les mêmes inconvénients qu'aujourd'hui. En effet, le passif était souvent immobilier, et il ne tombait que pour partie dans la communauté. A cet égard, il suffit de rappeler que le prêt à intérêt n'était pas permis, ce qui diminuait d'autant le passif mobilier ; et que, d'autre part, les rentes foncières, alors très-fréquentes, étaient immobilières, et par cela même exclues de la communauté. Mais de notre temps, où le passif tout entier est devenu mobilier, et où ce passif a reçu des développements correspondant à ceux de la fortune mobilière elle-même, une telle règle n'est plus équitable si la fortune des époux n'est pas composée à peu près de la même manière tant activement que passivement, et le législateur devra tôt ou tard la modifier.

Les dettes mobilières des époux, antérieures au mariage, tombent en communauté, quelle que soit leur origine, et lors même qu'elles proviendraient d'une condamnation criminelle, car la loi ne fait aucune distinction. Seulement celles relatives à un immeuble resté propre n'y tombent qu'à charge de récompense. Ainsi quand l'un des époux possède en se mariant un immeuble dont le prix n'est pas encore payé, la communauté n'est tenue de payer ce prix au vendeur qu'à la charge par l'époux acheteur de le restituer à la masse commune. La dette relative à un propre suit ainsi le propre, comme l'accessoire suit le principal. Nous reviendrons un peu plus loin sur cette idée.

Aux termes de l'art. 1410, les dettes de la femme ne tombent dans la communauté que si leur antériorité au mariage est établie par une date certaine, acquise avant cette époque ; car autrement il eût suffi à la femme d'antidater celles qu'elle aurait contractées pendant le mariage, pour les mettre à la charge de la communauté. Celle-ci est donc considérée comme un *tiers* auquel les actes ayant date certaine sont seuls opposables. Cependant si la dette elle-même était de nature à pouvoir être prouvée par témoins, la preuve de la date se ferait évidemment comme celle de la dette. En effet, les écrits seuls comportent une date certaine, par l'authenticité, l'enregistrement de l'acte, ou le décès de l'un des signataires, et on ne peut exiger la certitude de la date pour les dettes qui se prouvent par simple témoignage [1].

Quand les créanciers de la femme n'établissent point que les dettes dont ils réclament le payement étaient antérieures au mariage, ils ne peuvent pas poursuivre la communauté et ils n'ont plus pour garantie que les biens restés propres à leur débitrice. Toutefois, le mari qui aurait payé une dette de sa femme, dont l'antériorité au mariage n'était point démontrée, n'a pas le droit d'en demander récompense à la femme ni à ses héritiers, car, par cela même, il est censé avoir reconnu que la dette était antérieure au mariage, ou l'on peut dire tout au moins qu'il l'a ratifiée si la femme l'a contractée depuis le mariage ; or, dans les deux hypothèses, là dette a dû tomber dans la communauté. Nous verrons en effet que les dettes contractées par la femme avec l'autorisation de son mari, ou sanctionnées de sa ratification sont communes, tout comme les dettes contractées par elle avant son mariage.

Quant aux dettes du mari, il est inutile qu'elles aient date certaine avant le mariage, puisque, même contractées pendant le mariage, elles tombent dans la communauté ainsi que nous allons bientôt l'expliquer.

---

[1] Marcadé, art. 1410. — Aubry et Rau, t. IV, § 508, p. 272, note 14.

La contribution *aux dettes et le droit de* poursuite *comparés.* — Avant d'aller plus loin et pour éviter toute confusion dans l'examen des droits respectifs appartenant aux époux, à la communauté ou aux tiers, il est nécessaire de revenir sur cette idée que nous avons signalée, à savoir, que certaines dettes tombent dans la communauté définitivement, et d'autres à charge de récompense. La différence qui existe entre ces deux sortes de dettes se rattache à la théorie générale de la *contribution aux dettes* et du *droit de poursuite*. En effet, il arrive souvent que les tiers peuvent poursuivre la communauté ou l'un des époux pour l'intégralité d'une dette, lorsque, cependant, la communauté ou l'époux ne doivent en supporter définitivement qu'une partie, et quelquefois même aucune partie. Celui qui est obligé de payer la dette et celui qui la supporte en finale sont donc alors différents. Quiconque doit supporter définitivement la dette peut évidemment être toujours poursuivi ; mais la réciproque n'est pas vraie, et l'on peut souvent être poursuivi sans être tenu finalement de la dette. En d'autres termes, le droit de poursuite est toujours au moins aussi étendu que la contribution à la dette, et souvent il est plus étendu. Reprenons l'exemple cité plus haut pour mieux le montrer. L'un des époux a acheté avant le mariage un immeuble qu'il n'a point payé. La communauté pourra, aussi bien que l'époux, être *poursuivie* en payement du prix, et néanmoins elle ne doit en rien *contribuer* à cette dette qui est relative à un propre, et c'est pourquoi l'époux dans l'intérêt exclusif duquel a été fait le payement lui doit récompense. Pareillement si l'un des époux avait emprunté une somme d'argent avant son mariage, il pourrait être poursuivi même sur ses propres, quoique la dette ne concerne que la communauté. Mais à son tour il aurait droit à une récompense, pour avoir payé, avec un propre ou le prix d'un propre, une dette qui était définitivement tombée dans la communauté.

La *contribution* définitive de la communauté ou des époux

dans le passif, se trouve implicitement établie par les principes généraux que nous avons exposés précédemment, car en disant ce qui tombe dans la communauté sans récompense, nous avons, par cela même, indiqué *à contrario* ce qui reste à la charge personnelle des époux, de telle sorte que la part qui doit être définitivement supportée dans le passif par la communauté ou par les époux se trouve ainsi déterminée.

Passons au droit de *poursuite*. Ce droit est régi par trois principes fort simples :

Le premier est qu'un époux *personnellement obligé* peut être poursuivi pour la *totalité* de la dette, sauf son recours contre la communauté, si la dette y était tombée. Ce principe est juste, car les époux n'ont pu, en se mariant, se soustraire aux obligations par eux contractées.

Le second est que tout créancier qui peut poursuivre le *mari* peut aussi poursuivre la *communauté*, et réciproquement. Il n'en pouvait être autrement ; car, le mari ayant sur elle un pouvoir presque absolu, il devait y avoir solidarité dans l'exécution de leurs obligations.

Le troisième enfin est que le mari qui autorise sa femme à contracter s'engage par cela même, de telle sorte que les créanciers pourront poursuivre pour le tout la *femme* comme personnellement obligée, le *mari* comme l'ayant autorisée, et la *communauté* parce que quiconque peut poursuivre le mari peut aussi poursuivre la communauté. Ce principe était nécessaire ; car si le mari qui autorise sa femme ne pouvait être poursuivi, il eût peut-être usé de son influence pour la faire contracter seule, et pour mettre ainsi la communauté et lui-même à l'abri de toutes poursuites.

La femme qui agit en vertu d'une procuration de son mari ne s'oblige pas personnellement ; car le mandataire n'est pas tenu des engagements qu'il a contractés au nom et pour le compte du mandant. Le créancier ne pourrait donc poursuivre que le mari et la communauté.

On voit par ce qui précède que les créanciers ne peuvent

que gagner au régime de communauté ; car, sans perdre leur
droit de poursuite pour la totalité de la dette contre l'époux
qui l'a contractée, ils ont encore souvent leur droit de poursuite à exercer contre la communauté.

Nous trouverons bientôt, en examinant dans quelles pro-
portions les dettes qui surviennent au cours du mariage tombent ou non dans la communauté, l'application fréquente de
la distinction que nous venons d'établir entre le droit de
poursuite et le droit de contribution.

II. Du Passif contemporain au mariage.

Le passif contemporain au mariage provient de deux sources
différentes. Tantôt il dérive du fait même des époux qui
s'obligent soit par contrat, soit autrement, et tantôt il dérive
des donations ou successions qui leur échoient et qui sont grevées de dettes plus ou moins importantes.

Examinons la première hypothèse.

Lorsque la dette vient du *mari*, elle tombe *toujours* dans
la communauté pour le *droit de poursuite*, et presque toujours pour la *contribution définitive*. Il n'y a d'exception que
pour les dettes contractées par le mari dans un intérêt exclusivement personnel ou pour les amendes qu'il aurait encourues, et enfin, selon nous, pour les dettes dont il serait tenu
comme auteur d'un délit à raison duquel il aurait été condamné à des réparations civiles.

Lorsque la dette vient de la *femme*, qui s'est obligée avec
l'autorisation de son mari, la dette tombe encore dans la communauté, sauf dans deux cas que nous verrons bientôt. Mais
toutes les fois que la femme aura contracté avec l'autorisation
de justice et en son nom personnel, ou toutes les fois qu'elle
sera obligée par suite de délits ou de quasi-délits à elle imputables, ni la communauté ni le mari ne seront tenus, soit au
point de vue de la poursuite, soit au point de vue de la contribution, puisqu'alors la dette leur est tout à fait étrangère.
Les créanciers de la femme ne pourront donc la poursuivre

que sur la nue propriété de ses propres, car l'usufruit en appartient à la communauté et doit rester intact. En traitant de l'administration de la communauté, nous reviendrons sur les obligations contractées par la femme avec ou sans le consentement de son mari.

Passons à la deuxième hypothèse relative aux dettes dont peuvent être grevées les *donations* ou *successions* qui échoient aux époux pendant le mariage.

La formule qui régit ces dettes est précisément celle que le Code aurait dû appliquer aux dettes antérieures au mariage. On peut ainsi l'énoncer : Le passif et l'actif dépendant desdites donations ou successions tombent en communauté *dans la même proportion*.

Ainsi on ne dira plus que le passif doit tomber dans la communauté s'il est mobilier ; à ce compte il y tomberait tout entier ; mais on dira : L'actif mobilier qui tombe dans la communauté représente telle quotité, par exemple un tiers, un quart de la donation ou de la succession ; dès lors un tiers, un quart du passif doit aussi tomber dans la communauté. Un exemple rendra plus claire l'application de ce principe. Soit une succession composée activement de 100 de meubles, et de 200 d'immeubles, total 300 et passivement de 60 de dettes. Les 100 de meubles tombent en communauté, et les 200 d'immeubles restent propres à l'époux. La quotité de l'actif qui tombe en communauté représente un tiers de l'actif total. Donc, en conservant la proportion, un tiers des dettes, c'est-à-dire 20, doit être à la charge définitive de la communauté, sauf le droit de poursuite pour le tout qui peut appartenir aux créanciers de la succession, ainsi que nous allons l'expliquer.

Ce principe posé, parcourons tous les cas qui peuvent se présenter, et voyons successivement ce qui concerne la contribution aux dettes de la part des époux ou de la communauté, et ce qui concerne le droit de poursuite de la part des créanciers. Notons que la contribution aux dettes comme le droit de poursuite ne sont réglés ici que pour le temps où la communauté existe. Lorsqu'elle se dissout et se liquide, ils sont réglés par les articles 1482 et suivants du Code.

Il peut arriver que la donation ou succession échoie au *mari* ou à la *femme*. Dans les deux cas, il faut faire plusieurs distinctions.

Cette donation ou succession sera ou toute mobilière, ou toute immobilière, ou partie mobilière et partie immobilière.

Supposons-la échue au *mari*.

1° Si elle est *toute mobilière,* tout l'actif tombant dans la communauté, tout le passif y tombera, et la communauté pourra dès lors être poursuivie pour la totalité, sans récompense.

2° Si elle est *toute immobilière*, aucune portion de l'actif ne tombant dans la communauté, aucune portion du passif n'y tombera ; mais les créanciers n'en auront pas moins encore le droit de poursuivre pour le tout la communauté, puisque le mari est obligé. Seulement il lui sera dû récompense de ce qu'elle aura payé.

3° Si elle est partie *mobilière* et partie *immobilière,* par exemple, mobilière pour un cinquième, et immobilière pour le restant ; la communauté, recevant un cinquième de l'actif, supportera, ainsi que nous l'avons dit tout à l'heure, un cinquième du passif ; mais, comme dans le cas précédent, elle pourra être poursuivie pour le tout ; seulement si elle paye, le mari lui devra récompense pour quatre cinquièmes.

Supposons la donation ou succession échue à la *femme*.

1° Si elle est *toute mobilière*, et que la femme l'accepte *avec l'autorisation du mari,* tout l'actif tombant dans la communauté, tout le passif y tombera, et les créanciers pourront poursuivre pour le tout la femme et la communauté comme débitrices, plus le mari comme ayant autorisé sa femme.

Dans le cas où, le *mari refusant,* la *justice* aurait *autorisé la femme,* et qu'un inventaire régulier aurait empêché la confusion des meubles donnés ou légués avec ceux de communauté, le mari et la communauté ne pourraient être poursuivis; car ils sont l'un et l'autre restés complétement étrangers à la donation ou à la succession. Les créanciers n'auraient donc d'action que contre la femme sur la *pleine propriété* des biens qui lui sont échus et sur la nue propriété de ses propres antérieurs, l'usufruit de ces derniers biens appartenant à la communauté, qui n'en peut être frustrée. Le mari qui, par défaut d'inventaire, aurait laissé les meubles échus à la femme se confondre avec ceux de la communauté, aurait par cela même rendu possible pour le tout contre cette dernière la poursuite des créanciers, parce qu'il est désormais impossible de fixer dans quelle limite la communauté a ou n'a pas profité de la donation ou succession; et comme le mari peut être poursuivi, lorsque la communauté est elle-même sujette à une action, sa négligence aurait produit le même résultat que son autorisation.

La femme qui souffrirait d'un défaut d'inventaire parce que, par exemple, le mari refuserait de lui reconnaître tout le mobilier à elle échu, peut en prouver la consistance, tant par titres que par témoins, et, au besoin, par la commune renommée. Cette dernière preuve consiste dans une enquête où l'on entend toutes les personnes qui ont eu connaissance plus ou moins exacte de la valeur du mobilier, et c'est d'après leur estimation approximative que cette valeur sera déterminée. Un pareil mode d'évaluation présente de grands dangers pour le mari, car le public est plus porté à exagérer les fortunes qu'à les diminuer.

Le mari doit commander et diriger toutes les opérations servant à constater sa fortune ou celle de sa femme. Dès lors, s'il n'a pas fait inventorier ses biens personnels, il ne pourra jamais recourir à la commune renommée, et tous les meubles sur lesquels il ne prouvera pas son droit par des titres réguliers appartiendront à la communauté.

2° Lorsque la donation ou succession échue à la femme est

toute immobilière, aucune partie de l'actif ne tombant en communauté, aucune partie du passif n'y tombera. Exceptionnellement, le mari qui aurait autorisé sa femme à l'accepter ne pourra pas être poursuivi non plus que la communauté. La raison en est que son autorisation ne peut profiter qu'à la femme, et, du moment que ni le mari ni la communauté n'en sauraient tirer un avantage, il serait injuste de les soumettre à la poursuite des créanciers.

Le Code, avons-nous dit plus haut, a prévu un deuxième cas où l'autorisation donnée par le mari à sa femme n'expose à aucune poursuite ni lui ni la communauté. C'est celui de l'art. 1432 qui suppose la vente faite par la femme de l'un de ses propres, avec l'autorisation de son mari. Quand le mari se porte *garant* de la vente envers l'acheteur, ce dernier peut le poursuivre ainsi que la communauté, s'il vient à être troublé ou évincé. Mais quand le mari s'est borné à *autoriser* sa femme, l'acheteur ne peut, par argument *à contrario,* poursuivre ni lui ni la communauté.

Faut-il s'en tenir à ces deux exceptions expressément formulées, ou bien faut-il les généraliser et dire que dans toutes les hypothèses où les intérêts de la femme seront seuls en jeu, l'autorisation du mari ne l'obligera point, non plus que la communauté? Nous pensons que les deux exceptions du Code sont les seules qu'on doive admettre. Elles se justifient par une entière évidence que l'autorisation du mari dans les deux cas prévus profite à la femme exclusivement. Si on les étendait par analogie à d'autres hypothèses, on ne saurait plus où s'arrêter, et souvent l'on serait exposé à regarder comme intéressant la femme seule, certaines opérations qui, au fond, intéresseraient le mari et la communauté [1].

3° Si enfin la donation ou succession est *partie mobilière* et *partie immobilière,* par exemple, mobilière pour un cinquième et immobilière pour le surplus, et que la femme l'ait

---

[1] Rodière et Pont, t. I, n° 590. — Marcadé, art. 1419.

acceptée avec l'autorisation du mari, celle-ci sera poursuivie pour le tout, tant sur la pleine propriété de ses biens personnels que sur les biens compris dans la donation ou la succession. La communauté et le mari ne devraient l'être que pour un cinquième, s'il a été fait un inventaire régulier qui ait empêché les meubles de la donation ou de la succession de se confondre avec ceux de communauté. Mais, afin de simplifier les opérations, la loi permet de poursuivre pour le tout le mari et la communauté, sauf récompense. Dans le cas où la femme aurait accepté avec autorisation de justice, et qu'il y aurait un inventaire régulier, elle seule pourrait être poursuivie, tant sur les biens de la donation ou succession que sur la nue propriété de ses biens personnels. Le mari et la communauté seraient à l'abri de toute action, puisque l'un et l'autre seraient restés complétement étrangers auxdites donations ou successions. A défaut d'inventaire, la confusion des meubles échus à la femme avec ceux de communauté amènerait, comme précédemment, des poursuites et contre la communauté qui a profité de ces meubles, et contre le mari qui a négligé l'inventaire.

Nous venons de parcourir toutes les dettes qui tombent en *capital* dans la communauté. Au point de vue des *revenus*, la communauté qui a l'usufruit de tous les biens restés propres aux époux supporte naturellement toutes les charges afférentes à ces revenus. En d'autres termes, profitant des revenus actifs, elle supporte les revenus passifs.

Ces charges courantes sont les arrérages des rentes et les intérêts des dettes dont les époux sont personnellement tenus, et qui leur sont restés propres, les réparations usufructuaires de leurs propres, le payement des contributions dont les propres sont grevés, etc.

En outre, comme la communauté a tous les revenus actifs, elle doit faire face à toutes les autres dépenses qui sont la charge normale des revenus. Ainsi elle supporte les aliments de la famille, les frais d'éducation des enfants, ceux de leur établissement, et en général toutes les charges du mariage.

Résumons :

Le passif de la communauté comprend *en capital* :

1° Toutes les dettes *mobilières* des époux *antérieures* à leur mariage, et non afférentes à un propre;

2° Les dettes *contractées pendant le mariage*, soit par le mari, soit par la femme autorisée de son mari, sauf les exceptions que nous avons indiquées;

3° Les dettes dépendant des donations ou successions recueillies, soit par le mari, soit par la femme dûment autorisée, dans la proportion de l'actif qui tombe en communauté.

Enfin le passif de la communauté comprend *en revenu:*

1° Les *arrérages* et *intérêts* de rentes ou dettes dont les époux sont personnellement grevés;

2° Les *charges usufructuaires* afférentes à leurs propres ;

3° Les *charges du mariage.*

DEUXIÈME SECTION

DE L'ADMINISTRATION DE LA COMMUNAUTÉ ET DE L'EFFET DES ACTES DE L'UN OU DE L'AUTRE ÉPOUX RELATIVEMENT A LA SOCIÉTÉ CONJUGALE.

Art. 1421. Le mari administre seul les biens de la communauté. — Il peut les vendre, aliéner et hypothéquer sans le concours de la femme.

1422. Il ne peut disposer entre-vifs, à titre gratuit, des immeubles de la communauté, ni de l'universalité ou d'une quotité du mobilier, si ce n'est pour l'établissement des enfants communs. — Il peut néanmoins disposer des effets mobiliers à titre gratuit et particulier, au profit de toutes personnes, pourvu qu'il ne s'en réserve pas l'usufruit.

1423. La donation testamentaire faite par le mari ne peut excéder sa part dans la communauté. — S'il a donné en cette forme un effet de la communauté, le donataire ne peut le réclamer en nature qu'autant que l'effet, par l'événement du partage, tombe au lot des héritiers du mari ; si l'effet ne tombe point au lot de ces héritiers, le légataire a la récompense de la valeur totale de l'effet donné, sur la part des héritiers du mari dans la communauté et sur les biens personnels de ce dernier.

1424. Les amendes encourues par le mari pour crime n'emportant pas mort civile peuvent se poursuivre sur les biens de la communauté, sauf la récompense due à la femme ; celles encourues par la femme ne peuvent s'exécuter que sur la nue propriété de ses biens personnels, tant que dure la communauté.

1425. Les condamnations prononcées contre l'un des deux époux pour crime emportant mort civile ne frappent que sa part de la communauté et ses biens personnels.

1426. Les actes faits par la femme sans le consentement du mari, et même avec l'autorisation de la justice, n'engagent point les biens de la communauté, si ce n'est lorsqu'elle contracte comme marchande publique et pour le fait de son commerce.

1427. La femme ne peut s'obliger ni engager les biens de la communauté, même pour tirer son mari de prison, ou pour l'établissement de ses enfants en cas d'absence du mari, qu'après y avoir été autorisée par justice.

1428. Le mari a l'administration de tous les biens personnels de la femme. — Il peut exercer seul toutes les actions mobilières et possessoires qui appartiennent à la femme. — Il ne peut aliéner les immeubles personnels de sa femme sans son consentement. — Il est responsable de tout dépérissement des biens personnels de sa femme, causé par défaut d'actes conservatoires.

1429. Les baux que le mari seul a faits des biens de sa femme pour un temps qui excède neuf ans ne sont, en cas de dissolution de la communauté, obligatoires vis-à-vis de la femme ou de ses héritiers que pour le temps qui reste à courir soit de la première période de neuf ans, si les parties s'y trouvent encore, soit de la seconde, et ainsi de suite, de manière que le fermier n'ait que le droit d'achever la jouissance de la période de neuf ans où il se trouve.

1430. Les baux de neuf ans ou au-dessous que le mari seul a passés ou renouvelés des biens de sa femme, plus de trois ans avant l'expiration du bail courant s'il s'agit de biens ruraux, et plus de deux ans avant la même époque s'il s'agit de maisons, sont sans effet, à moins que leur exécution n'ait commencé avant la dissolution de la communauté.

1431. La femme qui s'oblige solidairement avec son mari pour les affaires de la communauté ou du mari n'est réputée, à l'égard de celui-ci, s'être obligée que comme caution ; elle doit être indemnisée de l'obligation qu'elle a contractée.

1432. Le mari qui garantit solidairement ou autrement la vente que sa femme a faite d'un immeuble personnel a pareillement un recours contre elle, soit sur sa part dans la communauté, soit sur ses biens personnels, s'il est inquiété.

1433. S'il est vendu un immeuble appartenant à l'un des époux, de même que si l'on s'est rédimé en argent de services fonciers dus à des héritages propres à l'un d'eux, et que le prix en ait été versé dans la communauté, le tout sans remploi, il y a lieu au prélèvement de ce prix sur la communauté, au profit de l'époux qui était propriétaire, soit de l'immeuble vendu, soit des services rachetés.

1434. Le remploi est censé fait à l'égard du mari, toutes les fois que, lors d'une acquisition, il a déclaré qu'elle était faite des deniers provenus de l'aliénation de l'immeuble qui lui était personnel, et pour lui tenir lieu de remploi.

1435. La déclaration du mari que l'acquisition est faite des deniers provenus de l'immeuble vendu par la femme et pour lui servir de remploi ne suffit point, si ce remploi n'a été formellement accepté par la femme ; si elle ne l'a point accepté, elle a simplement droit, lors de la dissolution de la communauté, à la récompense du prix de son immeuble vendu.

1436. La récompense du prix de l'immeuble appartenant au mari ne s'exerce que sur la masse de la communauté ; celle du prix de l'immeuble appartenant à la femme s'exerce sur les biens personnels du mari, en cas d'insuffisance des biens de la communauté. Dans tous les cas, la récompense n'a lieu que sur le pied de la vente, quelque allégation qui soit faite touchant la valeur de l'immeuble aliéné.

1437. Toutes les fois qu'il est pris sur la communauté une somme soit pour acquitter les dettes ou charges personnelles à l'un des époux, telles que le prix ou partie du prix d'un immeuble à lui propre, ou le rachat de services fonciers, soit pour le recouvrement, la conservation ou l'amélioration de ses biens personnels, et généralement toutes les fois que l'un des deux époux a tiré un profit personnel des biens de la communauté, il en doit la récompense.

1438. Si le père et la mère ont doté conjointement l'enfant commun, sans exprimer la portion pour laquelle ils entendaient y contribuer, ils sont censés avoir doté chacun pour moitié, soit que la dot ait été fournie ou promise en effets de la communauté, soit qu'elle l'ait été en biens personnels à l'un des deux époux. — Au second cas, l'époux dont l'immeuble ou l'effet personnel a été constitué en dot a, sur les biens de l'autre, une action en indemnité pour la moitié de ladite dot, eu égard à la valeur de l'effet donné au temps de la donation.

1439. La dot constituée par le mari seul à l'enfant commun, en effets de la communauté, est à la charge de la communauté ; et, dans le cas où la communauté est acceptée par la femme, celle-ci doit supporter la moitié de la dot, à moins que le mari n'ait déclaré expressément qu'il s'en chargeait pour le tout, ou pour une portion plus forte que la moitié.

1440. La garantie de la dot est due par toute personne qui l'a constituée ; et ses intérêts courent du jour du mariage, encore qu'il y ait terme pour le payement, s'il n'y a stipulation contraire.

Notions générales. — Nous venons de voir comment se constitue activement et passivement la communauté légale. Nous avons maintenant à étudier les règles qui président à son administration.

Dans les sociétés ordinaires l'administration appartient à tous les associés, et à défaut de conventions contraires, leur unanimité est nécessaire pour l'accomplissement des différents actes qui concernent les intérêts communs.

Dans la société conjugale il n'en pouvait être de même. Si le mari et la femme avaient eu des pouvoirs égaux, l'anarchie eût souvent envahi l'administration de la communauté, et dans le cas où ni l'un ni l'autre n'aurait cédé, cette administration eût été entièrement paralysée.

Pour prévenir ces conflits, également funestes aux intérêts des époux et à la paix de leur maison, le Code a confié au mari *seul* l'administration de la communauté. L'ancien droit français lui accordait les mêmes pouvoirs et la coutume de Paris allait jusqu'à l'appeler seigneur et maître de la communauté. Sous l'empire du Code, le mari n'a que le titre d'administrateur, mais ses pouvoirs sont tellement étendus qu'ils égalent, dans la plupart des cas, ceux d'un véritable propriétaire. Seulement, lorsqu'il y aura doute sur le point de savoir s'il a qualité pour accomplir tel ou tel acte intéressant la communauté, on devra s'en référer aux règles admises en matière d'administration, et non assimiler ses pouvoirs à ceux d'un propriétaire.

Quant à la femme, la loi ne lui accorde aucun droit de contrôle sur les actes du mari, et nous avons même vu qu'elle ne pouvait pas le stipuler par contrat de mariage. Si en fait la gestion du mari compromet sa fortune, elle n'aura que la ressource de la séparation de biens dont nous parlerons ultérieurement.

Examinons en détail les pouvoirs du mari, d'abord comme administrateur des biens de communauté, ensuite comme administrateur des propres de la femme.

De l'administration des BIENS DE COMMUNAUTÉ. — Dans le cours du mariage, le mari peut avoir à faire soit des actes *à titre onéreux*, soit des actes *à titre gratuit*, et ses pouvoirs sont très-différents selon qu'il s'agit des uns ou des autres.

Des actes à TITRE ONÉREUX. — Le mari peut faire tous les actes à titre onéreux intéressant la communauté. Ainsi, il peut vendre ou échanger les meubles et les immeubles de la communauté, constituer des hypothèques, faire toutes transactions, etc. Au point de vue de ces actes, ses pouvoirs sont donc tout à fait ceux d'un véritable propriétaire, et lors même que le mari, cessant d'être bon administrateur, dilapiderait les ressources communes, la femme n'a aucun compte à lui demander.

Des actes à TITRE GRATUIT. — Les pouvoirs du mari en matière d'actes à titre gratuit sont beaucoup moins étendus. Et en effet, si la loi lui donne toute latitude pour faire les actes à titre onéreux, c'est qu'elle compte sur sa sagesse, soutenue par son intérêt, pour administrer en bon père de famille les biens communs. Quand il s'agit au contraire d'actes à titre gratuit, il est bien certain que ces actes ne peuvent jamais être utiles à la communauté, et le mari ne pourrait les accomplir qu'en devenant infidèle au mandat de bien administrer que la loi lui confère. Parmi les actes à titre gratuit, il y a toutefois encore à faire une distinction, suivant que l'acte est une donation entre-vifs, ou une libéralité testamentaire.

Des donations. — Le mari ne peut pas en général faire des donations avec les biens de la communauté, si ce n'est pour l'établissement des enfants communs. Ainsi la donation qu'il ferait des immeubles de communauté, ou de l'universalité, et même d'une quotité du mobilier commun, serait nulle. Mais, par contre, la donation de meubles individuels, en faveur de toute personne, lui est permise, pourvu qu'il ne s'en réserve pas l'usufruit (art. 1422).

Ces diverses dispositions de l'art. 1422 demandent quelques explications.

La prohibition de donner des immeubles se comprend aisément. Il n'en est pas de même de la prohibition de donner l'*universalité* ou une *quote-part* des meubles communs. En effet, toute donation de meubles se traduit par un état estimatif, ou par une remise de la main à la main, qui *individualise* nécessairement les meubles donnés, et il est impossible de concilier ces deux idées que d'une part la libéralité est faite sous forme de donation entre-vifs, et que d'autre part les meubles donnés constitueraient une universalité, ou une quote-part d'universalité. On ne doit donc voir dans cette disposition qu'une inadvertance du législateur.

Quant à la faculté de donner des meubles individuels, elle se justifie pleinement par cette considération que souvent le mari aura des services à récompenser, ou des misères à secourir, et qu'on ne pourrait pas raisonnablement l'empêcher d'être reconnaissant, ou charitable. D'ailleurs il eût facilement éludé la prohibition que le Code aurait édictée, et mieux valait à tous les points de vue lui permettre ce qu'on ne pouvait pas efficacement lui interdire. Peut-être cependant le Code aurait-il bien fait de déclarer nulles les libéralités exagérées.

Pourquoi faut-il, pour la validité des donations de meubles individuels, que le mari ne *s'en réserve pas l'usufruit?*

C'est que s'il avait pu se réserver l'usufruit des biens donnés, il n'eût éprouvé personnellement aucune diminution de ses revenus, et au fond une telle libéralité n'aurait souvent eu pour but que de frustrer la communauté. Or, si le mari a et devait avoir le droit de faire un acte de générosité ou d'humanité, il ne saurait avoir celui de spolier la communauté, sans se nuire à lui-même. — L'esprit du Code doit, selon nous, faire aussi déclarer nulles toutes autres donations de meubles individuels qui auraient un caractère frustratoire. Ainsi, lorsque le mari fait une donation de meubles à un ascendant âgé pour qu'il les convertisse en immeubles, lesquels lui reviendront tôt ou tard par succession à titre de propres, cette donation porte en elle un caractère manifeste de fraude et l'on ne saurait, à notre avis, la maintenir.

Lorsque, en fait, le mari a donné soit un immeuble, soit un meuble dont il s'est réservé l'usufruit, la donation est-elle nécessairement nulle ? D'abord il est certain que l'objet donné devra être compris dans la masse active, lorsqu'il s'agira de la partager entre les deux époux ou leurs héritiers. Si, par l'effet du partage, l'objet tombe dans le lot du mari donateur ou de ses héritiers, il n'y a pas de raison pour que la libéralité ne reçoive pas son exécution. S'il tombe dans le lot de la femme, il est certain que l'objet lui-même ne pourra pas être remis au donataire ; mais lui en devra-t-on l'estimation ? Lorsqu'il s'agit d'un legs, la loi accorde cette estimation au légataire, et véritablement il n'y a pas de raison de différence entre le legs et la donation. Celle-ci, nulle quant à l'objet, restera donc valable quant à son estimation.

Reste à examiner si la prohibition faite au mari de donner entre vifs les immeubles de la communauté peut cesser par le concours de la femme à la donation. La question est des plus controversées. Nous admettons la négative :

1° Parce que les pouvoirs du mari sur les biens de la communauté sont toujours indépendants du concours de la femme, que la prohibition du Code est absolue, et qu'on ne voit pas comment le concours de la femme pourrait augmenter les pouvoirs du mari et lever la prohibition dont il s'agit ;

2° Parce que le consentement de la femme qui est sous la dépendance du mari, n'aurait, la plupart du temps, aucune signification sérieuse, et qu'en réalité les intérêts de la communauté n'y trouveraient pas la protection que le législateur a voulu leur assurer.

On objecte en vain que le concours de la femme rend possible la donation de l'un de ses propres, et qu'il serait inconséquent que ce concours ne rendît pas également possible la donation d'un immeuble commun. En effet la femme ne consent habituellement à l'aliénation de ses propres qu'en cas de nécessité absolue ou d'avantage évident, et l'on n'a pas à craindre qu'elle concoure facilement à la donation que le mari voudrait lui imposer. Mais comment pourra-t-elle refuser ce concours lorsqu'il s'agira d'un immeuble de communauté, le plus souvent acquis par le travail ou l'industrie du mari? Et si son consentement suffit pour valider la donation, n'a-t-on pas à craindre que les tentatives du mari pour l'obtenir, ne deviennent une source de troubles pour le ménage, comme elles sont une menace pour les intérêts communs? Reconnaissons la sagesse de la loi qui a voulu, dans la mesure du possible, protéger ces intérêts contre les abus et les dilapidations des époux, et disons que la donation des immeubles communs, même faite par le mari avec le concours de la femme, est toujours nulle, parce qu'elle ne peut jamais que nuire à la communauté, et par suite à l'avenir de la famille [1].

Des legs. — Le mari peut léguer toute sa part dans la communauté, mais pas davantage, puisque le surplus appartient à la femme survivante, ou à ses héritiers. D'où la conséquence que si la femme ou ses héritiers renonçaient à la communauté, celle-ci aurait pu valablement être léguée tout

---

[1] *Sic*, Marcadé, art. 1422. — Rodière et Pont, t. I, n° 662. — *Contrà*, Duranton, t. XIV, n° 272. — Troplong, t. II, n° 903 et suiv.

entière par le mari, puisqu'alors elle lui aurait intégralement appartenu.

Il arrive souvent que les dispositions testamentaires du mari ont pour objet, non la quote-part de la communauté qui lui revient, mais un objet individuel appartenant à la communauté. Un tel legs est-il valable ? La raison de douter vient de ce que l'objet légué peut lors du partage tomber au lot de la femme, et alors il semble que le legs doit être nul comme ayant pour objet la chose d'autrui. L'art. 1423 le déclare cependant valable. Seulement la disposition s'exécutera différemment, selon qu'en fait l'objet tombera dans le lot des héritiers du mari, ou dans le lot de la femme. S'il tombe dans le lot des héritiers du mari, l'objet sera délivré en nature au légataire. S'il tombe dans le lot de la femme, les héritiers du mari lui en donneront l'estimation. On voit habituellement dans cette solution de l'art. 1423 une dérogation au principe de l'art. 1021 qui frappe de nullité le legs de la chose d'autrui. Mais cette manière de voir n'est pas exacte. On ne peut pas véritablement appeler chose d'autrui, la chose de la communauté, chose qui par l'effet du partage peut parfaitement tomber au lot des héritiers du mari. Outre que celui-ci a sur la chose qu'il lègue un droit éventuel, il est encore certain qu'en léguant un objet de la communauté il a entendu faire un legs utile, lors même que l'objet tomberait dans le lot de la femme. C'est donc sainement interpréter son intention que de dire qu'au cas où l'objet ne pourrait point être délivré en nature, par l'effet du partage, il devra toujours être délivré en équivalent, c'est-à-dire en argent. En expliquant l'art. 1021, nous avons montré que son application doit être restreinte à l'hypothèse où il y a doute sur le point de savoir si le testateur avait ou non connaissance qu'il léguait la chose d'autrui. Aucun doute ici n'est possible, et le Code assure avec raison à la volonté du mari défunt une pleine et entière efficacité.

Nous avons vu, en traitant des *droits et devoirs respectifs des époux*, que la femme n'a pas besoin de l'autorisation de son mari pour tester. Doit-on appliquer aux legs qu'elle ferait les règles que nous venons d'exposer pour les legs qui émanent du mari? Le Code ne s'en explique point, mais comme les raisons de décider sont les mêmes, il faut, selon nous, adopter les mêmes solutions. On objecte que dans le cas où la femme aurait légué un objet qui tombe au lot du mari, il faudrait appliquer ici la nullité que l'art. 1021 édicte pour les legs de la chose d'autrui, puisque la dérogation de l'art. 1423 ne s'applique formellement qu'au legs analogue fait par le mari. Nous avons réfuté d'avance cette objection, en montrant que l'art. 1423, loin de déroger à l'art. 1021, ne fait que l'appliquer judicieusement. Il n'y a donc aucune raison plausible de différence entre les legs d'objets individuels faits par la femme, et ceux faits par le mari, et on doit les régir par les mêmes principes [1].

Des OBLIGATIONS *qui prennent naissance au* COURS DE LA COMMUNAUTÉ. — Toute administration suppose une série de contrats qui en sont l'expression et qui engendrent des obligations. En dehors des contrats, il peut encore se former des obligations d'une autre nature ayant pour cause les délits ou quasi-délits dont l'un des époux peut se rendre coupable, ou tout au moins devenir responsable. Voyons dans quelle mesure ces diverses obligations affectent ou non la communauté.

Des obligations du MARI. — Toutes les obligations que le mari contracte comme administrateur de la communauté, et en tant qu'il gère ses affaires, tombent en communauté, ainsi que nous l'avons expliqué précédemment, et elles y tombent sans récompense.

Les obligations que le mari contracte dans son intérêt personnel, par exemple les emprunts qu'il fait pour payer le prix d'un propre, ou pour y faire des constructions; et

---

[1] *Sic*, Duranton, t. XIV, n° 280. — Rodière et Pont, t. I, n° 671. — *Contrà*, Marcadé, art. 1423, n° 6. — Massé et Vergé, t. IV, p. 92, note 14.

celles dont il est tenu comme coupable ou responsable soit
de délits, soit de quasi-délits, ne tombent en communauté
qu'au point de vue de la *poursuite*, et si la communauté les
paye, le mari lui en doit récompense.

Au sujet de cette récompense, il n'y a, nous le savons,
aucun doute, ni pour les dettes contractées dans l'intérêt personnel du mari, ni pour les *amendes* (art. 1424); mais le doute
existe pour les *réparations civiles*, c'est-à-dire pour les dommages-intérêts dont le mari serait tenu par suite de condamnations criminelles. L'art. 1424 ne parlant que des *amendes*,
certains auteurs en ont conclu que si la communauté payait
simplement des *réparations civiles* dues par le mari, elle
n'aurait pas droit à récompense. Le mari, disent-ils, a le
droit de dissiper la communauté en vaines prodigalités, et
s'il peut la ruiner par ses folies, sans lui devoir de récompense, pourquoi lui devrait-il récompense quand il en emploie les ressources à indemniser les tiers qui ont souffert
du délit dont il leur doit réparation?

Nous ne saurions adopter un tel système. Le mari reçoit
de la loi plein pouvoir pour administrer la communauté, et
toutes les obligations afférentes à son administration incom-
bent à cette dernière. Mais lorsqu'il est évident que ses
obligations, loin de se rattacher à la gestion de la communauté,
proviennent de faits qui ne peuvent que la compromettre et
lui préjudicier, elles ne doivent pas rester à sa charge définitive. Une telle interprétation des pouvoirs du mari irait
directement contre le but que la loi et le bon sens leur assi-
gnent. Que le mari ne doive pas récompense pour les sommes qu'il jette à ses caprices et à ses prodigalités, cela se
comprend. Rarement il reste trace de ces dépenses; souvent
la femme y participe, et enfin il pourrait y avoir inconvénient grave à ouvrir une enquête domestique sur le chapitre
des dilapidations du mari. Mais quand il s'agit des réparations civiles, la situation n'est plus la même. Alors tout est
liquide, et le caractère de la dette, et l'emploi des deniers

de la communauté dans l'intérêt exclusif du mari. Pourquoi donc la communauté ne recevrait-elle pas récompense, si elle paye cette dette qui lui est totalement étrangère ? Ajoutons que le sens en apparence restrictif de l'art. 1424 qui ne parle que des *amendes*, trouve sa rectification et son complément dans l'article suivant qui parle des *condamnations* en termes généraux et absolus. Concluons donc que le mari doit récompense à la communauté, aussi bien dans l'hypothèse des réparations civiles, que dans celle des amendes [1].

Les art. 1424 et 1425 appellent une dernière observation. Ils prévoient le cas de condamnations emportant ou n'emportant pas la *mort civile*, et ils décident que le recouvrement des amendes ou condamnations se fera, selon cette double alternative, ou sur la part du mari dans la communauté dissoute, ou sur la communauté non dissoute, sauf récompense. Aujourd'hui que la mort civile est abolie, et qu'aucune condamnation criminelle ne dissout par elle-même la communauté, le recouvrement se fera toujours contre cette dernière ; et le mari lui devra simplement récompense.

Des obligations de la FEMME. — Écartons d'abord les obligations de la femme qui dériveraient de son délit ou de son quasi-délit. De telles obligations, qu'elles aient pour objet des amendes ou des réparations civiles, ne peuvent jamais être exécutées que sur la nue propriété de ses biens personnels, car la femme ne peut, par son fait, préjudicier ni au mari ni à la communauté (art. 1424). Écartons également les obligations contractées par la femme sans autorisation du mari ou de justice. La loi les frappe de nullité, et elles ne peuvent évidemment grever la communauté. Quant à celles que la femme aurait contractées après avoir été autorisée, il faut distinguer si elle l'a été par son mari ou par la justice. Dans le premier cas, elles tombent en communauté, mais dans le second elles n'y tombent pas, parce que le mari et la

---

[1] *Sic*, Pont, *Rev. crit.*, t. II, p. 523. — Aubry et Rau, t. IV, § 509, p. 282, note 15.

communauté ne doivent point souffrir d'actes auxquels ils sont restés étrangers.

Les art. 1426 et 1427 citent cependant trois cas où les engagements pris par la femme sans l'autorisation du mari tombent à la charge de la communauté. Ce sont :

1° Le cas où la femme a contracté, comme marchande publique et pour le fait de son commerce. Seulement cette exception à la règle est plus apparente que réelle, car la femme a déjà le consentement de son mari pour faire le commerce, et ce consentement implique autorisation de faire tous les contrats commerciaux. Quand l'acte consenti par la femme n'a pas le caractère commercial, il est annulable comme tous ceux qu'elle fait sans autorisation. S'il y a doute sur la nature de l'acte, nous pensons qu'il faut le réputer commercial, aux termes de l'art. 638 du Code de comm. qui établit cette présomption pour tous les billets souscrits par des commerçants, où une cause non commerciale n'est point énoncée [1].

2° Le cas où la femme s'oblige avec autorisation de justice, pour tirer son mari de prison.

3° Enfin celui où, en cas d'absence du mari, et avec la même autorisation, elle s'oblige pour l'établissement des enfants.

Dans ces deux dernières hypothèses il était juste que la dette contractée par la femme sans l'autorisation de son mari, ne lui restât pas propre, puisque dans la première le mari est le premier à profiter de l'engagement qu'elle prend, et que, dans la seconde, elle ne fait que mettre à exécution une des charges normales de la communauté, qui est l'établissement des enfants.

Si au lieu de faire un emprunt, la femme autorisée de justice aliénait un bien commun, le mari et la communauté devraient évidemment aussi tenir l'acte pour obligatoire et définitif.

Ces exceptions doivent-elles être prises dans un sens

---

[1] Demangeat sur Bravard, t. I, p. 81. — Valette, *Explic. somm. Cod. Nap.*, p. 331.

limitatif? Non assurément, car il est d'autres cas où l'autorisation donnée par justice à la femme reposera sur des motifs
aussi plausibles, et intéressera aussi directement la communauté ou le mari. Ainsi nul doute que les actes que la femme
aurait été autorisée par justice à faire en l'absence de son
mari, soit pour la conservation, soit pour l'administration
des biens communs, ne fussent obligatoires pour le mari et
pour la communauté. L'art. 1427 a seulement voulu dire
que, même dans les cas les plus favorables, l'autorisation de
la justice est nécessaire à la femme pour contracter valablement.

De l'ADMINISTRATION *des biens* PERSONNELS *de la* FEMME. —
La communauté a, comme nous l'avons dit en examinant la
composition de son actif, l'usufruit des biens personnels de
l'un et de l'autre des deux époux. Dès lors, le mari qui
exerce tous les droits de la communauté usufruitière, a l'administration des propres de sa femme. Seulement ici, les
pouvoirs que la loi lui donne sont renfermés dans les limites
d'une administration ordinaire, et il ne peut ni aliéner ni
hypothéquer les immeubles de la femme sans son consentement. Parcourons les différents actes que le mari peut être
appelé à faire, et voyons quelle est la mesure de son autorité.

De l'EXERCICE *des* ACTIONS *appartenant à la femme*. — La
loi accorde particulièrement au mari le droit d'exercer *seul*
toutes les actions *mobilières* et *possessoires* qui appartiennent à la femme. A cet égard, rappelons que les actions se
divisent en *personnelles* et *réelles*, suivant qu'elles ont pour
but l'exécution d'une obligation, ou la poursuite d'un droit
opposable à tous, tel qu'un droit de propriété, de servitude,
etc.; en *mobilières* et *immobilières*, suivant que l'objet réclamé est un meuble ou un immeuble. On sait que les actions réelles immobilières se subdivisent en *possessoires* et
pétitoires ; que les premières ont pour but de conserver la
possession (action en *complainte*), ou de la recouvrer (action

en *réintégrande*), ou de faire cesser des travaux contraires à
l'exercice d'une servitude (action en *dénonciation de nouvel
œuvre*), et que, dans ce cas, la réclamation du demandeur est
uniquement fondée sur sa qualité de possesseur durant l'année qui a précédé le trouble ou la dépossession. On sait, en
outre, que les actions pétitoires fondées sur la qualité de
propriétaire, invoquée et prouvée par le demandeur, tendent à se faire délivrer une chose à l'égard de laquelle on
n'a pas, ou on n'a plus d'action possessoire.

Les actions possessoires et pétitoires n'ont pas la même
importance ; par les premières, on tend à se donner les avantages de la possession, dont le principal est de se faire présumer propriétaire ; mais la partie qui perd au possessoire peut
encore revendiquer au pétitoire.

L'action pétitoire a plus de gravité, précisément parce que
le demandeur est obligé de prouver qu'il est propriétaire,
et que, s'il perd son procès, il n'a plus la ressource d'une
nouvelle action. Aussi l'on comprend que le mari intente les
actions possessoires appartenant à la femme, et qu'il ne puisse
pas s'engager, sans son consentement, dans un procès en revendication d'immeubles, fort coûteux, et dont l'issue douteuse est en même temps très-périlleuse. Le mari pourra donc
agir au possessoire, poursuivre les débiteurs de la femme, leur
donner des quittances, etc., mais non revendiquer ses immeubles. Il est cependant une action pétitoire qui lui appartiendrait du chef de la communauté, c'est l'action en revendication de l'*usufruit* qu'a la communauté sur les biens
personnels de la femme. Seulement si cette dernière ne
revendique pas en même temps la nue propriété, le tiers
détenteur continuera de la prescrire.

*De l'*ALIÉNATION *des biens de la* FEMME. — Le mari, qui ne
peut revendiquer les immeubles de la femme, peut encore
moins les aliéner ou les hypothéquer sans son consentement.
Ce principe inscrit dans l'art. 1428 n'a besoin d'aucun commentaire. Mais faut-il dire *à contrario* que le mari pourra

aliéner les propres mobiliers de la femme ? Lorsque ces propres consistent en choses fongibles, telles que vin, blé ou autres denrées, la réponse affirmative n'est pas douteuse, car autrement il n'en pourrait la plupart du temps tirer aucun profit : l'aliénation seule permet de les convertir en argent, et de les faire fructifier. Lorsque au contraire les propres mobiliers de la femme·consistent en *corps certains*, tels que tableaux, statues, ou en choses incorporelles, telles que créances, rentes sur l'État, etc., nous pensons que le mari n'a pas la faculté de les aliéner, car la loi ne l'y a pas expressément autorisé, et de telles aliénations ne rentrent pas dans les termes d'une administration ordinaire [1]. Seulement les tiers contre lesquels la femme voudrait revendiquer les meubles corporels seront protégés par la maxime « En fait de meubles, la possession vaut titre ».

Le Code n'a pas formellement interdit au mari la vente des propres mobiliers de la femme, parce que souvent ils consistent en choses fongibles ou estimées. Or , dans ces deux cas, l'aliénation lui en est permise, parce que la communauté est momentanément propriétaire comme quasi-usufruitière.

Des actes CONSERVATOIRES. — Le mari doit faire tous les actes conservatoires des propres de la femme : il en est tenu à la fois comme chef de la communauté, usufruitière de ces propres, et comme mandataire légal, expressément chargé de les accomplir (art. 1428). Toute négligence de sa part engagerait sa responsabilité. Parmi les actes conservatoires, on peut citer les réparations des immeubles, les interruptions de prescription, le renouvellement des inscriptions hypothécaires, etc.

Des BAUX. — Les baux sont les actes les plus ordinaires dans toute administration. Quand le mari et la femme les font conjointement, ils peuvent leur assigner telle durée qui

---

[1] Marcadé, *Rev. crit.*, t. I, page 76.

leur convient, puisqu'ils ont la faculté même d'hypothéquer et d'aliéner les immeubles. Quand le mari fait *seul* les baux, il est nécessaire, pour savoir s'ils recevront leur entière exécution, de distinguer le cas où les baux expirent avant la dissolution de la communauté, et le cas où ils n'expirent qu'après cette époque. Dans la première hypothèse, les baux faits par le mari sont pleinement exécutés, quelle que soit la durée qui leur avait été assignée dès l'origine. Dans la seconde, au contraire, ils ne sont opposables à la femme ou à ses héritiers que si leur durée n'excède point neuf années. La période de neuf ans est la plus longue que la loi permette aux simples administrateurs. Un tel délai offre d'une part aux tiers une marge suffisante pour qu'ils puissent s'engager dans une location de quelque importance, et de l'autre il n'enchaîne pas pour un temps trop considérable la liberté des biens ainsi loués.

Le mari peut renouveler les baux des biens de sa femme deux ou trois ans avant l'expiration de la période courante, selon qu'il s'agit de biens urbains ou de biens ruraux. De là il résulte que la femme ou ses héritiers pourront avoir à supporter une période totale de onze ans pour les biens urbains, et de douze pour les biens ruraux. Au sujet des baux que le mari aurait faits pour une période de plus de neuf années, ou qu'il aurait renouvelés plus de deux ou trois ans, avant l'expiration de la période courante, suivant la distinction ci-dessus, ces baux ne seront obligatoires à l'égard de la femme ou de ses héritiers que pour le temps qui restera à courir de la période de neuf ans dans laquelle on se trouve, ou que si leur exécution a commencé avant la dissolution de la communauté (art. 1429, 1430). Nous avons déjà rencontré les mêmes règles et exposé la même théorie en traitant de l'administration des biens du mineur par son tuteur.

Des obligations contractées SOLIDAIREMENT *ou* CONJOINTEMENT *par le* MARI *et par la* FEMME. — Nous avons indiqué plus haut dans quelle mesure les obligations contractées séparément par le mari ou par la femme peuvent affecter la communauté. En traçant les règles applicables à l'administration des biens de la femme, le Code s'occupe des obligations que les époux contractent en commun.

Supposons d'abord une dette *solidaire*. A l'égard des tiers les époux seront tenus chacun pour le tout, de la même manière que le seraient des débiteurs étrangers l'un à l'autre. Mais comme la femme est sous la dépendance de son mari, et que souvent elle a pu donner sa signature dans un intérêt autre que le sien propre, l'art. 1431 établit en sa faveur la présomption qu'elle ne s'est engagée que comme *caution* de son mari. Seulement cette présomption ne peut être invoquée par la femme que dans ses rapports *avec son mari*, et jamais dans ses rapports, soit avec les tiers qui sont devenus ses créanciers, soit avec les tiers qui ont cautionné la dette solidaire qu'elle a contractée [1].

De la présomption qui précède découle une grave conséquence ; c'est que, si la femme paye la dette solidaire avec ses deniers personnels, elle aura recours pour le tout contre son mari, sans avoir à prouver que la dette était contractée dans l'intérêt exclusif de ce dernier ; et, par contre, le mari ne pourra se mettre à l'abri de cette action récursoire qu'en prouvant, ou que la dette était réellement dans l'intérêt exclusif de la femme, cas auquel celle-ci doit la supporter tout entière, ou que la dette était dans l'intérêt de la communauté, cas auquel la femme acceptante devra en supporter la moitié, l'autre moitié seulement restant à la charge du mari.

Supposons maintenant que les époux ont contracté *conjointement* et non solidairement. A l'égard des tiers la femme n'est tenue que pour moitié, comme le serait un débiteur conjoint ordinaire, mais le mari est tenu pour le tout, moitié comme personnellement obligé, et moitié comme

---

[1] Marcadé, art. 1431, n° 1. — Rodière et Pont, t. 1, n° 606. Paris, 16 avril 1864.

ayant autorisé sa femme. A l'égard du mari, la femme sera-t-elle comme dans le cas précédent présumée simple *caution ?* Nous le pensons : sa situation est la même, et la solution ne doit pas être différente.

DES REMPLOIS.

Lorsqu'un propre, soit mobilier, soit immobilier de l'un des époux est aliéné, le prix qui provient de cette aliénation doit rester propre comme le bien qu'il représente. Tant qu'il n'est pas payé, la créance de l'époux vendeur contre le tiers acheteur lui est *propre.* Quand le prix est payé, ce prix tombe provisoirement dans la communauté qui en doit récompense. Mais souvent l'époux vendeur, au lieu de laisser le prix de son propre dans la communauté, l'emploie à l'acquisition d'un nouveau propre qui doit remplacer l'ancien. On dit alors qu'il en fait *remploi.* Il ne faut pas confondre l'*emploi* avec le *remploi.* On fait *emploi* d'une somme lorsqu'on la prête à intérêt ou qu'on l'affecte à une acquisition quelconque, mais sans subroger la chose acquise à la chose aliénée. On fait *remploi,* au contraire, lorsqu'on affecte le prix d'un propre à l'acquisition d'un autre propre qui est *substitué* au précédent. Dans le premier cas, les risques sont pour la communauté qui devient propriétaire de la chose acquise, et reste débitrice envers l'époux du prix de son propre ; dans le second cas, les risques sont pour l'époux, qui devient propriétaire du nouveau propre, et n'a plus de récompense à répéter contre la communauté.

Le remploi se fait différemment, selon qu'il a lieu pour un propre du *mari,* ou pour un propre de la *femme.*

Lorsqu'il a lieu pour un propre du mari, l'*acte d'acquisition* doit porter que l'immeuble est acquis des deniers provenant de l'aliénation d'un de ses immeubles personnels, et que c'est pour lui tenir lieu de remploi. Cette double déclaration ne pourrait pas être faite après coup ; car si l'immeuble avait plus tard augmenté de valeur, le mari en ferait un propre ; et s'il avait diminué, il le laisserait à la communauté. Or, il est juste que les chances de gain se trouvent là où sont les chances de perte.

Lorsque le remploi a lieu pour un propre de la femme, il faut la double déclaration indiquée plus haut, et de plus *l'acceptation* de la femme elle-même ; car autrement le mari aurait pu lui donner en remploi un immeuble de nulle valeur, à la place d'un propre considérable. L'acceptation de la femme peut avoir lieu à toute époque, pourvu que ce soit avant la dissolution de la communauté [1]. Quand la femme refuse le remploi, l'immeuble tombe dans la communauté, qui reste débitrice envers elle du prix de son propre aliéné. Quand elle l'accepte, l'immeuble devient la propriété de la femme, qui n'a plus droit à aucune récompense, et qui désormais court toutes les chances de l'opération.

Ici se présente une question délicate et vivement controversée. La femme doit-elle être regardée comme ayant acquis *directement* l'immeuble du tiers qui l'a vendu ; ou bien doit-on dire que l'immeuble a été momentanément la propriété de la communauté, et n'est devenu la propriété de la femme qu'à partir de son acceptation ? En d'autres termes, cette acceptation *rétroagit-elle* au jour de l'acquisition, ou ne produit-elle son effet que du jour où elle est donnée par la femme ? L'intérêt de la question est grave. Admet-on la première alternative ? Alors la femme, succédant sans intermédiaire au vendeur, recevra l'immeuble franc et quitte de toutes les charges dont le mari aurait pu le grever dans l'intervalle de la vente à son acceptation, elle pourra même faire tomber l'aliénation qu'il en aurait consentie, une seule transcription sera nécessaire, enfin il sera dû un seul droit de mutation. Admet-on la seconde alternative ? Toutes les conséquences contraires se produisent.

Pothier admettait la rétroactivité de l'acceptation donnée

---

[1] Marcadé, art. 1435. — Troplong, t. II, n° 1126. — Cass., 2 mai 1859.

par la femme, et nous pensons qu'il faut encore adopter la
même solution. En effet, quel rôle joue le mari lorsqu'il achète
un immeuble pour le donner en remploi à sa femme ? En-
tend-il faire momentanément tomber cet immeuble en communauté? Non assurément : le rôle qu'il joue est celui
d'un gérant d'affaires, presque d'un mandataire légal de sa
femme dont il doit administrer la fortune personnelle, et
dans cette gestion d'affaires il a pour unique but la substitution du nouvel immeuble au propre que la femme a aliéné.
Quand celle-ci accepte immédiatement, il serait absurde de
dire qu'elle n'a pas directement succédé au vendeur puisqu'au fond il n'y a qu'une seule opération. Si cette acceptation n'est donnée qu'après un intervalle plus ou moins long,
pourquoi ne produirait-elle pas les mêmes effets? Les tiers
n'ont pas à se plaindre de cette rétroactivité. Ils savaient par
le contrat que l'opération concernait la femme, et que, si la
condition de son acceptation se réalisait, elle devrait rétroagir
et faire remonter la propriété de là femme au jour même de
la vente, comme le ferait l'accomplissement de toute autre
condition qui aurait été expressément ou virtuellement insérée dans le contrat. Quant au vendeur, il n'a pas d'avantage
à se plaindre, puisqu'il a le mari et la femme pour obligés, et
qu'il est en outre garanti par son privilége [1].

DES RÉCOMPENSES.

Nous savons qu'il y a lieu à récompense toutes les fois que
la communauté a profité des biens personnels d'un époux,
ou un époux des biens de la communauté, ou enfin un époux
des biens de l'autre époux. Chacun doit conserver son patrimoine tout entier, et ce qui en est distrait est regardé
comme une avance sujette à restitution. Si cette restitution
n'avait pas lieu, les époux pourraient indirectement se faire

---

[1] *Sic*, Bugnet sur Poth., t. VII, p. 125. — Labbé, *Ratif.* des actes d'un
gérant d'aff., n⁰ˢ 92 et suiv. — *Contrà*, Duranton, t. XIV, n⁰ 393. —
Troplong, t. II, n⁰ 1136.

des libéralités irrévocables, et, par cela même, illégales.

Des récompenses dues PAR LA COMMUNAUTÉ A L'UN DES ÉPOUX.
— Ces récompenses peuvent être dues, soit parce qu'un immeuble propre à l'un des époux a été vendu, et que le prix
en est tombé dans la communauté, soit parce qu'un tiers
s'est rédimé d'une servitude existant au profit d'un propre,
moyennant une somme qui est tombée aussi dans la communauté, soit enfin parce que celle-ci a profité de meubles qui
ne devaient point lui appartenir.

La récompense due au mari ne s'exerce que sur la communauté ; celle due à la femme s'exerce sur la communauté
d'abord et, en cas d'insuffisance, sur les biens du mari. La
raison de cette différence est que, le mari administrant seul
la communauté, n'a qu'à s'en prendre à lui-même, si elle
n'a pas un actif suffisant pour l'indemniser ; mais comme sa
faute ne doit pas retomber sur la femme, il est juste que
celle-ci ait un recours subsidiaire sur les biens du mari.

Dans les deux cas, la récompense n'a lieu que sur *le pied
de la vente*, et aucun des époux ne pourrait prétendre que
son immeuble a été vendu à vil prix. Toutefois, est-ce le prix
réel ou le prix *déclaré* dans l'acte que la communauté doit
restituer ? Souvent le prix réel excédera le prix déclaré ; car
les parties auront voulu diminuer les droits de mutation, en
déguisant le prix véritable. Il faut décider que la communauté restituera le prix *réel*, et non le prix *déclaré*, par la
raison qu'elle en a profité ; autrement les époux pourraient
se faire indirectement des avantages irrévocables. D'ailleurs
il n'est pas équitable que l'on fasse dépendre leurs intérêts
d'une dissimulation de prix où ils cherchaient un léger avantage, et qui se traduirait souvent par une perte importante[1].

Des récompenses dues PAR LES ÉPOUX *à* LA COMMUNAUTÉ. —
Les époux doivent récompense à la communauté toutes les
fois qu'ils ont tiré de ses biens un profit personnel, soit pour

[1] Rodière et Pont, t. I, n° 713. — Marcadé, art. 1436, n° 1.

payer un propre, soit pour le conserver ou l'améliorer, soit pour éteindre une dette personnelle.

Quel sera le montant de cette récompense? En principe, l'époux doit restituer la somme qu'il a reçue, sans distinguer si avec cette somme il s'est procuré un avantage plus ou moins considérable. Ainsi, lors même que la somme empruntée à la communauté n'aurait pas été utilement employée, et que la plus value donnée au propre serait inférieure à la dépense, l'époux devra récompense de toute la somme. L'art. 1408 fait lui-même l'application de ce principe dans une espèce particulière [1]. Mais la plupart des auteurs admettent une exception pour les dépenses voluptuaires que l'un des époux aurait faites sur son propre avec l'argent de la communauté. De telles dépenses ont pour but l'agrément de la famille, et, quoique faites sur un propre, elles profitent également aux deux époux et à leurs enfants. Il serait injuste d'assimiler ces dépenses, source de plaisirs communs, aux dépenses faites par l'un des époux dans son intérêt exclusivement personnel. Dès lors, l'époux dont le propre a été ainsi embelli ne devra compte à la communauté que de la plus value, s'il en existe une, produite par ces dépenses voluptuaires.

Lorsque l'un des époux convertit un droit viager en un droit perpétuel moins lucratif; par exemple, lorsqu'il échange un usufruit qui rapporte 100 contre la pleine propriété d'un objet qui rapporte 60, doit-il récompense à la communauté pour les 40 de revenu dont elle est privée? Nous ne le pensons pas, parce que, si la communauté a un droit d'usufruit général sur les biens personnels des deux époux, on ne peut pas dire qu'elle ait spécialement droit à l'usufruit de tel ou tel propre. La masse des propres de chaque époux peut augmenter ou diminuer, être plus productive ou moins productive. La communauté gagne ou perd à

---

[1] Marcadé, art. 1437. — Rodière et Pont, t. I, nos 726 et suiv.

ces modifications, mais, tant qu'il n'est rien distrait des revenus qui lui appartiennent, elle n'a aucune récompense à
exiger. Or ici l'époux, usant du droit qu'il a d'aliéner ses
propres et de leur substituer de nouveaux propres, n'a fait que
modifier les revenus qui tombent en communauté, mais il
n'a porté aucune atteinte à l'usufruit général de cette dernière, usufruit qui s'exerce toujours dans son intégrité. Décider la question autrement serait d'ailleurs porter atteinte
dans une certaine mesure à la liberté que les époux ont d'a-
liéner leurs propres comme ils l'entendent.

Il va sans dire que, dans l'hypothèse inverse de la précédente, la communauté qui aurait des revenus plus élevés ne
devrait pas davantage récompense à l'époux.

Des récompenses dues PAR UN ÉPOUX *à* L'AUTRE ÉPOUX. — Il
est rare qu'un époux doive des récompenses à l'autre, parce
que, comme nous l'avons vu, le mouvement des valeurs se fait
ordinairement de la communauté aux époux, ou des époux à
la communauté, et non d'un époux à l'autre époux. Il peut
arriver cependant que le propre d'un époux soit donné en
payement de la dette personnelle de son conjoint, ou que l'un
des époux en commettant des dégradations sur le propre de
l'autre soit devenu son débiteur personnel. Dans tous ces
cas il sera dû récompense. Cette récompense se prendra sur
les propres de l'époux débiteur et sur sa moitié dans la communauté. Elle sera de la somme entière, lors même que l'é-
poux débiteur n'en aurait pas intégralement profité. En un
mot, on appliquera les principes généraux que nous avons
exposés ci-dessus.

Les récompenses dues par un époux à l'autre diffèrent
néanmoins en un point de celles dues par les époux à la
communauté, ou par la communauté aux époux. En effet,
quand il s'agit des récompenses dues par les époux à la communauté, les intérêts courent de plein droit contre eux à
partir de sa dissolution, par la raison que la communauté n'a
plus de représentant pour exercer ses actions ; et par une

juste réciprocité il en est de même dans le cas où les récompenses sont dues par la communauté aux époux (art. 1473). Au contraire, quand la récompense est due par un époux à l'autre, les intérêts ne courent que du jour de la demande en justice (art. 1479).

DES CONSTITUTIONS DE DOT.

Le Code, en traitant ici des constitutions de dot, suppose que les père et mère sont mariés sous le régime de la communauté, et il indique dans quel cas la dot reste à leur charge personnelle, et dans quel cas elle tombe à la charge de la communauté. Plusieurs hypothèses peuvent se présenter. En effet, la dot sera constituée tantôt à un enfant né d'un premier lit, et tantôt à un enfant commun. Dans le premier cas, la dot est une charge personnelle de l'époux qui la constitue, et si la communauté la paye, il lui en est dû récompense. Rien n'est plus juste, puisque les enfants d'un premier lit, étant étrangers à la communauté née du second mariage, ne doivent point l'appauvrir.

Quant à la dot des enfants communs, elle peut être constituée soit par le mari et la femme *conjointement*, soit par le mari *seul*. Dans la première hypothèse, la dot se prendra non sur la communauté, mais sur les propres de chaque époux ; ou, si la communauté paye, il lui sera dû récompense. Comment expliquer ce résultat, puisque la communauté est constituée pour l'éducation et l'établissement des enfants communs ? Le voici : la femme est intervenue au contrat ; or, cette intervention serait complétement inutile si la communauté devait supporter la dot ; car le mari a pouvoir suffisant pour la constituer sur les biens communs. Il est donc évident que la femme a entendu s'engager sur ses biens personnels ; et, comme il serait injuste que, celle-ci payant sa part sur ses biens personnels, le mari payât la sienne sur les biens de communauté, la loi décide, avec raison, que chaque époux supportera la dot constituée à l'enfant commun, sur ses propres.

La constitution de dot sera ainsi faite lorsque la fortune des époux, étant principalement immobilière, la communauté ne pourrait pas suffire à l'établissement des enfants.

Si le mari *seul* constitue la dot, il est présumé, sauf déclaration contraire, la constituer sur les biens de la communauté : car il serait injuste de mettre la dot à sa charge personnelle, lorsque la femme n'aurait, dans ce cas, rien à supporter; cette hypothèse sera la plus fréquente. On sait, d'ailleurs, que les père et mère ne peuvent être aujourd'hui contraints de doter leurs enfants.

La dot a un double caractère : par rapport à celui qui la constitue, elle est un acte à titre gratuit, car il n'était pas tenu de la constituer : vis-à-vis de l'enfant qui la reçoit, elle est plutôt un acte à titre onéreux ; car il a à supporter, sur la dot, les charges du mariage. De là une double conséquence : d'une part, la dot sera sujette à *rapport* et à *réduction*, comme une donation ordinaire ; et, d'autre part, elle donne lieu, pour l'enfant, à une action *en garantie ;* ce qui n'existe pas de droit commun pour les donations. La loi va plus loin ; et comme les époux ont, dès leur mariage, à supporter des charges nouvelles, elle fait courir de *plein droit* les intérêts, encore qu'il y ait eu terme pour le payement.

TROISIÈME SECTION

DE LA DISSOLUTION DE LA COMMUNAUTÉ, ET DE QUELQUES-UNES DE SES SUITES.

ART. 1441. La communauté se dissout : — 1° par la mort naturelle ; — 2° par la mort civile ; — 3° par le divorce ; — 4° par la séparation de corps ; — 5° par la séparation de biens.

1442. Le défaut d'inventaire après la mort naturelle ou civile de l'un des époux ne donne pas lieu à la continuation de la communauté ; sauf les poursuites des parties intéressées, relativement à la consistance des biens et effets communs, dont la preuve pourra être faite tant par titres que par la commune renommée. — S'il y a des enfants mineurs, le défaut d'inventaire fait perdre en outre à l'époux survivant la jouissance de leurs revenus ; et le subrogé tuteur qui ne l'a point obligé à faire inventaire est solidairement tenu avec lui de toutes les condamnations qui peuvent être prononcées au profit des mineurs.

1443. La séparation de biens ne peut être poursuivie qu'en justice par la femme dont la dot est mise en péril, et lorsque le désordre des affaires du mari donne lieu de craindre que les biens de celui-ci ne soient point suffisants pour remplir les droits et reprises de la femme. — Toute séparation volontaire est nulle.

1444. La séparation de biens, quoique prononcée en justice, est nulle si elle n'a point été exécutée par le payement réel des droits et reprises de la femme, effectué par acte authentique, jusqu'à concurrence des biens du mari, ou au moins par des poursuites commencées dans la quinzaine qui a suivi le jugement, et non interrompues depuis.

1445. Toute séparation de biens doit, avant son exécution, être rendue publique par l'affiche sur un tableau à ce destiné, dans la principale salle du tribunal de première instance, et, de plus, si le mari est marchand, banquier ou commerçant, dans celle du tribunal de commerce du lieu de son domicile ; et ce, à peine de nullité de l'exécution. — Le jugement qui prononce la séparation de biens remonte, quant à ses effets, au jour de la demande.

1446. Les créanciers personnels de la femme ne peuvent, sans son consentement, demander la séparation de biens. — Néanmoins, en cas de faillite ou de déconfiture du mari, ils peuvent exercer les droits de leur débitrice jusqu'à concurrence du montant de leurs créances.

1447. Les créanciers du mari peuvent se pourvoir contre la séparation de biens prononcée et même exécutée en fraude de leurs droits ; ils peuvent même intervenir dans l'instance sur la demande en séparation, pour la contester.

1448. La femme qui a obtenu la séparation de biens doit contribuer, proportionnellement à ses facultés et à celles du mari, tant aux frais du ménage, qu'à ceux d'éducation des enfants communs.— Elle doit supporter entièrement ces frais, s'il ne reste rien au mari.

1449. La femme séparée, soit de corps et de biens, soit de biens seulement, en reprend la libre administration. — Elle peut disposer de son mobilier et l'aliéner. — Elle ne peut aliéner ses immeubles sans le consentement du mari, ou sans être autorisée en justice à son refus.

1450. Le mari n'est point garant du défaut d'emploi ou de remploi du prix de l'immeuble que la femme séparée a aliéné sous l'autorisation de la justice, à moins qu'il n'ait concouru au contrat, ou qu'il ne soit prouvé que les deniers ont été reçus par lui, ou ont tourné à son profit. — Il est garant du défaut d'emploi ou de remploi, si la vente a été faite en sa présence et de son consentement : il ne l'est point de l'utilité de cet emploi.

1451. La communauté dissoute par la séparation, soit de corps et de biens, soit de biens seulement, peut être rétablie du consentement des deux parties. — Elle ne peut l'être que par un acte passé devant notaires et avec minute, dont une expédition doit être affichée dans la forme de l'article 1445. — En ce cas, la communauté rétablie reprend son effet du jour du mariage ; les choses sont remises au même état que s'il n'y avait point eu de séparation, sans préjudice néanmoins de l'exécution des actes qui, dans cet intervalle, ont pu être faits par la femme en conformité de l'article 1449. — Toute convention par laquelle les époux rétabliraient leur communauté sous des conditions différentes de celles qui la réglaient antérieurement est nulle.

1452. La dissolution de la communauté opérée par le divorce ou par la séparation, soit de corps et de biens, soit de biens seulement, ne donne pas ouverture aux droits de survie de la femme ; mais celle-ci conserve la faculté de les exercer lors de la mort naturelle ou civile de son mari.

Des CAUSES DE DISSOLUTION. — La communauté, ne pouvant durer plus longtemps que le mariage, se dissout nécessairement par la mort naturelle de l'un des époux, et avant les lois de 1816 et de 1854 elle se dissolvait encore par le divorce et par la mort civile.

Quoique, selon le vœu de la loi, la communauté doive durer autant que le mariage, il arrive parfois que la dissolution de la première précède celle du second. Alors elle a lieu ou par la *séparation de corps*, ou par la *séparation de biens*, ou par la *déclaration d'absence*, lorsque l'époux présent opte pour la dissolution. Seulement, dans ce dernier cas, la dissolution et à plus forte raison le moment de cette dissolution manquent de certitude. En effet, si l'absent donne de ses nouvelles, il est prouvé que la communauté existe encore, et si l'absent étant mort, on vient à constater la date de son décès, il est prouvé que la communauté a été dissoute non au moment de sa disparition ou de ses dernières nouvelles, mais à la date de ce décès constaté. Le seul cas où l'absence soit par elle-même une cause de dissolution est celui où, ni l'existence ni le décès de l'absent ne pouvant être prouvés, on reste sous l'empire de la présomption que l'absent est réputé mort du jour de sa disparition ou de ses dernières nouvelles, jour auquel il faut rétroactivement se placer pour la liquidation de la communauté.

Dissolution de la communauté par la MORT *de l'*UN DES ÉPOUX. — Lorsque la communauté est dissoute par la mort de l'un des époux, le conjoint survivant doit faire procéder à un inventaire des biens de la communauté. Dans quel délai? Si la femme survit, le délai est de trois mois, comme nous le verrons plus tard; mais si c'est le mari, les auteurs ne sont pas d'accord : les uns veulent qu'en sa qualité de tuteur des enfants mineurs, il fasse procéder à l'inventaire dans les dix jours, comme le prescrit l'article 451 du Code; mais les autres répondent, avec raison, que cet article est fait pour le tuteur datif, et non pour le tuteur légitime. Il n'y a ici aucune raison de différence entre le mari et la femme, et d'ailleurs il serait trop rigoureux d'astreindre un mari qui vient de perdre sa femme à s'occuper immédiatement d'un inventaire; il faut donc accorder le délai de trois mois au mari [1].

La loi protége, par une double sanction, l'exécution de l'inventaire. Si le conjoint survivant n'y a point fait procéder dans les délais voulus, il subira un inventaire tant par titres et par témoins que par commune renommée. De plus, il sera privé de son droit d'usufruit sur les biens de ses enfants mineurs.

Cette déchéance est encourue de plein droit et sans qu'il soit besoin de la faire prononcer en justice. De plus elle est irrévocable, et l'inventaire dressé après le délai de trois mois

---

[1] Demolombe, t. VI, n° 571 et suiv. — Marcadé, art. 1442.

ne la ferait point cesser pour l'avenir [1]. L'époux survivant ne pourra s'en faire relever que s'il prouve avoir eu de justes motifs de négliger ou de retarder l'inventaire, ou avoir été empêché de le faire par force majeure.

Le subrogé tuteur doit veiller à la confection de l'inventaire par l'époux survivant. S'il manque à ce devoir, il deviendra solidairement responsable avec lui, sauf son recours, car l'époux survivant devra toujours définitivement supporter les suites de sa faute ou de sa négligence.

L'article 1442, dans le but d'abroger une règle de l'ancien droit français, déclare que le défaut d'inventaire ne donne pas lieu à la continuation de la communauté. Sous les coutumes de Paris et d'Orléans, les enfants mineurs avaient le choix entre la dissolution de la communauté au décès de leur père ou mère, et la dissolution à compter de leur demande en partage. Cette continuation de la communauté pendant l'intervalle de la mort au partage, lorsqu'en réalité l'union conjugale avait cessé d'exister, était un non-sens que le Code a fait avec raison disparaître.

De la séparation de corps. — En expliquant le livre Ier, nous avons fait connaître cette cause de dissolution, et nous n'avons pas besoin d'y revenir.

De la SÉPARATION DE BIENS. — La séparation de biens consiste, comme le mot l'indique, dans la dissolution de la communauté, suivie de la restitution à chaque époux de ses biens personnels.

PAR QUI *et* CONTRE QUI *elle peut être demandée.* — La femme seule peut demander la séparation de biens, et l'art. 1446 dénie formellement ce droit à ses créanciers. Il semble néanmoins que si la femme, dans le but d'éviter des querelles domestiques, refuse ou néglige de demander cette séparation, ses créanciers devraient pouvoir la demander à sa place, puisqu'une telle action n'est point par elle-même exclusi-

---

[1] Aubry et Rau, t. IV, p. 325. — Rodière et Pont, t. I, p. 770.

vement attachée à la personne. Le Code, se conformant en
cela à l'ancien droit français, ne leur laisse pourtant 'pas
cette faculté, sans doute pour empêcher que, sous prétexte
de sauvegarder leurs intérêts, ils ne portent trop facilement
le trouble et la discorde dans la famille. Il est un cas cependant où ils peuvent exercer les droits de la femme. C'est celui où le mari est en faillite ou en déconfiture. Alors, invoquant
l'art. 1446, ils ont le droit de produire à la faillite ou à la déconfiture, comme le ferait la femme elle-même, et jusqu'à concurrence du montant de leurs créances. Seulement dans ce cas
la communauté n'est réputée dissoute que par rapport à eux, et
elle durera par rapport à la femme tant qu'elle n'aura pas obtenu un jugement qui prononce la séparation. Ainsi, en supposant qu'une donation ou une succession mobilière lui
échoie, cette donation ou succession tombera en communauté, tout comme si le mari n'était pas failli ou déconfit,
et, au lieu de profiter à la femme, elle servira à payer les
dettes du mari.

La demande en séparation de biens est toujours dirigée
par la femme contre le mari, qui en sa qualité d'administrateur de la communauté est son contradicteur naturel; mais
comme elle intéresse principalement les créanciers du mari,
il arrivera souvent que ceux-ci interviendront dans l'instance
pour s'opposer à une dissolution qui peut rendre leur débiteur insolvable, ou, s'il l'est déjà, l'empêcher de revenir à
meilleure fortune. Et en effet, après la dissolution de la communauté, le mari n'aura plus à sa disposition les revenus
des propres de la femme, ni les donations ou successions mobilières qui lui surviendraient. Si les créanciers du mari ne
sont pas intervenus dans l'instance, et qu'en fait leur débiteur
ne se soit pas sérieusement défendu par suite d'un accord frauduleux concerté entre lui et sa femme, ils auront le droit de
former tierce-opposition au jugement de séparation, et de
faire tomber à leur égard cette séparation, obtenue sans cause
légitime et suffisante. Effectivement quoique les jugements
rendus contre un débiteur soient, en général, opposables à

ses créanciers, ce principe ne reçoit plus son application lorsque le débiteur, trahissant les intérêts de ses créanciers, ne se défend pas, parce qu'alors il cesse véritablement de les représenter.

Quand les créanciers triomphent dans leur tierce opposition, la communauté est réputée à leur égard exister toujours, et la dissolution ne produit ses effets qu'entre le mari et la femme.

CAUSES *de la séparation de biens.* — L'art. 1443 indique deux hypothèses où la séparation peut être prononcée, savoir : lorsque la dot de la femme est mise en péril, et lorsque le désordre des affaires du mari donne lieu de craindre que ses biens ne soient pas suffisants pour la remplir de ses droits et reprises. Au fond, ces deux hypothèses rentrent dans une seule et unique idée, qui est la mauvaise administration du mari mettant en péril les intérêts de la femme. Ce péril se manifeste par des poursuites exercées contre le mari par ses créanciers, telles qu'assignations en payement de dettes qu'il a contractées, protêts d'effets de commerce qu'il a souscrits, jugements civils ou commerciaux portant contre lui des condamnations, saisies pratiquées soit sur ses biens personnels, soit sur les biens communs, etc. — En dehors de toutes poursuites, la femme n'aura guère la possibilité de prouver le désordre des affaires de son mari, et comme ces poursuites n'éclatent contre lui que lorsque sa ruine est en grande partie consommée, il en résulte que souvent la séparation de biens est un remède tardif à une situation depuis longtemps perdue.

La mise en péril de la dot de la femme donne lieu à la séparation alors même que les dettes du mari ne proviennent que de causes honorables et non de faits de dissipation. La loi ne distingue pas en effet entre les causes diverses qui peuvent introduire le désordre dans les affaires du ménage. Elle veut aussi bien protéger la femme contre les entraînements généreux ou irréfléchis du mari que contre ses prodigalités vaines ou coupables, et elle pose ce principe absolu que la séparation peut être demandée toutes les fois que la dot est en péril [1].

La séparation pourrait-elle être demandée dans le cas où, le capital même de la dot n'étant pas en péril, il y a juste raison de craindre que les intérêts de cette dot, nécessaires à l'entretien du ménage, ne soient détournés par le mari de leur destination ? Nous le pensons. Et en effet la loi ne protége la conservation de la dot que pour mieux assurer la subsistance de la femme et de la famille. Or si, le mari étant insolvable, les revenus de la dot étaient périodiquement saisis par ses créanciers, il est bien évident que le but de la loi ne serait pas atteint. Pour vivre, les époux seraient souvent entraînés à ébrécher le capital lui-même, et, dans tous les cas, la privation de revenus que le ménage éprouverait est plus que suffisante pour autoriser une séparation sans laquelle la famille n'est pas à l'abri du besoin [2].

La femme qui n'a point eu de dot et qui n'attend ni donation ni succession peut-elle demander la séparation ? Disons d'abord que souvent elle n'aura aucun intérêt à former une telle demande, puisqu'elle n'a rien qui puisse être mis en péril par la mauvaise administration du mari. Cet intérêt peut cependant se présenter. Ainsi lorsque la femme exerce un art ou un industrie qui lui donnent des ressources, ou qu'elle occupe un emploi lucratif quelconque, elle peut parfaitement demander la séparation pour empêcher que le produit de son travail ne soit saisi par les créanciers de son mari, ou dissipé hors du ménage par le mari lui-même, et nul doute qu'alors sa demande ne soit accueillie.

De la PROCÉDURE *à suivre.* — La séparation de biens doit toujours être prononcée en justice, et cela pour plusieurs raisons. D'abord le principe de l'immutabilité des conventions matrimoniales ne permet pas aux époux de les bouleverser par une séparation volontaire. Puis, si le Code avait autorisé

---

[1] Rodière et Pont, t. II, n° 794. — Marcadé, art. 1443, n° 1.
[2] Aubry et Rau, t. IV, § 516, p. 330 et 331. — Troplong, t. II, n° 1315.

les séparations de biens volontaires, les fraudes eussent été trop faciles, et les intérêts des créanciers du mari eussent été plus souvent mis en péril que la dot de la femme.

Lorsqu'elle veut agir, la femme est tenue de se faire autoriser par le président du tribunal à introduire sa demande, et cette demande doit, à peine de nullité, être rendue publique par affiches dans l'auditoire du tribunal. (Cod. pr., art. 865 et suiv.) Le but de cette publicité est de prévenir les tiers, qui interviendront au procès si leurs droits sont menacés, et qui sauront que les dettes contractées désormais par le mari ne s'exécuteront plus sur les biens revenant à la femme dans la communauté. En d'autres termes, pour eux comme pour les époux, le jugement de séparation de biens *rétroagira* au jour de la demande. Rappelons, à cet égard, qu'on distingue deux sortes de jugements : ceux qui *déclarent* des droits anciens, et ceux qui *attribuent* des droits nouveaux ; les premiers seuls devraient rétroagir. Par exception, le jugement de séparation de biens, qui constitue un nouvel état de choses, a des effets rétroactifs. Cette dérogation aux principes généraux était nécessaire ; car, sans elle, le mari aurait pu achever la ruine de sa femme dans l'intervalle qui sépare la demande du jugement.

La séparation de biens résultant de la séparation de corps ne doit pas, selon nous, rétroagir. Effectivement, la séparation de corps peut être prononcée aussi bien sur la demande du mari contre la femme que sur la demande de la femme contre le mari, et on ne voit dans la première hypothèse aucun motif de rétroactivité. Puis, en supposant que la séparation soit prononcée à la requête de la femme contre le mari, rien ne démontre que sa dot soit en péril et qu'il y ait lieu, pour la sauver, de faire rétroagir le jugement. Enfin la demande n'a pas été rendue publique et l'on ne comprend pas une rétroactivité que les tiers n'auraient pas pu connaître [1]. Au sur-

---

[1] *Sic*, Valette, *Expl. Code Nap.*, p. 149. — Demante, t. II, n° 23 *bis*. — Demolombe, t. IV, n°s 514 et suiv. — *Contrà*, Troplong, t. I, n°s 1386 et suiv. — Cass., 20 mars 1855.

plus, si la dot de la femme est en péril, celle-ci peut joindre une demande en séparation de biens à sa demande en séparation de corps.

Le jugement de séparation de biens ne peut être prononcé qu'un mois après la demande, pour que les tiers aient le temps d'intervenir au procès. Il doit être rendu public comme la demande elle-même (art. 872. C. pr.), et *à peine de nullité*. De plus, il doit être exécuté, sous la même peine, dans les *quinze jours* de la prononciation, afin que, la femme retirant des mains du mari tout ce qui doit lui revenir, les tiers ne puissent pas être trompés, en voyant le mari détenteur d'effets dont la jouissance même a cessé de lui appartenir.

Comment concilier cette exécution dans la *quinzaine* avec le délai de *trois mois* et *quarante jours*, que l'article 174 du Code de procédure accorde à la femme pour faire inventaire et pour délibérer? On peut dire que la première disposition est écrite en vue d'une renonciation immédiate de la femme à la communauté; mais, comme la femme peut l'accepter et que, dans tous les cas, elle a trois mois et quarante jours pour faire connaître sa volonté, il faut dire que, dans la quinzaine, elle exécutera le jugement, en tant que cette exécution n'impliquera ni son acceptation ni sa renonciation : par exemple, elle exercera les reprises de ses propres. Pour le surplus, l'exécution n'aura lieu qu'après l'expiration du délai de trois mois et quarante jours.

Des EFFETS *du* JUGEMENT *de séparation de biens.* — Le premier de ces effets est, comme nous l'avons vu, la dissolution de la communauté, à partir du jour de la demande. Dès lors, la femme reprend l'administration de sa fortune et l'exercice de toutes ses actions. Les droits conférés à des tiers par le mari, depuis la demande, ne lui sont pas opposables : à moins qu'il ne s'agisse d'actes d'administration qu'il aurait faits sans fraude. La femme a pareillement le droit de réclamer tous les fruits échus ou perçus depuis la demande, lorsqu'ils proviennent de ses propres. En un mot, la rétroactivité du jugement produit tous ses effets, excepté en ce qui concerne les actes d'administration que le mari a faits loyalement au cours du procès.

Des POUVOIRS *et des* OBLIGATIONS *de la femme séparée de biens*. — La femme séparée de biens a la *libre administration* de sa fortune, et elle peut même aliéner son *mobilier*. Mais peut-elle s'obliger jusqu'à concurrence de ce mobilier ? En d'autres termes, si. la femme, au lieu de l'aliéner pour se procurer de l'argent, a fait des emprunts sans être autorisée du mari, les créanciers pourront-ils le faire vendre pour obtenir leur payement ? Les uns disent que la femme, pouvant aliéner ses meubles, peut, à plus forte raison, s'engager jusqu'à concurrence de leur valeur. Mais on peut répondre que la femme, en aliénant ses meubles, voit, dès à présent, la gravité de son acte ; tandis qu'en s'obligeant, elle n'aperçoit pas toujours les conséquences de son obligation. Or, comme la loi n'a fait d'exception à l'incapacité générale de la femme qu'en matière d'aliénations mobilières, il est naturel de la déclarer incapable, lorsqu'il s'agit de ses obligations. D'ailleurs, si toute la fortune de la femme est mobilière, l'autre système aurait pour résultat de lui permettre de la compromettre tout entière [1].

Le droit qu'a la femme d'aliéner son mobilier est-il absolu ? Pourrait-elle, par exemple, en faire *donation ?* La négative n'est pas douteuse ; et, en effet, l'aliénation ne lui est permise que comme rentrant dans la *libre administration,* qui lui est conférée par la loi après le jugement de séparation. Or la donation n'est pas un acte d'administration, et la femme, qui n'a pas cessé d'être incapable pour tous autres actes, ne pourrait pas la consentir sans l'autorisation de son mari.

Certains auteurs restreignent même les aliénations *à titre onéreux* que la femme peut faire de son mobilier, et ils n'en

---

[1] Rodière et Pont, t. II, n° 882. — Odier, t. I, n° 404.

admettent la validité que si elles rentrent dans le cercle des
actes que nécessite ou comporte une administration ordinaire.
Ainsi, tout en reconnaissant que la femme est capable d'aliéner un capital pour le *prêter à intérêt,* ils ne veulent pas
qu'elle soit capable de l'aliéner pour le placer *à rente viagère,*
parce que, dans ce dernier cas, le capital est soumis à toutes
les chances de la vie humaine et compromis sans retour.
Mais cette restriction au pouvoir qu'a la femme d'aliéner
son mobilier ne nous paraît pas fondée. La loi lui confère
une *libre* administration, et la liberté de cette administration serait étrangement diminuée, si la femme, dont les
ressources sont quelquefois minimes, ne pouvait pas faire
des placements à rente viagère. Toute aliénation à titre onéreux du mobilier rentre, selon nous, dans les actes d'une
libre administration, et la femme peut la faire sans aucune
autorisation.

La séparation de biens, qui donne à la femme tous les pouvoirs que nous venons de définir, ne diminue cependant en
rien l'étendue des charges qu'elle doit supporter. Ainsi elle
doit contribuer pour sa part aux frais du ménage, à l'entretien et à l'éducation des enfants, etc. Si son mari est insolvable, elle doit même supporter intégralement toutes ces charges (art. 1448).

Il peut arriver que, malgré la séparation de biens, le
mari qui aura conservé sur sa femme l'ascendant que lui
donnent son expérience et son sexe, administre en fait les
biens qui lui appartiennent. Alors il sera comptable des revenus conformément aux règles que l'article 1578 trace pour
le cas où son administration aurait pour objet des biens
paraphernaux : nous verrons plus tard en quoi elles consistent.

De l'EMPLOI *ou du* REMPLOI *du prix des immeubles de la
femme séparée de biens.* — La femme séparée de biens ne
peut, d'après les règles qui précèdent, aliéner ses immeubles
sans être autorisée de son mari ou de justice. Quand elle les a

aliénés avec l'une ou l'autre de ces autorisations, elle en touche le prix, et en fait emploi selon sa convenance, tout comme si le prix provenait de l'aliénation d'un propre mobilier. — Le mari, n'étant pas tenu de surveiller l'emploi ou le remploi, n'encourt aucune responsabilité. — Dans deux cas cependant il est garant du défaut d'emploi ou de remploi, savoir : 1° lorsqu'il a touché le prix, 2° lorsqu'il en a profité. L'un ou l'autre de ces faits montre suffisamment que le prix fait partie non du patrimoine de sa femme, mais du sien, et dès lors il en doit compte à celle-ci. Maintenant, pour protéger efficacement la femme contre les abus d'autorité ou d'influence dont elle pourrait être victime, la loi présume que le mari a touché le prix lorsqu'il a été *présent* au contrat fait avec son autorisation ou même avec celle de justice. Son intervention directe à la vente est en effet de nature à faire supposer qu'il a voulu et pu en profiter. En dehors de ces présomptions et dans le cas même où le mari n'aurait pas concouru à la vente, la femme peut toujours établir par toutes autres preuves qu'il a touché le prix ou qu'il en a profité. Cette preuve faite, le mari sera responsable du défaut d'emploi ou de remploi.

Dans le cas de *remploi*, les risques sont évidemment pour la femme, qui a un nouveau propre à la place de l'ancien. Il n'y a pas, à ce point de vue, de différence entre la femme séparée de biens et la femme commune. Dans le cas de simple *emploi*, la solution doit être la même. D'une part, en effet, la femme qui a l'administration de ses biens est en faute de ne pas avoir pris des mesures conservatoires de la valeur acquise pour faire emploi du prix de ses immeubles, et de l'autre il serait trop dur de rendre le mari responsable de l'utilité de cet emploi lorsque le prix n'a pas été versé entre ses mains, et qu'il n'en a pas profité (art. 1450).

Du RÉTABLISSEMENT *de la communauté.* — Quand la femme croit que le péril n'existe plus pour sa dot, elle peut, de concert avec son mari, rétablir la communauté. Mais les époux doivent alors se conformer aux prescriptions de l'article 1451, c'est-à-dire faire dresser un acte notarié pour constater ce rétablissement, et en faire afficher une expédition dans la forme qui avait été suivie pour la publicité du jugement de séparation, sans quoi la convention serait nulle pour la totalité : la loi a voulu empêcher les époux de modifier, même dans ce cas, leur contrat de mariage. Sauf les droits des tiers, la communauté rétablie est censée n'avoir jamais été dissoute.

'L'article 1452 contient une disposition sur laquelle nous n'avons pas besoin de nous expliquer. Les *gains de survie*, c'est-à-dire les libéralités dont la femme ou le mari doivent bénéficier en cas de survie à l'autre conjoint, restent en suspens jusqu'au décès de l'un ou de l'autre, et la dissolution de la communauté ne suffit pas pour leur donner ouverture. Il n'en pouvait être autrement, car la dissolution de la communauté par la séparation de biens ne pouvait équivaloir à celle du mariage par la mort de l'un des époux.

QUATRIÈME SECTION

DE L'ACCEPTATION DE LA COMMUNAUTÉ ET DE LA RENONCIATION QUI PEUT Y ÊTRE FAITE, AVEC LES CONDITIONS QUI Y SONT RELATIVES.

Art. 1453. Après la dissolution de la communauté, la femme ou ses héritiers et ayants cause ont la faculté de l'accepter ou d'y renoncer : toute convention contraire est nulle.

1454. La femme qui s'est immiscée dans les biens de la communauté ne peut y renoncer. Les actes purement administratifs ou conservatoires n'emportent point immixtion.

1455. La femme majeure qui a pris dans un acte la qualité de commune ne peut plus y renoncer ni se faire restituer contre cette qualité, quand même elle l'aurait prise avant d'avoir fait inventaire, s'il n'y a eu dol de la part des héritiers du mari.

1456. La femme survivante qui veut conserver la faculté de renoncer à la communauté doit, dans les trois mois du jour du décès du mari, faire faire un inventaire fidèle et exact de tous les biens de la communauté, contradictoirement avec les héritiers du mari, ou eux dûment appelés. — Cet inventaire doit être par elle affirmé sincère et véritable, lors de sa clôture, devant l'officier public qui l'a reçu.

1457. Dans les trois mois et quarante jours après le décès du mari, elle doit faire sa renonciation au greffe du tribunal de première instance dans l'arrondissement duquel le mari avait son domicile ; cet acte doit être inscrit sur le registre établi pour recevoir les renonciations à succession.

1458. La veuve peut, suivant les circonstances, demander au tribunal de première instance une prorogation du délai prescrit par l'article précédent pour sa renonciation ; cette prorogation est, s'il y a lieu, prononcée contradictoirement avec les héritiers du mari, ou eux dûment appelés.

1459. La veuve qui n'a point fait sa renonciation dans le délai ci-dessus prescrit n'est pas déchue de la faculté de renoncer, si elle ne s'est point immiscée et qu'elle ait fait inventaire ; elle peut seulement être poursuivie comme commune jusqu'à ce qu'elle ait renoncé, et elle doit les frais faits contre elle jusqu'à sa renonciation. — Elle peut également être poursuivie après l'expiration des quarante jours depuis la clôture de l'inventaire, s'il a été clos avant les trois mois.

1460. La veuve qui a diverti ou recélé quelques effets de la communauté est déclarée commune, nonobstant sa renonciation ; il en est de même à l'égard de ses héritiers.

1461. Si la veuve meurt avant l'expiration des trois mois sans avoir fait ou terminé l'inventaire, les héritiers auront, pour faire ou pour terminer l'inventaire, un nouveau délai de trois mois, à compter du décès de la veuve, et de quarante jours pour délibérer, après la clôture de l'inventaire. — Si la veuve meurt ayant terminé l'inventaire, ses héritiers auront, pour délibérer, un nouveau délai de quarante jours à compter de son décès. — Ils peuvent, au surplus, renoncer à la communauté dans les formes établies ci-dessus ; et les articles 1458 et 1459 leur sont applicables.

1462. Les dispositions des articles 1456 et suivants sont applicables aux femmes des individus morts civilement, à partir du moment où la mort civile a commencé.

1463. La femme divorcée, ou séparée de corps, qui n'a point, dans les trois mois et quarante jours après le divorce ou la séparation définitivement prononcés, accepté la communauté, est censée y avoir renoncé, à moins qu'étant encore dans le délai, elle n'en ait obtenu la prorogation en justice, contradictoirement avec le mari, ou lui dûment appelé.

1464. Les créanciers de la femme peuvent attaquer la renonciation qui aurait été faite par elle ou par ses héritiers en fraude de leurs créances, et accepter la communauté de leur chef.

1465. La veuve, soit qu'elle accepte, soit qu'elle renonce, a droit pendant les trois mois et quarante jours qui lui sont accordés pour faire inventaire et délibérer, de prendre sa nourriture et celle de ses domestiques sur les provisions existantes, et, à défaut, par emprunt au compte de la masse commune, à la charge d'en user modérément. — Elle ne doit aucun loyer à raison de l'habitation qu'elle a pu faire, pendant ces délais, dans une maison dépendante de la communauté, ou appartenant aux héritiers du mari ; et si la maison qu'habitaient les époux à l'époque de la dissolution de la communauté était tenue par eux à titre de loyer, la femme ne contribuera point, pendant les mêmes délais, au payement dudit loyer, lequel sera pris sur la masse.

1466. Dans le cas de dissolution de la communauté par la mort de la femme, ses héritiers peuvent renoncer à la communauté, dans les délais et dans les formes que la loi prescrit à la femme survivante.

Notions générales. — Nous avons plusieurs fois signalé les différences qui existent entre la société conjugale et la société ordinaire. Celle que nous rencontrons ici est, peut-être, la plus importante de toutes. En effet, lorsqu'une société ordinaire se dissout, chacun des associés supporte toutes les conséquences des affaires qui ont été faites en commun, en proportion de sa part sociale. Au contraire, quand la société conjugale se dissout, la femme peut, à son choix, ou accepter la communauté ou y renoncer. L'accepte-t-elle ? Alors elle prend la moitié de l'actif et elle supporte la moitié du passif, pourvu toutefois que celle-ci n'excède point celle-là. Y renonce-t-elle ? Alors elle sacrifie sa part dans l'actif, mais aussi elle se soustrait à toutes les charges qui constituent le passif. Ainsi la femme peut se dire l'associée de son mari, si les affaires communes ont été bonnes ; et se dire non associée, si elles ont été mauvaises. Au fond cette situation privilégiée n'a rien que de juste, car la loi, ne permettant pas à la femme de se mêler à l'administration de la communauté, devait l'autoriser à répudier les conséquences d'une gestion qui n'est pas la sienne. La femme est de la sorte protégée de trois manières contre les fautes ou les dilapidations du mari administrateur : elle peut, comme nous l'avons vu, demander la séparation de biens ; elle peut, comme nous allons l'exposer, renoncer à la communauté dissoute ; enfin, si elle l'accepte, elle n'est, comme nous le verrons plus tard, tenue des dettes communes que jusqu'à concurrence de son émolument, c'est-à-dire jusqu'à concurrence de l'actif brut qu'elle retire de la communauté.

Situation de la femme *ou de ses* héritiers *après la dissolution de la communauté.* — La condition de la femme ou de ses héritiers après la dissolution de la communauté, est presque identique à celle d'un héritier après l'ouverture d'une succession. Ainsi, la femme ou ses héritiers peuvent accepter expressément ou tacitement la communauté, et, s'ils y renoncent, ils ne peuvent le faire que par déclaration au greffe du tribunal, tout comme s'il s'agissait d'une renonciation à succession. Les actes de pure administration n'impliquent pas acceptation, et le divertissement ou le recel d'un des effets de la communauté aurait pour double résultat de rendre celui qui l'aurait commis acceptant pur et simple, et en outre de lui faire perdre sa part dans la propriété de l'objet diverti ou recélé.

La femme, même majeure, peut faire rescinder son acceptation, lorsqu'elle a été déterminée par le dol des héritiers du mari ou à plus forte raison par la violence (art. 1455). Mais comment comprendre l'intérêt de ces derniers, puisque la femme, même acceptante, n'est tenue des dettes de la communauté que jusqu'à concurrence de son émolument ? Dans le cas de communauté légale, il n'y a pas d'intérêt, pourvu toutefois que la femme n'ait pas omis la formalité de l'inventaire qui la protège contre le paiement des dettes *ultra vires*. Dans le cas de communauté conventionnelle cet intérêt pourra se présenter. Ainsi souvent la femme stipule qu'au cas de renonciation, elle reprendra son apport franc et quitte. Or, comme celui-ci peut excéder la moitié de l'actif commun, il en résulte que la femme acceptante prendrait moins que la femme renonçante, ce qui expliquerait les manœuvres faites pour obtenir son acceptation.

Quand le dol ou la violence émanent des créanciers du mari ou du mari lui-même, on doit évidemment donner la même solution qu'au cas où ils émanent des héritiers du mari. La loi a prévu le cas le plus fréquent sans exclure les autres.

Une renonciation frauduleuse à la communauté pourrait être attaquée par les créanciers de la femme ou de ses héritiers renonçants, tout comme pourrait l'être une renonciation frauduleuse à succession. Il n'y a aucune raison de différence.

Délai *de l'*acceptation. — Nous savons que la femme a trois mois pour faire inventaire, et quarante jours pour délibérer. Malgré le texte de l'article 1456, on s'accorde à reconnaître que la femme qui n'a pas fait inventaire a conservé, même après les délais, le droit de renoncer à la communauté, s'il est prouvé qu'elle n'a rien pu détourner de l'actif commun. Seulement les frais résultant des demandes formées contre elle seront à sa charge, tandis que, durant le délai de trois mois et quarante jours, ils sont à la charge des créanciers.

Lorsque la communauté est dissoute par la mort du mari, la femme est présumée acceptante ; et après trente ans elle ne pourrait pas renoncer.

Lorsqu'elle est dissoute par la séparation de corps ou de biens, la femme est présumée renonçante ; et après trente ans, elle ne pourrait plus accepter.

Cette divergence de présomptions tient à ce que, dans la première hypothèse, la femme se trouve saisie de la communauté par la disparition du mari, et il faut qu'elle renonce pour que cet état de choses cesse d'exister. Dans la seconde hypothèse, au contraire, le mari est et reste saisi des biens de communauté, jusqu'à ce que, par son acceptation, la femme acquière la qualité de commune.

La femme veuve, à la différence de la femme séparée de corps ou de biens, peut encore, pendant les trois mois et quarante jours, se faire entretenir, elle et ses domestiques, aux dépens de la communauté. Il eût été trop rigoureux de forcer la femme à pourvoir elle-même, dès le premier jour, à son entretien.

Lorsque la communauté est dissoute par la mort de la femme et que celle-ci laisse plusieurs héritiers, ces derniers peuvent, les uns accepter, les autres renoncer. Ils devraient prendre un parti unique, si la femme, au lieu de leur laisser une communauté, leur laissait une succession à accepter ou à répudier (art. 782). Comment expliquer ces deux solutions en apparence si contraires ? C'est que, dans le cas de communauté, le droit d'accepter ou de renoncer naît dans la personne même des héritiers de la femme ; et quand ils sont plusieurs, chacun peut prendre un parti différent. Lorsqu'au contraire la femme meurt laissant une succession non acceptée ni répudiée, le droit est né en sa personne ; et, comme elle ne pouvait prendre qu'un parti, ses héritiers ne pourront pas en prendre plusieurs. S'ils ne s'entendent point, la loi les répute héritiers bénéficiaires.

CINQUIÈME SECTION
DU PARTAGE DE LA COMMUNAUTÉ APRÈS L'ACCEPTATION.

Art. 1467. Après l'acceptation de la communauté par la femme ou ses héritiers, l'actif se partage, et le passif est supporté de la manière ci-après déterminée.

Observation. — En matière de communauté, comme en matière de succession, il faut distinguer entre la portion de la masse commune qui consiste en créances ou en dettes, et la portion de la masse commune qui consiste en biens proprement dits, c'est-à-dire en immeubles, ou en meubles autres que des obligations actives ou passives. Les créances et les dettes se divisent de plein droit entre le mari et la femme acceptante, et il n'y a pas lieu d'en faire le partage. Les biens ordinaires peuvent seuls être ici, comme en matière de succession, l'objet d'un partage, ou, en cas qu'ils ne soient pas commodément partageables, l'objet d'une licitation. Le Code traite successivement du partage de l'actif et de la manière dont le passif est supporté.

§ 1. — Du partage de l'actif.

Art. 1468. Les époux ou leurs héritiers rapportent à la masse des biens existants tout ce dont ils sont débiteurs envers la communauté, à titre de récompense ou d'indemnité, d'après les règles ci-dessus prescrites, à la section II de la Ire partie du présent chapitre.

1469. Chaque époux ou son héritier rapporte également les sommes qui ont été tirées de la communauté, ou la valeur des biens que l'époux y a pris pour doter un enfant d'un autre lit, ou pour doter personnellement l'enfant commun.

1470. Sur la masse des biens, chaque époux ou son héritier prélève : — 1° ses biens personnels qui ne sont point entrés en communauté, s'ils existent en nature, ou ceux qui ont été acquis en remploi ; — 2° le prix de ses immeubles qui ont été aliénés pendant la communauté, et dont il n'a point été fait remploi ; — 3° les indemnités qui lui sont dues par la communauté.

1471. Les prélèvements de la femme s'exercent avant ceux du mari. — Ils s'exercent pour les biens qui n'existent plus en nature, d'abord sur l'argent comptant, ensuite sur le mobilier, et subsidiairement sur les immeubles de la communauté : dans ce dernier cas, le choix des immeubles est déféré à la femme et à ses héritiers.

1472. Le mari ne peut exercer ses reprises que sur les biens de la communauté. — La femme et ses héritiers, en cas d'insuffisance de la communauté, exercent leurs reprises sur les biens personnels du mari.

1473. Les remplois et récompenses dus par la communauté aux époux, et les récompenses et indemnités par eux dues à la communauté emportent les intérêts de plein droit du jour de la dissolution de la communauté.

1474. Après que tous les prélèvements des deux époux ont été exécutés sur la masse, le surplus se partage par moitié entre les époux ou ceux qui les représentent.

1475. Si les héritiers de la femme sont divisés, en sorte que l'un ait accepté la communauté à laquelle l'autre a renoncé, celui qui a accepté ne peut prendre que sa portion virile et héréditaire dans les biens qui échoient au lot de la femme. — Le surplus reste au mari, qui demeure chargé, envers l'héritier renonçant, des droits que la femme aurait pu exercer en cas de renonciation, mais jusqu'à concurrence seulement de la portion virile héréditaire du renonçant.

1476. Au surplus, le partage de la communauté, pour tout ce qui concerne ses formes, la licitation des immeubles quand il y a lieu, les effets du partage, la garantie qui en résulte, et les soultes, est soumis à toutes les règles qui sont établies, au titre *des Successions*, pour les partages entre cohéritiers.

1477. Celui des époux qui aurait diverti ou recélé quelques effets de la communauté est privé de sa portion dans lesdits effets.

1478. Après le partage consommé, si l'un des deux époux est créancier personnel de l'autre, comme lorsque le prix de son bien a été employé à payer une dette personnelle de l'autre époux, ou pour toute autre cause, il exerce sa créance sur la part qui est échue à celui-ci dans la communauté ou sur ses biens personnels.

1479. Les créances personnelles que les époux ont à exercer l'un contre l'autre ne portent intérêt que du jour de la demande en justice.

1480. Les donations que l'un des époux a pu faire à l'autre ne s'exécutent que sur la part du donateur dans la communauté, et sur ses biens personnels.

1481. Le deuil de la femme est aux frais des héritiers du mari prédécédé. — La valeur de ce deuil est réglée selon la fortune du mari. — Il est dû même à la femme qui renonce à la communauté.

Observation. — Le partage de la communauté s'appliquant à une masse, il est nécessaire de composer d'abord cette masse : une telle opération suppose que les époux rapportent à la communauté ce dont ils sont débiteurs envers elle, et qu'ils en retirent ce dont ils sont créanciers. Examinons successivement leurs *rapports* et leurs *reprises*.

Des RAPPORTS. — Les rapports ont pour objet, ainsi que nous l'avons expliqué, les sommes dont les époux sont débiteurs envers la communauté, et ces rapports doivent, dit-on, être effectués même dans le cas où chacun des époux serait débiteur de la *même somme*. Voici comment on raisonne [1]. La femme prélève ses reprises sur la communauté, et, en cas d'insuffisance, sur les propres du mari. Celui-ci a dès lors intérêt à ce que la masse commune soit complète, parce que les sommes rapportées par la femme serviront ainsi à la payer en partie de ses reprises, tandis que, sans ce rapport, le paye-ment des reprises eût été fait exclusivement sur les biens personnels du mari. Par exemple, si les reprises de la femme s'élèvent à 60, que la communauté possède 20 et que chaque époux lui doive 20, la femme, ne trouvant que 20 dans la communauté, aurait 40 à réclamer du mari, qui serait ainsi en perte de cette somme. Si, au contraire, chaque époux rapporte les 20 qu'il doit, la communauté suffira pour désin-téresser la femme, et le mari n'aura perdu que 20 au lieu de 40. Nous admettons bien que, pour composer la masse, il faut en principe que chaque époux rapporte ce dont il est dé-biteur. Mais dans le cas où ils doivent rapporter des sommes égales, le résultat est le même, si l'on procède par voie de com-pensation de ce que chacun doit à la communauté, que si l'on procède par voie de rapports effectifs. Reprenons l'exemple ci-dessus et supposons que le mari et la femme, faisant com-pensation, ne rapportent pas à la communauté les 20 dont chacun est débiteur. On dira : Les reprises de la femme s'é-levaient à 60. Elle s'est payée elle-même de 20 par compen-sation. Elle n'est donc plus créancière que de 40. Elle trouve 20 dans la communauté, et elle n'a à réclamer que 20 de son mari. Le mari n'est donc en définitive tenu sur ses propres que jusqu'à concurrence de 20, et dans les deux systèmes l'on arrive à un résultat identique.

Toutefois cette identité de résultat n'existe que dans l'hy-pothèse d'une égalité absolue entre les rapports dus par cha-que époux. En cas d'inégalité, on doit toujours suivre le

---

[1] Bugnet sur Pothier, t. VII, p. 330.

système des rapports effectifs, car le calcul démontre que, si le rapport dû par le mari est supérieur à celui dû par la femme, le système de la compensation serait avantageux à la femme et nuisible au mari ; tandis que, si le rapport dû par la femme est supérieur à celui dû par le mari, le système de la compensation serait avantageux au mari et nuisible à la femme.

Des REPRISES. — Les reprises s'exercent différemment, selon qu'elles sont dues à la femme ou au mari. Comme il s'agit ici pour chaque époux de la conservation de valeurs qui lui sont propres, la mauvaise gestion du mari qui les aurait compromises doit naturellement retomber sur lui plutôt que sur la femme. En conséquence, les reprises de la femme s'exercent toujours avant celles du mari (art. 1471) ; elles s'exercent sur la communauté d'abord, et, en cas d'insuffisance, sur les biens du mari lui-même. L'article 1471 indique quels biens elles pourront successivement frapper.

Quant aux reprises du mari, elles ne s'exercent jamais que sur ce qui reste des biens de communauté après le prélèvement des reprises de la femme.

Une grave question, longtemps discutée, et enfin résolue définitivement le 16 janvier 1858, par un arrêt solennel de la Cour de cassation, était celle de savoir si le droit de préférence que la femme a vis-à-vis de son mari, pour l'exercice de ses reprises, peut être opposé par elle aux tiers créanciers de la communauté. Admettait-on l'affirmative ? La femme, primant tous les créanciers, avait alors un véritable privilége sur la communauté, sans compter l'hypothèque légale qu'elle a sur les biens de son mari. Admettait-on la négative ? Alors la femme se confondait dans la masse des créanciers de la communauté, et venait au marc le franc avec eux sur l'actif commun. Elle n'avait, comme garantie spéciale, que son hypothèque sur les biens du mari.

Dans le sens du droit de préférence de la femme par rapport aux tiers, les uns disaient qu'elle exerçait ses reprises

contre la communauté à titre de *propriétaire*, titre essentiellement opposable à tous ; et les autres, qu'elle trouvait
dans les termes de l'article 1471 qui lui accorde le droit de
prélever ses reprises, la création, à son profit, d'un véritable
privilége sur l'actif de la communauté.

Ces deux manières d'établir le prétendu droit de préférence de la femme par rapport aux tiers sont également
inexactes. D'abord, lorsqu'elle renonce à la communauté, on
ne peut voir dans ses prélèvements l'exercice d'un droit de
propriété, puisque par sa renonciation elle perd tout droit
aux biens communs.

Et en se plaçant même dans l'hypothèse de son acceptation, qui seule permet de lui reconnaître un droit de propriété, cette propriété ne porte jamais que sur une masse
indivise, composée d'actif et de passif ; or, une telle propriété
l'oblige à supporter sa part dans le passif au prorata de sa
part dans l'actif, au lieu de lui conférer par rapport aux tiers
un droit de préférence sur cet actif. L'idée d'un prélèvement
par droit de propriété n'est donc pas soutenable. Celle d'un
privilége, que l'article 1471 aurait attaché à la créance que la
femme a pour ses reprises, ne l'est pas davantage. Sous le
régime dotal lui-même, la loi refuse à la femme le privilége
que le droit romain lui accordait pour la restitution de sa dot,
et il serait bien étrange que sous le régime de communauté,
qui est un régime de liberté et de crédit, cette dot fût plus fortement protégée. Dans l'ancien droit français où l'on accordait
à la femme les mêmes prélèvements que ceux de l'article 1471,
on n'avait jamais eu la pensée qu'elle pût opposer son droit
de préférence à d'autres qu'au mari ; et rien dans la rédaction du Code ne fait supposer que le législateur ait voulu
changer de système. D'ailleurs, les priviléges ne sont-ils pas
de droit strict, et peut-on en voir un dans un texte qui reçoit
de la tradition une interprétation toute contraire ?

C'est donc avec raison que la Cour de cassation, abandon-
nant sa précédente jurisprudence pour revenir aux véritables

principes, a, dans son arrêt solennel du 16 janvier 1858, proclamé que la femme ne peut exercer ses reprises ni comme
propriétaire des objets qu'elle prélèverait, ni même comme
créancière privilégiée, et qu'elle ne doit venir à l'actif commun que comme une créancière ordinaire, c'est-à-dire au
marc le franc avec les autres créanciers de la communauté [1].
La femme touchera dès lors un simple dividende, mais pour le
surplus de ses droits, elle aura le bénéfice de son hypothèque
légale sur les biens personnels du mari.

La situation de la femme exerçant ses reprises a cela seulement de particulier, qu'elle peut exiger et que le mari ou
ses héritiers peuvent lui imposer un payement en nature, une
datio in solutum, quand, les autres créanciers étant désintéressés, il n'est point nécessaire de vendre les biens communs ;
tandis que les créanciers ordinaires ne peuvent exiger
comme on ne peut les obliger à prendre que du numéraire.

Quand la femme exerce ses prélèvements sur les biens
communs, il n'y a là du reste qu'un incident du partage, et
non une opération principale et qui puisse être considérée
isolément. Dès lors il n'y aura pas lieu à un droit proportionnel de mutation, mais seulement au droit fiscal qui s'applique à l'ensemble de l'opération, c'est-à-dire au partage lui-
même [2].

Faut-il tirer de là une autre conséquence et dire que la
créance de la femme, qui est mobilière puisqu'elle a pour
objet une somme d'argent, peut se convertir par l'effet rétroactif du partage en un droit immobilier, dans le cas où
ses prélèvements seraient faits en immeubles ? La question a
son importance. Ainsi, en supposant que la femme prédécède
laissant un testament par lequel elle lègue son mobilier, ce
legs comprendra la créance de ses reprises, si cette créance
reste mobilière, et, au contraire, il ne la comprendra pas, si,

---

[1] Valette, Diss. *le Droit* du 25 avril 1855. — Marcadé, art. 1451, numéro 3, etc.

[2] Cass., 3 et 24 août 1858.

par l'effet des prélèvements qui auraient lieu en immeubles,
elle devient immobilière. Nous croyons que les prélèvements
de la femme ne sauraient être en tout point assimilés à une
opération de partage. Ils sont bien un incident du partage,
puisqu'il faut les opérer pour avoir la masse partageable ;
mais, s'ils se rattachent intimement au partage, ils ne sont
pas le partage lui-même, et cela est si vrai, que dans le cas où
les reprises de la femme absorbent toute la communauté, il n'y
a rien à partager. Dès lors il ne faut voir dans l'exercice de ces
reprises sur les biens communs qu'une *datio in solutum,* et lors
même que les prélèvements de la femme ou de ses héritiers
se feraient sur des immeubles, la créance en reprises ne deviendrait pas pour cela rétroactivement immobilière [1].

Le partage des biens de communauté se fait comme celui
des biens de succession ; son effet rétroactif remonte au jour
de la dissolution de la communauté, qui, en supprimant la
personne morale, a produit l'indivision entre les époux. De
là il résulte que toutes les hypothèques conférées par le mari
sur les biens de la communauté, avant sa dissolution, seront
opposables à la femme, tandis qu'il en serait autrement des
hypothèques conférées après la dissolution.

§ 2. — Du passif de la communauté et de la contribution aux dettes.

ART. 1482. Les dettes de la communauté sont pour moitié à la
charge de chacun des époux ou de leurs héritiers : les frais de scellé,
inventaire, vente de mobilier, liquidation, licitation et partage,
font partie de ces dettes.

1483. La femme n'est tenue des dettes de la communauté, soit à
l'égard du mari, soit à l'égard des créanciers, que jusqu'à concurrence de son émolument, pourvu qu'il y ait eu bon et fidèle inventaire, et en rendant compte tant du contenu de cet inventaire que
de ce qui lui est échu par le partage.

1484. Le mari est tenu, pour la totalité, des dettes de la communauté par lui contractées ; sauf son recours contre la femme ou ses
héritiers pour la moitié desdites dettes.

[1] Aubry et Rau, t. IV, § 511, et note 25, p. 308. — Cass., 2 juin 1862.

1485. Il n'est tenu que pour moitié de celles personnelles à la femme et qui étaient tombées à la charge de la communauté.

1486. La femme peut être poursuivie pour la totalité des dettes qui procèdent de son chef et étaient entrées dans la communauté, sauf son recours contre le mari ou son héritier, pour la moitié desdites dettes.

1487. La femme, même personnellement obligée pour une dette de communauté, ne peut être poursuivie que pour la moitié de cette dette, à moins que l'obligation ne soit solidaire.

1488. La femme qui a payé une dette de la communauté au delà de sa moitié, n'a point de répétition contre le créancier pour l'excédant, à moins que la quittance n'exprime que ce qu'elle a payé était pour sa moitié.

1489. Celui des deux époux qui, par l'effet de l'hypothèque exercée sur l'immeuble à lui échu en partage, se trouve poursuivi pour la totalité d'une dette de communauté, a de droit son recours pour la moitié de cette dette contre l'autre époux ou ses héritiers.

1490. Les dispositions précédentes ne font point obstacle à ce que, par le partage, l'un ou l'autre des copartageants soit chargé de payer une quotité des dettes autre que la moitié, même de les acquitter entièrement. — Toutes les fois que l'un des copartageants a payé des dettes de la communauté au delà de la portion dont il était tenu, il y a lieu au recours de celui qui a trop payé contre l'autre.

1491. Tout ce qui est dit ci-dessus, à l'égard du mari ou de la femme, a lieu à l'égard des héritiers de l'un ou de l'autre ; et ces héritiers exercent les mêmes droits et sont soumis aux mêmes actions que le conjoint qu'ils représentent.

Observation. — Nous avons donné plus haut les règles relatives au *droit de poursuite* et à la *contribution aux dettes* pour le temps de la communauté. Il importe de les examiner maintenant, après sa dissolution. Parcourons les différentes hypothèses qui peuvent se présenter.

Des DIVERSES ESPÈCES DE DETTES *qui peuvent grever les époux ou la communauté.* — 1° Lorsque la dette a été contractée par le *mari*, soit avant, soit pendant la communauté, et qu'à raison de sa nature elle est devenue *commune*, le mari pourra être poursuivi pour le *tout* comme personnellement débiteur, mais il aura son recours contre la femme pour *moitié*, si elle a accepté la communauté. Quant à la femme, elle ne sera exposée à aucune poursuite dans le cas de renonciation ; et dans le cas contraire, elle ne pourra être poursuivie que comme commune, c'est-à-dire pour la moitié seulement qu'elle doit définitivement supporter dans la dette.

Au surplus, que la femme soit directement poursuivie par les créanciers du mari, ou qu'elle soit l'objet de l'action récursoire du mari ou de ses héritiers, elle peut toujours leur opposer le bénéfice que lui accorde l'art. 1483 de n'être tenue que jusqu'à concurrence de son émolument. Ainsi, en supposant que la moitié de la dette soit de 10 et que la part de la femme dans l'actif commun n'ait été que de 6, elle ne pourra être condamnée à payer les créanciers, ou à rembourser son mari que jusqu'à concurrence de 6.

Que décider relativement aux dettes provenant d'un délit commis par le mari, ou d'une succession immobilière à lui échue, et qui, sans tomber dans la communauté, peuvent cependant, tant qu'elle dure, être poursuivies sur les biens communs ? Suivant les uns, la femme ne pourra pas être actionnée à raison de ces dettes, parce qu'elles n'ont pas été contractées dans un intérêt commun, et qu'elles doivent rester propres au mari, qui en est l'auteur. Celui-ci peut, dit-on, disposer des biens de la communauté, tant qu'elle dure ; mais, après sa dissolution, la moitié de la femme doit rester intacte, lorsque la dette n'est pas réellement commune.

Suivant les autres, la dissolution de la communauté est un fait qui ne peut porter préjudice aux créanciers, et les droits qu'ils ont une fois acquis sur elle survivent à cette dissolution. Les priver de la faculté de poursuivre leur payement sur tous les biens de la communauté dissoute, quand ils avaient cette faculté sur la communauté non dissoute, serait d'ailleurs les punir de leur modération, et par cela même les stimuler à des poursuites immédiates, puisque leur gage peut d'un instant à l'autre diminuer de moitié. L'intérêt même des époux veut donc, comme le droit des créanciers, que la dissolution de la communauté ne modifie pas l'exercice des actions appartenant à ces derniers. En conséquence la femme acceptante pourra être poursuivie pour la moitié des dettes dont nous parlons, mais elle aura recours contre son mari pour tout ce qu'elle aura payé. Ce second système nous paraît en tout point préférable au premier.

2° Lorsque la dette a été contractée par la *femme*, et qu'à raison de sa nature elle est tombée dans la communauté, la femme sera poursuivie pour le *tout* comme personnellement *obligée*, sauf son recours contre le mari pour moitié. Quant au mari, il pourra dans tous les cas être actionné pour cette moitié, puisqu'elle doit rester définitivement à sa charge ; et il pourra même l'être pour le tout, quand il aura autorisé sa femme, puisqu'il est présumé l'autoriser dans un intérêt commun, sinon dans son propre intérêt. S'il paye le tout, il aura recours contre sa femme jusqu'à concurrence de la moitié qu'elle doit supporter, ou tout au moins jusqu'à concurrence de l'émolument qu'elle retire de la communauté.

3° Lorsque la dette a été contractée *conjointement* par le *mari* et la *femme*, le mari peut être poursuivi pour le *tout*, moitié en son nom personnel, moitié comme ayant autorisé sa femme, sauf son recours, s'il a payé plus que sa moitié. La femme ne pourra être poursuivie que pour la *moitié*.

4° Lorsque la dette a été contractée *solidairement* par les époux, chacun est sujet à l'action pour la *totalité*, sauf son recours contre l'autre, s'il a payé plus de la moitié.

5° Lorsqu'enfin la dette est *hypothécaire*, l'époux détenteur de l'immeuble hypothéqué peut, à raison de l'indivisibilité de l'hypothèque, être poursuivi pour la totalité, sauf son recours, s'il a payé plus de moitié.

Terminons par une remarque importante : il ne faut jamais confondre le cas où la femme est poursuivie comme *personnellement* obligée, et celui où elle est poursuivie comme *commune*.

Dans le premier, rien ne peut arrêter l'action du créancier ; car tout débiteur est tenu de ses obligations sur tous ses biens présents et à venir (art. 2092).

Dans le second, la femme nantie d'un inventaire régulier pourra toujours repousser l'action, lorsqu'elle aura épuisé son émolument. Toutefois, si elle a payé au delà, elle n'aura point de répétition contre le créancier (art. 1488). La loi présume en effet, avec raison, qu'elle se regardait comme tenue tout au moins d'une obligation naturelle, sinon d'une obligation civile.

Dans les deux cas, et si la dette était tombée sans récompense dans la communauté, la femme qui aurait payé plus de moitié exercera son recours contre le mari pour ce qui excède cette moitié, et s'il y a lieu, pour ce qui excède son émolument.

En fait, les époux payent rarement chacun la moitié de chaque dette, et l'un ou l'autre se charge du payement intégral de telles ou telles dettes déterminées. Mais il est clair que ces arrangements particuliers lient les époux seulement, et que les créanciers qui auraient intérêt à ne pas les accepter ont le droit de les méconnaître.

L'application des règles que nous venons d'exposer suppose la confection d'un inventaire régulier. Nous avons vu plus haut la double sanction édictée par le Code au cas où il n'en a pas été dressé. Ajoutons ici que la femme acceptante, qui n'aurait pas pour se protéger un inventaire régulier, serait obligée de payer aux créanciers la moitié des dettes communes, lors même que cette moitié excéderait son émolument [1]. Et en effet, elle ne pourrait pas leur prouver que cet émolument n'a pas été suffisant pour couvrir la moitié du passif qui est à sa charge. La femme acceptante est à peu près, comme on le voit, dans la condition d'un héritier bénéficiaire. Cependant deux importantes différences les sépa-

---

[1] Marcadé, art 1483. — Douai, 8 août 1864.

rent. Ainsi l'héritier est tenu de faire au greffe une déclaration d'acceptation bénéficiaire (art. 793), et la femme n'y est pas obligée. Mais d'autre part l'héritier ne peut être poursuivi que sur les biens de succession, tandis que la femme peut être poursuivie même sur ses biens personnels, pourvu que le montant de l'action n'excède pas son émolument.

SIXIÈME SECTION

DE LA RENONCIATION A LA COMMUNAUTÉ, ET DE SES EFFETS.

ART. 1492. La femme qui renonce perd toute espèce de droit sur les biens de la communauté, et même sur le mobilier qui y est entré de son chef. — Elle retire seulement les linges et hardes à son usage.

1493. La femme renonçante a le droit de reprendre : — 1° les immeubles à elle appartenant, lorsqu'ils existent en nature, ou l'immeuble qui a été acquis en remploi ; — 2° le prix de ses immeubles aliénés dont le remploi n'a pas été fait et accepté comme il est dit ci-dessus ; — 3° toutes les indemnités qui peuvent lui être dues par la communauté.

1494. La femme renonçante est déchargée de toute contribution aux dettes de la communauté, tant à l'égard du mari qu'à l'égard des créanciers. Elle reste néanmoins tenue envers ceux-ci lorsqu'elle s'est obligée conjointement avec son mari, ou lorsque la dette, devenue dette de la communauté, provenait originairement de son chef ; le tout sauf son recours contre le mari ou ses héritiers.

1495. Elle peut exercer toutes les actions et reprises ci-dessus détaillées, tant sur les biens de la communauté que sur les biens personnels du mari. — Ses héritiers le peuvent de même, sauf en ce qui concerne le prélèvement des linges et hardes, ainsi que le logement et la nourriture pendant le délai donné pour faire inventaire et délibérer ; lesquels droits sont purement personnels à la femme survivante.

Observation. — Sous le régime de la communauté légale, la femme n'a pas grand intérêt à renoncer puisqu'elle ne supporte les dettes de communauté que jusqu'à concurrence de son émolument. Mais, lorsqu'elle a stipulé que, même renonçante, elle reprendrait son apport franc et quitte, cet intérêt prend naissance. D'ailleurs, dans toute hypothèse, elle évitera, par une renonciation, les poursuites des créanciers pour toutes les dettes qui ne lui sont pas personnelles.

En renonçant, la femme abandonne tout droit sur la communauté, dont les biens sont dès lors censés avoir toujours appartenu au mari. Néanmoins la loi permet à la femme, à la fois par convenance et par humanité, de reprendre malgré sa renonciation les linges et hardes à son usage (art. 1492). Ce droit lui est exclusivement personnel et ne saurait être étendu à ses héritiers (art. 1495).

Les dettes tombées dans la communauté restent entièrement à la charge du mari ; et si la femme est poursuivie par ses créanciers comme personnellement débitrice, elle exercera son recours contre lui pour la totalité.

Les reprises de la femme renonçante s'exercent tant sur les biens de la communauté que sur les biens du mari. Seulement alors la femme n'agit plus contre une masse indivise dont elle serait copropriétaire, mais contre son mari qui englobe tous les biens de la communauté dans sa fortune personnelle, et qui par rapport à elle n'est plus qu'un débiteur ordinaire. Dès lors, le mari aura le droit de ne la payer qu'en numéraire, et si, en fait, il lui donne en payement soit des biens personnels, soit des biens ayant appartenu à la communauté, on ne devra plus voir dans cette *datio in solutum* un incident de partage, mais une mutation de propriété devant être transcrite pour devenir opposable aux tiers, et donnant lieu à la perception du droit proportionnel de mutation [1].

DISPOSITION RELATIVE A LA COMMUNAUTÉ LÉGALE, LORSQUE L'UN DES ÉPOUX OU TOUS DEUX ONT DES ENFANTS DE PRÉCÉDENTS MARIAGES.

ART. 1496. Tout ce qui est dit ci-dessus sera observé même lorsque l'un des époux ou tous deux auront des enfants de précédents mariages. — Si toutefois la confusion du mobilier et des dettes

[1] Cass., 3 et 24 août 1858. — 24 déc. 1860.

opérait, au profit de l'un des époux, un avantage supérieur à celui qui est autorisé par l'article 1098, au titre *des Donations entre-vifs et des Testaments*, les enfants du premier lit de l'autre époux auront l'action en retranchement.

Observation. — Les conventions matrimoniales ont entre époux le caractère de conventions *à titre onéreux*, lors même que l'apport de l'un excède considérablement l'apport de l'autre. Soit un mari apportant 10 à la communauté, et une femme lui apportant 50. Si la communauté est dissoute le lendemain du mariage, chaque époux ou ses héritiers prendront 30, et le mari ne sera pas traité comme un donataire, quoiqu'il profite de 20. Ce résultat peut paraître bizarre ; mais on l'explique en disant que l'époux dont l'apport actuel est moindre, a des espérances de fortune ou une industrie qui compensent cette différence. Toutefois, les conventions matrimoniales qui procureraient à l'un des époux un de ces avantages indirects, sont réputées des actes à titre gratuit, lorsque l'époux dont l'apport est supérieur a des enfants d'un précédent mariage. Ainsi dans l'exemple précédent, le mari sera regardé comme ayant reçu une donation de 20 ; et si cette donation excède la quotité disponible entre époux, laquelle, dans l'hypothèse où il y a des enfants d'un premier lit, ne peut dépasser un quart (art. 1098), ces enfants pourront intenter l'action en réduction. La disposition que nous expliquons était nécessaire pour empêcher qu'ils ne soient sacrifiés aux affections nouvelles que fait naître un second mariage.

Les enfants communs profiteront de la réduction, car les enfants de différents lits succèdent également (art. 745) ; mais ils ne pourraient pas la demander, car ce qu'ils ne trouvent point dans la succession de leur mère prédécédée, par exemple, ils le trouveront plus tard dans celle de leur père.

Lorsque l'industrie des époux est inégalement productive, il n'y a pas là un avantage indirect sujet à critique ; il eût été trop difficile d'apprécier une telle différence. En supposant donc que tout l'actif de la communauté dissoute

soit résulté des gains faits par le mari seul pendant le mariage, la femme ne sera pas censée recevoir de lui une libéralité indirecte, et lors même qu'il aurait laissé des enfants d'un
premier lit, elle n'aura aucune réduction à redouter pour
la moitié qui lui appartient dans l'actif commun.

SECONDE PARTIE

DE LA COMMUNAUTÉ CONVENTIONNELLE ET DES CONVENTIONS QUI PEUVENT MODIFIER OU MÊME EXCLURE LA COMMUNAUTÉ LÉGALE.

ART. 1497. Les époux peuvent modifier la communauté légale
par toute espèce de conventions non contraires aux articles 1387,
1388, 1389 et 1390. — Les principales modifications sont celles qui
ont lieu en stipulant de l'une ou de l'autre des manières qui suivent ; savoir :

1° Que la communauté n'embrassera que les acquêts ; — 2° que
le mobilier présent ou futur n'entrera point en communauté, ou
n'y entrera que pour une partie ; — 3° qu'on y comprendra tout
ou partie des immeubles présents ou futurs par la voie de l'ameublissement ; — 4° que les époux payeront séparément leurs dettes
antérieures au mariage ; — 5° qu'en cas de renonciation, la
femme pourra reprendre ses apports francs et quittes ; — 6° que
le survivant aura un préciput ; — 7° que les époux auront des parts
inégales ; — 8° qu'il y aura entre eux communauté à titre universel.

Observation. — Les parties ont la faculté, comme nous le
savons, de modifier à leur gré les règles de la communauté légale. Ces modifications peuvent porter ou sur la composition
même de la masse, ou sur les droits plus ou moins étendus
que chacun des époux exercera sur la communauté lors de
sa dissolution. Le Code examine, dans huit sections, les
modifications principales dont est susceptible la communauté
légale. *Cinq* touchent à la *composition de la masse*, savoir :
les quatre premières et la huitième ; *trois*, aux *droits des
époux* sur la communauté dissoute, savoir : les cinquième,
sixième et septième.

PREMIÈRE SECTION

DE LA COMMUNAUTÉ RÉDUITE AUX ACQUÊTS.

ART. 1498. Lorsque les époux stipulent qu'il n'y aura entre eux qu'une communauté d'acquêts, ils sont censés exclure de la communauté et les dettes de chacun d'eux actuelles et futures, et leur mobilier respectif présent et futur. — En ce cas, et après que chacun des époux a prélevé ses apports dûment justifiés, le partage se borne aux acquêts faits par les époux ensemble ou séparément durant le mariage, et provenant tant de l'industrie commune que des économies faites sur les fruits et revenus des biens des deux époux.

1499. Si le mobilier existant lors du mariage, ou échu depuis, n'a pas été constaté par inventaire ou état en bonne forme, il est réputé acquêt.

De la communauté RÉDUITE AUX ACQUÊTS. — Lorsque les époux stipulent que la communauté sera réduite aux acquêts, ils modifient la communauté légale, en restreignant la composition de sa masse active et de sa masse passive. Une telle clause a effectivement pour but et pour résultat d'exclure de la communauté tous les meubles présents et à venir qui ont le caractère de capitaux, ainsi que toutes les dettes mobilières présentes ou même futures se rattachant à des donations ou à des successions, car ces donations ou successions elles-mêmes ne feront point partie de l'actif commun. Ainsi la communauté commence avec zéro, et ne doit comprendre que les fruits et revenus de la fortune personnelle des époux, plus les produits de leur industrie. Nul doute cependant que, si une donation leur était faite sous la condition qu'elle tomberait dans la communauté, cette clause ne dût recevoir son exécution.

Tous les meubles et tous les immeubles sont réputés acquêts ; car s'il est facile à chaque époux de prouver, par inventaire ou par d'autres titres, que tel objet mobilier ou immobilier lui appartient, il serait impossible à la communauté, qui est une personne morale, d'administrer la même preuve ; et la loi devait la protéger par une présomption.

Toutefois, comme la femme est, pendant le mariage, sous la dépendance du mari, si ce dernier n'a pas constaté par inventaire les donations ou successions mobilières à elle échues, elle pourra prouver par témoins, et au besoin par la commune renommée, la consistance de ce mobilier [1]. Il en serait différemment des meubles qu'elle avait lors de la célébration du mariage, parce qu'à ce moment elle possédait sa pleine liberté, et pouvait elle-même faire procéder à un inventaire.

Quant aux dettes contractées par les époux au cours du mariage et qui ne se rattachent point à des donations ou successions à eux échues, elles tombent dans la communauté réduite aux acquêts ou elles en sont exclues, tout comme s'il s'agissait de la communauté légale.

DEUXIÈME SECTION
DE LA CLAUSE QUI EXCLUT DE LA COMMUNAUTÉ LE MOBILIER EN TOUT OU PARTIE.

ART. 1500. Les époux peuvent exclure de leur communauté tout leur mobilier présent et futur. — Lorsqu'ils stipulent qu'ils en mettront réciproquement dans la communauté jusqu'à concurrence d'une somme ou d'une valeur déterminée, ils sont, par cela seul, censés se réserver le surplus.

1501. Cette clause rend l'époux débiteur envers la communauté de la somme qu'il a promis d'y mettre, et l'oblige à justifier de cet apport.

1502. L'apport est suffisamment justifié, quant au mari, par la déclaration portée au contrat de mariage que son mobilier est de telle valeur. — Il est suffisamment justifié, à l'égard de la femme, par la quittance que le mari lui donne, ou à ceux qui l'ont dotée.

1503. Chaque époux a le droit de reprendre et de prélever, lors de la dissolution de la communauté, la valeur de ce dont le mobilier qu'il a apporté lors du mariage, ou qui lui est échu depuis, excédait sa mise en communauté.

1504. Le mobilier qui échoit à chacun des époux pendant le mariage doit être constaté par un inventaire. — A défaut d'inventaire du mobilier échu au mari, ou d'un titre propre à justifier de sa con-

---

[1] Marcadé, art. 1499, n° 3. — Troplong, t. III, n° 1884.

sistance et valeur, déduction faite des dettes, le mari ne peut en exercer la reprise. — Si le défaut d'inventaire porte sur un mobilier échu à la femme, celle-ci ou ses héritiers sont admis à faire preuve, soit par titres, soit par témoins, soit même par commune renommée, de la valeur de ce mobilier.

De la clause portant EXCLUSION *de* COMMUNAUTÉ. — Cette clause reçoit encore, dans la pratique, le nom de *stipulation de propres*, ou celui de clause de *réalisation*. La dénomination la plus exacte serait peut-être celle de *clause d'immobilisation*. Et en effet, elle a pour but d'assimiler les meubles aux immeubles, en les empêchant de tomber dans la communauté.

L'exclusion peut frapper tout le mobilier des époux ou une partie seulement. — Lorsqu'elle a pour objet tout leur mobilier présent et futur, notre clause se confond, en ce qui concerne l'actif, avec la précédente ; mais nous verrons que cette confusion ne doit pas s'étendre au passif, et que la clause qui nous occupe conserve toujours un caractère propre qui la distingue de toute autre.

La forme de l'exclusion peut varier : tantôt elle sera *expresse* et tantôt *tacite*.

Elle sera expresse, par exemple, si les époux déclarent, dans leur contrat de mariage, exclure de la communauté le quart ou la moitié de leur mobilier.

Elle sera tacite, par exemple, si les époux déclarent que leur mobilier tombera dans la communauté jusqu'à concurrence de telle somme, ce qui implique l'exclusion du surplus ; ou que leur mobilier *présent* sera commun, ce qui suppose que le mobilier futur leur restera *propre*.

Dans le doute, on appliquera les règles de la communauté légale, car on ne doit pas étendre les restrictions au delà de leurs termes précis. Ainsi, quand les époux déclarent exclure *tout* leur mobilier de la communauté, la clause s'entend des meubles présents, mais non des meubles futurs.

Ajoutons que l'un des époux peut stipuler telle ou telle

exclusion, et l'autre n'en stipuler aucune, ou en stipuler une différente. La liberté des conventions domine toute la matière du contrat de mariage.

L'époux qui a déclaré faire tel apport doit, ou prouver que ses meubles ont la valeur déclarée, ou si cette valeur est moindre, payer la différence sur ses immeubles.

Lorsque l'apport est fait par le mari, la simple déclaration portée au contrat de mariage, que son mobilier est de telle valeur, suffit pour prouver la réalité de cet apport, parce que la femme, qui était encore libre, pouvait vérifier et au besoin contester la sincérité d'une telle déclaration. D'ailleurs le mari ne pouvait exiger une quittance ni de la communauté qui n'a pas d'autre représentant que lui pour la faire, ni de la femme qui n'a point qualité pour parler au nom de la communauté.

Lorsque l'apport est fait par la femme, ou par ceux qui l'ont dotée, ils doivent régulièrement exiger une quittance du mari qui la donnera comme chef de la communauté désintéressée.

Toutefois, il n'est pas douteux que, d'un côté, la femme ne soit recevable à critiquer la déclaration du mari comme frauduleuse, et que, de l'autre, elle ne puisse prouver son propre apport par des titres autres qu'une quittance, par. exemple, par un inventaire.

Quand les époux ont exclu tout leur actif présent ou tout leur actif futur de la communauté, cette exclusion implique-t-elle celle des dettes mobilières afférentes à cet actif? Dans un premier système on admet l'affirmative, parce que, dit-on, la loi ne fait tomber les dettes mobilières dans la communauté qu'à raison de l'actif qui y tombe; et, du moment que cet actif en est exclu, les dettes mobilières doivent l'être.

Dans une seconde opinion, on refuse, avec raison selon nous, d'admettre que l'exclusion de l'actif entraîne nécessairement celle du passif qui lui est afférent. Et en effet, lorsque les époux conviennent qu'ils payeront séparément leurs dettes (art. 1510), une semblable clause, qui exclut le passif mobilier de la communauté, n'en exclut pas cependant l'actif mobilier. Ce point est incontestable ; pourquoi la réciproque ne serait-elle pas vraie, et ne dirait-on pas que les époux ayant uniquement exclu de la communauté une partie de l'actif, une telle clause n'a pas suffi pour en exclure une partie correspondante du passif ? Le droit commun veut que les dettes mobilières tombent en communauté, et tant qu'il n'y a pas été formellement dérogé, on doit l'appliquer. Dans ce système, rien n'est plus simple que la marche du Code. La section *de la Communauté réduite aux acquêts* règle le cas où les parties ont exclu de la communauté leur actif et leur passif. La section qui traite *de l'Exclusion du mobilier en tout ou partie*, règle le cas où elles ont exclu de la communauté leur actif seulement. Enfin celle qui traite *de la Séparation des dettes* règle le cas où elles en ont exclu leur passif seulement.

Pour les partisans du premier système, la clause d'exclusion ayant pour objet tout le mobilier présent et futur se confond avec la clause de la communauté réduite aux acquêts, puisqu'elle comporte l'exclusion corrélative de tout le passif mobilier présent et futur.

Pour les partisans du second, la deuxième clause reste toujours distincte de la précédente, puisque si tout l'actif mobilier est exclu de la communauté, le passif qui lui est afférent n'en devient pas moins commun.

Ici, comme sous la communauté légale ou réduite aux acquêts, les meubles et les immeubles sont toujours réputés acquêts. Dès lors chaque époux qui veut prélever, à titre de propre, un objet mobilier ou immobilier, doit prouver son droit à ce prélèvement. Le mari ne pourra fournir cette preuve que par inventaire ou titres équivalents. Quant à la femme, elle aura, comme nous l'avons vu plus haut, le droit d'administrer au besoin la preuve testimoniale ou par commune renommée.

Le prélèvement par chacun des époux du mobilier qu'il a exclu de la communauté se fera-t-il en *nature* ou en *argent ?*

Cette question délicate revient à examiner si les meubles exclus sont restés la propriété de l'époux, ou sont devenus celle de la communauté. Si l'on admet la première solution, le prélèvement sera fait en nature et par voie de revendication ; si l'on admet la seconde, il sera fait en argent, et la la communauté débitrice se libérera soit par une somme, soit par d'autres meubles d'une égale valeur.

De plus, les risques seront, au premier cas, pour l'époux, et, au second, pour la communauté.

Dans l'ancien droit français, la propriété de tous les meubles exclus passait à la communauté, qui en devenait *quasi-usufruitière*. L'article 1503 du Code semble adopter cette théorie ; car il dit que chaque époux a le droit de prélever la *valeur* du mobilier exclu. Malgré la tradition et ce texte, on doit cependant admettre que les meubles, *corps certains et non estimés*, soit en bloc, soit en détail, restent la propriété de l'époux ; car il n'y a aucune raison plausible d'en constituer la communauté quasi-usufruitière, puisqu'elle en peut être véritablement usufruitière. Il serait trop injuste, non-seulement de priver l'époux d'une propriété qu'il s'est réservée et à laquelle il peut attacher un prix d'affection supérieur à sa valeur vénale, mais encore de dépouiller ses créanciers personnels de la plus-value que ces meubles auront quelquefois acquise, par exemple s'ils consistent en objets d'art, en collections précieuses, etc. A nos yeux, la rédaction de l'article 1503 s'explique par cette considération, qu'elle a été faite en vue des cas les plus fréquents. Presque toujours, ou les meubles sont fongibles, ou ils sont estimés lors du contrat ; et l'on sait qu'en fait de meubles, l'estimation vaut vente, à moins de déclaration contraire. La communauté sera donc, en général, débitrice de la valeur estimative des meubles, et c'est alors que l'article 1503 s'appliquera textuellement [1].

---

[1] Marcadé, art. 1499, n° 4. — Massé et Vergé, t. IV, p. 183, note 2. — Cass., 5 novembre 1860.

TROISIÈME SECTION

DE LA CLAUSE D'AMEUBLISSEMENT.

Art. 1505. Lorsque les époux ou l'un d'eux font entrer en communauté tout ou partie de leurs immeubles présents ou futurs, cette clause s'appelle *ameublissement*.

1506. L'ameublissement peut être déterminé ou indéterminé. — Il est déterminé quand l'époux a déclaré ameublir et mettre en communauté un tel immeuble en tout ou jusqu'à concurrence d'une certaine somme. — Il est indéterminé quand l'époux a simplement déclaré apporter en communauté ses immeubles, jusqu'à concurrence d'une certaine somme.

1507. L'effet de l'ameublissement déterminé est de rendre l'immeuble ou les immeubles qui en sont frappés, biens de la communauté, comme les meubles mêmes. — Lorsque l'immeuble ou les immeubles de la femme sont ameublis en totalité, le mari en peut disposer comme des autres effets de la communauté, et les aliéner en totalité. — Si l'immeuble n'est ameubli que pour une certaine somme, le mari ne peut l'aliéner qu'avec le consentement de la femme ; mais il peut l'hypothéquer sans son consentement, jusqu'à concurrence seulement de la portion ameublie.

1508. L'ameublissement indéterminé ne rend point la communauté propriétaire des immeubles qui en sont frappés ; son effet se réduit à obliger l'époux qui l'a consenti à comprendre dans la masse, lors de la dissolution de la communauté, quelques-uns de ses immeubles jusqu'à concurrence de la somme par lui promise. — Le mari ne peut, comme en l'article précédent, aliéner en tout ou en partie, sans le consentement de sa femme, les immeubles sur lesquels est établi l'ameublissement indéterminé ; mais il peut les hypothéquer jusqu'à concurrence de cet ameublissement.

1509. L'époux qui a ameubli un héritage a, lors du partage, la faculté de le retenir en le précomptant sur sa part pour le prix qu'il vaut alors ; et ses héritiers ont le même droit.

De la clause d'AMEUBLISSEMENT. — La clause précédente excluait de la communauté des meubles qui devaient naturellement y tomber. Celle-ci, au contraire, y fait tomber des immeubles qui, d'après le droit commun, devraient en être exclus. Ces deux clauses sont donc inverses l'une de l'autre.

On appelle la nôtre *clause d'ameublissement*, à cause de l'assimilation qu'elle fait des immeubles aux meubles. L'ameublissement est en général stipulé, lorsque l'un des époux ayant une fortune principalement immobilière, et l'autre une fortune principalement mobilière, le premier fait entrer un ou plusieurs de ses immeubles dans la communauté pour rétablir la balance de ses apports avec ceux de son futur conjoint.

Des DIVERSES ESPÈCES *d'ameublissement*. — L'ameublissement est *déterminé* ou *indéterminé* : *Déterminé*, lorsqu'il a pour objet tel immeuble, par exemple telle maison, telle ferme. *Indéterminé*, lorsqu'il a pour objet tous les immeubles soit présents, soit futurs, soit présents et futurs, mais seulement jusqu'à concurrence d'une certaine somme, ainsi que nous allons l'expliquer.

L'ameublissement déterminé est à son tour de deux sortes. Il est dit ameublissement de la *première espèce*, quand il porte sur la totalité de l'immeuble. Dans ce cas, la propriété même de l'immeuble tombe en communauté, et le mari peut en disposer comme s'il était un acquêt. L'ameublissement déterminé est dit de la *seconde espèce*, quand il a pour objet non l'immeuble dans son entier, mais l'immeuble *jusqu'à concurrence d'une certaine somme*. Par exemple, l'époux a déclaré ameublir telle maison jusqu'à concurrence de 10,000 francs. Quel est alors le droit de la communauté sur cet immeuble ? Ce droit n'est ni une créance, car les créances supposent un lien juridique entre deux personnes, et ici l'immeuble ameubli répond seul du payement de la somme à la communauté, sans que l'époux, auteur de l'ameublissement, puisse être lui-même recherché; ni un droit de copropriété avec cet époux, car si la communauté devenait copropriétaire, l'action en partage serait ouverte, ce qui n'a pas lieu, et la part indivise de la communauté dans l'immeuble pourrait être aliénée par le mari, ce qui n'est point possible quand l'immeuble provient de la femme. La communauté a donc ici un droit tout spécial, un droit *sui generis*. Ce droit se traduit exclusivement par la faculté que la loi accorde au mari d'*hypothéquer* l'immeuble pour procurer à la communauté la somme promise. C'est un des cas fort rares où l'on peut hypothéquer sans avoir le droit d'aliéner.

L'ameublissement *indéterminé* a pour objet la totalité des immeubles, soit présents, soit futurs, soit présents et futurs, mais, avons-nous dit, jusqu'à concurrence d'une certaine somme seulement. Pourquoi cette restriction ? C'est que, si l'ameublissement affectait l'ensemble des immeubles dans leur intégralité, on retomberait alors dans une autre clause que nous verrons plus tard et qui porte le nom de *communauté à titre universel*. On ne reste donc, à proprement parler, dans la clause d'ameublissement, qu'à la condition que l'ameublissement de tous les immeubles ne les affecte que jusqu'à concurrence d'une certaine somme.

Le droit de la communauté et les pouvoirs du mari sont ici les mêmes que dans l'ameublissement déterminé de la seconde espèce. Ainsi, les immeubles pourront être hypothéqués jusqu'à concurrence de la somme promise ; et, s'ils viennent à périr entièrement, ou même pour une partie qui excède le surplus de leur valeur, la perte sera pour la communauté.

Dans tous les cas, l'époux qui a ameubli ses immeubles peut les libérer en payant à la communauté la somme promise. Effectivement, l'article 1509 l'autorise à reprendre dans la communauté, lors de sa dissolution, l'immeuble ameubli, à condition de tenir compte de sa valeur ; à plus forte raison peut-il, en payant cette valeur, conserver l'immeuble.

QUATRIÈME SECTION

DE LA CLAUSE DE SÉPARATION DES DETTES.

ART. 1510. La clause par laquelle les époux stipulent qu'ils payeront séparément leurs dettes personnelles les oblige à se faire, lors de la dissolution de la communauté, respectivement raison des dettes qui sont justifiées avoir été acquittées par la communauté à la décharge de celui des époux qui en était débiteur. — Cette obligation est la même, soit qu'il y ait eu inventaire ou non ; mais si le mobilier apporté par les époux n'a pas été constaté par un inventaire ou état authentique antérieur au mariage, les créanciers de l'un et de l'autre des époux peuvent, sans avoir égard à aucune des distinctions qui seraient réclamées, poursuivre leur payement sur le mobilier non inventorié, comme sur tous les autres biens de la communauté. — Les créanciers ont le même droit sur le mobilier qui serait échu aux époux pendant la communauté, s'il n'a pas été pareillement constaté par un inventaire ou état authentique.

1511. Lorsque les époux apportent dans la communauté une somme certaine ou un corps certain, un tel apport emporte la convention tacite qu'il n'est point grevé de dettes antérieures au mariage ; et il doit être fait raison par l'époux débiteur à l'autre de toutes celles qui diminueraient l'apport promis.

1512. La clause de séparation des dettes n'empêche point que la communauté ne soit chargée des intérêts et arrérages qui ont couru depuis le mariage.

1513. Lorsque la communauté est poursuivie pour les dettes de l'un des époux déclaré, par contrat, franc et quitte de toutes dettes antérieures au mariage, le conjoint a droit à une indemnité qui se prend, soit sur la part de communauté revenant à l'époux débiteur, soit sur les biens personnels dudit époux ; et, en cas d'insuffisance, cette indemnité peut être poursuivie par voie de garantie contre le père, la mère, l'ascendant ou le tuteur qui l'auraient déclaré franc et quitte. — Cette garantie peut même être exercée par le mari durant la communauté, si la dette provient du chef de la femme ; sauf, en ce cas, le remboursement dû par la femme ou ses héritiers aux garants, après la dissolution de la communauté.

De la clause de séparation de dettes. — La clause que nous allons expliquer modifie, en la restreignant, la masse passive de la communauté ; mais elle ne touche point à la masse active. Elle peut être formulée de trois manières différentes ; les époux peuvent dire :

1° Que chacun payera séparément ses dettes personnelles (art. 1510). C'est la clause de *séparation de dettes* proprement dite.

2° Que chacun apporte en communauté telle somme ou tel corps certain, ce qui emporte convention tacite que cet apport n'est pas grevé de dettes antérieures au mariage (art. 1511). C'est la *clause d'apport*.

3° Que chacun est franc et quitte de toutes dettes (art. 1513). C'est la clause de *franc et quitte*.

Ces trois formules de la même convention ne produisent pas, comme nous le verrons tout à l'heure, des effets en tout point identiques, mais elles ont toutes pour résultat de décharger la communauté des dettes personnelles que peuvent avoir les époux. Une telle convention est très-fréquente dans la pratique. Elle corrige les effets injustes de cette ancienne règle, que le Code a maintenue pour le passif dont sont grevés les époux lors de la célébration du mariage. « La où va l'actif mobilier, là va le passif mobilier. » Nous n'avons pas besoin de revenir ici sur la critique que nous en avons faite (v. p. 36 et s.), ni d'insister davantage sur l'opportunité habituelle de la clause de séparation de dettes que nous expliquons.

Reprenons successivement chacune des trois formules qui précèdent :

Première formule. — Chaque époux payera ses dettes. — Cette clause doit être interprétée comme ayant uniquement pour objet les dettes antérieures au mariage. Et, en effet, comme elle déroge au droit commun, elle ne saurait s'étendre aux dettes futures que si les époux l'avaient expressément déclaré. Dans le doute, elle s'appliquera donc exclusivement aux dettes dont ils sont déjà tenus lors de la célébration du mariage.

Quel sera l'effet de cette clause ? Il faut à cet égard faire une distinction.

S'agit-il de régler les rapports entre époux ? La clause produit tout son effet, qu'il y ait eu ou non inventaire, et cet effet consiste dans l'obligation pour chaque époux de faire récompense à la communauté des sommes qu'elle aurait avancées pour le payement de ses dettes personnelles. Cette récompense sera du capital seulement, par la raison que la communauté, ayant tous les revenus actifs, doit supporter tous les revenus passifs, même les intérêts des dettes dont les époux sont personnellement grevés et qu'ils doivent payer séparément (art. 1512).

S'agit-il de régler les rapports des époux ou de la communauté avec les tiers créanciers ? Une nouvelle distinction est nécessaire, car les effets de la clause varient selon qu'elle est opposée aux créanciers de la femme ou aux créanciers du mari.

Quand le mari veut opposer la clause aux créanciers de sa femme, il doit justifier par inventaire ou état authentique de la consistance du mobilier qu'elle a apporté dans la communauté. S'il fait cette justification, les créanciers, qui peuvent toujours poursuivre la femme sur ses biens personnels, ne peuvent au contraire poursuivre la communauté que jusqu'à concurrence du mobilier qu'elle a reçu. Et même rigoureusement, la communauté devrait être à l'abri de l'action des créanciers, puisqu'elle est un tiers acquéreur, et un tiers acquéreur qui n'est pas tenu du payement des dettes. Cependant la solution contraire a été admise par la raison que d'une part le mobilier de la femme tombe en quelque sorte à titre universel dans la communauté, c'est-à-dire avec les dettes et charges qui le grèvent, et que d'autre part les créanciers ne sauraient être sans injustice privés, par le fait seul du mariage, de tout le mobilier de leur débitrice, qui est peut-être toute sa fortune.

S'il n'a pas été dressé d'inventaire ou d'acte authentique établissant la consistance de ce mobilier, les créanciers de la femme pourront poursuivre indéfiniment la communauté, et par suite le mari, tout comme si la séparation des dettes n'avait pas été stipulée. En ne faisant pas d'inventaire, le mari est présumé avoir reconnu que l'apport mobilier de la femme suffisait au payement de son passif, et dans tous les cas il a commis une négligence et laissé s'opérer entre tous les meubles une confusion dont la communauté et lui doivent subir les conséquences.

Faut-il maintenant appliquer les mêmes règles quand il s'agit des créanciers du mari ? Sur ce point les opinions sont divisées. Suivant les uns, la communauté pourra être poursuivie toute entière, comme si la clause n'existait point. En effet, dit-on, le mari a le droit de disposer comme il l'entend de tous les meubles communs, il peut même les donner, pourvu qu'il ne s'en réserve pas l'usufruit ; à plus forte raison peut-il les employer à l'acquittement de ses dettes personnelles. Or, s'il peut volontairement payer ses dettes avec tous les meubles de la communauté, pourquoi ses créanciers, exerçant ses droits en vertu de l'art. 1166, ne pourraient-ils pas aussi les saisir et les faire vendre ?

Dans une seconde opinion que nous croyons préférable, on répond avec raison que le mari, en consentant à la clause, a par cela même renoncé au droit de payer ses dettes personnelles avec les biens de la communauté, et que l'art. 1510 n'établit aucune distinction entre les créanciers du mari et les créanciers de la femme, quand le mobilier apporté par les époux a été constaté par inventaire ou acte authentique. On ajoute qu'avec le système contraire, la clause de séparation de dettes pourrait ne pas servir à la femme, puisque d'une part les créanciers du mari auraient le droit d'absorber tout l'actif commun, et que de l'autre, en cas d'insolvabilité du mari, la femme comme la communauté n'auraient à exercer contre lui aucun recours efficace [1].

Deuxième formule. — *Chaque époux apporte tant en communauté.* — Lorsque les époux déclarent apporter telle somme ou tel corps certain dans la communauté, la loi présume avec raison que cet apport est fait sans charges, et en effet, s'il fallait en déduire les dettes dont les époux peuvent être grevés, l'apport ne serait plus tel qu'il a été promis.

Cette formule a pour effet, comme la précédente, de laisser

---

[1] Bugnet sur Poth., t. VII, p. 212.

à la charge de chaque époux les dettes qui lui sont personnelles, et en cas que la communauté ait fait l'avance du
payement, de le constituer débiteur envers elle d'une récompense égale au montant du capital avancé.

*Troisième formule. — Chaque époux est franc et quitte
de toutes dettes.* — La clause de franc et quitte peut être insérée dans le contrat de mariage, soit sur la déclaration de
l'époux lui-même, soit sur la déclaration d'un tiers, par exemple d'un ascendant. Examinons d'abord la première hypothèse. La déclaration faite par les époux qu'ils sont francs et
quittes de toutes dettes produit en général les mêmes effets
que la clause de séparation de dettes. Cependant deux différences importantes les séparent. Ainsi d'un côté la déclaration dont il s'agit ne serait pas opposable aux créanciers de
l'époux débiteur, lors même qu'il y aurait un inventaire ou
état authentique du mobilier, car l'art. 1513 suppose que la
communauté peut dans ce cas être poursuivie pour toute la
dette ; et d'un autre côté l'époux, dont la dette aurait été
payée par la communauté, lui devrait récompense non-seulement pour le capital, mais encore pour les intérêts, car son
mensonge ne doit pas nuire à cette dernière.

Passons à l'hypothèse où la déclaration de franc et quitte
est émanée d'un tiers, par exemple d'un ascendant. Une
grave différence existe entre les effets de cette déclaration
et ceux de la déclaration faite par l'époux lui-même. Dans le
premier cas, l'époux qui a fait sa fausse déclaration est seul
tenu d'indemniser la communauté, et cette indemnité ne peut
être réclamée qu'à sa dissolution, parce que toute action intentée auparavant troublerait la paix domestique. D'ailleurs,
quand c'est le mari qui a fait la déclaration mensongère, la
femme n'a pas qualité pour agir au nom de la communauté
créancière de la récompense. Dans le second cas, l'action en
indemnité existe et contre le tiers qui a fait la fausse déclaration, et contre l'époux qui devait en profiter. De plus,
quand la fausse déclaration a été faite par un tiers au nom

de la femme, le mari peut immédiatement intenter contre
lui son action en garantie, et il n'est pas obligé d'attendre la
dissolution de la communauté pour la faire indemniser
(art. 1513).

CINQUIÈME SECTION

DE LA FACULTÉ ACCORDÉE A LA FEMME DE REPRENDRE SON APPORT FRANC ET QUITTE.

ART. 1514. La femme peut stipuler qu'en cas de renonciation à la
communauté, elle reprendra tout ou partie de ce qu'elle y aura
apporté, soit lors du mariage, soit depuis ; mais cette stipulation ne
peut s'étendre au delà des choses formellement exprimées, ni au
profit de personnes autres que celles désignées. — Ainsi la faculté
de reprendre le mobilier que la femme a apporté lors du mariage
ne s'étend point à celui qui serait échu pendant le mariage. —
Ainsi la faculté accordée à la femme ne s'étend point aux enfants ;
celle accordée à la femme et aux enfants ne s'étend point aux héritiers
ascendants ou collatéraux. — Dans tous les cas, les apports ne peuvent être repris que déduction faite des dettes personnelles à la
femme, et que la communauté aurait acquittées.

Clause de reprise par la femme de son APPORT FRANC ET
QUITTE. — Nous avons vu, en étudiant la communauté légale,
que la femme avait le droit, après sa dissolution, de l'accepter
ou d'y renoncer. La clause que nous allons examiner permet
à la femme de stipuler un avantage plus grand encore. En
effet, sous le régime de la communauté légale, la femme qui
renonce, abandonne par cela même tout l'actif qui était
tombé de son chef dans la masse commune ; et ici, au contraire, elle stipule qu'en renonçant, elle reprendra son apport
franc et quitte de toutes les dettes de la communauté. Une
pareille clause, prohibée dans la société ordinaire (art. 1855),
doit toujours être interprétée rigoureusement et quant aux
choses et quant aux personnes, parce qu'elle est trop contraire
au droit commun. Ainsi, quand la femme a stipulé qu'elle reprendrait le mobilier apporté par elle lors du mariage, elle ne
peut pas reprendre le mobilier qui lui est échu depuis le
mariage ; de même, lorsqu'elle a stipulé qu'elle reprendrait le

mobilier à elle échu par succession, elle ne peut pas reprendre le mobilier qui lui surviendrait par donation. Dans le
doute, on se prononcera contre la prétention de la femme en
faveur du droit commun.

Au sujet des personnes, la même interprétation restrictive
doit être appliquée. Ainsi la clause stipulée pour la femme ne
s'étend pas à ses enfants ; celle stipulée pour la femme et les
enfants ne s'étend pas aux ascendants ni aux collatéraux, et
ainsi de suite.

La femme qui reprend son apport franc et quitte des dettes
de communauté ne peut cependant le reprendre que grevé
des dettes qui lui sont personnelles (art. 1514, *in fine*).
L'équité eût été par trop blessée, si elle avait retiré
tout son actif de la communauté, en y laissant tout son passif.

La clause dont il s'agit est-elle opposable aux tiers ? En
d'autres termes, la femme peut-elle reprendre son apport
franc et quitte avant que les créanciers de la communauté
soient payés, ou ne peut-elle le reprendre qu'en subissant
leur concours ? Il n'est pas douteux que la femme ne doive
subir le concours des créanciers. Dans tous les temps on a
considéré la faculté qu'elle se réserve de reprendre son apport
franc et quitte comme étant opposable au mari seulement. Par
rapport aux créanciers, elle n'est qu'une créancière ordinaire,
et elle ne pourrait même pas stipuler dans son contrat de
mariage un droit de préférence qui leur fût opposable, car ce
serait là un véritable privilége, et la loi seule peut en établir.
La femme viendra donc au marc le franc avec eux ; seulement elle aura un recours contre son mari pour obtenir que
la reprise de son apport soit complétée. Si le mari est insolvable, la femme perdra la différence existante entre le dividende qu'elle aura touché, et l'apport qu'elle devait retirer
franc et quitte de la communauté.

SIXIÈME SECTION

DU PRÉCIPUT CONVENTIONNEL.

Art. 1515. La clause par laquelle l'époux survivant est autorisé à prélever, avant tout partage, une certaine somme ou une certaine quantité d'effets mobiliers en nature, ne donne droit à ce prélèvement, au profit de la femme survivante, que lorsqu'elle accepte la communauté, à moins que le contrat de mariage ne lui ait réservé ce droit, même en renonçant. — Hors le cas de cette réserve, le préciput ne s'exerce que sur la masse partageable, et non sur les biens personnels de l'époux prédécédé.

1516. Le préciput n'est point regardé comme un avantage sujet aux formalités des donations, mais comme une convention de mariage.

1517. La mort naturelle ou civile donne ouverture au préciput.

1518. Lorsque la dissolution de la communauté s'opère par le divorce ou par la séparation de corps, il n'y a pas lieu à la délivrance actuelle du préciput ; mais l'époux qui a obtenu soit le divorce, soit la séparation de corps, conserve ses droits au préciput en cas de survie. Si c'est la femme, la somme ou la chose qui constitue le préciput reste toujours provisoirement au mari, à la charge de donner caution.

1519. Les créanciers de la communauté ont toujours le droit de faire vendre les effets compris dans le préciput, sauf le recours de l'époux, conformément à l'article 1515.

Du PRÉCIPUT CONVENTIONNEL. — On appelle *préciput* (*præ-capere*, prendre avant) la part de communauté que le mari ou la femme survivante a le droit de prélever avant le partage.

Dans l'ancien droit, plusieurs coutumes établissaient un préciput légal au profit de la femme : on l'appelait *douaire*. Aujourd'hui le préciput légal a disparu, et il n'en existe plus que conventionnellement. La stipulation de préciput est presque toujours faite au profit de la femme survivante, mais elle pourrait l'être au profit du mari survivant, ou même indistinctement au profit soit de l'un soit de l'autre des époux survivant, car c'est un gain de survie. Toutefois la plupart des auteurs reconnaissent à la femme le droit de stipuler un pré-

ciput pour le cas où la communauté viendrait à être dissoute
par une séparation de corps ou de biens, et indépendamment
de toute survivance au mari [1].

La femme même renonçante peut, si elle l'a expressément stipulé, prendre son préciput ; mais alors cette dénomination cesse d'être exacte, car le préciput, au lieu d'être
pris sur la masse commune avant partage, est pris sur les
biens du mari qui comprennent désormais tous les biens de
communauté.

Le préciput de la femme acceptante ou celui du mari n'a
d'autre garantie que la masse commune, et il est caduc pour
le tout ou pour partie, si cette masse est absorbée par les
dettes, pour le tout ou pour une valeur plus grande que l'excédant de l'actif commun sur le préciput.

Le caractère du préciput n'est pas bien défini par le Code.
Est-ce une libéralité ? Est-ce un acte à titre onéreux ? D'un
côté, l'article 1516 semble le traiter comme une libéralité,
puisqu'il le dispense *des formes* exigées pour les donations.
D'un autre côté, le même article dit que le préciput doit être
regardé comme une *convention de mariage.* Or, toute convention de mariage est présumée à titre onéreux, sauf preuve
contraire. Il est probable que les rédacteurs du Code ont entendu reproduire l'ancienne jurisprudence, d'après laquelle
le préciput était, en principe, un acte à titre onéreux, mais
devait être regardé comme une donation, s'il y avait des enfants d'un premier mariage. Rien ne prouve qu'il y ait eu
innovation à l'ancien droit, et il faut en appliquer les règles.
Le préciput sera donc, au regard des enfants communs ou
des ascendants, dispensé de la réduction ; mais s'il existe
des enfants d'un premier lit, ils pourront demander cette
réduction dans le cas où il constituerait, au profit du conjoint
en secondes noces, un avantage supérieur à celui que la loi
autorise (art. 1496 et 1098).

----

[1] Marcadé, art. 1517. — Rodière et Pont, t. II, n° 288.

Depuis l'abolition de la mort civile, le préciput ne peut s'ouvrir que par la mort naturelle de l'époux non préciputaire, et par la survivance de son conjoint. La preuve de cette survivance sera ordinairement facile à fournir. Mais si les deux époux mouraient dans le même événement, et qu'on ne pût pas démontrer lequel des deux a survécu, le préciput serait caduc, car dans le silence de la loi on ne peut pas appliquer ici les présomptions de survie établies en matière de succession *ab intestat,* pour ceux qui meurent dans un même événement.

La séparation de corps ou de biens dissout la communauté, mais, à moins de convention contraire, elle ne donne pas ouverture au préciput, parce qu'il n'est pas prouvé que l'époux préciputaire survivra à son conjoint. Dès lors, les droits des époux se liquident provisoirement, comme si aucun préciput n'avait été stipulé. Toutefois, la femme préciputaire peut exiger que le mari donne caution pour la somme ou la chose qui doit faire partie de son préciput, et qu'il prend dans le partage (art. 1518).

Malgré le texte de l'article 1518, il ne faut pas croire que le mari soit, dans tous les cas, détenteur provisoire de tout le préciput auquel sa femme est appelée. En effet, de ce qu'un avantage a été stipulé au profit de la femme, il n'en résulte pas qu'elle doive perdre le bénéfice du droit commun. Lors donc qu'elle accepte la communauté, elle doit en prendre la moitié, puisque, en l'absence de toute stipulation semblable, elle aurait droit à cette moitié. Dans ce cas, le mari ne détiendra que la moitié du préciput. Pour qu'il le détienne en totalité, il faut supposer que la femme renonce à la communauté.

Il donnera caution pour la moitié dans la première hypothèse, et pour le tout dans la seconde.

Du moment que la femme préciputaire peut demander caution à son mari pour la moitié ou la totalité de son préciput, lorsque la communauté est dissoute autrement que

par la mort, il faut décider, par une juste réciprocité, que
le mari préciputaire pourrait demander caution pour moitié
à la femme acceptante. La loi ne l'a pas dit, parce que le
mari est rarement préciputaire, mais il y a parité de motifs, et
l'on doit donner la même solution.

Lorsque la communauté est dissoute par la séparation de
corps, l'époux qui l'a obtenue conserve, aux termes de
l'art. 1518, ses droits au préciput en cas de survie. D'où il
faut nécessairement conclure que l'époux *contre* lequel elle a
été prononcée perd les siens, en juste punition de son ingratitude. En prononçant cette révocation, la loi semble envisager, dans cette hypothèse, le préciput comme une libéralité,
quoiqu'en principe elle le considère comme étant une convention de mariage.

La clause de préciput produit ses effets entre les époux,
mais non à l'égard des créanciers ; ces derniers pourront, par
conséquent, se faire payer, tant sur les biens de préciput que
sur les autres, sauf, dit la loi, *le recours de l'époux préciputaire, conformément à l'article* 1515. Comment l'art. 1515
règle-t-il ce recours ? Son texte n'en dit rien, et on ne peut
résoudre la question que par voie d'induction. Or, aux termes
de cet article, le recours s'exerce sur les biens de communauté tant qu'il en existe, et subsidiairement, pour la femme
renonçante, sur les biens du mari, pourvu toutefois qu'elle
se soit réservé son droit au préciput, même en cas de renonciation. Il faut donc dire que, si l'époux est dépouillé de
tout ou partie de son préciput par les créanciers de la communauté, il aura recours, pour le parfaire, sur ce qui restera de la masse commune jusqu'à complet épuisement ; et
que, s'il s'agit de la femme renonçante, elle aura en outre son
recours sur les biens du mari dans le cas où elle se serait formellement réservé cette faculté.

SEPTIÈME SECTION

DES CLAUSES PAR LESQUELLES ON ASSIGNE A CHACUN DES ÉPOUX DES PARTS INÉGALES DANS LA COMMUNAUTÉ.

ART. 1520. Les époux peuvent déroger au partage égal établi par la loi, soit en ne donnant à l'époux survivant ou à ses héritiers, dans la communauté, qu'une part moindre que la moitié, soit en ne lui donnant qu'une somme fixe pour tout droit de communauté, soit en stipulant que la communauté entière, en certains cas, appartiendra à l'époux survivant, ou à l'un d'eux seulement.

1521. Lorsqu'il a été stipulé que l'époux ou ses héritiers n'auront qu'une certaine part dans la communauté, comme le tiers ou le quart, l'époux ainsi réduit ou ses héritiers ne supportent les dettes de la communauté que proportionnellement à la part qu'ils prennent dans l'actif. — La convention est nulle si elle oblige l'époux ainsi réduit ou ses héritiers à supporter une plus forte part, ou si elle les dispense de supporter une part dans les dettes égale à celle qu'ils prennent dans l'actif.

1522. Lorsqu'il a été stipulé que l'un des époux ou ses héritiers ne pourront prétendre qu'une certaine somme pour tout droit de communauté, la clause est un forfait qui oblige l'autre époux ou ses héritiers à payer la somme convenue, soit que la communauté soit bonne ou mauvaise, suffisante ou non pour acquitter la somme.

1523. Si la clause n'établit le forfait qu'à l'égard des héritiers de l'époux, celui-ci, dans le cas où il survit, a droit au partage légal par moitié.

1524. Le mari ou ses héritiers qui retiennent, en vertu de la clause énoncée en l'article 1520, la totalité de la communauté, sont obligés d'en acquitter toutes les dettes. — Les créanciers n'ont, en ce cas, aucune action contre la femme ni contre ses héritiers. — Si c'est la femme survivante qui a, moyennant une somme convenue, le droit de retenir toute la communauté contre les héritiers du mari, elle a le choix ou de leur payer cette somme, en demeurant obligée à toutes les dettes, ou de renoncer à la communauté et d'en abandonner aux héritiers du mari les biens et les charges.

1525. Il est permis aux époux de stipuler que la totalité de la communauté appartiendra au survivant ou à l'un d'eux seulement, sauf aux héritiers de l'autre à faire la reprise des apports et capitaux tombés dans la communauté, du chef de leur auteur. — Cette stipulation n'est point réputée un avantage sujet aux règles relatives aux donations, soit quant au fond, soit quant à la forme, mais simplement une convention de mariage et entre associés.

Observation. — Dans la section qui nous occupe, le Code prévoit trois sortes de clauses modifiant les droits soit du mari, soit de la femme, soit de l'un ou de l'autre sur la communauté dissoute.

La première établit *des parts inégales ;*

La seconde accorde à l'époux survivant ou même à tel époux survivant, le droit de prendre toute la communauté en payant une *somme fixe* aux héritiers de l'époux prédécédé : c'est la clause *du forfait de communauté ;*

La troisième enfin accorde à l'époux survivant le droit de prendre toute la communauté, sans rien payer aux héritiers de l'époux prédécédé.

Quelques mots sur chacune de ces clauses :

1° *Des parts* INÉGALES. — En principe, la communauté se partage par moitié entre le mari et la femme. Mais les parties peuvent convenir que l'une d'elles aura une part plus forte ou plus faible que la moitié. La loi prohibe cependant la disposition en vertu de laquelle l'un des époux prendrait une part d'actif supérieure à sa part dans le passif : par exemple, les trois quarts de l'actif et la moitié du passif. Sans cette prohibition, les époux auraient eu la faculté de se faire des avantages indirects. Effectivement, dans l'hypothèse qui précède, le mari n'aurait eu qu'à acheter des biens sans les payer, pour que lui ou sa femme profitât des trois quarts de l'acquisition, en supportant la moitié du prix seulement, suivant que la clause serait en faveur de l'un ou de l'autre. La part de chaque époux dans l'actif doit donc toujours être la même que sa part dans le passif. Du moment que la proportion est changée, la clause devient nulle.

Cette clause peut d'ailleurs être stipulée pour ou contre, soit le mari survivant, soit la femme survivante, soit celui des deux qui survivra.

2° *Du* FORFAIT *de communauté.* — Les époux peuvent

encore convenir que l'un des deux gardera, en cas de survie, toute la communauté, sauf à payer une certaine somme fixée d'avance aux héritiers de l'autre. On appelle cette convention *forfait de communauté*, parce qu'il y a pour le survivant une chance à courir, qui est d'avoir une communau'é opulente pour une somme minime, ou une communauté ruinée pour une somme considérable.

Il ne faut pas confondre le cas où le forfait intéresse le mari avec celui où il intéresse la femme : le mari survivant doit le subir, lors même que la somme par lui payée excéderait beaucoup la valeur de la communauté. La femme survivante, au contraire, sera toujours libre de renoncer à la communauté et de se dispenser ainsi de payer la somme fixée au contrat de mariage, car elle ne peut par aucune clause porter atteinte au droit de renonciation que la loi lui accorde.

Le forfait de communauté est très-utile aux époux, en ce qu'il dispense le survivant de procéder à un inventaire et à un partage.

Au surplus, la convention peut n'être faite qu'au profit du mari survivant ou de la femme survivante ; dans ce double cas, l'autre époux survivant ne pourrait pas l'invoquer.

3° *De la faculté accordée à l'époux survivant de prendre* TOUTE *la communauté*. — Enfin, les époux peuvent stipuler que le survivant aura toute la communauté, sans rien payer aux héritiers de l'époux prédécédé. Le principal but de la communauté, qui est d'encourager chaque époux à la prospérité commune, est encore ici atteint ; car, quoique la communauté ne se partage point, chaque époux a l'espoir de survivre à l'autre, et de la prendre ainsi tout entière. Un tel espoir cesserait si la clause était faite en faveur de *tel époux* survivant ou de *ses héritiers*, car l'autre époux serait, à tout événement, privé de la communauté. Dès lors, on retomberait sous le régime exclusif de la communauté.

L'époux qui, en fait, aura toute la communauté, devra

payer toutes les dettes dont elle est grevée, et, si l'autre époux a acquitté l'une d'elles, il lui sera dû récompense.

Notons que, nonobstant la convention qui attribue à l'époux survivant toute la communauté, les héritiers de l'époux prédécédé ont le droit de reprendre les apports et capitaux qui y sont tombés du chef de leur auteur (art. 1525).

HUITIÈME SECTION

DE LA COMMUNAUTÉ A TITRE UNIVERSEL.

Art. 1526. Les époux peuvent établir par leur contrat de mariage une communauté universelle de leurs biens, tant meubles qu'immeubles, présents et à venir, ou de tous leurs biens présents seulement, ou de tous leurs biens à venir seulement.

Observation. — La communauté à titre universel a lieu lorsque les époux ameublissent tous leurs propres, présents ou à venir, ou présents et à venir. Comme dans ce dernier cas elle prend tout l'actif, elle doit naturellement supporter tout le passif. Avec une telle clause, les époux ne peuvent avoir en propre que les biens à eux donnés ou légués, sous la condition qu'ils ne tomberont pas en communauté.

DISPOSITIONS COMMUNES AUX HUIT SECTIONS CI-DESSUS.

Art. 1527. Ce qui est dit aux huit sections ci-dessus ne limite pas à leurs dispositions précises les stipulations dont est susceptible la communauté conventionnelle. — Les époux peuvent faire toutes autres conventions, ainsi qu'il est dit à l'article 1387, et sauf les modifications portées par les articles 1388, 1389 et 1390. — Néanmoins, dans le cas où il y aurait des enfants d'un précédent mariage, toute convention qui tendrait dans ses effets à donner à l'un des époux au delà de la portion réglée par l'article 1098, au titre *des Donations entre-vifs et des Testaments*, sera sans effet pour tout l'excédant de cette portion; mais les simples bénéfices résultant des travaux communs et des économies faites sur les revenus respectifs, quoique inégaux, des deux époux, ne sont pas considérés comme un avantage fait au préjudice des enfants du premier lit.

1528. La communauté conventionnelle reste soumise aux règles de la communauté légale pour tous les cas auxquels il n'y a pas été dérogé implicitement ou explicitement par le contrat.

Observation. — Ces articles ne font que rappeler, pour la communauté conventionnelle, des principes que nous avons déjà développés pour la communauté légale.

NEUVIÈME SECTION
DES CONVENTIONS EXCLUSIVES DE LA COMMUNAUTÉ.

ART. 1529. Lorsque, sans se soumettre au régime dotal, les époux déclarent qu'ils se marient sans communauté, ou qu'ils seront séparés de biens, les effets de cette stipulation sont réglés comme il suit.

Observation. — Sous cette section, le Code traite du régime *sans communauté* et du régime *de séparation de biens*. Il peut paraître étrange que ces régimes soient présentés comme des modifications à la communauté légale. Aussi n'est-ce point là l'idée du législateur : il a voulu, imitant Pothier, comprendre dans le même chapitre tous les régimes appartenant aux pays de droit coutumier, et réserver pour un chapitre subséquent le régime dotal qui vient du droit romain.

§ 1. — De la clause portant que les époux se marient sans communauté.

ART. 1530. La clause portant que les époux se marient sans communauté ne donne point à la femme le droit d'administrer ses biens, ni d'en percevoir les fruits : ces fruits sont censés apportés au mari pour soutenir les charges du mariage.

1531. Le mari conserve l'administration des biens meubles et immeubles de la femme, et, par suite, le droit de percevoir tout le mobilier qu'elle apporte en dot, ou qui lui échoit pendant le mariage, sauf la restitution qu'il en doit faire après la dissolution du mariage, ou après la séparation de biens qui serait prononcée par justice.

1532. Si, dans le mobilier apporté en dot par la femme, ou qui lui échoit pendant le mariage, il y a des choses dont on ne peut faire usage sans les consommer, il en doit être joint un état estimatif au contrat de mariage, ou il doit en être fait inventaire lors de l'échéance, et le mari en doit rendre le prix d'après l'estimation.

1533. Le mari est tenu de toutes les charges de l'usufruit.

1534. La clause énoncée au présent paragraphe ne fait point obstacle à ce qu'il soit convenu que la femme touchera annuellement, sur ses seules quittances, certaines portions de ses revenus pour son entretien et ses besoins personnels.

1535. Les immeubles constitués en dot, dans le cas du présent paragraphe, ne sont point inaliénables. — Néanmoins ils ne peuvent être aliénés sans le consentement du mari, et, à son refus, sans l'autorisation de la justice.

Du régime SANS COMMUNAUTÉ. — Nous savons que, sous ce régime, les patrimoines des époux restent distincts, mais que le mari devient administrateur et usufruitier de celui de sa femme. Il acquerra donc tous les revenus et toutes les économies. Toutefois, il faudrait laisser en propre à la femme les produits, soit de son travail, soit de ses spéculations, qui n'ont pas le caractère de *fruits*, par exemple une œuvre d'art qu'elle aurait composée, ou les sommes qu'elle aurait gagnées dans des entreprises commerciales. Le mari n'aurait que la jouissance de ces produits extraordinaires.

La propriété des valeurs mobilières appartenant à la femme passe-t-elle au mari, ou reste-t-elle à la femme? Elle reste évidemment à la femme, si les meubles sont des corps certains non estimés ; au contraire elle passe au mari dans toutes les autres hypothèses, c'est-à-dire si ces meubles consistent en choses fongibles, ou en corps certains estimés, car entre époux l'estimation vaut vente. On appliquera ici les règles que nous avons exposées plus haut dans des cas semblables.

Sous le régime sans communauté, la femme ne fait aucun profit, puisque tous les revenus et toutes les économies, même provenant de ses biens personnels, appartiennent au mari. Elle n'y trouve pas non plus la sécurité, car, aux termes de l'art. 1535, ses immeubles sont et demeurent aliénables. Aussi ce régime n'est-il guère accepté que par les femmes qui sont dépourvues de toute fortune.

Le Code trace incomplétement les règles du régime sans communauté. Ainsi il ne parle point des actions possessoires ou pétitoires qui concernent les immeubles de la femme. Évidemment, il faut combler ces lacunes au moyen des dispositions de la communauté légale ; car ces deux régimes sont nés dans les pays de droit coutumier, et, d'ailleurs, lorsque les rédacteurs du Code en exposaient les règles, ils n'étaient pas encore résolus à conserver le régime dotal. Les actions possessoires appartiendraient donc au mari, et les actions pétitoires à la femme.

§ 2. — De la clause de séparation de biens.

Art. 1536. Lorsque les époux ont stipulé par leur contrat de mariage qu'ils seraient séparés de biens, la femme conserve l'entière administration de ses biens meubles et immeubles, et la jouissance libre de ses revenus.

1537. Chacun des époux contribue aux charges du mariage, suivant les conventions contenues en leur contrat ; et, s'il n'en existe point à cet égard, la femme contribue à ces charges jusqu'à concurrence du tiers de ses revenus.

1538. Dans aucun cas, ni à la faveur d'aucune stipulation, la femme ne peut aliéner ses immeubles sans le consentement spécial de son mari, ou, à son refus, sans être autorisée par justice. — Toute autorisation générale d'aliéner les immeubles donnée à la femme, soit par contrat de mariage, soit depuis, est nulle.

1539. Lorsque la femme séparée a laissé la jouissance de ses biens à son mari, celui-ci n'est tenu, soit sur la demande que sa femme pourrait lui faire, soit à la dissolution du mariage, qu'à la représentation des fruits existants, et il n'est point comptable de ceux qui ont été consommés jusqu'alors.

Du régime de SÉPARATION *de biens conventionnelle.* — Les règles de la séparation de biens conventionnelle sont les mêmes que celles de la séparation de biens judiciaire. Toutefois, il importe de signaler une double différence. La séparation de biens judiciaire peut finir par le rétablissement pur et simple du régime antérieur, tandis que la séparation de biens conventionnelle est irrévocable. De plus, dans le premier cas, chacun des époux contribue, en proportion de ses facultés, aux charges du ménage, tandis que dans le second la femme n'y contribue que pour *un tiers* de ses revenus, sauf convention contraire. L'excédant sera intégralement supporté par le mari, lors même que le tiers des revenus de la femme ne couvrirait qu'un dixième des dépenses communes. Au surplus, la femme séparée de biens conventionnellement pourrait encore demander la *séparation de biens judiciaire;* car il est possible que le mari dilapide la portion de revenus qu'elle lui donne, et alors elle serait autorisée, par la justice, à appliquer elle-même directement ses ressources aux besoins du ménage.

CHAPITRE III

DU RÉGIME DOTAL.

Art. 1540. La dot, sous ce régime comme sous celui du chapitre II, est le bien que la femme apporte au mari pour supporter les charges du mariage.

1541. Tout ce que la femme se constitue ou qui lui est donné en contrat de mariage est dotal, s'il n'y a stipulation contraire.

Notions générales. — Comme sous tous les autres régimes, la *dot* est ici l'apport fait par la femme au mari pour supporter les charges du mariage. Cette dot peut émaner de la femme elle-même, mais cette hypothèse sera peu fréquente, parce que la jeune fille qui se marie a rarement des biens personnels. Presque toujours la dot lui sera constituée, par ses père et mère ou autres ascendants. On admet généralement, alors, que la dot a le caractère d'un acte *à titre gratuit* de la part du tiers qui la constitue, et le caractère d'un acte *à titre onéreux* de la part des époux qui la reçoivent, et qu'en conséquence on doit lui appliquer les règles de droit commun admises, tant en matière de donations qu'en matière de contrats à titre onéreux. Ainsi, d'une part, la dot sera *réductible* si elle excède la quotité disponible, *rappor-table* si la femme succède au constituant, *révocable* s'il survient des enfants à ce dernier. D'autre part, les époux ont droit à la *garantie*, de même qu'aux *intérêts*, à partir du mariage ; et si le tiers a constitué la dot en fraude de ses créanciers, la révocation n'en pourra avoir lieu qu'à la condition pour eux d'établir que les époux étaient *complices de la fraude* (art. 1167). Conformément à ces principes, la jurisprudence admet, en général, que la dot est un acte à titre onéreux tant au regard de la femme qu'au regard du mari, et dès lors elle n'en prononce la révocation que si les deux époux ont participé à la fraude du constituant[1]. Toutefois, la plupart des auteurs établissent une distinction entre le mari et la femme. Ils reconnaissent que, par *rapport au mari*, la dot est à titre onéreux, car, sur cette dot, il doit supporter les charges du mariage, l'entretien de la maison, les frais d'éducation des enfants, etc. Mais, selon eux, la dot est à titre purement gratuit *par rapport à la femme*, car, loin d'être une source de charges pour elle, elle ne fait au fond que lui faciliter un meilleur établissement[2].

Cette distinction nous paraît rationnelle, et nous sommes disposé à admettre que la complicité de la femme avec le constituant n'est pas nécessaire pour que la révocation soit prononcée à son égard ; seulement le mari, qui n'aura pas participé à la fraude, ne devra pas souffrir de cette révocation, et dès lors il conservera toujours intact son droit d'administration et de jouissance.

Lorsque la femme se constitue la dot, au lieu de la recevoir d'un tiers, le mari n'en a pas moins droit aux intérêts et à la garantie, puisqu'il a toujours à supporter les charges du mariage.

Des BIENS DOTAUX. — Les biens que la femme possède de

---

[1] Cass., 23 juin 1847, 18 novembre 1861. — Dijon, 11 août 1858.
[2] Larombière, art. 1167, n° 34. — Aubry et Rau, § 313, p. 93, n° 23. — Mourlon, t. III, n° 340.

son chef n'ont le caractère dotal qu'à la condition d'avoir été
expressément déclarés dotaux. Si les époux ont simplement
dit qu'ils se mariaient *sous le régime dotal*, sans ajouter à
cette déclaration générale une constitution expresse de dot,
tous les biens de la femme restent *paraphernaux*, c'est-à-dire
en dehors de la dot; or, comme c'est elle qui administre les
paraphernaux et en perçoit les fruits, il en résulte que les
époux sont sous le régime de séparation de biens, quoiqu'ils
aient voulu se placer sous le régime dotal. Comment expliquer ce singulier résultat? La seule raison plausible que l'on
puisse en donner est que le Code voit avec répugnance les
biens devenir dotaux, parce que les immeubles qui ont ce
caractère sont *inaliénables* et *imprescriptibles.* Voilà pourquoi il exige la déclaration précise que tels et tels biens sont
dotaux, et regarde comme insuffisante la stipulation générale
du régime dotal.

Dans un seul cas, les biens sont dotaux sans déclaration
expresse; c'est lorsqu'ils sont *donnés* à la femme par un *tiers*
dans le contrat de mariage portant stipulation de régime dotal; la loi présume que la donation est faite dans le but de
faciliter le mariage; or, comme ce but n'est atteint que si le
mari devient administrateur et usufruitier de la donation, il
a naturellement fallu reconnaître le caractère dotal aux
biens donnés. Dans l'ancien droit, c'était là une question
controversée.

On voit par ce qui précède que, sous le régime dotal, la
paraphernalité est la règle, et la *dotalité* l'exception. Au
surplus il n'est pas nécessaire, quand il s'agit des biens
appartenant à la femme, que la stipulation de dotalité soit
faite en termes sacramentels. Il suffit qu'elle résulte clairement des termes du contrat. Ainsi quand la femme stipule
que ses immeubles seront *inaliénables* et *imprescriptibles*,
elle les soumet au régime dotal. Pareillement si elle déclare
se réserver *paraphernaux* ses biens à venir, elle constitue
par cela même implicitement *dotaux* tous ses biens pré-

sents. Mais une clause de remploi du prix de ses propres serait insuffisante, car une telle clause peut recevoir son application sous tout autre régime.

PREMIÈRE SECTION

DE LA CONSTITUTION DE DOT.

ART. 1542. La constitution de dot peut frapper tous les biens présents et à venir de la femme, ou tous ses biens présents seulement, ou une partie de ses biens présents et à venir, ou même un objet individuel. — La constitution, en termes généraux, de tous les biens de la femme ne comprend pas les biens à venir.

1543. La dot ne peut être constituée ni même augmentée pendant le mariage.

1544. Si les père et mère constituent conjointement une dot, sans distinguer la part de chacun, elle sera censée constituée par portions égales. — Si la dot est constituée par le père seul pour droits paternels et maternels, la mère, quoique présente au contrat, ne sera point engagée, et la dot demeurera en entier à la charge du père.

1545. Si le survivant des père ou mère constitue une dot pour biens paternels et maternels, sans spécifier les portions, la dot se prendra d'abord sur les droits du futur époux dans les biens du conjoint prédécédé, et le surplus sur les biens du constituant.

1546. Quoique la fille dotée par ses père et mère ait des biens à elle propres dont ils jouissent, la dot sera prise sur les biens des constituants, s'il n'y a stipulation contraire.

1547. Ceux qui constituent une dot sont tenus à la garantie des objets constitués.

1548. Les intérêts de la dot courent de plein droit du jour du mariage contre ceux qui l'ont promise, encore qu'il y ait terme pour le payement, s'il n'y a stipulation contraire.

De la CONSTITUTION *de dot.* — Aux termes de l'art. 1542 la constitution de dot peut frapper soit les biens présents de la femme, soit ses biens à venir, soit les uns et les autres ; elle peut les frapper totalement ou partiellement ; elle peut même ne frapper qu'un objet individuel. Mais, comme la loi n'est pas favorable au régime dotal, la constitution qui serait faite en termes généraux de *tous les biens* de la femme ne comprendrait que les biens présents. Il faut une déclaration expresse pour les biens à venir.

L'art. 1543 contient une prohibition dont le sens est délicat à saisir. Il déclare que la dot ne peut être *constituée* ni *augmentée* pendant le mariage. Faut-il voir dans cet article une simple conséquence du principe de l'immutabilité des conventions matrimoniales, applicable aux époux seulement ; ou faut-il lui donner une portée plus étendue, et dire que les tiers eux-mêmes en donnant ou léguant des biens à la femme dotale ne pourront pas augmenter la dot qui lui avait été constituée ?

Il est d'abord incontestable que les époux ne peuvent point pendant le mariage constituer une dot, ni modifier celle qui aurait été précédemment constituée. Ainsi, en supposant qu'ils voulussent convertir un immeuble dotal en bien paraphernal pour le rendre aliénable ou réciproquement, leur tentative serait vaine parce qu'elle irait contre le principe de l'irrévocabilité du contrat de mariage. A ce point de vue, il ne leur est pas plus permis de diminuer la dot que de l'augmenter.

Est-ce là le seul sens de l'article ? Quelques auteurs le pensent, et ils n'admettent pas qu'il puisse lier les tiers qui feraient des libéralités à la femme, sous la condition que les biens donnés seraient paraphernaux lorsque, d'après le contrat de mariage, ils devraient être dotaux, ou bien dotaux lorsque, d'après le contrat de mariage, ils devaient être paraphernaux.

Examinons successivement ces deux hypothèses.

Supposons d'abord qu'un tiers donne ou lègue un objet à la femme dont tous les biens présents et à venir ont été constitués dotaux, à la condition que cet objet, au lieu de devenir dotal, restera paraphernal. Cette condition sera-t-elle valable ? Elle le sera sans aucun doute dans l'opinion que nous venons d'indiquer, puisque l'art. 1543 ne concerne pas les tiers qui peuvent régler comme ils l'entendent leur libéralité. Elle le sera encore dans l'opinion contraire que nous adoptons, parce que l'art. 1543, qui défend d'*augmenter* la dot, n'empêche pas de la *diminuer*. Or, ici la condition a pour but de convertir un bien qui devait être dotal en un bien paraphernal, et rien ne fait obstacle à ce que le disposant l'insère dans son acte de libéralité [1].

Supposons à l'inverse qu'un tiers donne ou lègue un objet à la femme dont les biens présents seuls ont été constitués dotaux, à la condition que cet objet, au lieu de rester paraphernal, deviendra dotal. Cette condition sera-t-elle valable comme la précédente ? Elle le sera dans la première opinion, et par les mêmes motifs. Mais elle ne le sera pas dans la nôtre, car l'art. 1543 défend en termes généraux d'*augmenter* la dot, et cette prohibition ne peut avoir de véritable utilité que si elle s'applique aux libéralités émanées des tiers, puisque les époux eux-mêmes sont déjà liés par l'immutabilité de leurs conventions matrimoniales. D'ailleurs une telle prohibition à l'encontre des tiers est facile à justifier. La dotalité est mal vue du Code parce qu'elle place en dehors du droit commun les immeubles qui en sont frappés. La loi supporte qu'ils deviennent inaliénables et imprescriptibles, lorsqu'une pareille convention semble nécessaire à la conclusion du mariage ; mais, une fois le mariage célébré, il n'y a aucune raison de permettre aux tiers de rendre l'immeuble par eux légué ou donné inaliénable et imprescriptible. Une telle clause aurait cependant un résultat, c'est que le mari serait administrateur et usufruitier des biens donnés ; car, à ce double point, elle n'a rien de contraire à l'intérêt général, et elle peut recevoir son exécution.

PAR *qui et sur* QUELS BIENS *la dot doit être payée.* — Les règles d'interprétation que le Code expose ici sur la question de savoir par quelles personnes et sur quels biens la dot devra être payée ne sont pas spéciales au régime dotal, et elles

[1] Marcadé, art. 1543, n° 3. — Troplong, t. I, n° 68.

peuvent presque toutes s'appliquer sous les autres régimes. Leur place naturelle eût été au commencement du contrat de mariage.

Le Code examine en premier lieu par quelles personnes la dot sera supportée.

Supposons que la dot ait été constituée *conjointement* par les père et mère : aux termes de l'art. 1544 chacun en payera la moitié. C'est l'application du droit commun, et en effet il n'y a aucun motif ni de faire supporter plus à l'un qu'à l'autre, ni de leur imposer une solidarité qui n'a pas été stipulée.

Supposons que le père *seul* ait constitué la dot, il en sera seul tenu lors même que, la mère étant présente au contrat, il aurait déclaré, sans contradiction de sa part, la constituer en *biens paternels et maternels ?* La loi voit dans le silence de la mère plutôt le signe d'un refus que celui d'un assentiment, et elle présume que, si elle avait voulu prendre part à la constitution, elle n'aurait pas manqué de le dire hautement. Cette interprétation se justifie par une double considération. D'une part en effet la dépendance de la femme l'empêchera le plus souvent de protester, et d'autre part le mari qui sous tous les régimes, excepté celui de séparation de biens, a perçu les revenus de la femme, a dû faire des économies suffisantes pour doter les enfants, et il est naturel qu'il conserve leurs dots à sa charge.

Sous un seul régime la mère peut être tenue sans avoir participé à la constitution ; c'est sous la communauté, quand le père ayant constitué la dot sur les biens communs, elle accepte la communauté après sa dissolution. Et encore n'est-elle alors tenue que comme commune, et non comme étant obligée par le fait de la constitution.

Le père et la mère qui dotent l'enfant commun sont tenus de payer la dot, lors même que l'enfant aurait des biens personnels. Cette décision de l'art. 1546 est rationnelle. En effet, lorsque le père et la mère déclarent tous les deux doter leur enfant, il n'est pas présumable qu'ils veuillent limiter leur libéralité à ce qui manquerait sur les biens de l'enfant pour parfaire la dot promise. Si telle était leur intention, ils n'eussent pas fait la constitution dans des termes qui font supposer qu'ils sont donateurs de la dot en totalité.

Maintenant il peut arriver que l'enfant doté ait perdu son père ou sa mère. Sur quels biens se prendra la dot, lorsque le père ou la mère survivante aura doté l'enfant pour *biens paternels* et *maternels?* Justinien décidait que la dot se prendrait d'abord sur les biens du constituant, s'il était riche, et, s'il était pauvre, sur les biens de l'enfant. Le Code donne une décision différente. La dot se prendra d'abord sur les biens de l'enfant, et, pour le surplus, sur ceux du constituant. Mais alors à quoi servira la constitution de dot, si les biens de l'enfant sont suffisants pour fournir toute la dot promise ? Elle n'aura d'autre effet que d'obliger le père ou la mère survivante à garantir, en cas d'éviction, la totalité de la dot constituée, et à payer de ses deniers ce qui pourrait manquer dans les biens de l'enfant.

Dans l'hypothèse que nous venons d'examiner l'imputation de la dot se fait tout autrement que dans la précédente, puisque le père ou la mère qui a fait la constitution pour biens *paternels* et *maternels* n'est tenu de la payer que si les biens de l'enfant sont insuffisants. On peut donner comme raison de cette solution inverse de la première, que, selon l'usage, le père ou la mère survivante ne se dépouille pas de ses biens personnels, lorsque déjà l'enfant est en possession des biens de l'époux prédécédé ; ces biens sont présumés lui suffire, et, s'ils égalent la dot promise, il doit s'en contenter.

DEUXIÈME SECTION

DES DROITS DU MARI SUR LES BIENS DOTAUX, ET DE L'INALIÉNABILITÉ DU FONDS DOTAL.

ART. 1549. Le mari seul a l'administration des biens dotaux pendant le mariage. — Il a seul le droit d'en poursuivre les débiteurs et détenteurs, d'en percevoir les fruits et les intérêts, et de recevoir le remboursement des capitaux. — Cependant il peut être convenu, par le contrat de mariage, que la femme touchera annuellement, sur ses seules quittances, une partie de ses revenus pour son entretien et ses besoins personnels.

1550. Le mari n'est pas tenu de fournir caution pour la réception de la dot, s'il n'y a pas été assujetti par le contrat de mariage.

1551. Si la dot ou partie de la dot consiste en objets mobiliers mis à prix par le contrat, sans déclaration que l'estimation n'en fait pas vente, le mari en devient propriétaire et n'est débiteur que du prix donné au mobilier.

1552. L'estimation donnée à l'immeuble constitué en dot n'en transporte point la propriété au mari, s'il n'y en a eu déclaration expresse.

1553. L'immeuble acquis des deniers dotaux n'est pas dotal si la condition de l'emploi n'a été stipulée par le contrat de mariage. — Il en est de même de l'immeuble donné en payement de la dot constituée en argent.

1554. Les immeubles constitués en dot ne peuvent être aliénés ou hypothéqués pendant le mariage, ni par le mari, ni par la femme, ni par les deux conjointement, sauf les exceptions qui suivent.

1555. La femme peut, avec l'autorisation de son mari, ou, sur son refus, avec permission de justice, donner ses biens dotaux pour l'établissement des enfants qu'elle aurait d'un mariage antérieur ; mais si elle n'est autorisée que par justice, elle doit réserver la jouissance à son mari.

1556. Elle peut aussi, avec l'autorisation de son mari, donner ses biens dotaux pour l'établissement de leurs enfants communs.

1557. L'immeuble dotal peut être aliéné lorsque l'aliénation en a été permise par le contrat de mariage.

1558. L'immeuble dotal peut encore être aliéné avec permission de justice, et aux enchères, après trois affiches. — Pour tirer de prison le mari ou la femme. — Pour fournir des aliments à la famille dans les cas prévus par les articles 203, 205 et 206, au titre *du Mariage*. — Pour payer les dettes de la femme ou de ceux qui ont constitué la dot, lorsque ces dettes ont une date certaine antérieure au contrat de mariage. — Pour faire de grosses réparations indispensables pour la conservation de l'immeuble dotal. — Enfin lorsque cet immeuble se trouve indivis avec des tiers, et qu'il est reconnu impartageable. — Dans tous ces cas, l'excédant du prix de la vente, au-dessus des besoins reconnus, restera dotal, et il en sera fait emploi comme tel au profit de la femme.

1559. L'immeuble dotal peut être échangé, mais avec le consentement de la femme, contre un autre immeuble de même valeur, pour les quatre cinquièmes au moins, en justifiant de l'utilité de l'échange, en obtenant l'autorisation en justice, et d'après une estimation par experts nommés d'office par le tribunal. — Dans ce cas, l'immeuble reçu en échange sera dotal; l'excédant du prix, s'il y en a, le sera aussi, et il en sera fait emploi comme tel au profit de la femme.

1560. Si, hors les cas d'exception qui viennent d'être expliqués, la femme ou le mari, ou tous les deux conjointement, aliènent le fonds dotal, la femme ou ses héritiers pourront faire révoquer l'aliénation après la dissolution du mariage, sans qu'on puisse leur opposer aucune prescription pendant sa durée: la femme aura le même droit après la séparation de biens. — Le mari lui-même pourra faire révoquer l'aliénation pendant le mariage, en demeurant néanmoins sujet aux dommages et intérêts de l'acheteur, s'il n'a pas déclaré dans le contrat que le bien vendu était dotal.

1561. Les immeubles dotaux non déclarés aliénables par le contrat de mariage sont imprescriptibles pendant le mariage, à moins que la prescription n'ait commencé auparavant. — Ils deviennent néanmoins prescriptibles après la séparation de biens, quelle que soit l'époque à laquelle la prescription a commencé.

1562. Le mari est tenu, à l'égard des biens dotaux, de toutes les obligations de l'usufruitier. — Il est responsable de toutes prescriptions acquises et détériorations survenues par sa négligence.

1563. Si la dot est mise en péril, la femme peut poursuivre la séparation de biens, ainsi qu'il est dit aux articles 1443 et suivants.

Observation. — Nous allons dans cette section examiner les droits d'administration et d'usufruit qui appartiennent au mari sur les biens dotaux, et, à ce propos, exposer les règles de l'inaliénabilité et de l'imprescriptibilité sous la sauvegarde desquelles la conservation de la dot se trouve placée.

*Du droit d'*ADMINISTRATION. — Nous avons dit que le mari est *administrateur* et *usufruitier* des biens dotaux; ses pouvoirs d'administrateur sont moins étendus que ceux du mari administrant les biens de communauté, mais plus étendus que ceux du mari administrant les propres de la femme sous le régime de la communauté.

Effectivement, d'un côté, le mari ne peut ni aliéner ni hypothéquer les immeubles dotaux ; et, de l'autre, il peut exercer, sans l'intervention de la femme, toutes les actions concernant la dot, même les actions *pétitoires immobilières* (art. 1549). Comment expliquer un tel pouvoir, puisque, pour revendiquer, il faut avoir la qualité de propriétaire, qualité que le mari n'acquiert jamais à l'égard des immeubles de la femme. Nous devons le reconnaître : il n'est pas rationnel, en droit français, que le mari ait les actions pétitoires. Elles lui ont été accordées en souvenir du droit romain, où il devenait propriétaire de la dot et avait, en conséquence, toutes les actions. On peut dire cependant que le régime dotal ayant essentiellement pour but la conservation des biens dotaux, cette conservation sera plus assurée si l'on donne toutes les actions au mari, car il sera responsable de la prescription que des tiers auraient acquise par sa faute.

Ajoutons que l'obligation pour le mari de revendiquer contre les tiers détenteurs les immeubles de la femme n'empêchera pas celle-ci d'exercer sur eux sa surveillance et, en cas qu'il néglige ou refuse d'agir, de se faire autoriser par justice à intenter elle-même les actions qui doivent faire rentrer les immeubles en sa possession. Nous n'admettons pas que le mari puisse, par pur caprice, compromettre la fortune immobilière de sa femme en laissant des tiers s'en emparer et la prescrire.

Quant aux baux et aux réparations, on appliquera ici les principes exposés sous le régime de communauté.

*Du droit d'*usufruit. — Le mari a les droits et est tenu des obligations d'un usufruitier ordinaire ; cependant il n'y a pas entre eux complète identité. Ainsi le mari est dispensé de donner caution. Il eût été peu convenable de faire intervenir la garantie d'un étranger dans les rapports réciproques qui existent entre les époux. D'ailleurs la femme a déjà celle qui résulte de son hypothèque légale sur les biens du mari.

De plus, le mari peut, à la différence d'un usufruitier ordinaire, exiger la restitution des impenses nécessaires et utiles qu'il a faites pour les biens dotaux. Sans cette disposition, il eût facilement éludé la prohibition qui empêche les époux de se faire des avantages indirects, et par suite irrévocables.

Enfin, l'usufruitier ordinaire n'acquiert les fruits *naturels* ou *industriels* que par la *perception,* tandis que le mari les acquiert *jour par jour,* comme s'ils étaient civils.

L'usufruit du mari n'existe qu'en vertu d'un mandat légal qu'il a reçu de la femme; et comme cet usufruit doit avant tout servir à supporter les charges du mariage, les créanciers du mari ne pourraient pas le saisir et le faire vendre. En d'autres termes, les fruits et revenus des biens dotaux sont protégés par le principe qui assure la conservation des capitaux eux-mêmes, c'est-à-dire par l'inaliénabilité et l'insaisissabilité que nous étudierons tout à l'heure.

Nous venons de tracer les principes généraux qui régissent les droits du mari comme administrateur et comme usufruitier des biens dotaux. En pénétrant plus avant dans notre sujet, nous allons voir que ces droits ont plus ou moins d'étendue, selon le caractère des biens qu'il administre. A cet égard, il importe de faire une distinction entre les biens dotaux dont la propriété reste à la femme, et ceux dont la propriété passe au mari.

Les biens dotaux sont-ils restés la propriété de la femme ? Alors le caractère dotal est imprimé à ces *biens eux-mêmes,* qui doivent être conservés en nature, et devront plus tard être restitués en nature.

Les biens dotaux sont-ils devenus la propriété du mari ? Alors le caractère dotal est imprimé, non plus aux biens eux-mêmes, qui ne doivent pas être restitués en nature, mais à leur *valeur* qui seule est sujette à restitution.

Les conséquences de la distinction qui précède sont importantes au point de vue des pouvoirs du mari. Nous allons les exposer en traitant de l'inaliénabilité et de l'imprescriptibilité. Disons auparavant quels sont exactement les biens dont la femme conserve, et ceux dont le mari acquiert la propriété.

Les biens dotaux dont la femme reste propriétaire sont :

1° Ses *immeubles*, lors même qu'ils auraient été estimés, car l'estimation ne vaut vente que pour les meubles, et à l'égard des immeubles elle est simplement regardée comme devant servir de base à la fixation des dommages-intérêts dont le mari pourrait devenir débiteur à raison de sa mauvaise gestion ; le tout sauf convention contraire.

2° Ses meubles consistant en *corps certains*, c'est-à-dire en objets dont le mari peut jouir sans les consommer.

Par contre, les biens dotaux dont le mari devient propriétaire sont :

1° Les meubles consistant en *choses fongibles*, meubles sur lesquels il ne peut avoir qu'un quasi-usufruit, et en outre les meubles qui ont été estimés lors du mariage, puisque pour eux l'estimation vaut vente.

2° Les immeubles qui sont la représentation de meubles dont il aurait eu la propriété s'ils n'avaient pas été dénaturés. Ainsi, lorsqu'une dot en argent a été constituée à la femme, et qu'à la place de la somme, le constituant donne un immeuble au mari, celui-ci en devient propriétaire, comme il le fût devenu de la somme. Pareillement, lorsque le mari, après avoir reçu une somme d'argent constituée en dot à la femme, l'emploie à l'achat d'un immeuble, il est propriétaire de cet immeuble comme il l'était de la somme. Telle cause, tel effet.

Arrivons aux conséquences.

A l'égard des biens dotaux dont le mari devient propriétaire, ces conséquences sont fort simples. Il a sur eux les mêmes pouvoirs que si leur origine n'était point dotale. En conséquence, il a le droit de les aliéner, et ses créanciers ont celui de les saisir et de les faire vendre. En un mot, le mari ne répond que de leur valeur, selon les règles qui régissent le quasi-usufruit ; et, après la dissolution du mariage, il a le délai d'un an pour en faire la restitution à la femme ou à ses héritiers.

A l'égard des biens dotaux dont la femme reste propriétaire, le mari n'a que les droits d'administration et d'usufruit dont nous avons parlé en commençant. Il ne pourra donc pas en disposer, et ses créanciers ne pourront pas davantage les saisir et les faire vendre.

La femme trouve donc déjà une première garantie de leur conservation dans sa qualité même de propriétaire. Mais ce n'est pas la seule, et la loi voulant placer en quelque sorte ces biens au-dessus de toutes les éventualités qui seraient de nature à les compromettre, a édicté ici le double principe de l'*inaliénabilité* et de l'*imprescriptibilité* que nous allons étudier.

De l'inaliénabilité. — Le principe de l'inaliénabilité a été emprunté au droit romain. Sous Auguste, la loi *Julia* posa d'abord, comme règle, que le *fonds dotal* ne pourrait être aliéné par le mari qu'avec le consentement de sa femme, et qu'il ne pourrait jamais être hypothéqué, même avec ce consentement. Cette loi prohibait donc l'hypothèque, sans prohiber encore l'aliénation : la raison en était que les époux, ne prévoyant pas quelquefois les conséquences désastreuses de l'hypothèque, sont plus portés à la consentir ; tandis que l'aliénation, leur apparaissant toujours avec son véritable caractère, les rappelle d'elle-même à une salutaire prudence.

Justinien proclama résolûment l'inaliénabilité du fonds dotal, et désormais le mari ne put, même avec le consentement de sa femme, ni l'aliéner ni l'hypothéquer.

Le motif de cette protection énergique accordée à la dot de la femme nous est connu : nous n'avons besoin ni d'en reproduire la formule, ni de répéter que, si le législateur romain voulait favoriser les seconds mariages en conservant leurs dots aux femmes veuves ou divorcées, le législateur moderne est mû par un tout autre mobile, qui est le maintien du patrimoine de la famille.

L'inaliénabilité ne protégeait pas du reste, chez les Ro-

mains, tous les biens dotaux sans distinction. Elle s'appliquait exclusivement au *fonds dotal*, c'est-à-dire à l'*immeuble dotal*, en telle sorte que, si la moitié de la dot consistait en
meubles et l'autre moitié en immeubles, le mari pouvait librement disposer de la première, quoiqu'il lui fût interdit
de toucher à la seconde.

Le Code a-t-il reproduit la même théorie ? A ne consulter
que les textes, et notamment celui de l'article 1554, on devrait répondre affirmativement ; mais une jurisprudence
constante, et contre laquelle il est désormais inutile de lutter,
a étendu le principe de l'inaliénabilité à la dot mobilière.
Elle se fonde sur ce que dans l'ancien droit français la dot
mobilière était inaliénable, et que le Code ne paraît pas avoir
changé de système ; et en outre sur ce que les femmes dotales, dont la fortune est principalement mobilière, ce qui est
fréquent aujourd'hui, se trouveraient sans protection si le
principe de l'inaliénabilité ne devait pas leur être appliqué.
A la première raison on peut répondre que l'article 1554, en
disant que les *immeubles* dotaux ne peuvent être aliénés, a
par cela même exclu les *meubles* de son principe et les a
laissés sous l'empire du droit commun ; et à la seconde, que,
s'il est nécessaire de protéger les dots mobilières, c'est là une
question de législation, et qu'il s'agit ici, non de faire la
loi, mais de l'appliquer.

Toutefois, nous le répétons, une telle discussion serait
superflue, l'unanimité de la jurisprudence équivalant aujourd'hui à un texte législatif.

Il nous reste à préciser les effets de l'inaliénabilité, d'a-
bord de la dot immobilière, puis de la dot mobilière.

De l'inaliénabilité des IMMEUBLES DOTAUX. — Cette inaliénabilité a pour conséquences :

1° Que la femme même autorisée de son mari ne peut en
disposer ni à titre onéreux ni à titre gratuit ;

2° Qu'elle ne peut ni les hypothéquer ni les grever de
servitudes ou autres droits réels quelconques ;

3° Qu'elle ne peut contracter des obligations qui soient exécutoires sur eux, lors même que cette exécution serait reportée par la convention à l'époque de la dissolution du mariage, car autrement la femme éluderait facilement la prohibition qui la protége. Il est à remarquer toutefois que le principe de l'inaliénabilité reçoit exception au cas où l'engagement de la femme résulterait de son délit ou de son quasi-délit [1] ;

4° Qu'enfin si le mari détériore ou détruit les immeubles dotaux, la femme ne pourra pas renoncer à l'action en dommages-intérêts qu'elle a contre lui, ni à l'hypothèque légale qui la garantit.

Passons à l'examen de l'inaliénabilité de la dot mobilière que la jurisprudence a établie.

De l'inaliénabilité de la DOT MOBILIÈRE. — L'inaliénabilité n'a pas et ne pouvait pas avoir pour la dot mobilière les mêmes effets que pour la dot immobilière. Quand le mari devient propriétaire des valeurs qui la composent, il est bien évident qu'il peut les aliéner. Par exemple, s'il reçoit une dot en argent, ou en toute autre chose fongible, il aura la faculté d'en disposer librement, d'en faire l'emploi qu'il voudra, et même de la dissiper. Ce n'est pas la chose elle-même qui est inaliénable, c'est sa valeur. Et cette inaliénabilité de la valeur se traduit ainsi : La femme ne peut ni abandonner, ni céder l'action en restitution qu'elle a contre son mari, ni compromettre d'une manière quelconque l'hypothèque légale qui la garantit, soit en y renonçant au profit des créanciers de son mari, soit en la leur transmettant par voie de transport ou de subrogation, ni même contracter personnellement des obligations qui soient exécutoires sur sa dot mobilière, ou sur l'action en reprise qui la représente.

La jurisprudence de la Cour de cassation devrait, pour être logique, limiter le droit du mari de disposer des valeurs

[1] Marcadé, art. 1556, n° 2, Cass., 15 juin 1864. — Agen, 6 fév. 1865. — Paul Gide, *Cond. de la femme*, p. 509.

mobilières dotales, au cas où ces valeurs deviennent sa propriété. Cependant, par une bizarre inconséquence, elle lui reconnaît la faculté d'aliéner librement des valeurs mobilières
qui demeurent la propriété de la femme, et cela, sans que
les actes de disposition qu'il fait rentrent dans la classe de
ceux que comporte le droit d'administrer. Ainsi, d'après
cette jurisprudence, le mari a le droit de transporter à un
tiers la créance que la femme s'est constituée dotale [1].
L'inaliénabilité ne s'applique dans ce cas, comme dans le précédent, qu'à l'action en restitution de la dot et à l'hypothèque qui la sanctionne. C'est évidemment là le renversement
des véritables principes. Du moment que la Cour de cassation proclamait l'inaliénabilité de la dot mobilière, elle devait
dénier au mari le droit d'en disposer à son gré, quand la dot
consiste en valeurs dont la femme a conservé la propriété.
C'est là le droit commun, et nous avons vu que, même
sous le régime de la communauté, le mari ne peut aliéner
seul les meubles restés propres à sa femme que si cette aliénation est un acte d'administration.

Lorsque la séparation de biens vient à être prononcée, la
Cour de cassation n'applique pas à la femme la théorie adoptée pour le mari avant cette séparation. Ainsi, tout en re-
couvrant l'administration de sa fortune, la femme reste incapable d'aliéner ses valeurs mobilières dotales, toutes les fois
du moins qu'elle n'y est point autorisée par les besoins
même de son administration. L'inaliénabilité produit alors
pour la dot mobilière les mêmes effets que pour la dot immobilière.

Après avoir exposé le principe de l'inaliénabilité, nous
devons faire connaître les exceptions qu'il comporte. Le Code
admet ces exceptions dans plusieurs hypothèses où un intérêt plus grave que celui de la femme, lorsque ce n'est pas
l'intérêt même de la femme, les rendait nécessaires.

[1] Cass., 6 déc. 1859.

Des cas exceptionnels où l'immeuble dotal PEUT ÊTRE
ALIÉNÉ. — L'aliénation de l'immeuble dotal n'est pas toujours
soumise aux mêmes conditions. Ainsi la seule autorisation
soit du mari, soit à son défaut celle de la justice, est quelquefois suffisante; mais dans un cas l'autorisation du mari est
indispensable, et dans la plupart celle de la justice l'est également. Nous signalerons en passant ces différentes conditions.

L'immeuble dotal peut être aliéné :

1° Pour l'établissement des enfants que la femme a d'un
précédent mariage. L'autorisation du mari est suffisante ; s'il
la refuse, il faudra celle de la justice ; mais alors l'aliénation
ne portera que sur la nue propriété, car le mari ne peut être
privé de son usufruit, malgré les conventions matrimoniales.

2° Pour l'établissement des *enfants communs* : seulement ici le consentement du mari est nécessaire ; la loi présume avec raison qu'il ne résistera pas, sans de justes motifs,
comme il aurait pu le faire dans le cas précédent, à la constitution d'une dot en faveur des enfants communs ; c'est du
reste le cas unique où l'aliénation ne puisse pas être faite
sans le consentement du mari.

3° Lorsque l'aliénation des biens dotaux a été *permise par
le contrat de mariage* : c'est une grave innovation au droit
romain, qui n'autorisait pas les époux à stipuler cette alié-
nabilité. La femme devra être autorisée de son mari pour
consentir cette aliénation. A défaut de l'autorisation du mari,
elle pourra obtenir celle de la justice.

La faculté d'*aliéner* emporte-t-elle celle d'*hypothéquer?*
On admet généralement la négative. Et en effet, chez nous
comme à Rome, il y a les mêmes raisons de protéger plus
fortement les époux contre les constitutions d'hypothèques
que contre les actes d'aliénation. La faculté d'hypothéquer
n'existera donc que si elle a été expressément stipulée dans
le contrat de mariage, comme l'a été celle d'aliéner [1].

---

[1] Marcadé, art. 1557, n° 1. — Aubry et Rau, t. IV, § 537, p. 484.

La femme peut se réserver à la fois la faculté d'*aliéner* et celle d'*hypothéquer* ses biens dotaux. Quand une telle réserve a été insérée au contrat de mariage, quel peut être l'effet de la dotalité de l'immeuble? Le voici : cet immeuble, quoique pouvant être hypothéqué au profit des créanciers, ne sera pas affecté de plein droit au payement des dettes de la femme, et si celle-ci s'est obligée purement et simplement, et sans affectation hypothécaire, ses créanciers ne pourront pas le saisir et le faire vendre. La dotalité produit donc son effet, même pour les immeubles qui sont susceptibles d'aliénation et d'hypothèque.

La faculté d'aliéner et d'hypothéquer les *immeubles dotaux* emporte-t-elle pour la femme celle d'aliéner la *dot mobilière?* Nous ne le pensons pas. Les réserves de cette nature doivent, comme toutes les exceptions, être interprétées restrictivement. D'ailleurs la facilité même avec laquelle les époux seraient entraînés à l'aliénation de la dot mobilière est un motif de plus pour leur refuser une faculté qu'ils n'ont pas stipulée en se mariant[1].

Dans les trois cas qui précèdent, l'aliénation peut être faite à l'amiable.

Dans ceux qui vont suivre, l'autorisation de justice est toujours nécessaire, et de plus l'aliénation doit être faite aux enchères après affiches et publications préalables. Cette aliénation de l'immeuble dotal est permise.

4° Pour *tirer de prison* le mari, et à plus forte raison la femme, dans le cas où la contrainte par corps leur aurait été appliquée. Seulement, comme nul ne peut être dépouillé malgré lui de sa propriété, le mari ne recouvrera sa liberté que si la femme consent à l'aliénation de son immeuble.

5° Pour fournir *des aliments* à la famille, car la conservation des personnes est encore plus nécessaire que celle des biens dotaux.

[1] Marcadé, art. 1557, n° 2. — Caen., 28 janv. 1865.

6° Pour payer les *dettes de la femme* ou de *ceux* qui *ont constitué* la dot, lorsqu'elles ont date certaine antérieure au contrat de mariage. Examinons d'abord l'hypothèse où il s'agit des dettes de la femme. On s'explique difficilement que le payement de ces dettes puisse être subordonné à l'autorisation de la justice, car il semble que la femme ne puisse point, en constituant ses biens dotaux, les soustraire à l'action de ses créanciers. Aussi ne faut-il pas donner à cette disposition de l'art. 1558 un sens absolu : sans aucune autorisation de justice, les créanciers antérieurs au mariage peuvent saisir et faire vendre les biens dotaux, soit lorsque la constitution est *universelle*, car la femme ayant mis tout son actif dans la dot y a nécessairement mis tout son passif ; soit lorsqu'ils ont *hypothèque* sur un des immeubles particuliers que la femme s'est constitués dotaux, car l'efficacité de cette hypothèque n'a pu être altérée par la constitution de dot, puisqu'elle ne le serait point par une aliénation ; soit enfin lorsque cette constitution faite à titre particulier a un caractère *frauduleux*, car les actes de cette nature ne sont pas opposables aux créanciers (art. 1167). Quand donc s'appliquera notre disposition ?

Elle s'appliquera lorsque les créanciers seront simplement chirographaires et que certains immeubles auront été constitués dotaux de bonne foi, c'est-à-dire par une femme qui pensait que le surplus de sa fortune suffisait pour le payement de toutes ses dettes. Alors, en effet, les créanciers ne peuvent plus ni saisir l'immeuble, car la femme, en le stipulant dotal, l'a, par cela seul, rendu inaliénable et pour elle-même, et, par suite, pour ses créanciers ; ni faire annuler cette constitution, car elle n'a aucun caractère frauduleux. Or, comme il importe souvent à l'honneur et même à l'intérêt des époux que ces dettes soient payées, par exemple, parce qu'elles existent au profit de vieux serviteurs, ou qu'elles produisent des intérêts supérieurs aux revenus mêmes de l'immeuble dotal, ils peuvent obtenir de la justice l'autorisation d'aliéner cet immeuble pour les payer.

Les époux prendront souvent l'initiative et demanderont l'autorisation dont il s'agit avant d'être poursuivis. Ils éviteront ainsi les frais que pourraient faire les créanciers.

Passons à la seconde hypothèse. Lorsque la dot a été constituée, non par la femme, mais par un tiers, les mêmes questions se présentent et les mêmes solutions doivent être données ; en d'autres termes, les créanciers pourront directement saisir et faire vendre les immeubles dotaux si la constitution a été faite à titre universel, et pour le cas où elle aurait été faite à titre particulier, si les immeubles sont grevés d'hypothèques ou ont été frauduleusement donnés à la femme. L'autorisation de la justice ne sera nécessaire que pour le payement des dettes chirographaires du constituant.

Au surplus, lorsque la dot a été constituée par un tiers, l'aliénation peut évidemment être demandée à la justice pour le payement des dettes de la femme, aussi bien que pour le payement des dettes du tiers.

La loi exige rigoureusement que toutes ces dettes aient date certaine antérieure au mariage : elle a voulu empêcher que les époux pussent rendre indirectement aliénables des biens frappés par le contrat de mariage du caractère d'inaliénabilité. Les créanciers sans date certaine ne pourraient même pas, comme sous le régime de la communauté légale, saisir la nue propriété du fonds dotal.

7° Pour les *grosses réparations*, car il ne suffit pas de conserver en droit l'immeuble dotal, il faut encore le conserver en réalité. L'aliénation ne sera faite que jusqu'à concurrence des sommes nécessaires pour les réparations.

8° Lorsque l'immeuble dotal se trouve *indivis* avec des tiers et qu'il est reconnu *impartageable*. L'intervention de la justice est inutile quand le partage se fait en nature, car une telle opération est sans danger, et d'ailleurs nul n'est tenu de rester dans l'indivision, mais elle devient nécessaire lorsque les époux déclarent l'immeuble impartageable et veulent le faire vendre, car alors la dot convertie en argent pourrait être compromise.

Sur la licitation, l'immeuble sera adjugé à la femme, à des tiers ou au mari.

Dans le premier cas, il sera dotal pour le tout si la constitution portait sur tous les biens présents ; car la femme sera censée l'avoir eu tout entier dès l'origine. Si, au contraire, la constitution ne portait que sur la part indivise de la femme dans l'immeuble, celui-ci serait dotal pour cette part, et paraphernal pour le surplus ; car autrement la dot aurait été augmentée pendant le mariage par le fait des époux.

Si un tiers devient adjudicataire, la partie du prix revenant à la femme sera toujours dotale.

Lorsque enfin c'est le mari, on doit, sous le régime dotal comme sous le régime de communauté, laisser à la femme le choix de réclamer, à la dissolution du mariage, ou le prix ou l'immeuble ; car les raisons de décider sont les mêmes.

9° Avec le consentement de la femme et l'autorisation de la justice, l'immeuble dotal peut être *échangé* contre un immeuble de même valeur pour les quatre cinquièmes au moins, d'après une estimation par experts nommés d'office. L'utilité d'une telle opération peut être très-grande, et, d'ailleurs, l'immeuble qui est substitué à celui qu'aliènent les époux sera, comme le précédent, inaliénable et imprescriptible. Si l'immeuble reçu en échange n'excède que d'un cinquième la valeur de l'immeuble donné, on doit, par analogie, le déclarer dotal pour la totalité ; mais l'excédant qui dépasserait un cinquième serait paraphernal, et, comme tel, aliénable par la femme.

Il faudrait également décider que, si le mari vient à être évincé d'un immeuble dotal, et qu'ayant touché la somme provenant de la garantie qui lui est due par le constituant à raison de cette éviction, il l'emploie à l'acquisition d'un nouvel immeuble, il pourra stipuler dotal le fonds ainsi acquis, et de la sorte le subroger à l'immeuble même dont il est évincé. Et, en effet, d'un côté le mari rentre dans l'esprit du contrat de mariage, en rétablissant les choses dans l'état où elles étaient primitivement ; et de l'autre il a le droit, dans l'intérêt de sa femme et de ses enfants, de substituer ainsi un immeuble inaliénable, insaisissable et imprescriptible, à un immeuble qui avait tous ces caractères et présentait toutes ces sécurités.

Pourquoi l'art. 1559 parle-t-il du consentement de la femme à l'échange de son immeuble dotal, puisque ce consentement est toujours nécessaire ? C'est que, par exception et dans le cas de nécessité absolue, l'aliénation de l'immeuble dotal pourrait être ordonnée par la justice malgré la femme. Ainsi, dans le cas de réparations urgentes et indispensables, dans celui d'aliments à fournir à la famille, la justice peut, sur la demande du mari et malgré l'opposition de la femme, dire que le fonds dotal sera vendu. Mais comme dans l'échange, il s'agit d'une opération ayant pour but un avantage à obtenir, et non une perte à éviter, ou une obligation légale à remplir, le consentement de la femme est justement exigé.

Notons en terminant que, dans les divers cas où les juges sont investis du droit d'autoriser la femme à aliéner ses biens dotaux, ils peuvent également l'autoriser à les hypothéquer. L'emprunt sera même souvent moins désavantageux aux époux que ne le serait l'aliénation [1].

De la clause de REMPLOI. — Nous avons vu que la femme peut par contrat de mariage se réserver la faculté de vendre et d'hypothéquer le fonds dotal. Une telle faculté est par elle-même de nature à diminuer singulièrement la sécurité qui est le but du régime que nous expliquons. Aussi est-elle presque toujours dans la pratique accompagnée d'une clause de remploi. Pareillement, lorsque la femme se constitue dotale une créance qu'elle a sur un tiers, ou qu'elle

[1] Marcadé, art. 1558, n° 6. — Cass., 7 juillet 1857.

reçoit en dot des valeurs de placement, telles que rentes sur l'État, actions de la Banque de France, actions ou obligations de telle ou telle compagnie, elle a ordinairement soin de stipuler que, si ces valeurs viennent à être aliénées pendant le mariage, il en sera fait remploi par le mari.

Quel sera l'effet d'une telle clause ? Cet effet sera double. D'une part, la femme aura action contre son mari, même avant toute séparation de biens, pour le contraindre à faire le remploi [1] ; et, d'autre part, elle aura action contre les tiers acquéreurs ou débiteurs qui n'auraient pas surveillé ce remploi. Que pourra-t-elle demander à ces derniers ? Dans le cas de vente de la valeur dotale, elle aurait, selon les uns, le droit de faire annuler le contrat, comme n'ayant pas été fait régulièrement. Mais, selon les autres, et leur opinion nous paraît préférable, les tiers acquéreurs pourront toujours arrêter son action en révocation, en offrant de payer une seconde fois leur prix d'acquisition [2]. Dans le cas où il s'agit soit de débiteurs qui ont payé, soit de l'État ou de compagnies qui ont laissé faire le transfert de leurs titres, sans surveiller le remploi des deniers dotaux, la femme qui ne peut pas en recouvrer l'intégralité sur son mari devenu insolvable, aura le droit de poursuivre ces différents tiers jusqu'à concurrence de la perte qu'elle éprouve par suite de leur négligence.

Quand les valeurs mobilières ou immobilières qui doivent être acquises en remploi sont indiquées dans le contrat de mariage, ce remploi ne peut être fait que dans cette nature de valeurs. S'il n'existe aucune indication, le remploi pourra être fait en immeubles, en rentes sur l'État, ou en actions de la Banque de France.

De l'action en RÉVOCATION *de la vente du fonds dotal.* — Nous venons d'étudier le principe de l'inaliénabilité du fonds dotal et même de la dot mobilière. Nous devons maintenant en faire connaître la sanction.

---

[1] Aubry et Rau, t. IV, § 537, p. 486. — Cass., 20 déc. 1852.
[2] Pont, *Rev. critiq.*, t. V, p. 5. — Cass., 20 juin 1853.

L'aliénation du fonds dotal peut être faite soit par le mari seul, soit par la femme seule, soit par le mari et la femme conjointement. Parcourons ces diverses hypothèses.

1° *L'aliénation a été faite par le* MARI SEUL. — Elle est nulle pour deux raisons : l'une que l'immeuble appartient à la femme, l'autre qu'il est dotal. Mais l'aliénation est-elle simplement *annulable* ou bien est-elle *radicalement nulle ?* Plusieurs auteurs soutiennent le système de la simple annulabilité. Ils se fondent sur le texte de l'art. 1560, qui n'accorde jamais qu'une action *en révocation*, et ne distingue pas si le mari a fait la vente sans le concours de sa femme ou avec ce concours. De la sorte, le vice qui affecterait le contrat dans le cas où le mari l'a consenti seul et sans aucun mandat de la femme, ne serait pas plus grave que le vice qui l'affecte dans le cas où le mari et la femme l'ont fait conjointement. Si l'on admet cette opinion, il faut décider que l'acheteur ne peut demander la nullité de l'acte, en se fondant sur ce qu'on lui a vendu la chose d'autrui, et que la prescription qui courra à son profit sera libératoire et non acquisitive.

Malgré le sens naturel de l'article 1560, fait pour l'hypothèse la plus fréquente, qui est celle où la femme aura pris part à l'acte, nous pensons que la vente faite par le mari seul et sans mandat de la femme est radicalement nulle, comme ayant eu pour objet la chose d'autrui. Sous tout autre régime que le régime dotal, cette nullité radicale serait certainement admise. Comment dès lors ne pas l'admettre ici, lorsqu'il s'agit de l'immeuble dotal, qui est plus énergiquement protégé que ne le sont jamais les propres de la femme sous aucun autre régime ? La femme ou ses héritiers auront donc, à notre avis, non pas une action en *révocation*, mais une véritable action en *revendication* de l'immeuble qui leur appartient et n'a pas cessé de leur appartenir ; l'acheteur pourra demander la nullité de la vente, parce que le mari lui a vendu la chose d'autrui, et la prescription qui courra à son profit, sera acquisitive et non libératoire. Cette prescription ne s'accomplira donc pas toujours par dix ans, mais elle sera de dix ans entre présents, ou de vingt ans entre absents dans le cas de bonne foi de l'acheteur, et de trente ans dans le cas contraire [1].

Pendant le mariage, le mari qui est investi de toutes les actions concernant la dot de sa femme pourra lui-même faire révoquer l'aliénation qu'il a consentie. Cette action lui appartiendra, selon nous, qu'il ait ou non garanti personnellement l'acheteur. Seulement il sera tenu envers lui à des dommages-intérêts, toutes les fois qu'il aura donné sa garantie, et dans le cas où il ne l'aurait pas donnée, il en sera encore tenu, si, dans le contrat, il n'a pas déclaré que le bien vendu était dotal. Lorsqu'au contraire une telle déclaration est faite à l'acheteur, celui-ci contracte en quelque sorte à ses risques et périls, et renonce par cela même à toute indemnité en cas d'éviction. La seule chose qu'il puisse réclamer est la restitution pure et simple du prix, parce que le mari vendeur le conserverait sans cause. Mais, en l'absence de déclaration, le mari devra toujours des dommages-intérêts, et il ne pourrait pas prouver que l'acheteur savait, d'autre part, que le bien vendu était dotal.

Quand le mari n'a pas fait révoquer l'aliénation pendant le mariage, la femme ou ses héritiers ont l'action en revendication de l'immeuble vendu à partir, soit de la séparation de biens, soit de la dissolution du mariage; car, tant que l'un ou l'autre de ces événements n'est pas survenu, aucune prescription ne peut leur être opposée.

2° *L'aliénation a été faite par la* FEMME SEULE. — Dans ce cas, elle est encore nulle pour deux raisons : l'une que la femme non autorisée ne peut valablement contracter, l'autre que l'immeuble est dotal. La femme ou ses héritiers n'auront pas ici l'action en revendication, car l'immeuble a été

---

[1] Rodière et Pont, t. II, n° 605. — Troplong, t. IV, n° 3583.

vendu par son véritable propriétaire ; il n'y a donc, à leur profit, qu'une action en nullité dont l'acheteur ne peut se prévaloir, tandis qu'il pourrait, comme nous venons de le voir, critiquer la vente qui lui aurait été faite de la chose d'autrui. Le mari est autorisé, par le droit commun, à demander la nullité des actes faits par la femme, et particulièrement celle de la vente du fonds dotal. La femme ou ses héritiers auront eux-mêmes l'action en révocation, soit à dater de la séparation de biens, soit à dater de la dissolution du mariage, comme dans le cas précédent.

3° *L'aliénation a été faite par le* MARI ET LA FEMME CONJOINTEMENT. — La vente n'est ici annulable que pour un seul motif, qui est l'inaliénabilité de l'immeuble : le mari lui-même pourrait demander cette nullité, sauf toujours à payer des dommages-intérêts à l'acheteur, s'il s'était porté garant de la vente. Dans le cas, au contraire, où il aurait simplement autorisé sa femme à contracter, celle-ci seule serait tenue des dommages-intérêts. Encore n'en devrait-elle pas si, dans le contrat, elle avait déclaré que le bien vendu était dotal. Alors la simple restitution du prix suffirait.

Durée *de l'action en révocation.* — D'après l'article 1560, l'action en révocation dure pendant tout le mariage, sans qu'on puisse opposer à la femme ou à ses héritiers aucune prescription. Après la dissolution du mariage, la prescription a lieu au profit de l'acheteur dans le délai de dix ans, aux termes de l'article 1304 du Code, qui fixe la durée de la prescription libératoire applicable aux actions en nullité ou rescision en général.

Nous venons d'examiner comment la dot est protégée par l'inaliénabilité. Voyons comment elle l'est par l'imprescriptibilité. La jurisprudence n'a pas fait pour cette dernière, ce qu'elle a fait pour la première en l'étendant à la dot mobilière. Le fonds dotal a toujours été et est encore seul imprescriptible.

De L'IMPRESCRIPTIBILITÉ *du fonds dotal.* — Le fonds dotal

est imprescriptible pendant tout le mariage, à moins qu'un tiers n'ait commencé à le posséder *avant le mariage,* cas auquel il continuera de prescrire. Comment expliquer ce résultat ? Par la rétroactivité de la prescription. Celui qui a prescrit est censé propriétaire, non du jour où le délai de la prescription est terminé, mais du jour où avait commencé la possession. La raison en est que la prescription est moins un moyen d'acquérir, que la présomption d'une juste cause d'acquisition. Or, il est naturel et même nécessaire de placer le fait acquisitif que la loi suppose, au moment où la possession a commencé. Partant de là, le Code regarde le prescrivant comme ayant eu la propriété de l'immeuble constitué dotal, depuis une époque antérieure au mariage : d'où il suit que ce fonds, ayant dès l'origine appartenu au tiers, n'a jamais été dotal qu'en apparence ; ce qui explique que la prescription ait pu s'achever pendant le mariage. On conçoit, d'ailleurs, que les avantages de la possession n'aient pu être interrompus par un contrat de mariage auquel le possesseur est resté étranger.

D'après le second alinéa de l'article 1561, la prescription peut encore commencer à courir à *dater de la séparation de biens.* Cette dernière disposition fut insérée dans l'article 1561 sur la demande du Tribunat. On disait, avec raison, que la séparation de biens restituant à la femme l'exercice de toutes ses actions, celle-ci pourrait désormais interrompre la prescription qui courait au profit des tiers à l'égard de ses immeubles. En telle sorte que, sans inconvénient grave pour la femme, ces immeubles rentreraient, au grand avantage des tiers, dans le droit commun en matière de prescription.

Toutefois l'innovation du Tribunat se borna à l'imprescriptibilité, et même après la séparation de biens, l'inaliénabilité fut maintenue. On comprend, du reste, que des biens déclarés inaliénables soient cependant prescriptibles ; car, s'il importe peu de protéger la femme contre la prescription à raison même du temps nécessaire à son accomplissement, il importe beaucoup de la protéger contre les aliénations, qui peuvent être faites dans un instant d'irréflexion ou de gêne.

Contradiction apparente de l'ARTICLE 1560 *et de* l'AR-TICLE 1561, 2ᵉ ALINÉA. — L'article 1560 déclare d'une manière absolue que les tiers ne peuvent opposer à la femme ou à ses héritiers aucune prescription acquise *pendant le mariage* ; l'article 1561 2° déclare au contraire qu'à partir *de la séparation de biens,* les tiers pourront prescrire le fonds dotal. Deux systèmes sont en présence pour la conciliation de ces deux articles : d'après le premier, l'article 1560 n'a trait qu'à la prescription *libératoire* courant, au profit des tiers, contre l'action en révocation qui appartient à la femme ou à ses héritiers ; tandis que l'article 1561 2° a trait à la prescription *acquisitive* courant au profit des tiers possesseurs de l'immeuble dotal. Ce système mène à un résultat inadmissible ; car, si le mariage dure trente ans à partir de la séparation de biens, les tiers auront acquis par prescription l'immeuble dotal, tandis qu'ils seront encore sujets à l'action en révocation, puisque la prescription libératoire ne commence à courir qu'à dater de la dissolution du mariage. On verrait donc la femme triompher par l'action révocatoire, lorsqu'elle ne pourrait pas intenter l'action en revendication ; or, on ne peut comprendre que des tiers qui ont prescrit acquisitivement puissent ainsi être troublés par des actions en nullité.

Le second système donne des deux textes une conciliation historique. L'article 1560 a été rédigé d'une manière absolue, parce que la distinction proposée par le Tribunat, entre l'époque antérieure à la séparation de biens et l'époque postérieure, n'était encore ni admise ni connue. Or, cet article n'est plus vrai que pour le cas *où il n'y a pas séparation de biens ;* car, dans ce cas seulement, le point de départ de la prescription est la dissolution du mariage. Mais, pour le cas de la séparation de biens, il ne faut plus appliquer que l'article 1561 2° ; car alors le point de départ de la prescription est, non la dissolution du mariage, mais la séparation de biens elle-même. Il n'y a donc aucune contradiction entre ces deux articles, puisqu'ils règlent des hypothèses différentes ; ce système nous paraît seul plausible et nous l'adoptons.

En résumé, s'il n'y a pas eu de séparation de biens, la prescription acquisitive ou libératoire ne commencera qu'après la dissolution du mariage, et, s'il y a eu séparation de biens, l'une et l'autre commenceront à dater de cette séparation.

Il ne faudrait pas cependant donner un sens trop étendu à cette dernière proposition : ainsi, lorsque c'est le mari seul qui a vendu l'immeuble dotal, le tiers ne peut prescrire ; car la revendication de la femme *réfléchirait* contre le mari, sous forme d'action en garantie (art. 2256 2°). Pareillement, si la femme, seule et à l'insu de son mari, avait vendu l'immeuble, la prescription ne courrait qu'à partir de la dissolution du mariage (art. 1304) ; car la femme n'est pas présumée avoir une liberté morale suffisante pour agir. En dehors de cette double hypothèse, les principes posés plus haut recevront leur application. Ainsi, lorsque le mari aura vendu l'immeuble dotal avec clause de non-garantie, ou la femme avec l'autorisation de son mari, ou que le tiers l'aura acheté d'un autre que du mari ou de la femme, ou qu'enfin il s'en sera emparé sans contrat, la prescription courra du jour de la séparation de biens, et elle ne sera pas retardée jusqu'à la dissolution du mariage.

De la SÉPARATION DE BIENS. — Quoique, en droit, le mari ne puisse compromettre les biens dotaux de la femme, en fait, il peut les mettre en péril par une mauvaise administration. L'effet de la séparation de biens sera de rendre cette administration à la femme. Celle-ci aura les mêmes pouvoirs que la femme séparée de biens qui a été commune. Elle recouvrera et la jouissance de ses biens dotaux et l'exercice de ses actions. Seulement, comme la séparation de biens a pour unique but de protéger sa fortune contre la mauvaise administration du mari, elle laissera subsister le principal effet du régime dotal, qui est l'*inaliénabilité*.

La prescription seule pourra commencer ou reprendre son cours ainsi que nous l'avons expliqué.

TROISIÈME SECTION.

DE LA RESTITUTION DE LA DOT.

ART. 1564. Si la dot consiste en immeubles, — ou en meubles non estimés par le contrat de mariage, ou bien mis à prix, avec déclaration que l'estimation n'en ôte pas la propriété à la femme, — le mari ou ses héritiers peuvent être contraints de la restituer sans délai, après la dissolution du mariage.

1565. Si elle consiste en une somme d'argent, — ou en meubles mis à prix par le contrat, sans déclaration que l'estimation n'en rend pas le mari propriétaire ; — la restitution n'en peut être exigée qu'un an après la dissolution.

1566. Si les meubles dont la propriété reste à la femme ont dépéri par l'usage et sans la faute du mari, il ne sera tenu de rendre que ceux qui resteront, et dans l'état où ils se trouveront. — Et néanmoins la femme pourra, dans tous les cas, retirer les linges et hardes à son usage actuel, sauf à précompter leur valeur, lorsque ces linges et hardes auront été primitivement constitués avec estimation.

1567. Si la dot comprend des obligations ou constitutions de rentes qui ont péri ou souffert des retranchements qu'on ne puisse imputer à la négligence du mari, il n'en sera point tenu, et il en sera quitte en restituant les contrats.

1568. Si un usufruit a été constitué en dot, le mari ou ses héritiers ne sont obligés, à la dissolution du mariage, que de restituer le droit d'usufruit, et non les fruits échus durant le mariage.

1569. Si le mariage a duré dix ans depuis l'échéance des termes pris pour le payement de la dot, la femme ou ses héritiers pourront la répéter contre le mari après la dissolution du mariage, sans être tenus de prouver qu'il l'a reçue, à moins qu'il ne justifiât de diligences inutilement par lui faites pour s'en procurer le payement.

1570. Si le mariage est dissous par la mort de la femme, l'intérêt et les fruits de la dot à restituer courent de plein droit au profit de ses héritiers depuis le jour de la dissolution. — Si c'est par la mort du mari, la femme a le choix d'exiger les intérêts de sa dot pendant l'an du deuil, ou de se faire fournir des aliments pendant ledit temps aux dépens de la succession du mari ; mais, dans les deux cas, l'habitation durant cette année et les habits de deuil doivent lui être fournis sur la succession, et sans imputation sur les intérêts à elle dus.

1571. A la dissolution du mariage, les fruits des immeubles dotaux se partagent entre le mari et la femme ou leurs héritiers, à proportion du temps qu'il a duré, pendant la dernière année. — L'année commence à partir du jour où le mariage a été célébré.

1572. La femme et ses héritiers n'ont point de privilége pour la répétition de la dot sur les créanciers antérieurs à elle en hypothèque.

1573. Si le mari était déjà insolvable, et n'avait ni art ni profession lorsque le père a constitué une dot à sa fille, celle-ci ne sera tenue de rapporter à la succession du père que l'action qu'elle a contre celle de son mari, pour s'en faire rembourser. — Mais si le mari n'est devenu insolvable que depuis le mariage, — ou s'il avait un métier ou une profession qui lui tenait lieu de bien, — la perte de la dot tombe uniquement sur la femme.

Des CAUSES *de restitution.* — Les causes de restitution de la dot sont les mêmes que les causes de dissolution de la communauté, savoir : la mort ou l'absence déclarée de l'un des époux, la séparation de corps, et la séparation de biens.

COMMENT *se fait la restitution.* — Il faut distinguer si la femme est restée propriétaire des biens dotaux, ou si cette propriété est passée au mari. Dans le premier cas, les objets doivent être restitués en nature, et aussitôt après l'événement qui fait naître l'obligation de restituer. Effectivement, comme le mari ou ses héritiers sont détenteurs des biens et doivent être prêts à les rendre, il n'y avait aucune raison pour leur accorder un délai.

Dans le second cas, la restitution porte non sur les objets, mais sur leur valeur. Or, comme celle-ci peut consister en placements qui rendent lente et difficile la rentrée des sommes, le mari a un an pour la restitution. La loi romaine était plus généreuse, et la restitution était faite par lui en trois termes d'un an chacun (*annuâ, bimâ, trimâ die*).

Si, en vertu d'une clause du contrat de mariage, un corps certain a été substitué à une somme dotale, par exemple, si le mari chargé d'employer la somme dont il s'agit en immeu-

bles, a fait cet emploi ; alors la restitution sera immédiate,
parce qu'elle a pour objet un immeuble dont la femme est
devenue propriétaire, et non un genre dont le mari serait
débiteur. Mais la réciproque n'est pas toujours vraie, et quand
la dette d'une somme a été substituée à celle d'un corps certain, le délai de la restitution n'est pas toujours d'une
année. Il faut alors distinguer si cette substitution implique
ou n'implique pas la faute du mari. Lorsqu'elle implique
sa faute, par exemple, si le mari devient, en aliénant indù-
ment, ou en détériorant l'immeuble dotal, débiteur d'une
somme qui en représente, pour le tout ou pour partie, la
valeur, alors il n'a pas le délai d'un an, parce que nul ne
peut profiter de sa faute ; et, dans ce cas, il doit faire une
restitution immédiate de la somme, comme il aurait fait la
restitution immédiate de l'immeuble.

Lorsque au contraire, la somme a été substituée, à l'immeuble régulièrement et sans la faute du mari, par exemple,
si cet immeuble a été aliéné dans les cas permis, soit par le
contrat de mariage, soit par la loi, la restitution se fait dans
le délai d'un an, parce que l'on ne peut plus reprocher au
mari d'être débiteur d'un genre, au lieu d'un corps certain.

Restitution des LINGES *et* HARDES *de la femme.* — La
femme peut toujours retirer ses linges et hardes en nature,
quoiqu'ils eussent été constitués avec estimation. De droit
commun, le mari ou ses héritiers ne devraient, dans ce cas,
que le montant de l'estimation. Cependant, comme il serait
rigoureux de dépouiller la femme de son trousseau et de
livrer ses vêtements à des mains étrangères, celle-ci a le
droit de les reprendre en nature, lors même que la valeur
du trousseau présent excéderait de beaucoup la valeur du
trousseau primitif. C'est au mari qui ne veut point éprouver
une perte à surveiller les acquisitions de toilette que peut
faire sa femme.

La réciproque ne serait pas vraie, et si le trousseau actuel
valait moins que le trousseau primitif, la femme ou ses héri-

tiers pourraient réclamer la différence. La raison en est que
le mari peut empêcher sa femme de faire des dépenses de
toilette excessives, tandis que la femme ne peut contraindre
son mari à maintenir son trousseau dans l'état primitif.

Si le trousseau n'avait pas été estimé, elle n'en aurait pas
moins le droit d'exiger du mari le trousseau présent, au lieu
du trousseau primitif, qui peut-être a cessé d'exister depuis
longtemps. Le nouveau est subrogé de plein droit à l'ancien ;
car l'article 1566 donne à la femme son droit de reprise, sans
aucune distinction entre le cas où, par une estimation, le
trousseau est devenu la propriété du mari, et le cas où, faute
d'estimation, il est resté celle de la femme.

Restitution des CRÉANCES *et des* RENTES. — Elle a lieu
avec les détériorations qui ne proviennent ni de la faute ni
du fait du mari. Ainsi, lorsque la rente 5 pour 100 sur l'État
a été réduite, les femmes ont subi la perte. Mais, si le mari
avait, par sa négligence, laissé le débiteur d'une somme
exigible devenir insolvable, lorsqu'il aurait pu s'en faire
payer en agissant plus tôt, c'est lui qui supporterait la
perte.

Restitution D'UN USUFRUIT. — Quand la femme s'est constitué en dot un usufruit, le mari a le droit d'en jouir
comme elle le ferait elle-même. Ainsi, tous les fruits et revenus provenant de la chose lui appartiendront. Il eût pu
n'avoir que les fruits provenant de ces fruits ou revenus ;
mais la loi en a décidé autrement, parce que généralement
ces fruits et revenus ne sont pas capitalisés : de là il résulte
que le mari restituera l'usufruit, sans restituer ni les fruits
ni les revenus perçus, et encore ne fera-t-il pas cette restitution, si l'usufruit s'est éteint sans sa faute ni son fait, par
exemple, par l'expiration du terme fixé ou par la mort de la
femme.

De la PREUVE *que la dot a été reçue par le mari.* — La
femme qui réclame la restitution de sa dot doit, en règle générale, prouver que le mari l'a touchée. Sous le régime dotal,

par exception, la loi établit à son profit la présomption que la
dot a été comptée au mari, s'il est écoulé dix ans à partir du
mariage dans le cas où il n'y avait pas de terme stipulé pour le
payement et, dans le cas contraire, lorsqu'il s'est écoulé dix
ans à partir de l'échéance des termes convenus. Le mari n'est
dispensé de la restitution que s'il prouve n'avoir pas reçu la
dot, malgré ses *diligences*. Cette dérogation au droit commun
a été inspirée par l'esprit essentiellement conservateur du régime dotal.

Il n'est pas nécessaire que le mari allègue et prouve des
poursuites contre le constituant ; car la femme aurait mauvaise grâce à l'accuser de n'avoir pas actionné son propre
bienfaiteur, peut-être son père ou sa mère. Il suffira que le
mari ait fait, pour obtenir la dot, des démarches raisonnables restées inefficaces.

Si la femme ne peut reprocher au mari de n'avoir pas
poursuivi le tiers constituant, à plus forte raison ne pourrait-
elle pas lui reprocher de ne l'avoir pas poursuivie elle-même,
quand elle s'est personnellement dotée.

De la restitution des INTÉRÊTS, FRUITS *et* AUTRES REVENUS *de la
dot.* — Lorsque le mariage est dissous par la mort, soit du mari,
soit de la femme, ou encore lorsqu'il y a séparation de corps
ou de biens, les fruits et intérêts de la dot courent *de plein
droit* au profit de la femme ou de ses héritiers. Toutefois,
celle-ci a le choix d'exiger, pendant l'année de deuil, ou les
intérêts de sa dot, ou des aliments qui lui seront fournis sur
la succession du mari. Au surplus, qu'elle prenne l'un ou
l'autre parti, elle a le droit de réclamer deux choses : les habits de deuil et l'habitation pendant l'année, sans aucune
imputation sur la dot ou les revenus qu'elle produit. La loi
est, comme on le voit, plus généreuse pour la femme mariée
sous le régime dotal que pour celle mariée sous le régime de
communauté. C'est le résultat de la tradition romaine.

Quant aux fruits et revenus des biens dotaux, le Code,
s'inspirant de cette tradition, a dérogé aux principes ordi-

naires de l'usufruit. Effectivement, le droit commun voudrait que le mari, usufruitier de la dot, conservât tous les fruits qu'il a déjà perçus, et restituât à la femme ou à ses héritiers, sans aucune récompense de part ni d'autre, les fruits non perçus. On sait que cette théorie a été admise, en dehors des cas de fraude, pour la communauté usufruitière des biens propres aux époux ; mais, sous le régime dotal, les fruits naturels ou industriels sont assimilés aux fruits civils, c'est-à-dire que le mari les acquiert tous *jour par jour*. Dès lors, si le mariage a duré vingt ans et trois mois, le mari gardera tous les fruits des vingt premières années, mais il n'aura droit qu'à un quart des fruits de la vingt et unième, lors même que, dans ces trois mois, il aurait fait toutes les récoltes, ce qui arrivera si l'anniversaire de la célébration du mariage échoit au moment où les récoltes sont prêtes.

Par une juste réciprocité, si, dans ces trois mois, le mari n'a rien perçu de la dernière récolte, la femme ou ses héritiers ne devront pas moins lui en donner le quart.

L'annuité varie de durée suivant que les revenus arrivent, soit tous les ans et à des époques régulières, soit à des termes éloignés et par cela même souvent irréguliers. Ainsi les coupes de bois se font rarement, et certaines valeurs industrielles donnent des dividendes très-inégaux suivant les époques. Dans ces différents cas, l'annuité comprend l'intervalle ordinaire qui sépare les différentes perceptions de fruits ou de revenus. Ainsi, lorsque les coupes de bois se font tous les vingt ans, le mari aura droit, dans le cas où le mariage aurait duré trente ans, à une coupe et demie.

On ne peut se dissimuler que les règles du Code pour le partage des fruits sous le régime dotal, sont plus justes que les règles admises pour l'usufruit appartenant à la communauté sur les propres de chaque époux, et qui ne sont autres que les règles de l'usufruit ordinaire. Pourquoi deux systèmes différents ? C'est que dans le cas de communauté l'association d'intérêts qui existe entre les époux, paraît peu compatible

avec les comptes rigoureux que comporte le règlement jour
par jour des fruits et revenus de la dot ; tandis que, sous le
régime dotal où les intérêts des époux sont profondément séparés, il était naturel que les revenus de la dot suivissent
peu à peu les charges du mariage. De là cette exacte proportionnalité établie par le Code entre le nombre de jours qui marque pour le mari la durée de ces charges, et le nombre de
jours qui doit marquer la quotité des revenus de la dot qu'il
aura le droit de percevoir.

Certains auteurs pensent avec raison que, sous le régime
sans communauté, la distribution des fruits doit être, comme
sous le régime dotal, proportionnelle à la durée des charges,
car, du moment qu'aucun texte ne s'oppose à un partage si
équitable, il est naturel de l'adopter. C'est, du reste, le seul
cas où l'on puisse faire un emprunt aux règles du régime
dotal, pour compléter le régime sans communauté, et cet emprunt trouve sa justification dans ce fait que sous le régime
sans communauté, comme sous le régime dotal, les deux
époux ont des intérêts essentiellement distincts, et qu'ils n'ont
rien à attendre l'un de l'autre.

La restitution de la dot est aujourd'hui garantie par une
simple hypothèque légale, et non plus, comme à Rome, par
un privilége. Le Code a cru nécessaire d'abroger formellement cette ancienne disposition (art. 1572).

Du RAPPORT *de la dot.* — La dot doit être rapportée par la
femme à la succession de ses père et mère qui la lui ont
constituée. Il est juste, en effet, que les autres enfants ne souf-
frent pas de cette constitution. Dans un cas particulier cependant, la loi dispense la femme du rapport réel ; c'est lorsqu'elle
a été mariée à un homme qui était *insolvable* lors du mariage,
qui n'avait ni *profession*, ni *art*, ni *métier*, et qui a dissipé
la dot. La fille ne devait pas souffrir de l'imprudence de ses
parents qui avaient consenti à un pareil mariage.

D'après certains auteurs, il faudrait étendre aux autres régimes cette règle équitable ; mais il paraît difficile d'admettre

une si grave dérogation au droit commun, en dehors des exceptions que la loi a expressément établies.

Le délai d'un an accordé au mari ou à ses héritiers pour restituer les valeurs, lorsque le mariage est dissous par la mort de l'un des époux, devrait évidemment lui être refusé, si la restitution avait pour cause la séparation de biens ; car autrement le mari pourrait achever la ruine de sa femme.

DIFFÉRENCES *entre le régime* DOTAL ROMAIN *et le régime* DOTAL FRANÇAIS. — A Rome, la *dotalité* était la *règle* et la *paraphernalité* l'*exception ;*

Le mari devenait *propriétaire* de la dot ;

Les parties ne pouvaient pas stipuler, dans leur contrat de mariage, que l'immeuble dotal serait *aliénable ;*

La *dot mobilière* pouvait être *aliénée ;*

La femme avait un *privilége* pour la restitution de sa dot ;

Le mari avait, pour les *genres*, trois termes d'un an chacun.

En DROIT FRANÇAIS :

La *paraphernalité* est la *règle* et la *dotalité* l'*exception ;*

Le mari est simple *administrateur* de la dot ;

Les parties peuvent stipuler, dans leur contrat de mariage, que l'immeuble dotal sera *aliénable ;*

La *dot mobilière* ne peut *être aliénée*, d'après une jurisprudence constante ;

La femme n'a plus qu'une *hypothèque légale ;*

Le mari doit restituer tous les *genres* au bout d'une année.

QUATRIÈME SECTION.
DES BIENS PAPAPHERNAUX.

ART. 1574. Tous les biens de la femme qui n'ont pas été constitués en dot sont paraphernaux.

1575. Si tous les biens de la femme sont paraphernaux, et s'il n'y a pas de convention dans le contrat pour lui faire supporter une portion des charges du mariage, la femme y contribue jusqu'à concurrence du tiers de ses revenus.

1576. La femme a l'administration et la jouissance de ses biens paraphernaux. — Mais elle ne peut les aliéner ni paraître en jugement à raison desdits biens, sans l'autorisation du mari, ou, à son refus, sans la permission de la justice.

1577. Si la femme donne sa procuration au mari pour administrer ses biens paraphernaux, avec charge de lui rendre compte des fruits, il sera tenu vis-à-vis d'elle comme tout mandataire.

1578. Si le mari a joui des biens paraphernaux de sa femme sans mandat, et néanmoins sans opposition de sa part, il n'est tenu, à la dissolution du mariage, ou à la première demande de la femme, qu'à la représentation des fruits existants, et il n'est point comptable de ceux qui ont été consommés jusqu'alors.

1579. Si le mari a joui des biens paraphernaux malgré l'opposition constatée de la femme, il est comptable envers elle de tous les fruits tant existants que consommés.

1580. Le mari qui jouit des biens paraphernaux est tenu de toutes les obligations de l'usufruitier.

Observation. — Sont *paraphernaux* tous les biens non constitués dotaux. La femme est, à leur égard, dans la même condition que si elle était mariée sous le régime de la séparation de biens. Il suffit donc de s'en référer au texte du Code et aux règles que nous avons exposées en traitant de ce régime.

Notons seulement que dans le cas où le mari jouit des biens paraphernaux malgré l'opposition de la femme, il devient comptable des fruits, non-seulement quand cette opposition est constatée par acte judiciaire, mais encore quand elle résulte de toute preuve écrite témoignant de l'usurpation du mari et de la résistance de la femme [1].

DISPOSITIONS PARTICULIÈRES.

Art. 1581. En se soumettant au régime dotal, les époux peuvent néanmoins stipuler une société d'acquêts, et les effets de cette société sont réglés comme il est dit aux articles 1498 et 1499.

Observation. — Les époux peuvent stipuler une société

[1] Aubry et Rau, t. IV, p. 126, § 541, p. 536, note 19. — Cass., 13 novembre 1861.

d'acquêts lorsqu'ils adoptent le régime dotal. C'est un moyen d'intéresser la femme à la prospérité commune et de corriger ainsi l'un des graves inconvénients de ce régime, qui est de trop isoler les intérêts respectifs de la femme et du mari. Aux biens dotaux on appliquera les règles que nous venons d'exposer, et aux acquêts les règles tracées par les articles 1498 et 1499 du Code.

Au surplus, les époux peuvent faire toutes autres conventions, et l'article 1581 n'a aucun caractère limitatif.

LIVRE III. TITRE VI.

De la vente.

CHAPITRE PREMIER

DE LA NATURE ET DE LA FORME DE LA VENTE.

ART. 1582. La vente est une convention par laquelle l'un s'oblige à livrer une chose et l'autre à la payer. — Elle peut être faite par acte authentique ou sous seing privé.

1583. Elle est parfaite entre les parties, et la propriété est acquise de droit à l'acheteur à l'égard du vendeur, dès qu'on est convenu de la chose et du prix, quoique la chose n'ait pas encore été livrée ni le prix payé.

1584. La vente peut être faite purement et simplement, ou sous une condition, soit suspensive, soit résolutoire. — Elle peut aussi avoir pour objet deux ou plusieurs choses alternatives. — Dans tous ces cas, son effet est réglé par les principes généraux des conventions.

1585. Lorsque des marchandises ne sont pas vendues en bloc, mais au poids, au compte ou à la mesure, la vente n'est point parfaite, en ce sens que les choses vendues sont aux risques du vendeur jusqu'à ce qu'elles soient pesées, comptées ou mesurées ; mais l'acheteur peut en demander ou la délivrance ou des dommages-intérêts, s'il y a lieu, en cas d'inexécution de l'engagement.

1586. Si, au contraire, les marchandises ont été vendues en bloc, la vente est parfaite, quoique les marchandises n'aient pas encore été pesées, comptées ou mesurées.

1587. A l'égard du vin, de l'huile et des autres choses que l'on est dans l'usage de goûter avant d'en faire l'achat, il n'y a point de vente tant que l'acheteur ne les a pas goûtées et agréées.

1588. La vente faite à l'essai est toujours présumée faite sous une condition suspensive.

1589. La promesse de vente vaut vente, lorsqu'il y a consentement réciproque des deux parties sur la chose et sur le prix.

1590. Si la promesse de vendre a été faite avec des arrhes, chacun des contractants est maître de s'en départir, — celui qui les a données, en les perdant, — et celui qui les a reçues, en restituant le double.

1591. Le prix de la vente doit être déterminé et désigné par les parties.

1592. Il peut cependant être laissé à l'arbitrage d'un tiers : si le tiers ne veut ou ne peut faire l'estimation, il n'y a point de vente.

1593. Les frais d'actes et autres accessoires à la vente sont à la charge de l'acheteur.

Définition de la vente. — La vente est un contrat par lequel l'une des parties transfère ou s'engage à transférer à l'autre la propriété d'une chose, et celle-ci à en payer le prix en argent monnayé.

Si l'on s'en tenait à la définition donnée par l'article 1582, le vendeur ne serait pas précisément obligé de rendre l'acheteur propriétaire de la chose, mais simplement de la lui *livrer*, de lui en procurer la possession. Nous verrons, en expliquant l'article 1599 qui frappe de nullité la vente de la chose d'autrui, que cette définition est plutôt en harmonie avec la théorie de la vente en droit romain, qu'avec celle de la vente en droit français. En effet, à Rome, le vendeur s'engageait à procurer à l'acheteur, non la propriété, mais la possession paisible et utile de la chose vendue. Cela tenait, sans doute, à ce que la vente était un contrat du droit des gens et que, dans beaucoup de circonstances, il eût été impossible, soit à raison des choses, soit à raison des personnes, de transférer le *dominium ex jure Quiritium*. D'ailleurs l'usucapion s'accomplissait dans un bref délai, qui était, avant Justinien, d'un an pour les meubles et de deux ans pour les immeubles. Mais, chez nous, la propriété peut et doit toujours être transmise. Le vendeur est, en d'autres termes, obligé de livrer la chose et en même temps d'en transférer la propriété à l'acheteur. Si cette propriété n'a pas été transmise, l'acheteur peut intenter l'action *ex empto*, lors même qu'il ne serait ni troublé ni évincé, à la différence du droit romain où il ne pouvait agir qu'en cas de trouble ou d'éviction. Aussi suffit-il aujourd'hui que l'acheteur soit exposé à subir la revendication du véritable propriétaire pour qu'il ait le droit d'actionner le vendeur et de faire anéantir le contrat.

Il faut le reconnaître : la théorie actuelle répond mieux que celle du droit romain à l'intention présumée des parties; car, si l'acheteur consent à payer le prix de la chose, c'est dans le but de la posséder en toute sécurité, et cette sécurité lui manque quand il n'est pas devenu propriétaire. L'article 1599 ne fait donc que sanctionner le sens véritable du contrat, lorsqu'il permet à l'acheteur de demander la nullité de la vente qui lui a été faite de la chose d'autrui.

Caractères ESSENTIELS *de la vente.* — De la définition que nous avons donnée de la vente, il résulte que trois choses sont *essentielles* à son existence : Un *objet*, un *prix*, et le *consentement* des parties sur l'objet et le prix. La vente se distingue de l'échange, en ce que le prix consiste toujours en argent monnayé, tandis que dans l'échange la contre-valeur n'est jamais de l'argent monnayé. Au fond toute vente contient bien un échange de la chose contre le prix, mais, comme l'argent monnayé ne saurait être assimilé aux autres marchandises, puisqu'il est lui-même *communis rerum mensura*, toutes les législations ont fait de la vente un contrat spécial, ayant ses règles particulières. Nous reviendrons plus tard sur les différences qui la séparent de l'échange.

PREUVE *de la vente.* — Elle est soumise aux règles générales établies par le Code en matière de preuve. L'article 1582 autorise expressément l'usage de l'acte sous seing privé comme de l'acte authentique, pour abroger certaines coutumes de l'ancien droit français, d'après lesquelles les ventes immobilières ne pouvaient être prouvées que par acte authentique. Au surplus un écrit n'est pas indispensable pour prouver la vente. Si la chose vendue ne vaut pas 150 francs, la preuve pourra se faire par témoins ; et si elle vaut plus de 150 francs, la preuve testimoniale sera encore recevable toutes les fois qu'il y aura un commencement de preuve par écrit. L'aveu de la partie et le serment seront aussi des modes de preuve admissibles, quelle que soit l'importance de la chose vendue. Mais il va sans dire qu'un acte authentique ou sous seing privé offre seul aux parties une pleine et entière sécurité.

Quoique la vente soit parfaite par le seul consentement des parties sur la chose et sur le prix, il peut se faire que les contractants en aient subordonné la réalisation définitive à la rédaction d'un écrit. Dans ce cas, leur consentement réciproque sera présumé suspendu jusqu'au moment de l'acte, et c'est à ce moment-là seulement qu'il deviendra définitif et obligatoire. De la sorte, le contrat se confondra avec l'écrit même qui en constatera l'existence.

Des EFFETS *de la vente.* — La vente produit des effets plus ou moins étendus selon qu'elle a pour objet un genre, par exemple, telle quantité de vin, de froment ; ou un corps certain, par exemple, tel cheval, telle maison.

La vente qui a pour objet un genre produit un seul effet : Elle crée simplement des *obligations* respectives entre le vendeur et l'acheteur.

La vente qui a pour objet un corps certain produit, à moins de clause contraire, trois effets :

1° Elle crée, comme la précédente, des *obligations* entre les contractants.

2° Elle transfère la *propriété* du vendeur à l'acheteur ;

3° Elle met les *risques* à la charge de l'acheteur.

Reprenons chacun de ces effets.

D'abord la vente produit dans tous les cas des *obligations* entre le vendeur et l'acheteur. Si la chose vendue est un genre, le vendeur est, comme nous l'avons dit, obligé à la livrer, et même à en transférer la propriété à l'acheteur ; et de son côté l'acheteur est obligé à en payer le prix au vendeur. Dans cette hypothèse, la propriété n'est transmise qu'au moment de la livraison, car jusqu'à cette livraison la chose vendue n'était pas individuellement déterminée, et on ne peut devenir propriétaire que de corps certains. Si au contraire la vente a dès l'origine pour objet un corps certain, le vendeur, qui en transfère la propriété par le fait même du contrat, ainsi que nous allons l'expliquer, n'est plus tenu que de la délivrance et de la garantie envers l'acheteur, et celui-ci du payement de son prix. Nous reviendrons plus tard sur ces obligations respectives.

Passons au second effet de la vente qui est le transfert de la propriété.

En droit romain la vente n'opérait jamais par elle-même ce transfert, et nous avons même dit que le vendeur ne s'obligeait pas à rendre l'acheteur propriétaire. En fait, cependant, le vendeur transmettait le plus souvent, du moins sous Justinien, la propriété à l'acheteur : seulement cette transmission n'avait lieu que par la *tradition* de la chose, et encore fallait-il, dans les ventes pures et simples, que le prix fût payé comptant, car le vendeur était présumé ne vouloir transférer la propriété que s'il était payé. L'aliénation de la chose vendue était donc à Rome toujours postérieure au contrat, puisque la tradition de la chose suivait la vente et ne pouvait la précéder.

En droit français la vente ayant pour objet un corps certain en transfère immédiatement et par elle-même la propriété. C'est une application du principe nouveau, que nous

avons exposé en expliquant l'article 1138, en vertu duquel
le seul consentement des parties suffit pour opérer de l'une
à l'autre mutation de propriété, sans qu'il soit besoin d'aucune tradition. Nous n'avons pas besoin d'ajouter que, si la
vente était faite sous une condition suspensive, la propriété
ne serait transférée qu'à l'événement de la condition, mais
alors elle le serait avec rétroactivité au jour du contrat
(art. 1179), et que, si par une clause expresse le vendeur
s'était réservé la propriété jusqu'à une certaine époque,
l'acheteur ne deviendrait propriétaire qu'à l'expiration du
temps convenu.

La translation de la propriété par le seul consentement
des parties présente un inconvénient grave, qui est le défaut
de publicité. Aussi l'art. 1583, en disant que la propriété
est acquise de droit à l'acheteur *à l'égard du vendeur*, semble-
t-il indiquer qu'à l'égard des *tiers*, il faut quelque chose de
plus que le simple consentement pour que le transfert de la
propriété leur soit opposable. A Rome, le signe extérieur de
la possession leur révélait le véritable propriétaire. Quels
sont aujourd'hui les moyens que les tiers auront de le connaître ? C'est ce que nous allons examiner pour les meubles
et pour les immeubles.

Du transfert de la propriété à l'égard DES TIERS *dans les
ventes mobilières*. La vente mobilière peut avoir pour
objet soit des meubles corporels, comme chevaux, voitures, etc. ; soit des meubles incorporels, comme créances,
rentes, etc. Dans l'une et l'autre hypothèse, la vente est *ipso
jure* toujours translative de propriété *entre les parties*. Si
la chose vendue est corporelle, la vente est même translative
de la propriété à *l'égard des tiers* qui devront tous en principe la respecter [1]. Seulement ce principe reçoit une grave et
fréquente atteinte de la règle « En fait de meubles, la pos-
« session vaut titre. » Effectivement, lorsque le même meuble

---

[1] Aubry et Rau, t. III, § 349, p. 236. — Dijon, 27 juin 1864.

est vendu à plusieurs acheteurs, celui-là en demeure propriétaire qui le premier est mis en possession, encore que son titre soit postérieur en date (art. 1141). Il faut toutefois que le second acheteur soit de bonne foi, car, s'il avait connu la première vente, il ne pourrait plus invoquer la maxime « En fait de meubles, etc. », et le premier acheteur lui serait préféré. Ainsi qu'on le voit, le transfert de la propriété des meubles corporels à l'égard des tiers par le seul effet de la vente n'a aucun inconvénient sérieux, puisque de deux choses l'une : Ou les tiers le connaîtront, et alors ils ne seront pas exposés à être trompés par le vendeur ; ou ils ne le connaîtront pas, et alors ils seront protégés par la possession qu'ils auront reçue de bonne foi de la chose vendue antérieurement à un autre.

Quant aux meubles incorporels, la propriété n'en est transférée à l'égard des tiers que par la publicité du transport. Nous verrons, en étudiant l'art. 1690, en quoi consiste cette publicité.

Du transfert de la propriété à l'égard DES TIERS *dans des ventes immobilières.* — La vente transfère seule, comme nous l'avons dit, la propriété de l'immeuble à l'acheteur, et celui-ci peut le revendiquer à l'encontre de son vendeur, et même des créanciers chirographaires de son vendeur, dont les droits ne peuvent être plus étendus que ceux de leur débiteur. Mais à l'égard des tiers, auxquels le vendeur aurait concédé depuis le contrat des droits de propriété, d'usufruit, de servitude ou autres sur l'immeuble, l'acheteur est-il saisi de la propriété par le seul effet du consentement ? Sur ce point, notre législation a subi bien des variations que nous allons rapidement parcourir.

Sans remonter à notre ancien droit français, nous dirons que, sous l'empire de la loi du 11 brumaire an VII, les ventes immobilières ne devenaient opposables aux tiers que par la *transcription* littérale qui en était faite sur un registre public tenu par le conservateur du bureau des hypothèques.

Jusqu'à cette transcription, le vendeur pouvait, au mépris des droits de l'acheteur, grever utilement l'immeuble de toute sorte de charges, et l'acheteur en retard de faire transcrire devait les subir, sauf son recours en dommages-intérêts contre le vendeur qui avait ainsi violé la foi du contrat.

Le Code avait-il maintenu la nécessité de cette transcription? En général, on admettait la négative. Au conseil d'État, la question avait été d'abord soulevée à propos de l'art. 1140, et, après une vive discussion entre les partisans et les adversaires de la transcription, on avait réservé la solution. Sur l'article 1583 la lutte recommença, et cette fois encore sans solution. Enfin les partisans de la transcription parurent triompher, et un article fut inséré dans le projet du Code, au titre *des Priviléges et hypothèques*, qui maintenait la transcription. Lors de la rédaction définitive, cet article disparut, et les tribunaux, appelés à se prononcer sur la question, décidèrent tous que la transcription n'était plus nécessaire.

Peu de temps après survint le Code de Procédure qui, dans son article 834, vint donner une telle importance à la transcription que, sans la rétablir formellement, il la rendit presque indispensable à la sécurité de l'acheteur. Aux termes de cet article, aujourd'hui abrogé, les créanciers ayant hypothéqué sur l'immeuble avant la vente pouvaient utilement s'inscrire jusqu'à la transcription qui en était faite, plus pendant la quinzaine qui suivait. De la sorte, l'acheteur qui voulait éviter les inscriptions sur son immeuble devait faire transcrire son contrat d'acquisition, et c'est seulement après la quinzaine écoulée à dater de cette transcription qu'il n'avait plus à redouter aucune inscription. La transcription qui était inutile à l'acheteur, pour devenir propriétaire à l'égard des tiers, lui était donc nécessaire pour arrêter le cours des inscriptions hypothécaires sur l'immeuble qu'il avait acquis, et pour se protéger contre le trouble que les créanciers du vendeur pouvaient jeter dans sa possession.

Tel est le régime auquel se sont trouvées soumises toutes les ventes immobilières faites depuis le Code de Procédure jusqu'au 1er janvier 1856.

A partir du 1er janvier 1856, un régime nouveau a été inauguré. La loi du 23 mars 1855, dont nous avons déjà parlé en exposant les effets des conventions, est venue rétablir le principe de la loi de brumaire an VII, et rendre la transcription obligatoire. Aujourd'hui l'acheteur d'un immeuble n'en devient propriétaire à l'égard des tiers que par la transcription. Entre deux acheteurs, celui-là sera préféré à l'autre qui le premier aura fait transcrire son titre, et si tous les deux l'ont fait transcrire le même jour, il sera encore vrai de dire que celui dont la transcription figure la première sur les registres du conservateur primera l'autre, puisqu'il était saisi le premier de la propriété.

Nous examinerons plus tard en détail les différentes dispositions de la loi du 23 mars 1855. Il nous suffit ici de signaler son application en matière de ventes immobilières.

Arrivons au troisième et dernier effet de la vente qui est de mettre les risques de la chose vendue à la charge de l'acheteur.

Des RISQUES *de la chose vendue.* — Les risques, avonsnous dit, sont à la charge de l'acheteur. Cela signifie que, si la chose périt dans l'intervalle qui sépare le contrat de la livraison, l'acheteur n'en devra pas moins payer son prix, quoiqu'il ne puisse plus avoir la chose.

La théorie du Code en matière de risques ne peut donner lieu à aucune objection. Et en effet, du moment où l'acheteur devient propriétaire par le seul consentement, et avant toute livraison de la chose, il est naturel que cette chose, qui est désormais sienne, périsse pour son compte. Mais nous devons dire que cet effet de la vente est indépendant de la translation de la propriété, car à Rome, où la vente ne produisait que des obligations, les risques étaient aussi à la charge de l'acheteur. Un tel résultat, qui a été si vivement contesté

par plusieurs jurisconsultes anciens, peut se justifier de deux
manières. D'abord l'acheteur profiterait des améliorations,
et il est juste qu'il supporte les détériorations. On objecte
qu'aucune amélioration ne peut correspondre à la perte totale, et que la chose vendue a souvent plus de chances de
perdre que de gagner. Mais cette manière de raisonner
n'est pas exacte ; car, si la chose double de valeur, la différence
en plus pour l'acheteur est égale à la différence qui existerait
en moins si elle avait totalement péri. Puis, lorsque la chose
doit plutôt perdre que gagner, le prix aura été fixé en conséquence.

Au point de vue rationnel, il est encore possible de justifier cette solution. En effet, toute obligation doit avoir un
objet pour subsister. Or, l'obligation du vendeur, ayant pour
objet un corps certain, peut périr avec lui ; mais celle de
l'acheteur, ayant pour objet un genre, ne peut périr, puisque
les genres ne périssent point. Dès lors, celui-ci devra payer le
prix, quoique le vendeur ne puisse plus lui livrer la chose.

Nous venons d'exposer le droit commun en fait de risques.
Il est loisible aux parties de le modifier et de dire, par exemple, que les risques resteront pour le vendeur jusqu'à la livraison de la chose, en telle sorte que l'acheteur ne sera pas
tenu de payer le prix, si la chose ne peut plus lui être livrée.
Dans tous les cas le vendeur qui est en faute, ou en demeure
de livrer, supporte les risques, et rien n'est plus juste, puisque sans sa faute la chose n'aurait point péri, et que, livrée
sans retard, elle eût peut-être été conservée par l'acheteur.

Caractères NATURELS *et* ACCESSOIRES *de la vente. Ses modalités.* — Les caractères *naturels* de la vente sont ceux
qui lui appartiennent de droit, mais qui en peuvent disparaître en vertu d'une convention spéciale. Telles sont l'obligation de garantie dont le vendeur est tenu envers l'acheteur, et l'obligation de payer les frais et loyaux coûts du
contrat dont l'acheteur est tenu envers le vendeur.

Les caractères *accessoires* de la vente sont ceux qui ne

lui appartiennent pas de droit, mais peuvent lui être attribués par une convention spéciale. Ainsi la vente est, de droit, présumée faite purement et simplement. Mais les parties peuvent la soumettre à certaines *modalités*, par exemple, dire qu'elle sera à terme ou sous condition. Ce sont là autant de caractères accessoires de la vente qui ne peuvent résulter que d'une convention formelle.

Vente des GENRES. — Lorsqu'un genre a été vendu, ni la propriété ni les risques ne passent à l'acheteur avant que la chose ait été déterminée, c'est-à-dire pesée, comptée ou mesurée. Cependant, si des denrées ont été vendues en bloc, il en est autrement, par la raison que les choses prises en bloc forment une individualité parfaitement déterminée au moment du contrat, et qu'au fond, il y a vente, non d'un genre, mais d'un corps certain. Ainsi, quand je vous vends pour 1000 francs tout le vin qui est dans ma cave, la propriété et les risques de la chose vendue sont à votre compte dès l'instant du contrat, car cette chose étant aussi nettement déterminée que le serait tel ou tel tonneau de vin, forme une véritable individualité et en quelque sorte un corps certain.

Que décider, dans le cas où la vente a pour objet une masse non individuelle, à prendre dans une masse individuelle ; par exemple, dix hectolitres de blé, à prendre dans un grenier ? La propriété et les risques passent-ils dès le moment de la vente à l'acheteur ? Nous pensons d'abord que la propriété n'est pas transmise, car on ne devient propriétaire que des objets individuellement déterminés, et ici on ne peut pas dire que ce soient tels hectolitres plutôt que tels autres hectolitres qui aient fait l'objet de la vente. Quant aux risques, ils seront en principe pour le vendeur, en ce sens que, tant qu'il restera dix hectolitres de blé dans son grenier, il devra les livrer à l'acheteur. Mais il est incontestable que, si toute la masse individuelle périssait, la perte retomberait sur l'acheteur ; car il est certain, dans ce cas, que la chose achetée a péri.

Vente des choses que l'on est DANS L'USAGE DE GOUTER *avant d'en faire l'achat.* — Cette vente n'est parfaite que lorsque les denrées ont été goûtées et agréées. D'après certains auteurs, cependant, le vendeur serait lié même avant cette opération, quoique l'acheteur ne le fût pas encore. Mais l'article 1587 déclare qu'il *n'y a pas de vente*, et il semble avoir abrogé la première théorie, qui était celle de Pothier. On doit donc, en principe, décider que jusqu'à la dégustation il n'y a que des *pourparlers* de vente, et que le vendeur n'est pas plus lié que l'acheteur. Le lien de droit ne se formera qu'après la dégustation.

Au surplus, la solution de la difficulté nous paraît subordonnée à une distinction : Quand les denrées sont destinées à la propre consommation de l'acheteur, il est nécessaire que celui-ci les goûte et les agrée, ainsi que nous venons de l'expliquer. Mais, quand elles sont destinées au commerce, il suffit, pour que la vente existe, que la marchandise soit bonne et loyale. Cette solution répond seule à l'intention des parties, et le marchand auquel le vendeur offrirait livraison de denrées loyales et marchandes, ne serait certainement pas recevable à dire que la vente n'existe pas, parce qu'il ne les aurait pas goûtées et agréées.

Des ventes à L'ESSAI. — On appelle ainsi les ventes dans lesquelles l'acheteur se réserve la faculté d'essayer la chose qui fait l'objet du contrat. L'essai que l'acheteur doit faire constitue pour lui une condition potestative. Tant qu'il n'a point fait cet essai et agréé la chose, il est libre de tout engagement. Les risques restent au vendeur, et, à moins de clause contraire, ils ne passent à la charge de l'acheteur, qu'à partir de la perfection de la vente, c'est-à-dire à partir du moment où il a agréé la chose vendue.

Des PROMESSES *de vendre et d'acheter.* — Les promesses de vendre et d'acheter peuvent être *synallagmatiques* ou *unilatérales*. Elles produisent alors des effets très-différents. Nous allons examiner successivement ces deux sortes de promesses.

Les promesses sont dites *synallagmatiques* lorsque l'un promet de vendre, et que l'autre promet d'acheter. Dans ce cas, l'art. 1589 déclare que la *promesse de vente vaut vente*. Quel est le sens de cette disposition ?

Selon les uns, la règle du Code signifie simplement que, s'il y a doute, les tribunaux devront voir dans les promesses réciproques de vendre et d'acheter un véritable consentement donné dès à present par les parties, en telle sorte qu'au lieu d'interpréter le contrat en ce sens que la vente devrait être plus tard réalisée, ils devront l'interpréter en ce sens que la vente est *hic et nunc* accomplie. Les effets de ces promesses réciproques seraient dès lors les mêmes que ceux de la vente, puisque les parties ont réellement voulu faire une vente. Dans un cas seulement, de telles promesses devraient être prises avec leur sens grammatical, c'est lorsque les parties auraient formellement renvoyé à une époque ultérieure la réalisation du contrat.

Dans une seconde opinion, la règle que la *promesse de vente vaut vente* ne serait pas seulement une règle d'interprétation de la volonté des parties. Elle aurait encore pour but de mettre un terme à des discussions qui divisaient les anciens auteurs, dont les uns voulaient qu'à défaut de réalisation de la promesse de vendre, l'acheteur ne pût demander que des dommages-intérêts, comme cela arrive dans les obligations de faire qui ne sont pas exécutées ; tandis que les autres voulaient que l'acheteur pût obtenir contre le vendeur qui ne réalisait pas sa promesse un jugement lui tenant lieu d'acte de vente, jugement au moyen duquel il se faisait mettre en possession de la chose que le vendeur lui refusait. Le Code aurait dans l'art. 1589 donné raison au second système, et, de plus, il aurait dispensé l'acheteur d'obtenir un jugement, la loi convertissant elle-même, *de plano*, en titre définitif la promesse de vente qui lui avait été faite par la partie adverse.

A notre avis, la formule énergique de l'art. 1589 : que

la *promesse de vente vaut vente,* doit avoir le double effet qui lui est assigné par les deux opinions que nous venons d'exposer. Quand les parties auront échangé leurs promesses respectives, on devra donc les regarder, à moins de clause contraire, comme ayant fait une vente ferme ; et cette vente ferme produira de plein droit les mêmes effets que la vente faite dans les termes du droit commun. Ainsi, dès l'instant même de la promesse, la chose que l'un aura promis de vendre et l'autre d'acheter deviendra, si elle est un corps certain, la propriété de l'acheteur, elle sera à ses risques et périls ; en un mot, on appliquera aux promesses réciproques dont il s'agit tous les effets d'une vente actuelle, faite dans les termes ordinaires [1].

Si en fait les parties ont clairement manifesté leur intention de ne pas faire une vente actuelle, le contrat sera suspendu jusqu'à la réalisation de l'acte qu'elles auront déclaré nécessaire à sa perfection, et alors, si l'une des parties refuse de remplir sa promesse, l'autre aura le droit de prendre contre elle un jugement qui lui vaudra titre de vente. Mais les effets du contrat au point de vue du transfert de la propriété et des risques dateront du jugement, puisque jusque-là il n'y avait ni contrat ni équivalent du contrat.

Passons à la promesse *unilatérale.* On appelle ainsi la promesse que l'un fait de vendre ou d'acheter, sans que l'autre promette d'acheter ou de vendre. Cette promesse est-elle valable ? L'affirmative nous paraît certaine. Rien n'empêche le propriétaire d'une chose de s'engager dès à présent à la vendre à une autre personne, si celle-ci consent plus tard à l'acheter. Une telle vente sera conditionnelle ; elle restera subordonnée à la volonté de l'acheteur. L'art. 1174 prohibe bien, il est vrai, les conditions purement potestatives de la part du débiteur, mais il ne les prohibe pas de la part du créancier, et ici l'acheteur est le créancier éventuel de la

---

[1] Aubry et Rau, p. 228, note 6.

chose vendue. L'engagement actuel et ferme que prend le
vendeur est donc valable. Seulement, comme le contrat n'acquerra sa perfection que par le consentement de l'acheteur,
la propriété et les risques ne passeront à ce dernier qu'au
moment où il déclarera se rendre acheteur. Selon plusieurs
auteurs, l'effet de ce consentement rétroagira au jour de la
promesse du vendeur, comme toute condition suspensive
accomplie, et dès lors tous les actes d'aliénations ou constitutifs de droits réels que le vendeur aurait consentis à des
tiers, *pendente conditione*, devront être anéantis. Mais nous
ne pensons pas que cette rétroactivité soit admissible, car
jusqu'à l'acceptation de l'acheteur il n'y a qu'un projet de
contrat et non un contrat effectif. Or un contrat projeté ne
peut pas produire les mêmes effets qu'un contrat rea-
lisé [1].

Quand les parties n'ont pas fixé le délai pendant lequel
l'acheteur pourra délibérer sur le parti qu'il prendra, le vendeur a évidemment le droit de le faire fixer par la justice,
et ce délai passé sans que l'acheteur ait conclu la vente, le
vendeur sera dégagé de son obligation.

Ce que nous venons de dire du vendeur qui a pris l'engagement actuel de vendre envers une personne qui n'a
pas encore pris celui d'acheter, est évidemment applicable
à l'acheteur qui prendrait l'engagement actuel d'acheter
envers une personne qui ne prendrait pas encore l'engagement de vendre.

Des ARRHES. — Les arrhes consistent dans une somme
remise par l'acheteur au vendeur. D'après Gaïus, elles
étaient une preuve du contrat, et aucune des parties ne
pouvait s'en dédire. Justinien leur donna un caractère
opposé, et chacune des parties pouvait se dédire, l'acheteur
en les perdant, le vendeur en restituant le double.

Sous l'empire du Code, il faut distinguer si les parties ont

[1] Marcadé, art. 1589, n° 3. — Aubry et Rau, p. 229.

déclaré *vendre* et *acheter*, ou bien *promettre* de vendre et
d'acheter. Dans la première hypothèse, les arrhes sont cou-
sidérées comme la consécration de la vente dont aucune des
parties ne peut désormais se dédire. Dans la seconde, au contraire, elles sont considérées comme impliquant la faculté de
se dédire (art. 1590). Au surplus, il faut avant tout consulter
l'intention des parties, et, dans certains cas, le juge pourra
décider que cette faculté n'existe pas là où elle est habituellement présumée, et réciproquement.

Du PRIX. — Le prix, qui est toujours en argent, peut être
fixé soit par les parties elles-mêmes, ce qui est le cas le plus
fréquent, soit par un tiers auquel elles donnent mandat à cet
effet. Dans ce dernier cas, la vente est essentiellement subordonnée à la fixation du prix par le tiers, et si celui-ci meurt
avant de s'être prononcé, le contrat ne pourra plus se former,
puisque la condition dont il dépendait ne peut plus s'accomplir.

Que décider si les parties ont remis la fixation du prix à
des arbitres qu'elles se réservent de nommer ultérieurement?
Dans une première opinion, la vente serait nulle, parce que
chacune des parties peut, en refusant de nommer des arbitres, empêcher la formation du contrat. Dès lors, la partie
qui refuserait de procéder à cette nomination ne pourrait
être poursuivie qu'à fin de dommages-intérêts, pour inaccomplissement du fait qu'elle avait promis. Mais nous pensons qu'en pareil cas, la partie adverse aurait le droit de faire
nommer les arbitres par justice, et la possibilité d'atteindre
ainsi l'objet même du contrat. Dans les obligations de faire,
on ne peut en général obtenir que des dommages-intérêts
contre le débiteur récalcitrant, parce que le fait lui est presque toujours personnel, et ne peut être exécuté par autrui.
Mais ici rien n'empêche les tribunaux d'accomplir le fait aux
lieu et place du débiteur, et de nommer des arbitres comme
lui-même les aurait nommés. Une fois le prix fixé par ces
arbitres, l'acheteur se fera délivrer la chose qui lui avait été

vendue, et il ne sera pas réduit à de simples dommages-intérêts [1].

Si le prix fixé par les parties était fictif, c'est-à-dire que ce prix ne dût pas être payé, le contrat ne serait plus une vente, mais une donation déguisée. Nous nous sommes expliqué (t. II, p. 249), sur le mérite de ces donations.

Des FRAIS *d'acte.* — Ces frais comprennent les honoraires du notaire, le prix du papier timbré et les droits de mutation.

Les frais d'acte sont à la charge de l'acheteur, sauf convention contraire, parce que, grâce à ces frais, il peut se procurer le titre sur lequel son droit de propriété repose. Le législateur a d'ailleurs pensé que le payement des frais serait moins sensible à l'acheteur qu'au vendeur, et cependant il est certain que, si l'acheteur les paye, c'est le vendeur qui les supporte, puisque le prix de la chose est déprimé d'autant. Quelquefois les parties conviennent que l'acheteur payera son prix, *contrat en main.* Dans ce cas tous les frais concernent le vendeur qui doit les prélever sur le prix stipulé.

On discute la question de savoir si les frais de purge des hypothèques sont à la charge du vendeur qui doit livrer la paisible possession de l'immeuble, ou de l'acheteur qui au moyen de ces frais s'affranchira de toutes les charges hypothécaires qui le grèvent. Nous inclinons à penser qu'ils sont à la charge de l'acheteur, parce qu'ils sont faits en vue de sa libération totale par le payement qu'il fera du prix convenu, et qu'en principe, les frais nécessaires à l'extinction d'une dette, et à la sécurité du payement effectué, regardent seulement le débiteur [2].

---

[1] Marcadé, art. 1592. — Aubry et Rau, t. III, § 349, p. 232, note 22.
[2] Marcadé, art. 1593. — Troplong, t. I, n° 164.

CHAPITRE II

QUI PEUT ACHETER OU VENDRE.

ART. 1594. Tous ceux auxquels la loi ne l'interdit pas peuvent acheter ou vendre.

1595. Le contrat de vente ne peut avoir lieu entre époux que dans les trois cas suivants : — 1° celui où l'un des deux époux cède des biens à l'autre, séparé judiciairement d'avec lui, en payement de ses droits ; — 2° celui où la cession que le mari fait à sa femme, même non séparée, a une cause légitime, telle que le remploi de ses immeubles aliénés, ou de deniers à elle appartenant, si ces immeubles ou deniers ne tombent pas en communauté ; — 3° celui où la femme cède des biens à son mari en payement d'une somme qu'elle lui aurait promise en dot, et lorsqu'il y a exclusion de communauté. — Sauf, dans ces trois cas, les droits des héritiers des parties contractantes, s'il y a avantage indirect.

1596. Ne peuvent se rendre adjudicataires, sous peine de nullité, ni par eux-mêmes ni par personnes interposées. — Les tuteurs, des biens de ceux dont ils ont la tutelle. — Les mandataires, des biens qu'ils sont chargés de vendre. — Les administrateurs, de ceux des communes ou des établissements publics confiés à leurs soins. — Les officiers publics, des biens nationaux dont les ventes se font par leur ministère.

1597. Les juges, leurs suppléants, les magistrats remplissant le ministère public, les greffiers, huissiers, avoués, défenseurs officieux et notaires, ne peuvent devenir cessionnaires des procès, droits et actions litigieux qui sont de la compétence du tribunal dans le ressort duquel ils exercent leurs fonctions, à peine de nullité, et des dépens, dommages et intérêts.

Observation. — Toute personne peut acheter ou vendre, excepté celles que la loi en déclare incapables. A cet égard, il y a des incapacités générales, comme celles des mineurs, interdits, femmes mariées, etc. ; et des incapacités spéciales, comme celles qui suivent :

I. *Prohibition de la* VENTE ENTRE ÉPOUX. — Le Code prohibe la vente entre époux dans le but d'empêcher qu'ils n'éludent la disposition de l'article 1096 aux termes de laquelle ils ne peuvent pas se faire des donations irrévocables. En effet, s'ils avaient la faculté de se faire des ventes, rien ne leur serait plus facile que de déguiser sous l'apparence de ces ventes de véritables libéralités, que la cupidité de l'un arracherait à la faiblesse de l'autre. Or, comme les contrats à titre onéreux sont de leur nature essentiellement irrévocables, de telles libéralités ne pourraient pas être reprises par l'époux en apparence vendeur et en réalité donateur, quels que fussent d'ailleurs ses besoins personnels ou l'ingratitude de son conjoint donataire.

Exceptionnellement, le Code permet la vente entre époux dans trois cas, où elle facilite la liquidation et le payement des droits que l'un des époux peut avoir à exercer contre l'autre. Aux termes de l'art. 1595 ces trois cas sont :

1° Celui où l'un des époux cède des biens à l'autre, *séparé judiciairement d'avec lui,* en payement de ses droits. Ainsi lorsque, par suite de la liquidation de ses reprises, la femme se trouve créancière de son mari d'une somme de 10,000 fr., par exemple, le mari débiteur peut lui donner en payement un de ses immeubles valant cette somme. Pareillement, si le mari se trouvait créancier de la femme, celle-ci pourrait se libérer en lui cédant un bien personnel d'une valeur égale au montant de sa dette. Mais le plus souvent la dette existe de la part du mari envers la femme, car c'est précisément sa mauvaise administration qui a motivé la séparation de biens judiciaire.

2° La vente est permise dans le cas où la cession que le mari fait à sa femme, même non séparée, a *une cause légitime* telle que le remploi de ses immeubles aliénés, ou de deniers qui lui appartiennent en propre. Il serait en effet bien rigoureux, et quelquefois fort contraire à l'intérêt des deux époux, que la femme créancière ne pût pas être payée avec un bien de son mari, lorsque ce bien est à sa convenance. Prohiber une telle opération serait souvent obliger les époux à faire une vente simulée à un tiers, à l'égard duquel la femme exercerait un rachat qui ne tomberait sous le coup d'aucune prohibition. Il est préférable que le bien puisse arriver *de plano* entre les mains de la femme, d'où il retournera plus tard aux enfants communs.

Toutes les fois que le mari est débiteur de la femme, il y a une *cause légitime* de vente, et l'abandon qu'il lui fait d'un bien personnel pour la désintéresser est valable.

Si la femme non séparée, au lieu d'être créancière de son mari, devient sa débitrice, pourra-t-elle aussi se libérer envers lui par la cession de l'un de ses biens personnels? La logique et le principe de réciprocité le voudraient. Mais l'article ne prévoit pas cette hypothèse, et comme les exceptions ne peuvent pas être arbitrairement étendues, on doit décider la négative. La prohibition de vente recevra donc dans ce cas son application.

3° Enfin, la vente entre époux est permise dans le cas où la femme cède des biens à son mari en payement d'une somme qu'elle lui avait promise en dot, et lorsqu'il *y a exclusion de communauté* (art. 1595 3°). Quelle est l'hypothèse prévue par notre alinéa? Dans une première opinion, la vente dont il s'agit pourrait avoir lieu sous tous les régimes autres que celui de la communauté. Ainsi sous les régimes sans communauté, de séparation de biens et dotal, la femme qui aurait promis une somme d'argent à son mari pourrait lui céder en payement un de ses immeubles.

Une telle interprétation des mots *lorsqu'il y a exclusion de communauté* ne nous paraît guère admissible. En effet, sous le régime sans communauté, le mari a déjà l'usufruit de tous les biens de la femme et celle-ci ne pourrait lui donner en payement qu'une nue propriété. L'avantage qu'aurait le mari à acquérir cette nue propriété serait le plus souvent nul, et ce n'est pas en vue d'un tel résultat que l'exception du Code a dû être établie. Sous le régime de séparation de biens, la femme ne promet en général aucune somme en dot à son mari, auquel elle devra simplement le tiers de ses revenus pour l'entretien du ménage, et ce n'est pas encore là notre hypothèse. Pour trouver l'application de la disposition exceptionnelle que nous étudions, il faut supposer que les époux sont mariés sous le régime *dotal*, que la femme a promis à son mari une somme qui devait devenir dotale, et que, n'ayant pas la somme, elle lui abandonne en payement un bien qu'elle s'était réservé paraphernal. Nous supposons que la femme s'est réservé des paraphernaux, car si tous ses biens étaient dotaux, le mari en aurait l'usufruit comme sous le régime sans communauté, et elle ne pourrait lui céder qu'une nue propriété, ce qui enlèverait à la *datio in solutum* presque tout intérêt.

Le 3e alinéa de l'art. 1595, interprété comme nous venons de le faire, a un sens plausible, et il recevra une application assez fréquente. Quant à la formule : *lorsqu'il y a exclusion de communauté,* employée pour désigner le régime dotal, elle n'a rien qui doive surprendre, car elle était fort usitée parmi les jurisconsultes des pays de coutumes, et il n'est pas étonnant que le Code l'ait reproduite.

Les trois cas que nous venons d'examiner appellent une observation commune. A vrai dire, ce ne sont point des cas de véritable vente consentie par un époux à l'autre, mais des cas de *datio in solutum.* En d'autres termes, la loi suppose que l'un des époux est créancier de l'autre, et qu'au lieu de recevoir en payement une somme d'argent, il est payé par l'abandon d'un immeuble que lui fait son conjoint débiteur. Comment le Code a-t-il été conduit à qualifier de vente ces dations en payement? La raison en est, sans doute, que les deux opérations dont il s'agit ont ensemble la plus grande analogie. Et, en effet, l'époux créancier d'une somme d'argent qui reçoit un immeuble en payement est dans la condition d'un acheteur qui aurait payé son prix d'avance, et l'on comprend que la loi ait assimilé ces deux opérations. Cependant il ne faut pas pousser plus loin l'analogie. Supposons en effet que ce soit la femme qui ait reçu du mari un immeuble en

payement : il n'est pas douteux que, si elle est évincée, elle
pourra exercer son recours par son action primitive qu'elle
avait en sa qualité de femme mariée, action qui est sanction-
née par une hypothèque légale (art. 2121), et non par l'action ordinaire de garantie qui appartient à l'acheteur, laquelle est purement chirographaire. Elle n'avait abandonné
sa créance que pour devenir propriétaire de l'immeuble : ne
l'étant pas devenue, elle rentre dans cette créance telle qu'elle
était à l'origine. D'autre part et par contre, elle ne pourra
recouvrer que le montant de sa créance originaire, lors même
que l'immeuble dont elle est évincée aurait doublé de valeur,
tandis qu'un acheteur ordinaire serait indemnisé de la plus
value (art. 1650). Ainsi qu'on le voit, il y a un intérêt sérieux
à ne pas étendre l'assimilation entre la vente et la *datio in
solutum* au delà des limites même que le Code a tracées.

La *datio in solutum* faite dans les trois cas dont nous
venons de parler a, comme nous l'avons dit, sa raison d'être
générale. Néanmoins les époux pourraient avoir déguisé sous
cette forme une véritable libéralité, par exemple en exagérant
la valeur de l'immeuble donné en payement. Ainsi, quand
la femme est créancière de 100, et que le mari lui abandonne
un immeuble de 150, il y a contrat à titre onéreux jusqu'à
concurrence de 100, et libéralité jusqu'à concurrence de 50.
Aux termes de l'article 1595 *in fine*, les héritiers des parties
contractantes peuvent critiquer un tel avantage. Mais l'article ne dit ni quels sont ces héritiers, ni quelle est l'action qui
leur appartient, ni si l'époux lui-même n'aurait pas le droit
de revenir sur sa donation. Examinons rapidement ces diverses questions.

Selon certains auteurs, les seuls héritiers pouvant agir sont
les héritiers à réserve, et l'action qui leur appartient n'est
point l'action en nullité, mais l'action en réduction. Ainsi, dans
l'exemple précité, les héritiers à réserve du mari n'auraient
pas le droit de critiquer la libéralité de 50 faite par lui à sa
femme, si sa quotité disponible était égale ou supérieure à 50.

Cette opinion doit, selon nous, être rejetée. D'abord l'article 1595 *in fine* parle des héritiers en général, et non pas seulement des héritiers à réserve. Puis, il est de principe que les époux ne peuvent pas se faire des libéralités irrévocables, et une libéralité déguisée sous la forme d'un acte à titre onéreux est, en fait, irrévocable. On objecterait en vain que la jurisprudence valide les donations ainsi déguisées ; et en effet il ne s'agit pas ici d'une question de forme, mais bien d'une question de *capacité*. Les époux sont *incapables* de se faire des libéralités déguisées, puisque ce déguisement même leur enlève le caractère essentiel de la révocabilité. La donation dont il s'agit est donc nulle pour la totalité, et dès lors tous les héritiers, sans distinction, de l'époux donateur, auront le droit de demander cette nullité.

Le même droit appartient-il à l'époux donateur? Nous le pensons. L'article 1595 ne parle, il est vrai, que des *héritiers* de la partie, mais c'est qu'il suppose que la partie elle-même n'ira point demander la nullité de l'avantage qu'elle a consenti. Si en fait elle veut la demander, nous ne voyons aucune raison qui l'en empêche, le droit commun permettant à tout incapable de provoquer la nullité des actes qu'il a faits en dehors des cas où la loi l'autorise exceptionnellement à contracter.

Que décider quand la vente ou *datio in solutum* intervenue entre l'un des époux et son conjoint ne rentre dans aucune des hypothèses où la loi la permet? A notre avis, l'acte est toujours nul, par la raison que, si les époux ont entendu faire une vente sérieuse, ils ne l'ont pas pu à cause de la prohibition générale de vente qui existe de l'un à l'autre; et que, s'ils ont voulu déguiser sous cette forme une libéralité, ils ne l'ont pas pu davantage, ainsi que nous venons de l'expliquer.

Dans les cas où la vente ou *datio in solutum* entre époux est nulle, cette nullité n'est point radicale. Le contrat est affecté d'un vice qui le rend simplement annulable, et la nullité devra en être demandée dans les dix ans qui suivront la dissolution du mariage (art. 1304 et 2253), conformément au droit commun en pareille matière.

II. *Prohibition de vente à l'égard des* TUTEURS, MANDATAIRES, ADMINISTRATEURS *et* OFFICIERS PUBLICS. — L'article 1596 déclare incapables de se rendre adjudicataires tous ceux qui sont chargés d'effectuer les ventes ou d'en faire monter le prix aux enchères publiques. La raison de ces prohibitions et de la nullité qui en découle se comprend d'elle-même. La loi n'a pas voulu placer les personnes entre leur devoir et leur intérêt. Du moment que leur devoir est de poursuivre la vente, ou de faire monter le plus possible le prix d'adjudication, il ne faut pas qu'elles aient intérêt comme enchérisseurs à déprécier les biens vendus, et à déprimer par des manœuvres quelconques le prix d'adjudication.

On admet en général que la défense faite par la loi au tuteur de se rendre acquéreur des biens du mineur, ne s'applique pas au cas de licitation de biens indivis entre celui-ci et son tuteur [1].

L'article ne parle pas d. subrogé tuteur. Pourra-t-il se porter adjudicataire? Oui, dans le cas de vente forcée, faite à la requête des créanciers du mineur, car, d'un côté, il n'est pas écarté par le texte, et, de l'autre, il n'est point partie active à la vente [2]. Non, dans le cas de vente volontaire, car alors il surveille le tuteur, et l'esprit de la loi est évidemment de lui appliquer une prohibition qui le soustraira aux tentations de son intérêt et ne le laissera qu'en face de son devoir.

Quant au curateur, on ne peut pas faire la même distinction. Que la vente soit poursuivie à la requête des créanciers ou qu'elle soit volontaire, le curateur doit toujours assister le mineur émancipé, compléter sa personne, et jouer un rôle

---

[1] Valette, *Expl. du Cod. Nap.*, p. 237, note 2. — Demolombe, t. VII, n° 754.

[2] Marcadé, art. 1596, n° 1. — Aubry et Rau, t. I, § 117, p. 430.

actif dans toutes les opérations de la vente. Dès lors il nous paraît nécessaire de lui appliquer la prohibition de l'article 1596. Si le texte de la loi est muet, son esprit est évident, et commande cette extension de la prohibition au curateur.

L'article 1597 déclare enfin nulles les cessions de procès, droits et actions litigieux faites à certains fonctionnaires ou officiers ministériels exerçant dans le ressort du Tribunal ou de la Cour qui doit juger la contestation. Nous expliquerons cet article au chapitre du *Transport des créances*.

CHAPITRE III

DES CHOSES QUI PEUVENT ÊTRE VENDUES.

ART. 1598. Tout ce qui est dans le commerce peut être vendu, lorsque des lois particulières n'en ont pas prohibé l'aliénation.

1599. La vente de la chose d'autrui est nulle : elle peut donner lieu à des dommages-intérêts lorsque l'acheteur a ignoré que la chose fût à autrui.

1600. On ne peut vendre la succession d'une personne vivante, même de son consentement.

1601. Si, au moment de la vente, la chose vendue était périe en totalité, la vente serait nulle. — Si une partie seulement de la chose est périe, il est au choix de l'acquéreur d'abandonner la vente, ou de demander la partie conservée, en faisant déterminer le prix par la ventilation.

Des choses qui PEUVENT *ou ne* PEUVENT PAS *être vendues.* — En principe tout ce qui est dans le commerce peut être vendu, à moins, ajoute l'article 1598, que des lois particulières n'en aient prohibé l'aliénation. Nous savons déjà que toutes les choses sont dans le commerce, sauf exception. Et la vente peut avoir pour objet non-seulement la propriété de ces différentes choses, mais encore tous les démembrements de la propriété qui sont reconnus par notre législation. Ainsi on

peut vendre un droit d'usufruit, d'usage, d'habitation, de
servitude, tout comme la pleine propriété. On peut vendre
un genre, par exemple, telle quantité de blé, de vin ; ou un
corps certain, par exemple, telle maison, telle ferme. En un
mot, la liberté des conventions est la règle au point de vue
des choses qui en sont l'objet, comme au point de vue de
la nature des engagements que les parties peuvent contracter.

Il nous reste à signaler les principales choses dont la loi a
exceptionnellement prohibé l'aliénation. Sont hors du commerce :

1° Les *biens du domaine public*, que ce domaine public soit
celui de l'État, des départements ou des communes. Ainsi les
routes impériales et départementales, les chemins vicinaux,
les places publiques, les forteresses, etc..., ne peuvent pas
être aliénés. Cette aliénation ne deviendrait possible que si
l'autorité compétente, changeant leur destination, les repla-
çait sous l'empire du droit commun ;

2° Les choses dont l'État s'est réservé le *monopole*, soit
dans un but de sécurité publique, comme la poudre, les
armes de guerre, les poisons ; soit dans un but de fiscalité,
comme le tabac, le papier timbré ;

3° Les blés *en vert* et pendants par racines, car la loi du
6 messidor an III, qui formulait cette prohibition déjà édictée
sous l'ancien régime, n'a jamais été abrogée [1]. La prohibition
dont il s'agit avait un double but : empêcher l'accaparement
des grains, et protéger la détresse des cultivateurs contre
l'appât d'un prix de vente prématurée qui n'aurait pas été
suffisamment rémunérateur. Son application est devenue fort
rare, et, sous un régime de liberté commerciale, il n'est pas
douteux qu'elle ne tombe rapidement en désuétude ;

4° Les *pensions alimentaires* accordées par justice, par
application des articles 205 et suiv. du Code Napoléon, car,

---

[1] Marcadé, art. 1598, n° 3. — Coin-Delisle, *Rev. crit.*, t. XV, p. 17.

si le créancier de la pension pouvait la céder, il se priverait des aliments que la loi a voulu lui assurer ;

5° Les *fonctions publiques*, parce que, à raison de leur nature, et malgré la délégation qui en est faite, elles résident *toujours* dans la main du souverain. Et même pour les offices ministériels, dont la transmission à prix d'argent est admise par le gouvernement, la vente n'a pas précisément l'*office* pour objet, mais la démission que donne le titulaire et la *présentation* qu'il fait de son successeur à l'agrément de l'autorité.

De la vente des CHOSES FUTURES. — Les choses futures et qui n'ont pas d'existence actuelle peuvent-elles être vendues? L'affirmative n'est pas douteuse : seulement il s'agira d'interpréter l'intention des parties, pour savoir si dès à présent elles se sont ou non définitivement liées. Ont-elles entendu ne faire le contrat que si la chose se réalisait ? Alors la vente sera subordonnée à cette réalisation qui constituera une véritable condition suspensive. Ont-elles au contraire entendu contracter à tout événement ? Alors la vente sera valable, lors même que la chose n'existerait jamais, car la vente n'a pas eu pour objet la chose elle-même, mais la *chance* que cette chose existât. Un exemple montrera l'exactitude de cette distinction. Le propriétaire d'une vigne vend la récolte de l'an prochain, à raison de tel prix par tonneau de vin récolté. Il est bien évident que, dans ce cas, les parties ont eu en vue la récolte elle-même, et, que si cette récolte n'existe pas, la vente est nulle faute d'objet. Mais si elles sont convenues que la vente de la récolte a lieu pour tel prix et à forfait, alors la vente a pour objet, non plus la récolte, mais la *chance* de la récolte, qui peut avoir, selon les circonstances, une valeur très-supérieure ou très-inférieure au prix stipulé, et cette vente est valable lors même que la récolte serait tout à fait nulle. L'importance du prix sera l'élément principal qu'on devra consulter pour savoir si les parties ont voulu faire un contrat commutatif ou un contrat purement aléatoire.

Parmi les choses futures, il en est une dont l'article 1600 prohibe formellement la vente : c'est la succession d'une personne encore vivante. On a voulu expliquer cette prohibition en disant qu'un tel contrat impliquerait nécessairement de la part de l'acheteur le *votum mortis*. Mais cette raison n'est pas suffisante, car le *votum mortis* n'empêche pas d'établir des droits d'usufruit ou des rentes viagères, et cependant le nu-propriétaire de la chose ou le débiteur de la rente n'a pas moins d'intérêt à la mort de l'usufruitier ou du crédi-rentier, que l'acheteur dont il s'agit n'en aurait à la mort de la personne dont il doit recueillir la succession. Le vrai motif, c'est que le trafic d'une succession non ouverte présente quelque chose de blessant et que nos mœurs repoussent. La nullité existerait, lors même que la personne dont la succession formait l'objet du contrat y aurait consenti. Il en était autrement en droit romain.

Quand les parties ont contracté, non plus en vue d'une chose future, mais en vue d'une chose actuellement existante, la vente ne peut plus avoir un caractère aléatoire, et si en fait la chose était totalement périe au moment du contrat, la vente serait nulle comme manquant d'objet (art. 1601). Si la perte de la chose n'était que partielle, il ne serait plus vrai de dire que le contrat manque absolument d'objet, et il n'y aurait pas nullité. Mais comme l'acheteur n'aurait peut-être pas contracté s'il avait su qu'une partie de la chose avait péri, et que dans tous les cas il ne se serait pas engagé à payer tout le prix, puisque le vendeur ne pouvait pas lui livrer toute la chose, l'art. 1601 lui accorde la faculté ou d'abandonner la vente, ou de demander la partie conservée, en payant la portion du prix qui lui est afférente, laquelle sera déterminée par une ventilation.

La perte totale ou partielle survenue *après* le contrat est, nous le savons, exclusivement au compte de l'acheteur qui doit toujours pryer intégralement son prix.

Nullité de la vente de la CHOSE D'AUTRUI. — Nous avons vu

en examinant les caractères essentiels de la vente en droit français, que le vendeur est obligé de transférer à l'acheteur la propriété de la chose vendue, et que la vente de la chose d'autrui n'est plus valable aùjourd'hui comme elle l'était en droit romain. Il importe à présent d'étudier la nullité de la vente qui aurait été faite de la chose d'autrui, et de montrer toutes les conséquences qu'elle peut entraîner.

D'abord la vente de la chose d'autrui est-elle toujours et nécessairement nulle ? Certains auteurs le soutiennent parce que, selon eux, une telle vente sera quelquefois immorale, et toujours inexécutable. Elle sera immorale si les deux parties ont agi sciemment, puisqu'elles auront ainsi tenté de soustraire la chose à son véritable propriétaire ; elle sera dans tous les cas inexécutable, puisque le vendeur ne pourra pas transmettre une propriété qu'il n'a pas lui-même.

Cette manière d'envisager la vente de la chose d'autrui ne nous paraît pas fondée. Ainsi, il n'y a rien d'immoral ni d'inexécutable dans le contrat par lequel une personne vend une chose qui ne lui appartient pas, mais qu'elle a la certitude de pouvoir acquérir en temps utile, par exemple en vertu d'une promesse unilatérale de vente qui lui a été faite par le véritable propriétaire. Pourquoi un tel contrat ne serait-il pas valable puisque d'une part il n'a rien de contraire à la plus stricte probité, et que de l'autre il est susceptible d'une parfaite exécution ? Pourquoi l'acheteur pourrait-il le faire annuler, lorsqu'il a tout connu et tout accepté ? A nos yeux une telle vente est aussi valable que si elle avait eu pour objet la chose même du vendeur.

Quels sont donc les cas où la nullité de la vente de la chose d'autrui doit être prononcée ? Cette nullité existe, selon nous, dans tous les cas où l'acheteur n'est pas devenu propriétaire de la chose vendue dès le moment où il devait le devenir, c'est-à-dire dès l'instant même du contrat, à moins qu'il ait consenti à n'acquérir la chose qu'à une époque ultérieure et lorsque son vendeur l'acquerra lui-même. En bonne logi-

que et en équité, la loi aurait même dû refuser l'action en
nullité à l'acheteur toutes les fois qu'il sait qu'on lui vend la
chose d'autrui, puisqu'il est alors moralement non recevable
à reprocher au vendeur de ne pas lui avoir transféré la propriété. Mais l'art. 1599 est formel, et l'acheteur qui a simplement su qu'on lui vendait la chose d'autrui sans avoir d'ailleurs consenti à ne pas devenir actuellement propriétaire,
peut poursuivre la nullité de la vente et la restitution du prix
par lui payé. La seule différence qui existe entre lui et l'a-
cheteur victime d'une erreur est qu'il n'a pas le droit de demander des dommages-intérêts en sus de la restitution du
prix, tandis que le second acheteur a cette faculté.

Nous venons de dire que l'acheteur ne saurait prétendre
que la vente de la chose d'autrui est nulle, quand il a consenti
à ne pas devenir propriétaire dès le moment du contrat. Pourrait-il, s'il n'a pas donné ce consentement, intenter l'action en
nullité dans le cas où le vendeur, qui n'était pas propriétaire
à l'époque du contrat, l'est devenu depuis, et a par suite pu
opérer après coup la transmission de propriété qui n'avait
pas eu lieu à l'origine ? Cette question doit, à notre avis, se
résoudre par une distinction. Ou l'acheteur aura réellement
éprouvé un préjudice pour n'être pas devenu propriétaire dès
le moment de la vente, et alors il pourra sans aucun doute se
prévaloir de la nullité du contrat. Ou au contraire l'acheteur
n'aura éprouvé aucun dommage, et alors l'action doit lui être
refusée, non par la raison que la vente n'était pas nulle, mais
par la raison qu'il est sans intérêt avouable pour demander
la nullité d'un contrat où il trouve désormais toute sécurité [1].

En d'autres termes, la vente de la chose d'autrui n'est pas
à nos yeux radicalement nulle, mais simplement *annulable*,
et si l'acheteur ne peut plus être troublé ni évincé, son action cesse et la nullité s'évanouit.

Cette solution est d'autant plus juste que, si la chose avait

[1] Marcadé, art. 1599, n° 6. — Massé et Vergé, t. IV, § 680, p. 282 et
283, note 12.

augmenté de valeur, l'acheteur se garderait bien de provoquer la nullité de la vente ; et que, si elle avait diminué, il ne manquerait pas de la faire prononcer pour recouvrer tout le prix par lui payé. Il conserverait donc toujours les chances favorables, sans jamais courir les chances contraires. Enfin, les tiers qui auraient reçu de l'acheteur des droits réels d'hypothèque, de servitude ou autres sur l'immeuble seraient exposés à une lésion, s'il était insolvable, et leur légitime intérêt exige le maintien de la vente.

La jurisprudence n'a pas adopté cette théorie qui nous semble seule équitable. Elle admet que la nullité est *radicale*, et que, rien ne pouvant la couvrir, l'acheteur a le droit de la faire prononcer à toute époque par la justice, nonobstant les événements qui ont pu rendre le vendeur propriétaire depuis le contrat.

Le vendeur aura-t-il le droit de se prévaloir de la nullité dont nous parlons ? Non, en principe, puisqu'il ne peut pas se faire une arme de l'erreur qu'il a commise en vendant la chose d'autrui. Cependant s'il a été de bonne foi, et qu'au contraire l'acheteur ait su que la chose appartenait à autrui, il est certain qu'il aura le droit, en ne réclamant pas le prix ou en le restituant, de ne pas livrer la chose ou, s'il l'a livrée, d'en obtenir la restitution. Décider la question autrement serait donner une prime à la mauvaise foi de l'acheteur, et cela aux dépens de la bonne foi du vendeur, ce qui est inadmissible.

Que décider si les deux parties sont de bonne foi ? Alors aucune d'elles ne peut, selon nous, agir contre l'autre, pour imposer ou pour obtenir la livraison de la chose, car le vendeur ne peut forcer l'acheteur à prendre une chose qui ne lui appartient pas, et de son côté l'acheteur aurait mauvaise grâce et serait non recevable à demander une chose qui appartient à autrui. En cas de livraison déjà faite, le vendeur n'a point qualité pour réclamer la chose à son acheteur ; mais celui-ci peut, en provoquant la nullité du contrat, rendre la

chose qu'il a reçue et se faire restituer le prix qu'il a payé.
Dans toute hypothèse, l'acheteur de bonne foi a droit à des
dommages-intérêts, qui seront plus ou moins élevés selon
que le vendeur lui aura vendu sciemment ou par erreur la
chose d'autrui (art. 1150).

Quand les deux parties sont de mauvaise foi, aucune n'est
recevable à poursuivre l'autre, parce que nul ne peut arguer
de son propre dol pour agir. Le *statu quo* sera donc maintenu, qu'il y ait eu ou non livraison de la chose vendue.

Enfin, lorsque le vendeur seul est de mauvaise foi, l'acheteur a évidemment le choix ou de demander immédiatement
la nullité de la vente, ou de se faire délivrer la chose dans le
but de la prescrire, au cas où le véritable propriétaire n'in-
tenterait pas l'action en revendication.

Quelle est la durée de l'action en nullité ? Selon la jurisprudence, cette action est perpétuelle puisque la nullité est radicale. Le néant reste toujours le néant, et à toute époque les
parties intéressées pourront dire qu'il n'y a pas eu de vente.
Dans l'opinion que nous avons soutenue, la nullité est au
contraire temporaire, et elle se prescrit par le délai de dix ans
à dater du jour où l'acheteur a découvert le vice du contrat,
aux termes de l'art. 1304 du Code Nap. qui a fixé à dix ans
la prescription des actions en nullité ou en rescision. Sous ce
rapport, l'action en nullité est moins avantageuse pour l'acheteur que l'action en garantie, qui dure trente ans, comme
nous le verrons bientôt.

Au surplus nous reconnaîtrions à l'acheteur le droit d'agir
en nullité, lors même qu'il aurait acquis la chose par prescription, car nul ne peut être obligé d'user d'un tel moyen, et
l'acheteur serait toujours exposé à être évincé du moment
qu'il ne voudrait pas opposer la prescription au tiers revendiquant. Cette observation trouve surtout son application en
matière mobilière où la prescription acquisitive est instanta-
née quand le meuble n'a été ni perdu ni volé, tandis que l'ac-

tion en nullité du contrat dure dix ans comme dans les ventes immobilières.

CHAPITRE IV

DES OBLIGATIONS DU VENDEUR.

ART. 1602. Le vendeur est tenu d'expliquer clairement ce à quoi il s'oblige. — Toute pacte obscur ou ambigu s'interprète contre le vendeur.

1603. Il a deux obligations principales : celle de délivrer, et celle de garantir la chose qu'il vend.

Observation. — Aux termes de l'article 1602 2° les clauses obscures s'interprètent contre le vendeur parce qu'ordinairement c'est lui qui prépare et dirige la vente ; et, quand il ne ne s'est pas expliqué clairement, il ne doit s'en prendre qu'à lui-même d'être resté dans une ambiguïté qui a pu tromper l'acheteur. Ce n'est toutefois là qu'une présomption, et, s'il est prouvé que le contrat a été préparé et dirigé par l'acheteur, il faut interpréter contre celui-ci les clauses obscures dont il a été le rédacteur ou tout au moins l'inspirateur. Il eût été peut-être plus juste d'interpréter contre chacune des deux parties ce qui concerne les obligations de l'autre ; car les obligations ne se présument pas, et il est rationnel que chacun prouve celles qu'il prétend exister à son profit de la part de l'autre contractant. En d'autres termes, la vente, comme tout contrat synallagmatique, rend chaque partie créancière et débitrice, et, en tant que créancière, chacune doit être tenue de prouver toute la créance qu'elle allègue contre l'autre. Tel est le droit commun en matière de preuve, et le Code aurait dû selon nous l'appliquer ici.

Le vendeur est tenu de deux obligations principales : Il doit à son acheteur *délivrance* et *garantie*. Nous allons examiner successivement ces deux obligations.

PREMIÈRE SECTION

DISPOSITIONS GÉNÉRALES.

Art. 1604. La délivrance est le transport de la chose vendue en la puissance et possession de l'acheteur.

1605. L'obligation de délivrer les immeubles est remplie, de la part du vendeur, lorsqu'il a remis les clefs, s'il s'agit d'un bâtiment, ou lorsqu'il a remis les titres de propriété.

1606. La délivrance des effets mobiliers s'opère, — ou par la tradition réelle, — ou par la remise des clefs des bâtiments qui les contiennent, — ou même par le seul consentement des parties, si le transport ne peut pas s'en faire au moment de la vente, ou si l'acheteur les avait déjà en son pouvoir à un autre titre.

1607. La tradition des droits incorporels se fait, ou par la remise des titres, ou par l'usage que l'acquéreur en fait, du consentement du vendeur.

1608. Les frais de la délivrance sont à la charge du vendeur, et ceux de l'enlèvement à la charge de l'acheteur, s'il n'y a eu stipulation contraire.

1609. La délivrance doit se faire au lieu où était, au temps de la vente, la chose qui en fait l'objet, s'il n'en a été autrement convenu.

1610. Si le vendeur manque à faire la délivrance dans le temps convenu entre les parties, l'acquéreur pourra, à son choix, demander la résolution de la vente, ou sa mise en possession, si le retard ne vient que du fait du vendeur.

1611. Dans tous les cas, le vendeur doit être condamné aux dommages et intérêts, s'il résulte un préjudice, pour l'acquéreur, du défaut de délivrance au terme convenu.

1612. Le vendeur n'est pas tenu de délivrer la chose, si l'acheteur n'en paye pas le prix, et que le vendeur ne lui ait pas accordé un délai pour le payement.

1613. Il ne sera pas non plus obligé à la délivrance, quand même il aurait accordé un délai pour le payement, si, depuis la vente, l'acheteur est tombé en faillite ou en état de déconfiture, en sorte que le vendeur se trouve en danger imminent de perdre le prix ; à moins que l'acheteur ne lui donne caution de payer au terme.

1614. La chose doit être délivrée en l'état où elle se trouve au moment de la vente. — Depuis ce jour, tous les fruits appartiennent à l'acquéreur.

1615. L'obligation de délivrer la chose comprend ses accessoires et tout ce qui a été destiné à son usage perpétuel.

1616. Le vendeur est tenu de délivrer la contenance telle qu'elle est portée au contrat, sous les modifications ci-après exprimées.

1617. Si la vente d'un immeuble a été faite avec indication de la contenance, à raison de tant la mesure, le vendeur est obligé de délivrer à l'acquéreur, s'il l'exige, la quantité indiquée au contrat.

— Et si la chose ne lui est pas possible, ou si l'acquéreur ne l'exige pas, le vendeur est obligé de souffrir une diminution proportionnelle du prix.

1618. Si, au contraire, dans le cas de l'article précédent, il se trouve une contenance plus grande que celle exprimée au contrat, l'acquéreur a le choix de fournir le supplément du prix, ou de se désister du contrat, si l'excédant est d'un vingtième au-dessus de la contenance déclarée.

1619. Dans tous les autres cas, — soit que la vente soit faite d'un corps certain et limité ; — soit qu'elle ait pour objet des fonds distincts et séparés ; — soit qu'elle commence par la mesure, ou par la désignation de l'objet vendu suivie de la mesure ; — l'expression de cette mesure ne donne lieu à aucun supplément de prix, en faveur du vendeur, pour l'excédant de mesure ; ni, en faveur de l'acquéreur, à aucune diminution du prix pour moindre mesure, qu'autant que la différence de la mesure réelle à celle exprimée au contrat est d'une vingtième en plus ou en moins, eu égard à la valeur de la totalité des objets vendus, s'il n'y a stipulation contraire.

1620. Dans le cas où, suivant l'article précédent, il y a lieu à augmentation de prix pour excédant de mesure, l'acquéreur a le choix ou de se désister du contrat, ou de fournir le supplément du prix, et ce, avec les intérêts s'il a gardé l'immeuble.

1621. Dans tous les cas où l'acquéreur a le droit de se désister du contrat, le vendeur est tenu de lui restituer, outre le prix, s'il l'a reçu, les frais de ce contrat.

1622. L'action en supplément de prix de la part du vendeur, et celle en diminution de prix ou en résiliation du contrat de la part de l'acquéreur, doivent être intentées dans l'année, à compter du jour du contrat, à peine de déchéance.

1623. S'il a été vendu deux fonds par le même contrat, et pour un seul et même prix, avec désignation de la mesure de chacun, et qu'il se trouve moins de contenance en l'un et plus en l'autre, on fait compensation jusqu'à due concurrence ; et l'action, soit en supplément, soit en diminution du prix, n'a lieu que suivant les règles ci-dessus établies.

1624. La question de savoir sur lequel, du vendeur ou de l'acquéreur, doit tomber la perte ou la détérioration de la chose vendue avant la livraison, est jugée d'après les règles prescrites au titre *des Contrats ou des Obligations conventionnelles en général.*

De la Délivrance. — La délivrance est définie par l'article 1604 : « Le transport de la chose vendue en la puis-« sance et possession de l'acheteur. » Avant la délivrance, l'acheteur est simplement propriétaire ou créancier de la chose vendue, selon qu'elle est un corps certain ou un genre. Il n'en a pas encore la détention physique, ni la possession juridique, d'où il suit qu'il ne peut ni percevoir les fruits, ni faire des actes d'administration, ni commencer à prescrire dans le cas où la chose appartiendrait à autrui. Par la délivrance qui lui est faite, l'acheteur acquiert cette possession qui lui manquait et il complète ainsi dans sa personne les avantages et les effets du contrat qui lui a été consenti.

A Rome la délivrance avait une bien plus grande importance qu'en droit français. La vente considérée en elle-même ne produisait que des obligations, et la délivrance pouvait seule transférer la propriété de la chose vendue. Aujourd'hui la propriété des corps certains est transférée par le seul consentement des parties, et la délivrance n'en transmet à l'acheteur que la possession. Mais lorsque la chose vendue est un genre, la délivrance produit toujours les mêmes effets qu'en droit romain. Ainsi, elle détermine la chose vendue en l'individualisant, elle en transfère simultanément la propriété et la possession à l'acheteur, et enfin elle la met à ses risques et périls. Un exemple va montrer tous ces effets réunis. Supposons que la vente ait pour objet dix hectolitres de blé. Tant que le blé n'est pas livré, l'acheteur n'en est que le créancier, et la perte de la marchandise ne saurait le concerner, puisque ce ne sont pas tels ou tels hectolitres de blé, mais dix hectolitres de blé en général qui lui sont dus par le vendeur. Si la délivrance lui est faite, aussitôt il devient propriétaire et possesseur des dix hectolitres que leur individualisation a transformés en corps certain, et, s'ils viennent à périr, la perte est pour lui et non plus pour le vendeur.

COMMENT *se* FAIT *la* DÉLIVRANCE. — La délivrance est opérée toutes les fois que l'acheteur a la chose en son pouvoir, de telle sorte qu'il puisse en disposer d'une manière absolue. Pour les immeubles, il ne suffit pas qu'il reçoive les clefs ou les titres, comme le dit l'article 1605 : il faut qu'il reçoive et les clefs et les titres ; car, s'il n'avait que les clefs, il ne pourrait pas prouver aux tiers qu'il est propriétaire ; et, s'il n'avait que les titres, il ne pourrait pas pénétrer dans l'immeuble vendu. Pour que l'acheteur ait la plénitude de la possession, et que l'exercice de son droit de propriétaire ne rencontre aucune entrave, il est donc nécessaire que le vendeur lui remette à la fois les clefs et les titres. De plus, les lieux loués doivent être évacués par la personne, vendeur ou autre, qui les occupait, puisque la possession de l'acheteur ne peut véritablement commencer que quand celle de son auteur a totalement cessé.

Pour les meubles, la délivrance s'opère :

Ou par la tradition *réelle :* par exemple, si je mets dans votre main le livre que je vous ai vendu.

Ou par la remise des *clefs* des bâtiments renfermant les choses vendues, car celles-ci sont dès lors à la discrétion de l'acheteur ;

Ou enfin par le seul *consentement*, dans le cas, dit l'article 1606[3o], où le transport du meuble vendu « ne peut pas « se faire au moment de la vente, et dans celui où l'acheteur « avait déjà le meuble vendu en son pouvoir à un autre « titre. »

La tradition consensuelle faite dans le cas où le transport de l'objet ne peut se faire au moment de la vente, avait à

Rome une grande utilité, puisqu'elle transférait la propriété
à l'acheteur. Cette utilité a cessé d'exister depuis que le seul
consentement des parties opère ce transfert. D'autre part,
il est certain que le vendeur qui a fait la délivrance consensuelle, mais qui détient encore effectivement la chose, ne
peut pas se dispenser d'en faire la délivrance *réelle*, et que
de son côté l'acheteur n'est investi de la propriété du meuble à l'egard des tiers qu'à dater de cette tradition *réelle*
(art. 1141). On ne voit donc pas trop quel peut être aujourd'hui l'avantage d'une délivrance purement consensuelle. Sa présence dans le Code ne peut guère s'expliquer
que comme un souvenir du droit romain. Tout au plus est-il
permis de dire que, par une telle délivrance, le vendeur diminue l'étendue de sa responsabilité, relativement à la garde
de la chose, et qu'au lieu d'être tenu de lui donner tous les
soins d'un bon père de famille comme le doit un vendeur,
il n'est plus tenu de lui donner que les soins d'un simple
dépositaire.

Quant à la délivrance consensuelle, faite dans le cas où l'a-
cheteur a déjà la chose en son pouvoir à un autre titre, elle
est aujourd'hui dépourvue de tout effet, par la raison que
l'acheteur réellement détenteur de cette chose est autorisé
par le seul fait de la vente à la conserver, et qu'une telle
délivrance ne lui confère ni la propriété, ni la possession, ni
un recours quelconque à exercer contre le vendeur, au sujet
des détériorations que l'objet aurait pu subir depuis la vente.
En conséquence, l'acheteur qui détient déjà le meuble comme
emprunteur ou comme dépositaire, n'a point de tradition à
demander à son vendeur qui, de son côté, n'a pas à lui en
faire, la vente ayant de plein droit converti en titre de propriété et de légitime possession le titre précaire qu'avait d'a-
bord l'acheteur.

Dans l'hypothèse inverse, la tradition consensuelle aurait
cependant son utilité. Ainsi supposons que les parties conviennent que le vendeur conservera comme locataire la chose

qu'il vient de vendre. Une telle convention, appelée par les Romains *constitut possessoire*, a pour effet de transformer le titre de propriétaire que le vendeur avait jusqu'au contrat en un titre précaire, et, à partir de cette convention, le vendeur détient la chose pour le compte de l'acheteur qui en devient de la sorte le véritable possesseur, et commence à la prescrire si elle appartenait à autrui. En d'autres termes, la convention de précarité pour le vendeur vaut délivrance pour l'acheteur, et sans cette tradition consensuelle les effets que nous venons de signaler ne seraient point produits, puisque le vendeur qui ne livre pas réellement la chose n'est pas de droit commun présumé la détenir pour le compte de l'acheteur.

Quand la chose vendue est incorporelle, la délivrance proprement dite est impossible, car on ne peut pas livrer réellement ce qui n'a point de réalité physique. Dans ce cas, la remise des titres, ou l'exercice du droit vendu, sont regardés comme équivalant à une véritable délivrance (art. 1607). Ainsi, le nu propriétaire livre l'usufruit qu'il a vendu, en remettant à l'usufruitier son titre, et en le laissant jouir de la chose. Si le droit vendu n'est pas susceptible d'exercice, comme une servitude négative, la seule remise du titre vaut délivrance.

La délivrance des créances se fait suivant un mode spécial que nous verrons en expliquant les articles 1689 et 1690 du Code.

Des FRAIS *de la délivrance*. — Ils sont à la charge du vendeur, et ceux d'enlèvement à la charge de l'acheteur. Ainsi, la personne qui verse le blé vendu dans le sac sera payée par le premier; celle qui tient le sac, le ferme et l'enlève, sera payée par le second (art. 1609).

Du LIEU *de la délivrance*. — L'article 1609, interprétant l'intention présumée des parties, dit que le lieu de la délivrance sera celui où se trouvait la chose au moment de la vente. Ainsi, un cheval, vendu en foire, est livrable en foire.

Toutefois le Code n'établit qu'une présomption, et, s'il résulte de l'intention expresse ou tacite des parties qu'elles ont entendu fixer un autre lieu pour la délivrance, elles devront s'y conformer, le vendeur en livrant, et l'acheteur en recevant la chose au lieu convenu.

De L'ÉPOQUE *de la délivrance.* — La délivrance doit être faite à l'époque fixée par les parties. Mais la seule échéance du terme ne mettrait pas le vendeur en demeure (1139) ; il faudrait une sommation ou un acte équivalent, comme un commandement, une saisie, une assignation, etc.

Il serait injuste de forcer l'une des parties à remplir ses engagements, lorsque l'autre ne remplit pas les siens. Dès lors, le vendeur sans terme peut refuser la délivrance à l'acheteur qui ne paye pas comptant, et retenir la chose vendue. Il pourra même en revendiquer la possession dans la huitaine, si la chose vendue est mobilière, n'a pas changé d'état, et se trouve encore entre les mains de l'acheteur (art. 2102⁴°).

Quant au vendeur qui a accordé un terme à l'acheteur, il a par cela même consenti à ne pas être payé comptant, et il doit livrer immédiatement la chose lors même que l'acheteur se refuse à la payer comptant. La loi ne fait d'exception à cette règle qu'au cas où le vendeur est exposé, en livrant la chose, à perdre à la fois cette chose et le prix. Tels sont les cas où l'acheteur est tombé en faillite ou en déconfiture, et où il a diminué par son fait les sûretés spéciales qu'il avait promises à son créancier. Dans ces diverses hypothèses le terme disparaît, le prix devient exigible, et le vendeur n'est tenu de livrer la chose que contre son payement, à moins toutefois que l'acheteur ne lui donne une caution (art. 1613).

Aux termes des articles 1610 et 1611, le vendeur qui, en dehors de tout cas fortuit ou de force majeure, ne fait pas la délivrance au temps convenu, peut être actionné par l'acheteur soit en résolution du contrat, soit en délivrance de la chose, et dans les deux cas avec dommages-intérêts si l'acheteur a éprouvé un préjudice de ce retard. Quand le retard de livrer provient de la force majeure, le vendeur cesse d'être responsable et ne peut plus être actionné par l'acheteur.

OBJET *de la délivrance*. — D'après l'article 1614, la chose doit être délivrée dans l'état où elle se trouve au moment de la vente; ce qui signifie, non pas que le vendeur sera responsable des détériorations survenues à la chose par cas fortuit, car nous savons que les risques sont pour l'acheteur; mais qu'il doit la délivrer telle qu'elle était au moment du contrat, et sans que par son fait ou par sa faute il lui ait fait subir aucune modification pouvant en altérer la nature ou les qualités. D'après le même article, les fruits de la chose doivent être délivrés à l'acheteur : cela résulte de ce qu'il est devenu propriétaire par le seul consentement; mais, en fait, les parties conviendront le plus souvent du contraire, et le vendeur se réservera les fruits qu'il aura perçus avant la délivrance.

La délivrance des accessoires de la chose et de tout ce qui est destiné à son usage perpétuel doit naturellement accompagner celle de la chose principale.

Les articles 1616 à 1623 contiennent des règles interprétatives de la vente d'un immeuble faite avec une contenance déclarée.

Plusieurs hypothèses se présentent :

Lorsque la vente d'un immeuble est faite avec indication de la contenance à raison *de tant la mesure*, par exemple, lorsqu'on vend une vigne de 5 hectares, à raison de 1,000 fr. l'hectare, la loi présume que les parties ont attaché une importance toute particulière à la contenance. Dès lors, le prix sera toujours proportionnel à la contenance délivrée, et si cette contenance est de plus ou de moins de 5 hectares, le prix augmentera ou diminuera d'une quotité correspondante. Dans le cas d'une contenance supérieure à celle déclarée, l'acheteur est même autorisé par l'art. 1618 à se désister du contrat, si l'excédant dépasse un vingtième parce qu'il peut ne pas avoir somme suffisante pour payer le supplément du prix. Mais il ne peut jamais obliger le vendeur à fractionner l'immeuble pour en détacher exactement les 5 hectares promis, car la vente a été faite en bloc, et l'erreur commise sur la contenance n'est pas une raison suffisante pour que le vendeur soit obligé de la convertir en une vente en détail.

Lorsque la vente d'un immeuble a lieu avec indication de la contenance, mais *non à raison de tant la mesure*, par exemple, lorsqu'une vigne que le vendeur prétend contenir 100 hectares est aliénée moyennant 100,000 fr., ou lorsque 100 hectares de vigne sont vendus pour 100,000 fr., ou enfin lorsqu'une vigne de 50 hectares et un bois de 40 sont vendus ensemble 100,000 fr., l'article 1619 donne la règle à suivre. Le prix de la vente a été fixé en bloc, et cela prouve que les parties ont attaché à la mesure une moindre importance que dans le cas des articles 1617 et 1618. Dès lors, il n'y a lieu à augmentation ou diminution du prix qu'autant que la différence entre la chose promise et la chose livrée est au moins d'un vingtième. Et, dans ce cas, on modifie le prix, non pas en considérant la surface qui existe en plus ou en moins, mais la valeur des hectares délivrés comparée à celle des hectares promis.

Quand il y a lieu à une augmentation de prix, parce que l'excédant de valeur de l'immeuble délivré sur l'immeuble déclaré dépasse un vingtième, l'article 1620 accorde même à l'acheteur le droit de faire résoudre le contrat, par la raison que, comme dans le cas précédent, il pourrait ne pas avoir somme suffisante pour payer le supplément du prix, et qu'il ne peut être contraint d'acheter au delà de ses facultés.

Dans le cas où l'acheteur use du droit qu'il a de se désister du contrat, le vendeur est tenu de lui restituer le prix, s'il l'a reçu, et en outre les frais du contrat (art. 1621). Rien n'est plus juste, car d'un côté il ne peut conserver à la fois la chose et le prix, et de l'autre il doit supporter les frais d'un contrat qui n'est que la conséquence de son erreur.

Lorsque deux fonds sont vendus par un seul et même

contrat, et moyennant un prix unique, avec l'indication de la mesure de chacun, il se fait compensation entre les deux surfaces, si l'une est plus grande et l'autre plus petite.

On évalue le prix moyen de la différence entre la surface réelle et la surface énoncée, et il n'y a lieu à une augmentation ou diminution du prix que si la valeur en plus ou en moins égale un vingtième de la valeur fixée au contrat ; par exemple, si un hectare de vigne vaut 2 hectares de bois, et que, d'un côté, il manque 10 hectares de bois, tandis que, de l'autre, il y a en plus 3 hectares de vigne ; comme ces derniers valent 6 hectares de bois, le déficit n'est, en réalité, que de 4 hectares de bois, et il faudrait que leur prix fût égal à un vingtième du prix total pour que les parties en pussent demander ou l'augmentation ou la diminution.

L'action en supplément ou en diminution du prix dure un an, à partir de la vente. Ce délai a paru très-suffisant pour que les parties pussent vérifier la contenance réelle.

DEUXIÈME SECTION

DE LA GARANTIE.

ART. 1625. La garantie que le vendeur doit à l'acquéreur a deux objets : le premier est la possession paisible de la chose vendue ; le second, les défauts cachés de cette chose ou les vices rédhibitoires.

Définition et objet de la GARANTIE. — La garantie est l'obligation où est une personne d'en maintenir une autre dans des droits qui lui ont été concédés, ou de l'indemniser dans le cas d'inexécution de cette obligation. Le vendeur doit procurer à l'acheteur une possession *paisible* (garantie en cas d'éviction), et *utile* (garantie en cas de vices rédhibitoires).

§ 1. — De la garantie en cas d'éviction.

ART. 1626. Quoique, lors de la vente, il n'ait été fait aucune stipulation sur la garantie, le vendeur est obligé de droit à garantir l'acquéreur de l'éviction qu'il souffre dans la totalité ou partie de

l'objet vendu, ou des charges prétendues sur cet objet, et non déclarées lors de la vente.

1627. Les parties peuvent, par des conventions particulières,
ajouter à cette obligation de droit ou en diminuer l'effet : elles
peuvent même convenir que le vendeur ne sera soumis à aucune
garantie.

1628. Quoiqu'il soit dit que le vendeur ne sera soumis à aucune
garantie, il demeure cependant tenu de celle qui résulte d'un fait
qui lui est personnel : toute convention contraire est nulle.

1629. Dans le même cas de stipulation de non-garantie, le vendeur, en cas d'éviction, est tenu à la restitution du prix, à moins
que l'acquéreur n'ait connu, lors de la vente, le danger de l'éviction, ou qu'il n'ait acheté à ses périls et risques.

1630. Lorsque la garantie a été promise, ou qu'il n'a rien été stipulé à ce sujet, si l'acquéreur est évincé, il a le droit de demander
contre le vendeur : — 1° la restitution du prix ; — 2° celle des
fruits, lorsqu'il est obligé de les rendre au propriétaire qui l'é-
vince ; — 3° les frais faits sur la demande en garantie de l'acheteur, et ceux faits par le demandeur originaire ; — 4° enfin les
dommages et intérêts, ainsi que les frais et loyaux coûts du contrat.

1631. Lorsqu'à l'époque de l'éviction, la chose vendue se trouve
diminuée de valeur ou considérablement détériorée, soit par la négligence de l'acheteur, soit par des accidents de force majeure, le
vendeur n'en est pas moins tenu de restituer la totalité du prix.

1632. Mais si l'acquéreur a tiré profit des dégradations par lui
faites, le vendeur a droit de retenir sur le prix une somme égale à
ce profit.

1633. Si la chose vendue se trouve avoir augmenté de prix à l'é-
poque de l'éviction, indépendamment même du fait de l'acquéreur,
le vendeur est tenu de lui payer ce qu'elle vaut au-dessus du prix
de la vente.

1634. Le vendeur est tenu de rembourser ou de faire rembourser
à l'acquéreur, par celui qui l'évince, toutes les réparations et améliorations utiles qu'il aura faites au fonds.

1635. Si le vendeur avait vendu de mauvaise foi le fonds d'autrui,
il sera obligé de rembourser à l'acquéreur toutes les dépenses,
même voluptuaires ou d'agrément, que celui-ci aura faites au fonds.

1636. Si l'acquéreur n'est évincé que d'une partie de la chose, et
qu'elle soit de telle conséquence, relativement au tout, que l'acquéreur n'eût point acheté sans la partie dont il a été évincé, il
peut faire résilier la vente.

1637. Si, dans le cas de l'éviction d'une partie du fonds vendu, la vente n'est pas résiliée, la valeur de la partie dont l'acquéreur se trouve évincé lui est remboursée suivant l'estimation à l'époque de l'éviction, e non proportionnellement au prix total de la vente, soit que la chose vendue ait augmenté ou diminué de valeur.

1638. Si l'héritage vendu se trouve grevé, sans qu'il en ait été fait de déclaration, de servitudes non apparentes, et qu'elles soient de telle importance qu'il y ait lieu de présumer que l'acquéreur n'aurait pas acheté s'il en avait été instruit, il peut demander la résiliation du contrat, si mieux il n'aime se contenter d'une indemnité.

1639. Les autres questions auxquelles peuvent donner lieu les dommages et intérêts résultant pour l'acquéreur de l'inexécution de la vente, doivent être décidées suivant les règles générales établies au titre *des Contrats ou des Obligations conventionnelles en général*.

1640. La garantie pour cause d'éviction cesse lorsque l'acquéreur s'est laissé condamner par un jugement en dernier ressort, ou dont l'appel n'est plus recevable, sans appeler son vendeur, si celui-ci prouve qu'il existait des moyens suffisants pour faire rejeter la demande.

De la GARANTIE *en général et de la* GARANTIE *au cas de vente en particulier.* — La garantie est en général due dans tous les contrats à titre onéreux, et en effet chacune des parties ne consent à donner sa chose qu'à la condition d'acquérir celle de la partie adverse, et, si elle vient à subir un trouble ou une éviction, la loi du contrat l'autorise à intenter l'action qui doit protéger sa possession troublée ou lui faire recouvrer sa possession perdue, et en cas d'insuccès la faire indemniser. Dans les contrats à titre gratuit, au contraire, la garantie n'est pas due, parce que, si le donateur a consenti à se dépouiller de la chose dont il se croyait propriétaire, il n'a pas entendu se soumettre à une action récursoire de la part de son donataire. Tel est le double principe, que l'on appliquera à moins que des conventions contraires, ou des faits de dol ne viennent y introduire ou y faire apporter des exceptions.

Dans la vente, qui est le contrat à titre onéreux par excellence, nous retrouvons ces principes généraux. Ainsi la garantie est *naturelle* à la vente, mais elle ne lui est pas *essentielle*. Elle sera donc due par le vendeur à l'acheteur toutes les fois que le contraire n'aura pas été convenu. Et même, dans ce cas, le vendeur serait tenu de la garantie, si le trouble ou l'éviction éprouvés par l'acheteur provenaient de son fait personnel, par exemple, de ce qu'il avait vendu ou hypothéqué la chose à une autre personne. Effectivement il ne peut se soustraire, par aucune convention, aux conséquences du dol qu'il a commis (art. 1628).

Au surplus, les parties peuvent aussi bien faire de sconventions rendant plus stricte l'obligation de garantie, qu'elles peuvent en faire qui la rendent moins rigoureuse.

Si les parties déclarent que la vente est faite *sans garantie*, l'acheteur évincé peut encore réclamer la restitution du prix. Seulement il n'a droit à aucuns dommages-intérêts (article 1629). La loi oblige le vendeur à la restitution du prix, parce qu'autrement il le conserverait sans cause. Mais quand l'acheteur connaissait, lors de la vente, le danger de l'éviction, ou quand il a acheté à ses risques et périls, il ne pourra même pas demander la restitution du prix, parce que la vente a été aléatoire, et que l'acheteur a payé non la chose, mais la *chance* de l'obtenir et de la conserver. En dehors de cette double hypothèse, la clause de non-garantie n'a pas paru assez explicite pour que la vente fût regardée comme aléatoire, et pour que le vendeur fût autorisé à conserver le prix que l'acheteur est présumé ne lui avoir payé qu'à la condition de ne pas être évincé de la chose.

*De la garantie en cas d'*ÉVICTION TOTALE. — L'éviction est la dépossession par autorité de justice (*possessio à judice ablata*). Mais le sens de ce mot doit être étendu, et il n'est pas douteux que l'acheteur pût agir contre le vendeur, si, au lieu de perdre un procès en revendication intenté contre lui par un tiers, ou d'être exproprié par des créanciers hypothécaires, il faisait l'abandon volontaire de la chose à celui dont le titre de propriété serait incontestable, par exemple, à celui

qui avait, avant lui, acheté l'immeuble du même vendeur
sous une condition suspensive qui s'est accomplie. Le simple
trouble provenant de l'exercice d'un droit réel inconnu de
l'acheteur, et qu'un tiers avait acquis avant la vente donnerait encore lieu à l'action en garantie, par exemple, si l'a-
cheteur d'une servitude voulait en user.

Le vendeur n'est responsable que des troubles ou évictions
dont la cause est antérieure au contrat ; tous les faits postérieurs se sont passés à une époque où il n'avait plus de risques
à courir. Ainsi, l'acheteur exproprié pour cause d'utilité publique n'aura aucun recours à exercer contre le vendeur,
lors même que l'indemnité qui lui est accordée serait inférieure à son prix d'acquisition.

Il est cependant un cas où le vendeur serait responsable
du trouble ou de l'éviction provenant d'une cause postérieure
au contrat. C'est le cas où ce trouble et cette éviction seraient la conséquence de son fait personnel. Ainsi, supposons
qu'après avoir vendu son immeuble à un premier acheteur,
il le revende ensuite à un second, et que celui-ci fasse transcrire le premier son titre. Aux termes de la loi du 23 mars
1855, le premier acheteur sera évincé par le second, puisque
la transcription de la seconde vente est la première en date.
Dans ce cas, le premier acheteur exercera justement son
action en garantie contre le vendeur, et celui-ci ne pourra
pas s'y soustraire, en disant que la cause de l'éviction est
postérieure au premier contrat, puisque cette éviction provient précisément du stellionat qu'il a commis. Dans une
vente de meubles, le même résultat peut également se produire. On n'a qu'à supposer une vente de la même chose,
consentie successivement à deux personnes, et la délivrance
faite au second acheteur, qui ignore la première vente. Dans
ce cas, le dernier acheteur peut, à raison de sa bonne foi,
opposer au premier la maxime « en fait de meubles, etc., »
et rester propriétaire (art. 1141). Le premier acheteur n'aura
donc à exercer que son action en garantie contre le vendeur,

et cette action, quoique découlant d'une cause postérieure au contrat, sera fondée, puisque l'éviction est imputable au propre dol du vendeur.

On décide, en général, que dans le cas où il y a soit plusieurs vendeurs, soit plusieurs héritiers du même vendeur, l'obligation de garantie est indivisible, et que chacun peut être actionné pour le tout, sans que les autres soient mis en cause [1].

Procédure *de l'action en garantie.* — Avant d'exposer la procédure que l'acheteur peut, ou doit suivre, dans l'exercice de son action en garantie, il est nécessaire de faire connaître en peu de mots quelles sont les différentes espèces de garantie, et à laquelle de ces espèces appartient la garantie due par le vendeur à l'acheteur.

On distingue deux sortes de garanties : la garantie *réelle* ou *formelle*, et la garantie *personnelle* ou *simple*.

On appelle garantie *réelle* ou *formelle*, celle qui est due à l'acquéreur d'une chose, qui est troublé dans sa possession, ou évincé. Cette action en garantie prend naissance, lorsqu'un tiers prétend avoir sur la chose, soit la propriété, soit un droit réel quelconque, tel que servitude, hypothèque, etc. En d'autres termes, l'action en garantie *réelle* est motivée par l'exercice d'une action *réelle*, dirigée par un tiers contre le possesseur auquel est due cette garantie. Ainsi l'action qu'a l'acheteur troublé ou évincé par un tiers, est une action en garantie réelle, puisque cet acheteur est poursuivi à raison de la chose dont il est détenteur et que le tiers lui demande de délaisser totalement ou pour partie.

On appelle garantie *personnelle* ou *simple*, celle qui est due à raison d'une action *personnelle*, dirigée contre le demandeur en garantie. Par exemple, la caution, poursuivie en payement par le créancier, a une action en garantie contre le débiteur principal, et cette garantie s'appelle *personnelle,*

---

[1] Marcadé, art. 1626, n° 8. — Aubry et Rau, t. 3, § 355, notes 5 et 6.

parce qu'elle est la conséquence de l'action *personnelle* intentée par le créancier, envers lequel la caution et le débiteur principal sont également obligés.

On voit, par ces définitions, qu'une différence profonde sépare celui qui a l'action en garantie réelle de celui qui a l'action en garantie personnelle. Le premier n'est tenu que *propter rem*, le second, au contraire, est personnellement obligé envers le poursuivant. De là cette conséquence, que l'acheteur pourra demander sa mise hors de cause, dès qu'il aura appelé en garantie son vendeur (*Procéd. civ.*, art. 182), tandis que la caution devra toujours rester dans le procès, parce que le créancier a le droit d'obtenir condamnation contre elle, aussi bien que contre le débiteur principal.

Examinons la marche à suivre dans la garantie réelle, la seule dont nous ayons à nous occuper. Cette garantie peut être exercée par voie *principale* ou par voie *incidente*. Ainsi, l'acheteur poursuivi a le choix, ou de soutenir jusqu'au bout le procès et de n'exercer son recours contre le vendeur qu'après l'avoir perdu; ou bien d'appeler le vendeur en cause, dès qu'il est poursuivi, et de se le substituer dans l'instance. Au premier cas, sa demande en garantie sera principale; au second, elle sera incidente. Laquelle des deux voies est préférable? Évidemment la dernière; car le vendeur aura peut-être, pour triompher du revendiquant, des moyens de défense inconnus de l'acheteur; puis le jugement qui statuera sur la revendication statuera également sur les dommages-intérêts dus à l'acheteur évincé, et les frais seront moindres puisqu'il y aura un seul jugement. Enfin si le vendeur perdait son procès, et que le jugement fût passé en force de chose jugée, le vendeur cesserait de devoir garantie, s'il prouvait qu'appelé au procès en temps utile, il eût pu faire tomber la prétention du revendiquant (art. 1640). L'acheteur s'exposerait donc, en se défendant seul contre le tiers, à perdre tout recours en garantie contre son vendeur, et il agira toujours sagement en l'appelant sans délai, et par voie incidente, à son secours.

Ce que le vendeur doit à l'acheteur ÉVINCÉ. — Le vendeur doit à l'acheteur évincé :

1° *La restitution du* PRIX. Lorsque la chose vendue n'a pas changé de valeur, cette solution est à la fois logique et équitable, car l'acheteur reçoit une valeur exactement égale à celle dont il est dépouillé : lorsqu'elle a une plus value, le vendeur restitue le prix, et paye, en sus, des dommages-intérêts ; ce qui est encore logique et équitable. Mais si la chose a diminué de valeur, la restitution de la totalité du prix n'est pas équitable ; car si le vendeur paye davantage en cas de plus value, il devrait payer moins en cas de diminution de valeur. Il en était ainsi en droit romain, où l'on disait : *Si res minor esse cœpit, damnum emptoris erit.* Dans le cas de diminution, l'acheteur ne recouvrait donc qu'une partie du prix, et supportait la perte, par la raison qu'il eût profité des dommages-intérêts en cas de plus value. La seule manière de justifier la solution du droit français consiste à dire que le vendeur retiendrait une partie du prix *sans cause.* Mais il s'agissait moins ici de faire un raisonnement algébrique que de donner une solution équitable, et il est à craindre que le profit que l'acheteur pourra trouver dans l'éviction ne le porte à susciter, s'il le peut, des procès en revendication pour se faire évincer, ce qui serait une spéculation aussi légale que blâmable.

L'acheteur qui aurait tiré profit des dégradations par lui faites devra déduire du prix la valeur qu'il en a retirée.

2° *Indemnité pour les* FRUITS *que l'acheteur évincé a restitués au revendiquant.* — Comment concilier ce droit à une indemnité pour les *fruits*, avec le principe que le possesseur fait les fruits siens, lorsqu'il a un juste titre et qu'il est de bonne foi, ce qui a toujours lieu pour l'acheteur, qui n'eût évidemment pas contracté s'il eût su qu'on lui vendait la chose d'autrui? C'est que l'acheteur a pu devenir de mau-

vaise foi, et dès ce moment il a cessé de faire les fruits siens.
Dans toute hypothèse, il doit ceux qui ont été perçus depuis
les poursuites exercées par le revendiquant, puisque ces
poursuites même lui ont révélé le droit du tiers, et l'ont
soumis envers lui à la restitution des fruits qu'il a perçus
depuis le premier acte de poursuite.

3° *Les* FRAIS *faits sur la* DEMANDE *en garantie, et ceux faits
sur la demande* ORIGINAIRE. — La légitimité de cette restitution est trop évidente pour avoir besoin d'être démontrée.
Il est cependant à noter que, si la demande du tiers revendiquant étant manifestement fondée, l'acheteur avait soutenu
contre lui un procès qui ne pouvait être défendu, il perdrait
le droit d'obtenir la restitution des frais ainsi faits, parce
que ces frais ne seraient imputables qu'à son aveugle obstination. Or, une telle obstination équivaut à une faute, et doit
produire les mêmes effets que la faute.

4° *Des* DOMMAGES-INTÉRÊTS, *ainsi que les* FRAIS *et* LOYAUX
COUTS *du contrat*. — L'acheteur n'a le droit de demander des
dommages-intérêts que si la chose a augmenté de valeur, ou
que s'il éprouve toute autre perte qu'il n'eût pas subie dans
le cas où il n'eût pas reçu la chose d'autrui, par exemple
lorsqu'il a fait des impenses pour la conserver, l'améliorer
ou l'embellir. Le revendiquant lui doit, il est vrai, une indemnité à raison de ces impenses, mais comme il a le choix
de rembourser ce qu'elles ont coûté ou la plus value qu'elles
ont produite (art. 555 *in fine*), il arrivera souvent que l'a-
cheteur ne sera pas complétement indemnisé de sa perte par
le revendiquant, et alors il aura recours contre le vendeur
pour la différence. Celui-ci ne sera cependant tenu de rembourser les dépenses purement voluptuaires que s'il a vendu
sciemment la chose d'autrui (art. 1635).

L'art. 1630 ⁴° ne distinguant pas si le vendeur est de
bonne ou de mauvaise foi, l'importance des dommages-
intérêts dûs par lui sera toujours égale à celle de la perte que
l'acheteur éprouve et du gain dont il est privé. Ainsi, en

supposant que la chose ait exactement doublé de valeur depuis la vente, le montant des dommages-intérêts que le vendeur devra à l'acheteur sera égal au prix qu'il lui restituera. On n'applique donc pas ici le principe général de
l'art. 1150, aux termes duquel le débiteur de bonne foi
n'est tenu que des dommages-intérêts qui pouvaient être
prévus lors du contrat. Le vendeur doit à son acheteur la
totalité de la plus value, lors même qu'elle serait double ou
triple de celle qui pouvait être prévue. C'est là, il faut le
reconnaître, une solution trop avantageuse à l'acheteur et
qui n'était pas adoptée dans l'ancien droit français, où il
n'avait droit qu'aux dommages-intérêts qui avaient pu être
raisonnablement prévus lors de la vente.

Quant aux frais et loyaux coûts du contrat, il semble que
l'acheteur les avait perdus à tout événement, et que le
vendeur ne devrait pas les lui restituer. Cependant la loi
est formelle. On peut la justifier en disant que l'acheteur
a le droit de se faire mettre dans la position où il eût été
s'il n'y avait point eu éviction. Or, il faudra, pour cela,
qu'il achète un immeuble de même nature et de même importance ; et, dès lors, il devra payer une seconde fois les
frais et loyaux coûts de la vente. Il est donc juste que le
vendeur les lui restitue.

De la garantie en cas D'ÉVICTION PARTIELLE. — L'éviction
partielle peut avoir lieu *pro diviso*, par exemple, pour une
vigne située dans le domaine vendu, ou *pro indiviso*, par
exemple pour un tiers, un quart, un cinquième de la chose
qui a fait l'objet du contrat. Cette dernière hypothèse se présentera, notamment dans le cas où une chose dépendante
d'une succession ayant été vendue par quelques-uns seulement des héritiers, la revendication sera exercée par les
autres héritiers des parts qu'ils ont dans la chose ainsi vendue
sans leur consentement.

Quelles sont les règles à suivre dans cette double hypothèse ?

D'abord, que l'éviction soit *pro diviso* ou qu'elle soit *pro indiviso*, l'acheteur peut demanderl a résolution du contrat, si l'importance de l'éviction est telle, qu'il n'eût pas contracté dans le cas où il l'eût prévue (art. 1636). Quand cette résolution est prononcée, on rentre dans l'hypothèse de l'éviction totale et tout se règle comme nous venons de le dire. Lorsqu'au contraire la vente est maintenue, certains auteurs prétendent qu'il faut distinguer entre l'éviction *pro diviso* et l'éviction *pro indiviso*.

Au cas d'éviction *pro diviso*, la solution ne souffre pas de difficulté. En effet, l'art. 1637 dit que le vendeur est tenu de rembourser à l'acheteur la valeur de la chose particulière dont il est évincé suivant l'estimation *à l'époque de l'éviction*, et non pas une valeur proportionnelle au prix de cette chose dans le prix total de la vente, de telle sorte que, si la chose a augmenté de valeur, l'acheteur aura la plus value, mais que, si elle a diminué, il supportera la perte. En supposant, dans l'exemple cité plus haut, que le domaine comprenant la vigne sur laquelle porte l'éviction ait été vendu 40,000 fr., et que cette vigne représentât le quart de cette somme, c'est-à-dire 10,000 fr., l'acheteur n'a pas le droit de demander au vendeur la restitution pure et simple des 10,000 fr., mais il doit faire procéder à l'estimation de la vigne au moment de l'éviction, et si, d'après cette estimation, la vigne vaut 12,000 fr., ou seulement 8,000, il aura droit à une indemnité de 12,000, ou seulement de 8,000 fr.

Cette solution, contraire aux principes que nous avons exposés plus haut au sujet de l'éviction totale, est conforme au droit romain et profondément juste, puisque, si l'acheteur a les chances de plus value, il doit aussi supporter celles de détérioration ou de perte.

Arrivons au cas d'éviction *pro indiviso*. Plusieurs auteurs veulent appliquer à ce cas les solutions données dans l'hypothèse d'une éviction totale. Supposons, par exemple, une éviction de moitié de la chose vendue. Le vendeur devra, selon eux, restituer à l'acheteur moitié du prix, des fruits, des dommages-intérêts et des frais et loyaux coûts du contrat. Dans cette opinion, l'article 1637 n'aurait statué que sur l'éviction *pro diviso*, et, quand l'éviction a lieu *pro indiviso*, il n'y aurait aucune raison de ne pas appliquer à la quote-part les règles applicables à la totalité.

Cette opinion doit, à notre avis, être rejetée. D'abord l'article 1637 statue sur l'éviction partielle sans distinguer si cette éviction a eu lieu *pro diviso* ou *pro indiviso*. La solution qu'il donne est incontestablement plus équitable que celle donnée au cas d'éviction totale. Et enfin les res-titutions imposées au vendeur, dans le cas d'éviction totale, sont motivées sur ce qu'il garderait sans cause le prix qu'il a reçu de l'acheteur. Or ici cette objection ne peut pas se produire, puisque la vente est maintenue et que la chose reste en partie aux mains de l'acheteur. En conséquence, le vendeur ne doit dans tous les cas à ce dernier que la valeur de ce dont il est évincé d'après l'estimation faite au moment de l'éviction.

L'article 1638 prévoit l'hypothèse où l'acheteur est évincé, non plus de la propriété de tout ou partie de la chose, mais d'un démembrement de cette propriété. Cette éviction a lieu, par exemple, si un tiers revendique une servitude sur l'immeuble vendu. Quel sera le droit de l'acheteur, ainsi troublé dans sa possession ?

Il faut d'abord dire que l'acheteur ne pourra se plaindre que si la servitude est occulte de sa nature, et ne lui a pas été révélée par le vendeur ou par la transcription du titre qui l'a constituée. En supposant son action fondée, on devra distinguer comme précédemment si la servitude est ou non assez onéreuse pour motiver la résolution de la vente. Au cas où cette résolution serait demandée par l'acheteur et prononcée par la justice, on rentrerait dans l'hypothèse et sous l'empire des règles de l'éviction totale. Au cas contraire, l'acheteur n'aurait à réclamer qu'une indemnité, et cette indemnité serait évidemment calculée comme au cas d'éviction partielle, sur l'importance du préjudice au moment de l'éviction.

Même solution au cas où l'acheteur serait dépouillé d'une servitude active que le vendeur lui avait faussement déclaré exister au profit de l'immeuble aliéné.

Des PERSONNES TENUES *de l'action en garantie.* — En sont tenus tous les vendeurs amiables, que la vente ait eu lieu de gré à gré entre les parties, ou qu'elle ait été faite par voie d'adjudication sur publications volontaires, soit devant un notaire, soit devant le tribunal. Mais quand la vente est forcée, et qu'elle a lieu sur la saisie des créanciers, l'action en garantie appartient-elle à l'adjudicataire?

La raison de douter vient de ce que, dans ce cas, il n'y a pas à proprement parler de vendeur, puisque la vente est faite malgré le propriétaire de l'immeuble saisi. Cependant il faut reconnaître que le débiteur, dont on vend ainsi l'immeuble, profite du prix d'adjudication qui le libère envers ses créanciers jusqu'à due concurrence. Dès lors ce débiteur doit être tenu de la restitution du prix principal envers l'adjudicataire évincé [1], mais, comme il n'y a de sa part aucun fait volontaire, il ne lui devra pas des dommages-intérêts.

Un débiteur saisi est presque toujours insolvable, et dès lors un recours contre lui est illusoire. Aussi la plupart des auteurs accordent-ils à l'adjudicataire une action en répétition contre les créanciers eux-mêmes, auxquels le prix d'adjudication a été payé. Ce recours nous semble parfaitement fondé. En effet, l'adjudicataire entendait payer sa propre dette, et non celles du saisi. Si le payement a été fait entre les mains de ses créanciers, ce n'est que par suite d'une délégation judiciaire. En d'autres termes, les créanciers ont touché comme étant aux droits du saisi lui-même, et ils sont exposés aux actions qui pourraient atteindre ce dernier.

[1] Marcadé, art. 1626, n° 3. — Cass., 28 mai 1862.

L'erreur qui a été commise ne peut donc pas les soustraire à la *condictio indebiti* de la part de l'adjudicataire, qui ne devait pas réellement ce qu'il a payé. Toutefois il est clair qu'ils lui devront seulement la restitution de ce qu'ils ont reçu, et non des dommages-intérêts. [1]

On s'est demandé si un second acheteur peut agir directement contre le premier vendeur, ou s'il ne peut atteindre celui-ci qu'en vertu de l'article 1166 et en exerçant les droits du premier acheteur.

La question a son intérêt, car si le premier acheteur est insolvable, et que le second ne puisse pas atteindre directement le vendeur originaire, toutes les sommes que celui-ci payera comme garant tomberont dans la faillite ou la déconfiture de ce premier acheteur, tandis qu'au contraire si l'action directe du second acheteur contre le premier vendeur est recevable, toutes ces sommes appartiendront à ce second acheteur.

On décide, avec raison, que le second acheteur peut agir directement contre le premier vendeur. Et, en effet, lorsque la seconde vente a lieu, le premier acheteur transporte, par cela même, au second, non-seulement ses droits présumés de propriété sur la chose, mais encore toutes les actions personnelles qu'il peut avoir contre le vendeur originaire. Parmi ces droits ainsi transportés figure l'action en garantie, et le second acheteur, devenu cessionnaire de cette action, peut l'intenter contre le vendeur primitif sans se préoccuper de la faillite ou de la déconfiture du premier acheteur. Les sommes dues par le vendeur seront dès lors versées entre ses propres mains et lui profiteront intégralement.

§ 2. — De la garantie des défauts de la chose vendue.

Art. 1641. Le vendeur est tenu de la garantie à raison des défauts cachés de la chose vendue qui la rendent impropre à l'usage

---

[1] Zachariæ, t. Ii, § 355. — Duvergier, t. VI, nᶜᵉ 345 et 346.

auquel on la destine, ou qui diminuent tellement cet usage que l'acheteur ne l'aurait pas acquise, ou n'en aurait donné qu'un moindre prix, s'il les avait connus [1].

[1] *Loi du 20 mai 1838, concernant les vices rédhibitoires dans les ventes et échanges d'animaux domestiques.*

1. Sont réputés vices rédhibitoires et donneront seuls ouverture à l'action résultant de l'aricle 1641 du Code civil, dans les ventes ou échanges d'animaux domestiques ci-dessous dénommés, sans distinction des localités où les ventes et échanges auront eu lieu, les maladies ou défauts ci-après ; savoir :

Pour le cheval, l'âne ou le mulet.

La fluxion périodique des yeux, l'épilepsie ou le mal caduc, la morve, le farcin, les maladies anciennes de poitrine ou vieilles courbatures, l'immobilité, la pousse, le cornage chronique, le tic sans usure des dents, les hernies inguinales intermittentes, la boiterie intermittente pour cause de vieux mal.

Pour l'espèce bovine.

La phthisie pulmonaire ou pommelière, l'épilepsie ou mal caduc.
Les suites de la non-délivrance,
Le renversement du vagin ou de l'utérus, } après le part chez le vendeur.

Pour l'espèce ovine.

La clavelée : cette maladie reconnue chez un seul animal entraînera la rédhibition de tout le troupeau. — La rédhibition n'aura lieu que si le troupeau porte la marque du vendeur. — Le sang-de-rate : cette maladie n'entraînera la rédhibition du troupeau qu'autant que, dans le délai de la garantie, sa perte constatée s'élèvera au quinzième au moins des animaux achetés. — Dans ce dernier cas, la rédhibition n'aura lieu également que si le troupeau porte la marque du vendeur.

2. L'action en réduction du prix, autorisée par l'article 1664 du Code civil, ne pourra être exercée dans les ventes et échanges d'animaux énoncés dans l'article 1er ci-dessus.

3. Le délai pour intenter l'action rédhibitoire sera, non compris le jour fixé pour la livraison, — de trente jours pour le cas de fluxion périodique des yeux et d'épilepsie ou mal caduc ; — de neuf jours pour tous les autres cas.

4. Si la livraison de l'animal a été effectuée, ou s'il a été conduit, dans les délais ci-dessus, hors du lieu du domicile du vendeur, les délais seront augmentés d'un jour par cinq myriamètres de distance du domicile du vendeur au lieu où l'animal se trouve.

5. Dans tous les cas, l'acheteur, à peine d'être non recevable, sera tenu de provoquer, dans les délais de l'article 3, la nomination d'experts chargés de dresser procès-verbal ; la requête sera présentée au juge de paix du lieu où se trouve l'animal. — Ce juge nommera immédiatement, suivant l'exigence des cas, un ou trois experts, qui devront opérer dans le plus bref délai.

1642. Le vendeur n'est pas tenu des vices apparents et dont l'acheteur a pu se convaincre lui-même.

1643. Il est tenu des vices cachés, quand même il ne les aurait pas connus, à moins que, dans ce cas, il n'ait stipulé qu'il ne sera obligé à aucune garantie.

1644. Dans les cas des articles 1641 et 1643, l'acheteur a le choix de rendre la chose et de se faire restituer le prix, ou de garder la chose et de se faire rendre une partie du prix, telle qu'elle sera arbitrée par experts.

1645. Si le vendeur connaissait les vices de la chose, il est tenu, outre la restitution du prix qu'il en a reçu, de tous les dommages et intérêts envers l'acheteur.

1646. Si le vendeur ignorait les vices de la chose, il ne sera tenu qu'à la restitution du prix, et à rembourser à l'acquéreur les frais occasionnés par la vente.

1647. Si la chose qui avait des vices a péri par suite de sa mauvaise qualité, la perte est pour le vendeur, qui sera tenu, envers l'acheteur, à la restitution du prix, et aux autres dédommagements expliqués dans les deux articles précédents. — Mais la perte arrivée par cas fortuit sera pour le compte de l'acheteur.

1648. L'action résultant des vices rédhibitoires doit être intentée par l'acquéreur dans un bref délai, suivant la nature des vices rédhibitoires, et l'usage du lieu où la vente a été faite.

1649. Elle n'a pas lieu dans les ventes faites par autorité de justice.

Des VICES *dont le vendeur* EST OU N'EST PAS GARANT. — Le vendeur doit procurer à l'acheteur la possession *utile* de la chose vendue. Or, cette possession cesse de l'être, toutes les fois que la chose est affectée des vices prévus par l'article 1641, c'est-à-dire de vices qui la rendent impropre à l'u-

6. La demande sera dispensée du préliminaire de conciliation, et l'affaire instruite et jugée comme matière sommaire.

7. Si, pendant la durée des délais fixés par l'article 3, l'animal vient à périr, le vendeur ne sera pas tenu de la garantie, à moins que l'acheteur ne prouve que la perte de l'animal provient de l'une des maladies spécifiées dans l'article premier.

8. Le vendeur sera dispensé de la garantie résultant de la morve et du farcin pour le cheval, l'âne et le mulet, et de la clavelée pour l'espèce ovine, s'il prouve que l'animal, depuis la livraison, a été mis en contact avec des animaux atteints de ces maladies.

sage auquel on la destine, ou qui diminuent tellement cet usage, que l'acheteur ne l'aurait pas acquise, ou n'en aurait donné qu'un moindre prix, s'il les avait connus. L'acheteur pourra donc alors intenter son action en garantie. Mais le vendeur n'est plus responsable dès qu'il est prouvé, ou que le vice est *apparent,* de telle sorte que l'acheteur pouvait s'en convaincre par lui-même, ou qu'étant caché, il a cependant *été connu* de lui, ou qu'étant enfin ignoré des deux parties, la vente a été faite *sans garantie.* Toutefois, comme personne ne peut se soustraire aux conséquences de son dol, le vendeur ne serait pas déchargé de sa responsabilité à l'égard des vices cachés qu'il *aurait connus,* lors même qu'il y aurait eu clause expresse de non-garantie.

La garantie pour vices cachés est due à l'acheteur dans les ventes immobilières, aussi bien que dans les ventes mobilières, car la loi ne fait aucune distinction. Ainsi, quand le contrat a eu pour objet une maison dont les fondations étaient défectueuses, ou qui renfermait tout autre vice caché de construction, il n'est pas douteux que l'acheteur ne puisse actionner son vendeur dès que ces vices viennent à lui apparaître [1].

Des ACTIONS *accordées à l'acheteur.* — D'après l'article 1644, l'acheteur peut demander ou la résiliation de la vente, ou son maintien avec une réduction du prix. La première action s'appelle *rédhibitoire,* et la seconde *quanti minoris.*

Quant au délai pour les intenter, et à la nature des vices qui les motivent, le Code s'en réfère à l'usage des lieux et à la règle générale posée dans l'article 1641.

Mais la loi du 20 mai 1838 est venue apporter de graves modifications à ce système, en ce qui concerne les races ovine, bovine et chevaline. Désormais, l'acheteur ne peut intenter que l'action rédhibitoire ; le délai est de neuf jours en prin-

---

[1] Marcadé, *Rev. crit.*, t. II, p. 455 et art. 1641, n° 1. — Cass., 23 août 1865.

cipe (pour l'espèce chevaline, il est de trente dans deux cas, celui de fluxion périodique des yeux, et celui de mal caduc), et ce délai court non à dater de la vente, mais du jour fixé pour la livraison. Enfin, la nature des vices rédhibitoires est déterminée par la loi, et a par cela même cessé d'être subordonnée aux usages locaux.

Pour les animaux qui ne rentrent pas dans les trois espèces ovine, bovine et chevaline, et en général pour toutes les autres choses vendues, mobilières ou immobilières, le Code continuera à recevoir son application. L'action rédhibitoire ou *quanti minoris* devra dès lors, aux termes de l'art. 1648, être intentée dans un *bref délai*. Les juges apprécieront souverainement la brièveté de ce délai, et par suite la recevabilité ou la non-recevabilité de l'action.

Les délais fixés par la loi du 20 mai 1838 sont francs, et l'action peut être utilement intentée le lendemain du jour où les délais expirent [1].

Ce que le vendeur doit RESTITUER *à l'acheteur.* — Il faut distinguer si le vendeur est de bonne ou de mauvaise foi. Dans le premier cas, il ne doit que la restitution du prix et des frais de la vente, car l'acheteur ne peut raisonnablement lui reprocher d'avoir ignoré des vices que lui-même n'a pu découvrir; dans le second, il doit, en outre, des dommages-intérêts, car l'acheteur est tombé dans un véritable piége, et il est juste que le vendeur supporte le préjudice que sa mauvaise foi et peut-être son dol ont occasionné.

Il ne faut pas confondre l'erreur sur les *vices* avec l'erreur sur la *substance*. Lorsque la chose est seulement vicieuse, elle n'en possède pas moins toutes ses qualités constitutives au point de vue de son utilité principale : ainsi, un cheval morveux n'en est pas moins un cheval. Lorsqu'au contraire elle n'a pas la substance qu'on lui supposait, ces qualités constitutives font défaut. Ainsi, j'achète un livre intitulé

---

[1] Cass., 10 nov. 1862 et 6 mai 1867.

Code civil; et il se trouve qu'au lieu de contenir des lois, il contient des règles de politesse : dans ce cas, l'objet acquis ne présente aucune des qualités fondamentales que je désirais, et il y a nullité pour cause d'erreur sur la substance. Cette distinction est importante au point de vue de la durée de l'action. En effet, comme le vice rédhibitoire peut survenir après la vente, l'action qui en résulte doit être intentée dans *un bref délai*, car autrement il ne serait pas certain que le vice était antérieur au contrat; mais comme la substance d'une chose, au moment de la vente, peut toujours être constatée, l'action en nullité, appartenant à l'acheteur qui s'est trompé, dure dix ans (art. 1304).

Lorsque la chose vicieuse périt par son vice, l'acheteur conserve l'action rédhibitoire; mais si elle périt par cas fortuit, il en est déchu, probablement parce qu'il est désormais trop difficile de vérifier l'existence et la gravité du vice allégué. Il eût été plus juste de permettre cette preuve (art. 1647).

Dans les ventes faites par autorité de justice, le public est à l'abri de toutes les manœuvres frauduleuses; et ni l'action rédhibitoire ni l'action *quanti minoris* ne sont admises.

Ces ventes se font souvent à bas prix, et les amateurs dûment avertis n'ont qu'à prendre toutes leurs informations et à se livrer à un examen suffisant de la chose, avant de se porter adjudicataires.

CHAPITRE V

DES OBLIGATIONS DE L'ACHETEUR.

Art. 1650. La principale obligation de l'acheteur est de payer le prix au jour et au lieu réglés par la vente.

1651. S'il n'a rien été réglé à cet égard lors de la vente, l'acheteur doit payer au lieu et dans le temps où doit se faire la délivrance.

1652. L'acheteur doit l'intérêt du prix de la vente jusqu'au paye-ment du capital, dans les trois cas suivants : — s'il a été ainsi con-venu lors de la vente ; — si la chose vendue et livrée produit des fruits ou autres revenus, — si l'acheteur a été sommé de payer. — Dans ce dernier cas, l'intérêt ne court que depuis la sommation.

1653. Si l'acheteur est troublé ou a juste sujet de craindre d'être troublé par une action, soit hypothécaire, soit en revendication, il peut suspendre le payement du prix jusqu'à ce que le vendeur ait fait cesser le trouble, si mieux n'aime celui-ci donner caution, ou à moins qu'il n'ait été stipulé que, nonobstant le trouble, l'acheteur payera.

1654. Si l'acheteur ne paye pas le prix, le vendeur peut deman-der la résolution de la vente.

1655. La résolution de la vente d'immeubles est prononcée de suite, si le vendeur est en danger de perdre la chose et le prix. — Si ce danger n'existe pas, le juge peut accorder à l'acquéreur un délai plus ou moins long, suivant les circonstances. — Ce délai passé sans que l'acquéreur ait payé, la résolution de la vente sera prononcée.

1656. S'il a été stipulé, lors de la vente d'immeubles, que, faute de payement du prix dans le terme convenu, la vente serait résolue de plein droit, l'acquéreur peut néanmoins payer après l'expiration du délai, tant qu'il n'a pas été mis en demeure par une somma-tion ; mais, après cette sommation, le juge ne peut pas lui accor-der de délai. .

1657. En matière de vente de denrées et effets mobiliers, la ré-solution de la vente aura lieu de plein droit et sans sommation, au profit du vendeur, après l'expiration du terme convenu pour le re-tirement.

Des OBLIGATIONS *de l'acheteur*. — Les obligations de l'a-cheteur sont :

1° De payer le prix et les frais du contrat ;

2° D'enlever la chose vendue ;

3° De payer les frais d'enlèvement.

La première de ces obligations est la principale, et nous allons tout d'abord l'examiner.

LIEU *où le prix doit être payé*. — Le payement doit être fait au lieu convenu entre les parties, et, à défaut de con-

vention, soit expresse, soit tacite, au domicile de l'acheteur
(art. 1247).

Des INTÉRÊTS *du prix*. — Lorsque la chose est frugifère,
les intérêts du prix sont dus de plein droit, parce que l'acheteur ne peut avoir en même temps les fruits de la chose qui lui
a été livrée, et les intérêts du prix qu'il détient encore puisqu'il
ne l'a point payé (art. 1652). Lorsque la chose n'est pas productive de fruits, comme un tableau, une statue, etc., les
intérêts ne courent plus de plein droit, mais une sommation
suffit pour les faire courir, et il n'est pas nécessaire de former
une demande en justice, comme l'exigerait le droit commun
(art. 1153). La loi se contente ici d'une sommation, parce
que le vendeur, ayant déjà livré sa chose, doit pouvoir facilement obtenir l'équivalent de la privation qu'il éprouve et
des dangers de perte auxquels il est exposé, dans le cas où
l'acheteur, devenu insolvable, disposerait de cette chose.

Enfin l'acheteur doit les intérêts du prix, quand il a été
ainsi convenu lors de la vente.

L'égalité est la règle de la vente, comme de tous les contrats synallagmatiques, et, de même que le vendeur n'est
pas tenu de livrer la chose si le prix n'est point payé comptant, pareillement l'acheteur n'est pas tenu de payer le prix
lorsque la possession qu'il reçoit est déjà troublée ou sur le
point de l'être, soit par une action hypothécaire, soit par une
action en revendication. Pour obtenir son payement, le vendeur doit faire cesser le trouble. Cependant la loi, craignant
qu'un acheteur de mauvaise foi ne suscite ce trouble, en faisant agir des tiers avec lesquels il se serait frauduleusement
concerté dans le but de retarder le payement de son prix,
autorise le vendeur à se faire payer sans retard, en donnant
caution.

De la condition résolutoire TACITE. — Tout contrat synallagmatique renferme une condition résolutoire tacite
(art. 1184). Si l'une des parties n'exécute pas ses obligations,
l'autre peut, à son gré, ou la forcer à cette exécution, ou de-

mander la résolution du contrat. La résolution, comme l'exécution forcée, doit être poursuivie devant la justice, qui peut
accorder à l'acheteur de bonne foi un délai de grâce pour se
libérer (art. 1244). Mais cette faculté cesse dans le cas où le
vendeur est en danger de perdre la chose et le prix, par
exemple, si l'acheteur d'une maison la démolit (art. 1655).

De la condition résolutoire EXPRESSE. — Souvent les parties conviennent que, si le prix n'est pas payé à telle époque,
la vente sera de plein droit résolue. Malgré le sens naturel
de cette clause, la loi exige que l'acheteur soit averti par une
sommation (art. 1656) ; sans elle, il pourrait être victime
d'un oubli ; le seul effet d'une pareille clause sera donc d'enlever au juge la faculté d'accorder un délai de grâce à l'a-
cheteur. Pour que la seule expiration du délai fasse tomber
la vente, il faut que les parties disent formellement que toute
sommation sera inutile.

En droit romain la condition résolutoire n'existait pas de
plein droit dans les contrats synallagmatiques : elle devait
toujours être l'objet d'une convention formelle qui s'appelait *lex commissoria.*

De la RÉSOLUTION PARTICULIÈRE *établie au profit du vendeur de denrées et effets mobiliers.* — Lorsque des denrées ou effets mobiliers ont été vendus, et que l'acheteur
ne les retire pas au moment convenu, le vendeur peut ou
maintenir la vente, ou la regarder comme résolue à son
profit, de plein droit et sans sommation. Par cette disposition du Code, il est protégé contre les dépréciations et les
détériorations rapides dont les denrées et autres effets mobiliers sont souvent susceptibles.

NATURE *de l'action en* RÉSOLUTION. — L'action en résolution qu'a le vendeur non payé contre son acheteur est
personnelle; car il ne peut se plaindre de l'inexécution de
certaines obligations qu'envers celui qui devait les exécuter.
Mais, une fois la résolution prononcée, le vendeur, par
l'effet rétroactif de la condition (art. 1179), est censé n'avoir

jamais cessé d'être propriétaire de la chose vendue ; et il pourrait, dès lors, la *revendiquer* contre les tiers détenteurs qui ne l'auraient pas encore prescrite. Le droit de résolution, quoique prenant sa source dans un contrat et dans l'inaccomplissement des obligations qui en dérivent pour l'acheteur, a donc tous les effets d'un véritable droit réel, puisque finalement il est opposable aux tiers détenteurs contre lesquels la revendication peut désormais être exercée.

Dans la pratique, le vendeur met simultanément en cause l'acheteur et le tiers détenteur de la chose : l'acheteur, pour faire décider contre lui qu'il n'a pas rempli ses engagements et que la vente doit être résolue ; le tiers détenteur pour le faire condamner à délaisser la chose qui rentrera ainsi dans la possession du vendeur. Il n'y a de la sorte qu'un seul jugement pour statuer sur l'action en résolution de la vente, et sur l'action en revendication qui en est le corollaire, et les frais sont moindres.

Dans les ventes immobilières faites en justice, un vendeur non payé ne conserve son droit de résolution que s'il l'a notifié au greffe du tribunal avant l'adjudication (art. 717 C. pr.).

La résolution d'une vente a contre les tiers détenteurs des effets d'une extrême gravité, surtout en matière immobilière. Ces effets sont même plus désastreux que ceux du privilége, puisqu'ils font anéantir le contrat, tandis que le privilége ne conduit qu'à une revente par autorité de justice. Les tiers ont donc le plus grand intérêt à savoir si l'action en résolution existe encore ou est éteinte. Le Code avait bien organisé un système de publicité pour le privilége, mais il n'avait rien fait pour révéler aux tiers l'existence de l'action résolutoire. C'était là une regrettable anomalie que la loi du 23 mars 1855 a fait disparaître. Aujourd'hui la conservation de l'action résolutoire et celle du privilége sont soumises aux mêmes règles de publicité, et rendues solidaires l'une de l'autre. Tout vendeur qui perd son privilége, faute de remplir les formalités nécessaires, perd par cela même, sauf un cas que nous verrons plus tard, son action résolutoire. Les tiers acquéreurs qui ne rencontrent pas de privilége sur l'immeuble n'ont donc plus à redouter, comme sous le Code, l'exercice soudain et inattendu de l'action résolutoire.

La loi du 23 mars 1855 va plus loin, et, de même que la vente de l'immeuble avait été rendue publique par la transcription, pareillement la résolution de cette vente devra être rendue publique par la mention en marge de cette transcription du jugement qui la prononce. De la sorte, les tiers connaîtront à la fois, et l'aliénation qui avait été faite de l'immeuble, et la résolution qui en a été prononcée par la justice, et aucune incertitude ne régnera plus sur sa propriété.

Nous reviendrons, en étudiant le privilége du vendeur, sur la conservation de l'action résolutoire, et sur la manière dont elle s'éteint.

CHAPITRE VI

DE LA NULLITÉ ET DE LA RÉSOLUTION DE LA VENTE.

1658. Indépendamment des causes de nullité ou de résolution déjà expliquées dans ce titre, et de celles qui sont communes à toutes les conventions, le contrat de vente peut être résolu par l'exercice de la faculté de rachat et par la vilité du prix.

Observation. — L'action en *nullité* ou *rescision* diffère de l'action en *résolution*. La première naît d'un fait contemporain à la vente, tel que l'incapacité des parties, et l'erreur, la violence ou le dol que l'une d'elles a subis, etc. ; la seconde naît d'un fait postérieur, tel que l'accomplissement d'une condition résolutoire expresse ou tacite.

Outre les actions en nullité, rescision ou résolution du

droit commun, il y en a qui sont particulières à la vente, telles que les actions résultant de la faculté de rachat, ou de la vilité du prix.

PREMIÈRE SECTION

DE LA FACULTÉ DE RACHAT.

ART. 1659. La faculté de rachat ou de réméré est un pacte par lequel le vendeur se réserve de reprendre la chose vendue, moyennant la restitution du prix principal, et le remboursement dont il est parlé à l'article 1673.

1660. La faculté de rachat ne peut être stipulée pour un terme excédant cinq années. — Si elle a été stipulée pour un terme plus long, elle est réduite à ce terme.

1661. Le terme fixé est de rigueur, et ne peut être prolongé par le juge.

1662. Faute par le vendeur d'avoir exercé son action de réméré dans le terme prescrit, l'acquéreur demeure propriétaire irrévocable.

1663. Le délai court contre toutes les personnes, même contre le mineur, sauf, s'il y a lieu, le recours contre qui de droit.

1664. Le vendeur à pacte de rachat peut exercer son action contre un second acquéreur, quand même la faculté de réméré n'aurait pas été déclarée dans le second contrat.

1665. L'acquéreur à pacte de rachat exerce tous les droits de son vendeur ; il peut prescrire tant contre le véritable maître que contre ceux qui prétendraient des droits ou hypothèques sur la chose vendue.

1666. Il peut opposer le bénéfice de la discussion aux créanciers de son vendeur.

1667. Si l'acquéreur, à pacte de réméré, d'une partie indivise d'un héritage, s'est rendu adjudicataire de la totalité sur une licitation provoquée contre lui, il peut obliger le vendeur à retirer le tout lorsque celui-ci veut user du pacte.

1668. Si plusieurs ont vendu conjointement, et par un seul contrat, un héritage commun entre eux, chacun ne peut exercer l'action en réméré que pour la part qu'il y avait.

1669. Il en est de même, si celui qui a vendu seul un héritage a laissé plusieurs héritiers. — Chacun de ses cohéritiers ne peut user de la faculté de rachat que pour la part qu'il prend dans la succession.

1670. Mais, dans les cas des deux articles précédents, l'acquéreur peut exiger que tous les covendeurs ou tous les cohéritiers soient mis en cause, afin de se concilier entre eux pour la reprise de l'héritage entier ; et, s'ils ne se concilient pas, il sera renvoyé de la demande.

1671. Si la vente d'un héritage appartenant à plusieurs n'a pas été faite conjointement et de tout l'héritage ensemble, et que chacun n'ait vendu que la part qu'il y avait, ils peuvent exercer séparément l'action en réméré sur la portion qui leur appartenait. — Et l'acquéreur ne peut forcer celui qui l'exercera de cette manière à retirer le tout.

1672. Si l'acquéreur a laissé plusieurs héritiers, l'action en réméré ne peut être exercée contre chacun d'eux que pour sa part, dans le cas où elle est encore indivise, et dans celui où la chose vendue a été partagée entre eux. — Mais s'il y a eu partage de l'hérédité, et que la chose vendue soit échue au lot de l'un des héritiers, l'action en réméré peut être intentée contre lui pour le tout.

1673. Le vendeur qui use du pacte de rachat doit rembourser non-seulement le prix principal, mais encore les frais et loyaux coûts de la vente, les réparations nécessaires et celles qui ont augmenté la valeur du fonds, jusqu'à concurrence de cette augmentation. Il ne peut entrer en possession qu'après avoir satisfait à toutes ces obligations. — Lorsque le vendeur rentre dans son héritage par l'effet du pacte de rachat, il le reprend exempt de toutes les charges et hypothèques dont l'acquéreur l'aurait grevé : il est tenu d'exécuter les baux faits sans fraude par l'acquéreur.

En quoi consiste la FACULTÉ *de* RACHAT. — On entend par faculté de rachat le droit que s'est réservé le vendeur d'une chose de se la faire rétrocéder par l'acheteur, moyennant la restitution du prix et de ses accessoires.

Le rachat ou réméré n'avait, en droit romain, ni les mêmes caractères ni les mêmes effets qu'en droit français. Ainsi l'acheteur revendait la chose au vendeur, d'après les termes du droit commun, et leurs rapports respectifs étaient ceux qui existent entre un vendeur et un acheteur ordinaires. Le vendeur recouvrait donc sa chose telle qu'elle était, c'est-à-dire avec les hypothèques et les servitudes qu'il avait plu à l'acheteur d'établir sur elle, sauf toutefois à se faire indemniser, en vertu de la convention de rachat, du préjudice qu'il éprouvait par suite de la violation de la foi promise. Le pacte de réméré, opposable à l'acheteur, ne l'était donc pas aux tiers.

En droit français, le rachat a les caractères et les effets d'une condition résolutoire accomplie. Le vendeur qui l'exerce recouvre sa chose telle qu'il l'avait livrée, et il est censé en être toujours resté propriétaire. Dès lors, toutes les charges dont l'acheteur l'aurait grevée s'évanouissent.

On voit par là que les expressions *réméré* et *rachat* sont aujourd'hui inexactes, puisqu'au lieu d'une vente nouvelle, il y a résolution de la vente ancienne.

La faculté de rachat, stipulée après coup, ne serait pas opposable aux tiers, car elle aurait à leur égard le caractère d'une contre-lettre, et les contre-lettres ne peuvent pas leur nuire (art. 1321). Il n'y a donc que le réméré stipulé dans le contrat lui-même qui puisse être invoqué contre eux par le vendeur.

La vente avec faculté de rachat, qui est permise, n'est pas toujours facile à distinguer du *contrat pignoratif*, qui est défendu. Ce contrat consiste à remettre une chose mobilière ou immobilière en nantissement à un créancier, avec faculté pour celui-ci d'en devenir de plein droit propriétaire, si, à l'expiration du terme fixé, la dette n'est pas payée. Les articles 2078 et 2088 prohibent un tel contrat qui permettrait aux usuriers de s'approprier trop facilement le bien de leur débiteur, puisque par le prêt d'une somme quelquefois très-minime, mais que le débiteur ne pourrait pas rembourser au jour convenu, ils deviendraient *ipso facto* propriétaires d'une chose dont la valeur est souvent importante.

Les juges ont un plein pouvoir d'appréciation pour dire si un contrat affectant la forme d'une vente à réméré n'est pas au fond un contrat pignoratif : ils doivent avant tout examiner quelle a été l'intention des parties, si le débiteur a bien réellement voulu vendre, ou si au contraire le créan-

cier n'a voulu que se procurer une garantie plus énergique en se portant acheteur à réméré de la chose qui au fond
ne lui était donnée qu'à titre de simple cautionnement. Lorsqu'en fait les juges constatent que la prétendue vente dé-
guise un contrat pignoratif, ils doivent la déclarer nulle, et
leur décision échappe à la censure de la Cour de Cassation.

DÉLAI *de la faculté de rachat.* — Les ventes à réméré
sont mal vues du législateur, car, d'un côté, elles cachent
souvent, ainsi que nous venons de l'expliquer, des contrats
pignoratifs et des faits d'usure, et de l'autre elles suspendent
le sort de la propriété, pendant tout le temps que le vendeur
s'est réservé pour l'exercice de son action.

Dans le but d'atténuer ce dernier inconvénient, le Code
fixe à cinq ans le délai *maximum* dont les parties pourront
convenir. Une fois les cinq ans expirés, l'acheteur devient
propriétaire incommutable, sans jugement comme sans sommation. Les tribunaux ne pourraient plus, ainsi qu'autrefois, accorder au vendeur un délai de grâce.

Lorsqu'un premier délai de deux ans, par exemple, a
été fixé, les parties peuvent-elles proroger l'échéance de la
faculté de rachat, en ajoutant un nouveau délai au premier ?
D'abord il est certain que, si la somme des délais excédait
cinq ans, elle serait réductible à cette limite extrême ; mais
il faut aller plus loin, et dire que, dans toute hypothèse, le
nouveau délai, toujours valable entre les parties, sera nul à
l'égard des tiers, car pour eux c'est une contre-lettre. Et, en
effet, on ne saurait permettre aux parties de suspendre le
sort de la propriété pendant un délai plus long que celui inscrit dans le contrat même, lequel seul a été régulièrement
révélé aux tiers par la transcription. Dès lors, la clause qui
accorde un second délai au vendeur ne pourra être invoquée
par celui-ci que contre l'acheteur, de telle sorte que, produisant tous ses effets entre les parties, elle n'en produira aucun
contre les tiers, tout comme cela se passait dans le réméré du
droit romain.

Le délai pour l'exercice de la faculté de rachat court contre les incapables qui ont pu succéder au vendeur, aussi bien que contre le vendeur lui-même. L'intérêt public exige en effet que la propriété ne reste pas trop longtemps incertaine.

Étendue des droits *du vendeur et de l'acheteur à réméré.* — Le vendeur d'immeubles peut exercer le rachat, non-seulement contre l'acheteur, mais encore contre les tiers, par la raison que ces derniers ne peuvent avoir des droits plus étendus que leur auteur. Le vendeur de meubles n'aurait pas le même droit, car le second acheteur pourrait lui opposer la maxime : « En fait de meubles, etc. »

De son côté, l'acheteur est entièrement substitué au vendeur : il peut prescrire, intenter toutes les actions possessoires ou pétitoires qui concernent la chose acquise, faire des baux, etc. Il conservera cette situation, tant que le rachat ne sera pas exercé : quand cet exercice aura lieu, il restituera la chose non détériorée par sa faute ou par son fait, et le vendeur sera réputé ne l'avoir jamais aliénée. Toutefois, il devra maintenir les baux faits sans fraude ; car, autrement, la propriété momentanée qu'a eue l'acheteur eût pu lui être inutile, et d'ailleurs il est de l'intérêt même du vendeur que la chose soit bien administrée. Or il n'y a de bonne administration possible, que si les baux loyalement faits par l'acheteur sont respectés par le vendeur qui exerce le réméré.

Lorsque l'acheteur à réméré est poursuivi, non par le vendeur, mais par ses créanciers, qui veulent faire rentrer dans le patrimoine de leur débiteur un bien aliéné à vil prix, il peut leur opposer le bénéfice de discussion, quelle que soit, d'ailleurs, leur qualité, car la loi ne distingue pas s'ils sont privilégiés, hypothécaires, ou même chirographaires. Il a paru juste qu'un tiers détenteur ne puisse être inquiété par eux, que si le débiteur lui-même est insolvable et se trouve dans l'impossibilité de les désintéresser avec des biens qui soient en sa possession.

Les règles et les formes à suivre pour le bénéfice de discussion accordé ici au tiers détenteur, sont les mêmes que celles établies pour le bénéfice de discussion accordé à la caution (art. 2022 et 2023).

Vente à réméré de la PART INDIVISE *d'un immeuble.* — Cette vente a lieu, par exemple, dans le cas où un héritier, pressé de se procurer de l'argent et ne pouvant pas attendre le partage de la succession, vend à pacte de rachat sa part dans l'une des choses héréditaires.

Si l'indivision persiste jusqu'à l'exercice du rachat par le vendeur, celui-ci reprendra sa part telle qu'il l'avait aliénée, c'est-à-dire indivise.

Si l'indivision a cessé auparavant, il faut faire plusieurs distinctions :

Est-ce l'acheteur qui a provoqué le partage ? — Alors il est en faute pour n'avoir pas conservé la part telle qu'il l'avait reçue et telle qu'il devait la rendre, c'est-à-dire indivise. Par suite, le vendeur est libre d'exercer le rachat pour sa part, ou pour le tout, dans le cas où l'acheteur lui-même s'est porté adjudicataire ; et, dans le cas où c'est un autre, de lui faire restituer ce dont la part qu'il a touchée dans le prix d'adjudication excède le prix de la vente à réméré. Il pourra même demander des dommages-intérêts, s'il prouve que la licitation, faite en temps inopportun, lui a été préjudiciable.

Est-ce le tiers copropriétaire ? — Alors rien ne peut être imputé à l'acheteur ; et, s'il s'est porté adjudicataire, le vendeur devra exercer le réméré pour le tout, ou ne l'exercer pour aucune partie : car, en l'exerçant pour sa part indivise, il laisserait entre les mains de l'acheteur une copropriété qu'il n'eût peut-être pas acquise par indivis. D'ailleurs, le partage étant déclaratif et non attributif de propriété, l'acheteur est censé avoir eu, dès l'origine, la totalité de l'immeuble. Il est donc juste que le vendeur soit tenu de le reprendre tout entier, si mieux il n'aime renoncer au rachat.

Au cas où l'acheteur n'est pas adjudicataire, le vendeur, qui ne peut inquiéter les tiers, pourra cependant encore lui demander l'excédant de sa part dans le prix d'adjudication sur le prix fixé par le contrat ; car on ne voit pas pourquoi l'acheteur profiterait de la circonstance fortuite qu'il y a eu licitation. Le réméré est stipulé non pour lui, mais pour le vendeur.

De la vente à réméré faite par PLUSIEURS COPROPRIÉTAIRES. — Quand plusieurs copropriétaires d'un immeuble le vendent à réméré, par un seul et même contrat, ou encore lorsqu'un vendeur à réméré meurt en laissant plusieurs héritiers, chacun a droit d'user du pacte de rachat pour sa part ; mais il ne peut exercer ce droit séparément, car l'acheteur a reçu l'immeuble en bloc, et ne peut être tenu de le rendre en détail. Il est donc nécessaire que tous les copropriétaires, ou tous les cohéritiers s'entendent pour l'exercice du rachat. Qu'arrivera-t-il s'ils ne s'entendent pas ? Il faut, selon nous, permettre à chacun d'exercer le pacte de rachat pour le tout, au cas de refus de la part des autres, car sans cela il suffirait qu'un seul des covendeurs, gagné par l'acheteur, ne voulût pas agir, pour que l'immeuble restât aux mains de ce dernier. Cette solution est d'autant plus équitable, que souvent l'acheteur aura payé une somme insignifiante pour avoir l'immeuble. C'est ainsi d'ailleurs que cela se passait dans l'ancienne jurisprudence.

Lorsque l'acheteur vient à mourir, laissant plusieurs héritiers, l'hypothèse est réglée par l'article 1672.

Ce que le vendeur qui exerce le rachat doit RESTITUER *à l'acheteur.* — Il doit restituer le prix principal, les frais et loyaux coûts du contrat, les impenses nécessaires, et les impenses utiles, jusqu'à concurrence de la plus value, à moins que celle-ci n'excède ses facultés, cas auquel le juge tempérera la rigueur du droit par l'équité.

L'acheteur a un droit de rétention pour s'assurer ces diverses restitutions (art. 1673). L'existence de ce droit de ré-

tention qui exclut l'idée d'un payement déjà effectué prouve
que le pacte de rachat est exercé par l'offre sérieuse de remboursement faite par le vendeur à l'acheteur, plutôt que par
ce remboursement lui-même.

DEUXIÈME SECTION

DE LA RESCISION DE LA VENTE POUR CAUSE DE LÉSION.

Art. 1674. Si le vendeur a été lésé de plus de sept douzièmes dans
le prix d'un immeuble, il a le droit de demander la rescision de la
vente, quand même il aurait expressément renoncé dans le contrat
à la faculté de demander cette rescision, et qu'il aurait déclaré
donner la plus value.

1675. Pour savoir s'il y a lésion de plus de sept douzièmes, il faut
estimer l'immeuble suivant son état et sa valeur au moment de la
vente.

1676. La demande n'est plus recevable après l'expiration de deux
années, à compter du jour de la vente. — Ce délai court contre les
femmes mariées et contre les absents, les interdits et les mineurs
venant du chef d'un majeur qui a vendu. — Ce délai court aussi
et n'est pas suspendu pendant la durée du temps stipulé pour le
pacte de rachat.

1677. La preuve de la lésion ne pourra être admise que par jugement, et dans le cas seulement où les faits articulés seraient assez
vraisemblables et assez graves pour faire présumer la lésion.

1678. Cette preuve ne pourra se faire que par un rapport de trois
experts, qui seront tenus de dresser un seul procès-verbal commun,
et de ne former qu'un seul avis, à la pluralité des voix.

1679. S'il y a des avis différents, le procès-verbal en contiendra
les motifs, sans qu'il soit permis de faire connaître de quel avis
chaque expert a été.

1680. Les trois experts seront nommés d'office, à moins que les
parties ne se soient accordées pour les nommer tous les trois conjointement.

1681. Dans le cas où l'action en rescision est admise, l'acquéreur
a le choix ou de rendre la chose en retirant le prix qu'il en a payé,
ou de garder le fonds en payant le supplément du juste prix, sous la
déduction du dixième du prix total. — Le tiers possesseur a le
même droit, sauf sa garantie contre son vendeur.

1682. Si l'acquéreur préfère garder la chose en fournissant le supplément réglé par l'article précédent, il doit l'intérêt du supplément du jour de la demande en rescision. — S'il préfère la rendre et recevoir le prix, il rend les fruits du jour de la demande. — L'intérêt du prix qu'il a payé lui est aussi compté du jour de la même demande, ou du jour du payement, s'il n'a touché aucuns fruits.

1683. La rescision pour lésion n'a pas lieu en faveur de l'acheteur.

1684. Elle n'a pas lieu en toutes ventes qui, d'après la loi, ne peuvent être faites que d'autorité de justice.

1685. Les règles expliquées dans la section précédente pour les cas où plusieurs ont vendu conjointement ou séparément, et pour celui où le vendeur ou l'acheteur a laissé plusieurs héritiers, sont pareillement observées pour l'exercice de l'action en rescision.

Cas *où l'action en rescision pour cause de* LÉSION *est admise.* — Pour porter atteinte à des contrats librement consentis, la loi exige des motifs pressants et de graves intérêts. Aussi la lésion n'est-elle admise, comme cause de rescision, qu'en matière de partage où il s'agit de maintenir l'égalité entre cohéritiers, et en matière de ventes immobilières où il faut protéger un vendeur obéré contre la cupidité des acheteurs.

La rescision pour cause de lésion a été exclue des ventes mobilières parce que les meubles ont moins d'importance et que leur valeur est sujette à trop de variations.

Dans l'ancien droit français, une lésion d'outre moitié était suffisante ; aujourd'hui, elle doit excéder sept douzièmes. On l'appréciera, en se référant au moment de la vente, par la raison que toute plus value postérieure au contrat appartient de droit à l'acheteur, et ne saurait lui nuire en l'exposant à une action en rescision.

L'acheteur ne peut jamais se prévaloir d'une lésion, car il n'avait qu'à ne pas acheter. Effectivement, si un pressant besoin d'argent oblige quelquefois à vendre un immeuble à tout prix, aucune circonstance ne peut contraindre de l'acheter à tout prix, et quand l'acheteur a donné de la chose un prix trop élevé, il n'a qu'à s'en prendre à lui-même.

Le vendeur pourrait-il renoncer à l'action en rescision ?
Nous ne le pensons pas, car il est aussi nécessaire de le protéger contre cette renonciation que contre une vente à vil prix,
et pour les mêmes raisons.

Les ventes en justice ne sont pas rescindables pour cause
de lésion, parce que le vendeur a été à l'abri de toute pression illicite.

Les ventes aléatoires ne le sont pas davantage, par la
raison que la lésion n'y peut être constatée.

Durée *de l'action*. — Le délai de l'action est de deux ans,
à partir du jour de la vente, et il court contre toutes personnes, par le double motif qu'il importait de fixer au plus
tôt le sort de la propriété, et qu'après plus de deux ans il
serait bien difficile de constater quelle était la valeur de
l'immeuble au moment du contrat.

Procédure *à suivre*. — Il faut deux jugements pour
arriver à la rescision : l'un interlocutoire qui déclare les
faits allégués par le vendeur pertinents et admissibles, et
nomme, à défaut des parties, trois arbitres pour estimer
l'immeuble ; l'autre définitif, qui prononce la rescision.

Des EFFETS *de la rescision*. — Le jugement de rescision
a pour effet d'anéantir le droit de l'acheteur rétroactivement,
de telle sorte que le vendeur sera censé être toujours resté
propriétaire. Tous les droits réels conférés par l'acheteur
à des tiers depuis le contrat, ainsi que la sous-aliénation
qu'il aurait consentie de l'immeuble, seront ainsi révoqués.
Dans le but d'encourager l'acheteur à conserver l'immeuble
et de prévenir ainsi les effets désastreux d'une rescision de la
vente, la loi l'autorise à garder l'immeuble, en payant le
supplément du juste prix, déduction faite d'un dixième. Soit un
immeuble de 12,000 francs, vendu 4,000 francs. L'acheteur
devrait régulièrement payer un supplément de 8,000 francs ;
mais avec la déduction du dixième, qui est de 1,200 francs,
il ne payera que 6,800 francs ; total, 10,800 francs. Si
l'acheteur, usant de la faculté qui lui est accordée, paye le

supplément du prix, la vente et tous les droits conferés à des tiers depuis qu'elle a eu lieu seront maintenus. Dans le cas contraire, la rescision sera prononcée, et le jugement qui interviendra devra, aux termes de l'article 4 de la loi du 23 mars 1855, être rendu public par une mention mise en marge de la transcription qui avait été faite de l'acte de vente.

Ce que le vendeur qui reprend son immeuble doit RESTI-TUER *à l'acheteur.* — Le vendeur ne restitue ici que le prix principal, avec les intérêts du jour de la demande. Les frais et loyaux coûts du contrat sont perdus pour l'acheteur. L'action en rescision est, sous ce rapport, plus avantageuse que l'exercice du réméré, et si le vendeur a en même temps stipulé la faculté de rachat, et subi la lésion de plus des sept douzièmes, il aura plus d'intérêt à intenter l'action en rescision qu'à user de la faculté de rachat.

Les parties ne se doivent compte des intérêts et des fruits que du jour de la demande, et non du jour de la vente. Cette disposition de l'art. 1682 n'est pas très-logique, car l'acheteur a été de mauvaise foi, par le fait qu'il se savait soumis à une action en rescision ; et il devrait restituer tous les fruits perçus, sauf au vendeur à lui payer aussi les intérêts du prix, à partir de la vente.

CHAPITRE VII

DE LA LICITATION.

ART. 1686. Si une chose commune à plusieurs ne peut être partagée commodément et sans perte ; — ou si, dans un partage fait de gré à gré de biens communs, il s'en trouve quelques-uns qu'aucun des copartageants ne puisse ou ne veuille prendre, — la vente s'en fait aux enchères, et le prix en est partagé entre les copropriétaires.

1687. Chacun des copropriétaires est le maître de demander que les étrangers soient appelés à la licitation : ils sont nécessairement appelés lorsque l'un des copropriétaires est mineur.

1688. Le mode et les formalités à observer pour la licitation sont expliqués au titre *des Successions* et au Code de procédure.

Observation. — La licitation est la vente aux enchères d'une chose indivise, qui n'est pas commodément partageable, ou qu'aucun des copropriétaires ne peut ou ne veut prendre. Elle a les caractères et les effets d'un partage, lorsque l'un des copropriétaires se porte adjudicataire; elle a ceux d'une vente, lorsque la chose passe à un étranger. Dans le premier cas, on applique les règles du partage ; dans le second, les règles de la vente.

Pour que la licitation ait lieu, il suffit qu'il y ait indivision, et il n'y a pas à distinguer si cette indivision provient d'une succession ouverte au profit de plusieurs héritiers, ou d'une société dissoute, ou de l'acquisition qui a été faite en commun de la même chose par les divers copropriétaires.

En principe, les copropriétaires de la chose indivise sont seuls admis aux enchères. Néanmoins chacun est le maître de demander que les étrangers soient appelés à la licitation, et même ils y sont nécessairement appelés lorsque parmi les copropriétaires se trouve un mineur ou un interdit (article 1687).

CHAPITRE VIII

DU TRANSPORT DES CRÉANCES ET AUTRES DROITS INCORPORELS.

ART. 1689. Dans le transport d'une créance, d'un droit ou d'une action sur un tiers, la délivrance s'opère entre le cédant et le cessionnaire par la remise du titre.

1690. Le cessionnaire n'est saisi, à l'égard des tiers, que par la signification du transport faite au débiteur. — Néanmoins le cessionnaire peut être également saisi par l'acceptation du transport par le débiteur dans un acte authentique.

1691. Si, avant que le cédant ou le cessionnaire eût signifié le transport au débiteur, celui-ci avait payé le cédant, il sera valablement libéré.

1692. La vente ou cession d'une créance comprend les accessoires de la créance, tels que caution, privilége et hypothèque.

1693. Celui qui vend une créance ou autre droit incorporel doit en garantir l'existence au temps du transport, quoiqu'il soit fait sans garantie.

1694. Il ne répond de la solvabilité du débiteur que lorsqu'il s'y est engagé, et jusqu'à concurrence seulement du prix qu'il a retiré de la créance.

1695. Lorsqu'il a promis la garantie de la solvabilité du débiteur, cette promesse ne s'entend que de la solvabilité actuelle, et ne s'étend pas au temps à venir, si le cédant ne l'a pas expressément stipulé.

1696. Celui qui vend une hérédité sans en spécifier en détail les objets n'est tenu de garantir que sa qualité d'héritier.

1697. S'il avait déjà profité des fruits de quelque fonds ou reçu le montant de quelque créance appartenant à cette hérédité, ou vendu quelques effets de la succession, il est tenu de les rembourser à l'acquéreur, s'il ne les a expressément réservés lors de la vente.

1698. L'acquéreur doit, de son côté, rembourser au vendeur ce que celui-ci a payé pour les dettes et charges de la succession, et lui faire raison de tout ce dont il était créancier, s'il n'y a stipulation contraire.

1699. Celui contre lequel on a cédé un droit litigieux peut s'en faire tenir quitte par le cessionnaire, en lui remboursant le prix réel de la cession avec les frais et loyaux coûts, et avec les intérêts à compter du jour où le cessionnaire a payé le prix de la cession à lui faite.

1700. La chose est censée litigieuse dès qu'il y a procès et contestation sur le fond du droit.

1701. La disposition portée en l'article 1699 cesse : — 1° dans le cas où la cession a été faite à un cohéritier ou copropriétaire du droit cédé ; — 2° lorsqu'elle a été faite à un créancier en payement de ce qui lui est dû ; — 3° lorsqu'elle a été faite au possesseur de l'héritage sujet au droit litigieux.

NOTIONS GÉNÉRALES ET DIVISION DE LA MATIÈRE.

On appelle *transport*, *cession*, ou même *transport-cession*, l'acte par lequel une personne aliène sa créance. Celui qui aliène prend le nom de *cédant*, l'acquéreur le nom de *cessionnaire*, et le débiteur le nom de *cédé*.

Selon la rigueur du droit, une créance peut-elle être aliénée ? Les jurisconsultes romains et presque tous les auteurs modernes répondent négativement (V. Poth., *Traité de la vente*, nº 551). Cette doctrine se comprend et se justifie à Rome, où l'on ne pouvait se faire représenter par une personne étrangère et libre. Celui-là seul était créancier ou débiteur, qui avait été partie réelle au contrat.

Cependant les nécessités de la pratique exigeaient souvent que l'on arrivât au transport des créances. Comme il était impossible directement, voici le détour que l'on prenait : le cessionnaire recevait mandat d'exercer les actions du cédant, mais la condamnation était prononcée à son profit, et il était dispensé de rendre compte. Aussi, l'appelait-on *procurator in rem suam*.

Faut-il admettre encore aujourd'hui ces idées romaines ? Je ne saurais le croire, car on peut se faire représenter par autrui, et il n'est pas nécessaire d'avoir contracté soi-même pour être le créancier véritable.

Mais quelques auteurs, se fondant sur la nature même du droit, disent que la créance est un rapport entre deux personnes, dont l'une ne peut disparaître sans que le rapport lui-même soit anéanti. — Ce raisonnement est inexact, car un rapport est, en général, tout à fait distinct des termes qui le forment, et ni son existence ni sa valeur ne sont subordonnées à leur identité. En mathématiques et en raison pure, cela est incontestable ; pourquoi n'en serait-il pas de même en droit ? Et même, en fait, cela n'est-il pas admis pour presque tous les droits réels ? Ainsi, on ne peut nier ni douter que le droit de propriété ne passe, sans altération aucune, d'une personne à une autre ; et cependant il n'est, au fond, qu'un simple rapport existant entre le propriétaire, d'une part, et toute personne, de l'autre ; un rapport dont l'un des termes est déterminé, tandis que l'autre ne l'est pas. Toute la question est donc de savoir si ce qui est universellement admis pour la plupart des cas où un des termes du rapport est défini, tandis que l'autre est indéfini, ne peut pas l'être aussi pour certains cas où les deux termes sont également définis. Or, je crois que cela est très-possible toutes les fois que le changement de l'un des deux termes n'altère point la valeur du rapport. Prenons pour exemple un créancier et un débiteur : il est bien indifférent à ce débiteur de payer à tel ou à tel ; la créance sera sur la tête du cessionnaire exactement ce qu'elle était sur la tête du cédant, car rien n'en aura affecté les qualités ou le montant, etc., etc. Dès lors pourquoi ne dirait-on pas que les créances, presque toutes indépendantes de leur terme, qui est le créancier, peuvent passer de l'un à l'autre sans éprouver plus d'altération que le droit de propriété même ?

Quant à la dette, il est clair qu'elle n'est pas distincte de son terme comme la créance l'est du sien. En effet, le changement de débiteur amène un changement de solvabilité, et la valeur du rapport se trouve ainsi altérée. Aussi un débiteur ne pourrait-il pas transférer sa dette à un autre sans le consentement du créancier, tandis que le créancier peut transférer sa créance malgré le débiteur, et sans plus consulter personne que le propriétaire qui aliène sa chose.

Différences qui séparent la CESSION *de la* SUBROGATION *et de la* NOVATION *faite de créancier à créancier.* — Ces opérations diffèrent sous trois points de vue principaux : par leur but, par leur nature et par leurs effets.

Par leur but : en effet, dans la subrogation, un nouveau créancier vient se substituer à l'ancien, dans l'intérêt du débiteur ; dans la novation faite de créancier à créancier, cette substitution a lieu dans le but de simplifier des rapports préexistants, en supprimant le plus grand nombre possible de créanciers ou de débiteurs ; et, dans la cession, le cessionnaire cherche à se procurer un bénéfice, en achetant au-dessous de son taux nominal la créance qu'il poursuivra toute

entière contre le débiteur cédé. Ces trois buts peuvent se résumer en trois mots :

Dans la subrogation, il y a une *gestion d'affaires ;*

Dans la novation, une *liquidation ;*

Dans la cession, une *spéculation.*

Par leur nature : effectivement la subrogation, quelle que
soit l'opinion qu'on s'en forme, implique un payement par
rapport au créancier originaire ; et, par rapport au débiteur,
elle est, soit une créance nouvelle garantie par les accessoires
de l'ancienne, si l'on adopte un premier système ; soit, si l'on
adopte un second système, que je crois plus exact, l'ancienne
créance avec ses accessoires, limitée seulement, dans son
quantum, à la somme déboursée par le subrogé, qui, comme
tout gérant d'affaires, ne peut demander que ses impenses.
Quant à la novation, elle a aussi son caractère propre. Ainsi,
le concours du débiteur est nécessaire, même lorsqu'elle s'o-
père de créancier à créancier, et la créance nouvelle n'est
point garantie par les accessoires de l'ancienne. Enfin, la
cession se distingue : de la subrogation, en ce que la créance
cédée continue à subsister, tant par rapport au créancier que
par rapport au débiteur ; et de la novation, en ce qu'elle s'o-
père sans le consentement de ce débiteur.

Par leurs effets : ceux de la subrogation sont de libérer le
débiteur envers le subrogeant, et de réduire la créance, qui
continue de subsister avec ses accessoires pour le subrogé,
au montant des deboursés que celui-ci a faits ; puis,
dans l'hypothèse d'une subrogation partielle, de donner au subrogeant un droit de préférence sur le subrogé
(art. 1252).

Ceux de la novation sont d'engendrer une créance entièrement nouvelle, et qui ne cessera d'être chirographaire que si
on la garantit par des accessoires nouveaux ; ceux de la cession sont de donner au cessionnaire les droits du cédant avec
toute leur étendue, et d'obliger ce dernier à garantir au premier l'existence de la créance transférée, sans que, dans l'hy-

pothèse d'une cession partielle, le cédant ait jamais un droit
de préférence sur le cessionnaire.

Nous allons traiter successivement du transport des
créances non litigieuses, de la vente d'une hérédité et de
celle des droits litigieux.

DU TRANSPORT DES CRÉANCES NON LITIGIEUSES.

COMMENT *il s'opère*. — La vente d'une créance, comme
celle d'une chose corporelle, est parfaite par le seul consentement des parties sur la chose et le prix, et il n'est point nécessaire d'obtenir celui du débiteur, parce qu'il doit lui être
indifférent de payer à l'un où à l'autre. Du reste, le transport
peut s'effectuer soit à titre onéreux, soit à titre gratuit.

*De l'*OBJET *du transport*. — Tous les droits et actions peuvent, en principe, être aliénés. Mais cette règle souffre exception toutes les fois que le rapport qui les constitue est tellement inhérent aux termes entre lesquels il existe, que son
identité disparaisse quand la leur disparaît. Ceci se présente,
non-seulement pour les droits personnels, comme nous l'a-
vons fait pressentir plus haut, mais encore pour certains
droits réels. Ainsi, l'usager ne peut pas céder son droit, ni le
conjoint son action en séparation de corps, parce que, chacun
usant à sa manière, on ne peut changer l'usager sans changer l'usage, et que l'on ne conçoit pas non plus l'action en
séparation de corps en d'autres mains que celles du conjoint,
puisque lui seul peut avoir à se plaindre d'un lien exclusivement attaché à sa personne.

Le prix d'un office ministériel peut-il être transporté
par le titulaire qui a déjà traité avec son successeur? L'affirmative est certaine, si le successeur est déjà nommé par
le gouvernement. Elle doit encore être admise dans le
cas où le transport est fait dans l'intervalle du traité à cette
nomination, car entre le prédécesseur et le successeur dans
l'office, le lien de droit se forme par le traité qu'ils con-

cluent ensemble, et rien n'empêche qu'une telle créance soit immédiatement transférée. Mais comme le traité lui-même est subordonné à la condition suspensive qu'il sera agréé par le gouvernement, la cession du prix de l'office serait subordonnée à la même condition; seulement elle produira, lors de la nomination, un effet rétroactif au jour de sa signification, et toutes saisies-arrêts postérieures ne lui seront pas opposables [1].

DE L'EFFET *du transport*. — L'effet du transport est, nous le savons déjà, de faire passer la créance sur la tête du cessionnaire, avec tous ses accessoires, tels que priviléges, hypothèques, cautionnements, etc. De là résulte la possibilité de certains placements que la loi ne permet pas de faire directement, puisque notamment elle s'est réservé la faculté exclusive de garantir par des priviléges les créances qui lui paraissent dignes de cette faveur.

Mais est-il absolument vrai que le cessionnaire soit mis aux lieu et place du cédant? Aura-t-il, par exemple, le droit de résolution ou les actions en nullité qui appartenaient à ce dernier? Je crois que décider l'affirmative serait contraire à la saine interprétation des principes du Code et de l'intention des parties contractantes. En effet, quand une personne se rend cessionnaire d'une créance, l'on doit naturellement penser que c'est pour en user, et non pour la détruire; l'exercice des actions rescisoires serait donc, de sa part, la violation d'une clause tacite du contrat. Puis, le cessionnaire ne peut avoir des droits plus étendus que le cédant, lequel, par la vente de sa créance, semble bien avoir renoncé à en contester la validité. C'est en ce sens que la question était décidée dans l'ancienne jurisprudence.

De la DÉLIVRANCE. — Elle s'effectue entre le cédant et le cessionnaire par la remise du titre, qui est le mode de tradition plus spécialement applicable dans la vente des choses incorporelles (art. 1607); mais elle n'a ni pour but ni pour ef-

---

[1] Cass., 11 décemb. 1855 et 2 mars 1864.

fet d'opérer entre les parties la translation du droit lui-même, puisque cette translation a déjà eu lieu par le seul consentement. C'est là une différence notable entre le droit nouveau et le droit ancien.

A l'égard des tiers, la cession n'est parfaite qu'à la condition d'avoir été *signifiée* au débiteur cédé, ou *acceptée* par lui dans un acte authentique.

Mais quel est le sens précis de ce mot *tiers ?* Il comprend tous ceux qui n'ont pas été parties au contrat, et qui sont intéressés à ce que le cédant soit encore créancier ; savoir :

1° Le *cédé* qui aura pu valablement payer le cédant tant que le transport ne lui a pas été signifié ;

2° Ceux à qui la créance aurait été donnée en *gage* depuis qu'elle a été cédée, mais avant la publicité de la cession ;

3° Un *second cessionnaire* qui devancerait le premier par la signification ;

4° Enfin les créanciers du cédant qui, avant la publicité du transport, frapperaient d'*opposition* la créance cédée. Et qu'on ne dise pas qu'étant les ayants cause du cédant, ils sont tenus de respecter les actes qu'il a consentis, car la même objection serait possible à l'égard du second cessionnaire, et cependant les principes forcent bien d'admettre qu'il est préférable au premier, s'il l'a devancé par sa signification.

Ce dernier résultat n'est pourtant pas consacré par la jurisprudence ; et de même qu'elle reconnaît, à juste titre il est vrai (art. 573 du Code de Proc. civ.), que le tiers saisi peut opposer aux créanciers saisissants des quittances privées non enregistrées, ainsi elle déclare opposable au cessionnaire le premier acte de cession, quoiqu'il n'ait pas date certaine. Cette assimilation des deux cas nous semble impossible ; car si, d'un côté, on ne peut raisonnablement exiger d'un débiteur qu'il fasse enregistrer toutes les quittances qu'il reçoit, à cause de leur multiplicité même ; de l'autre, il semble très-juste qu'on fasse supporter au premier cessionnaire les conséquences de sa négligence, précisément à cause de la simplicité du fait inaccompli.

Origine de la SIGNIFICATION. — Elle dérive du droit coutumier ; car il est constant qu'aux termes du droit romain, la simple cession vaut tradition à l'égard des choses incorporelles.

Son BUT *et son* EFFET. — Le but et l'effet de la signification sont d'avertir le débiteur qu'il aura désormais à vider ses mains dans celles du cessionnaire, et de prévenir les transports antidatés ou simulés qui auraient pour résultat de frustrer des créanciers légitimes.

*De l'*ACCEPTATION AUTHENTIQUE *faite par le débiteur*. — Cette acceptation remplace la signification à l'égard des tiers, mais elle produit entre les parties un effet que ne produit pas la signification. Effectivement, le débiteur qui a accepté la cession ne peut plus se prévaloir de la compensation (article 1295), quand même ce serait par un acte sous seing privé, car l'article ne distingue pas ; seulement cette dernière acceptation ne serait pas opposable aux tiers. Même décision pour les nullités dont la dette était entachée.

L'acte authentique non suivi d'acceptation ou de signification ne suffirait pas pour transférer la créance à l'égard des tiers, quoique les fraudes qu'a voulu prévenir le législateur ne soient plus possibles. L'article 1690 est trop absolu pour se prêter à cette interprétation, d'autant plus que, sous la coutume de Paris, dont il reproduit l'article 108, il en était ainsi.

On peut se demander si la connaissance que le cédé aurait eue du transport le rendrait non recevable à opposer au cessionnaire le payement fait au cédant depuis cette connaissance. Le payement sera parfaitement valable, car, outre la difficulté ou l'incertitude de la preuve du fait allégué, il y a le texte de l'article 1690, auquel rien n'autorise à déroger. Il faut donc que le débiteur ait accepté le transport, ou que la signification lui ait été faite, pour qu'il ne puisse plus se prévaloir du payement fait postérieurement entre les mains du cédant.

Créances qui peuvent être cédées à l'égard des tiers SANS LES FORMALITÉS *de l'art.* 1690. — Ces créances sont de plusieurs espèces; celles *à ordre* ou *au porteur* sont les plus fréquentes. Une créance est à ordre lorsque le titre qui la constate, rédigé suivant certaines prescriptions fixées par le Code de commerce, porte que le débiteur payera soit au créancier primitif, soit à toute autre personne qu'il lui plaira de désigner. Cette désignation devra être écrite au dos du titre, et c'est pour cela qu'on l'appelle *endossement.* Par le seul fait que l'endossement est *régulier,* la créance se trouve transférée du premier créancier à un second, qui, par la même voie, pourra la transférer à un troisième, et ainsi de suite. La facilité avec laquelle s'accomplit le transport de ces créances en rend l'usage très-commun de la part des commerçants, et c'est précisément la célérité dont ils ont besoin dans leurs opérations qui a fait établir cette simplification des formalités exigées par le Code civil.

Les créances au *porteur* sont celles payables au possesseur actuel du titre. Comme elles se confondent avec l'écrit qui les constate, elles suivent la condition de cet écrit, et tombent, par conséquent, sous l'empire des règles qui concernent la translation de la propriété des meubles corporels (art. 1141, 2279). Les créances au porteur les plus usuelles et les plus nombreuses sont les billets de la banque de France, quelques inscriptions de rente sur l'État, la plupart des actions et des obligations de chemin de fer ou d'autres compagnies commerciales, industrielles ou financières.

Certaines autres créances sont soumises à des règles spéciales. Ainsi les créances sur l'État, appelées *inscriptions au grand-livre de la dette publique,* se transfèrent par la déclaration sur un registre, signée du propriétaire de la créance, portant qu'il cède son droit à telle personne. En vertu de cette déclaration, son inscription est rayée, et une autre est faite au profit du cesssionnaire. Les formes de ce transport ont été réglées par un décret du 1er août 1805, et ensuite appliquées au transfert des actions de la banque de France. Le ministère des agents de change est indispensable pour tous ces transferts.

La signification vaut SAISIE-ARRÊT. — Il peut très-bien arriver que, avant la signification de la créance cédée, cette créance soit frappée d'opposition par un des créanciers du cédant. On sait que l'*opposition* ou *saisie-arrêt* consiste dans un acte, signifié à la requête d'un créancier au débiteur de son débiteur, tendant à l'empêcher de faire à son propre créancier un payement qui serait peut-être dissipé, et dont ne profiterait pas le saisissant.

Dès le moment de l'opposition, la créance est mise sous la main de la justice, et il n'est plus possible d'en disposer, si ce n'est pour ce qui excède les causes de la saisie-arrêt. C'est là du moins la jurisprudence la plus récente [1]. Ainsi toute cession faite après l'opposition serait nulle, sauf pour cet excédant. Mais quand, la cession ayant eu lieu antérieurement, le cessionnaire a fait sa signification après la saisie-arrêt, faut-il donner à l'opposant un droit exclusif à la créance, ou faut-il faire concourir avec lui le cessionnaire qui a fait tardivement sa signification ? Je crois que la logique et l'équité exigent qu'il y ait concours. D'une part, en effet, notre législation ne reconnaît plus le privilége du premier saisissant ; d'autre part, il est raisonnable de voir dans la signification, qui contient *ordre de payer au cessionnaire*, un acte au moins équivalent à l'opposition, qui ne porte que *défense de payer au cédant*.

Cas d'une signification ENTRE DEUX SAISIES-ARRÊTS. — Sur cette hypothèse, la jurisprudence et la doctrine ont construit deux systèmes tout différents.

Selon la jurisprudence, il faut faire concourir le saisissant postérieur avec le saisissant antérieur et le cessionnaire ;

---

[1] Nimes, 10 janv. 1854. Orléans, 11 mai 1859. Riom, 23 janv. 1862.

car, dit-elle, la première opposition a mis la créance sous
la main de la justice, dans l'intérêt de tous ceux qui viendraient la saisir avant le payement ou la clôture de la
distribution. Mais, dans ce système, que devient la règle
que la signification *rend le transport opposable aux tiers*
(art. 1690) ?

Selon la doctrine, le saisissant antérieur n'a en face de lui
que des opposants ; mais le saisissant postérieur est exclu
par le cessionnaire (art. 1690). Entre le cessionnaire et le
saisissant antérieur, il y aura distribution par contribution,
de telle sorte que la part de chacun soit fixée comme s'il y
avait seulement deux oppositions. Mais alors celle du saisissant subit une défalcation égale à son excédant sur la part
qui lui revient dans l'hypothèse de trois oppositions, et
c'est cette défalcation qui va au second opposant. Soit une
créance de 30 saisie, cédée et saisie encore pour son montant
exact. Le premier saisissant et le cessionnaire prendront
15 chacun. Le cessionnaire gardera les 15 qu'il a touchés,
pusqu'il n'a pas à compter avec le second saisissant. Mais le
premier saisissant rendra 5 au dernier, et il lui restera 10,
de telle sorte qu'il n'aura ni profité ni souffert de la cession.

Ce second système semble concilier heureusement les
principes de la saisie avec la règle que la signification rend
le transport opposable aux tiers.

Des DIFFÉRENTES ESPÈCES DE GARANTIE. — En matière de
transport de créances, il y a deux espèces de garantie : celle
de *droit* et celle de *fait*.

La première est ainsi appelée, parce que le vendeur en
est tenu de plein droit, et par la nature même du contrat.
Elle consiste à promettre que la créance vendue *existe*
véritablement, et à défendre l'acheteur des demandes de
ceux qui en revendiqueraient contre lui la propriété. La
garantie de fait est ainsi appelée, parce que le vendeur
n'en est tenu que si, par une clause *spéciale* du contrat,
il s'y est obligé. Il y en a trois sortes : la garantie de fait

simplement dite, celle de fournir et faire valoir, et celle de faire valoir après simple commandement.

De la garantie de FAIT SIMPLEMENT DITE. — C'est celle par laquelle le cédant promet que le débiteur est solvable. Cette garantie ne s'entend que de la solvabilité actuelle, à moins de stipulation contraire. La haine des usuriers a même fait établir que le cédant ne devrait jamais garantie que jusqu'à concurrence du prix de la cession.

De la garantie résultant de la CLAUSE DE FOURNIR ET FAIRE VALOIR. — La clause de fournir et faire valoir donne quelque chose de plus au cessionnaire que la garantie de fait simplement dite. En effet, après bien des discussions, on a admis, avec Loyseau, que cette garantie s'étend à la solvabilité future, pourvu que le cessionnaire n'ait, ni par sa faute ni par son fait, rendu la créance mauvaise. Mais, dans tous les cas, le cessionnaire ne pourra exercer son recours contre le cédant que discussion faite de tous les biens du cédé, car par elle seulement peut s'établir son insolvabilité.

De la garantie qui résulte de la clause de fournir et faire valoir APRÈS SIMPLE COMMANDEMENT. — Cette garantie est encore plus favorable au cessionnaire que la précédente, puisqu'elle le dispense de toute discussion préalable.

DE LA VENTE D'UNE HÉRÉDITÉ.

La vente d'une hérédité n'emporte pas transmission de la qualité d'héritier, car comme l'hérédité comprend un passif et un actif, il n'est pas indifférent aux créanciers d'avoir tel ou tel débiteur, s'il l'est au débiteur d'avoir tel ou tel créancier ; et changer un terme du rapport, ce serait ici changer la valeur du rapport lui-même. La vente de l'hérédité porte donc uniquement sur l'émolument que procure la qualité d'héritier, et sur les charges pécuniaires qu'elle entraîne ; elle déplace les biens, les profits, l'uni-

versalité des choses laissées par le défunt, mais elle ne
touche en rien à la qualité d'héritier, qui est immuable.

La loi n'exige pas, pour que le débiteur soit saisi à l'é-
gard des tiers, la signification du transport. Il en était de
même dans l'ancienne jurisprudence. La raison qu'on peut
en donner, c'est que, le nombre des créances de la succession pouvant être considérable, cette signification serait
très-embarrassante et très-coûteuse, de sorte que les inconvénients seraient plus grands que les avantages.

Quelle hérédité *peut être vendue*. — Il faut que celui
dont on vend l'hérédité ait existé et soit mort, car il ne
peut y avoir hérédité d'un homme qui n'a jamais existé ou
qui est encore vivant. Quoique les choses futures puissent
être l'objet d'une obligation, on a toujours prohibé la vente
d'une hérédité non encore ouverte, par un motif de décence
publique. Cette prohibition a son effet même à l'égard de la
vente qui serait consentie par contrat de mariage (art. 791).

De la garantie *due par le vendeur*. — Cette garantie
peut être plus ou moins étendue, suivant les circonstances.
Il importe de faire plusieurs distinctions.

Si le vendeur a spécifié en tout ou en partie les objets dont
se compose la succession, il est garant de l'éviction que
l'acheteur en subirait *jure domini*. Quant à l'éviction *jure
hypothecæ*, elle a pu être prévue par lui, et dès lors il n'a pas
à s'en plaindre. D'ailleurs, il ne tient qu'à lui de l'éviter en
payant les créanciers inscrits.

Si la vente a été faite sans spécification des objets, le vendeur est seulement garant de sa qualité d'héritier, comme le
cédant l'est de sa qualité de créancier. Peu importe d'ailleurs que l'hérédité soit plus ou moins opulente : le vendeur
n'a entendu transmettre et l'acheteur n'a entendu acquérir
que l'hérédité telle qu'elle était, avec ses droits tels quels.

Si, enfin, il y a eu vente d'une hérédité simplement prétendue, le vendeur ne doit même pas garantir sa qualité
d'héritier, car ce qu'il a vendu, ce n'est pas précisément l'hé-

rédité, mais ses prétentions à l'hérédité, et l'on ne pourra pas dire qu'il ait acquis le prix sans cause, car l'*alea* du contrat est une véritable cause.

Il y a un cas où la garantie existe nécessairement. C'est lorsque l'éviction provient de la faute ou du fait de l'héritier vendeur.

Obligations respectives *du vendeur et de l'acheteur.* — Sauf stipulation contraire, on doit décider, avec Ulpien, que la vente de l'hérédité comprend tout ce qui en est provenu ou en proviendra, et que, par conséquent, le vendeur doit rembourser à l'acheteur tout ce qui a été exigé des débiteurs, tous les fruits tant naturels que civils qui ont été perçus, etc.

Si certains objets ont été vendus avant que l'hérédité le fût, cette vente sera valable, et les tiers demeureront propriétaires. C'est alors le prix qui sera restitué à l'acheteur, et non les objets eux-mêmes.

Si ces objets ont été vendus lorsque l'hérédité l'était déjà, le contrat sera nul, car la propriété des choses vendues avait été transférée à l'acheteur de l'hérédité, et il n'est point permis de vendre la chose d'autrui.

Si la chose vendue n'avait pas été livrée, l'acheteur de l'hérédité serait libre d'exiger cette chose ou son prix, parce que l'on peut très-bien dire que l'héritier vendeur de la chose n'a été que son gérant d'affaires.

De son côté, l'acheteur doit, outre son prix, rembourser au vendeur tout ce que celui-ci a payé avant la vente pour la succession, comme il devra se charger de l'acquittement de toutes les obligations que le vendeur avait consenties à raison de l'hérédité, ou l'indemniser si cet acquittement ne peut avoir lieu directement.

Cas où il y a eu confusion. — Le vendeur et l'acheteur peuvent-ils s'opposer mutuellement la confusion? — Non. — Pourquoi? Parce que la confusion est un simple fait qui peut être annulé par un fait postérieur contraire : *Confusio potiùs eximit personam quàm extinguit obligationem.*

Ainsi les créances et les dettes du vendeur envers le défunt revivront pour et contre lui, de même que les servitudes, les droits d'usufruit et d'usage, etc., qui existaient, soit à son profit, soit à sa charge.

Rappelons, toutefois, que, si la confusion n'est pas opposable par les parties, elle l'est quelquefois par les tiers qui ont intérêt à l'invoquer, notamment par les cautions (art. 1301).

Du droit de POURSUITE. — Il n'est pas douteux que l'acheteur ait action directe contre les débiteurs, puisque le transport de toutes les créances héréditaires a eu lieu à son profit par la vente même de l'hérédité. Quant aux dettes, je crois qu'elles peuvent être réclamées à volonté du vendeur ou de l'acheteur : du vendeur, parce que, par la vente, il n'a pas cessé d'être héritier ; de l'acheteur, parce que l'esprit du Code est que l'on puisse directement poursuivre tout contribuable (art. 1994, *in fine*).

A qui profite le droit D'ACCROISSEMENT? — Cette question divise les jurisconsultes en deux camps à peu près égaux, mais il n'y a, de part ni d'autre, aucune raison bien concluante. Peut-être faut-il décider que ce droit profite au vendeur, car ce que l'héritier a voulu vendre et l'acheteur entendu acquérir, c'est la part héréditaire telle qu'elle se trouvait, c'est-à-dire abstraction faite de la part d'un cohéritier qui n'avait pas encore renoncé et qui, par là même, était présumé acceptant. Cette solution nous semble devoir être le plus souvent conforme à l'intention des parties, ce qui seul importe dans un contrat. Notons que le cohéritier non vendeur peut exercer le retrait successoral (art. 841).

DE LA CESSION DES DROITS LITIGIEUX

Dans l'ancienne jurisprudence, les auteurs n'étaient pas d'accord sur la nature du droit litigieux. Pothier le définit « un droit qui est contesté ou peut l'être en total ou pour partie ; » et Lamoignon « un droit qui est en litige ». Pour faire disparaître ces doutes, le Code (art. 1700) exige « qu'il y ait procès et contestation sur le fond du droit », c'est-à-dire que le débiteur prétendu ait été cité en justice et ait présenté des défenses au fond, en soutenant que le droit réclamé n'a pas existé ou n'existe plus [1].

Il va sans dire que la vente d'un droit litigieux n'emporte pas de garantie de la part du vendeur.

Du RETRAIT LITIGIEUX. — Toutes les législations ont vu avec défaveur la cession des droits litigieux, et ont traité sévèrement ces spéculateurs dangereux qui se font des ruses de la chicane un moyen de fortune. Aussi ont-elles permis au débiteur prétendu de se libérer en remboursant au cessionnaire ce que lui a coûté la cession. Le droit coutumier lui-même avait adopté le retrait litigieux, dont l'origine était toute romaine (Pothier, *ibid.*, n° 591).

CAS *où il peut être exercé et* CONDITIONS *de cet exercice.* — L'esprit, sinon la lettre du Code, indique bien que le retrait litigieux pourra être exercé toutes les fois que la cession aura été faite à titre onéreux ; et, en effet, pourquoi protéger le spéculateur qui, par voie d'échange, serait devenu maître d'un procès, lorsqu'on désarme celui qui l'est devenu par voie de vente ?

Les conditions auxquelles peut être exercé le retrait litigieux varient suivant que la cession a été faite par voie de vente, ou par voie d'échange. — Au premier cas, le débiteur doit restituer au cessionnaire : 1° le prix *réel* de la cession, lequel peut être supérieur ou inférieur à celui porté dans l'acte ; 2° les frais et loyaux coûts du contrat ; 3° les intérêts du prix à compter du payement. — Au second cas, le débiteur doit restituer l'estimation de la chose donnée par le cessionnaire, et, si cette chose produisait des fruits, les intérêts de la valeur estimative (art. 1652 [3°]).

Le retrait litigieux peut être demandé pour la première

---

[1] Marcadé, art. 1700, n° 1. — Aubry et Rau, t. III, § 359 [1°], p. 331.

fois en appel [1], et il n'est pas nécessaire pour l'exercer de faire préalablement des offres réelles [2].

Cas où la cession des droits litigieux est NULLE. — Quand le cessionnaire est « juge, suppléant ou magistrat remplissant le ministère public, greffier, huissier, avoué, défenseur officieux ou notaire », et qu'il exerce dans le ressort du Tribunal ou de la Cour impériale qui devra ou pourra connaître le procès, la cession du droit litigieux, ou pouvant l'être, est nulle (art. 1597). Le législateur a craint soit l'intimidation qu'un semblable cessionnaire pourrait exercer avant le procès, soit l'influence dont il pourrait user pendant l'instance.

Les raisons qui ont fait établir ces prohibitions doivent faire décider que la nullité de la cession ne peut être invoquée que par le cédant et le cédé, et non par le cessionnaire ou le ministère public. En d'autres termes, elle est relative, et non pas absolue. Effectivement, la loi circonscrit la nullité aux limites mêmes de l'influence présumée du cessionnaire. C'est donc uniquement à cause de cette influence que la nullité est établie, et si le cédé ne la redoute pas, pourquoi lui enlèverait-on son nouvel adversaire, qu'il préfère peut-être à l'ancien ?

La nullité de la cession peut être invoquée, non-seulement avant la solution du procès, mais encore après, si le cessionnaire a obtenu gain de cause, car la loi ne fixe aucun délai ; et, s'il est un moment opportun pour l'application de la nullité, c'est bien celui où le résultat du litige semble donner raison aux craintes du législateur. Mais, dans ce cas, c'est le cédant seul qui pourra demander la nullité, car le cédé ne peut point être reçu à répudier son nouvel adversaire, après l'avoir accepté. Si le cessionnaire avait perdu son procès, la nullité ne pourrait plus être demandée, car le cédé est désormais sans intérêt, et le cédant ne peut pas se prévaloir d'une

---

[1] Aubry et Rau, t. III, § 359⁴ᵒ, p. 332.
[2] Aubry et Rau, t. III, *loco cit.* — Metz, 21 nov. 1855.

action qui, en rétablissant les choses dans leur état primitif, porterait uniquement préjudice au cédé. Seulement, il pourra réclamer du cessionnaire des dommages-intérêts, s'il s'est laissé condamner par sa faute. Au surplus, le cédé aura, dans tous les cas, le choix entre la nullité de la cession et l'exercice du retrait litigieux ; car, de ce que la loi le met dans une meilleure condition quant à la nullité, c'est une raison de plus de lui appliquer le bénéfice du droit commun, s'il veut l'invoquer.

Cas où le retrait litigieux NE PEUT ÊTRE EXERCÉ. — **Le** retrait litigieux, étant une atteinte portée à la liberté des contrats, cesse de pouvoir être exercé toutes les fois que la cession a une juste cause. Les cas où il ne peut l'être avaient déjà été prévus dans les lois *Per diversas* et *Ab Anastasio.* Le Code les a reproduits (art. 1701). Toutefois, l'article 1701 ne sera point applicable aux personnes désignées dans l'article 1597 ; car, quoique la cause de la cession soit juste, l'influence du cessionnaire n'est pas moins à craindre pour la partie.

Le retrait litigieux ne peut être exercé :

1° Lorsque la cession a été faite à un *cohéritier* ou *copropriétaire* du droit litigieux ; et par qui? Je crois qu'il faut dire, avec Pothier, par le cohéritier ou le copropriétaire lui-même, car, quand la cession a été faite par un tiers, le cessionnaire, l'ayant acceptée ou dans l'intérêt de ses communistes ou dans son propre intérêt, n'a pas à se plaindre, dans le premier cas, si les communistes exercent le retrait litigieux, et dans le second, il ne mérite aucune faveur.

2° Lorsque la cession a été faite à un créancier *en payement* de ce qui lui est dû. On ne peut, si le créancier n'avait guère d'autre moyen de se faire payer, voir dans cette cession une spéculation blâmable. Il n'y a donc pas de raison de permettre le retrait litigieux.

3° Lorsque la cession a été faite au *possesseur* de l'héritage sujet au droit litigieux. Ainsi, deux personnes revendiquent

un fonds possédé par un tiers, et celui-ci achète les prétentions de l'une d'elles : dans ce cas, le cessionnaire a plutôt agi
pour conserver le fonds que pour tenter les chances d'un
procès, et à cette raison de le protéger contre le retrait vient
se joindre cette autre que la cession a simplifié le procès, en
supprimant l'un des demandeurs.

Les mêmes raisons existent lorsque c'est un usufruitier ou
un usager qui détient le fonds ; je crois qu'il faudrait dire
d'eux ce que nous avons dit du simple possesseur, pour le
cas où deux tierces personnes leur contesteraient leur droit
d'usufruit ou d'usage.

L'esprit du Code doit faire introduire deux autres exceptions à l'exercice du retrait litigieux : la première pour le
cas où le droit cédé est l'*accessoire* ou la conséquence d'un
droit principal non litigieux, car, dans ce cas, on ne peut
pas dire que le cessionnaire ait acheté la créance *animo
vexandi ;* la seconde, pour le cas où la cession a été faite à
titre entièrement *gratuit ;* car, d'une part, le donataire n'est
pas un spéculateur, et, d'autre part, on ne saurait comment
fixer le prix du retrait.

LIVRE III, TITRE VII.

De l'Échange.

(Décrété le 7 mars 1804. Promulgué le 17 du même mois.)

Art. 1702. L'échange est un contrat par lequel les parties se
donnent respectivement une chose pour une autre.

1703. L'échange s'opère par le seul consentement, de la même
manière que la vente.

1704. Si l'un des copermutants a déjà reçu la chose à lui donnée
en échange, et qu'il prouve ensuite que l'autre contractant n'est
pas propriétaire de cette chose, il ne peut pas être forcé à livrer

celle qu'il a promise en contre-échange, mais seulement à rendre celle qu'il a reçue.

1705. Le copermutant qui est évincé de la chose qu'il a reçue en échange a le choix de conclure à des dommages et intérêts, ou de répéter sa chose.

1706. La rescision pour cause de lésion n'a pas lieu dans le contrat d'échange.

1707. Toutes les autres règles prescrites pour le contrat de vente s'appliquent d'ailleurs à l'échange.

CARACTÈRES *et* EFFETS *de l'échange*. — L'échange a précédé la vente, qui ne fut instituée qu'avec la monnaie. Il semblerait être, d'après la définition du Code, un contrat *réel* comme en droit romain. Mais l'article 1703, corrigeant l'article 1702, l'assimile à la vente, et en fait un contrat consensuel. Dès lors, il pourra exister sans qu'il y ait eu translation de propriété, et il suffira que les parties se soient respectivement engagées à cette translation.

En fait, lorsque l'échange aura pour objet des corps certains, la propriété sera transmise par le seul consentement ; mais lorsqu'il aura pour objet des genres, il n'y aura que des obligations respectives de la transférer.

L'échange est un contrat synallagmatique, et l'un des coéchangistes n'est pas tenu d'exécuter ses obligations, quand l'autre n'exécute pas les siennes. Dès lors, s'il n'est pas devenu propriétaire de la chose qu'il a reçue, il pourra soit demander la résolution du contrat, soit en poursuivre l'exécution forcée, avec des dommages-intérêts, s'il y a lieu, dans l'une et l'autre hypothèse.

Les règles de l'échange sont les mêmes que celles de la vente ; on peut cependant signaler quelques différences. Ainsi, l'échange n'est pas rescindable pour cause de lésion, parce que, si le besoin d'argent peut forcer à vendre, il ne peut forcer à échanger. De plus, les frais et loyaux coûts du contrat sont supportés en commun par les échangistes ; car il n'y a aucune raison de les mettre à la charge de l'un plutôt qu'à celle de l'autre, etc.

Depuis la loi du 23 mars 1855 l'échange des immeubles est sujet à la transcription, car l'article 1er soumet à cette formalité « tout acte entre-vifs translatif de propriété immo- « bilière ou de droits réels susceptibles d'hypothèques. »

LIVRE III. TITRE VIII.

Du Contrat de Louage.

(Décrété le 7 mars 1804. Promulgué le 17 du même mois.)

CHAPITRE PREMIER

DISPOSITIONS GÉNÉRALES.

Art. 1708. Il y a deux sortes de contrats de louage : — celui des choses, — et celui d'ouvrage.

1709. Le louage des choses est un contrat par lequel l'une des parties s'oblige à faire jouir l'autre d'une chose pendant un certain temps, et moyennant un certain prix que celle-ci s'oblige de lui payer.

1710. Le louage d'ouvrage est un contrat par lequel l'une des parties s'engage à faire quelque chose pour l'autre, moyennant un prix convenu entre elles.

1711. Ces deux genres de louage se subdivisent encore en plusieurs espèces particulières : — on appelle *bail à loyer* le louage des maisons et celui des meubles ; — *bail à ferme*, celui des héritages ruraux, — *loyer*, le louage du travail ou du service, — *bail à cheptel*, celui des animaux dont le produit se partage entre le propriétaire et celui à qui il les confie. — Les *devis*, *marché* ou *prix fait*, pour l'entreprise d'un ouvrage moyennant un prix déterminé, sont aussi un louage, lorsque la matière est fournie par celui pour qui l'ouvrage se fait. — Ces trois dernières espèces ont des règles particulières.

1712. Les baux des biens nationaux, des biens des communes et des établissements publics, sont soumis à des règlements particuliers.

Des DIFFÉRENTES ESPÈCES *de louage*. — *Leur* DÉFINITION. —
L'article 1708 distingue deux sortes de louage, celui des
choses et celui d'*ouvrage*.

Le louage des *choses* est le contrat par lequel l'une des
parties s'oblige à faire jouir l'autre d'une chose pendant un
temps déterminé, et moyennant un prix que celle-ci s'engage à lui payer (art. 1709).

Le louage d'*ouvrage* est le contrat par lequel l'une des
parties s'oblige à faire quelque chose pour l'autre moyennant
un prix convenu.

Ces deux sortes de louage comportent, ainsi que nous le
verrons plus tard, plusieurs subdivisions. Ainsi le louage des
choses comprend le bail à *loyer*, le bail *à ferme*, le *bail à
cheptel;* et le louage d'ouvrage comprend l'engagement des
domestiques et *ouvriers*, les *devis* et *marchés* ou louage des
entrepreneurs et *architectes*.

Dans le louage des choses, celui qui donne à loyer, le *locator*, est le maître de la chose; et celui qui prend à loyer,
le *conductor*, est le débiteur du prix convenu.

Dans le louage d'ouvrage, au contraire, celui qui donne à
loyer, le *locator*, est le domestique, l'ouvrier, etc... qui fournit ses services ou son travail, et celui qui prend à loyer, *le
conductor*, est celui qui, profitant de ce travail ou de ces services, paye le salaire stipulé.

Le louage des choses est un contrat des plus importants au
point de vue de l'économie politique. Il se place à côté de la
vente et de l'échange; car si ces contrats ont pour but de
procurer à autrui la propriété d'une chose, le louage a pour
but de lui en procurer, pendant un certain temps, la jouissance et l'utilité.

De l'EMPHYTÉOSE. — En droit romain, l'emphytéose servait de trait d'union entre la vente et le louage; elle conférait au preneur le droit de conserver la chose, tant qu'il payerait une redevance déterminée, et d'exercer, pendant toute
la durée de sa jouissance, les droits et actions qui sont les at-

tributs de la propriété. Le bailleur se réservait seulement sur la chose un droit abstrait, appelé *dominium directum*, dont l'efficacité n'apparaissait que si le preneur cessait de remplir ses engagements. Alors il pouvait rentrer dans la possession de la chose, qu'il reprenait exempte de toutes les charges dont l'emphytéote l'avait grevée.

L'emphytéose avait été établie, par Zénon, dans le but d'encourager les agriculteurs, en leur assurant le bénéfice de leur travail sur le bien d'autrui, moyennant une simple redevance périodique, laquelle devenait d'autant moins onéreuse que l'exploitation acquérait plus de développement et de prospérité.

L'emphytéose a duré jusqu'à la révolution française. Une loi du 29 décembre 1790 vint lui enlever son caractère de perpétuité, qui la rattachait au régime féodal par un lien trop intime, et fixer à quatre-vingt-dix-neuf ans le *maximum* de sa durée.

Certains auteurs soutiennent que l'emphytéose temporaire existe encore ; car, disent-ils, aucune loi postérieure n'est venue la prohiber, et puis, elle est d'une incontestable utilité pour l'agriculture et l'industrie.

Cependant il paraît difficile de l'admettre, car le Code n'en a pas même prononcé le nom, et ce silence serait inexplicable si un droit de cette importance avait été maintenu. Puis les lois hypothécaires du 9 messidor an III, et du 11 brumaire an VII, la classaient parmi les biens susceptibles d'hypothèque ; et l'article 2118 du Code, en énumérant ces mêmes biens, a eu soin de l'en faire disparaître. Enfin Tronchet, interpellé au Conseil d'État, en ce qui concerne l'emphytéose, répondit que maintenant elle n'avait plus d'objet, et qu'on ne devait pas s'en occuper. Effectivement, son utilité a disparu avec les grandes fortunes territoriales ; car là où le bien de chacun est assez restreint pour être exploité par le propriétaire lui-même, le simple bail suffit à toutes les exigences de l'agriculture ou de l'industrie. Tout porte donc à croire que l'emphytéose a disparu de notre législation. Comment donc faudrait-il qualifier le bail d'un immeuble fait pour quatre-vingt-dix-neuf ans? Dans l'usage on n'hésite pas à l'appeler emphytéose, et même une jurisprudence constante admet, malgré les raisons qui viennent d'être indiquées, que c'est encore là un droit réel susceptible d'hypothèque. Mais il nous paraît bien difficile de reconnaître aux baux à long terme, quelle que soit la qualification qu'on leur donne, le caractère de véritables démembrements de la propriété, et nous pensons que dans l'esprit du Code ils ne constituent, comme les baux à court terme, que de simples droits personnels non susceptibles d'hypothèque. Toutefois, nous le répétons, le système contraire a prévalu dans la pratique [1].

Analogies *et* différences *du* louage *des choses et de* l'usufruit. — L'usufruit, comme le louage, procure la jouissance de la chose d'autrui. De nombreuses analogies les réunissent, et de nombreuses différences les séparent.

Le louage et l'usufruit peuvent être établis, soit pour une redevance périodique, soit pour une somme fixe une fois payée, à terme, ou sous condition, comme pendant la vie de telle ou telle personne, etc.

Mais le louage :

Est un droit *personnel* et *mobilier ;*

Peut être consenti par un *simple administrateur*, qui n'aurait pas la capacité d'aliéner ou d'hypothéquer ;

Ne peut être établi qu'à *titre onéreux ;*

Peut durer plus longtemps que la vie du locataire, et passer *à ses héritiers ;*

Produit, de la part du bailleur, l'obligation de *faire jouir* le preneur ;

Ne donne que la détention *précaire* de la chose, et ne peut mener à la prescription.

L'usufruit, au contraire :

Est toujours un droit *réel,* puisqu'il consiste en un dé-

[1] Cass., 26 janvier 1864.

membrement de la propriété, et même un droit *immobilier* lorsqu'il a pour objet un immeuble, ce qui le rend susceptible d'hypothèque ;

Ne peut être constitué que par une personne ayant capacité d'*aliéner*, car il est une aliénation partielle de la propriété ;

Peut être établi à *titre gratuit ;*

Finit nécessairement avec *la vie* de l'usufruitier ;

Donne la faculté de *jouir par soi-même*, mais non celle de contraindre le nu propriétaire à procurer cette jouissance, en faisant des réparations quelconques ;

Donne une possession non *précaire,* qui peut conduire à la prescription.

PERSONNALITÉ *du droit du preneur.* — Nous avons dit que le droit du preneur est toujours personnel. Cette proposition était incontestable et incontestée en droit romain et dans l'ancien droit français. Le louage ne produisait que des obligations entre les parties contractantes, et le preneur avait si peu un droit direct et réel sur la chose louée, qu'il pouvait être expulsé par un tiers qui l'aurait achetée postérieurement à la location, sauf son recours contre le bailleur qui ne lui procurait pas la jouissance promise.

La loi romaine disait :

Emptorem quidem fundi necesse non est stare colono cui prior dominus locavit, nisi eâ lege emit.

Aujourd'hui, cependant, certains auteurs soutiennent que le preneur d'un immeuble a un droit réel ; ils se fondent sur l'article 1743 du Code Nap., aux termes duquel l'acheteur ne peut expulser le fermier ou locataire qui a un bail authentique ou dont la date est certaine ; et sur l'art. 684 du Code procéd. civ., aux termes duquel les créanciers du débiteur saisi et l'adjudicataire sont tenus de respecter les baux qui ont acquis date certaine avant le commandement tendant à la saisie de l'immeuble loué [1].

[1] Paris, 8 juillet 1861, 12 mars 1863.

Il est certain que, dans ces deux cas, le droit du preneur a
le principal caractère et produit le principal effet du droit
réel, qui consiste à être opposable aux tiers. Mais faut-il en
conclure que ce droit, qui était autrefois personnel, a été véritablement transformé en droit réel, ou bien que c'est seulement par exception qu'il produit les effets d'un droit
réel ?

Cette dernière idée nous paraît seule exacte et au point de
vue des textes et au point de vue historique.

Effectivement, si le droit du preneur était réel, il aurait ce
caractère dès le moment même du contrat, puisque, chez nous,
le seul consentement suffit pour transférer la propriété, et, à
plus forte raison, les droits réels moins étendus que la propriété. Or, ce n'est point là ce qui arrive, puisque le preneur
ne peut opposer son droit à l'acheteur qu'à la double condition d'être entré en jouissance lors de l'acquisition, et de
produire un acte authentique ou ayant date certaine.

L'historique de la question vient à l'appui de ce système.
Frappée des inconvénients que présentait pour l'agriculture
et le commerce l'application rigoureuse des anciens principes,
l'Assemblée constituante y dérogea d'abord en ce qui concernait les biens ruraux ; elle décréta que le preneur qui aurait
un bail de six années et au-dessous ne pourrait plus être expulsé par l'acheteur ; et lorsque le bail était de plus de six
années, l'acheteur ne pouvait user de son droit d'expulsion
que sous la condition de cultiver lui-même sa propriété, et
de dédommager au préalable le fermier, à dire d'experts, des
avantages qu'il aurait retirés de son exploitation. Comme on
le voit, l'Assemblée constituante n'entendait nullement renverser les anciens principes, mais elle en restreignait l'application à de justes limites.

Guidés par les mêmes motifs, les rédacteurs du Code ont
admis la même restriction ; seulement ils n'ont plus distingué
si les baux sont de biens ruraux ou de biens urbains, ni s'ils
doivent durer plus ou moins de six années. Il est donc, à

coup sûr, téméraire d'affirmer qu'ils ont converti le droit personnel du preneur en un droit réel [1].

Comment alors expliquer que, dans les cas cités plus haut, le droit du preneur soit opposable aux tiers ? Nous pensons que ce résultat dérive d'une véritable subrogation que la loi impose à l'acquéreur de l'immeuble ou aux créanciers saisissants, dans les obligations que le bailleur a contractées envers le preneur de ne pas le troubler dans la jouissance paisible et utile de l'immeuble loué. Ni l'acquéreur ni les créanciers ne peuvent se plaindre de cette subrogation forcée que la loi leur impose, puisqu'ils ont vu au moment de leur contrat ou de leur saisie le preneur déjà en possession de l'immeuble, et qu'ils ont dû s'attendre à subir le bail qui lui avait été consenti et qui était en cours d'exécution.

Au surplus, l'intérêt même du preneur est d'avoir un droit personnel, plutôt qu'un droit réel, car il peut ainsi toujours contraindre le bailleur à le *faire jouir*, tandis que, s'il avait un droit *réel* comme l'usufruitier, le bailleur devrait simplement le *laisser jouir*, sans être tenu de faire toutes les réparations qui doivent assurer cette jouissance. Du moins, telle est la conséquence à laquelle conduirait l'application rigoureuse des principes.

La loi *Emptorem* sera encore appliquée lorsque le preneur ne sera pas entré en jouissance au moment de la vente, et, au lieu que son droit soit, dans ce cas, opposable à l'acheteur, c'est le droit de l'acheteur qui lui sera opposable. Cela résulte des expressions du Code, qui, en accordant au preneur la faculté de ne pas être *expulsé*, lui refuse, par cela même, celle d'entrer en jouissance malgré l'acheteur.

De ce que le droit du preneur est personnel, il résulte : 1° qu'il ne pourra pas être hypothéqué, et qu'entre deux fermiers ou locataires de la même chose, celui-là devra être préféré à l'autre, qui le premier aura été mis en possession ;

---

[1] Valette, *Priv. et hyp.* t. II, p. 195. — Demolombe, t. IX, p. 493. — Massé et Vergé, t. IV, § 698, note 2. — Cass., 6 mars 1861, et 21 fév. 1865.

2° que si le bailleur perd un procès en revendication intenté contre lui, le preneur ne pourra pas se soustraire, en plaidant à son tour, aux effets de ce jugement, puisque, n'ayant pas de droit sur la *chose*, il a été représenté dans l'instance par le bailleur dont il est simplement créancier au point de vue de la jouissance ; 3° que le droit au bail dont l'un des futurs époux serait investi au moment du mariage tomberait dans la communauté à raison de son caractère mobilier.

Quoique le droit du preneur soit toujours personnel, les tiers qui doivent le respecter ont le plus grand intérêt à le connaître. Aussi la loi du 23 mars 1855 a-t-elle soumis à la transcription les baux de plus de 18 ans, et même les quittances anticipées de plus de trois années de loyers ou fermages (art. 2⁴°).

* * *

CHAPITRE II

DU LOUAGE DES CHOSES.

Art. 1713. On peut louer toutes sortes de biens meubles et immeubles.

Des choses susceptibles d'être louées. — Toutes choses peuvent être l'objet d'un louage. Cependant quelques exceptions doivent être apportées à ce principe : ainsi les choses dont on ne peut user sans les consommer résistent à toute location, car la principale des obligations du locataire, qui est de conserver la chose, pour la restituer au temps convenu, ne peut être remplie [1]. Au surplus, les choses qui se consomment par le premier usage peuvent quelquefois être considérées par les parties comme des corps certains qui devront être conservés et restitués en nature. En un mot, les choses fongibles sont déterminées, comme nous

---

[1] Marcadé, art. 1713, n° 2. — Aubry et Rau, t. III, § 364, p. 339.

le verrons plus tard, non par leur nature, mais par l'intention des contractants.

Pareillement, il n'est pas permis de louer les droits exclusivement attachés à la personne, tels que ceux d'usage et d'habitation ; car les besoins du preneur pourraient être plus étendus que ceux de l'usager, et il y aurait, dans ce bail, une violation de la convention tacite, intervenue entre le nu propriétaire et celui qui a le droit d'usage ou d'habitation, d'après laquelle ce dernier doit jouir par lui-même.

PREMIÈRE SECTION

DES RÈGLES COMMUNES AUX BAUX DES MAISONS ET DES BIENS RURAUX.

Art. 1714. On peut louer ou par écrit, ou verbalement.

1715. Si le bail fait sans écrit n'a encore reçu aucune exécution, et que l'une des parties le nie, la preuve ne peut être reçue par témoins, quelque modique qu'en soit le prix, et quoiqu'on allègue qu'il y a eu des arrhes données. — Le serment peut seulement être déféré à celui qui nie le bail.

1716. Lorsqu'il y aura contestation sur le prix du bail verbal dont l'exécution a commencé, et qu'il n'existera point de quittance, le propriétaire en sera cru sur son serment, si mieux n'aime le locataire demander l'estimation par experts ; auquel cas les frais de l'expertise restent à sa charge, si l'estimation excède le prix qu'il a déclaré.

1717. Le preneur a le droit de sous-louer, et même de céder son bail à un autre, si cette faculté ne lui a pas été interdite. — Elle peut être interdite pour le tout ou partie. — Cette clause est toujours de rigueur.

1718. Les articles du titre *du Contrat de mariage et des Droits respectifs des époux*, relatifs aux baux des biens des femmes mariées, sont applicables aux baux des biens des mineurs.

1719. Le bailleur est obligé, par la nature du contrat, et sans qu'il soit besoin d'aucune stipulation particulière : 1° de délivrer au preneur la chose louée ; — 2° d'entretenir cette chose en état de servir à l'usage pour lequel elle a été louée ; — 3° d'en faire jouir paisiblement le preneur pendant la durée du bail.

1720. Le bailleur est tenu de délivrer la chose en bon état de réparations de toute espèce. — Il doit y faire, pendant la durée du bail, toutes les réparations qui peuvent devenir nécessaires, autres que les locatives.

1721. Il est dû garantie au preneur pour tous les vices ou défauts de la chose louée qui en empêchent l'usage, quand même le bailleur ne les aurait pas connus lors du bail. — S'il résulte de ces vices ou défauts quelque perte pour le preneur, le bailleur est tenu de l'indemniser.

1722. Si, pendant la durée du bail, la chose louée est détruite en totalité par cas fortuit, le bail est résilié de plein droit ; si elle n'est détruite qu'en partie, le preneur peut, suivant les circonstances, demander ou une diminution du prix, ou la résiliation même du bail. Dans l'un et l'autre cas, il n'y a lieu à aucun dédommagement.

1723. Le bailleur ne peut, pendant la durée du bail, changer la forme de la chose louée.

1724. Si, durant le bail, la chose louée a besoin de réparations urgentes, et qui ne puissent être différées jusqu'à sa fin, le preneur doit les souffrir, quelque incommodité qu'elles lui causent, et quoiqu'il soit privé, pendant qu'elles se font, d'une partie de la chose louée. — Mais, si ces réparations durent plus de quarante jours, le prix du bail sera diminué à proportion du temps et de la partie de la chose louée dont il aura été privée. — Si les réparations sont de telle nature qu'elles rendent inhabitable ce qui est nécessaire au logement du preneur et de sa famille, celui-ci pourra faire résilier le bail.

1725. Le bailleur n'est pas tenu de garantir le preneur du trouble que des tiers apportent par voies de fait à sa jouissance, sans prétendre d'ailleurs aucun droit sur la chose louée ; sauf au preneur à les poursuivre en son nom personnel.

1726. Si, au contraire, le locataire ou le fermier ont été troublés dans leur jouissance, par suite d'une action concernant la propriété du fonds, ils ont droit à une diminution proportionnée sur le prix du bail à loyer ou à ferme, pourvu que le trouble et l'empêchement aient été dénoncés au propriétaire.

1727. Si ceux qui ont commis les voies de fait prétendent avoir quelque droit sur la chose louée, ou si le preneur est lui-même cité en justice pour se voir condamner au délaissement de la totalité ou de partie de cette chose, ou à souffrir l'exercice de quelque servitude, il doit appeler le bailleur en garantie, et doit être mis hors d'instance, s'il l'exige, en nommant le bailleur pour lequel il possède.

1728. Le preneur est tenu de deux obligations principales : —
1° d'user de la chose louée en bon père de famille, et suivant la destination qui lui a été donnée par le bail, ou suivant celle présumée
d'après les circonstances, à défaut de convention ; — 2° de payer le
prix du bail aux termes convenus.

1729. Si le preneur emploie la chose louée à un autre usage que
celui auquel elle a été destinée, ou dont il puisse résulter un dommage pour le bailleur, celui-ci peut, suivant les circonstances,
faire résilier le bail.

1730. S'il a été fait un état des lieux entre le bailleur et le preneur, celui-ci doit rendre la chose telle qu'il l'a reçue, suivant cet
état, excepté ce qui a péri ou a été dégradé par vétusté ou force
majeure.

1731. S'il n'a pas été fait d'état des lieux, le preneur est présumé les avoir reçus en bon état de réparations locatives, et doit
les rendre tels, sauf la preuve contraire.

1732. Il répond des dégradations ou des pertes qui arrivent pendant sa jouissance, à moins qu'il ne prouve qu'elles ont eu lieu sans
sa faute.

1733. Il répond de l'incendie, à moins qu'il ne prouve — que
l'incendie est arrivé par cas fortuit ou force majeure, ou par vice
de construction ; — ou que le feu a été communiqué par une maison voisine.

1734. S'il y a plusieurs locataires, tous sont solidairement responsables de l'incendie ; — à moins qu'ils ne prouvent que l'incendie
a commencé dans l'habitation de l'un d'eux, auquel cas celui-là
seul en est tenu ; — ou que quelques-uns ne prouvent que l'incendie n'a pu commencer chez eux, auquel cas ceux-là n'en sont pas
tenus.

1735. Le preneur est tenu des dégradations et des pertes qui arrivent par le fait des personnes de sa maison ou de ses sous-locataires.

1736. Si le bail a été fait sans écrit, l'une des parties ne pourra
donner congé à l'autre qu'en observant les délais fixés par l'usage
des lieux.

1737. Le bail cesse de plein droit à l'expiration du terme fixé,
lorsqu'il a été fait par écrit, sans qu'il soit nécessaire de donner
congé.

1738. Si, à l'expiration des baux écrits, le preneur reste et est
laissé en possession, il s'opère un nouveau bail dont l'effet est réglé
par l'article relatif aux locations faites sans écrit.

1739. Lorsqu'il y a un congé signifié, le preneur, quoiqu'il ait continué sa jouissance, ne peut invoquer la tacite réconduction.

1740. Dans le cas des deux articles précédents, la caution donnée pour le bail ne s'étend pas aux obligations résultant de la prolongation.

1741. Le contrat de louage se résout par la perte de la chose louée, et par le défaut respectif du bailleur et du preneur de remplir leurs engagements.

1742. Le contrat de louage n'est point résolu par la mort du bailleur ni par celle du preneur.

1743. Si le bailleur vend la chose louée, l'acquéreur ne peut expulser le fermier ou le locataire qui a un bail authentique ou dont la date est certaine, à moins qu'il ne se soit réservé ce droit par le contrat de bail.

1744. S'il a été convenu, lors du bail, qu'en cas de vente l'acquéreur pourrait expulser le fermier ou locataire, et qu'il n'ait été fait aucune stipulation sur les dommages et intérêts, le bailleur est tenu d'indemniser le fermier ou le locataire de la manière suivante.

1745. S'il s'agit d'une maison, appartement ou boutique, le bailleur paye, à titre de dommages et intérêts, au locataire évincé, une somme égale au prix du loyer, pendant le temps qui, suivant l'usage des lieux, est accordé entre le congé et la sortie.

1746. S'il s'agit de biens ruraux, l'indemnité que le bailleur doit payer au fermier est du tiers du prix du bail, pour tout le temps qui reste à courir.

1747. L'indemnité se réglera par experts, s'il s'agit de manufactures, usines ou autres établissements qui exigent de grandes avances.

1748. L'acquéreur qui veut user de la faculté réservée par le bail d'expulser le fermier ou locataire en cas de vente, est, en outre, tenu d'avertir le locataire au temps d'avance usité dans le lieu pour les congés. — Il doit aussi avertir le fermier de biens ruraux au moins un an à l'avance.

1749. Les fermiers ou les locataires ne peuvent être expulsés qu'ils ne soient payés par le bailleur, ou, à son défaut, par le nouvel acquéreur, des dommages et intérêts ci-dessus expliqués.

1750. Si le bail n'est pas fait par acte authentique, ou n'a point de date certaine, l'acquéreur n'est tenu d'aucuns dommages et intérêts.

1751. L'acquéreur à pacte de rachat ne peut user de la faculté d'expulser le preneur jusqu'à ce que, par l'expiration du délai fixé pour le réméré, il devienne propriétaire incommutable.

De la PREUVE *des baux.* — Le louage est un contrat consensuel, mais un écrit est nécessaire pour en *prouver* l'existence. Contrairement au droit commun, la loi écarte la preuve testimoniale pour les baux dont le prix est inférieur à 150 fr. La fréquence du contrat, et, en cas de contestation, l'urgence d'une solution, tant pour le bailleur que pour le preneur, expliquent et justifient cette dérogation aux règles générales.

Toutefois, nul doute que l'aveu des parties ou le serment décisoire ne soient recevables comme preuve du contrat, car la loi a eu pour but unique d'exclure la longueur des enquêtes.

L'exécution du bail en est une preuve complète.

Ainsi quand le locataire ou le fermier a pris possession des lieux loués, ni lui ni le bailleur ne sont recevables à contester l'existence du contrat ; et la seule question qui puisse les diviser est celle relative aux clauses et conditions.

Lorsque l'existence du bail est démontrée, et que le montant du prix seul est contesté, le propriétaire est, à défaut de quittances de loyer ou de fermage, cru sur son serment. Mais la loi laisse au preneur la faculté de demander une estimation par experts, dont les frais resteront à sa charge, si cette estimation excède le prix offert par lui au bailleur.

Qui supportera les frais, si l'estimation excédant le prix déclaré par le preneur est cependant inférieure au prix réclamé par le propriétaire ? Malgré le texte de l'article 1716, qui semble les mettre à la charge du preneur, il est juste et rationnel de les mettre pour moitié à la charge de chacun ; car leur double déclaration était également inexacte.

Les motifs qui ont fait prohiber le témoignage comme preuve principale doivent aussi le faire écarter, lorsqu'il viendrait corroborer un commencement de preuve par écrit. Toutes les clauses et conditions d'un bail doivent donc, comme le bail lui-même, être prouvées par écrit [1]. A défaut

---

[1] Massé et Vergé, t. IV, § 690, p. 357, note 6. — Marcadé, art. 1715, n° 2.

de cette preuve on applique les règles générales tracées dans le titre du *louage*. Ainsi le preneur doit payer ses loyers et il peut donner ou recevoir congé dans les termes d'usage, quand même d'autres stipulations non écrites seraient intervenues entre lui et le bailleur.

Si le fait même de l'exécution du bail est contesté, il pourra être prouvé par témoins; car les dérogations au droit commun ne se présument pas, et celles que nous venons de signaler en ce qui concerne l'existence du bail ou le *quantum* des loyers et fermages, ne sauraient être, selon nous, étendues aux faits d'exécution du bail qui ont pu être accomplis. Ainsi le bailleur pourra parfaitement prouver par témoins que le preneur a pris possession de la chose, dont il nie avoir eu la jouissance, et le contraindre ainsi au payement de ses loyers ou fermages. La jurisprudence s'est cependant prononcée pour la solution contraire [1].

De la SOUS-LOCATION *et de la* CESSION *du bail.* — Sauf convention contraire, le preneur a le droit de sous-louer, et même de céder son bail. La différence qui existe entre ces deux opérations est plus ou moins étendue suivant les auteurs.

D'après les uns, sous-louer consiste à louer à une autre personne une partie des lieux qu'on a loués soi-même, et céder son bail consiste à lui en louer la totalité.

D'après les autres, sous-louer signifie louer à une autre personne, soit une partie, soit même la totalité des lieux qu'on a loués soi-même. Les rapports du sous-locateur avec le sous-locataire sont alors régis par les mêmes règles que les rapports du bailleur originaire et du preneur principal.

Céder son bail signifie, au contraire, vendre à autrui tous les droits que l'on a acquis du propriétaire, avec les obligations y afférentes. D'où il résulte que le cédant n'a pas sur les meubles du cessionnaire le privilége d'un bailleur, qu'il

[1] Cass., 12 janv. 1864.

n'est pas tenu des réparations nécessaires à la jouissance, ni de l'indemnité que le fermier peut exiger du bailleur, si un cas fortuit enlève plus de la moitié de la récolte; en un mot, le cessionnaire du bail n'est pas en relation avec son cédant, mais avec le propriétaire lui-même, de telle sorte que le cédant est, pour ainsi dire, supprimé; tandis que, dans l'hypothèse de la sous-location, le bailleur principal et le sous-locataire ne connaissent que le sous-locateur, sans se connaître l'un l'autre.

Cette seconde manière d'entendre la cession des baux et de la distinguer des simples sous-locations est la seule exacte. Effectivement, en quoi la circonstance que la sous-location s'applique à une partie ou à la totalité de la chose, peut-elle modifier les droits ou les engagements respectifs des parties? Et n'est-ce pas dans la nature même de ces droits ou de ces engagements qu'il faut trouver la différence qui sépare la cession de la sous-location? Nous dirons donc que le cessionnaire d'un bail est aux lieu et place de son cédant, tandis que le sous-locataire ne connaît et ne doit connaître que le locataire principal.

La substitution du cessionnaire à son cédant est-elle complète et absolue? Elle l'est certainement au point de vue des *droits actifs* du preneur contre le bailleur, puisque ces droits sont, comme toutes les créances, susceptibles d'un véritable transport. Mais elle ne l'est pas au point de vue des *obligations* du preneur, car nul ne peut se soustraire à l'exécution de ses propres engagements. Le propriétaire conservera donc, malgré la cession du bail, le droit d'agir contre le cédant, si mieux il n'aime agir directement contre le cessionnaire qui est en possession des lieux loués.

Dans la pratique, les cessions de baux sont assez fréquentes, quoiqu'elles le soient moins que les sous-locations. Elles accompagnent habituellement les ventes de fonds de commerce ou de clientèle, car l'achalandage des commerçants est souvent plus attaché à la maison où ils exercent leur commerce ou leur industrie qu'à leur personne même.

La prohibition de sous-louer emporte, à plus forte raison, celle de céder le bail ; elle est toujours de rigueur, c'est-à-dire qu'en aucun cas le preneur ne pourra s'en affranchir. Le Code a abrogé, par cette disposition, une pratique de l'ancien droit français qui, dans des circonstances graves, permettait au preneur d'imposer à son bailleur un autre locataire.

De la CAPACITÉ *nécessaire pour le louage.* — La capacité d'un administrateur suffit, soit pour donner, soit pour prendre une chose en location.

Des OBLIGATIONS *du* BAILLEUR. — Le bailleur est tenu de trois obligations, que l'article 1719 énumère. Elles consistent :

1° A *délivrer* au preneur la chose louée, et comme la jouissance de celui-ci doit immédiatement commencer, cette chose doit être, au moment de la livraison, en bon état de réparations de toute nature.

2° A *entretenir* la chose en état de servir à l'usage pour lequel elle a été louée, et conséquemment à faire toutes les réparations qui deviendraient nécessaires, que ce soient de grosses réparations, ou des réparations d'entretien.

3° A procurer au preneur une *jouissance paisible* pendant toute la durée du bail, en n'y apportant aucun trouble, et en faisant cesser celui que des tiers y apporteraient.

Quelques mots d'explication sur chacune de ces obligations.

Il peut d'abord arriver que la chose louée soit vicieuse. Alors le bailleur est responsable envers son preneur, même des vices cachés qui lui auraient été *inconnus* lors du contrat. En effet, il doit *faire jouir* le preneur ; et comme cette jouissance serait troublée, tant par les vices cachés inconnus que par les vices cachés connus, il est responsable des premiers comme des derniers.

Lorsque les vices sont *apparents*, le preneur ne peut actionner le bailleur ; car il a dû compter sur une moindre jouissance.

Tous les vices qui surviendraient à la chose louée, pendant la durée du bail, donneront lieu à l'action du preneur, comme les vices qui existaient primitivement ; mais s'ils ne proviennent ni de la faute ni du fait du propriétaire, aucuns dommages-intérêts ne pourront lui être demandés. Il suffira que la chose soit remise en bon état.

Le preneur doit supporter les réparations faites à la chose louée, lorsqu'elles sont nécessaires, et il ne lui sera dû une indemnité que si sa jouissance a été diminuée pendant plus de quarante jours ; dans le cas contraire, il ne pourra rien réclamer. Lorsqu'en fait il y a lieu pour lui à indemnité, celle-ci doit être calculée, non à partir des quarante jours, mais à partir du moment où le trouble a commencé.

Au surplus, si, au lieu d'une diminution, il y avait privation complète de jouissance, le preneur pourrait demander la résiliation du bail, d'après le droit commun.

Quant aux troubles que des tiers apporteraient à la jouissance du preneur, il faut distinguer s'ils proviennent de *voies de fait*, par exemple, de violences, ou de brigandages exercés par des malfaiteurs ; ou de voies de droit, par exemple, d'une revendication de servitudes intentée par des voisins. Dans la première hypothèse, le bailleur n'est pas responsable, car le preneur a, aussi bien que lui, qualité pour s'opposer au trouble ; et d'ailleurs ces voies de fait ou ces violences s'adressent souvent à la personne même du locataire ou du fermier ; dans la seconde, il doit garantie, car les tiers contestent la réalité ou l'étendue de ses droits de propriétaire, et lui seul a qualité pour repousser leur prétention.

Une cause de trouble très-fréquente est la concurrence qu'un locataire fait à un autre locataire de la même maison, exerçant un commerce ou une industrie similaire. Dans ce cas le propriétaire qui a loué aux deux personnes ayant la même industrie est responsable envers la première du trouble que lui cause la concurrence de la seconde, et, s'il ne parvient pas à la faire cesser, il est passible de dommages-intérêts [1].

Des OBLIGATIONS *du* PRENEUR. — Le preneur est tenu :

1° De payer le prix convenu ;

2° D'user de la chose en bon père de famille ;

3° De la restituer, à l'expiration du bail, dans l'état où il l'avait reçue.

A cet égard, deux hypothèses peuvent se présenter :

1° Il a été fait un état des lieux : alors le preneur doit restituer la chose telle qu'il l'a reçue suivant cet état, excepté ce qui a péri ou a été dégradé par vétusté ou force majeure.

Le fardeau de la preuve retombe sur lui, car il se prétend libéré de l'obligation de rendre la chose telle qu'il l'a reçue, et, comme tout débiteur, il doit établir la cause de sa libération.

2° Il n'a pas été fait d'état des lieux. Que doit rendre le preneur? Ce qu'il a reçu. Mais qui doit prouver ce qu'a reçu le preneur ? C'est le bailleur. En effet, il doit prouver sa créance et toute sa créance. Or, le bailleur est créancier de la restitution de la chose louée : il doit donc prouver que cette chose n'était pas dégradée à l'époque du contrat. Une fois cette preuve faite, le preneur doit établir qu'il est libéré, c'est-à-dire que les dégradations survenues pendant sa jouissance ont eu lieu sans sa faute. L'article 1732 consacre cette doctrine, en tout conforme aux principes généraux.

Des RÉPARATIONS LOCATIVES. — Il y a un point délicat et spécial, dans notre matière, en ce qui concerne les réparations locatives, que le Code distingue avec soin des réparations ordinaires. La différence qui existe entre les unes et les autres a été le sujet de bien des controverses. Voici, à notre avis, en quoi elle consiste :

A l'égard des dégradations qui occasionnent de simples réparations locatives, le bailleur est dispensé de rien prouver,

---

[1] Aubry et Rau, t. III, § 366, p. 343. — Cass., 8 juillet 1850, Paris, 8 juillet 1861.

et le preneur, est présumé avoir reçu les lieux en bon état (art. 1731); tandis qu'à l'égard des autres dégradations, le bailleur doit, comme nous l'avons dit, prouver qu'il a livré les lieux en bon état de réparation.

Pourquoi cette dérogation aux principes généraux? Parce que les réparations locatives sont, comme l'indiquent très-bien les exemples donnés par l'article 1754, des réparations de menu entretien, réparations minimes en elles-mêmes, et presque toujours occasionnées par quelque maladresse du preneur; on présume donc celui-ci en faute; d'ailleurs ces petites dégradations seraient fort difficiles à constater s'il fallait remonter à l'époque du contrat, et dans le doute on devait les laisser à la charge du preneur.

*De la responsabilité des locataires, en cas d'*INCENDIE. — Nous venons de voir une première dérogation aux principes généraux, en ce qui concerne les réparations locatives; le Code nous en offre une seconde, non moins remarquable, en ce qui concerne l'incendie. Ce n'est pas, comme on l'a souvent dit, à tort, selon nous, parce que l'article 1733 fait peser le fardeau de la preuve sur le preneur; en effet, celui-ci doit prouver la cause de sa libération; or, le fait d'incendie n'est pas par lui-même une cause de libération; l'incendie peut être la suite de la négligence ou même de la malveillance; mais la dérogation au droit commun consiste en ce que la preuve que le preneur peut fournir de sa libération est limitée. Cas fortuit ou force majeure, vice de construction ou communication du feu par une maison voisine : voilà les seuls faits que le locataire puisse invoquer à sa décharge (article 1733). Il ne lui suffirait donc pas de prouver qu'il n'avait pas habité la maison depuis longtemps, et que ni lui ni les siens n'ont pu être cause de l'incendie. La preuve de l'un des trois faits que nous venons d'indiquer peut seule faire cesser sa responsabilité [1].

---

[1] Aubry et Rau, t. III, § 367, p. 349. — Massé et Vergé, t. VI, § 702, p. 372.

Bien plus : s'il y a plusieurs locataires, tous sont *solidairement* responsables de l'incendie. Cependant le Code lui-même tempère cette disposition exorbitante, en permettant aux colocataires de prouver :

« Que l'incendie a commencé dans l'habitation de l'un « d'eux, auquel cas celui-là seul est tenu ; »

Ou « que l'incendie n'a pu commencer chez eux, auquel « cas ceux-là n'en sont pas tenus. »

Cette solidarité n'est pas, du reste, la solidarité parfaite, car il n'y a ici aucun élément d'association, et souvent, dans les grandes villes, les locataires de la même maison ne se connaissent pas. Dès lors, l'assignation donnée par le propriétaire à l'un de ses locataires ne suffirait pas pour faire courir les intérêts, ou pour interrompre la prescription contre les autres. Il devra exercer contre tous des poursuites individuelles et distinctes.

Quels sont les motifs de toutes ces dispositions dérogatoires au droit commun ?

On a voulu, dit-on, stimuler la diligence du locataire pour qui le bail est peut-être onéreux, et qui aurait ainsi intérêt à la destruction de la chose louée.

Mais d'abord est-il bien vrai de dire que le preneur n'a aucun intérêt à conserver la chose louée ? La maison qu'il loue ne doit-elle donc pas être garnie de meubles suffisants ? La ferme qu'il exploite ne doit-elle pas être munie de tous les ustensiles aratoires et dss bestiaux nécessaires à la culture ? Ne doit-elle pas renfermer dans ses granges les récoltes du fermier ? Le propriétaire n'était-il pas suffisamment protégé par le principe que tout débiteur d'une chose qui se prétend libéré est tenu de prouver le fait qui a produit l'extinction de son obligation ? Quant à la solidarité des colocataires entre eux, elle paraît encore moins justifiable. En effet, n'est-ce pas le propriétaire qui a choisi ses locataires ? S'ils sont insolvables, qui doit souffrir de cette insolvabilité ? Pour être conséquent, il fallait donner au preneur la faculté de contrôler le choix du bailleur, et en outre lui conférer une espèce de droit d'inquisition sur la conduite de ses colocataires dans l'intérieur de leur domicile.

Du reste, la loi est formelle : *dura, sed scripta*. Mais au moins il faut restreindre ces dispositions rigoureuses au cas unique prévu par le Code, c'est-à-dire au cas du bailleur agissant contre son locataire ; et on ne doit les appliquer ni aux locataires entre eux, ni aux propriétaires des maisons voisines auxquelles le feu s'est communiqué, ni à l'usufruitier, l'usagiste, etc. [1].

Le preneur n'est pas seulement responsable de ses propres fautes, il répond encore des fautes de ceux qu'il doit surveiller, des personnes de sa maison et de ses sous-locataires.

Dans le cas où plusieurs locataires sont responsables, chacun doit supporter une part égale dans l'indemnité réclamée par le propriétaire, et non une part proportionnelle au taux de sa location. En effet, la présomption de faute est la même pour tous, et elle ne saurait varier avec l'importance de leurs loyers respectifs [2].

L'indemnité due au locataire qui a fait assurer son risque locatif n'est pas dévolue au bailleur, à l'exclusion des autres créanciers du locataire. Elle forme le gage commun de tous les créanciers indistinctement et doit être distribuée entre eux par contribution [3]. La raison en est que l'indemnité représente les primes payées par le locataire, et nullement un objet sur lequel le bailleur aurait eu un gage spécial.

*De l'*EXTINCTION *et de la* RÉSILIATION *du bail.* — Les articles 1736 et suivants distinguent entre les baux faits *sans écrit* et ceux faits *par écrit*.

Ces expressions signifient, non qu'il manque ou qu'il

---

[1] Aubry et Rau, t. III, § 367, p. 351.
[2] Marcadé, art. 1734, n° 4. — Massé et Vergé, t. IV, § 702, p. 372, note 13.
[3] Aubry et Rau, t. II, § 261, note 9, p. 608. — Cass., 31 décemb. 1862.

existe un écrit, mais que le bail est fait pour un temps indéterminé ou pour un temps déterminé.

Si le bail est *sans écrit*, un congé est nécessaire pour son extinction ; car les parties, n'ayant pas déclaré d'avance que le bail finirait à telle époque, doivent le déclarer *ex post facto :* elles devront se donner réciproquement congé, en observant les délais fixés par l'usage des lieux.

Si le bail est fait *par écrit*, sa durée est déterminée dans le contrat lui-même, et dès lors la seule expiration du terme opère son extinction.

De la tacite RÉCONDUCTION. — En fait, il peut arriver que, malgré l'extinction du bail, le preneur soit laissé et reste en possession : il s'opère alors un nouveau bail, appelé tacite réconduction.

La tacite réconduction n'est possible que pour les baux écrits ; car les baux non écrits durent tant qu'il n'y a pas eu de congé signifié et accepté. Elle ne devrait pas être admise, si l'une des parties avait signifié un congé à l'autre, car il est alors prouvé que les parties n'ont pas entendu renouveler le bail ; ni si l'une des parties était incapable à l'expiration du bail, car on ne peut présumer un contrat entre des personnes dont l'une ne peut contracter.

A moins de déclaration contraire, le nouveau bail est censé fait pour le même prix et aux mêmes conditions que l'ancien. Toutefois les cautions seraient libérées, car elles ne peuvent être tenues pour un délai plus long que celui par elles accepté ; et les hypothèques consenties par le preneur, pour assurer l'exécution du contrat, seraient irrévocablement éteintes, car les tiers ne doivent pas souffrir d'un renouvellement de bail qui maintiendrait à leur ancien rang ces hypothèques.

Enfin le nouveau bail n'a pas de terme fixe, et ne finira que par un congé. Exceptionnellement l'article 1776 déclare que, pour les biens ruraux, la tacite réconduction est censée faite pour un temps que l'article 1774 a lui-même déterminé.

D'après les principes généraux, le bail finit encore par la perte de la chose, par la résiliation prononcée en justice pour inexécution des engagements respectifs et par la résolution du droit du bailleur en vertu d'une cause antérieure au contrat, parce qu'il se trouverait alors avoir loué une chose dont il n'était ni propriétaire ni administrateur légal. Quant à l'aliénation, faite par le bailleur lui-même, de la chose louée, nous savons qu'elle n'est pas opposable au preneur, s'il est déjà en possession des lieux loués, et si le bail est authentique ou a date certaine.

Quand la résiliation d'un bail est prononcée en justice pour non-payement des loyers, les sous-locations qui avaient été faites sont-elles également résiliées ? Il est d'abord certain que, si la résiliation avait eu lieu amiablement entre le bailleur et le locataire principal, les sous-locations devraient être maintenues. En effet, le locataire principal avait la faculté de sous-louer, et toute convention qui aurait pour but de porter atteinte au droit du sous-locataire, ainsi valablement constitué, serait, par cela même, entachée de fraude et de nul effet. Mais il ne doit pas en être de même d'une résiliation du bail prononcée en justice pour non-payement des loyers. Si le locataire principal a le droit d'user de la chose en la sous-louant, c'est à la condition de remplir toutes ses obligations envers le propriétaire. Les sous-locations se trouvent ainsi subordonnées à l'accomplissement exact et régulier des obligations du locataire principal, qui ne peut pas donner à ses sous-locataires plus de droits qu'il ne peut en conserver pour lui-même. Dès lors, quand il laisse périr son droit de locataire principal, toutes les sous-locations qui étaient greffées sur son propre contrat s'évanouissent : les sous-locataires expulsés auront bien contre lui une action en dommages-intérêts, mais ils ne pourront pas opposer leurs titres au propriétaire, qui reprendra sa chose libre de toute location.

DEUXIÈME SECTION

DES RÈGLES PARTICULIÈRES AUX BAUX A LOYER.

ART. 1752. Le locataire qui ne garnit pas la maison de meubles suffisants peut être expulsé, à moins qu'il ne donne des sûretés capables de répondre du loyer.

1753. Le sous-locataire n'est tenu envers le propriétaire que jusqu'à concurrence du prix de sa sous-location dont il peut être débiteur au moment de la saisie, et sans qu'il puisse opposer des payements faits par anticipation. — Les payements faits par le sous-locataire, soit en vertu d'une stipulation portée en son bail, soit en conséquence de l'usage des lieux, ne sont pas réputés faits par anticipation.

1754. Les réparations locatives ou de menu entretien dont le locataire est tenu, s'il n'y a clause contraire, sont celles désignées comme telles par l'usage des lieux, et, entre autres, les réparations à faire — aux âtres, contre-cœurs, chambranles et tablettes des cheminées ; — au recrépiment du bas des murailles dès appartements et autres lieux d'habitation, à la hauteur d'un mètre ; — aux pavés et carreaux des chambres, lorsqu'il y en a seulement quelques-uns de cassés ; — aux vitres, à moins qu'elles ne soient cassées par la grêle ou autres accidents extraordinaires et de force majeure, dont le locataire ne peut être tenu ; — aux portes, croisées, planches de cloison ou de fermeture de boutique, gonds, targettes et serrures.

1755. Aucune des réparations réputées locatives n'est à la charge des locataires, quand elles ne sont occasionnées que par vétusté ou force majeure.

1756. Le curement des puits et celui des fosses d'aisance sont à la charge du bailleur, s'il n'y a clause contraire.

1757. Le bail des meubles fournis pour garnir une maison entière, un corps de logis entier, une boutique, ou tous autres appartements, est censé fait pour la durée ordinaire des baux de maisons, corps de logis, boutiques ou autres appartements, selon l'usage des lieux.

1758. Le bail d'un appartement meublé est censé fait à l'année, quand il a été fait à tant par an ; — au mois, quand il a été fait à tant par mois ; — au jour, s'il a été fait à tant par jour. — Si rien ne constate que le bail soit fait à tant par an, par mois, ou par jour, la location est censée faite suivant l'usage des lieux.

1759. Si le locataire d'une maison ou d'un appartement continue sa jouissance après l'expiration du bail par écrit, sans opposition de la part du bailleur, il sera censé les occuper aux mêmes conditions, pour le terme fixé par l'usage des lieux, et ne pourra plus en sortir ni en être expulsé qu'après un congé donné suivant le délai **fixé** par l'usage des lieux.

1760. En cas de résiliation par la faute du locataire, celui-ci est tenu de payer le prix du bail pendant le temps nécessaire à la relocation, sans préjudice des dommages et intérêts qui ont pu résulter de l'abus.

1761. Le bailleur ne peut résoudre la location, encore qu'il déclare vouloir occuper par lui-même la maison louée, s'il n'y a eu convention contraire.

1762. S'il a été convenu, dans le contrat de louage, que le bailleur pourrait venir occuper la maison, il est tenu de signifier d'avance un congé aux époques déterminées par l'usage des lieux.

GARANTIES DU BAILLEUR. — La loi a donné au bailleur plusieurs garanties pour assurer le payement des sommes qui lui seront dues par le preneur. Ainsi, elle a créé à son profit un privilége sur les meubles garnissant les lieux loués, un droit de saisie-gagerie sans titre exécutoire (C. de pr., art. 819), un droit de revendication pour le cas où les meubles auraient été frauduleusement détournés, et enfin une action directe contre les sous-locataires.

En étudiant l'art. 2102 relatif aux priviléges spéciaux sur les meubles, nous verrons en détail les trois premières garanties que la loi accorde au bailleur. Disons ici quelques mots de la quatrième.

DROIT DIRECT *du bailleur contre les* SOUS-LOCATAIRES. — D'après le droit commun, le bailleur ne devrait pouvoir poursuivre le sous-locataire qu'en exerçant les droits du locataire principal (art. 1166). L'article 1753 vient substituer une action directe à l'action indirecte. En effet, il serait inutile s'il ne recevait pas cette interprétation ; car l'article 1166 autorisait déjà le bailleur à poursuivre, du chef de son débiteur, le sous-locataire, et on ne comprendrait pas que le

Code dise que le sous-locataire est tenu *envers le propriétaire* jusqu'à concurrence du prix de sa sous-location dont il est débiteur au moment de la saisie, si cette obligation du sous-locataire n'était point directe, et si le droit de poursuite du propriétaire n'était qu'une application du principe général de l'art. 1166 [1].

De là il résulte que le bailleur touchera les sommes dues par le sous-locataire, à l'exclusion des autres créanciers du locataire principal. Si, au contraire, il n'avait eu qu'une action indirecte, il eût été obligé de concourir avec ces créanciers sur le prix de la sous-location ; car ce prix fût entré dans le patrimoine du locataire principal, au lieu d'arriver directement dans le sien, et là il eût subi une distribution proportionnelle entre tous les créanciers de ce locataire. L'action directe dont nous parlons est donc une nouvelle et importante garantie accordée au bailleur.

Montant *de la poursuite directe des* sous-locataires. — Le projet du Code voulait que le sous-locataire fût soumis à l'action du bailleur pour une part du prix principal proportionnelle à la partie sous-louée comparée avec la chose toute entière. Le Code a suivi un système différent pour éviter un calcul qui eût souvent donné lieu à contestation, et il a décidé que le sous-locataire ne pourrait être poursuivi que pour le prix de sa sous-location, que ce prix soit supérieur ou inférieur à la proportion sus-énoncée.

Des baux de meubles meublants *et* d'appartements meublés. — Les règles que donne le Code sur les baux des meubles fournis pour garnir une maison entière, sur ceux des appartements meublés à raison de tant par jour, mois ou année, sur la tacite réconduction quand il s'agit de baux à loyer, etc., rentrent toutes dans ce principe qu'il faut s'en référer à l'intention expresse ou tacite des parties, laquelle est toujours présumée conforme à l'usage des lieux où le bail est consenti.

---

[1] V. Marcadé, art. 1753, n° 1. — Cass., 24 janv. 1853.

L'article 1760, pour rendre plus stricte l'obligation du locataire d'user en bon père de famille, déclare que, si le bail est résilié par sa faute, par exemple, parce qu'il a changé la destination de la chose louée, il en devra le loyer, pendant tout le temps nécessaire à la relocation. Ce temps est celui fixé par l'usage des lieux pour donner congé au propriétaire, et non celui pendant lequel le propriétaire, en fait, n'aurait pas reloué, car il dépend de lui de ne relouer jamais. Si le bailleur trouve un nouveau locataire avant l'expiration de ce délai, le précédent cessera de payer le prix qu'il devait [1].

Abrogation de la loi Æde. — Cette loi romaine permettait au bailleur d'expulser le locataire, à la condition de prouver qu'il avait un besoin pressant de sa maison, ou qu'il voulait y faire des réparations importantes. Aujourd'hui le bailleur n'a plus la même faculté, à moins de convention contraire. Lorsque cette convention a été faite, les congés respectifs doivent être signifiés dans les délais fixés par l'usage des lieux.

TROISIÈME SECTION

RÈGLES PARTICULIÈRES AUX BAUX A FERME.

Art. 1763. Celui qui cultive sous la condition d'un partage de fruits avec le bailleur ne peut ni sous-louer ni céder, si la faculté ne lui en a été expressément accordée par le bail.

1764. En cas de contravention, le propriétaire a droit de rentrer en jouissance, et le preneur est condamné aux dommages-intérêts résultant de l'inexécution du bail.

1765. Si, dans un bail à ferme, on donne aux fonds une contenance moindre ou plus grande que celle qu'ils ont réellement, il n'y a lieu à augmentation ou diminution du prix, pour le fermier, que dans les cas et suivant les règles exprimés au titre *de la Vente*.

1766. Si le preneur d'un héritage rural ne le garnit pas de bestiaux et des ustensiles nécessaires à son exploitation, s'il abandonne la culture, s'il ne cultive pas en bon père de famille, s'il emploie la chose louée à un autre usage que celui auquel elle a été destinée,

[1] Marcadé, art. 1760. — Cass., 1er juillet 1851.

ou, en général, s'il n'exécute pas les clauses du bail, et qu'il en résulte un dommage pour le bailleur, celui-ci peut, suivant les circonstances, faire résilier le bail. — En cas de résiliation provenant du fait du preneur, celui-ci est tenu des dommages et intérêts, ainsi qu'il est dit en l'article 1764.

1767. Tout preneur de bien rural est tenu d'engranger dans les lieux à ce destinés d'après le bail.

1768. Le preneur d'un bien rural est tenu, sous peine de tous dépens, dommages et intérêts, d'avertir le propriétaire des usurpations qui peuvent être commises sur les fonds. — Cet avertissement doit être donné dans le même délai que celui qui est réglé en cas d'assignation suivant la distance des lieux.

1769. Si le bail est fait pour plusieurs années, et que, pendant la durée du bail, la totalité ou la moitié d'une récolte au moins soit enlevée par des cas fortuits, le fermier peut demander une remise du prix de sa location, à moins qu'il ne soit indemnisé par les récoltes précédentes. — S'il n'est pas indemnisé, l'estimation de la remise ne peut avoir lieu qu'à la fin du bail, auquel temps il se fait une compensation de toutes les années de jouissance ; — et cependant le juge peut provisoirement dispenser le preneur de payer une partie du prix, en raison de la perte soufferte.

1770. Si le bail n'est que d'une année, et que la perte soit de la totalité des fruits, ou au moins de la moitié, le preneur sera déchargé d'une partie proportionnelle du prix de la location. — Il ne pourra prétendre aucune remise, si la perte est moindre de moitié.

1771. Le fermier ne peut obtenir de remise lorsque la perte des fruits arrive après qu'ils sont séparés de la terre, à moins que le bail ne donne au propriétaire une quotité de la récolte en nature ; auquel cas le propriétaire doit supporter sa part de la perte, pourvu que le preneur ne fût pas en demeure de lui délivrer sa portion de récolte. — Le fermier ne peut également demander une remise lorsque la cause du dommage était existante et connue à l'époque où le bail a été passé.

1772. Le preneur peut être chargé des cas fortuits par une stipulation expresse.

1773. Cette stipulation ne s'entend que des cas fortuits ordinaires, tels que grêle, feu du ciel, gelée ou coulure. — Elle ne s'entend pas des cas fortuits extraordinaires, tels que les ravages de la guerre, ou une inondation, auxquels le pays n'est pas ordinairement sujet, à moins que le preneur n'ait été chargé de tous les cas fortuits, prévus ou imprévus.

1774. Le bail, sans écrit, d'un fonds rural est censé fait pour le temps qui est nécessaire afin que le preneur recueille tous les fruits de l'héritage affermé. — Ainsi le bail à ferme d'un pré, d'une vigne et de tout autre fonds dont les fruits se recueillent en entier dans le cours de l'année, est censé fait pour un an. — Le bail des terres labourables, lorsqu'elles se divisent par soles ou saisons, est censé fait pour autant d'années qu'il y a de soles.

1775. Le bail des héritages ruraux, quoique fait sans écrit, cesse de plein droit à l'expiration du temps pour lequel il est censé fait, selon l'article précédent.

1776. Si, à l'expiration des baux ruraux écrits, le preneur reste et est laissé en possession, il s'opère un nouveau bail, dont l'effet est réglé par l'article 1774.

1777. Le fermier sortant doit laisser à celui qui lui succède dans la culture, les logements convenables et autres facilités pour les travaux de l'année suivante ; et, réciproquement, le fermier entrant doit procurer à celui qui sort les logements convenables et autres facilités pour la consommation des fourrages et pour les récoltes restant à faire. — Dans l'un et l'autre cas, on doit se conformer à l'usage des lieux.

1778. Le fermier sortant doit aussi laisser les pailles et engrais de l'année, s'il les a reçus lors de son entrée en jouissance ; et quand même il ne les aurait pas reçus, le propriétaire pourra les retenir suivant l'estimation.

Du colonat. — On appelle COLONAT le bail dans lequel le prix du fermage consiste en une partie des fruits, au lieu de consister en argent. Dans ce cas, le preneur ne peut ni sous-louer ni céder son bail, à moins de convention contraire. La raison en est que le colon est, pour ainsi dire, l'associé du propriétaire. Or, comme la quantité des fruits pourrait diminuer si un nouveau colon lui était substitué, il en résulte que cette substitution ne peut se faire sans le consentement ancien ou nouveau du propriétaire. Quelques auteurs ont même prétendu que le louage finirait par la mort du colon ; mais aucune disposition législative n'autorise à croire que les obligations des parties ne doivent pas ici, comme ailleurs, passer à leurs héritiers.

Le *colonat,* fort rare dans les pays aisés, est au contraire très-fréquent dans les pays pauvres, où le numéraire manque et où les fermiers ne payeraient que très-difficilement en argent.

D'ordinaire, le partage des fruits entre le propriétaire et le métayer ou colon partiaire a lieu par moitié. De la sorte le capital et le travail reçoivent une égale rémunération.

Différence de la contenance DÉCLARÉE *au contrat et de la* contenance DÉLIVRÉE. — L'article 1765 se réfère, à cet égard, aux règles données au titre *De la vente* (art. 1617-1620).

Il nous suffit d'y renvoyer.

Des OBLIGATIONS *du* PRENEUR. — Le preneur est obligé de garnir le fonds loué des bestiaux et des ustensiles nécessaires à son exploitation ;

D'user en bon père de famille ;

D'engranger les récoltes dans les lieux à ce destinés, pour qu'elles restent soumises au privilége du bailleur ;

D'avertir le propriétaire des usurpations que des tiers pourraient commettre sur le fonds loué, soit en usant de servitudes qui n'ont pas été réellement établies à leur profit, soit en commettant tout autre empiétement ;

De laisser, en sortant, à celui qui lui succède dans la culture, les logements convenables et autres facilités pour les travaux de l'année suivante.

Par une juste réciprocité, le fermier entrant doit procurer au fermier sortant toutes facilités pour la consommation des fourrages et pour les récoltes qui restent à faire ; le tout selon l'usage des lieux.

*De l'*INDEMNITÉ *due au fermier victime de* CAS FORTUITS. — Le bail à ferme est, jusqu'à un certain point, aléatoire, car le fermier peut faire de bonnes ou de mauvaises récoltes ; et, comme il profite des bonnes sans payer davantage, il est juste qu'il supporte les mauvaises sans payer moins.

Cependant, dans l'intérêt de l'humanité et de l'agriculture, les chances auxquelles est exposé le preneur ont été restreintes à de justes limites. Les lois romaines contenaient déjà une disposition semblable, et elles accordaient un dégrèvement au fermier malheureux qui, par suite de cas fortuits, avait éprouvé une perte considérable, *damnum immodicum*.

Les rédacteurs du Code ont maintenu cette dérogation au droit commun ; seulement ils ont précisé l'étendue du *damnum immodicum*. La perte n'est suffisante que si elle égale la moitié d'une récolte, c'est-à-dire la moitié de ce que produit le fonds de terre, année commune ; alors il est fait remise au fermier d'une partie du prix proportionnelle à la perte qu'il éprouve.

La remise n'est plus due :

1° Si, le bail étant de plusieurs années, la perte d'une année est compensée par les récoltes soit antérieures, soit postérieures. Cette compensation se fera en comparant l'ensemble des bonnes années avec l'ensemble des mauvaises, et il faudra, pour qu'il y ait lieu à diminution de prix, que la moitié d'une récolte moyenne au moins n'ait pas été atteinte. On doit considérer, dans le calcul, non la quantité, mais la valeur vénale des récoltes, et si, une année, les denrées ont doublé de prix, la récolte, qui n'aurait été que la moitié d'une récolte ordinaire en quantité, devrait cependant être assimilée à une récolte ordinaire, puisque la valeur de l'une est identique à celle de l'autre.

2° Si la perte arrive après que les fruits ont été détachés du sol. En effet, dès ce moment, la jouissance a eu lieu, car les fruits sont devenus la propriété du fermier. S'il s'agissait d'un colon partiaire, il en serait autrement ; les risques et périls, même après la coupe des fruits, seraient supportés en commun par lui et le propriétaire.

3° Si la cause du dommage était existante et connue à l'époque où le bail a été passé : car alors le prix a dû être fixé en conséquence.

4° Si le preneur s'est chargé des cas fortuits, et qu'il s'agisse de cas fortuits ordinaires, tels que grêle, gelée, coulure, etc.

5° Même s'il s'agit de cas fortuits extraordinaires, tels que ravages de la guerre, incendie autre que par le feu du ciel, etc., quand il y a eu stipulation expresse à cet égard.

La remise sera provisoire s'il reste encore plusieurs années à courir, et que le preneur soit gêné dans le payement du prix, par suite du désastre survenu.

De la DURÉE *des baux à ferme, quand il n'y a pas* D'ÉCRIT. — Le Code a cru nécessaire de fixer la durée des baux à ferme, lorsque les parties ne l'ont pas expressément fixée elles-mêmes. Il suppose, avec raison, que cette durée est celle nécessaire pour récolter les fruits du fonds affermé, et, en conséquence, l'art. 1774 déclare que le bail des fonds de terre dont les fruits se récoltent en entier dans le cours de l'année, est censé fait pour un an ; et que le bail des terres labourables divisées par soles ou saisons est censé fait pour autant d'années qu'il y a de soles ou saisons.

CHAPITRE III

DU LOUAGE D'OUVRAGE ET D'INDUSTRIE.

ART. 1779. Il y a trois espèces principales de louage d'ouvrage et d'industrie : — 1° le louage des gens de travail qui s'engagent au service de quelqu'un ; — 2° celui des voituriers, tant par terre que par eau, qui se chargent du transport des personnes ou des marchandises ; — 3° celui des entrepreneurs d'ouvrages par suite de devis ou marchés.

PREMIÈRE SECTION

DU LOUAGE DES DOMESTIQUES ET OUVRIERS.

ART. 1780. On ne peut engager ses services qu'à temps, ou pour une entreprise déterminée.

1781. Le maître est cru sur son affirmation, — pour la quotité des gages ; — pour le payement du salaire de l'année échue ; — et pour les à-compte donnés pour l'année courante.

Du louage des DOMESTIQUES ET OUVRIERS. — La liberté individuelle est inaliénable et imprescriptible : dès lors tout louage perpétuel de domestiques et ouvriers serait nul comme contraire à l'ordre public. Au louage perpétuel il faudrait assimiler celui dont le terme serait trop éloigné. Les tribunaux jugeront, d'après les circonstances, si le contrat a ou n'a pas un caractère de perpétuité.

Mais si le domestique ou l'ouvrier ne peuvent s'engager à servir autrui pendant toute leur vie ou pendant un terme équivalent, le maître peut s'engager à les garder toute leur vie, car leur liberté, dans ce cas, n'est pas aliénée.

Lorsqu'il s'agit du louage des domestiques et ouvriers, la loi n'a pas dérogé au droit commun, en ce qui concerne la jouissance que doit procurer le bailleur, et le prix que doit payer le preneur. Dès lors, si le domestique ou l'ouvrier ne peuvent faire leur service par suite d'une circonstance fortuite, par exemple, pour cause de maladie, aucun salaire ne leur est dû; mais il faut avouer qu'un tel résultat, quoique légal, est bien rigoureux.

Une fois le contrat de louage valablement formé, le maître et le domestique sont respectivement liés l'un envers l'autre, sauf la faculté qu'a chacun de demander la résolution du contrat, si la partie adverse ne remplit pas ses engagements. Quand, à l'expiration du louage, le maître garde son domestique, il s'opère entre eux une tacite réconduction, dont la durée ne prendra fin que par un congé donné dans le délai fixé par l'usage.

La nature du contrat montre suffisamment que les obligations des domestiques et ouvriers ne passent point à leurs héritiers ; mais il en serait autrement des obligations du maître, à moins de convention contraire.

De la PREUVE *du* LOUAGE D'OUVRAGE. — A défaut d'écrit, la preuve testimoniale est remplacée par l'affirmation du maître, pour la quotité des gages, pour le payement du salaire de l'année échue et pour les à-compte donnés sur l'année courante. A tort ou à raison, la loi présume que le maître croira de son honneur de ne pas trahir la vérité. Mais faut-il un serment, ou suffit-il d'une simple affirmation? Il nous paraît juste et rationnel d'exiger le serment, car une déclaration pure et simple n'exposerait à aucun risque le maître de mauvaise foi, qui pourrait ainsi impunément dépouiller son domestique ou son ouvrier.

Après la mort du maître, on rentre dans le droit commun, car l'affirmation des héritiers ne peut avoir une autorité sérieuse lorsqu'il s'agit d'un fait personnel au défunt.

Dans aucun cas, la loi ne permet de s'en référer à l'affirmation des domestiques et ouvriers.

En ce qui concerne soit l'existence du louage, soit sa durée, on appliquera le droit commun, puisque aucune dérogation n'y a été apportée.

DEUXIÈME SECTION

DES VOITURIERS PAR TERRE ET PAR EAU.

ART. 1782. Les voituriers par terre et par eau sont assujettis, pour la garde et la conservation des choses qui leur sont confiées, aux mêmes obligations que les aubergistes, dont il est parlé au titre *du Dépôt et du Séquestre.*

1783. Ils répondent non-seulement de ce qu'ils ont déjà reçu dans leur bâtiment ou voiture, mais encore de ce qui leur a été remis sur le port ou dans l'entrepôt, pour être placé dans leur bâtiment ou voiture.

1784. Ils sont responsables de la perte et des avaries des choses qui leur sont confiées, à moins qu'ils ne prouvent qu'elles ont été perdues et avariées par cas fortuit ou force majeure.

1785. Les entrepreneurs de voitures publiques par terre et par eau, et ceux des roulages publics, doivent tenir registre de l'argent, des effets et des paquets dont ils se chargent.

1786. Les entrepreneurs et directeurs de voitures et roulages publics, les maîtres de barques et navires, sont en outre assujettis à des règlements particuliers, qui font la loi entre eux et les autres citoyens.

Du louage des VOITURIERS. — On appelle voiturier celui qui se charge, moyennant un prix, de transporter d'un lieu à un autre, par terre ou par eau, soit des personnes, soit des marchandises. Celui qui envoie les marchandises s'appelle *expéditeur*, celui qui doit les recevoir *destinataire*.

Peu importe que le voiturier fasse son état du transport des marchandises ou ne les transporte qu'accidentellement ; les règles du Code lui sont applicables dans toute hypothèse.

De la RESPONSABILITÉ *des voituriers*. — La loi soumet les voituriers à la même responsabilité que les aubergistes, qui eux-mêmes sont traités comme des dépositaires nécessaires. Ils répondent, non-seulement du fait de leurs agents, mais encore du fait des étrangers qui commettraient des vols ou dégradations dans leurs bureaux ou ailleurs. Quant aux dommages-intérêts dont ils pourraient être tenus, la quotité en sera fixée d'après les termes du droit commun (art. 1149 et suiv.)[1]. C'est à eux de prouver le cas fortuit ou de force majeure qui les décharge de leur responsabilité.

Celle-ci commence le jour où les marchandises sont livrées au voiturier, et finit le jour où elles sont reçues par le destinataire.

De la PREUVE *du louage des* VOITURIERS. — Les voituriers doivent tenir registre de l'argent et des effets dont ils se chargent.

S'ils font du transport leur profession, ils sont commerçants, et dès lors ces registres font la même foi que les livres de commerce. Lorsqu'il n'y a eu ni écrit ni registre, la preuve testimoniale est encore admise, parce qu'elle est de droit commun en matière commerciale.

Si, au contraire, celui qui transporte n'en fait pas sa profession, un écrit est nécessaire au-dessus de 150 francs, car on rentre en matière civile, et l'on doit appliquer les règles ordinaires. La loi a assimilé les voituriers aux aubergistes, en

---

[1] Paris, 17 mai 1867.

ce qui concerne la responsabilité ; mais aucune dérogation n'a été introduite aux principes généraux, en ce qui concerne la preuve du contrat.

Dans toute hypothèse, le voiturier est responsable de la valeur qu'on prouve lui avoir remise, et qu'il ne peut représenter. La simple indication, sur les bulletins délivrés aux voyageurs, qu'en cas de perte il ne leur sera alloué que telle somme, n'est nullement obligatoire pour ces derniers. Cependant, si des effets précieux et non déclarés avaient été perdus, le voyageur ne pourrait réclamer que l'indemnité due pour des effets ordinaires ; il serait injuste de faire supporter une si grave responsabilité au voiturier lorsqu'il n'a stipulé qu'un salaire ordinaire pour son transport, et que, d'ailleurs, il n'a pas pu prévoir une perte si considérable [1].

C'est ainsi qu'une loi du 5 nivôse an V n'alloue, pour les lettres confiées à la poste après avoir été chargées, qu'une indemnité de 50 francs, lors même qu'elles contiendraient des valeurs supérieures à cette somme.

La responsabilité de l'Administration ne s'étend à la totalité des valeurs que lorsqu'elles ont été déclarées, et que l'expéditeur a payé un droit proportionnel.

TROISIÈME SECTION
DES DEVIS ET DES MARCHÉS.

Art. 1787. Lorsqu'on charge quelqu'un de faire un ouvrage, on peut convenir qu'il fournira seulement son travail ou son industrie, ou bien qu'il fournira aussi la matière.

1788. Si, dans le cas où l'ouvrier fournit la matière, la chose vient à périr, de quelque manière que ce soit, avant d'être livrée, la perte en est pour l'ouvrier, à moins que le maître ne fût en demeure de recevoir la chose.

1789. Dans le cas où l'ouvrier fournit seulement son travail ou son industrie, si la chose vient à périr, l'ouvrier n'est tenu que de sa faute.

---

[1] Massé et Vergé, t. IV, § 709, note 9. — Cass., 16 mars 1859.

1790. Si, dans le cas de l'article précédent, la chose vient à périr, quoique sans aucune faute de la part de l'ouvrier, avant que l'ouvrage ait été reçu, et sans que le maître fût en demeure de le vérifier, l'ouvrier n'a point de salaire à réclamer, à moins que la chose n'ait péri par le vice de la matière.

1791. S'il s'agit d'un ouvrage à plusieurs pièces ou à la mesure, la vérification peut s'en faire par parties : elle est censée faite pour toutes les parties payées, si le maître paye l'ouvrier en proportion de l'ouvrage fait.

1792. Si l'édifice construit à prix fait périt, en tout ou en partie, par le vice de la construction, même par le vice du sol, les architecte et entrepreneur en sont responsables pendant dix ans.

1793. Lorsqu'un architecte ou un entrepreneur s'est chargé de la construction à forfait d'un bâtiment, d'après un plan arrêté et convenu avec le propriétaire du sol, il ne peut demander aucune augmentation de prix, ni sous le prétexte de l'augmentation de la main-d'œuvre ou des matériaux, ni sous celui de changements ou d'augmentations faits sur ce plan, si ces changements ou augmentations n'ont pas été autorisés par écrit, et le prix convenu avec le propriétaire.

1794. Le maître peut résilier, par sa seule volonté, le marché à forfait, quoique l'ouvrage soit déjà commencé, en dédommageant l'entrepreneur de toutes ses dépenses, de tous ses travaux et de tout ce qu'il aurait pu gagner dans cette entreprise.

1795. Le contrat de louage d'ouvrage est dissous par la mort de l'ouvrier, de l'architecte ou entrepreneur.

1796. Mais le propriétaire est tenu de payer, en proportion du prix porté par la convention, à leur succession, la valeur des ouvrages faits et celle des matériaux préparés, lors seulement que ces travaux ou ces matériaux peuvent lui être utiles.

1797. L'entrepreneur répond du fait des personnes qu'il emploie.

1798. Les maçons, charpentiers et autres ouvriers qui ont été employés à la construction d'un bâtiment ou d'autres ouvrages faits à l'entreprise, n'ont d'action contre celui pour lequel les ouvrages ont été faits que jusqu'à concurrence de ce dont il se trouve débiteur envers l'entrepreneur au moment où leur action est intentée.

1799. Les maçons, charpentiers, serruriers et autres ouvriers qui font directement des marchés à prix fait, sont astreints aux règles prescrites dans la présente section : ils sont entrepreneurs dans la partie qu'ils traitent.

Définition des DEVIS, *des* MARCHÉS *et des* FORFAITS. — On appelle *devis* un mémoire détaillé de tous les éléments principaux ou accessoires de l'ouvrage à faire, et du prix de chacun de ces éléments.

On appelle *marché* le contrat passé entre celui qui commande l'ouvrage et celui qui se charge de l'exécuter.

Enfin, on appelle *forfait* le contrat par lequel un entrepreneur se charge, moyennant un prix fixé à l'avance et invariable, d'exécuter un ouvrage déterminé.

Les marchés sont conclus avec des *séries de prix* qui s'appliquent aux divers travaux à faire, et le montant définitif de la dépense est proportionnel à l'importance des travaux exécutés.

Les forfaits sont au contraire consentis pour un *prix unique*, fixé avant le commencement des travaux, et qui ne doit pas être dépassé. Tout forfait contient donc un *alea*, puisque l'ouvrage peut coûter plus ou moins cher que les parties ne l'avaient prévu. L'entrepreneur profitera ou souffrira de la différence.

Dans ces divers contrats, l'ouvrier peut promettre son travail avec la matière, ou son travail seulement.

Du cas où l'ouvrier fournit SON TRAVAIL ET LA MATIÈRE. — Dans cette hypothèse, le contrat est mixte ; car il participe du louage, en ce qui concerne le travail, et de la vente, en ce qui concerne la matière.

L'ouvrier n'a exécuté son obligation que lorsqu'il a livré au maître l'objet qu'il devait confectionner, et que cet objet a été par lui agréé. Jusqu'à ce moment, la chose est aux risques de l'ouvrier ; car la propriété ne passe d'une personne à une autre qu'autant que l'une entend la transférer, et l'autre l'acquérir. Au surplus, peu importe que la tradition ait ou non été faite, car le seul consentement suffit pour cette translation.

Le maître mis en demeure d'accepter la chose est justement assimilé au maître qui l'a acceptée, et le Code applique le droit commun en faisant peser sur lui tous les risques à partir de ce moment ; mais la chose périrait, même après sa mise en demeure, pour l'ouvrier, si le maître prouvait qu'elle n'était pas de nature à être agréée. Effectivement, l'ouvrier aurait mauvaise grâce à critiquer le maître de n'avoir pas vérifié un travail, qui ne pouvait être reçu à raison de ses vices ou de son imperfection.

Du cas où l'ouvrier fournit son TRAVAIL SEULEMENT. — Dans cette hypothèse, l'ouvrier a exécuté son obligation, dès qu'il a procuré au maître le travail promis. C'est pourquoi il ne répond pas de la chose lorsqu'elle périt, pourvu toutefois que cette perte ne lui soit pas imputable. On applique le droit commun en ce qui concerne la responsabilité de l'ouvrier détenteur et gardien de la matière qu'il confectionne.

La perte de l'objet par le vice de la matière est assimilée à la perte par cas fortuit. Mais si, d'une part, le maître, à raison de son ignorance, ne pouvait pas prévoir cette perte, et si, de l'autre, l'ouvrier qui, à raison de son art, devait la prévoir, ne l'a pas averti des mesures qu'il fallait prendre pour la conservation de la chose, l'ouvrier devient responsable, car il y a eu de sa part une négligence qui constitue une faute véritable. Quoique l'ouvrier ne doive aucune indemnité, il souffre cependant de la perte de la chose, en ce qu'il ne peut réclamer de salaire : celui-ci était l'équivalent d'un travail parachevé, et la chose ayant péri, ce travail et le salaire qui en était la conséquence ont péri également. Toutefois, il ne faut pas que le maître ait été mis en demeure d'agréer l'objet confectionné ; car alors il devrait, malgré la perte, payer le salaire convenu.

Dans le cas où le maître fournirait une partie de la matière, et l'ouvrier son travail, plus le reste de la matière, on appliquerait simultanément les principes posés dans les deux hypothèses précédentes. Ainsi le maître perdrait sa matière, et l'ouvrier sa matière, plus son salaire.

La vérification du travail se fera par parties, lorsque l'ou-

vrage sera à plusieurs pièces ou à la mesure. Elle se fera
pour l'ouvrage en bloc, lorsque la confection en sera indivisible.

De la responsabilité des ARCHITECTES *et* ENTREPRENEURS. —
Nous avons vu que la chose est aux risques du maître dès
qu'il l'a agréée. La loi déroge à ce principe lorsqu'il s'agit
d'une construction ; car le maître ne peut en vérifier tous les
éléments d'une manière suffisante, et il serait injuste de le
faire souffrir d'une réception de travaux qui n'a jamais lieu
en parfaite connaissance de cause. A cet égard, elle déclare
les architectes et entrepreneurs responsables pendant dix
ans, à dater de cette réception. Il n'est pas nécessaire que l'é-
difice ait été construit à prix fait, comme l'insinue l'art. 1792 ;
car l'art. 2270 est venu généraliser la responsabilité des architectes et entrepreneurs.

La responsabilité peut avoir pour causes soit le vice de la
construction, soit le vice du sol, soit enfin le vice des matériaux ; car, dans tous ces cas, l'architecte ou l'entrepreneur
devait, à raison de son art, s'assurer que toutes les conditions requises pour la solidité de l'édifice étaient remplies.

A qui incombe la charge de la preuve ? Évidemment aux
architectes ou entrepreneurs ; car, lorsqu'une construction
s'écroule, c'est ordinairement parce qu'il existe un des trois
vices susénoncés. Dès lors, c'est à eux d'établir que la destruction de l'édifice a une autre cause, par exemple, un
tremblement de terre.

Leur responsabilité cesse quand la construction s'écroule
après les dix ans ; mais si elle s'écroule avant, quelle sera la
durée de l'action en indemnité, ouverte au profit du propriétaire ?

D'après les uns, l'action durera trente ans, à partir du sinistre, car c'est là le délai ordinaire de la prescription [1].

---

[1] Marcadé, art. 1792, n° 2. — Aubry et Rau, t. III, § 374, note 15.

D'après les autres, dix ans; car l'art. 2270 est venu réduire à cette limite la durée de la prescription.

Enfin, d'après une troisième opinion, les architectes et ouvriers sont, après les dix ans, déchargés, non-seulement de leur responsabilité, mais encore de l'action en indemnité; de telle sorte que, si la construction s'écroule le dernier jour de la dixième année, le maître ne devra pas attendre au lendemain pour intenter son action. Ce dernier système nous paraît préférable. Il y a effectivement ici une convention tacite de garantie entre le maître et les constructeurs, et il s'agit uniquement d'apprécier quelle est l'étendue de cette convention. Lorsqu'une telle convention est expresse, par exemple, lorsqu'un horloger garantit une montre pour deux ans, il est incontestable qu'après le délai fixé tout est consommé. Il doit donc en être de même lorsqu'il y a convention tacite. D'ailleurs, l'art. 2270 déclare, en termes absolus, qu'après dix ans les architectes et entrepreneurs *sont déchargés de toute garantie*, et ils ne le seraient pas si l'action, née dans les dix ans, durait encore dix ou trente ans. On peut ajouter que les suspensions de prescription qui pourraient intervenir au profit du maître ou de ses héritiers seraient de nature à prolonger indéfiniment la garantie due par le constructeur, et qu'alors il deviendrait impossible de constater si la chose a péri par un des vices qui engendrent la responsabilité des architectes et entrepreneurs. Enfin, ce système était appliqué sous l'ancienne jurisprudence, et il faudrait, pour l'écarter, une abrogation expresse, qui n'existe nulle part [1].

Pour protéger les propriétaires qui traitent à forfait contre des augmentations de dépense dans lesquelles les architectes ou entrepreneurs pourraient les entraîner, l'art. 1793 déclare qu'il n'y aura jamais lieu à une augmentation de prix, à moins que le propriétaire ne se soit engagé *par écrit* à la

---

[1] Massé et Vergé, t. IV, § 710, note 16. — Paris, 20 juin 1857.

subir, et il ne saurait être suppléé à cet écrit ni par la dé-
lation du serment, ni par l'interrogatoire sur faits et articles[1].

Dans un semblable but, l'art. 1794 accorde au maître le
droit de résilier à volonté le marché à forfait. Par là, il échap-
pera aux conséquences d'une entreprise que des circonstances imprévues pourraient rendre ruineuse. Au surplus, le
constructeur sera indemnisé, et cette indemnité comprendra :
1° toutes les dépenses de travaux dont il justifiera ; 2° le profit qu'il pouvait raisonnablement espérer de l'entreprise.

La mort des architectes et ouvriers dissout le louage, car
le contrat n'avait été consenti qu'en vue de leur personne.
Mais la mort du maître n'aurait pas le même résultat, puisque ses obligations sont de nature à être exécutées aussi bien
par ses héritiers que par lui-même.

En cas de mort de l'architecte ou de l'entrepreneur,
l'art. 1796 déclare que le propriétaire est tenu de payer en
proportion du prix porté par le contrat, à leur succession
respective, la valeur des ouvrages faits et celle des matériaux préparés, mais alors seulement que ces travaux ou ces
matériaux peuvent lui être utiles.

L'art. 1798 accorde aux maçons, charpentiers et autres
ouvriers qui ont été employés par un entrepreneur à la construction d'un bâtiment, un droit *direct* contre le propriétaire,
comme nous avons vu précédemment que l'art. 1743 accordait au bailleur principal un droit direct contre les sous-locataires[2].

Toutefois cette action directe n'existe contre le propriétaire
que jusqu'à concurrence de ce dont il se trouve débiteur envers l'entrepreneur au moment où l'action des ouvriers est
intentée. D'où la conséquence que, si l'entrepreneur a, par
exemple, déjà touché la moitié des sommes qui lui sont dues,
ou s'il a transporté la moitié de sa créance à un tiers, l'action
directe des ouvriers n'est recevable que pour l'autre moitié,

---

[1] Marcadé, art. 1793, n° 2. — Aubry et Rau, t. III, § 374, note 22.
[2] Marcadé, art. 1798, n° 2. — Besançon, 16 juin 1863.

puisque le propriétaire actionné n'est plus débiteur que de cette moitié envers l'entrepreneur [1]. Quant au tiers cessionnaire, qui a signifié son transport en temps utile, il est désormais en dehors du débat qui peut s'agiter entre les ouvriers et le propriétaire.

Selon la plupart des auteurs, l'action directe de l'art. 1798 n'appartient qu'aux OUVRIERS et elle ne saurait être accordée à des fournisseurs de matériaux, ni même à des sous-entrepreneurs, à moins que ces sous-traitants ne puissent être considérés comme de simples ouvriers [2].

CHAPITRE IV

DU BAIL A CHEPTEL.

—

PREMIÈRE SECTION

DISPOSITIONS GÉNÉRALES.

ART. 1800. Le bail à cheptel est un contrat par lequel l'une des parties donne à l'autre un fonds de bétail pour le garder, le nourrir et le soigner, sous les conditions convenues entre elles.

1801. Il y a plusieurs sortes de cheptels : — le cheptel simple ou ordinaire ; — le cheptel à moitié ; — le cheptel donné au fermier ou au colon partiaire. — Il y a encore une quatrième espèce de contrat improprement appelé *cheptel*.

1802. On peut donner à cheptel toute espèce d'animaux susceptibles de croît ou de profit pour l'agriculture ou le commerce.

1803. A défaut de conventions particulières, ces contrats se règlent par les principes qui suivent.

Observation. — Le mot *cheptel* vient, suivant les uns, du mot *caput*, signifiant tête de bétail ; suivant les autres, du mot *capitale*, employé, dans la basse latinité, comme syno-

---

[1] Marcadé, art. 1798, n° 2. — Paris, 17 août 1863.
[2] Poitiers, 9 juillet 1863. — Besançon, 16 juin 1863.

nyme de gros et menu bétail. Tantôt il s'applique au contrat, tantôt au troupeau qui en est l'objet.

La définition donnée du bail à cheptel par l'art. 1800 semble indiquer qu'il y a une transmission de propriété du bétail par l'une des parties à l'autre. Mais cette idée ne serait pas exacte, car le fonds de bétail peut être fourni non-seulement par l'une des parties, mais encore par l'une et par l'autre à la fois.

DEUXIÈME SECTION

DU CHEPTEL SIMPLE.

Art. 1804. Le bail à cheptel simple est un contrat par lequel on donne à un autre des bestiaux à garder, nourrir et soigner, à condition que le preneur profitera de la moitié du croît et qu'il supportera aussi la moitié de la perte.

1805. L'estimation donnée au cheptel, dans le bail, n'en transporte pas la propriété au preneur ; elle n'a d'autre objet que de fixer la perte ou le profit qui pourra se trouver à l'expiration du bail.

1806. Le preneur doit les soins d'un bon père de famille à la conservation du cheptel.

1807. Il n'est tenu du cas fortuit que lorsqu'il a été précédé de quelque faute de sa part, sans laquelle la perte ne serait pas arrivée.

1808. En cas de contestation, le preneur est tenu de prouver le cas fortuit, et le bailleur est tenu de prouver la faute qu'il impute au preneur.

1809. Le preneur qui est déchargé par le cas fortuit est toujours tenu de rendre compte des peaux des bêtes.

1810. Si le cheptel périt en entier, sans la faute du preneur, la perte en est pour le bailleur. — S'il n'en périt qu'une partie, la perte est supportée en commun, d'après le prix de l'estimation originaire, et celui de l'estimation à l'expiration du cheptel.

1811. On ne peut stipuler — que le preneur supportera la perte totale du cheptel, quoique arrivée par cas fortuit et sans sa faute ; — ou qu'il supportera dans la perte une part plus grande que dans le profit ; — ou que le bailleur prélèvera, à la fin du bail, quelque chose de plus que le cheptel qu'il a fourni. — Toute convention semblable est nulle. — Le preneur profite seul des laitages, du fumier et du travail des animaux donnés à cheptel. — La laine et le croît se partagent.

1812. Le preneur ne peut disposer d'aucune bête du troupeau, soit du fonds, soit du croît, sans le consentement du bailleur, qui ne peut lui-même en disposer sans le consentement du preneur.

1813. Lorsque le cheptel est donné au fermier d'autrui, il doit être notifié au propriétaire de qui ce fermier tient ; sans quoi, il peut le saisir et le faire vendre pour ce que son fermier lui doit.

1814. Le preneur ne pourra tondre sans en prévenir le bailleur.

1815. S'il n'y a pas de temps fixé par la convention pour la durée du cheptel, il est censé fait pour trois ans.

1816. Le bailleur peut en demander plus tôt la résolution, si le preneur ne remplit pas ses obligations.

1817. A la fin du bail, ou lors de sa résolution, il se fait une nouvelle estimation du cheptel. — Le bailleur peut prélever des bêtes de chaque espèce, jusqu'à concurrence de la première estimation : l'excédant se partage. — S'il n'existe pas assez de bêtes pour remplir la première estimation, le bailleur prend ce qui reste, et les parties se font raison de la perte.

Définition, caractères, effets *et* durée *du bail à cheptel simple.* — L'art. 1804 définit le bail à cheptel simple « un contrat par lequel on donne à un autre des bestiaux à garder, nourrir et soigner, à la condition que le preneur profitera de la moitié du croît, et qu'il supportera la moitié de la perte. » Cette définition est inexacte, en ce que le preneur a droit, non-seulement à la moitié du croît, mais encore à une moitié de la laine et à la totalité des laitages, du travail et du fumier des animaux ; et, en outre, en ce qu'il ne supporte plus la moitié de la perte, si le troupeau a péri tout entier.

Dans le bail à cheptel, l'estimation du troupeau ne vaut pas vente ; car la loi ne devait pas facilement supposer une aliénation du troupeau au profit de personnes généralement peu solvables.

Et d'ailleurs, entre bailleurs et preneurs en général, il est de principe que l'estimation, au lieu de valoir vente, sert uniquement de base à l'évaluation des dommages-intérêts qui pourront être dus par les derniers aux premiers dans le cas où ils ne restitueraient pas, en bon état, les effets mobiliers qu'ils ont reçus pour servir à l'exploitation des biens loués.

La perte totale du troupeau est pour le bailleur qui en est resté propriétaire. Dans l'ancienne jurisprudence, elle était supportée en même temps par le bailleur et par le preneur. L'innovation du Code est regrettable ; car si une partie notable du troupeau a péri, le preneur aura intérêt à laisser périr le reste. Au surplus, la responsabilité du preneur est régie par le droit commun.

Dans le cheptel simple, la loi prohibe certaines conventions trop onéreuses pour les preneurs, qui subissent presque toujours la volonté du bailleur. L'article 1811 les énumère. Celles qui seraient favorables au preneur, quoique désavantageuses au bailleur, devraient être maintenues ; car il n'y a aucune raison de les annuler.

On reconnaît généralement que les clauses par lesquelles le bailleur aurait une part dans le laitage et le travail des animaux, ou le preneur une part moindre de moitié dans le croît et la perte, sont prohibées dans le cheptel simple. En effet, la loi les en a implicitement exclues du moment qu'elles les a explicitement autorisées dans le cheptel à moitié, quand le cheptelier est fermier ou colon partiaire du bailleur (art. 1819).

Les articles 1812-1817 développent suffisamment les règles ayant pour objet les obligations respectives du bailleur et du preneur, la durée du cheptel, sa résolution et le partage.

TROISIÈME SECTION

DU CHEPTEL A MOITIÉ.

ART. 1818. Le cheptel à moitié est une société dans laquelle chacun des contractants fournit la moitié des bestiaux, qui demeurent communs pour le profit ou pour la perte.

1819. Le preneur profite seul, comme dans le cheptel simple, des laitages, du fumier et des travaux des bêtes. — Le bailleur n'a droit qu'à la moitié des laines et du croît. — Toute convention contraire est nulle, à moins que le bailleur ne soit propriétaire de la métairie dont le preneur est fermier ou colon partiaire.

1820. Toutes les autres règles du cheptel simple s'appliquent au cheptel à moitié.

Observation. — Les règles du cheptel simple sont applicables au cheptel à moitié, sauf que la perte totale, comme la perte partielle, est supportée en commun par le bailleur et le preneur. De plus, la loi autorise, au profit du bailleur, certaines conventions qui lui sont très-favorables, lorsque le cheptelier est ou fermier ou colon partiaire; car, dans ce cas, le bailleur fournit, outre le troupeau, le logement et une partie de la nourriture; et, de plus, le preneur peut trouver son dédommagement dans d'autres clauses du contrat général.

QUATRIÈME SECTION

DU CHEPTEL DONNÉ PAR LE PROPRIÉTAIRE A SON FERMIER OU COLON PARTIAIRE.

§ 1. — Du cheptel donné au fermier.

ART. 1821. Ce cheptel (aussi appelé *cheptel de fer*) est celui par lequel le propriétaire d'une métairie la donne à ferme, à la charge qu'à l'expiration du bail, le fermier laissera des bestiaux d'une valeur égale au prix de l'estimation de ceux qu'il aura reçus.

1822. L'estimation du cheptel donné au fermier ne lui en transfère pas la propriété, mais néanmoins le met à ses risques.

1823. Tous les profits appartiennent au fermier pendant la durée de son bail, s'il n'y a convention contraire.

1824. Dans les cheptels donnés au fermier, le fumier n'est point dans les profits personnels des preneurs, mais appartient à la métairie, à l'exploitation de laquelle il doit être uniquement employé.

1825. La perte, même totale et par cas fortuit, est en entier pour le fermier, s'il n'y a convention contraire.

1826. A la fin du bail, le fermier ne peut retenir le cheptel en en payant l'estimation originaire; il doit en laisser un de valeur pareille à celui qu'il a reçu. — S'il y a du déficit, il doit le payer; et c'est seulement l'excédant qui lui appartient.

§ 2. — Du cheptel donné au colon partiaire.

1827. Si le cheptel périt en entier, sans la faute du colon, la perte est pour le bailleur.

1828. On peut stipuler que le colon délaissera au bailleur sa part de la toison à un prix inférieur à la valeur ordinaire; que le bailleur aura une plus grande part du profit ; qu'il aura la moitié des laitages. Mais on ne peut pas stipuler que le colon sera tenu de toute la perte.

1829. Le cheptel finit avec le bail à métairie.

1830. Il est d'ailleurs soumis à toutes les règles du cheptel simple.

Du cheptel donné aux fermiers ou CHEPTEL DE FER. — Le cheptel donné aux fermiers est aussi appelé *cheptel de fer*, parce qu'il est comme attaché à la ferme. Il y a un double bail, dont l'un est l'accessoire inséparable de l'autre.

Notons que l'estimation ne vaut pas vente, par la même raison que précédemment; c'est ce qui explique pourquoi le cheptel est placé, par l'art. 522, au nombre des immeubles par destination.

Le cheptel de fer se distingue du cheptel simple :

En ce que, dans le premier, le preneur a tous les profits et supporte toutes les pertes; tandis que, dans le second, il n'a que moitié des profits et des pertes, pourvu, toutefois, que celles-ci soient seulement partielles ;

En ce qu'il est immeuble par destination, tandis que le cheptel simple est toujours mobilier ;

En ce que, dans le premier cheptel, toutes conventions sont permises, car la loi présume que celles trop onéreuses pour le preneur seront compensées par des avantages d'une autre nature ; tandis que, dans le second, plusieurs clauses sont prohibées, comme nous l'avons vu, parce qu'elles seraient sans compensation.

Le cheptel donné au colon partiaire diffère, à son tour, du cheptel donné au fermier :

En ce qu'il y a partage de tous les profits, tandis que, dans l'autre cheptel, ils appartiennent au preneur ;

En ce que l'estimation du troupeau ne met pas à la charge du preneur la perte totale, tandis qu'il en est autrement lorsque le troupeau est livré au fermier.

CINQUIÈME SECTION

DU CONTRAT IMPROPREMENT APPELÉ CHEPTEL.

ART. 1831. Lorsqu'une ou plusieurs vaches sont données pour les loger et les nourrir, le bailleur en conserve la propriété : il a seulement le profit des veaux qui en naissent.

Observation. — Comme on le voit, il n'y a pas ici un véritable cheptel ; car ce sont des individus, et non un troupeau, que reçoit le preneur.

LIVRE III, TITRE IX.

Du Contrat de Société.

(Décrété le 8 mars 1804. Promulgué le 18 du même mois.)

CHAPITRE PREMIER

DISPOSITIONS GÉNÉRALES.

ART. 1832. La société est un contrat par lequel deux ou plusieurs personnes conviennent de mettre quelque chose en commun, dans la vue de partager le bénéfice qui pourra en résulter.

1833. Toute société doit avoir un objet licite, et être contractée pour l'intérêt commun des parties. — Chaque associé doit y apporter ou de l'argent, ou d'autres biens, ou son industrie.

1834. Toutes sociétés doivent être rédigées par écrit, lorsque leur objet est d'une valeur de plus de 150 francs. — La preuve testimoniale n'est point admise contre et outre le contenu en l'acte de société, ni sur ce qui serait allégué avoir été dit avant, lors et depuis cet acte, encore qu'il s'agisse d'une somme ou valeur moindre de 150 francs.

DÉFINITION *de la société.* — L'art. 1832 définit la société, « un contrat par lequel deux ou plusieurs personnes convien-

« nent de mettre quelque chose en commun, dans la vue de
« partager le bénéfice qui pourra en résulter. » De cette définition il résulte, qu'il faut à l'existence de la société, outre
les conditions essentielles à tout contrat, un apport réciproque, un intérêt commun, et des bénéfices à réaliser.

1° *Des* APPORTS SOCIAUX. — Les apports des associés peuvent consister en toute sorte de choses ayant une valeur appréciable. Le Code cite l'argent, ou autres biens, et l'industrie
des associés ; mais cette disposition n'est pas limitative.

Si un associé apportait seulement son nom ou son crédit
sans détermination de la valeur qui lui est donnée, nous pensons qu'un tel apport ne serait pas valable. En effet, ce
nom n'aurait d'autre résultat que de tromper les tiers qui
croiraient l'associé engagé pour un capital, ou au moins pour
son industrie ; et ce crédit ne pourrait être précisé, quant à
sa valeur, ce qui mettrait l'associé dans l'impossibilité de
prendre une part déterminée dans les bénéfices. Toutefois,
si les parties avaient eu soin de déterminer la valeur du crédit apporté par l'un des associés, on devrait reconnaître
qu'une semblable mise est valable, car elle n'a rien de contraire à l'ordre public.   -

2° *De* L'INTÉRÊT COMMUN *des associés*. — Si l'un des associés
prenait tous les bénéfices ou pouvait s'affranchir de toutes les
pertes, la société ne serait plus qu'une libéralité faite à son
profit par les autres associés. Pour que le contrat conserve son
véritable caractère, il est donc nécessaire qu'il y ait un intérêt commun. Nous avons vu que la femme peut, par une
stipulation expresse, se soustraire à cette règle en reprenant
son apport franc et quitte, lors même qu'elle renonce à la
communauté.

3° *Des* BÉNÉFICES A RÉALISER. — Un intérêt commun ne
suffit pas pour qu'il y ait société : il faut encore que le contrat ait eu en vue des bénéfices à réaliser. Ainsi le contrat
par lequel plusieurs personnes s'associent mutuellement
contre l'incendie, ou contre tout autre sinistre, contient un

intérêt commun, mais il ne constitue pas une société, parce que les parties ont pour but d'éviter ou d'atténuer une perte, et non de réaliser des bénéfices.

PREUVE *de la société.* — Cette preuve est soumise aux règles ordinaires ; elle doit être écrite lorsque l'objet de la société, c'est-à-dire la somme des mises, excède 150 francs. Elle pourra être testimoniale dans le cas contraire.

Si l'objet de la société, d'abord inférieur à 150 francs, excède plus tard cette somme par les bénéfices réalisés, la preuve écrite deviendra-t-elle nécessaire? Nous ne le pensons pas, car la loi parle de l'*objet* de la société au moment de sa *formation*, et non au moment de sa *dissolution.* Une fois que la preuve testimoniale a pu être administrée, elle reste toujours recevable ; car, autrement, les associés seraient obligés de faire une liquidation quotidienne de l'actif social, pour savoir si la preuve écrite ne doit pas être substituée à la preuve testimoniale. De là il résulte que chacun d'eux pourra, au moment de la dissolution, baser sa demande sur cette dernière preuve, lors même qu'elle excéderait de beaucoup 150 francs.

Quand un écrit est rédigé, il doit être fait en autant d'originaux qu'il y a d'associés, pour que les uns ne soient pas à la discrétion des autres. Cet écrit doit avoir date certaine, pour être opposable aux tiers ; mais il ne doit être rendu public que si la société est commerciale.

On peut se demander pourquoi le Code a rappelé le droit commun en ce qui concerne la preuve du contrat de société : il a voulu, sans doute, abolir les anciennes sociétés qui se formaient tacitement entre personnes ayant vécu pendant l'an et jour en commun, et appelées, par cette raison, sociétés *taisibles.*

De la PERSONNALITÉ *des sociétés.* — Il est très-important de savoir si les sociétés sont, ou non, des personnes juridiques. Admet-on l'affirmative? Alors l'actif social est distinct de l'actif particulier des associés, puisqu'il appartient à la personne morale, et les créanciers sociaux n'ont pas à subir le concours des créanciers propres de chaque associé.

De plus, dans ce système, le droit des associés est mobilier, lors même qu'il y aurait des immeubles dans la société ; car, d'un côté, ces immeubles appartiennent à la personne morale, et, de l'autre, les associés n'ont droit qu'à un dividende, lequel consiste toujours en argent, c'est-à-dire en un objet mobilier. Le droit de chacun ne deviendra immobilier, pour le tout ou pour partie, que si, lors de la dissolution de la société, le fonds social se compose, pour le tout ou pour partie, d'immeubles.

Admet-on le système contraire ? Alors il y a concours des créanciers personnels de chaque associé, avec les créanciers sociaux, sur le fonds de la société ; et, lorsque celle-ci comprend des immeubles, le droit des associés est pour partie immobilier.

Disons tout d'abord que les sociétés trouvent un grand avantage à être érigées en personnes juridiques ; car, du moment où les créanciers sociaux n'ont pas à redouter le concours des créanciers personnels de chaque associé, elles peuvent avoir un grand crédit, lors même que les affaires de certains associés seraient en mauvais état. Aussi la loi a-t-elle expressément donné l'existence juridique aux sociétés commerciales, sauf peut-être à celle en participation. Certains auteurs, raisonnant *à contrario*, disent que le législateur a, par cela même, refusé de reconnaître les sociétés civiles comme personnes morales. Il est incontestable que cette opinion était vraie dans l'ancien droit français; mais plusieurs dispositions du Code semblent inexplicables, si on l'admet encore.

D'abord l'art. 1860 interdit à l'associé non administrateur d'aliéner ou d'engager, même pour sa part, les choses qui dépendent de la société ; dans l'ancien droit, il le pouvait. Cette innovation ne peut évidemment s'expliquer qu'en ce sens, que le législateur a voulu isoler les intérêts sociaux, et les rendre indépendants du fait des associés, et, à plus forte raison, de la poursuite de leurs créanciers. Or, c'est là constituer une personne juridique.

L'art. 1848 corrobore cette conclusion. En effet, il décide que, si un tiers débiteur envers la société et envers l'un des associés paye à ce dernier un à-compte, l'imputation devra se faire proportionnellement sur chaque dette, à moins que les parties elles-mêmes ne l'aient implicitement ou explicitement faite d'une autre manière. Or, si la créance sociale appartenait en commun à chaque associé, au lieu d'appartenir exclusivement à la personne morale que nous supposons, l'associé qui a reçu l'à-compte devrait en retenir, non une part proportionnelle à sa propre créance, mais une part proportionnelle à cette créance, plus à la part qu'il aurait dans la créance sociale. Soient deux dettes de 20 chacune, et un à-compte de 20, l'associé gardera 10 et versera 10 dans la caisse sociale ; or, en supposant qu'il n'y ait que deux associés, il devrait garder, non pas 10, mais 15, qui est la part afférente à sa créance, plus à la moitié qu'il a dans la créance sociale.

On voit donc que la société doit être classée parmi les personnes juridiques, et il est à regretter que le Code n'ait pas prescrit certaines mesures de publicité, pour en révéler aux tiers l'existence [1].

Les sociétés civiles sont rares : on peut citer la société ayant pour but l'exploitation d'une mine, ou des achats de terrains destinés à être revendus. Presque toujours le contrat est fait en vue d'opérations commerciales.

En terminant l'examen de la personnalité des sociétés civiles, nous devons ajouter que quelquefois elles prennent la forme en commandite ou la forme anonyme, qui sembleraient être particulières aux sociétés commerciales. Ainsi les sociétés civiles, ayant pour but l'exploitation des mines, sont

---

[1] Duvergier, *Sociétés*, nos 141, 382. — Troplong, *Sociétés*, t. 1er nos 58 et suiv.

fréquemment anonymes. Dans ces différents cas, on est d'accord que la société est une personne juridique, tout comme si elle était commerciale.

DIFFÉRENCES *entre la* SOCIÉTÉ *et* L'INDIVISION. — Il y a une notable différence entre la société et l'indivision ; car la première résulte toujours d'un contrat, et la seconde peut résulter d'un quasi-contrat ; par exemple, de la vocation de plusieurs personnes à la même succession. De plus, la société a pour but des bénéfices à réaliser, et cesse par la mort de l'un des associés ; tandis qu'il n'en est pas de même de la communauté. Enfin, dans l'opinion qui admet que les sociétés civiles sont des personnes morales, la société exclut l'indivision, puisque le fonds social, au lieu d'appartenir indivisément à tous les associés, est la propriété de la personne morale elle-même. Mais cette différence n'existe pas dans l'opinion contraire.

CHAPITRE II

DES DIFFÉRENTES ESPÈCES DE SOCIÉTÉ.

ART. 1835. Les sociétés sont universelles, ou particulières.

PREMIÈRE SECTION

DES SOCIÉTÉS UNIVERSELLES.

ART. 1836. On distingue deux sortes de sociétés universelles, la société de tous biens présents, et la société universelle de gains.

1837. La société de tous biens présents est celle par laquelle les parties mettent en commun tous les biens meubles et immeubles qu'elles possèdent actuellement, et les profits qu'elles pourront en tirer. — Elles peuvent aussi y comprendre toute autre espèce de gains ; mais les biens qui pourraient leur advenir par succession, donation ou legs, n'entrent dans cette société que pour la jouissance : toute stipulation tendant à y faire entrer la propriété de ces biens est prohibée, sauf entre époux, et conformément à ce qui est réglé à leur égard.

1838. La société universelle de gains renferme tout ce que les parties acquerront par leur industrie, à quelque titre que ce soit, pendant le cours de la société : les meubles que chacun des associés possède au temps du contrat y sont aussi compris ; mais leurs immeubles personnels n'y entrent que pour la jouissance seulement.

1839. La simple convention de société universelle, faite sans autre explication, n'emporte que la société universelle de gains.

1840. Nulle société universelle ne peut avoir lieu qu'entre personnes respectivement capables de se donner ou de recevoir l'une de l'autre, et auxquelles il n'est point défendu de s'avantager au préjudice d'autres personnes.

DEUXIÈME SECTION
DE LA SOCIÉTÉ PARTICULIÈRE.

Art. 1841. La société particulière est celle qui ne s'applique qu'à certaines choses déterminées, ou à leur usage, ou aux fruits à en percevoir.

1842. Le contrat par lequel plusieurs personnes s'associent, soit pour une entreprise désignée, soit pour l'exercice de quelque métier ou profession, est aussi une société particulière.

Des DIFFÉRENTES ESPÈCES *de société.* — Les sociétés sont universelles ou particulières.

Universelles, lorsqu'elles comprennent une généralité de biens soit présents, soit à venir.

Particulières, lorsqu'elles comprennent certains biens déterminés.

La loi distingue deux sortes de sociétés universelles : la société universelle de tous biens présents, et la société universelle de gains.

De la société UNIVERSELLE *de* BIENS PRÉSENTS. — Les associés peuvent mettre en commun tous leurs biens présents meubles ou immeubles, mais ils ne peuvent comprendre dans la société les biens qui leur adviendraient par donation, succession ou legs, si ce n'est pour la jouissance. Comme chacun ignore les éventualités de l'avenir, la loi présume qu'une telle société ne serait pas contractée en parfaite connaissance de cause. La société *universorum bonorum*, telle que l'entendaient les Romains, est donc aujourd'hui prohibée. Toutefois nous avons vu qu'elle reste permise entre époux.

De la société UNIVERSELLE *de* GAINS. Cette société portait à Rome le nom de *societas universorum quæ ex quæstu veniunt*. Aux termes de l'article 1838, elle comprend tous les meubles présents des associés, les revenus des immeubles qui leur restent propres, et les produits de leur travail ou de leur industrie. La loi a sans doute fait tomber tous les meubles présents dans la société, à cause du vieil adage : *mobilium vilis possessio*, car en principe une société de gains ne devrait pas englober des biens qui ont le caractère d'un véritable capital.

Du PASSIF *des sociétés universelles.* — Après avoir indiqué les éléments dont se compose l'actif des deux sortes de sociétés universelles, le Code reste muet sur la composition de leur passif. Mais cette composition devra évidemment être analogue à celle de l'actif : l'une commande l'autre.

Ainsi, dans la société universelle de biens présents, la société supportera toutes les dettes présentes, et, quant aux dettes futures, elle supportera celles qui auront été contractées dans un but de spéculation, mais non celles qui feraient partie de donations ou de successions échues à l'un des associés.

La société universelle de tous gains, prenant tout le mobilier présent, supportera dans les dettes une part proportionnelle à ce mobilier, comparé avec le surplus de la fortune de chaque associé, et l'on n'appliquera pas la règle : « Là où va l'actif mobilier, là va le passif mobilier », dont nous avons montré les résultats iniques en étudiant la composition du passif de la communauté légale.

Quant aux dettes futures, cette société en supportera les intérêts ou arrérages, puisqu'elle a tous les revenus actifs de chaque associé.

Si à une société universelle de biens présents se joint une société universelle de tous gains, toutes les dettes présentes tomberont dans la société en capital, et les dettes futures y tomberont en intérêts ou arrérages.

L'éducation et l'entretien des enfants seront à la charge de la société ou de l'associé, suivant que les revenus appartiendront à la société ou à l'associé. On doit en dire autant des réparations et des autres impenses qui, généralement, sont des charges de la jouissance.

Des PERSONNES *entre lesquelles la société universelle est* PROHIBÉE. — L'art. 1840 contient, au moins en apparence, deux prohibitions.

D'abord la société universelle ne peut se former entre personnes incapables de se donner ou de recevoir l'une de l'autre, car elle eût fourni un moyen trop facile d'éluder la loi.

En second lieu, cette société ne peut se former entre personnes auxquelles il est défendu de *s'avantager au préjudice d'autres personnes*. Il semblerait résulter de là que toute personne ayant des héritiers à réserve ne pourrait former avec des tiers aucune société universelle ; ou que, si elle la formait, le sort de la société serait en suspens jusqu'à la mort de cet associé, car, alors seulement, l'on peut savoir s'il a ou non des héritiers à réserve.

Un pareil système n'est guère admissible, et l'on doit voir, dans la seconde prohibition, une répétition de la première. Cela résulte de la déclaration de Treilhard au Conseil d'État, d'après laquelle les incapacités établies par le Code *ne sont pas nombreuses*. Or, dans le système contraire, elles seraient très-fréquentes.

Au surplus, les héritiers à réserve pourront faire réduire les avantages indirects que le défunt aurait procurés à son coassocié, dans le cas où ils excéderaient la quotité disponible.

De la SOCIÉTÉ PARTICULIÈRE. — Toute société qui ne rentre pas dans l'une des deux sortes de sociétés universelles est, par cela même une société particulière. En conséquence, cette société, au lieu de s'appliquer à un ensemble d'objets, s'applique uniquement à certaines choses déterminées, ou à leur usage, ou aux fruits à en percevoir; ou encore à l'exercice d'une profession, d'un art, d'un métier, ou à une entreprise désignée.

CHAPITRE III

DES ENGAGEMENTS DES ASSOCIÉS ENTRE EUX ET A L'ÉGARD DES TIERS.

—

PREMIÈRE SECTION

DES ENGAGEMENTS DES ASSOCIÉS ENTRE EUX.

Art. 1843. La société commence à l'instant même du contrat, s'il ne désigne une autre époque.

1844. S'il n'y a pas de convention sur la durée de la société, elle est censée contractée pour toute la vie des associés, sous la modification portée en l'article 1869; ou, s'il s'agit d'une affaire dont la durée soit limitée, pour tout le temps que doit durer cette affaire.

1845. Chaque associé est débiteur, envers la société, de tout ce qu'il a promis d'y apporter. — Lorsque cet apport consiste en un corps certain, et que la société en est évincée, l'associé en est garant envers la société, de la même manière qu'un vendeur l'est envers son acheteur.

1846. L'associé qui devait apporter une somme dans la société, et qui ne l'a point fait, devient, de plein droit et sans demande, débiteur des intérêts de cette somme, à compter du jour où elle devait être payée. — Il en est de même à l'égard des sommes qu'il a prises dans la caisse sociale, à compter du jour où il les en a tirées pour son profit particulier; — le tout sans préjudice de plus amples dommages-intérêts, s'il y a lieu.

1847. Les associés qui se sont soumis à apporter leur industrie à la société lui doivent compte de tous les gains qu'ils ont faits par l'espèce d'industrie qui est l'objet de cette société.

1848. Lorsque l'un des associés est, pour son compte particulier, créancier d'une somme exigible envers une personne qui se trouve aussi devoir à la société une somme également exigible, l'imputation de ce qu'il reçoit de ce débiteur doit se faire sur la créance de la société et sur la sienne, dans la proportion des deux créances, encore qu'il eût, par sa quittance, dirigé l'imputation intégrale sur sa créance particulière : mais s'il a exprimé, dans sa quittance, que l'imputation serait faite en entier sur la créance de la société, cette stipulation sera exécutée.

1849. Lorsqu'un des associés a reçu sa part entière de la créance commune, et que le débiteur est depuis devenu insolvable, cet associé est tenu de rapporter à la masse commune ce qu'il a reçu, encore qu'il eût spécialement donné quittance *pour sa part.*

1850. Chaque associé est tenu, envers la société, des dommages qu'il lui a causés par sa faute, sans pouvoir compenser avec ces dommages les profits que son industrie lui aurait procurés dans d'autres affaires.

1851. Si les choses dont la jouissance seulement a été mise dans la société sont des corps certains et déterminés, qui ne se consomment point par l'usage, elles sont aux risques de l'associé propriétaire. — Si ces choses se consomment, si elles se détériorent en les gardant, si elles ont été destinées à être vendues, ou si elles ont été mises dans la société sur une estimation portée par un inventaire, elles sont aux risques de la société. — Si la chose a été estimée, l'associé ne peut répéter que le montant de son estimation.

1852. Un associé a action contre la société, non-seulement à raison des sommes qu'il a déboursées pour elle, mais encore à raison des obligations qu'il a contractées de bonne foi pour les affaires de la société, et des risques inséparables de sa gestion.

1853. Lorsque l'acte de société ne détermine point la part de chaque associé dans les bénéfices ou pertes, la part de chacun est en proportion de sa mise dans les fonds de la société. — A l'égard de celui qui n'a apporté que son industrie, sa part dans les bénéfices ou dans les pertes est réglée comme si sa mise eût été égale à celle de l'associé qui a le moins apporté.

1854. Si les associés sont convenus de s'en rapporter à l'un d'eux ou à un tiers pour le règlement des parts, ce règlement ne peut être attaqué, s'il n'est évidemment contraire à l'équité. — Nulle réclamation n'est admise à ce sujet, s'il s'est écoulé plus de trois mois depuis que la partie qui se prétend lésée a eu connaissance du règlement, ou si ce règlement a reçu de sa part un commencement d'exécution.

1855. La convention qui donnerait à l'un des associés la totalité des bénéfices est nulle. — Il en est de même de la stipulation qui affranchirait de toute contribution aux pertes les sommes ou effets mis dans le fonds de la société par un ou plusieurs associés.

1856. L'associé chargé de l'administration par une clause spéciale du contrat de société peut faire, nonobstant l'opposition des autres associés, tous les actes qui dépendent de son administration, pourvu que ce soit sans fraude. — Ce pouvoir ne peut être révoqué sans cause légitime, tant que la société dure ; mais, s'il n'a été donné que par acte postérieur au contrat de société, il est révocable comme un simple mandat.

1857. Lorsque plusieurs associés sont chargés d'administrer, sans que leurs fonctions soient déterminées, ou sans qu'il ait été exprimé que l'un ne pourrait agir sans l'autre, ils peuvent faire chacun séparément tous les actes de cette administration.

1858. S'il a été stipulé que l'un des administrateurs ne pourra rien faire sans l'autre, un seul ne peut, sans une nouvelle convention, agir en l'absence de l'autre, lors même que celui-ci serait dans l'impossibilité actuelle de concourir aux actes d'administration.

1859. A défaut de stipulations spéciales sur le mode d'administration, l'on suit les règles suivantes : — 1° Les associés sont censés s'être donné réciproquement le pouvoir d'administrer l'un pour l'autre. Ce que chacun fait est valable, même pour la part de ses associés, sans qu'il ait pris leur consentement ; sauf le droit qu'ont ces derniers, ou l'un d'eux, de s'opposer à l'opération avant qu'elle soit conclue. — 2° Chaque associé peut se servir des choses appartenant à la société, pourvu qu'il les emploie à leur destination fixée par l'usage, et qu'il ne s'en serve pas contre l'intérêt de la société, ou de manière à empêcher ses associés d'en user selon leur droit. — 3° Chaque associé a le droit d'obliger ses associés à faire avec lui les dépenses qui sont nécessaires pour la conservation des choses de la société. — 4° L'un des associés ne peut faire d'innovations sur les immeubles dépendant de la société, même quand il les soutiendrait avantageuses à cette société, si les autres associés n'y consentent.

1860. L'associé qui n'est point administrateur ne peut aliéner ni engager les choses même mobilières qui dépendent de la société.

1861. Chaque associé peut, sans le consentement de ses associés, s'associer une tierce personne relativement à la part qu'il a dans la société : il ne peut pas, sans ce consentement, l'associer à la société, lors même qu'il en aurait l'administration.

Durée *de la société*. — Sauf convention contraire, la société commence à l'instant même du contrat, et dure pendant toute la vie des associés, ou s'il s'agit d'une affaire dont la durée soit limitée, pendant tout le temps que cette affaire comporte (article 1843-1845).

*De l'*OBLIGATION *de faire l'*APPORT. — Cette obligation varie avec la nature même de l'apport. Nous allons parcourir les diverses hypothèses qui peuvent se présenter.

1° Lorsqu'un *corps certain* a été promis, l'associé est considéré, vis-à-vis de la société, comme un vendeur. On appliquera donc toutes les règles de la vente en ce qui concerne la translation de la propriété, les risques et la garantie, soit de la possession paisible, soit de la possession utile.

2° Lorsqu'une *somme* a été promise, l'associé est considéré comme un débiteur ordinaire, sauf qu'il devra les intérêts de plein droit et sans demande, à compter du jour où le payement devait être effectué, avec faculté pour la société d'exiger, s'il y a lieu, de plus amples dommages-intérêts. Cette double dérogation au droit commun s'explique et se justifie par cette circonstance que la société a pour but la spéculation, et qu'un grave préjudice pour elle peut résulter du moindre retard dans l'apport d'un associé.

3° Lorsqu'un associé a promis son *industrie*, il doit compte à la société de tous les gains provenant de l'espèce d'industrie qui est l'objet de la société. Il serait également responsable de sa négligence à exercer l'industrie promise.

4° Lorsque la *jouissance* de *corps certains* a été promise, les obligations de l'associé sont à peu près les mêmes que celles d'un bailleur envers son fermier ou locataire ; il supportera les risques, et son apport, étant successif, ne sera complétement effectué qu'à la dissolution de la société. Dans le cas où la chose périrait avant d'être mise dans la société, celle-ci n'aurait jamais existé, faute d'objet. Dans le cas où elle périrait après y avoir été mise, la société aurait existé ; mais elle se dissoudrait par la perte de la chose.

Il ne faut pas confondre l'hypothèse où un associé promet la *jouissance* d'une chose, avec l'hypothèse où il en promet *l'usufruit ;* car l'usufruit, contrairement à la jouissance, est un démembrement de la propriété qui serait, comme la propriété elle-même, aux risques de la société. Dès lors, la perte de l'usufruit n'emporterait pas, comme la perte de la jouissance, dissolution de la société.

Des SOINS *que chaque associé* DOIT A LA SOCIÉTÉ. — Chaque associé doit à la société les soins d'un bon père de famille. Il sera responsable de la faute légère *in abstracto.* La loi romaine ne le rendait responsable que de la faute légère *in concreto*, c'est-à-dire de la faute que l'associé n'aurait pas commise pour ses propres affaires. En droit français, la faute s'apprécie dans tous les contrats, sauf exception, d'une manière absolue, et par comparaison avec le type légal du bon administrateur. Aucune dérogation n'étant apportée à ces règles dans le contrat de société, on doit les appliquer.

Les articles 1849 et 1850 sont fondés sur ce principe. Le dernier n'admet pas la compensation entre le dommage causé par l'associé à la société, et les profits que son industrie lui aurait procurés dans d'autres affaires, parce que la compensation ne peut s'opérer qu'entre personnes respectivement créancières et débitrices l'une de l'autre, et que, si l'associé est ici débiteur envers la société à raison du dommage, la société n'est nullement débitrice envers lui à raison des bénéfices.

Des OBLIGATIONS DE LA SOCIÉTÉ *envers chaque associé.* — Si chacun des associés doit à la société les soins d'un bon père de famille, réciproquement la société doit indemniser chaque associé des avances faites, des pertes éprouvées et des obligations contractées dans son intérêt.

Notons que les intérêts des avances faites par l'associé courront de plein droit à son profit; car il a agi en vertu d'un mandat tacite, et l'article 2001 fait courir de plein droit les intérêts des avances faites par un mandataire.

De la PART *de chaque associé dans les* BÉNÉFICES *ou* PERTES.
— A Rome, les parts des associés étaient *égales*, sauf déclaration contraire ; car, si l'un avait apporté moins en argent, il était censé avoir apporté plus en industrie.

En droit français, les parts sont *proportionnelles* aux mises, sauf déclaration contraire, et celui qui n'a apporté que son industrie est assimilé à celui dont la mise en nature est la plus faible.

Au surplus, les parties ont pleine liberté pour le règlement de leurs parts respectives ; sauf qu'elles ne peuvent convenir d'un côté qu'un seul aura tous les bénéfices, cette société ayant toujours été proscrite sous le nom de *léonine*, et de l'autre qu'elles affranchissent l'apport en nature de l'un des associés de toute contribution aux pertes. De semblables clauses ont paru inconciliables avec l'esprit de la société, qui est de faire courir à tous des chances de gain et de perte.

L'associé dont l'apport consiste en industrie pourrait être dispensé de la contribution aux pertes ; car la prohibition de la loi n'est édictée que pour l'apport en *argent* ou *effets* (art. 1855). D'ailleurs, quand la société se liquide par un déficit, l'associé, même dispensé des pertes, se trouve avoir nécessairement perdu son industrie, et la convention qui l'exonère de la part qui devrait lui revenir dans le déficit n'a rien qui paraisse excessif ou illicite.

Le règlement des parts peut, comme le prix d'une vente être fixé par arbitre.

De L'ADMINISTRATION *de la société*. — Lorsque les associés ont désigné un administrateur dans l'acte de société, ce mandat est irrévocable, et en effet la désignation qu'ils ont faite a pu déterminer certaines personnes à entrer dans la société, et il ne faut pas que leur confiance soit trompée. Si la désignation a été faite par acte postérieur, ce mandat est révocable comme tout autre.

Lorsqu'il y a plusieurs administrateurs nommés, il faut distinguer si leurs fonctions ont été ou non divisées.

Dans le cas de division, chacun doit se renfermer dans le cercle d'action que ses mandants lui ont tracé ; dans le cas d'indivision, chacun peut agir dans la limite des pouvoirs communs.

S'il a été stipulé que l'un des administrateurs ne pourra rien faire sans les autres, les actes de gestion devront nécessairement être tous faits en commun, et sans une nouvelle convention, un administrateur n'aurait pas la faculté d'agir seul en l'absence des autres, lors même que ceux-ci seraient dans l'impossibilité actuelle de concourir aux actes d'administration.

POUVOIRS COMMUNS *des administrateurs.* — Ils sont ordinairement définis dans l'acte de société ; mais, au cas contraire, ces pouvoirs ne s'appliquent qu'aux actes de conservation ou d'amélioration du fonds social. Quant aux aliénations et aux constitutions d'hypothèque, elles sont ici, comme ailleurs, réservées au propriétaire lui-même, et, pour les consentir, il faudra l'unanimité des associés. Lorsque l'administration n'a été confiée à personne, les associés sont réputés s'être donné mandat réciproque pour les différents actes de gestion. En cas de dissentiment sur l'opportunité d'un acte de cette nature, que les uns veulent et que les autres ne veulent pas faire, la majorité doit, selon la plupart des auteurs, l'emporter sur la minorité ; mais s'il y a partage, le *statu quo* doit, de l'avis de tous, être maintenu : *In re pari potior est causa prohibentis.*

On appelle *croupier* l'associé d'un associé : étranger à la société, il n'a de rapports qu'avec l'associé dont il est le croupier, et il ne pourrait entrer dans la société elle-même qu'avec le consentement de tous les autres associés.

DEUXIÈME SECTION

DES ENGAGEMENTS DES ASSOCIÉS A L'ÉGARD DES TIERS.

ART. 1862. Dans les sociétés autres que celles de commerce, les associés ne sont pas tenus solidairement des dettes sociales, et l'un des associés ne peut obliger les autres si ceux-ci ne lui en ont pas conféré le pouvoir.

1863. Les associés sont tenus envers le créancier avec lequel ils ont contracté, chacun pour une somme et part égales, encore que la part de l'un d'eux dans la société fût moindre, si l'acte n'a pas spécialement restreint l'obligation de celui-ci sur le pied de cette dernière part.

. 1864. La stipulation que l'obligation est contractée pour le compte de la société ne lie que l'associé contractant, et non les autres, à moins que ceux-ci ne lui aient donné pouvoir, ou que la chose n'ait tourné au profit de la société.

Des divers engagements des ASSOCIÉS ENVERS LES TIERS. — Dans toute société, les tiers ont une garantie réelle et une garantie personnelle : la première consiste dans le fonds social, la seconde dans l'obligation imposée à chaque associé de supporter sa part des dettes sociales. Les associés commerciaux sont tenus solidairement des dettes de la société ; les associés civils n'en sont tenus que pour leur part : mais est-ce pour une part virile, ou pour une part proportionnelle ? Le Code s'est décidé pour la part virile ; car, les sociétés civiles n'étant pas publiées, les tiers ont dû penser que la condition de tous les associés était égale.

Plusieurs hypothèses peuvent se présenter :

1° Lorsque tous les associés ont concouru au contrat, soit par eux-mêmes, soit par un mandataire commun, ils sont tenus pour leur part virile, que la dette ait ou non profité à la société.

2° Lorsque l'un des associés s'est porté gérant d'affaires des autres, ou encore lorsqu'il a contracté en son nom personnel et sans se porter gérant d'affaires ; les autres associés, qui n'ont pas figuré au contrat, soit personnellement, soit par mandataire, ne peuvent plus être tenus qu'à raison et jusqu'à concurrence du profit qu'ils auraient retiré de l'opération, et en vertu du principe que nul ne peut s'enrichir au préjudice d'autrui [1].

___
[1] Zachariæ, édit. Massé et Vergé, t. IV, § 719.

Quand les parts sociales sont égales, le profit est le même pour tous, et dès lors tous sont tenus pour leurs parts viriles. Dans le cas contraire, chacun est tenu en proportion de sa part sociale, qui est en même temps celle de son profit personnel.

CHAPITRE IV

DES DIFFÉRENTES MANIÈRES DONT FINIT LA SOCIÉTÉ.

Art. 1865. La société finit : — 1° par l'expiration du temps pour lequel elle a été contractée ; — 2° par l'extinction de la chose, ou la consommation de la négociation ; — 3° par la mort naturelle de quelqu'un des associés ; — 4° par la mort civile, l'interdiction ou la déconfiture de l'un d'eux ; — 5° par la volonté qu'un seul ou plusieurs expriment de n'être plus en société.

1866. La prorogation d'une société à temps limité ne peut être prouvée que par un écrit revêtu des mêmes formes que le contrat de société.

1867. Lorsque l'un des associés a promis de mettre en commun la propriété d'une chose, la perte survenue avant que la mise en soit effectuée opère la dissolution de la société par rapport à tous les associés. — La société est également dissoute, dans tous les cas, par la perte de la chose, lorsque la jouissance seule a été mise en commun, et que la propriété en est restée dans la main de l'associé. — Mais la société n'est pas rompue par la perte de la chose dont la propriété a déjà été apportée à la société.

1868. S'il a été stipulé qu'en cas de mort de l'un des associés, la société continuerait avec son héritier, ou seulement entre les associés survivants, ces dispositions seront suivies ; au second cas, l'héritier du décédé n'a droit qu'au partage de la société, eu égard à la situation de cette société lors du décès, et ne participe aux droits ultérieurs qu'autant qu'ils sont une suite nécessaire de ce qui s'est fait avant la mort de l'associé auquel il succède.

1869. La dissolution de la société par la volonté de l'une des parties ne s'applique qu'aux sociétés dont la durée est illimitée, et s'opère par une renonciation notifiée à tous les associés, pourvu que cette renonciation soit de bonne foi et non faite à contre-temps.

1870. La renonciation n'est pas de bonne foi lorsque l'associé renoncé pour s'approprier à lui seul le profit que les associés s'étaient proposé de retirer en commun. — Elle est faite à contre-temps lorsque les choses ne sont plus entières, et qu'il importe à la société que sa dissolution soit différée.

1871. La dissolution des sociétés à terme ne peut être demandée par l'un des associés, avant le terme convenu, qu'autant qu'il y en a de justes motifs, comme lorsqu'un autre associé manque à ses engagements, ou qu'une infirmité habituelle le rend inhabile aux affaires de la société ; ou autres cas semblables, dont la légitimité et la gravité sont laissées à l'arbitrage des juges.

1872. Les règles concernant le partage des successions, la forme de ce partage et les obligations qui en résultent entre les cohéritiers, s'appliquent aux partages entre associés.

DISPOSITION RELATIVE AUX SOCIÉTÉS DE COMMERCE.

1873. Les dispositions du présent titre ne s'appliquent aux sociétés de commerce que dans les points qui n'ont rien de contraire aux lois et usages du commerce.

Des DIVERS MODÈS D'EXTINCTION *de la société.* — La société finit :

1° Par l'*expiration du temps* pour lequel elle a été contractée, et, si les parties veulent la proroger, un acte de prorogation devra être rédigé dans tous les cas où un acte de société devrait l'être et dans les mêmes formes.

2° Par l'*extinction de la chose* ou la *consommation* de la *négociation.* — Il faut noter que l'extinction de la chose est impossible lorsqu'il y a société universelle (car l'industrie de chaque associé ou ses chances de bénéfices existent toujours), et que la perte d'un apport promis et non réalisé aurait le même résultat que l'extinction de la chose tout entière lorsque l'apport a été réalisé ; car, autrement, il y aurait un associé n'ayant fait aucun apport, et auquel, par conséquent, on ne pourrait donner aucune part dans les bénéfices. Dans cette dernière hypothèse, la société a manqué de se former plutôt qu'elle ne s'est dissoute.

Sur le point qui nous occupe s'élève une difficulté.

En effet, d'une part, la promesse d'un corps certain opère translation de propriété, et, de l'autre, les risques sont pour la société devenue propriétaire. Or dans le cas où l'un des associés a promis de mettre en commun la propriété d'une chose, l'article 1867 déclare que la société est dissoute, si la chose a péri avant que la *mise en fût effectuée*, et il considère l'associé qui a *promis* la chose comme n'ayant pas fait son apport tant que la tradition n'a pas été opérée. Il est cependant certain par le dernier alinéa du même article, opposé au premier, que la mise en commun dont il est parlé consiste bien dans la seule translation de la propriété et non dans une tradition réelle. Il faut donc trouver des cas où la promesse d'un corps certain n'ait pas pu en transférer la propriété sans tradition. On peut citer celui où l'associé aurait simplement promis le *fait* de l'apport d'un corps certain sans promettre le corps certain lui-même, qui peut-être appartenait à autrui ; celui où il aurait subordonné sa promesse à une condition qui n'est pas encore accomplie, etc. C'est à ces hypothèses que s'appliquera le premier alinéa de l'article.

Mais, dans tous les cas où la promesse d'un corps certain en aura véritablement transféré la propriété, l'on appliquera le dernier alinéa et l'on décidera que la société subsiste toujours malgré la perte qu'elle subit.

3° Par la *mort* de l'un des associés : car il s'agit ici d'un contrat fait en vue de la personne. Il faudrait une convention expresse pour que la société continuât avec les héritiers de l'associé. Le Code n'a pas reproduit la prohibition qui, à cet égard, existait en droit romain. Mais si la société ne continue pas avec les héritiers de l'associé, ces derniers n'en seront pas moins tenus de toutes les obligations et n'en auront pas moins tous les profits de l'associé défunt.

4° Par l'*interdiction*, la faillite ou la *déconfiture* de l'un des associés, parce que cet associé ne présente plus aucune garantie.

5° Par la *volonté* de *tous* les associés, car ce que leur commuǹ consentement a pu établir, leur commun dissentiment peut le détruire ;

6° Par la *volonté*, même d'un *seul* des associés, lorsque la société a une durée illimitée, c'est-à-dire doit durer jusqu'à la mort de l'un des associés (art. 1869). Seulement dans ce cas, la renonciation de l'associé doit être, d'abord, de *bonne foi*, et elle ne le serait plus s'il se retirait dans le but de s'approprier exclusivement un bénéfice destiné à tomber dans la société ; ensuite non *intempestive*, c'est-à-dire être notifiée aux autres associés dans un moment où elle ne mettra pas en souffrance les intérêts sociaux.

L'associé qui se retire, en dehors du cas et des conditions que nous venons d'indiquer, libère la société envers lui, mais ne se libère pas envers la société : *socius socium a se, non se a socio liberat.*

Du PARTAGE *de la société.* — La forme et les effets du partage pour une société sont les mêmes que pour une succession ; car il n'y a aucune raison de différence. Cependant il n'y a pas identité entre toutes les règles admises dans l'une et l'autre hypothèse. Ainsi, en matière de société, il ne peut être question ni du retrait autorisé par l'art. 841 en matière de succession, ni de rapport, ni de réduction, etc.

LIVRE III, TITRE X.

Du Prêt.

(Décrété le 9 mars 1804. Promulgué le 19 du même mois.)

ART. 1874. Il y a deux sortes de prêt : — celui des choses dont on peut user sans les détruire ; — et celui des choses qui se consomment par l'usage qu'on en fait. — La première espèce s'appelle *prêt à usage*, ou *commodat;* — la deuxième s'appelle *prêt de consommation*, ou simplement *prêt.*

Notions générales. — Le prêt est, en droit français, un contrat réel, comme en droit romain : en effet, la principale obligation de l'emprunteur est de restituer ou la chose même qu'il a reçue, ou des choses de même nature en pareilles quantité et qualité, et on ne peut restituer ce qu'on n'a pas reçu.

Le *prêt à usage* ou *commodat* a nécessairement pour objet un corps certain dont le prêteur reste propriétaire.

Le *prêt de consommation* ou *mutuum* a nécessairement pour objet des choses fongibles, dont la propriété passe à l'emprunteur.

Précisons le caractère de ces deux espèces d'objets.

Généralement les choses qui ne se consomment pas par le premier usage, telles qu'un cheval, une montre, forment la base du commodat; et celles qui se consomment par le premier usage, telles que le vin, le blé, forment la base du prêt de consommation. Mais il n'en est pas toujours ainsi, et quelquefois la volonté des parties vient modifier la destination naturelle des choses.

D'une part, en effet, celles qui ne se consomment pas par le premier usage peuvent être considérées comme choses fongibles, et devenir l'objet d'un prêt de consommation; et, d'autre part, celles qui se consomment par le premier usage peuvent être considérées comme choses non fongibles, et devenir l'objet d'un prêt à usage.

Un double exemple va le prouver.

Les chevaux ne se consomment point par le premier usage, et cependant un marchand peut prêter à un autre un certain nombre de chevaux de tel âge et de telle race, à la condition que l'emprunteur lui restituera, non les mêmes chevaux, mais un nombre égal de chevaux de même âge et de même race.

D'un autre côté, le vin se consomme par le premier usage, et cependant un marchand peut prêter à un autre un certain nombre de bouteilles de vin, par exemple, pour être exposées sur le devant d'une boutique, à la condition que

l'emprunteur lui restituera, non un nombre égal de bouteilles de vin de même cru et de même année, mais identiquement les mêmes bouteilles.

Dans la première hypothèse, des choses qui ne se consomment pas ordinairement par le premier usage auront donc
néanmoins été l'objet d'un prêt de consommation ; et, dans
la seconde, des choses qui se consomment ordinairement par
le premier usage auront néanmoins été l'objet d'un commodat. De là il résulte que, pour connaître le véritable caractère
d'un objet et du contrat qui s'est formé, il faut examiner non
la nature des choses, mais la volonté des parties.

CHAPITRE PREMIER

DU PRÊT A USAGE, OU COMMODAT.

PREMIÈRE SECTION

DE LA NATURE DU PRÊT A USAGE.

ART. 1875. Le prêt à usage ou commodat est un contrat par lequel l'une des parties livre une chose à l'autre pour s'en servir, à
la charge par le preneur de la rendre après s'en être servi.

1876. Ce prêt est essentiellement gratuit.

1877. Le prêteur demeure propriétaire de la chose prêtée.

1878. Tout ce qui est dans le commerce, et qui ne se consomme
pas par l'usage, peut être l'objet de cette convention.

1879. Les engagements qui se forment par le commodat passent aux
héritiers de celui qui prête, et aux héritiers de celui qui emprunte.
— Mais si l'on n'a prêté qu'en considération de l'emprunteur, et à
lui personnellement, alors ses héritiers ne peuvent continuer à
jouir de la chose prêtée.

Du COMMODAT ou PRÊT A USAGE. — Le commodat ou prêt à
usage ne se forme, comme nous l'avons dit, qu'au moment
même de la livraison. La seule convention de prêter produit

obligation de faire le prêt, sans le constituer véritablement :
en effet, celui-là n'est pas emprunteur qui n'a pas encore
reçu la chose dont il devra se servir avec obligation de la
restituer. En droit romain, la simple convention de prêter
ne produisait qu'une obligation naturelle ; elle suffit chez
nous, dans tous les cas, pour produire une obligation civile,
et par suite une action.

Le commodat est essentiellement gratuit, et il profite exclusivement à l'emprunteur qui se sert de la chose prêtée sans
payer aucun salaire.

Il peut avoir pour objet toute chose qui est dans le commerce,
pourvu que les parties l'aient envisagée comme corps certain.

Les obligations qui naissent du commodat passent en principe aux héritiers. Mais souvent le commodat prendra fin
par la mort de l'emprunteur, parce que le prêt lui aura été
fait *intuitu pesonœ*, et avec l'intention de ne pas laisser ses
héritiers en profiter.

Il ne faut pas confondre le prêt à usage avec l'*usage* et
l'*habitation*, car, dans le premier cas, il n'y a qu'un droit
personnel, et, dans le second, il y a un droit réel ; ni avec
le *louage*, car le prêteur n'a jamais droit à un salaire, et
puis, il n'est pas tenu de faire jouir, mais seulement de
laisser jouir l'emprunteur. Les incapables ne peuvent ni
prêter ni emprunter. Si, en fait, le contrat a eu lieu, ils
auront, comme prêteurs, action immédiate pour recouvrer
la chose par eux livrée, et, comme emprunteurs, ils seront
simplement tenus jusqu'à concurrence du profit qu'ils auront
retiré du contrat. Il faudrait cependant apporter quelques
tempéraments à ces règles, s'il s'agissait d'incapables ayant
l'administration de leur fortune ; et, en effet, tous les prêts
ou emprunts qui auraient le caractère d'actes d'administration seraient valables. Ainsi le mineur émancipé, ou la
femme séparée de biens qui prêtent ou empruntent des ustensiles aratoires destinés à la culture de leurs fermes, font
des contrats parfaitement réguliers et valables.

DEUXIÈME SECTION

ENGAGEMENTS DE L'EMPRUNTEUR.

ART. 1880. L'emprunteur est tenu de veiller en bon père de famille à la garde et à la conservation de la chose prêtée. Il ne peut s'en servir qu'à l'usage déterminé par sa nature ou par la convention ; le tout à peine des dommages-intérêts, s'il y a lieu.

1881. Si l'emprunteur emploie la chose à un autre usage, ou pour un temps plus long qu'il ne le devait, il sera tenu de la perte arrivée, même par cas fortuit.

1882. Si la chose prêtée périt par cas fortuit dont l'emprunteur aurait pu la garantir en employant la sienne propre, ou si, ne pouvant conserver que l'une des deux, il a préféré la sienne, il est tenu de la perte de l'autre.

1883. Si la chose a été estimée en la prêtant, la perte qui arrive, même par cas fortuit, est pour l'emprunteur, s'il n'y a convention contraire.

1884. Si la chose se détériore par le seul effet de l'usage pour lequel elle a été empruntée, et sans aucune faute de la part de l'emprunteur, il n'est pas tenu de la détérioration.

1885. L'emprunteur ne peut pas retenir la chose par compensation de ce que le prêteur lui doit.

1886. Si, pour user de la chose, l'emprunteur a fait quelque dépense, il ne peut pas la répéter.

1887. Si plusieurs ont conjointement emprunté la même chose, ils en sont solidairement responsables envers le prêteur.

DROITS *et* OBLIGATIONS *de l'emprunteur.* — Le prêt est un contrat synallagmatique imparfait, c'est-à-dire qu'il engendre nécessairement une obligation au moment où il se forme, et qu'il peut engendrer une obligation adverse pendant le cours de son exécution. La partie nécessairement obligée est l'emprunteur ; car, ayant reçu la chose d'autrui, il doit toujours la conserver et la restituer. Les soins qu'il doit à la chose sont ceux d'un bon père de famille, et il serait responsable de la faute légère *in abstracto*, par la double raison que c'est là le droit commun, et que lui seul ici profite du contrat. Cependant il eût été injuste que l'emprunteur fût tenu des cas fortuits. La loi ne l'en rend responsable que si la chose a été employée à un *usage autre*, ou pour un *temps plus long* que ceux convenus, et en outre dans le cas où la chose avait été prêtée sur *estimation* (art. 1883).

On justifie ces dispositions en disant que l'emprunteur qui use autrement ou plus longtemps de la chose est en faute, et que le cas fortuit est présumé provenir de cette faute. Aussi cesserait-il d'être responsable, s'il prouvait que la chose eût également péri, dans le cas où il en eût strictement usé, suivant le mode et pendant le temps convenus.

Dans l'hypothèse d'un usage trop prolongé, faudra-t-il que l'emprunteur soit mis en demeure, ou la seule expiration du terme sera-t-elle suffisante pour mettre à sa charge les cas fortuits? Les uns soutiennent la première opinion, comme étant conforme au droit commun (art. 1139); mais il est difficile de l'admettre en présence de l'article 1881, d'après lequel il semble que, par la seule échéance du terme, l'emprunteur devient responsable des cas fortuits. L'emprunteur est donc plus sévèrement traité qu'un débiteur ordinaire, qui doit toujours être averti par une sommation ou une demande en justice : cela se comprend, puisqu'il profite seul du contrat ; mais il est traité moins sévèrement que le voleur, qui est responsable du cas fortuit, lors même qu'il eût dû arriver, si le vol n'avait pas été commis ; et cela se comprend aussi, car l'emprunteur ne pouvait, malgré sa faute, être assimilé à un voleur.

Lorsque la chose a été estimée au moment du contrat, la loi interprète ce fait en ce sens que le prêteur a voulu s'assurer à tout événement la valeur de la chose, faute de la chose elle-même. Ceci est rigoureux ; car on eût pu interpréter l'estimation en ce sens qu'elle devait servir de base au montant des dommages-intérêts qui pourraient être dus par l'emprunteur ; mais la loi a voulu favoriser le prêteur, qui ne retire du contrat aucun avantage.

Elle va même plus loin, dans le cas prévu par l'article 1882. Effectivement, au lieu d'imposer à l'emprunteur les soins d'un bon père de famille, et de le rendre seulement responsable de la faute *in abstracto*, elle fait peser sur lui la perte par cas fortuit de la chose empruntée, s'il eût pu la garantir en sacrifiant la sienne, lorsqu'il ne pouvait pas sauver en même temps l'une et l'autre. Or, dans le cas où la chose prêtée valait moins que celle de l'emprunteur, c'est évidemment là exiger de lui plus qu'on n'exige d'un bon père de famille qui doit toujours laisser périr la chose de moindre valeur. Aussi, malgré la responsabilité exceptionnelle édictée par l'art. 1882, l'emprunteur aura dans tous les cas intérêt à sauver sa propre chose, si elle a une valeur supérieure à celle de la chose empruntée, car les dommages-intérêts dont il sera tenu envers le prêteur n'égaleront pas la perte qu'il éprouverait s'il laissait périr sa propre chose, pour sauver celle qui lui a été prêtée.

L'emprunteur qui était créancier du prêteur ne peut pas retenir la chose en compensation de ce qui lui est dû (art. 1885). On a de la peine à s'expliquer cette disposition ; car la compensation n'est possible qu'entre dettes de choses fongibles (art. 1291); et ici la chose empruntée est toujours un corps certain. Il était donc inutile que l'article 1885 établît une prohibition particulière qui résultait déjà des principes généraux. On ne peut se l'expliquer raisonnablement que par une réminiscence du droit romain, où toutes les condamnations étaient pécuniaires, et où, par conséquent, les choses respectivement dues par les parties l'une à l'autre étaient nécessairement de même nature après la condamnation. Dans un tel système, on comprend une prohibition pour le prêt ; car la dette de l'emprunteur a un caractère sacré qui doit faire écarter la compensation. Mais, en droit français, la même prohibition n'a pas de raison d'être. On peut cependant trouver un cas où elle aurait une utilité, c'est celui où, la chose ayant péri par la faute ou le fait de l'emprunteur, sa dette de corps certain serait convertie en dommages-intérêts, c'est-à-dire en dette d'argent.

L'emprunteur n'aurait pas davantage le droit de retenir la chose pour s'assurer la restitution des impenses extraordinaires qu'il a faites à son occasion. En d'autres termes, la créance postérieure au contrat ne peut lui donner un droit qu'il n'a point pour la créance antérieure. Effectivement, le droit de rétention accordé, en règle générale, à chacune des parties lorsqu'il s'agit de contrats synallagmatiques, où les obligations de l'une sont subordonnées aux obligations de l'autre, n'est accordé qu'exceptionnellement dans les contrats unilatéraux. Le Code a cru nécessaire de s'en expliquer dans le cas de dépôt. S'il eût voulu, à cet égard, maintenir pour l'emprunteur, comme pour le dépositaire, le droit de rétention que lui donnait la législation romaine, il eût jugé nécessaire de le dire aussi bien dans un cas que dans l'autre. Cette différence entre les deux contrats s'explique d'ailleurs facilement ; car le dépôt profite exclusivement à celui qui livre la chose, et le prêt à celui qui la reçoit. Au surplus, l'emprunteur qui, par ses impenses, aura conservé la chose, trouvera dans l'article 2102 3°, un privilége qui équivaut au droit de rétention.

Les coemprunteurs d'une même chose sont tenus de la solidarité parfaite ; car, s'étant associés pour l'emprunt, ils le sont, par cela même, pour les obligations qui en résultent.

TROISIÈME SECTION

DES ENGAGEMENTS DE CELUI QUI PRÊTE A USAGE.

Art. 1888. Le prêteur ne peut retirer la chose prêtée qu'après le terme convenu, ou, à défaut de convention, qu'après qu'elle a servi à l'usage pour lequel elle a été empruntée.

1889. Néanmoins, si, pendant ce délai, ou avant que le besoin de l'emprunteur ait cessé, il survient au prêteur un besoin pressant et imprévu de sa chose, le juge peut, suivant les circonstances, obliger l'emprunteur à la lui rendre.

1890. Si, pendant la durée du prêt, l'emprunteur a été obligé, pour la conservation de la chose, à quelque dépense extraordinaire, nécessaire, et tellement urgente qu'il n'ait pu en prévenir le prêteur, celui-ci sera tenu de la lui rembourser.

1891. Lorsque la chose prêtée a des défauts tels, qu'elle puisse causer du préjudice à celui qui s'en sert, le prêteur est responsable, s'il connaissait les défauts et n'en a pas averti l'emprunteur.

Des OBLIGATIONS *du* PRÊTEUR. — Le prêteur qui a livré la chose doit naturellement la laisser à l'emprunteur pendant le temps convenu. Il n'y a d'exception à cette règle que s'il lui survient un besoin *pressant* et *imprévu* de la chose, et encore le juge n'est-il pas contraint d'ordonner une restitution immédiate : il devrait, par exemple, accorder un délai à l'emprunteur, si celui-ci devait éprouver un grave préjudice de cette restitution.

L'emprunteur doit supporter toutes les dépenses ordinaires; ainsi, il paye les frais d'entretien de la chose, par exemple les frais de nourriture du cheval qu'il a emprunté; mais s'il fait des dépenses *extraordinaires, nécessaires, et tellement urgentes* qu'il n'a pas pu prévenir le prêteur, il a le droit d'en exiger la restitution ; ainsi quand il est nécessaire de recourir au vétérinaire pour faire soigner le cheval tombé tout à coup malade, ces frais de maladie restent à la charge du prêteur. Par cette disposition limitative, le Code exclut toute réclamation de dépenses simplement utiles.

Le prêteur rend un service à l'emprunteur; et il n'est pas responsable de l'utilité de la chose, mais il l'est des vices qu'il aurait connus et qui seraient de nature à causer un préjudice à l'emprunteur; car nul ne peut se soustraire aux conséquences de son dol personnel.

Par exemple, si le cheval prêté est atteint de la morve, et que le prêteur le sache, l'emprunteur aura le droit de se faire indemniser du préjudice qu'il aurait éprouvé par suite de cette maladie.

Les obligations respectives du prêteur et de l'emprunteur

sont sanctionnées par une double action : au prêteur appartient l'action *directe*, et à l'emprunteur l'action *contraire* de commodat. Outre son action personnelle, le prêteur, resté propriétaire de la chose, a toujours celle en *revendication*.

CHAPITRE II

DU PRÊT DE CONSOMMATION OU SIMPLE PRÊT.

—

PREMIÈRE SECTION
DE LA NATURE DU PRÊT DE CONSOMMATION.

ART. 1892. Le prêt de consommation est un contrat par lequel l'une des parties livre à l'autre une certaine quantité de choses qui se consomment par l'usage, à la charge par cette dernière de lui en rendre autant de mêmes espèce et qualité.

1893. Par l'effet de ce prêt, l'emprunteur devient le propriétaire de la chose prêtée ; et c'est pour lui qu'elle périt, de quelque manière que cette perte arrive.

1894. On ne peut pas donner, à titre de prêt de consommation, des choses qui, quoique de même espèce, diffèrent dans l'individu, comme les animaux : alors c'est un prêt à usage.

1895. L'obligation qui résulte d'un prêt en argent n'est toujours que de la somme numérique énoncée au contrat. — S'il y a eu augmentation ou diminution d'espèces avant l'époque du payement, le débiteur doit rendre la somme numérique prêtée, et ne doit rendre que cette somme dans les espèces ayant cours au moment du payement.

1896. La règle portée en l'article précédent n'a pas lieu, si le prêt a été fait en lingots.

1897. Si ce sont des lingots ou des denrées qui ont été prêtés, quelle que soit l'augmentation ou la diminution de leur prix, le débiteur doit toujours rendre la même quantité et qualité, et ne doit rendre que cela.

De la NATURE *du contrat*. — Nous avons dit que, dans le prêt de consommation, la propriété de l'objet passe du prêteur à l'emprunteur : or, si cet objet est déterminé au moment de la convention, il est aussitôt aux risques de l'emprunteur, qui en devient propriétaire; si, au contraire, il n'est pas déterminé, les risques sont pour le prêteur jusqu'à cette détermination. Ainsi quand je déclare vous prêter tel sac d'écus qui est déposé chez mon notaire, vous devenez propriétaire du sac à l'instant même de la convention, et dès ce moment vous êtes tenu de me le rendre puisque le prêt est réalisé [1]. Au contraire, si je vous promets de vous prêter mille francs sans que les espèces soient individualisées, le prêt n'existera qu'à dater du versement de la somme entre vos mains, parce que ce versement seul vous rendra propriétaire, et mettra la chose à vos risques et périls.

De la CAPACITÉ *nécessaire pour le contrat.* — De ce que le prêt de consommation implique une aliénation, il résulte que les personnes incapables d'aliéner ne peuvent prêter. Ainsi, le mineur aurait le droit de revendiquer la chose qu'il aurait livrée à titre de prêt, car il n'a pas cessé d'en être propriétaire; mais si l'emprunteur l'a consommée, la restitution de la chose même qui a été prêtée est impossible, et, dès lors, le mineur n'a plus contre lui qu'une action personnelle : au surplus, il pourra l'intenter même avant l'expiration du terme convenu, puisqu'il n'a pu valablement s'engager.

La réciproque est vraie, et le mineur ne pourrait pas valablement emprunter. Si, en fait, il a reçu une chose à ce titre, il ne sera tenu à la restitution que jusqu'à concurrence du profit qu'il aura tiré du contrat.

Le prêt fait *à non domino* ne serait pas non plus valable, puisqu'il n'y aurait pas transfert de propriété; cependant l'emprunteur de bonne foi aurait la faculté d'invoquer la maxime : « En fait de meubles, possession vaut titre », à moins qu'il ne s'agît de choses perdues ou volées. Dans le cas où il en userait, il se soumettrait, par cela même, à toutes les obli-

---

[1] Duvergier, *Prêt*, n° 147. — Mourlon, t. III, sur l'art. 1892.

gations d'un emprunteur ordinaire, puisqu'il serait, comme lui, devenu propriétaire. Quant à l'action, elle appartiendra au prêteur, quoiqu'il ne fût pas propriétaire, car il a fourni à l'emprunteur l'occasion de le devenir ; d'ailleurs il doit compte au véritable propriétaire des choses qu'il a prêtées, et dès lors il est juste qu'il puisse en obtenir la restitution de l'emprunteur.

Le prêt de consommation peut, à la différence du commodat, être fait à titre onéreux ; et il ne se confondra pas avec le louage, car le preneur devra non la même chose, mais des choses semblables en mêmes nombre, poids ou mesure.

ANALOGIES *et* DIFFÉRENCES *entre le prêt de* CONSOMMATION *et le* QUASI-USUFRUIT. — Il y a une grande analogie entre le prêt de consommation et le quasi-usufruit ; car, dans l'un et l'autre cas, il y a translation de propriété avec obligation de restituer des choses de même nature en pareilles quantité et qualité ; mais plusieurs différences les séparent.

Ainsi le quasi-usufruitier est tenu de donner *caution ;*

Son droit peut résulter d'un *legs*, et il ne *passe point* à ses *héritiers ;*

L'emprunteur, au contraire, ne donne pas *caution ;*

Son droit résulte toujours d'un *contrat* et *passe* à *ses hétiers.*

Ce que L'EMPRUNTEUR *doit* RESTITUER. — Lorsque le prêt consiste en une somme d'argent, l'emprunteur doit restituer une somme égale à celle qu'il a reçue, et non des espèces monnayées du même poids et en même nombre. — Si, par exemple, l'argent augmente de valeur intrinsèque, et que le franc, qui pèse aujourd'hui 5 grammes, soit converti en une pièce de même valeur pesant 4 grammes, l'emprunteur qui a reçu 100 francs devra restituer, non 100 pièces anciennes, mais 100 pièces nouvelles, par la raison que les parties ont eu en vue la somme, et non le poids et le nombre des pièces.

Lorsque la chose prêtée consiste en un lingot, elles l'ont

nécessairement évalué au poids, et l'emprunteur ne doit qu'un poids égal, lors même que le métal aurait subi une hausse ou une baisse très-sensibles.

Pareillement, quand la chose prêtée consiste en denrées, l'emprunteur doit toujours les rendre en pareilles quantité et qualité, qu'elles aient augmenté ou diminué de valeur.

En résumé, voici la règle : On examine si les choses prêtées ont été appréciées d'après leur valeur, leur nombre, leur poids ou leur mesure, et, suivant ces diverses distinctions, l'emprunteur doit restituer des choses de même espèce, appréciées aussi par leur valeur, leur nombre, leur poids ou leur mesure.

DEUXIÈME SECTION
DES OBLIGATIONS DU PRÊTEUR.

Art. 1898. Dans le prêt de consommation, le prêteur est tenu de la responsabilité établie par l'article 1891 pour le prêt à usage.

1899. Le prêteur ne peut pas redemander les choses prêtées, avant le terme convenu.

1900. S'il n'a pas été fixé de terme pour la restitution, le juge peut accorder à l'emprunteur un délai suivant les circonstances.

1901. S'il a été seulement convenu que l'emprunteur payerait quand il le pourrait, ou quand il en aurait les moyens, le juge lui fixera un terme de payement suivant les circonstances.

Des OBLIGATIONS *du* PRÊTEUR. — Les obligations du prêteur dans le *mutuum* sont régies par les mêmes règles que celles du prêteur dans le commodat ; cependant il y a une différence : ainsi, dans le prêt de consommation, le créancier ne peut pas demander la restitution de la chose, lors même qu'il alléguerait un besoin *pressant* et *imprévu*. Cette faculté eût été dangereuse pour l'emprunteur qui, ayant disposé de la chose, n'aurait pas eu le temps encore de se procurer une chose semblable; tandis que, dans le commodat, l'objet est toujours resté entre ses mains, puisqu'il doit être restitué identiquement.

TROISIÈME SECTION

DES ENGAGEMENTS DE L'EMPRUNTEUR.

Art. 1902. L'emprunteur est tenu de rendre les choses prêtées, en mêmes quantité et qualité, et au terme convenu.

1903. S'il est dans l'impossibilité d'y satisfaire, il est tenu d'en payer la valeur eu égard au temps et au lieu où la chose devait être rendue d'après la convention. — Si ce temps et ce lieu n'ont pas été réglés, le payement se fait au prix du temps et du lieu où l'emprunt a été fait.

1904. Si l'emprunteur ne rend pas les choses prêtées ou leur valeur au terme convenu, il en doit l'intérêt du jour de la demande en justice.

Des OBLIGATIONS *de* L'EMPRUNTEUR. — Nous savons ce que l'emprunteur doit restituer; si, au terme convenu, il est dans l'impossibilité de faire cette restitution, il devra, suivant la distinction établie par l'art. 1903, rendre, ou une somme égale à la valeur des choses prêtées, eu égard au temps et au lieu où la restitution devait être faite; ou une somme égale à la valeur des choses au moment du prêt. Ainsi, un hectolitre de blé valant 20 francs a été prêté, avec obligation de le restituer au lieu du prêt, dans le délai d'un an. Si, dans ce lieu et à ce moment, l'hectolitre vaut 30 francs, le prêteur pourra exiger cette somme; et rien n'est plus juste, car c'est là ce qu'il aurait reçu, si le blé lui avait été restitué en nature. Mais si le lieu et l'époque de la restitution n'ont pas été indiqués, le prêteur ne pourra réclamer que 20 francs; car il n'y a pas de raison de supposer que la restitution dût se faire à un moment et dans un lieu où l'objet aurait une valeur soit supérieure, soit inférieure à celle qui existait lors du contrat.

CHAPITRE III

DU PRÊT A INTÉRÊT.

Art. 1905. Il est permis de stipuler des intérêts pour simple prêt soit d'argent, soit de denrées, ou autres choses mobilières.

1906. L'emprunteur qui a payé des intérêts qui n'étaient pas stipulés ne peut ni les répéter ni les imputer sur le capital.

1907. L'intérêt est légal ou conventionnel. — L'intérêt légal est fixé par la loi. — L'intérêt conventionnel peut excéder celui de la loi, toutes les fois que la loi ne le prohibe pas. — Le taux de l'intérêt conventionnel doit être fixé par écrit.

1908. La quittance du capital donnée sans réserve des intérêts en fait présumer le payement et en opère la libération.

1909. On peut stipuler un intérêt moyennant un capital que le prêteur s'interdit d'exiger. — Dans ce cas, le prêt prend le nom de *constitution de rente*.

1910. Cette rente peut être constituée de deux manières, en perpétuel ou en viager.

1911. La rente constituée en perpétuel est essentiellement rachetable. — Les parties peuvent seulement convenir que le rachat ne sera pas fait avant un délai qui ne pourra excéder dix ans, ou sans avoir averti le créancier au terme d'avance qu'elles auront déterminé.

1912. Le débiteur d'une rente constituée en perpétuel peut être contraint au rachat : — 1° s'il cesse de remplir ses obligations pendant deux années ; — 2° s'il manque à fournir au prêteur les sûretés promises par le contrat.

1913. Le capital de la rente constituée en perpétuel devient aussi exigible en cas de faillite ou de déconfiture du débiteur.

1914. Les règles concernant les rentes viagères sont établies au titre des *Contrats aléatoires*.

Notions PRÉLIMINAIRES. — Le prêt de consommation le plus usuel et le plus important est, sans contredit, celui qui a pour objet des sommes d'argent. Quand ce prêt est fait gratuitement, il est régi par les règles générales du prêt de consommation. Mais quand il est fait à titre onéreux, il se trouve soumis à des règles tout à fait particulières que nous allons étudier.

On appelle *intérêt* la somme additionnelle que le débiteur doit au créancier, comme loyer du capital prêté.

On appelle *usure* l'intérêt qui excède le taux légal.

Le loyer des capitaux, comme celui de tous les objets qui sont dans le commerce, est sujet à une foule de variations.

La première et principale cause qui influe sur le taux de l'intérêt, est dans le mouvement même des transactions commerciales. L'offre est-elle abondante, et la demande rare ? le taux de l'intérêt faiblit. Le contraire arrive-t-il ? le taux de l'intérêt s'élève.

A cette cause générale vient s'en joindre une autre. En effet, l'intérêt de l'argent ne représente pas seulement le loyer normal d'une marchandise spéciale ; il représente encore les risques auxquels s'expose le capitaliste en prêtant, de telle sorte que, plus les garanties offertes par le débiteur sont faibles, plus le taux de l'intérêt doit être élevé.

La plupart des économistes professent la théorie de la liberté absolue du taux de l'intérêt. Il est incontestable que, si cette fixation résultait toujours et uniquement du rapport existant entre l'offre et la demande, rien ne serait plus légitime. On peut même dire, qu'en fait, la plupart des grands établissements financiers ne connaissent pas d'autre loi que celle-là. Mais souvent il arrive que le prêt est fait par un capitaliste exigeant à un emprunteur obéré, et que, prétextant une insuffisance de garanties, il stipule un intérêt excessif que le débiteur subit plutôt qu'il ne l'accepte, faute de crédit pour emprunter ailleurs. Dans ce cas on ne peut pas dire que le taux stipulé soit l'expression du loyer normal du capital prêté, et la loi tend à protéger l'emprunteur contre la pression de ses propres besoins, en limitant l'intérêt qu'il peut valablement promettre à son créancier. S'il promet au delà du taux légal, l'intérêt est réductible ; et s'il a payé au delà du taux légal, il a droit à la restitution de tout l'excédant.

Un fait isolé d'usure ne donne lieu qu'à la réduction ou à la restitution de ce que les intérêts stipulés ou payés avaient d'excessif. Mais l'habitude de l'usure est un délit, qui donne en outre lieu à un emprisonnement de six jours à six mois, et à une amende pouvant s'élever à la moitié des capitaux prêtés à usure (art. 2 de la loi du 19 décembre 1850).

HISTORIQUE *du prêt à intérêt.* — Le taux de l'intérêt était de 12 pour 100 sous la loi des Douze-Tables ; Justinien le fixa à 4 pour 100 pour les personnes illustres, à 8 pour les commerçants et à 6 pour les autres personnes.

Ces lois n'avaient pas suffi à réprimer l'usure, qui fut toujours une des plaies du monde romain. Le christianisme fit un suprême effort pour extirper le mal, et le prêt à intérêt lui-même succomba dans cette lutte des idées nouvelles contre les vieilles habitudes. Le droit canonique posa la règle fameuse : *Mutuum date, nihil inde sperantes*, prêtez sans intérêt. Dès ce moment, les particuliers n'eurent plus que deux moyens de faire fructifier leur argent : les acquisitions mobilières ou immobilières, et les placements en rentes constituées. C'était un régime fatal à la prospérité du commerce et de l'industrie, qui se trouvaient ainsi privés de capitaux.

Cet état de choses dura jusqu'à la Révolution, qui réagit en sens contraire et rétablit le prêt à intérêt. Une loi de 1793, assimilant l'argent aux autres marchandises, donna même aux particuliers une liberté complète pour la fixation du taux de l'intérêt. Les théories de la Convention appliquées sans restriction aucune, tant en matière civile qu'en matière commerciale, permirent à l'usure de reparaître avec plus d'intensité que jamais. A une époque où les agitations politiques étaient si profondes et les intérêts privés exposés à tant de bouleversements, le défaut de sécurité venait encore surexciter les exigences des capitalistes, et aggraver le fléau que l'on avait cessé de combattre.

Survinrent les rédacteurs du Code. Ils étaient résolus à réglementer le taux de l'intérêt, mais ils n'osèrent pas le faire eux-mêmes, dans la crainte de ralentir la circulation des capitaux encore effrayés des dernières mesures révolutionnaires. Seulement ils firent pressentir qu'une loi ne tarderait pas à le régler, et l'art. 1907 parle même explicitement de cette fixation légale. — Le seul frein qu'ils imposèrent immédiatement aux exigences des capitalistes fut la nécessité, pour les parties, de fixer par *écrit* l'intérêt dont elles seraient convenues. Ils espéraient que les prêteurs n'oseraient pas, dans la crainte de passer pour des usuriers, faire figurer dans l'écrit qui serait rédigé un intérêt par trop exagéré.

Enfin la loi du 3 septembre 1807, réalisant les promesses du Code, vint définitivement fixer le taux de l'intérêt à 5 p. 100 en matière civile, et à 6 p. 100 en matière commerciale.

Cette différence entre le taux de l'intérêt en matière civile et le taux de l'intérêt en matière commerciale s'explique aisément. En effet, d'une part, l'argent est souvent plus productif dans les opérations commerciales que dans les opérations civiles, et d'autre part il s'y trouve exposé à de plus grands risques. Il est donc à la fois rationnel et juste que le prêteur puisse stipuler de l'emprunteur commerçant, un taux plus élevé que celui auquel il peut prétendre dans un prêt fait à un non-commerçant.

Les intérêts doivent, pour rester légitimes, être toujours stipulés *en dehors*, et l'on regarde avec raison comme usuraire la perception d'intérêts au taux légal qui seraient pris *en dedans*, c'est-à-dire par voie de retenue sur le capital au moment du contrat [1].

Des DIVERSES ESPÈCES *d'intérêts.* — Nous avons vu, en expliquant les art. 1153 et 1154 du Code (t. II, p. 439), que les intérêts se divisent :

1° En *légaux* et *conventionnels*, suivant qu'ils courent en vertu d'une disposition législative, ou en vertu de la convention des parties ;

---

[1] Pont, n° 292. Cass., 26 mai 1855.

2° En *moratoires* et *compensatoires*, suivant qu'ils sont dus par suite d'une mise en demeure du débiteur qui n'a pas restitué la somme au terme convenu, ou par suite d'une stipulation expresse faite par le créancier qui a exigé ces intérêts, comme équivalent de la privation de son capital et des chances de pertes auxquelles il s'expose.

Comment COURENT *les intérêts* MORATOIRES. — En général, une simple sommation ne suffit pas pour faire courir les intérêts moratoires, comme elle suffirait pour mettre en demeure le débiteur de tout autre objet, et une demande en justice est nécessaire. La raison en est que, pour aggraver la condition du débiteur au point de lui faire rendre plus qu'il n'a reçu, le créancier ne saurait se contenter de lui manifester l'intention qu'il a d'être payé, mais qu'il doit encore lui prouver en justice le bien fondé de sa prétention.

Quand le créancier obtient un jugement contre son débiteur, celui-ci ne peut plus ni contester sa dette ni douter de l'imminence de l'exécution suspendue sur sa tête, et alors il n'a qu'à s'en prendre à lui-même, si, faute de payement, les intérêts courent au profit du créancier.

Par exception, les intérêts moratoires courent sur simple sommation au profit du tuteur qui est créancier reliquataire du mineur (art. 474), et au profit du vendeur qui a livré une chose non frugifère sans être payé (art. 1652).

Enfin quelquefois les intérêts courent de plein droit et deviennent ainsi des intérêts *légaux*. On peut citer le cas du mineur créancier reliquataire de son tuteur (art. 474), celui du vendeur qui a livré une chose frugifère sans être payé (art. 1652) ; celui du mandataire qui a fait des avances pour l'exécution de son mandat (art. 2001).

Ajoutons que jamais les parties ne peuvent stipuler, même dans la prévision d'un préjudice plus considérable, des intérêts supérieurs au taux légal, à moins que la loi ne les y ait expressément autorisées, comme dans le cas d'un mandataire ou d'un associé qui demandent à être remboursés de leurs avances, ou encore du porteur d'une lettre de change qui, n'étant pas payé à l'échéance, fait retraite sur le tireur ou sur l'un des endosseurs (Cod. com., art. 181).

Par contre, l'intérêt au taux légal est toujours dû au créancier qui l'a stipulé ou qui a introduit une demande en justice contre son débiteur, sans que celui-ci soit recevable à démontrer que le créancier n'a éprouvé aucun préjudice. De cette sorte, s'il est possible que le créancier ne reçoive pas dans tous les cas l'équivalent du préjudice qu'il éprouve, il peut arriver aussi quelquefois qu'il reçoive davantage, et ces chances diverses se compensent entre elles.

Du payement des INTÉRÊTS *non* STIPULÉS. — L'emprunteur qui a payé des intérêts non stipulés ne peut ni les répéter ni les imputer sur le capital, parce qu'il est présumé avoir acquitté une obligation naturelle. Mais si le payement était le résultat d'une erreur, il y aurait lieu à répétition.

De la PREUVE *du payement des* INTÉRÊTS. — Aux termes de l'art. 1254 l'imputation des payements partiels se fait d'abord sur les intérêts, et ensuite sur le capital. Comme conséquence de ce principe, l'art. 1908 déclare que la quittance du *capital* donnée sans réserve des intérêts fait présumer que tout est payé, intérêts et capital. Le créancier ne pourrait même pas fournir la preuve contraire, car l'article proclame la complète *libération* du débiteur.

DES RENTES.

Il y a la plus grande analogie entre le prêt à intérêt et les rentes constituées, et c'est pour cela, sans doute, que le Code les a réunis dans le même chapitre. La principale différence qui sépare l'un et l'autre contrat consiste en ce que le créancier peut exiger la restitution du capital dans le cas de prêt à intérêt, tandis qu'il ne peut jamais l'exiger dans le cas de rente constituée.

Il est nécessaire de rappeler, en quelques mots, les caractères des différentes espèces de rentes.

Définition *de la rente*. — On sait d'abord que toute rente consiste dans le droit qu'a une personne d'exiger d'une autre des prestations périodiques en argent ou en nature, appelées *arrérages ;* et que, dans la rente à titre onéreux, ce droit est acquis moyennant l'aliénation d'un capital mobilier ou immobilier qui ne peut être répété.

Des diverses espèces *de rentes*. — Les rentes se divisent :

En *rentes* constituées et foncières, suivant que le capital aliéné est mobilier ou immobilier ;

En *rentes* perpétuelles et viagères, suivant que les arrérages devront être fournis pendant un temps illimité ou pendant la vie de certaines personnes.

Ces divisions ne s'excluent pas, et une rente peut être en même temps perpétuelle et foncière, ou constituée ; ou viagère et constituée, ou foncière.

Toutes, sans exception, sont *mobilières,* et toutes, moins les rentes viagères, sont *rachetables* (art. 529 et 530). Examinons ce double caractère.

Les rentes sont mobilières. — Les rentes constituées ont toujours été mobilières, car le capital qu'aliène le créancier et les arrérages que paye le débiteur sont également mobiliers.

Quant aux rentes foncières, elles étaient immobilières dans l'ancien droit français, car le créancier retenait sur l'immeuble par lui aliéné un démembrement de la propriété. Il le suivait entre les mains des tiers détenteurs, et celui-là payait les arrérages qui possédait l'immeuble. Au reste, tout détenteur, même celui qui avait originairement traité avec le rentier, avait la faculté de se soustraire à cette obligation par un abandon de l'immeuble, appelé *déguerpissement.* La rente foncière ne pouvait être alors, comme on le voit, qu'un droit immobilier.

Aujourd'hui tout est changé : le créancier ne conserve plus de démembrement de la propriété sur l'immeuble par lui aliéné, et il ne peut agir que contre la personne qui s'est engagée au payement des arrérages. Or cette personne a toujours le droit de se libérer par la simple restitution d'un capital mobilier, car toute rente, même foncière, est essentiellement rachetable. Une loi de 1790 avait introduit, et le Code a confirmé cette innovation, également favorable à la circulation des biens et au crédit public.

L'innovation dont il s'agit ne paraît pas au premier abord aussi radicale qu'elle l'est réellement. En effet, celui qui aliène un immeuble moyennant telle quotité d'arrérages, conserve sur cet immeuble un *privilége*, c'est-à-dire un droit *réel*, destiné à garantir le service de la rente foncière. En vertu de ce privilége, le crédi-rentier a aujourd'hui, comme autrefois, un droit de *suite* sur l'immeuble, et dès lors on peut se demander en quoi consiste l'importance de l'innovation ? La réponse est fort simple. Sous l'ancien régime le tiers détenteur de l'immeuble n'avait qu'un seul moyen de se soustraire au service des arrérages ; c'était le déguerpissement. Sous l'empire du Code, au contraire, le tiers détenteur s'affranchira avec la plus grande facilité du privilége qui grève le fonds, sans être obligé de l'abandonner. Il n'aura qu'à faire offre aux créanciers inscrits et particulièrement au crédi-rentier de son prix d'acquisition, en remplissant les formalités de la purge, et, par le payement qu'il fera de ce prix, il éteindra le privilége dont il s'agit, ainsi que toutes les hypothèques qui grèvent l'immeuble.

Quelquefois il paraît difficile de distinguer la rente foncière de la rente constituée. Pour y arriver, il faut voir si les arrérages ont été considérés par les parties comme le *produit direct* d'une aliénation immobilière, ou comme le *produit direct* d'une aliénation mobilière. Par exemple, si un immeuble est vendu moyennant 5 d'arrérages, la rente est foncière ; si, au contraire, un immeuble a été vendu 100, et que, plus tard, le créancier autorise le débiteur à garder cette somme, sous la condition de payer 5 d'arrérages, la rente est constituée.

Dans le premier cas, en effet, les 5 seront payés à *raison de l'immeuble lui-même*, et, dans le second, ils seront payés *à raison du capital de* 100 provenant de l'immeuble. Cependant, lorsque c'est *dans le même* contrat que les parties fixent le prix de l'immeuble et le convertissent en rente, l'article 530 du Code décide qu'il y a rente foncière et non rente constituée, car il assimile les arrérages stipulés *pour le prix de la vente* d'un immeuble aux arrérages stipulés comme prix direct de cet immeuble.

Les rentes sont RACHETABLES. — Celui-là rachète qui a vendu ; or, dans la rente, c'est le débiteur qui vend au créancier, moyennant une somme ou un immeuble qui sert de prix, le droit d'exiger les arrérages convenus. L'opération du rachat consistera donc dans la restitution que fera le débiteur à son créancier du capital qu'il en a reçu, restitution par laquelle il se trouvera désormais libéré du service des arrérages.

Le taux de constitution et de rachat des rentes a beaucoup varié.

Sous Charles IX, il était au denier douze (8 1/3 p. 100) ;

Sous Henri IV, au denier seize (6 1/4 p. 100) ;

Sous Louis XIII, au denier dix-huit (5 5/9 p. 100) ;

Sous Louis XIV, au denier vingt (5 p. 100). C'est encore le taux de la loi du 3 septembre 1807.

Lorsque la rente est foncière, et que les parties n'ont pas fixé le taux du rachat, on prend le prix des denrées pendant les quatorze dernières années, on retranche les deux plus fortes et les deux plus faibles ; sur les dix qui restent, on prend l'année moyenne, et, pour trouver le capital, on multiplie par 25 le produit qu'elle donne. Le rachat se fait donc sur le pied de 4 pour 100 ; et c'est juste, car, à revenu égal, un immeuble vaut plus qu'un capital mobilier, et le taux de capitalisation doit être plus élevé. Ce taux, qui est de 20 pour les sommes d'argent, est donc avec raison porté à 25 pour les immeubles.

DIFFÉRENCES *entre les rentes* CONSTITUÉES *et les rentes* FON-

CIÈRES. — Malgré leurs caractères communs, la rente foncière et la rente constituée sont encore séparées par plusieurs différences, savoir :

1° Les parties peuvent convenir que, dans les rentes foncières, le rachat ne pourra se faire qu'après *trente ans*, tandis que le délai maximum est de *dix ans* dans les rentes constituées. On ne peut donner aucun bon motif de cette restriction apportée par la loi à la liberté des conventions, car il est permis de prêter pour vingt, trente et quarante ans, et il ne devrait pas être défendu de constituer une rente que le débiteur ne pourrait pas racheter pendant le même délai, pourvu que le principe même du rachat fût sauvegardé.

2° Le capital à restituer dans la rente *foncière* peut être porté à *tel chiffre* qu'il plaira aux parties de fixer, lors même que le taux légal de l'intérêt serait excédé. Par exemple, si un immeuble a été vendu moyennant 5 d'arrérages par an, il sera libre aux parties de convenir que le rachat ne se fera que moyennant 150. Cette clause n'est pas usuraire, car le capital restitué est *le prix d'un immeuble*, et rien n'empêche de vendre les immeubles le plus cher possible. Au contraire, si la rente était constituée, le débiteur qui aurait reçu 100, à la condition de payer 5 d'arrérages, ne pourrait pas s'obliger à restituer 150, car l'excédant de 100, joint aux arrérages déjà payés, ferait que le créancier aurait retiré de son capital plus que les intérêts légitimes.

3° Le créancier de la rente foncière peut, d'après le droit commun, exiger la restitution du capital, s'il n'a pas reçu les arrérages pendant *une seule année*, car, lorsqu'une des parties n'exécute pas ses obligations, l'autre peut demander la résolution du contrat, sauf aux juges la faculté d'accorder des délais au débiteur (art. 1184). Au contraire, l'art. 1912 veut que, dans le cas de rente constituée, le débiteur ait manqué pendant *deux années* consécutives au payement des arrérages, pour que le créancier puisse exiger la restitution du capital, mais alors cette restitution doit toujours être ordonnée par la justice, car l'article précité est formel.

4° Enfin, lorsqu'il y a rente foncière, le créancier vendeur de l'immeuble peut attaquer le contrat pour *vilité* du prix, ce qui est impossible lorsqu'il y a rente constituée.

Aujourd'hui les rentes sur particuliers sont peu nombreuses, par la raison que, d'un côté, le prêt à intérêt est permis, et que, de l'autre, les rentes sur l'État ont acquis une grande importance.

De la CONSTITUTION *des* RENTES SUR L'ÉTAT. — Lorsque l'État a besoin de faire un emprunt, il a soin d'adopter la forme de la rente et non celle du prêt à intérêt. En effet, si à un moment donné les capitaux qu'il a reçus devenaient exigibles, il pourait se trouver dans l'impossibilité absolue de les rembourser, et sa banqueroute serait inévitable.

Pour réaliser ses emprunts, l'État met en adjudication ou en souscription publique telle quotité d'arrérages à servir par année, et, moyennant l'obligation qu'il contracte de payer ces arrérages annuels, il reçoit un capital qui ne deviendra jamais exigible, mais qui n'en sera pas moins remboursable conformément au droit commun. Par exemple, si l'État met en souscription publique 3,000,000 d'arrérages en 3 p. 100, au cours de 60 fr., il recevra du public 60,000,000 dont il disposera sans être jamais tenu de les restituer, mais avec faculté pour lui de faire cette restitution, si bon lui semble.

Les porteurs de l'emprunt qui voudront rentrer dans leur capital pourront d'ailleurs y parvenir aisément. Ils n'auront qu'à céder leurs titres à des tiers auxquels ce mode de placement conviendra, et le prix qu'ils recevront représentera leur capital originaire, augmenté ou diminué, selon les fluctuations de la hausse ou de la baisse.

De la CONVERSION *des rentes sur l'État.* — Le rachat des rentes sur l'État donne lieu à une opération qui s'appelle *conversion*. Voici en quoi elle consiste. Quand le crédit public est assez élevé pour que, par exemple, 5 fr. d'arrérages sur l'État se vendent 110 fr. de particulier à particulier, l'État débiteur met ses créanciers dans l'alternative, ou de subir une réduction d'arrérages, en se contentant de 4 ou 4 1/2 p. 100, ou d'accepter le remboursement du capital de 100 fr., qui est celui originairement convenu. Si les créanciers acceptent la réduction, leur rente 5 pour 100 est *convertie* en rente 4 ou 4 1/2 ; s'ils demandent le remboursement, l'État les désintéresse. Mais comme l'opération est faite à un moment où le crédit public est très-élevé, il arrivera que, même après la réduction, les créanciers trouveront à vendre leurs titres à un taux supérieur à 100, qui est le taux de remboursement ; de telle sorte qu'ils acceptent presque tous la conversion et que l'État se trouve dégrevé, jusqu'à due concurrence.

De la RÉSOLUTION *du contrat de rente.* — Nous avons dit que le créancier d'une rente constituée pouvait exiger la restitution du capital, si le débiteur ne remplissait point ses obligations pendant deux années consécutives. Mais la résolution du contrat s'opère-t-elle de plein droit, de telle sorte que les tribunaux n'aient qu'à la constater, ou faut-il, comme dans les contrats synallagmatiques, qu'elle soit prononcée par la justice, qui pourra accorder, dans certains cas, des délais au débiteur ? Les deux opinions ont des partisans : mais la première paraît plus exacte, car, quoiqu'il y ait eu dans le contrat avantage réciproque pour les deux parties, il ne s'agit point ici d'un contrat synallagmatique, et l'article 1184 n'est fait que pour les contrats synallagmatiques. Dès lors la résolution devra être prononcée par la justice, du moment que le créancier prouvera que pendant deux ans consécutifs le débiteur ne lui a pas payé les arrérages convenus.

Mais alors le débiteur doit-il être mis en demeure ? D'après les uns, il faut distinguer si la rente est *portable*, c'est-à-dire payable au domicile du créancier ; ou *quérable*, c'est-à-dire payable au domicile du débiteur. Dans le premier cas, le débiteur serait en demeure, par cela seul qu'il ne serait point présenté au domicile du créancier ; dans le second, il devrait être mis en demeure par une sommation.

Cette distinction n'est écrite nulle part, et, comme il n'a pas été expressément dérogé au droit commun, on doit dire que le créancier devra mettre le débiteur en demeure, soit par une sommation, soit par un acte équivalent (art. 1139) [1].

Le débiteur peut 'encore être contraint au rachat, s'il ne fournit point au créancier les *sûretés promises*, et s'il tombe en *faillite* ou en *déconfiture* ; car le créancier ne s'était interdit la répétition du capital qu'à raison des garanties que présentait l'emprunteur, et, ces garanties disparaissant, son droit de répétition revit tout entier.

Si, à la place des sûretés promises, le débiteur fournissait des sûretés équivalentes, le créancier ne pourrait plus agir, car il n'aurait plus d'intérêt.

Au titre des *Contrats aléatoires*, nous reviendrons sur les rentes viagères, et sur les différences qui les séparent des rentes perpétuelles.

LIVRE III, TITRE XI.

Du dépôt et du séquestre.

(Décrété le 14 mars 1804. Promulgué le 24 du même mois.)

CHAPITRE PREMIER

DU DÉPOT EN GÉNÉRAL ET DE SES DIVERSES ESPÈCES.

Art. 1915. Le dépôt, en général, est un acte par lequel on reçoit la chose d'autrui, à la charge de la garder et de la restituer en nature.

1916. Il y a deux espèces de dépôts : le dépôt proprement dit, et le séquestre.

---

[1] Demolombe, t. I, n° 55. — Pont, n° 352.

Définition. — Le dépôt est un contrat par lequel une personne remet une chose à une autre, à la charge de la conserver et de la restituer à première réquisition. Il prend le nom de *séquestre,* lorsque c'est une chose litigieuse qu'on remet entre les mains d'un tiers avec charge de la restituer à celui qui en sera déclaré propriétaire. Comme le séquestre peut être ordonné par la justice, la loi qualifie le dépôt en général, d'*acte* et non de *contrat.*

CHAPITRE II

DU DÉPOT PROPREMENT DIT.

—

PREMIÈRE SECTION

DE LA NATURE ET DE L'ESSENCE DU CONTRAT DE DÉPOT.

Art. 1917. Le dépôt proprement dit est un contrat essentiellement gratuit.

1918. Il ne peut avoir pour objet que des choses mobilières.

1919. Il n'est parfait que par la tradition réelle ou feinte de la chose déposée. — La tradition feinte suffit quand le dépositaire se trouve déjà nanti, à quelque autre titre, de la chose que l'on consent à lui laisser à titre de dépôt.

1920. Le dépôt est volontaire, ou nécessaire.

CARACTÈRES ESSENTIELS *du dépôt.* — Le dépôt est un contrat *réel,* comme le commodat, et pour les mêmes raisons.

L'objet du dépôt est toujours *mobilier;* car les immeubles ne sont pas susceptibles de détournement, et il est inutile de les remettre à un gardien dont la seule obligation consisterait à les conserver pour les restituer.

Le dépôt diffère du louage, en ce qu'il est essentiellement *gratuit;* et du commodat, en ce qu'il ne donne pas à celui qui reçoit la chose le droit d'en *user.*

DEUXIÈME SECTION

DU DÉPOT VOLONTAIRE.

1921. Le dépôt volontaire se forme par le consentement réciproque de la personne qui fait le dépôt et de celle qui le reçoit.

1922. Le dépôt volontaire ne peut régulièrement être fait que par le propriétaire de la chose déposée, ou de son consentement exprès ou tacite.

1923. Le dépôt volontaire doit être prouvé par écrit. La preuve testimoniale n'en est point reçue pour valeur excédant cent cinquante francs.

1924. Lorsque le dépôt, étant au-dessus de cent cinquante francs, n'est point prouvé par écrit, celui qui est attaqué comme dépositaire en est cru sur sa déclaration, soit pour le fait même du dépôt, soit pour la chose qui en faisait l'objet, soit pour le fait de sa restitution.

1925. Le dépôt volontaire ne peut avoir lieu qu'entre personnes capables de contracter. — Néanmoins, si une personne capable de contracter accepte le dépôt fait par une personne incapable, elle est tenue de toutes les obligations d'un véritable dépositaire ; elle peut être poursuivie par le tuteur ou administrateur de la personne qui a fait le dépôt.

1926. Si le dépôt a été fait par une personne capable à une personne qui ne l'est pas, la personne qui a fait le dépôt n'a que l'action en revendication de la chose déposée, tant qu'elle existe dans la main du dépositaire, ou une action en restitution jusqu'à concurrence de ce qui a tourné au profit de ce dernier.

Différence *entre le dépôt* volontaire *et le dépôt* nécessaire. — Le dépôt *volontaire* diffère du dépôt *nécessaire* en ce que le déposant n'a été déterminé au contrat par aucune circonstance de force majeure, telle que naufrage, incendie, etc.

De la preuve *du dépôt.* — Le dépôt volontaire est aujourd'hui soumis au droit commun en matière de preuve, tandis que, dans l'ancien droit français, la preuve testimoniale était toujours recevable, car on pensait que le déposant ne pouvait pas raisonnablement exiger un écrit du dépositaire. A tort ou à raison, le Code a supprimé cette disposition, et aujourd'hui la preuve testimoniale n'est pas recevable pour les dépôts dont la valeur excède 150 fr. (art. 1923).

De la CAPACITÉ *des parties*. — Le dépôt fait à un incapable est nul, et celui-ci sera seulement tenu de restituer ce dont il aura profité ; mais, fait à une personne capable, même par un incapable, il est valable vis-à-vis du dépositaire ; car si l'incapacité empêche de s'obliger, elle n'empêche pas d'obliger les autres. Toutefois, le déposant incapable ne devra au dépositaire que les impenses nécessaires, et celles utiles jusqu'à concurrence du profit qu'il en aura retiré.

L'art. 1922 déclare que le dépôt n'est régulier que lorsqu'il est fait par le propriétaire ou de son consentement. Cela signifie simplement que le contrat n'est pas opposable au propriétaire, lequel pourra, d'un côté, revendiquer sa chose à toute époque, et, de l'autre, se soustraire à la restitution des impenses faites par le dépositaire, à moins qu'il n'en profite : mais le contrat produira tous ses effets entre le déposant et le dépositaire, et quoique ce dernier eût acquis la preuve que la chose appartient à autrui, il ne pourrait refuser de la rendre que si le propriétaire avait fait, entre ses mains, une opposition.

TROISIÈME SECTION

DES OBLIGATIONS DU DÉPOSITAIRE.

ART. 1927. Le dépositaire doit apporter dans la garde de la chose déposée les mêmes soins qu'il apporte dans la garde des choses qui lui appartiennent.

1928. La disposition de l'article précédent doit être appliquée avec plus de rigueur : — 1° si le dépositaire s'est offert lui-même pour recevoir le dépôt ; — 2° s'il a stipulé un salaire pour la garde du dépôt ; — 3° si le dépôt a été fait uniquement pour l'intérêt du dépositaire ; — 4° s'il a été convenu expressément que le dépositaire répondrait de toute espèce de faute.

1929. Le dépositaire n'est tenu, en aucun cas, des accidents de force majeure, à moins qu'il n'ait été mis en demeure de restituer la chose déposée.

1930. Il ne peut se servir de la chose déposée sans la permission expresse ou présumée du déposant.

1931. Il ne doit point chercher à connaître quelles sont les choses qui lui ont été déposées, si elles lui ont été confiées dans un coffre fermé ou sous une enveloppe cachetée.

1932. Le dépositaire doit rendre identiquement la chose même qu'il a reçue. — Ainsi, le dépôt des sommes monnayées doit être rendu dans les mêmes espèces qu'il a été fait, soit dans le cas d'augmentation, soit dans le cas de diminution de leur valeur.

1933. Le dépositaire n'est tenu de rendre la chose déposée que dans l'état où elle se trouve au moment de la restitution. Les détériorations qui ne sont pas survenues par son fait sont à la charge du déposant.

1934. Le dépositaire auquel la chose a été enlevée par une force majeure, et qui a reçu un prix ou quelque chose à la place, doit restituer ce qu'il a reçu en échange.

1935. L'héritier du dépositaire qui a vendu de bonne foi la chose dont il ignorait le dépôt n'est tenu que de rendre le prix qu'il a reçu, ou de céder son action contre l'acheteur, s'il n'a pas touché le prix.

1936. Si la chose déposée a produit des fruits qui aient été perçus par le dépositaire, il est obligé de les restituer. Il ne doit aucun intérêt de l'argent déposé, si ce n'est du jour où il a été mis en demeure de faire la restitution.

1937. Le dépositaire ne doit restituer la chose déposée qu'à celui qui la lui a confiée, ou à celui au nom duquel le dépôt a été fait, ou à celui qui a été indiqué pour le recevoir.

1938. Il ne peut pas exiger de celui qui a fait le dépôt la preuve qu'il était propriétaire de la chose déposée. — Néanmoins, s'il découvre que la chose a été volée, et quel en est le véritable propriétaire, il doit dénoncer à celui-ci le dépôt qui lui a été fait, avec sommation de le réclamer dans un délai déterminé et suffisant. Si celui auquel la dénonciation a été faite néglige de réclamer le dépôt, le dépositaire est valablement déchargé par la tradition qu'il en fait à celui duquel il l'a reçu.

1939. En cas de mort naturelle ou civile de la personne qui a fait le dépôt, la chose déposée ne peut être rendue qu'à son héritier. — S'il y a plusieurs héritiers, elle doit être rendue à chacun d'eux pour leur part et portion. — Si la chose déposée est indivisible, les héritiers doivent s'accorder entre eux pour la recevoir.

1940. Si la personne qui a fait le dépôt a changé d'état ; par exemple, si la femme, libre au moment où le dépôt a été fait, s'est mariée depuis et se trouve en puissance de mari ; si le majeur déposant se trouve frappé d'interdiction : dans tous ces cas et autres de même nature, le dépôt ne peut être restitué qu'à celui qui a l'administration des droits et des biens du déposant.

1941. Si le dépôt a été fait par un tuteur, par un mari ou par un administrateur, dans l'une de ces qualités, il ne peut être restitué qu'à la personne que ce tuteur, ce mari ou cet administrateur représentaient, si leur gestion ou leur administration est finie.

1942. Si le contrat de dépôt désigne le lieu dans lequel la restitution doit être faite, le dépositaire est tenu d'y porter la chose déposée. S'il y a des frais de transport, ils sont à la charge du déposant.

1943. Si le contrat ne désigne point le lieu de la restitution, elle doit être faite dans le lieu même du dépôt.

1944. Le dépôt doit être remis au déposant aussitôt qu'il le réclame, lors même que le contrat aurait fixé un délai déterminé pour la restitution ; à moins qu'il n'existe, entre les mains du dépositaire, une saisie-arrêt ou une opposition à la restitution et au déplacement de la chose déposée.

1945. Le dépositaire infidèle n'est point admis au bénéfice de cess.on.

1946. Toutes les obligations du dépositaire cessent, s'il vient à découvrir et à prouver qu'il est lui-même propriétaire de la chose déposée.

Observation. — Comme on le voit dans le texte, le dépositaire est tenu de deux obligations principales : de la *conservation* de la chose, et de sa *restitution*.

De l'obligation de CONSERVER. — De quelle faute sera responsable le dépositaire ? Il le sera d'abord de la faute grave, qui est assimilée au dol ; il le sera même de la faute légère *in concreto*, puisque l'art. 1927 déclare qu'il doit apporter, dans la garde de la chose, les mêmes soins qu'il apporte dans celle des choses qui lui appartiennent. Mais il ne sera tenu de la faute légère *in abstracto* que dans les cas exceptionnels de l'art. 1928, car il serait trop rigoureux de traiter le dépositaire qui rend un service à autrui, comme on traite la partie qui trouve elle-même un profit au contrat.

Le dépositaire peut-il se servir de la chose déposée? Non, en principe, car telle n'est pas l'intention présumée du déposant. D'ailleurs le dépôt se confondrait avec le prêt à usage, si le dépositaire pouvait se servir de la chose. Cette règle devra cependant recevoir exception, toutes les fois qu'il sera établi en fait que le déposant a permis au dépositaire l'usage dont il s'agit, mais à dater du moment où cet usage aura commencé, le dépositaire se transformera en emprunteur, et il sera tenu de toutes les obligations que le prêt fait naître.

De l'obligation de RESTITUER. — La chose doit être restituée au déposant ou à ceux qui le représentent. Les représentants du déposant peuvent être de plusieurs sortes. Tantôt ce seront des héritiers, tantôt des mandataires, tantôt des tuteurs ou autres administrateurs. La restitution sera valablement faite, si la qualité et les pouvoirs du représentant qui recevra la chose sont établis et suffisants.

Quand le déposant est mort laissant plusieurs héritiers, et que la chose déposée est indivisible, comme un cheval, une voiture, les héritiers doivent s'entendre pour recevoir collectivement un objet qui ne peut leur être restitué partiellement. Dans le cas où la chose déposée est divisible, comme une somme d'argent, la restitution est faite à chaque héritier séparément de la part qui lui revient.

De CE QUI DOIT *être restitué.* — Aux termes de l'art. 1932, le dépositaire doit restituer *identiquement* la chose même qu'il a reçue. Ainsi le dépôt des sommes monnayées doit être rendu dans les *mêmes espèces.* Tel est le droit commun. Mais il est fréquent de rencontrer des dérogations à ces principes, notamment en ce qui concerne les dépôts de sommes d'argent. Ainsi une foule d'établissements financiers, de banques publiques, reçoivent des dépôts, à la charge par eux, non de rendre les *mêmes espèces,* mais de rendre une *somme égale* en espèces soit identiques, soit différentes. Lorsque telle est l'intention commune des parties, le dépôt est dit *irrégulier,* et le dépositaire ne commet aucune faute en disposant des sommes qu'il a reçues. Son droit est d'en disposer, comme son obligation est de restituer des sommes égales.

Le dépôt *irrégulier* ne présente pas pour le déposant autant de sécurité que le dépôt régulier. En effet, le déposant cesse d'être propriétaire de la chose, et il suit la foi du dépositaire. Si celui-ci tombe en faillite ou en déconfiture, le déposant irrégulier n'aura donc droit qu'à un dividende, tandis que le déposant régulier aurait une action en revendication opposable à la masse des créanciers.

Si, dans le cas de dépôt régulier, le dépositaire avait vendu et livré à un tiers la chose déposée, celui-ci pourrait la garder en invoquant la maxime : « En fait de meubles, la possession vaut titre » ; car s'il y a eu abus de confiance, il n'y a pas eu vol véritable, et rien ne fait obstacle à la prescription (art. 2279). Mais le dépositaire serait tenu, envers le déposant, de tous dommages-intérêts.

Dans l'hypothèse où la vente et la livraison auraient été faites par les héritiers du dépositaire qui avaient cru que la chose appartenait au défunt, le déposant ne pourrait leur réclamer que le prix par eux touché, car ils n'ont commis aucune faute.

Du LIEU *de la* RESTITUTION. — Le lieu de la restitution est celui où le dépôt lui-même avait été réalisé, à moins de convention contraire soit expresse, soit tacite. Dans le cas où le dépositaire se serait engagé à porter la chose en un lieu différent, pour y opérer sa restitution, les frais de transport sont à la charge du déposant.

De la CONTRAINTE PAR CORPS *en matière de dépôt*. — Aux termes de l'art. 1945, le dépositaire infidèle n'est pas admis au bénéfice de cession : or, comme ce bénéfice a pour but de soustraire le débiteur à la contrainte par corps, il semble résulter de là que le dépositaire sera contraignable. L'art. 2060 édicte expressément la contrainte par corps contre le dépositaire *nécessaire :* quelques personnes ont conclu de là qu'il fallait donner pour le dépositaire *volontaire* une décision différente ; mais l'art. 52 du Code pénal, complétant en ce point le Code Napoléon, ne permet pas d'admettre ce système. Effectivement, il soumet à la contrainte par corps les auteurs de délits pour les réparations civiles dont ils sont tenus, et l'art. 480 classe parmi les délits *l'abus de confiance* commis par le dépositaire infidèle.

Si le dépositaire n'a été que négligent, au lieu d'être infidèle, cette disposition rigoureuse du Code pénal ne lui est pas, de plein droit, applicable ; mais l'article 126 du Code de procédure civile autorise le juge à prononcer la contrainte par corps si les dommages-intérêts par lui dus excèdent 300 fr. Dans le premier cas, la contrainte était impérative ; ici, elle est facultative.

Tel est le système qui découle de la combinaison des règles du Code civil, avec celles du Code pénal et du Code de procédure. Nous n'avons pas besoin d'ajouter que la nouvelle loi est venue enlever tout intérêt à ces diverses solutions.

QUATRIÈME SECTION
DES OBLIGATIONS DE LA PERSONNE PAR LAQUELLE LE DÉPOT A ÉTÉ FAIT.

Art. 1947. La personne qui a fait le dépôt est tenue de rembourser au dépositaire les dépenses qu'il a faites pour la conservation de la chose déposée, et de l'indemniser de toutes les pertes que le dépôt peut lui avoir occasionnées.

1948. Le dépositaire peut retenir le dépôt jusqu'à l'entier payement de ce qui lui est dû à raison du dépôt.

Observation. — Le déposant est tenu de deux obligations : il doit indemniser le dépositaire, et des *impenses* qu'il a faites pour la conservation de la chose, et du *préjudice* que le dépôt peut lui avoir occasionné.

Le dépositaire est présumé n'avoir accepté le dépôt qu'à la condition de le conserver jusqu'à ce que le déposant ait rempli cette double obligation, et c'est pourquoi l'article 1948 lui donne un droit de rétention.

CINQUIÈME SECTION

DU DÉPOT NÉCESSAIRE.

ART. 1949. Le dépôt nécessaire est celui qui a été forcé par quelque accident, tel qu'un incendie, une ruine, un pillage, un naufrage ou autre événement imprévu.

1950. La preuve par témoins peut être reçue pour le dépôt nécessaire, même quand il s'agit d'une valeur au-dessus de cent cinquante francs.

1951. Le dépôt nécessaire est d'ailleurs régi par toutes les règles précédemment énoncées.

1952. Les aubergistes ou hôteliers sont responsables, comme dépositaires, des effets apportés par le voyageur qui loge chez eux ; le dépôt de ces sortes d'effets doit être regardé comme un dépôt nécessaire.

1953. Ils sont responsables du vol ou du dommage des effets du voyageur, soit que le vol ait été fait ou que le dommage ait été causé par les domestiques et préposés de l'hôtellerie, ou par des étrangers allant et venant dans l'hôtellerie.

1954. Ils ne sont pas responsables des vols faits avec force armée ou autre force majeure.

Observation. — Le dépôt est *nécessaire,* lorsque la volonté du déposant a été déterminée par un accident imprévu, tel qu'un incendie, un naufrage. Comme un écrit n'a pu être rédigé pour la constatation du contrat, le déposant sera toujours admis à fournir la preuve testimoniale : c'est là une application des principes généraux.

Au dépositaire nécessaire la loi assimile, tant au point de vue de la preuve qu'au point de vue de la responsabilité, les aubergistes et hôteliers. Le déposant prouvera la consistance des valeurs qu'il avait apportées, soit par titres, soit par témoins, soit même par des présomptions. Cette disposition était nécessaire, car on ne pouvait exiger de toute personne qui entre dans un hôtel un inventaire de tous les effets qu'elle apporte ; de plus, elle est juste, car l'aubergiste est en faute s'il n'exerce point chez lui une surveillance suffisamment active.

Les aubergistes ne répondent pas seulement du fait de leurs préposés ou domestiques, mais encore du fait des personnes étrangères qui circulent dans leur hôtellerie. Leur surveillance ne doit jamais être en défaut, s'ils veulent que leur responsabilité ne soit jamais engagée.

Quelle sera l'étendue de cette responsabilité ? A notre avis elle ne doit s'appliquer qu'aux effets et valeurs qui sont ordinairement en la possession des voyageurs. Ainsi, quand même le voyageur prouverait avoir apporté une somme considérable qui lui a été volée, il n'obtiendrait que les dommages-intérêts qui pouvaient être prévus par l'aubergiste. Il n'a qu'à s'en prendre à lui-même de n'avoir pas averti ce dernier, qui alors aurait pu prendre des précautions particulières pour couvrir sa responsabilité exceptionnelle [1].

CHAPITRE III

DU SÉQUESTRE.

—

PREMIÈRE SECTION

DES DIVERSES ESPÈCES DE SÉQUESTRE.

Art. 1955. Le séquestre est ou conventionnel ou judiciaire.

DEUXIÈME SECTION

DU SÉQUESTRE CONVENTIONNEL.

Art. 1956. Le séquestre conventionnel est le dépôt fait, par une ou plusieurs personnes, d'une chose contentieuse, entre les mains d'un tiers qui s'oblige de la rendre, après la contestation terminée, à la personne qui sera jugée devoir l'obtenir.

1957. Le séquestre peut n'être pas gratuit.

1958. Lorsqu'il est gratuit, il est soumis aux règles du dépôt proprement dit, sauf les différences ci-après énoncées.

---

[1] Massé, *Droit commun*, t. IV, n° 2654. — Pont n° 531.

1959. Le séquestre peut avoir pour objet, non-seulement des effets mobiliers, mais même des immeubles.

1960. Le dépositaire chargé du séquestre ne peut être déchargé, avant la contestation terminée, que du consentement de toutes les parties intéressées, ou pour une cause jugée légitime.

TROISIÈME SECTION

DU SÉQUESTRE OU DÉPOT JUDICIAIRE.

ART. 1961. La justice peut ordonner le séquestre : — 1° des meubles saisis sur un débiteur ; — 2° d'un immeuble ou d'une chose mobilière dont la propriété ou la possession est litigieuse entre deux ou plusieurs personnes ; — 3° des choses qu'un débiteur offre pour sa libération.

1962. L'établissement d'un gardien judiciaire produit, entre le saisissant et le gardien, des obligations réciproques. Le gardien doit apporter pour la conservation des effets saisis les soins d'un bon père de famille. — Il doit les représenter, soit à la décharge du saisissant pour la vente, soit à la partie contre laquelle les exécutions ont été faites, en cas de mainlevée de la saisie. — L'obligation du saisissant consiste à payer au gardien le salaire fixé par la loi.

1963. Le séquestre judiciaire est donné soit à une personne dont les parties intéressées sont convenues entre elles, soit à une personne nommée d'office par le juge. — Dans l'un et l'autre cas, celui auquel la chose a été confiée est soumis à toutes les obligations qu'emporte le séquestre conventionnel.

Observation. — Nous avons défini plus haut le séquestre : il est *conventionnel*, lorsque la chose est remise entre les mains d'un tiers par les parties elles-mêmes.

Il est *judiciaire* lorsque la chose est remise entre les mains d'un tiers par autorité de justice.

Dans le premier cas, le séquestre peut être salarié ;

Dans le second, il l'est toujours.

Le séquestre, à la différence du dépôt ordinaire, peut avoir pour objet des meubles ou des immeubles. En effet, l'on comprend qu'ici un gardien soit nécessaire, même pour un immeuble, à cause de la contestation qui s'est élevée sur sa possession ou sa propriété.

Les soins que le séquestre doit donner à la chose qui lui est confiée sont plus ou moins étendus, suivant qu'il est ou non salarié.

Le séquestre judiciaire est d'une application fréquente. Ainsi quand un huissier fait une saisie de meubles, il doit en confier la garde à une personne solvable qui est constituée séquestre. (Pr. civ., art. 596, 597.) Pareillement le tiers, entre les mains duquel est consignée la chose ou la somme offerte réellement au créancier et que celui-ci n'a pas voulu accepter, est un séquestre judiciaire.

LIVRE III. TITRE XII.

(Décrété le 10 mars 1804. Promulgué le 20 du même mois.)

Des Contrats aléatoires.

ART. 1964. Le contrat aléatoire est une convention réciproque dont les effets, quant aux avantages et aux pertes, soit pour toutes les parties, soit pour l'une ou plusieurs d'entre elles, dépendent d'un événement incertain. — Tels sont : — le contrat d'assurance ; — le prêt à grosse aventure ; — le jeu et le pari ; — le contrat de rente viagère. — Les deux premiers sont régis par les lois maritimes.

Nature du CONTRAT ALÉATOIRE. — Un contrat est aléatoire lorsqu'il y a chance de perte ou de gain pour chacune des parties, suivant que tel événement arrivera ou n'arrivera pas. Mais, faut-il qu'il y ait chance de perte et de gain pour chacune des parties ? ou suffit-il qu'il y ait chance de perte ou de gain pour l'une des parties ? L'art. 1964 est rédigé dans le premier sens, et l'art. 1104 dans le second. Lequel des deux est exact ?

D'abord, il semble difficile qu'il y ait chance de perte ou de gain pour l'une des parties, sans qu'il y ait, en même temps, chance de perte ou de gain pour l'autre partie ; car d'où peut provenir le gain de la première, sinon de la perte éprouvée par la seconde ? Il paraît donc rationnel, *à priori*, qu'il y ait, dans un contrat aléatoire, chance de perte et de gain pour les deux parties.

A ce raisonnement on oppose un exemple qui est celui du contrat d'assurances. On dit : L'assuré peut perdre, et même il perdra nécessairement, puisqu'il est toujours obligé de payer la prime. Mais il n'a pas de chance de gain ; car si la chose assurée périt, il en recevra l'équivalent et pas davantage ; de sorte qu'il se maintiendra dans le *statu quo* sans faire un bénéfice.

Cette manière d'argumenter me paraît inexacte : en effet, la perte et le gain s'établissent en comparant la situation de fortune où se trouve la partie après l'indemnité, à la situation de fortune où elle se trouvait après le sinistre, et non à une époque antérieure. Or, lorsque l'assuré reçoit l'indemnité, sa fortune est diminuée de toute la chose qui a péri, et il fait un véritable gain en la rétablissant dans l'état où elle était avant cette perte.

L'erreur de ceux qui soutiennent l'opinion contraire provient de ce qu'ils comparent l'état de fortune de l'assuré après l'indemnité à son état de fortune avant le sinistre. Mais la comparaison doit se faire entre l'état de fortune après le sinistre et l'état de fortune après l'indemnité.

La seule chose particulière au contrat d'assurance est que le montant de la perte possible est fixé d'avance pour l'assuré, tandis qu'il ne l'est pas pour l'assureur. Mais ce fait n'exclut pas le caractère aléatoire, car dans le jeu aussi le montant des pertes possibles est fixé d'avance, et il l'est pour les deux parties, sans que le contrat cesse d'être aléatoire.

Parmi les contrats aléatoires cités par le Code, se trouvent deux contrats commerciaux : celui d'*assurance*, et celui de prêt *à la grosse*.

Nous savons quel est le caractère du premier ; la loi l'autorise, parce que les chances du contrat tendent à remplacer des chances naturelles dont l'effet est beaucoup plus désastreux. Les assurances peuvent être faites en vue de toute sorte de sinistres tels que la mort, l'incendie, la grêle, etc., etc.

Quant au second, il consiste dans le prêt fait par une personne à une autre sur la cargaison d'un navire ou sur le navire lui-même, à la condition de tout perdre si la cargaison ou le navire périssent, ou de recevoir une somme beaucoup plus considérable dans le cas contraire. Le bénéfice que fait le prêteur sur la somme primitive peut de beaucoup excéder l'intérêt légal ; il s'appelle *profit maritime*. La loi autorise ce contrat, parce qu'il est très-utile au commerce.

CHAPITRE PREMIER

DU JEU ET DU PARI.

ART. 1965. La loi n'accorde aucune action pour une dette de jeu ou pour le payement d'un pari.

1966. Les jeux propres à exercer au fait des armes, les courses à pied ou à cheval, les courses de chariot, le jeu de paume et autres jeux de même nature qui tiennent à l'adresse et à l'exercice du corps sont exceptés de la disposition précédente. — Néanmoins le tribunal peut rejeter la demande, quand la somme lui paraît excessive.

1967. Dans aucun cas, le perdant ne peut répéter ce qu'il a volontairement payé, à moins qu'il n'y ait eu, de la part du gagnant, dol, supercherie ou escroquerie.

Observation. — Le jeu et le pari sont tous les deux plus ou moins subordonnés au hasard. Ces contrats sont trop connus pour qu'il soit nécessaire d'en développer les caractes essentiels.

Nature de la DETTE DU JEU. — La loi refuse toute action pour dette de jeu ou pour le payement d'un pari, parce que la cause de la dette est illicite. Et, en effet, elle ne pouvait accorder à celui qui demande la fortune à des spéculations de cette nature, les avantages qu'elle accorde à celui qui la demande à son travail personnel. Mais comme, avant tout, les lois doivent être appliquées, et qu'elles ne le sont jamais si elles font violence aux habitudes sociales, le Code ne permet pas au joueur qui a volontairement payé sa dette, ni à ses héritiers, d'en réclamer la restitution, d'autant plus que le fait même du payement semble prouver que les joueurs n'avaient pas été entraînés dans des pertes excessives.

Tel est le véritable motif de l'art. 1967. Il ne faut pas y voir l'application de la maxime : « *In pari turpitudinis « causâ melior est causa possidentis.* » Cette maxime comportait, en droit romain, une distinction importante entre la cause illicite et la cause honteuse : chez nous, tout ce qui est illicite est honteux. En outre, cette maxime a pour résultat bizarre d'enrichir l'un des coupables aux dépens de l'autre.

Il ne faut pas considérer non plus la dette de jeu comme une dette naturelle ordinaire. Un fait réprouvé par la loi ne saurait être la source d'engagements valables même naturellement. De là il résulte que la dette de jeu ne peut être ni confirmée, ni cautionnée, ni garantie par gage, ni novée soit par billets à ordre, soit autrement [1]. En un mot, la dette de jeu n'est susceptible que d'un seul effet, qui est la validité de son payement. A ce point de vue, on est bien obligé de reconnaître en elle une dette naturelle, car autrement elle ne pourrait même pas comporter un payement. Mais cette dette naturelle est très-imparfaite, et elle ne saurait être mise sur la même ligne que les dettes naturelles ordinaires, lesquelles peuvent non-seulement être valablement payées, mais encore être confirmées, cautionnées et novées ainsi que nous l'avons expliqué (t. II, p. 504).

Les dettes de jeu sont fréquentes et la justice est souvent

---

[1] Massé et Vergé, t. V, p. 23. — Cass., 1er et 2 août 1859.

appelée à les annuler. Presque toutes celles qui sont ainsi déférées aux tribunaux proviennent d'opérations fictives, faites sur le cours des effets publics ou de certaines marchandises, telles que les farines, les huiles, les alcools. Un exemple montrera en quoi elles consistent. Supposons une opération faite sur la rente française 3 p. 100, et prenons pour point de départ le cours de 60 francs. Le spéculateur qui croit à la *hausse achète* une certaine quantité de rentes à 60 francs payables à la fin du mois où il espère que le cours sera à 61 ou 62. Le spéculateur qui croit à la *baisse vend* la même quantité de rentes à 60 francs payables à la même époque. Si, à la fin du mois, il n'y a ni hausse ni baisse, les deux joueurs ne gagnent ni ne perdent, et l'opération reste sans résultat. Mais si la rente vaut 61 francs, l'acheteur gagne 1 franc que lui paye le vendeur ; et si elle ne vaut que 59 francs, le vendeur gagne 1 franc que lui paye l'acheteur.

Quand ce payement de différences est effectué, tout est fini, puisque la répétition n'est pas admise [1]. Mais quand la différence est due et réclamée, le perdant peut opposer l'exception de l'art. 1965 et dire que la dette est une dette de jeu, entachée à ce titre de nullité. S'il est prouvé que les parties ont effectivement voulu faire une opération aléatoire et non un marché sérieux, la justice en prononce la nullité et déclare le demandeur mal fondé dans son action. La jurisprudence déclare également nuls les billets que le perdant aurait souscrits au profit du gagnant, et elle l'autorise à les répéter. Enfin le Code pénal édicte contre les joueurs sur effets publics la peine de l'emprisonnement d'un mois à un an, et une amende de 500 à 10,000 francs. Mais, malgré cette nullité civile et ces prohibitions pénales, les opérations aléatoires sur les effets publics et sur le cours de certaines marchandises forment toujours le fond de la plupart des spéculations.

---

[1] Aubry et Rau, t. III, § 386. — Pont, n° 650. — Cass., **19 juin 1855.**

La loi donne action pour les dettes de jeu ou de pari, lorsqu'elles ont pour cause des exercices corporels qu'il est bon de favoriser, et encore, dans ce cas, le juge a-t-il la faculté de les réduire comme excessives.

CHAPITRE II

DU CONTRAT DE RENTE VIAGÈRE.

—

PREMIÈRE SECTION

DES CONDITIONS REQUISES POUR LA VALIDITÉ DU CONTRAT.

Art. 1968. La rente viagère peut être constituée à titre onéreux, moyennant une somme d'argent, ou pour une chose mobilière appréciable, ou pour un immeuble.

1969. Elle peut être aussi constituée, à titre purement gratuit, par donation entre-vifs ou par testament. Elle doit être alors revêtue des formes requises par la loi.

1970. Dans le cas de l'article précédent, la rente viagère est réductible, si elle excède ce dont il est permis de disposer ; elle est nulle, si elle est au profit d'une personne incapable de recevoir.

1971. La rente viagère peut être constituée soit sur la tête de celui qui en fournit le prix, soit sur la tête d'un tiers, qui n'a aucun droit d'en jouir.

1972. Elle peut être constituée sur une ou plusieurs têtes.

1973. Elle peut être constituée au profit d'un tiers, quoique le prix en soit fourni par une autre personne. — Dans ce dernier cas, quoiqu'elle ait les caractères d'une libéralité, elle n'est point assujettie aux formes requises pour les donations ; sauf les cas de réduction et de nullité énoncés dans l'article 1970.

1974. Tout contrat de rente viagère créée sur la tête d'une personne qui était morte au jour du contrat ne produit aucun effet.

1975. Il en est de même du contrat par lequel la rente a été créée sur la tête d'une personne atteinte de la maladie dont elle est décédée dans les vingt jours de la date du contrat.

1976. La rente viagère peut être constituée au taux qu'il plaît aux parties contractantes de fixer.

Observation. — Nous savons que la rente *viagère* est celle qui doit être servie pendant un certain temps, limité tantôt à la vie du créancier, tantôt à celle d'une autre personne.

La rente viagère est, comme les autres, essentiellement mobilière. Elle en diffère au point de vue de la durée, et, de plus, elle n'est pas rachetable. Nous allons examiner successivement comment elle peut être constituée, quelle est sa durée, quels effets elle produit, et comment elle s'éteint.

Constitution *de la rente viagère.* — Elle peut avoir lieu soit à *titre onéreux*, soit *à titre gratuit :* on appliquera à cette double hypothèse les principes de l'une et de l'autre espèce de contrat.

Ainsi, lorsque la constitution est faite à titre onéreux, aucune formalité n'est exigée pour l'existence du contrat, et le seul consentement des parties suffit, d'une part pour transférer la propriété de la chose qui sert de prix à la rente, et d'autre part pour engendrer l'obligation de servir les arrérages. Au contraire, lorsque la constitution est faite à titre gratuit, les parties doivent se conformer aux formalités exigées pour les donations.

Il est nécessaire d'examiner les principales conséquences de l'une et de l'autre constitution.

Constitution a titre onéreux. — La rente viagère est un contrat aléatoire, dans lequel les obligations que contracte le débiteur sont plus ou moins étendues, suivant que le créancier a chance de mourir dans un délai plus ou moins rapproché. Or, un contrat de cette nature n'admet pas de lésion, de telle sorte que, si un immeuble servait de prix à la rente, l'action en rescision pour vilité de prix ne pourrait être intentée par le créancier ou ses héritiers, lors même que la somme des arrérages servis n'égalerait pas les 5/12 de la valeur de l'immeuble.

D'un autre côté, le débiteur ne pourrait se faire décharger

de son obligation, quoique la vie du créancier fût beaucoup plus longue qu'il ne l'avait d'abord supposé et que le payement des arrérages lui devînt très-onéreux.

Au surplus, pour connaître le véritable caractère du contrat, il faudra s'en référer non à la dénomination que lui auront donnée les parties, mais à la nature intrinsèque de leurs conventions. Ainsi l'aliénation d'un immeuble de 100 moyennant une rente viagère de 3 ou 4, ne serait qu'une donation déguisée de l'immeuble lui-même, puisqu'à la mort du rentier, le débiteur le conserverait sans jamais avoir payé plus que ses revenus.

Cependant, si cet immeuble était exposé à un prompt dépérissement, les juges auraient la faculté de voir un véritable contrat aléatoire dans la constitution d'une semblable rente viagère, puisque le débiteur serait exposé à servir les arrérages, même après la perte du capital.

Constitution à TITRE GRATUIT. — Lorsque la rente est constituée à titre gratuit, elle reste sujette au rapport et à la réduction : comment se fera la réduction ? car, pour connaître la valeur de la rente, il faudrait savoir sa durée. Afin d'éviter cette opération difficile, la loi met les héritiers à réserve dans l'alternative ou d'abandonner toute la quotité disponible, ou de servir la rente viagère telle qu'elle a été constituée (art. 917). Mais cette disposition est quelquefois inapplicable. Ainsi, lorsqu'il y a lieu de réduire en même temps et ce legs de rente viagère et d'autres legs, la réduction devant être proportionnelle, il devient indispensable de fixer approximativement la valeur de la rente viagère. Cette fixation se fait alors d'après la durée probable de la vie du rentier.

Dans l'hypothèse de l'art. 1973, la rente est à la fois un acte à titre onéreux quant à la forme, et un acte à titre gratuit quant au fond. Cela tient à ce qu'elle est l'accessoire d'un contrat principal, et que ce dernier étant par sa nature dispensé des formes exigées pour la donation, la rente elle-même devait en être dispensée.

DURÉE *de la rente viagère.* — La rente viagère est presque toujours constituée sur la tête du créancier lui-même ; mais rien n'empêche de la constituer sur la tête d'autres personnes actuellement existantes, lors même qu'elles seraient totalement étrangères à celui qui jouit des arrérages. Cependant il est interdit par les lois de certains pays, notamment par la loi anglaise, de constituer des rentes sur la tête du souverain, car si un grand nombre de débiteurs étaient intéressés à sa mort, il pourrait en résulter un péril pour sa vie.

La rente constituée sur la tête d'une ou plusieurs personnes finit nécessairement avec le dernier survivant, car si elle passait sur la tête des héritiers, elle deviendrait perpétuelle.

Dans la rente viagère, comme dans tout contrat aléatoire, il doit y avoir chance sérieuse de perte ou de gain pour chacune des parties ; or, cette chance n'a pas existé lorsque la personne sur la tête de laquelle la rente était constituée ne *vivait plus* au moment du contrat, car le créancier n'a entendu aliéner son capital qu'à la condition de toucher des arrérages pendant un temps plus ou moins long, et ici cette créance d'arrérages n'a pu prendre naissance. Dès lors, l'article 1974 annule, comme faite sans cause, une pareille constitution de rente viagère.

A ce cas l'art. 1975 assimile celui où la personne, malade au *moment du contrat*, est morte, dans les *vingt jours* de sa date, de la *même maladie*. Ici la dette d'arrérages a pu prendre naissance ; mais le Code ne regarde pas les chances que courait le débiteur, comme suffisantes pour justifier l'aliénation que le créancier a faite de son capital. Peu importe, d'ailleurs, que la maladie ait ou non été connue du constituant. Le Code n'a pas reproduit cette distinction de Pothier.

Si le décès survenu dans les vingt jours du contrat était causé par un accident, la rente se trouverait avoir été valablement constituée, et le capital resterait acquis au débiteur,

qui avait sérieusement couru la chance de payer indéfiniment les arrérages.

La constitution de la rente viagère devrait également être
validée si, ayant été faite sur la tête de deux personnes, l'une
mourait dans les 20 jours, tandis que l'autre survivrait à ce
délai. Le débiteur est toujours présumé avoir couru des
chances sérieuses [1].

DEUXIÈME SECTION
DES EFFETS DU CONTRAT ENTRE LES PARTIES CONTRACTANTES.

Art. 1977. Celui au profit duquel la rente viagère a été constituée
moyennant un prix peut demander la résiliation du contrat, si le
constituant ne lui donne pas les sûretés stipulées pour son exécution.

1978. Le seul défaut de payement des arrérages de la rente n'autorise point celui, en faveur de qui elle est constituée, à demander le
remboursement du capital ou à rentrer dans le fonds par lui aliéné ; il
n'a que le droit de saisir et de faire vendre les biens de son débiteur, et de faire ordonner ou consentir, sur le produit de la vente,
l'emploi d'une somme suffisante pour le service des arrérages.

1979. Le constituant ne peut se libérer du payement de la rente
en offrant de rembourser le capital et en renonçant à la répétition
des arrérages payés ; il est tenu de servir la rente pendant toute la
vie de la personne ou des personnes sur la tête desquelles la rente
a été constituée, quelle que soit la durée de la vie de ces personnes
et quelque onéreux qu'ait pu devenir le service de la rente.

1980. La rente viagère n'est acquise au propriétaire que dans la
proportion du nombre de jours qu'il a vécu. — Néanmoins, s'il a
été convenu qu'elle serait payée d'avance, le terme qui a dû être
payé est acquis du jour où le payement a dû en être fait.

1981. La rente viagère ne peut être stipulée insaisissable que
lorsqu'elle a été constituée à titre gratuit.

1982. La rente viagère ne s'éteint pas par la mort civile du propriétaire ; le payement doit en être continué pendant sa vie naturelle.

1983. Le propriétaire d'une rente viagère n'en peut demander
les arrérages qu'en justifiant de son existence, ou de celle de la personne sur la tête de laquelle elle a été constituée.

[1] Mourlon, t. III, art. 1975. — Pont, n° 721. — Paris, 23 mai 1865.

Des EFFETS *du contrat.* — Le débiteur est tenu envers le créancier d'une double obligation. Il doit :

1° fournir les sûretés promises ;

2° Payer les arrérages convenus.

Lorsqu'il manque à la première obligation, le créancier peut demander la résolution du contrat pour inexécution des conditions. Mais cette résolution n'a pas lieu de plein droit, et si le créancier venait à mourir, ou si le débiteur fournissait les sûretés promises, avant le jugement qui doit la prononcer, l'action s'éteindrait faute de cause.

Lorsque le débiteur manque à la seconde obligation, le créancier ne peut plus demander la résolution du contrat et la restitution de son capital ; car, du moment que les choses ne sont plus entières, et que des chances ont été courues par l'une et l'autre des parties, il est impossible de rétablir les positions respectives qui existaient lors du contrat.

L'art. 1978 déclare que, dans ce cas, les biens du débiteur seront vendus jusqu'à concurrence d'une somme dont les intérêts égalent le montant des arrérages. Le créancier touchera les intérêts, et le débiteur conservera le capital ; de cette manière les chances qui résultaient du contrat n'auront été nullement modifiées.

Mais si les biens du débiteur sont insuffisants pour produire la somme voulue, l'on rentre dans l'hypothèse précédente, et le créancier peut exiger le remboursement de son capital, faute de recevoir les sûretés promises. On fixera ce capital approximativement, selon la durée probable de la vie du créancier, ou de la personne sur la tête de laquelle la rente a été constituée.

*De l'*ACQUISITION *des* ARRÉRAGES. — Les arrérages sont des fruits civils et s'acquièrent jour par jour ; c'est-à-dire que le créancier ou ses héritiers pourront en exiger autant de 365mes que la personne, sur la tête de laquelle reposait la rente, aura vécu de jours dans l'année.

On ne déroge à cette règle qu'en cas de stipulation contraire.

*De l'*INSAISISSABILITÉ *des rentes viagères.* — Tous les biens d'un débiteur sont saisissables, et il ne peut dépendre de lui de les soustraire à la poursuite de ses créanciers, en les rendant insaisissables. La clause d'insaisissabilité devient valable lorsqu'elle émane d'un donateur de la rente viagère ; car les créanciers du donataire, n'ayant jamais dû compter sur les arrérages perçus par lui, ne peuvent critiquer une disposition sans laquelle la rente n'eût peut-être pas été constituée. Cependant, s'ils ont traité avec le donataire *postérieurement* à la constitution, l'article 582 du Code de procédure accorde au juge le pouvoir d'autoriser la saisie des arrérages pour la portion qu'il déterminera.

Toute rente constituée à *titre d'aliments* est, par cela même, insaisissable (art. 581 C. pr.).

*De l'*EXTINCTION *de la rente viagère.* — La rente viagère ne s'éteint que par la mort de la personne sur la tête de laquelle elle était constituée.

Un certificat de vie, délivré par le président du tribunal ou le maire (loi du 27 mars 1791), ou encore par un notaire, peut être exigé du créancier qui réclame le payement des arrérages.

LIVRE III. TITRE XIII.

(Décrété le 10 mars 1804. Promulgué le 20 du même mois.)

Du Mandat.

CHAPITRE PREMIER

DE LA NATURE ET DE LA FORME DU MANDAT.

ART. 1984. Le mandat ou procuration est un acte par lequel une personne donne à une autre le pouvoir de faire quelque chose pour le mandant et en son nom. — Le contrat ne se forme que par l'acceptation du mandataire.

1985. Le mandat peut être donné ou par acte public, ou par écrit sous seing privé, même par lettre. Il peut aussi être donné verbalement ; mais la preuve testimoniale n'en est reçue que conformément au titre *des Contrats ou des Obligations conventionnelles en général.* — L'acceptation du mandat peut n'être que tacite, et résulter de l'exécution qui lui a été donnée par le mandataire.

1986. Le mandat est gratuit, s'il n'y a convention contraire.

1987. Il est ou spécial et pour une affaire ou certaines affaires seulement, ou général et pour toutes les affaires du mandant.

1988. Le mandat conçu en termes généraux n'embrasse que les actes d'administration. — S'il s'agit d'aliéner ou hypothéquer, ou de quelque autre acte de propriété, le mandat doit être exprès.

1989. Le mandataire ne peut rien faire au delà de ce qui est porté dans son mandat ; le pouvoir de transiger ne renferme pas celui de compromettre.

1990. Les femmes et les mineurs émancipés peuvent être choisis pour mandataires ; mais le mandant n'a d'action contre le mandataire mineur que d'après les règles générales relatives aux obligations des mineurs ; et contre la femme mariée et qui a accepté le mandat sans autorisation de son mari, que d'après les règles établies au titre *du Contrat de mariage et des Droits respectifs des époux.*

DÉFINITION *du* MANDAT. — Le mandat est un contrat par lequel un individu, appelé *mandant*, donne le pouvoir de faire quelque chose *en son nom* à un autre individu appelé *mandataire*, qui l'accepte (art. 1984).

On appelle plus spécialement *procuration* le pouvoir donné par le mandant au mandataire, et *mandat* le contrat qui résulte de l'acceptation par ce dernier du pouvoir qui lui est conféré.

Le mandat (*manus data*) suppose de la part du mandant la confiance, et de la part du mandataire le dévouement. Pour qu'il existe, il ne suffit pas que le pouvoir donné par l'un soit constant ; il faut encore que l'acceptation émanée de l'autre soit certaine, et, selon les circonstances, on pourra décider que le mandataire qui a reçu la procuration s'est engagé à rendre le service qui lui est demandé, ou n'a au contraire entendu le rendre que si ses affaires personnelles le lui permettaient.

PREUVE *du mandat.* — Le mandat est soumis aux règles ordinaires en matière de preuve, tant en ce qui concerne le pouvoir émané du mandant que l'acceptation émanée du mandataire (art. 1985).

L'acceptation du mandat peut n'être que tacite, dit l'article 1985 [2o]. Quelques auteurs en ont conclu *à contrario,* que la procuration doit toujours être expresse, et ils invoquent à l'appui de ce système l'art. 1372, aux termes duquel il y a gestion d'affaires, soit que le propriétaire *connaisse* la gestion, soit qu'il l'ignore : or, disent-ils, si la procuration tacite était admise, le Code aurait dû la voir dans ce fait qu'un tiers gère nos affaires à notre *connaissance* et sans que nous nous y opposions.

Cette induction est, selon nous, exagérée. Le but de l'art. 1985 a été d'abroger la maxime romaine : « *Semper qui non prohibet aliquem pro se intervenire mandatur.* » Pour qu'il y ait procuration, il faut un ordre positif émané du mandant; peu importe d'ailleurs que cet ordre soit donné par écrit, par paroles, par signe ou autrement, comme, par exemple, dans le cas de l'art. 556 du Code de procédure civile où la remise des pièces à l'huissier vaut pouvoir pour toutes exécutions autres que la saisie immobilière et l'emprisonnement. Mais le silence du mandant, même en connaissance de cause, ne suffirait pas; dans ce cas s'applique l'art. 1372 : il y a gestion d'affaires.

Ces principes ne doivent pas toutefois être appliqués avec trop de rigueur. Ainsi les juges pourront voir dans les circonstances qui accompagnent et caractérisent le silence de la personne dont un autre gère les affaires, l'équivalent d'une adhésion formelle et par conséquent un véritable mandat tacite. Par exemple, si un tiers entreprend pendant votre absence la réparation de votre maison, et qu'à votre retour vous alliez visiter les travaux sans rien dire d'ailleurs ni rien empêcher ; il est bien évident que cette visite des travaux emporte désormais mandat tacite de votre part, et que le tiers aura son recours contre vous non-seulement pour les dépenses utiles qu'il aura faites, mais encore pour celles qui seraient superflues.

Nous donnerions la même solution si, sans visiter les travaux dont vous connaissez l'exécution, vous aviez écrit à celui qui les dirige, sans aucune protestation ni réserve, et en évitant de lui en parler. Dans de telles circonstances, votre silence équivaudrait évidemment à un mandat.

DIFFÉRENCES ENTRE LE MANDAT EN DROIT ROMAIN ET LE MANDAT EN DROIT FRANÇAIS.

A Rome, le mandataire agissait en son propre nom, au lieu d'agir au nom du mandant, et toutes les obligations contractées par les tiers envers lui, ou par lui envers les tiers, reposaient sur sa tête, au lieu de reposer sur celle du mandant ; en sorte que seul il pouvait soit poursuivre le recouvrement des créances, soit être poursuivi pour le payement des dettes. Le mandant forçait le mandataire à lui rendre compte par l'action directe, et le mandataire forçait le mandant à l'indemniser par l'action contraire.

Un tel système présentait un grave inconvénient, car les parties avaient à craindre leur insolvabilité réciproque.

En droit français, le mandataire agit *au nom* du *mandant*, et toutes les obligations contractées par les tiers envers lui, ou par lui envers les tiers, reposent, non sur sa tête, mais sur celle du mandant ; d'où il suit que le mandant seul peut poursuivre les tiers, et que les tiers, à leur tour, ne peuvent poursuivre que le mandant ; et il n'y a plus, dans l'acceptation d'un mandat, aucun risque pour le mandataire, qui est devenu le simple instrument du mandant, au lieu de conserver le rôle principal qu'il jouait dans la législation romaine.

Cependant si, en fait, le mandataire agissait en son propre nom et sans dire qu'il représente le mandant, il faudrait encore aujourd'hui appliquer les principes du droit romain ; mais le contrat, au lieu d'être un mandat véritable, deviendrait alors le contrat *de commission*, dont les règles sont tracées par le Code de commerce.

DIFFÉRENCES ENTRE LE MANDAT SALARIÉ ET LE LOUAGE D'INDUSTRIE.

D'après l'art. 1986, le mandat, qui est *naturellement gratuit*, peut cependant être salarié : il semble alors se confondre avec le louage d'industrie, et les auteurs ne sont pas d'accord sur les différences qui les séparent.

D'après les uns, il faudrait voir un mandat salarié dans le contrat où le service procuré par une partie à l'autre est plutôt moral que matériel ; ainsi, les notaires, les avocats, les médecins seraient des mandataires salariés.

Au contraire, il faudrait voir un louage d'industrie dans le contrat où le service procuré par l'une des parties à l'autre est plutôt matériel que moral, comme il arrive pour les domestiques, les ouvriers et gens de travail.

Cette distinction ne nous semble pas fondée. Elle était admise, il est vrai, en droit romain et dans notre ancien droit français ; mais elle n'a pas été reproduite par les rédacteurs du Code.

Cela résulte :

1° Du silence qu'il garde sur la classification des professions libérales ou illibérales, classification nécessaire dans le système opposé ;

2° De l'expression *salaire* (art. 1999), substituée au mot *honoraire* ;

3° De cette innovation qui fait de la *gratuité* un caractère *naturel*, mais non *essentiel*, du mandat ;

4° Enfin, de la définition même, donnée par l'art. 1984,

d'après laquelle le mandataire agit *au nom du mandant.*
Celui qui loue ses services agit, au contraire, en son propre
nom.

Ainsi le caractère distinctif du mandat, c'est la *représentation.*

L'avoué est un mandataire, parce qu'il représente son
client et pose des conclusions en son nom. L'avocat ne l'est
point, parce qu'il se borne à développer les conclusions de
l'avoué; il plaide pour son client, mais il ne le représente pas.

Outre cette différence fondamentale entre le louage d'industrie et le mandat, il importe de signaler les suivantes :

1° Quant à *l'objet.* L'objet du louage d'industrie est un
simple fait matériel ou intellectuel, un certain travail d'une
certaine durée et d'une certaine nature.

L'objet du mandat est un *acte juridique,* par exemple,
une vente, un achat, un prêt, un dépôt.

2° Quant aux *obligations des parties.*

Le mandant doit rembourser au mandataire les impenses
faites pour l'exécution du mandat. Celui qui loue ses services
n'a droit qu'au prix stipulé, rien de plus, rien de moins; il agit
non-seulement en son nom, mais pour son compte propre.

Par contre, le salaire qui est essentiel au louage n'existe,
en cas de mandat, que par suite d'une convention expresse.

3° Quant aux *garanties de ces obligations.*

La *solidarité,* en matière de louage, ne se présume ni de
part ni d'autre. Elle se présume entre les co-mandants (art.
2002).

Le mandataire n'a aucun privilége pour le payement de ce
qui lui est dû : il n'a que le droit de rétention.

Celui qui loue ses services jouit très-souvent d'un privilége : il suffit de citer le privilége des gens de service
(art. 2101 4°), des ouvriers (art. 549 C. com.), des médecins
(art. 2101 3°), du voiturier (art. 2102 6°), de l'architecte
(art. 2103 4°).

4° Quant à la *fin du contrat.*

Le mandat finit par la volonté du mandant (révocation), ou celle du mandataire (renonciation). Il n'en est pas de même en matière de louage d'industrie; et même, au cas de marché à forfait, si le maître peut résilier, c'est à la condition de rembourser à l'entrepreneur non-seulement toutes ses impenses, mais encore tout ce qu'il aurait pu gagner dans son entreprise.

Le mandat finit encore par le changement d'état de l'une ou l'autre partie (art. 2003); le louage d'industrie n'admet pas ce mode d'extinction.

Le mandat peut avoir une durée illimitée : le louage d'industrie ne peut être contracté pour toute la vie (art. 1780.)

*De l'*ÉTENDUE *du mandat.* — Le mandat peut être *général* ou *spécial : général*, il comprend tous les actes d'administration, mais pas davantage, car le mandant ne doit pas être facilement présumé avoir autorisé l'aliénation, l'hypothèque ou autres actes de propriété; *spécial*, il ne comprend que les actes expressément indiqués dans la procuration (art. 1988).

Le pouvoir de *transiger* ne renferme pas celui de *compromettre;* car, dans la transaction, le mandataire lui-même défend les intérêts du mandant, tandis que, dans le compromis, ses intérêts sont confiés à un arbitre, qui statue sur les prétentions respectives des parties.

*Dans l'*INTÉRÊT DE QUI *peut être donné le mandat.* — Le mandat peut être donné dans l'intérêt du mandant, du mandant et du mandataire, d'un tiers, du mandant et d'un tiers, du mandataire et d'un tiers, mais non du mandataire seul.

Le mandat donné dans l'intérêt du mandant est de tous le plus fréquent et il se comprend sans difficulté. Il en est de même du mandat donné dans l'intérêt du mandant et du mandataire, ou du mandant et d'un tiers. Mais quand le mandat est donné dans l'intérêt d'un tiers, ou du mandataire et d'un tiers, on ne voit pas trop sa raison d'être et il est nécessaire de l'expliquer. Dans ce cas, le contrat ne produit tout d'abord aucun effet, et, pour qu'il oblige le mandataire, il faut qu'il ait reçu un commencement d'exécution. En effet, l'intérêt est le fondement et la mesure des actions : or, cet intérêt n'existe pas dans l'origine pour le mandant, puisqu'il est complétement étranger et au tiers et au mandataire ; mais il prend naissance par un commencement d'exécution, car, à partir de cette époque, le mandant devient responsable, vis-à-vis du tiers, d'une immixtion dans ses affaires qui peut lui être préjudiciable, et cette responsabilité même fait qu'il peut agir contre le mandataire pour le contraindre à une loyale et complète exécution du contrat.

Le mandat donné dans l'intérêt du mandataire seul ne produit pas d'obligation, parce que ce dernier est censé avoir suivi, non le *conseil* du mandant, mais sa propre volonté. Toutefois, si le mandant avait frauduleusement engagé le mandataire dans des opérations ruineuses, il deviendrait responsable, car personne ne peut se soustraire aux conséquences de son dol.

Des personnes qui PEUVENT RECEVOIR *mandat.* — Chacun est libre de confier ses intérêts à qui il lui plaît ; conséquemment les incapables eux-mêmes peuvent être choisis pour mandataires ; mais ils ne seront tenus de rendre compte que jusqu'à concurrence du profit qu'ils auront retiré du contrat exécuté.

Les tiers n'ont rien à craindre de l'incapacité du mandataire, parce que, si en *fait* ils contractent avec lui, en *droit* ils contractent avec le mandant. Les actes faits par un mandataire incapable seront donc aussi valables, à leur égard, que ceux faits par un mandataire capable : la seule capacité qui doive préoccuper les tiers, est celle du mandant qui seul sera leur débiteur, comme seul il sera leur créancier.

Des DIFFÉRENTES ESPÈCES *de mandat.* — Le mandat peut être *légal, judiciaire,* ou *conventionnel.* Le mandat *légal* est, par exemple, celui du mari administrant les propres de sa femme, celui du tuteur légitime administrant les biens de son pupille.

Le mandat *judiciaire* est, par exemple, celui du représentant nommé à l'absent, celui de l'administrateur provisoire des biens d'une personne placée dans un établissement d'aliénés, celui du curateur donné à une succession vacante.

Enfin est *conventionnel,* le mandat qu'une personne donne de gré à gré à une autre. C'est celui dont nous avons particulièrement à nous occuper.

CHAPITRE II

DES OBLIGATIONS DU MANDATAIRE.

Art. 1991. Le mandataire est tenu d'accomplir le mandat tant qu'il en demeure chargé, et répond des dommages-intérêts qui pourraient résulter de son inexécution. — Il est tenu, de même, d'achever la chose commencée au décès du mandant, s'il y a péril en la demeure.

1992. Le mandataire répond non-seulement du dol, mais encore des fautes qu'il commet dans sa gestion. — Néanmoins, la responsabilité relative aux fautes est appliquée moins rigoureusement à celui dont le mandat est gratuit qu'à celui qui reçoit un salaire.

1993. Tout mandataire est tenu de rendre compte de sa gestion, et de faire raison au mandant de tout ce qu'il a reçu en vertu de sa procuration, quand même ce qu'il aurait reçu n'eût point été dû au mandant.

1994. Le mandataire répond de celui qu'il s'est substitué dans la gestion : — 1º quand il n'a pas reçu le pouvoir de se substituer quelqu'un ; — 2º quand ce pouvoir lui a été conféré sans désignation d'une personne, et que celle dont il a fait choix était notoirement incapable ou insolvable. — Dans tous les cas, le mandant peut agir directement contre la personne que le mandataire s'est substituée.

1995. Quand il y a plusieurs fondés de pouvoirs ou mandataires établis par le même acte, il n'y a de solidarité entre eux qu'autant qu'elle est exprimée.

1996. Le mandataire doit l'intérêt des sommes qu'il a employées à son usage, à dater de cet emploi ; et de celles dont il est reliquataire, à compter du jour qu'il est mis en demeure.

1997. Le mandataire qui a donné à la partie avec laquelle il contracte en cette qualité une suffisante connaissance de ses pouvoirs, n'est tenu d'aucune garantie pour ce qui a été fait au delà, s'il ne s'y est personnellement soumis.

Des OBLIGATIONS *du* MANDATAIRE. — Le mandat est un contrat synallagmatique imparfait : le mandataire est nécessairement obligé, le mandant ne l'est qu'accidentellement et par suite de l'exécution du contrat.

Le mandataire est tenu de deux obligations ; il doit :

1° Accomplir le mandat en bon père de famille, et sa responsabilité est plus ou moins étendue, suivant qu'il est ou non salarié.

2° Rendre compte de l'exécution du contrat. L'article 1993 exige même qu'il livre au mandant les choses qui ne lui étaient pas dues, et qu'il aurait cependant reçues en vertu de sa procuration. La raison en est que le mandataire n'est que le représentant du mandant, et que les tiers peuvent réclamer de ce dernier tout ce qui a été payé indûment entre les mains du mandataire ; or, comme c'est le mandant qui doit restituer, il est naturel qu'il réclame du mandataire la chose à restituer.

Le mandataire qui n'a pas exécuté le mandat, ou qui l'a mal exécuté, est tenu de payer des dommages-intérêts au mandant. Quand il est salarié, les dommages-intérêts doivent comprendre la totalité du préjudice causé ; dans le cas contraire, les dommages-intérêts ne comprennent que le préjudice qui pouvait être raisonnablement prévu.

Le mandataire qui refuse de rendre compte de sa gestion peut y être contraint par la justice qui, le plus souvent, le condamnera à payer au mandant tels dommages-intérêts par chaque jour de retard dans la reddition du compte demandé.

Du SUBSTITUÉ *que le mandataire peut se donner.* — On appelle *substitué* celui que le mandataire charge d'exécuter le mandat en ses lieu et place.

Le mandat est de sa nature essentiellement personnel, et en principe le mandataire n'a pas le droit de se décharger de son exécution sur un substitué. Dès lors, quand la procuration est muette sur la substitution, et à plus forte raison quand elle l'interdit, le mandataire ne peut prendre un substitué qu'à ses risques et périls, et en le couvrant entièrement de sa responsabilité.

Si la procuration autorise la substitution, sans indiquer la personne du substitué, le mandataire ne répond de celui qu'il se substitue que dans le cas où il y aurait eu de sa part dol ou négligence : or ce dol ou tout au moins cette négligence existe, quand il fait choix d'une personne notoirement incapble ou insolvable.

Enfin lorsque la procuration autorise la substitution, et indique la personne du substitué, le mandataire n'encourt aucune responsabilité en se déchargeant sur cette personne de l'exécution du mandat.

Que la susbstitution soit ou non régulière, le mandant a action directe contre le substitué, et il ne sera pas obligé d'invoquer l'article 1166 du Code. Dès lors, si le mandataire est en faillite, il ne subira pas le concours de ses créanciers sur les sommes qui pourraient être dues par le substitué (art. 1994).

Abrogation de la SOLIDARITÉ *romaine entre co-mandataires.* — Lorsque plusieurs mandataires ont été établis par le *même acte*, l'article 1995 déclare qu'ils ne sont point tenus solidairement. Pourquoi cette disposition, puisque la solidarité doit être expressément stipulée? Elle a eu pour but d'abroger une disposition contraire du droit romain, qui a paru trop rigoureuse aux rédacteurs du Code, dans un contrat qui n'est utile qu'au mandant. Chacun des mandataires sera donc actionné séparément, et ne supportera que sa part dans les dommages-intérêts qui pourraient être dus au mandant. Celui-là seul sera tenu pour le tout, dont la faute aura donné naissance aux dommages-intérêts.

Lorsque, par *acte séparé*, plusieurs personnes ont été chargées de la même affaire, il y a autant de mandats que d'actes distincts, et chacun des mandataires est responsable pour le tout en ce qui le concerne.

Le mandataire doit les intérêts des sommes qu'il a touchées, s'il en a tiré profit ou s'il est mis en demeure. Il peut, en outre, selon les cas, être condamné à payer des dommages-intérêts au mandant. Ainsi, quand il emploie au payement d'une dette personnelle la somme qu'il devait employer au payement de la dette du mandant, il ne doit pas seulement de plein droit les intérêts de cette somme appliquée à son propre usage, il est encore tenu d'indemniser le mandant de tous les frais de poursuite qui ont pu être faits contre lui par le créancier impayé. Et, en effet, le mandataire est tenu à un double titre, d'abord comme débiteur de la somme et ensuite comme mandataire, n'ayant pas fidèlement exécuté son mandat. Il est donc juste qu'il doive les intérêts au premier titre, et une indemnité au second.

Quant à la mise en demeure, une simple sommation suffit, même pour faire courir les intérêts des sommes dont le mandataire est débiteur (art. 1139).

CHAPITRE III

DES OBLIGATIONS DU MANDANT.

ART. 1998. Le mandant est tenu d'exécuter les engagements contractés par le mandataire, conformément au pouvoir qui lui a été donné. — Il n'est tenu de ce qui a pu être fait au delà qu'autant qu'il l'a ratifié expressément ou tacitement.

1999. Le mandant doit rembourser au mandataire les avances et frais que celui-ci a faits pour l'exécution du mandat, et lui payer ses salaires lorsqu'il en a été promis. — S'il n'y a aucune faute imputable au mandataire, le mandant ne peut se dispenser de faire ces remboursement et payement, lors même que l'affaire n'aurait pas réussi, ni faire réduire le montant des frais et avances sous le prétexte qu'ils auraient pu être moindres.

2000. Le mandant doit aussi indemniser le mandataire des pertes que celui-ci a essuyées à l'occasion de sa gestion, sans imprudence qui lui soit imputable.

2001. L'intérêt des avances faites par le mandataire lui est dû par le mandant, à dater du jour des avances constatées.

2002. Lorsque le mandataire a été constitué par plusieurs personnes pour une affaire commune, chacune d'elles est tenue solidairement envers lui de tous les effets du mandat.

Des OBLIGATIONS *du* MANDANT. — Le mandant est tenu :

1° D'exécuter les engagements contractés par le mandataire, dans les limites du pouvoir à lui donné;

2° De l'indemniser des pertes qu'il a éprouvées à l'occasion de sa gestion.

De l'obligation D'EXÉCUTER LES ENGAGEMENTS *contractés par le mandataire.* — Le mandant n'est tenu, avons-nous dit, que des engagements contractés par le mandataire dans la limite des pouvoirs à lui conférés. Tous ceux qui ne rentrent pas dans cette sphère sont entachés de nullité radicale, à moins que le mandant ne les ratifie, cas auquel ils deviennent entièrement valables. *Ratihabitio mandato æquiparatur.* Cette ratification produit entre les parties un effet rétroactif; mais elle ne saurait évidemment nuire aux droits que le mandataire aurait conférés à des tiers avant qu'elle soit intervenue.

Les actes faits par le mandataire, en dehors de ses pouvoirs, lui sont-ils du moins opposables? Non, lorsque les tiers ont connu la procuration, car ils sont en faute d'avoir contracté avec un mandataire qui n'avait pas les pouvoirs suffisants. Dans ce cas ils sont présumés avoir subordonné le contrat à la ratification du mandant, plutôt qu'avoir traité ferme avec le mandataire. Mais l'affirmative doit être admise, lorsqu'ils n'ont pas connu la procuration, parce qu'ils ont dû croire qu'elle donnait des pouvoirs suffisants au mandataire. Puis, ce dernier est en faute de ne pas la leur avoir produite, et il doit subir les conséquences de son oubli ou de sa dissimulation.

Le mandant pourra-t-il ratifier l'acte malgré le mandataire? Par exemple, si un immeuble devait être acheté 20, et qu'il ait été acheté 30, le mandant aura-t-il la faculté de l'exiger du mandataire, moyennant cette somme?

A cet égard, on fait une distinction. Si le mandataire a agi *en son nom personnel*, il pourra garder l'immeuble, car il a fait alors sa propre affaire, au lieu de gérer celle du mandant ; si, au contraire, il a agi *au nom de ce dernier,* il sera contraint de lui livrer l'immeuble, car il lui en a fait l'offre implicite, et, puisque le mandant l'accepte, tout doit se passer comme si le mandataire n'avait pas excédé ses pouvoirs.

Dans l'hypothèse même où le mandataire traite à des conditions plus avantageuses que celles prévues dans la procuration, il faut lui laisser l'immeuble, s'il l'a acheté *en son nom personnel;* mais, comme, en acquérant pour lui la chose qu'il pouvait valablement acquérir pour le mandant, il a manqué à la principale de ses obligations, qui était d'exécuter le mandat, le mandant pourra le faire condamner à des dommages-intérêts d'autant plus élevés que sa mauvaise foi est plus évidente.

Si le mandant prouvait que le mandataire aurait pu exécuter le mandat à des conditions meilleures que celles qu'il a acceptées, sans excéder d'ailleurs ses pouvoirs, il aurait encore le droit d'obtenir contre lui des dommages-intérêts, car le mandataire n'a pas agi en bon père de famille.

De l'obligation D'INDEMNISER *le mandataire.* — Le mandant doit indemniser le mandataire des *avances* et *frais* qu'il a faits, plus de toutes les *pertes* que l'exécution du con-

trat lui a occasionnées, sans qu'il y ait eu de sa part imprudence. Ainsi, en supposant que le mandataire ait dépensé 10
pour les affaires du mandant, et qu'au cours d'un voyage
nécessaire à l'exécution du mandat, il ait été volé de 20 par
des brigands, il aura le droit de se faire indemniser de 30,
qui est le total de ses dépenses et de ses pertes additionnées.

En ce qui concerne les sommes d'argent déboursées, le
mandataire pourra s'en faire indemniser en obtenant plus
que ces sommes et leur intérêt au taux légal, s'il prouve,
qu'en fait, l'étendue de la perte a été supérieure à la somme
principale avec ses intérêts (art. 2000).

La loi fait même courir ces intérêts de *plein droit* à son
profit, et, lorsqu'il y a plusieurs mandants pour une affaire
commune, elle les déclare *solidairement* responsables. Cet
avantage et cette garantie étaient dus au mandataire, qui
souvent gère les affaires d'autrui au préjudice des siennes.

Enfin dans le cas de mandat salarié, le mandant est tenu
de payer intégralement au mandataire le salaire convenu [1].
Toutefois les tribunaux s'arrogent souvent, à tort selon nous,
le droit de le réduire, s'ils le trouvent en disproportion avec
les services rendus [2].

CHAPITRE IV

DES DIFFÉRENTES MANIÈRES DONT LE MANDAT FINIT.

ART. 2003. Le mandat finit : — par la révocation du mandataire ; — par la renonciation de celui-ci au mandat ; — par la mort
naturelle ou civile, l'interdiction ou la déconfiture, soit du mandant, soit du mandataire.

2004. Le mandant peut révoquer sa procuration quand bon lui
semble, et contraindre, s'il y a lieu, le mandataire à lui remettre

---

[1] Demolombe, *Rev. lég.*, t. XXVI, p. 447. — Paris, 27 juin 1863.
[2] Pont, n° 1109. — Cass., 12 janvier 1863.

soit l'écrit sous seing privé qui la contient, soit l'original de la procuration, si elle a été délivrée en brevet, soit l'expédition, s'il en a été gardé minute.

2005. La révocation notifiée au seul mandataire ne peut être opposée aux tiers qui ont traité dans l'ignorance de cette révocation, sauf au mandant son recours contre le mandataire.

2006. La constitution d'un nouveau mandataire pour la même affaire vaut révocation du premier, à compter du jour où elle a été notifiée à celui-ci.

2007. Le mandataire peut renoncer au mandat, en notifiant au mandant sa renonciation. — Néanmoins, si cette renonciation préjudicie au mandant, il devra en être indemnisé par le mandataire, à moins que celui-ci ne se trouve dans l'impossibilité de continuer le mandat sans en éprouver lui-même un préjudice considérable.

2008. Si le mandataire ignore la mort du mandant, ou l'une des autres causes qui font cesser le mandat, ce qu'il a fait dans cette ignorance est valide.

2009. Dans les cas ci-dessus, les engagements du mandataire sont exécutés à l'égard des tiers qui sont de bonne foi.

2010. En cas de mort du mandataire, ses héritiers doivent en donner avis au mandant, et pourvoir, en attendant, à ce que les circonstances exigent pour l'intérêt de celui-ci.

Comment FINIT *le mandat.* — Le mandat finit :

1° *Par la* RÉVOCATION *du mandataire.* Elle peut être expresse ou tacite; mais, dans ce dernier cas, il faut qu'elle résulte clairement des circonstances.

2° *Par la* RENONCIATION *du mandataire.* Si elle est inopportune, elle donnera lieu pour le mandant à des dommages-intérêts, à moins que le mandataire ne prouve que l'exécution du contrat lui aurait causé un grave préjudice, ou qu'une circonstance de force majeure, telle qu'une maladie, l'a empêché d'agir.

3° *Par la* MORT, *l'*INTERDICTION *ou la* DÉCONFITURE *du mandant;* car le mandataire n'avait accepté la procuration qu'à raison de la personne même du mandant, laquelle disparaît par sa mort; et de sa capacité ou de sa solvabilité, lesquelles disparaissent par son interdiction ou sa déconfiture. Cepen-

dant, le mandataire doit parachever le mandat, même après
que ces diverses causes d'extinction sont survenues, lorsque
son inaction serait de nature à porter préjudice soit au mandant, soit à ses héritiers. Cette obligation cessera, dès que ces
derniers pourront eux-mêmes continuer le cours des opérations commencées.

4° *Par la* MORT, *l'*INTERDICTION *ou la* DÉCONFITURE *du mandataire;* car les raisons qui avaient porté le mandant à donner sa procuration sont les mêmes que celles qui avaient
porté le mandataire à l'accepter, et les événements qui frappent le mandataire doivent avoir les mêmes conséquences
que ceux qui frappent le mandant.

5° *Par l'*EXPIRATION *du temps, ou l'*EXÉCUTION *complète du
mandat.*

Les différentes causes d'extinction provenant du mandant
doivent être notifiées au mandataire, lorsqu'elles sont de
telle nature qu'il n'a pas pu les prévoir. Jusqu'au moment
où il en a connaissance, soit par notification directe, soit autrement, les obligations qu'il contracte sont opposables au
mandant ou à ses héritiers.

Réciproquement, lorsque les causes d'extinction proviennent du mandataire, et que le mandant ne pouvait les prévoir, notification doit en être faite à ce dernier, soit par le
mandataire lui-même, soit par ses héritiers.

Quant aux *tiers,* ils pourront opposer au mandant les actes faits par le mandataire, même après l'extinction du mandat, lorsque connaissance de ce fait ne leur aura pas été donnée. Aussi, la loi autorise-t-elle le mandant à exiger du
mandataire la procuration qu'il lui avait remise, afin que ce
dernier ne puisse plus tromper les tiers, en leur montrant des
pouvoirs qui ont cessé d'exister. Si le mandant a omis cette
précaution, il devra exécuter tous les actes faits par le mandataire, car les tiers ne doivent pas souffrir de sa négligence.
Il n'aura de recours à exercer que contre le mandataire infidèle.

LIVRE III. TITRE XIV.

Du Cautionnement.

CHAPITRE PREMIER

DE LA NATURE ET DE L'ÉTENDUE DU CAUTIONNEMENT.

ART. 2011. Celui qui se rend caution d'une obligation se soumet envers le créancier à satisfaire à cette obligation, si le débiteur n'y satisfait pas lui-même.

2012. Le cautionnement ne peut exister que sur une obligation valable. — On peut néanmoins cautionner une obligation, encore qu'elle pût être annulée par une exception purement personnelle à l'obligé : par exemple, dans le cas de minorité.

2013. Le cautionnement ne peut excéder ce qui est dû par le débiteur, ni être contracté sous des conditions plus onéreuses. — Il peut être contracté pour une partie de la dette seulement, et sous des conditions moins onéreuses. — Le cautionnement qui excède la dette, ou qui est contracté sous des conditions plus onéreuses, n'est point nul ; il est seulement réductible à la mesure de l'obligation principale.

2014. On peut se rendre caution sans ordre de celui pour lequel on s'oblige, et même à son insu. — On peut aussi se rendre caution, non-seulement du débiteur principal, mais encore de celui qui l'a cautionné.

2015. Le cautionnement ne se présume point : il doit être exprès, et on ne peut pas l'étendre au delà des limites dans lesquelles il a été contracté.

2016. Le cautionnement indéfini d'une obligation principale s'étend à tous les accessoires de la dette, même aux frais de la première demande, et à tous ceux postérieurs à la dénonciation qui en est faite à la caution.

2017. Les engagements des cautions passent à leurs héritiers, à l'exception de la contrainte par corps, si l'engagement était tel que la caution y fût obligée.

2018. Le débiteur obligé à fournir une caution doit en présenter une qui ait la capacité de contracter, qui ait un bien suffisant pour répondre de l'objet de l'obligation, et dont le domicile soit dans le ressort de la Cour impériale où elle doit être donnée.

2019. La solvabilité d'une caution ne s'estime qu'eu égard à ses propriétés foncières, excepté en matière de commerce, ou lorsque la dette est modique. — On n'a point égard aux immeubles litigieux, ou dont la discussion deviendrait trop difficile par l'éloignement de leur situation.

2020. Lorsque la caution reçue par le créancier, volontairement ou en justice, est ensuite devenue insolvable, il doit en être donné une autre. — Cette règle reçoit exception dans le cas seulement où la caution n'a été donnée qu'en vertu d'une convention par laquelle le créancier a exigé une telle personne pour caution.

DÉFINITION, CARACTÈRES *et* PREUVE *du cautionnement*. — Le cautionnement peut être défini : l'obligation contractée par un tiers de payer une dette, si le débiteur ne la paye pas lui-même. En droit romain, le cautionnement s'appelait *fidejussio*, et l'on donnait le nom générique de *cautio* à toute sûreté que le créancier prenait vis-à-vis de son débiteur. Ainsi le gage, les privilèges, les hypothèques étaient des *cautiones*, et parmi ces *cautiones*, la *fidejussio* ne figurait que comme une espèce dans le genre.

Dans les législations modernes, les formes du crédit sont nombreuses, mais elles se ramènent toutes à quelques types originaires parmi lesquels le cautionnement occupe une place importante. Les femmes elles-mêmes peuvent, depuis l'abrogation du sénatus-consulte Velléien, qui leur défendait *intercedere pro aliis*, prendre des engagéments ou fournir des garanties pour sûreté de la dette d'autrui.

Donné sur un effet de commerce, le cautionnement s'appelle *aval*, et la caution *donneur d'aval*.

On appelle *certificateur*, la caution d'une caution.

L'obligation de la caution est toujours *accessoire*, et elle peut, en conséquence, accompagner ou suivre l'obligation principale, mais non la précéder. A ce point de vue, la caution diffère beaucoup de celui qui *se porte fort* pour un autre. En effet, celui qui *se porte fort* prend un engagement principal; il promet le fait d'un autre. Il est donc obligé avant que l'autre le soit, et il cesse de l'être lorsque ce dernier s'oblige, puisque le fait qu'il avait promis est désormais accompli. Dans le cas où le tiers ne voudrait pas faire ce qui a été promis, celui qui s'est porté fort pour lui devrait payer des dommages-intérêts, comme toute personne qui, étant tenue d'une obligation de faire, n'accomplit pas ce qu'elle a promis.

Le cautionnement n'a pas le même caractère vis-à-vis de toutes les parties : entre la *caution* et le *débiteur principal*, il est à *titre gratuit*, car la caution rend un service dont elle ne reçoit pas l'équivalent. Entre la *caution* et le *créancier*, il est à *titre onéreux;* car, sans la caution, le créancier n'eût pas accordé au débiteur le même crédit.

Nous devons toutefois faire observer que, si le cautionnement est de sa nature à titre gratuit entre le débiteur et la caution, rien ne s'oppose à ce que celui qui le fournit stipule une indemnité pour prix de son obligation [1].

Une personne peut se porter caution, ou par ordre du débiteur, ou à son insu, ou malgré son opposition.

Quand elle se porte caution par *ordre* du débiteur, elle devient son mandataire, et en conséquence son recours contre lui est régi par les règles du mandat que nous venons d'étudier.

Quand elle se porte caution à l'*insu* du débiteur, elle devient son gérant d'affaires, et son recours contre lui est régi par les règles de la gestion d'affaires.

Enfin, quand elle se porte caution *malgré* le débiteur, elle lui fait une sorte de libéralité, et tout recours doit lui être refusé, à moins qu'il ne soit prouvé, par les circonstances, qu'elle n'a voulu être qu'un gérant d'affaires, et que l'opposition du débiteur n'était que la résistance de sa délicatesse.

---

[1] Troplong, nᵒ 15. — Pont, t.II, nᵒ 16.

De la PREUVE *du cautionnement.* — La preuve du cautionnement se fait d'après les règles ordinaires. Dès lors, un écrit est nécessaire toutes les fois que l'obligation cautionnée excède 150 francs.

Des dettes qui PEUVENT *ou ne* PEUVENT *pas être cautionnées.* — Peuvent être cautionnées toutes les obligations valables, et même certaines obligations annulables, telles que celles contractées par un mineur, par un interdit, par une femme mariée non autorisée (art. 2012). Il semble que la faculté de cautionner ces dernières obligations soit contraire au principe que le cautionnement présuppose une autre obligation, car il n'y aura plus d'obligation principale si la dette de l'incapable est annulée. Cependant la contradiction n'est qu'apparente. En effet, de deux choses l'une : ou la nullité ne sera pas demandée, et alors l'obligation de l'incapable, étant maintenue, supportera l'engagement accessoire de la caution ; ou, au contraire, cette nullité sera prononcée, et alors à l'extinction de la dette civile survivra une dette naturelle qui pourra servir encore de base au cautionnement.

Nous déciderions, par la même raison, que le failli concordataire peut être cautionné pour la portion de son passif qui lui est remise par les créanciers, tout aussi bien que pour la portion qu'il s'engage à leur payer à titre de dividendes.

Faut-il généraliser la théorie du Code, et dire que le cautionnement est applicable à toutes les dettes annulables, même pour cause d'erreur, de violence ou de dol? Nullement. Il est vrai que l'erreur, la violence ou le dol n'entachent pas l'obligation d'une nullité radicale, et que, si le débiteur laisse passer les délais de la prescription, la dette aura acquis toute validité. Dans cette hypothèse, le cautionnement sera lui-même valable ; mais si la dette est annulée à la requête du débiteur, on doit décider, selon nous, que le cautionnement cesse d'exister comme manquant de base, car on ne saurait reconnaître une obligation naturelle de la part du débiteur, là où la volonté des parties a été déterminée par un fait immoral qui a déjà motivé la nullité de l'obligation civile. C'est pourquoi on dit que l'exception résultant de l'incapacité est purement *personnelle*, de telle sorte que l'obligé seul peut s'en prévaloir; tandis que celle résultant de l'erreur, de la violence ou du dol, est *réelle*, et peut être invoquée tant par la caution que par le débiteur.

La caution ne serait plus recevable à se prévaloir d'une telle exception, si le débiteur lui avait donné mandat de garantir son engagement, après la découverte de l'erreur ou du dol, ou la cessation de la violence. Alors, en effet, il aurait ratifié le contrat annulable dans le principe, et cette ratification rendrait irrévocable l'engagement accessoire de la caution.

Rappelons que la dette de jeu ne peut pas non plus être cautionnée.

De ce que toutes les dettes annulables ne peuvent pas être cautionnées, il résulte, *à fortiori*, que les dettes radicalement nulles, soit parce qu'il y a eu fausse cause ou cause illicite, soit parce que l'objet n'était pas dans le commerce, ne le pourraient pas davantage.

ÉTENDUE *du cautionnement*. — Le cautionnement, étant un contrat accessoire, ne peut jamais excéder l'obligation principale. Or, il pourrait l'excéder :

Tempore, si l'obligation de la caution était pure et simple, lorsque celle du débiteur est à terme ou conditionnelle.

Loco, si la caution s'engageait à payer la dette dans un lieu moins commode que celui où le débiteur doit lui-même payer.

Modo, si la caution s'engageait à payer une chose déterminée, lorsque la dette du débiteur est alternative; ou si, la dette restant alternative, elle donnait au créancier le choix qui appartient au débiteur.

Quantitate, si la caution s'engageait à payer une somme plus forte que celle due par le débiteur principal.

Lorsqu'en fait le fidéjusseur a promis plus que ne doit le

débiteur principal, le cautionnement n'est que réductible, au lieu d'être nul comme en droit romain. Et même, s'il est prouvé que la caution a entendu se porter fort pour tout ce qui excède l'obligation principale, son engagement vaudra tout entier, partie comme accessoire de la dette, et partie comme engagement principal.

Le cautionnement indéfini d'une obligation s'étend à tous les accessoires de cette obligation, et même aux premiers frais de poursuite que pourra faire le créancier, parce que la caution devait s'y attendre et qu'elle a dû les comprendre dans son engagement. Toutefois, elle ne devra pas les frais postérieurs à la demande dirigée contre le débiteur, si cette demande ne lui a pas été dénoncée, car, avertie en temps utile, elle les eût empêchés en remboursant le créancier.

Lorsque, dans le contrat originaire, il n'a pas été stipulé d'intérêts, la demande formée contre le débiteur principal ne suffirait point pour les faire courir contre la caution, car celle-ci pourrait toujours dire : Le créancier n'avait qu'à me dénoncer la poursuite, et j'aurais arrêté par un payement immédiat les intérêts comme les frais subséquents.

L'article 2017 dit que l'engagement des cautions passe à leurs héritiers, pour abroger une disposition contraire du droit romain, établie au profit de cautions toutes particulières, appelées *sponsores* ou *fidepromissores*.

Cette disposition était inutile, car chez nous la règle est que toutes les obligations passent aux héritiers du débiteur, quand elles ne sont pas exclusivement attachées à sa personne, comme celles ayant pour objet certains faits à accomplir. Or, l'engagement de la caution n'a aucunement ce caractère.

QUALITÉS *que doit avoir la caution.* — Lorsque le cautionnement a lieu en même temps que le contrat principal, le créancier peut exiger les qualités qu'il lui plaît dans la caution offerte par le débiteur; mais si le contrat principal a d'abord été fait avec promesse de caution, et que plus tard le débiteur présente la caution promise, ou encore, si l'obligation de donner une caution dérive de la loi ou de la justice, la loi détermine les conditions que devra remplir la caution, pour que le créancier ne puisse pas indéfiniment la refuser. Il faut qu'elle soit *capable* de s'obliger, *solvable*, et qu'elle présente *toutes facilités* de payement.

Les articles 2018 et suiv. indiquent comment s'apprécie chacune de ces conditions.

Lorsque la caution fournie devient insolvable, le débiteur doit en donner une autre, car le créancier est présumé n'avoir contracté qu'à cause des garanties qu'il recevait, et, du moment que ces garanties s'évanouissent, elles doivent être remplacées. Si le débiteur ne peut ou ne veut pas fournir une nouvelle caution, sa dette deviendra immédiatement exigible. Dans un seul cas, il est dispensé de donner cette caution : c'est celui où le créancier avait exigé l'engagement de telle personne déterminée, parce qu'alors il est censé avoir pris, à ses risques et périls, la solvabilité de cette personne.

Les cas où des cautions sont exigées par la loi ou la justice sont assez fréquents. Ainsi doivent donner caution de par la *loi :*

L'usufruitier et l'usager avant d'entrer en jouissance (art. 601 et 626);

Le conjoint survivant et les enfants naturels qui recueillent une succession à titre de successeurs irréguliers (art. 771 et 773);

L'héritier bénéficiaire, quand les créanciers ou autres personnes intéressées l'exigent (art. 807);

L'étranger demandeur au civil, quand il n'est pas dans un cas de dispense légale, et que le défendeur oppose l'exception *judicatum solvi.*

Doivent donner caution de par la *justice :*

Ceux qui obtiennent, sous cette condition, l'exécution provisoire d'un jugement civil, dans le cas prévu par l'art. 135 du Code de procédure ;

Ceux qui veulent faire exécuter provisoirement un jugement commercial, quand ils ne sont pas formellement dispensés de la caution, etc.

CHAPITRE II

DE L'EFFET DU CAUTIONNEMENT.

—

PREMIÈRE SECTION

DE L'EFFET DU CAUTIONNEMENT ENTRE LE CRÉANCIER ET LA CAUTION.

ART. 2021. La caution n'est obligée envers le créancier à le payer qu'à défaut du débiteur, qui doit être préalablement discuté dans ses biens, à moins que la caution n'ait renoncé au bénéfice de discussion, ou à moins qu'elle ne se soit obligée solidairement avec le débiteur ; auquel cas, l'effet de son engagement se règle par les principes qui ont été établis pour les dettes solidaires.

2022. Le créancier n'est obligé de discuter le débiteur principal que lorsque la caution le requiert sur les premières poursuites dirigées contre elle.

2023. La caution qui requiert la discussion doit indiquer au créancier les biens du débiteur principal, et avancer les deniers suffisants pour faire la discussion. — Elle ne doit indiquer ni des biens du débiteur principal situés hors de l'arrondissement de la Cour impériale du lieu où le payement doit être fait, ni des biens litigieux, ni ceux hypothéqués à la dette qui ne sont plus en la possession du débiteur.

2024. Toutes les fois que la caution a fait l'indication de biens autorisée par l'article précédent et qu'elle a fourni les deniers suffisants pour la discussion, le créancier est, jusqu'à concurrence des biens indiqués, responsable, à l'égard de la caution, de l'insolvabilité du débiteur principal survenue par le défaut de poursuites.

2025. Lorsque plusieurs personnes se sont rendues cautions d'un même débiteur pour une même dette, elles sont obligées chacune à toute la dette.

2026. Néanmoins, chacune d'elles peut, à moins qu'elle n'ait renoncé au bénéfice de division, exiger que le créancier divise préalablement son action, et la réduise à la part et portion de chaque caution. — Lorsque, dans le temps où une des cautions a fait prononcer la division, il y en avait d'insolvables, cette caution est tenue proportionnellement de ces insolvabilités ; mais elle ne peut plus être recherchée à raison des insolvabilités survenues depuis la division.

2027. Si le créancier a divisé lui-même et volontairement son action, il ne peut revenir contre cette division, quoiqu'il y eût, même antérieurement au temps où il l'a consentie, des cautions insolvables.

Des différents BÉNÉFICES *accordés à la caution.* — Le cautionnement oblige au payement de la dette, pour le cas où le débiteur ne payerait pas lui-même. Toutefois, l'engagement de la caution n'a rien de conditionnel, et le créancier peut la poursuivre tout d'abord, sans avoir préalablement actionné le débiteur principal. La légitime faveur due aux cautions, qui s'obligent pour autrui sans recevoir l'équivalent de ce qu'elles promettent leur a fait accorder plusieurs bénéfices, savoir : les bénéfices de *discussion*, de *division* et de *subrogation*. Nous allons successivement les examiner.

Du bénéfice de DISCUSSION. — Ce bénéfice, qui figure le premier dans le Code (art. 2021), ne fut introduit dans les lois romaines que tardivement, et par la novelle 4 de Justinien. Il a pour but et pour effet de permettre à la caution d'arrêter les poursuites dirigées contre elle, tant que le débiteur principal n'a pas été lui-même poursuivi, et que son insolvabilité n'a pas été prouvée. De la sorte, la caution pourra, quoique tenue *hic et nunc* de la dette et régulièrement actionnée, obtenir à peu près le même résultat que si elle n'était obligée que sous condition. Effectivement, le créancier devra épuiser ses poursuites contre le débiteur principal, avant de pouvoir se retourner contre elle, et, en définitive, elle ne payera pas, si les biens du débiteur suffisent à le désintéresser.

A quel MOMENT *peut être invoqué le bénéfice de discussion.* — Il doit l'être dès les premières poursuites ; autrement la caution, d'accord avec le débiteur, pourrait, en laissant le procès suivre son cours jusqu'à la veille du jugement, et en n'opposant le bénéfice de discussion qu'à la dernière heure, faire perdre au créancier un temps précieux et peut-être irréparable. Mais que faut-il entendre par les *premières pour-suites?* Ces mots signifient : avant toutes défenses au fond ; car, si la caution avait conclu sur le fond du droit, elle aurait accepté la poursuite de son adversaire, et serait, dès lors, ir-révocablement liée au procès. Il est de règle, d'ailleurs, que toutes les exceptions de procédure doivent être opposées *in limine litis* (Code Pr., art. 166, 169, 173).

A QUELLES CONDITIONS *peut être invoqué le bénéfice de discussion.* — La caution doit indiquer au créancier les biens que possède le débiteur et qui présentent toutes les conditions requises par l'article 2023 ; de plus, elle doit faire l'avance des deniers nécessaires à la discussion.

Des cautions qui N'ONT PAS *le bénéfice de* DISCUSSION. — N'ont pas le bénéfice de discussion :

1° Les cautions qui y ont *renoncé.*

2° Les cautions *solidaires.*

3° Les cautions *judiciaires.*

La renonciation au bénéfice de discussion peut être expresse ou tacite, contemporaine de l'engagement ou postérieure.

La caution qui s'oblige solidairement avec le débiteur se met vis-à-vis du créancier dans une situation identique à celle d'un codébiteur solidaire, et, en conséquence, elle ne peut plus invoquer ni le bénéfice de discussion, ni celui de division (art. 1203). Mais elle conserve, vis-à-vis du débi-teur, son rôle de caution, et dès lors elle peut exercer contre lui son action récursoire pour le tout, sans avoir à prouver qu'il était seul intéressé à la dette. Le codébiteur solidaire est présumé au contraire avoir contracté, autant dans son propre intérêt que dans celui de ses codébiteurs, et, quand il paye, il n'a de recours contre eux que déduc-tion faite de sa part dans la dette.

Quant à la caution judiciaire, elle est privée du bénéfice de discussion, parce que tout ce qui tend à assurer l'exécution d'un jugement doit présenter le plus de force et de sécurité possible.

Du bénéfice de DIVISION. — Ce bénéfice, introduit par Adrien dans les lois romaines, ne reçoit d'application que lorsqu'il y a plusieurs cautions de la même dette. Il consiste dans la faculté qu'a chacune d'elles, poursuivie pour le tout, d'exiger que le créancier poursuive les autres pour leur part.

A QUEL MOMENT *peut être invoqué le bénéfice de division.* — Il peut, à la différence du bénéfice de discussion, être invoqué à toute époque, même en appel. Le législateur ne craint plus ici que la caution fasse traîner le procès en longueur, car elle-même a intérêt à user le plus tôt possible du bénéfice. Effectivement, la dette se partage entre toutes les cautions solvables au moment où il est invoqué, et toute insolvabilité postérieure est exclusivement à la charge du créancier, tandis qu'elle serait à la charge de la caution si le bénéfice n'avait pas encore été invoqué (art. 2026).

On voit, dès lors, que plus tôt la caution invoquera le bénéfice de division, plus tôt elle se mettra à l'abri de l'insolvabilité des autres cautions, pour en rejeter les risques sur le créancier.

A QUEL MOMENT PRÉCIS *ces risques passent de la caution au créancier.* — D'après l'article 2026, les risques passeraient de la caution au créancier au moment où la division serait admise par jugement ; mais il n'est pas probable que cet article ait voulu innover, et comme, en principe, tout jugement déclaratif de droit rétroagit au jour de la demande, c'est à ce moment que les risques de l'insolvabilité commenceront, selon nous, à être au compte du créancier.

Le bénéfice de division ne profite qu'à celle des cautions

qui l'a invoqué, et, pour que chacune en jouisse, il faudra que chacune l'invoque au moment de la poursuite.

Des cautions qui n'ont pas *le bénéfice de* division. — N'ont pas le bénéfice de division :

1° Les cautions qui y ont renoncé.

2° Les cautions solidaires.

DEUXIÈME SECTION

DE L'EFFET DU CAUTIONNEMENT ENTRE LE DÉBITEUR ET LA CAUTION.

Art. 2028. La caution qui a payé a son recours contre le débiteur principal, soit que le cautionnement ait été donné au su ou à l'insu du débiteur. — Ce recours a lieu tant pour le principal que pour les intérêts et les frais ; néanmoins la caution n'a de recours que pour les frais par elle faits, depuis qu'elle a dénoncé au débiteur principal les poursuites dirigées contre elle. — Elle a aussi recours pour les dommages et intérêts, s'il y a lieu.

2029. La caution qui a payé la dette est subrogée à tous les droits qu'avait le créancier contre le débiteur.

2030. Lorsqu'il y avait plusieurs débiteurs principaux solidaires d'une même dette, la caution qui les a tous cautionnés a, contre chacun d'eux, le recours pour la répétition du total de ce qu'elle a payé.

2031. La caution qui a payé une première fois n'a point de recours contre le débiteur principal qui a payé une seconde fois, lorsqu'elle ne l'a point averti du payement par elle fait ; sauf son action en répétition contre le créancier. — Lorsque la caution aura payé sans être poursuivie et sans avoir averti le débiteur principal, elle n'aura point de recours contre lui dans le cas où, au moment du payement, ce débiteur aurait eu des moyens pour faire déclarer la dette éteinte ; sauf son action en répétition contre le créancier.

2032. La caution, même avant d'avoir payé, peut agir contre le débiteur pour être par lui indemnisée : — 1° lorsqu'elle est poursuivie en justice pour le payement ; — 2° lorsque le débiteur a fait faillite, ou est en déconfiture ; — 3° lorsque le débiteur s'est obligé de lui rapporter sa décharge dans un certain temps ; — 4° lorsque la dette est devenue exigible par l'échéance du terme sous lequel elle avait été contractée ; — 5° au bout de dix années, lorsque l'obligation principale n'a point de terme fixe d'échéance, à moins que l'obligation principale, telle qu'une tutelle, ne soit pas de nature à pouvoir être éteinte avant un temps déterminé.

Du bénéfice de SUBROGATION, *et des diverses actions que la caution peut avoir contre le débiteur.* — La caution qui a payé la dette a recours contre le débiteur principal, et la loi, présumant avec raison qu'elle n'avait donné sa signature qu'en vue des garanties qui entouraient la dette, lui accorde, pour exercer ce recours, l'action même qui appartient au créancier, avec tous ses accessoires. C'est en cela que consiste le bénéfice de *subrogation*.

La caution, subrogée au créancier, exerce contre le débiteur principal, ou contre les codébiteurs si elle les a tous cautionnés, ou enfin contre ses cofidéjusseurs, les mêmes actions que le créancier pourrait lui-même exercer. Seulement lorsqu'elle agit contre ces derniers, elle doit diviser son recours, et ne demander à chacun que sa part dans la dette, afin que la situation de toutes les cautions reste la même. Si l'une d'elles est insolvable, son insolvabilité se répartit sur toutes également (art. 1214).

Quant aux garanties réelles qui peuvent être affectées à la dette, telles que priviléges, hypothèques, gages, etc., la caution en profite, tout comme elle profite des garanties personnelles.

En droit français, la subrogation s'opère de plein droit au profit de la caution. Il suffit qu'elle paye la dette (art. 2029).

En droit romain, il en était tout autrement. La subrogation légale y était inconnue. Mais les prudents introduisirent dans la pratique son équivalent sous le nom de bénéfice de *cession d'actions*. En vertu de ce bénéfice, le fidéjusseur n'avait qu'à dire au créancier : Le payement que je vous fais n'est pas celui de la dette, mais bien le payement du prix de vos actions que vous allez me céder; et le créancier était obligé de lui transmettre, dans la quittance même, tous ses droits contre le débiteur et les autres fidéjusseurs. La rigueur du droit civil se trouvait de la sorte éludée, et les intérêts de la caution justement sauvegardés.

Le bénéfice de *cession d'actions* est devenu le bénéfice de *subrogation légale* que nous étudions.

En dehors des droits qui découlent pour elle de la subrogation, la caution peut avoir de son chef d'autres actions à exercer contre le débiteur. Ainsi, elle est ou un gérant d'affaires, ou un mandataire, suivant qu'elle a garanti la dette sans être sollicitée par le débiteur ou sur sa demande.

Dans le premier cas, elle pourra intenter l'action contraire de gestion d'affaires, et se faire rembourser jusqu'à concurrence du profit qu'elle aura procuré au débiteur.

Dans le second, elle exercera l'action contraire de mandat et se fera indemniser, non-seulement de ses déboursés utiles, mais encore de toutes les pertes qu'elle aura éprouvées à l'occasion du cautionnement. Ainsi, elle pourra réclamer le capital, les intérêts depuis le jour où elle a payé, les frais de première poursuite, et même ceux postérieurs, si le débiteur, auquel l'action du créancier a été dénoncée, ne l'a pas arrêtée par un payement immédiat, et enfin des dommages-intérêts, si elle établit avoir subi un préjudice plus considérable.

Il est des cas où la caution, même après le payement, n'a pas de recours à exercer : c'est quand elle a payé, ou dans le but de faire au débiteur une libéralité, ou après l'extinction de la dette, sans avertir le débiteur qui n'a pu ainsi l'empêcher de payer. Seulement, dans cette dernière hypothèse, elle a contre le créancier la *condictio indebiti*.

Des cas où la caution peut agir contre le débiteur, même AVANT D'AVOIR PAYÉ. — Quoique la caution n'ait, en principe, un recours à exercer qu'après avoir payé la dette, l'article 2032 indique cinq hypothèses, où elle peut agir même auparavant. Mais alors elle n'a pas l'action du créancier, car, pour être subrogé, il faut avoir payé ; elle ne peut donc intenter que les actions à elle personnelles, c'est-à-dire les actions contraires de gestion d'affaire ou de mandat.

La caution peut agir avant d'avoir payé :

1° Lorsqu'elle est *poursuivie en justice;* elle forme alors une demande incidente en garantie. Cette demande est préférable à une demande principale, car si la caution payait d'abord et recourait ensuite contre le débiteur, ce dernier pourrait la repousser, en prouvant simplement qu'appelé en cause dès l'origine, il eût triomphé de la prétention du créancier, par exemple, en invoquant la prescription.

2° Lorsque le débiteur est en *faillite* ou en *déconfiture;* car tout l'actif va être distribué, et plus tard la caution ne trouverait rien à prendre. Toutefois, si le créancier se présentait à la faillite, la caution n'aurait pas le droit de se présenter aussi; car, pour la même dette, il ne peut y avoir deux productions et deux dividendes.

3° Lorsque le débiteur s'est obligé à lui *rapporter sa décharge* dans un certain temps, car cette convention fait loi comme toute autre.

4° Lorsque la dette contractée à terme est devenue *exigible,* car il était tacitement convenu que la caution ne resterait pas plus longtemps obligée.

5° Au bout de *dix ans,* lorsque l'obligation principale n'a pas de terme fixe d'échéance, par exemple, si elle consiste en une dette de sommes d'argent prêtées sans époque indiquée pour le remboursement, ou en une location sans terme convenu pour son expiration. La loi pense avec raison que la caution n'a pas entendu s'obliger à perpétuité, et au bout de dix ans elle lui permet de demander sa décharge au débiteur principal.

TROISIÈME SECTION

DE L'EFFET DU CAUTIONNEMENT ENTRE LES COFIDÉJUSSEURS.

Art. 2033. Lorsque plusieurs personnes ont cautionné un même débiteur pour une même dette, la caution qui a acquitté la dette a recours contre les autres cautions, chacune pour sa part et portion.

— Mais ce recours n'a lieu que lorsque la caution a payé dans l'un des cas énoncés en l'article précédent.

Observation. — Ainsi que nous l'avons expliqué, la caution qui paye libère les autres cautions de la même dette, et il est juste que si le débiteur est insolvable, chacune d'elles supporte sa part de cette insolvabilité; mais le recours de la caution contre ses cofidéjusseurs n'est fondé, que si elle prouve n'avoir pas pu se soustraire soit au payement de la dette, soit à l'insolvabilité du débiteur.

CHAPITRE III

DE L'EXTINCTION DU CAUTIONNEMENT.

Art. 2034. L'obligation qui résulte du cautionnement s'éteint par les mêmes causes que les autres obligations.

2035. La confusion qui s'opère dans la personne du débiteur principal et de sa caution, lorsqu'ils deviennent héritiers l'un de l'autre, n'éteint point l'action du créancier contre celui qui s'est rendu caution de la caution.

2036. La caution peut opposer au créancier toutes les exceptions qui appartiennent au débiteur principal, et qui sont inhérentes à la dette. — Mais elle ne peut opposer les exceptions qui sont purement personnelles au débiteur.

2037. La caution est déchargée, lorsque la subrogation aux droits, hypothèques et priviléges du créancier, ne peut plus, par le fait de ce créancier, s'opérer en faveur de la caution.

2038. L'acceptation volontaire que le créancier a faite d'un immeuble ou d'un effet quelconque, en payement de la dette principale, décharge la caution, encore que le créancier vienne à en être évincé.

2039. La simple prorogation de terme, accordée par le créancier au débiteur principal, ne décharge point la caution, qui peut, en ce cas, poursuivre le débiteur pour le forcer au payement.

Causes GÉNÉRALES D'EXTINCTION. — Le cautionnement s'éteint par tous les modes d'extinction de la dette, car l'accéssoire ne peut survivre au principal; mais il y a quelques dérogations à ce principe.

Ainsi, la *confusion* qui s'opère dans la personne du débiteur principal et de sa caution, lorsqu'ils deviennent héritiers l'un de l'autre, n'éteint pas l'action du créancier à l'égard de celui qui s'est porté caution de la caution; la raison de cette exception au principe est que la confusion n'éteint pas, à proprement parler, la dette, et ne fait que la paralyser.

· Nous avons vu, en outre, en traitant des obligations susceptibles de cautionnement, que si la caution peut toujours opposer les exceptions *réelles*, comme celles résultant de l'absence de cause, ou d'objet, ou d'un vice du consentement, tel que l'erreur, la violence ou le dol, elle n'a jamais le droit d'invoquer les exceptions purement *personnelles* au débiteur, comme celles résultant de la minorité, de l'interdiction, etc.

Causes PARTICULIÈRES *d'*EXTINCTION. — Aux causes générales d'extinction du cautionnement, il faut en ajouter plusieurs qui lui sont particulières. Ainsi :

1° Lorsque le créancier laisse périr par *son fait* les accessoires de la créance, tels que priviléges ou hypothèques, la caution est libérée; car elle est présumée n'avoir contracté qu'à raison des garanties qui ont disparu, et le créancier n'a pas à se plaindre, puisque c'est sa faute qui a rendu impossible la subrogation sur laquelle la caution avait dû compter en s'obligeant. Au *fait* du créancier l'on doit, selon nous, assimiler sa *négligence*. Ainsi, quand il ne renouvelle pas en temps utile l'inscription de ses priviléges ou hypothèques, il cause à la caution un aussi grave préjudice que s'il renonce expressément à ces diverses garanties, et nous pensons qu'alors celle-ci est libérée, puisqu'elle ne peut plus avoir le bénéfice de subrogation, sans lequel elle n'eût pas donné sa signature [1].

---

[1] Aubry et Rau, t. III, § 429, note 5. — Cass., 7 juillet 1862.

La caution solidaire est-elle, comme la caution simple, déchargée de son obligation, lorsque le créancier a laissé périr les accessoires qui garantissaient la créance? Cette question est fort controversée. Mais, à notre avis, l'affirmative doit être admise, car l'art. 2037 ne fait entre elles aucune distinction, et il est certain d'ailleurs que toute caution entend subordonner l'engagement qu'elle prend, à la subrogation qu'elle aura, si elle paye la dette [1].

Le motif de déchéance que nous venons d'indiquer n'existerait plus, si les priviléges et hypothèques étaient postérieurs au cautionnement, et la caution ne pourrait plus se prétendre libérée, si le créancier laissait périr par son fait ou sa négligence ces garanties sur lesquelles elle n'avait pas compté [2].

2° L'article 2038 décide, que si le créancier reçoit en payement de la dette un effet quelconque dont il est plus tard *évincé*, la caution est déchargée, quoique l'extinction de la dette n'ait été qu'apparente. On peut justifier cette disposition, en disant que la caution, qui s'est crue libérée, n'a pas pu prévenir l'insolvabilité du débiteur par des mesures conservatoires.

Par contre, l'article 2039 décide que la simple *prorogation* de terme, accordée par le créancier au débiteur principal, ne libère pas la caution ; mais celle-ci peut, comme nous l'avons vu, demander sa décharge, si elle craint que le débiteur ne devienne insolvable.

CHAPITRE IV

DE LA CAUTION LÉGALE ET DE LA CAUTION JUDICIAIRE.

Art. 2040. Toutes les fois qu'une personne est obligée, par la loi ou par condamnation, à fournir une caution, la caution offerte doit

---

[1] Mourlon, *Sub.*, p. 514. — Pont, t. II, n° 168. — Cass., 23 février 1857.
[2] Massé et Vergé, t. V, § 763, p. 80. —Cass., 27 novembre 1861.

remplir les conditions prescrites par les articles 2018 et 2019. — Lorsqu'il s'agit d'un cautionnement judiciaire, la caution doit, en outre, être susceptible de contrainte par corps.

2041. Celui qui ne peut pas trouver une caution est reçu à donner, à sa place, un gage en nantissement suffisant.

2042. La caution judiciaire ne peut point demander la discussion du débiteur principal.

2043. Celui qui a simplement cautionné la caution judiciaire ne peut demander la discussion du débiteur principal et de la caution.

De la caution LÉGALE, *et de la caution* JUDICIAIRE. — Ainsi que nous l'avons dit plus haut, une caution *légale* doit être fournie, par exemple, lorsqu'un usufruitier entre en jouissance; et une caution *judiciaire*, par exemple, lorsqu'un tribunal ordonne l'exécution provisoire d'un jugement, moyennant cette garantie. Mais si la justice ordonne qu'il sera donné caution, c'est que la loi l'exige, et alors il semble que la caution judiciaire se confonde avec la caution légale. Aussi admet-on, généralement, qu'il n'y a de caution judiciaire que dans l'hypothèse où il y a eu contestation, en justice, sur le point de savoir, s'il fallait ou non donner caution, parce qu'alors le cautionnement a sa raison d'être dans le jugement plutôt que dans la loi elle-même.

Notons que les cautions légales ou judiciaires doivent réunir toutes les qualités ordinaires des cautions, et que de plus la caution judiciaire doit être contraignable par corps.

La loi permet de donner un gage à la place d'une caution, soit légale, soit judiciaire, car : *plus est cautionis in re quàm in personâ.*

Le bénéfice de discussion n'est pas accordé à la caution judiciaire, parce qu'il serait de nature à entraver ou tout au moins à retarder l'exécution du jugement rendu.

On doit décider, selon nous, que le certificateur de la caution judiciaire peut opposer le bénéfice de discussion, car il n'a pas contracté en exécution du jugement. L'article 2043 dit le contraire; mais sa négation semble ne s'y être introduite que par inadvertance, et ce qui le démontre, c'est, d'une part, l'inutilité de l'article, en supposant qu'il répète la disposition de l'art. précédent ; et, d'autre part, la rédaction de son commencement, qui semble annoncer une disposition contraire à celle qui précède.

LIVRE III. TITRE XV

(Décrété le 20 mars 1804. Promulgué le 30 du même mois.)

Des Transactions.

Art. 2044. La transaction est un contrat par lequel les parties terminent une contestation née, ou préviennent une contestation à naître. — Ce contrat doit être rédigé par écrit.

2045. Pour transiger, il faut avoir la capacité de disposer des objets compris dans la transaction. — Le tuteur ne peut transiger pour le mineur ou l'interdit que conformément à l'article 467 au titre *de la Minorité, de la Tutelle et de l'Emancipation* ; et il ne peut transiger avec le mineur devenu majeur, sur le compte de tutelle, que conformément à l'article 472 au même titre. — Les communes et établissements publics ne peuvent transiger qu'avec l'autorisation expresse de l'Empereur.

2046. On peut transiger sur l'intérêt civil qui résulte d'un délit. — La transaction n'empêche pas la poursuite du ministère public.

2047. On peut ajouter à une transaction la stipulation d'une peine contre celui qui manquera de l'exécuter.

2048. Les transactions se renferment dans leur objet : la renonciation qui y est faite à tous droits, actions et prétentions, ne s'entend que de ce qui est relatif au différend qui y a donné lieu.

2049. Les transactions ne règlent que les différends qui s'y trouvent compris, soit que les parties aient manifesté leur intention par des expressions spéciales ou générales, soit que l'on reconnaisse cette intention par une suite nécessaire de ce qui est exprimé.

2050. Si celui qui avait transigé sur un droit qu'il avait de son chef acquiert ensuite un droit semblable du chef d'une autre personne, il n'est point, quant au droit nouvellement acquis, lié par la transaction antérieure.

2051. La transaction faite par l'un des intéressés ne lie point les autres intéressés, et ne peut être opposée par eux.

2052. Les transactions ont, entre les parties, l'autorité de la chose jugée en dernier ressort. — Elles ne peuvent être attaquées pour cause d'erreur de droit ni pour cause de lésion.

2053. Néanmoins une transaction peut être rescindée lorsqu'il y a erreur dans la personne ou sur l'objet de la contestation. — Elle peut l'être dans tous les cas où il y a dol ou violence.

2054. Il y a également lieu à l'action en rescision contre une transaction lorsqu'elle a été faite en exécution d'un titre nul, à moins que les parties n'aient expressément traité sur la nullité.

2055. La transaction faite sur pièces qui depuis ont été reconnues fausses est entièrement nulle.

2056. La transaction sur un procès terminé par un jugement passé en force de chose jugée, dont les parties ou l'une d'elles n'avaient point connaissance, est nulle. — Si le jugement ignoré des parties était susceptible d'appel, la transaction sera valable.

2057. Lorsque les parties ont transigé généralement sur toutes les affaires qu'elles pouvaient avoir ensemble, les titres qui leur étaient alors inconnus, et qui auraient été postérieurement découverts, ne sont point une cause de rescision, à moins qu'ils n'aient été retenus par le fait de l'une des parties. — Mais la transaction serait nulle, si elle n'avait qu'un objet sur lequel il serait constaté, par des titres nouvellement découverts, que l'une des parties n'avait aucun droit.

2058. L'erreur de calcul dans une transaction doit être réparée.

Définition. — La transaction est un contrat par lequel les parties terminent une contestation née, ou préviennent une contestation à naître, au moyen de *sacrifices réciproques*.

Différences entre la TRANSACTION, *l'*ACQUIESCEMENT *et le* DÉSISTEMENT. — La transaction diffère de l'acquiescement, en ce que, dans ce dernier contrat, le débiteur admet en entier la prétention de son adversaire ; et du désistement, en ce que, dans ce dernier contrat, le prétendu créancier renonce purement et simplement à l'action qu'il a intentée, sinon au droit lui-même, mais sans concession de la part du débiteur.

La loi exige plus de conditions pour transiger que pour

acquiescer ou se désister, par la raison que l'acquiescement et le désistement n'ont jamais lieu que lorsque la prétention de l'une des parties est évidemment bien ou mal fondée, tandis que les sacrifices respectifs qu'elles se font dans la transaction prouvent qu'aucune des deux prétentions n'est ni tout à fait bien ni tout à fait mal fondée ; et c'est pourquoi la loi permet au tuteur d'acquiescer ou de se désister avec la seule autorisation du conseil de famille, tandis qu'elle ne lui permet de transiger qu'avec cette autorisation, donnée de l'avis de trois jurisconsultes et homologuée par le tribunal.

De la PREUVE *de la transaction.* — La transaction se prouve *par écrit*, lors même qu'il s'agit d'un intérêt inférieur à 150 francs. La loi n'a pas voulu qu'un contrat, fait pour arrêter ou prévenir les difficultés d'un procès, pût être lui-même la cause d'un procès ou tout au moins d'une enquête. Cependant si les parties avaient été dans l'impossibilité de dresser un écrit, ou encore si l'écrit dressé avait été perdu par cas fortuit, il n'est pas douteux que la preuve testimoniale ne fût recevable, au-dessus comme au-dessous de 150 francs (art. 1348).

En serait-il de même dans le cas d'un commencement de preuve par écrit? Nous ne le pensons pas, parce que, si les parties ont pu se procurer et peuvent représenter un commencement de preuve par écrit, il leur était tout aussi facile de se procurer et de représenter une preuve par écrit complète. On devra dès lors leur appliquer rigoureusement la disposition exceptionnelle de l'art. 2044 [1].

De la CAPACITÉ *nécessaire pour transiger.* — Nous avons dit que la transaction est faite moyennant des sacrifices réciproques. Dès lors, les parties doivent pouvoir disposer des droits contestables, ou contestés, qui en sont l'objet. Et il ne suffit pas qu'elles puissent en disposer à *titre onéreux*, il faut encore qu'elles puissent en disposer à *titre gratuit*, en

---

[1] *Sic*, Bonnier, *des Preuves*, n° 180. — Aubry et Rau, t. III, § 420, p. 480. *Contrà*, Pont, *Pet. Cont.*, t. II, n° 502. — Cass., 28 novemb. 1864.

un mot, elles doivent en avoir la *pleine et libre disposition*. Par exemple, le tuteur peut disposer à titre onéreux des capitaux de son pupille, soit en les prêtant, soit en les employant à l'acquisition d'un immeuble, et cependant il ne peut pas transiger sur ses droits mobiliers, parce qu'il n'en a pas la libre disposition.

Ce principe a les conséquences suivantes :

1° La femme séparée de biens ne pourra pas transiger sur son mobilier, parce que, si elle a la faculté d'en disposer, c'est au point de vue des actes d'administration, et nullement au point de vue d'une aliénation à titre gratuit (art. 1449 et 1536).

2° Par le même motif, le mineur émancipé ne peut pas transiger sur ses revenus, dont il n'a la disposition que dans la limite des actes d'administration.

*De l'*OBJET *de la transaction.* — La loi permet de transiger sur tous les droits qui peuvent raisonnablement donner lieu à un procès, et à l'égard desquels l'ordre public n'est pas intéressé. Ainsi la transaction est possible sur l'*intérêt civil* qui résulte d'un délit, quoiqu'elle ne le soit pas sur le délit lui-même, qui doit toujours être puni.

La transaction sur des *questions d'état* serait nulle, car l'ordre public est intéressé à ce que l'état des personnes ne soit pas subordonné à leur volonté.

Celle relative à une *créance alimentaire* le serait également, car un pareil droit ne peut être saisi ni devenir l'objet d'un compromis, ce qui prouve que le Code a voulu le soustraire à la libre disposition des parties.

La transaction qui interviendrait sur un droit non douteux cesserait d'être une véritable transaction, puisqu'elle ne comporterait pas des sacrifices réciproques. Dès lors on lui appliquerait les règles du contrat auquel elle sert de masque. Ce contrat ne peut être qu'une donation déguisée, puisque la renonciation que l'un fait à une partie de ses droits n'est point motivée par la crainte sérieuse d'un procès, et qu'elle n'est explicable que par son intention de faire à l'autre une libéralité.

De la CLAUSE PÉNALE *ajoutée à une transaction.* — Les parties peuvent ajouter au contrat la sanction d'une clause pénale ; et si l'une d'elles ne remplit pas ses engagements, l'autre aura le droit de demander à la fois l'exécution de la transaction et celle de la clause pénale, car presque toujours celle-ci aura eu pour but de mettre les contractants à l'abri d'un nouveau procès, et elle sera encourue par le seul fait que l'une des parties aura motivé contre elle des poursuites. Mais si les parties avaient manifesté l'intention de ne pas cumuler la peine avec l'exécution du contrat, et de faire de la première l'équivalent et non le supplément de la dernière, il faudrait donner une décision différente.

ENTRE QUELLES PERSONNES *la transaction produit son effet.* — La transaction ne produit son effet qu'entre les parties contractantes et ceux qu'elles ont valablement représentés.

A cet égard, on appliquera, en général, les principes admis pour la chose jugée.

Ainsi, la transaction intervenue entre le créancier et le débiteur principal pourra être invoquée par la caution, parce qu'autrement elle deviendrait inutile au débiteur lui-même, qui serait obligé de rembourser à cette dernière ce qu'elle aurait payé au créancier. Mais sera-t-elle opposable à la caution ? Non, car si le débiteur a mandat pour représenter la caution en plaidant, il n'a pas mandat pour la représenter en transigeant. Décider le contraire, serait permettre au débiteur de priver la caution de ses moyens de défense. D'ailleurs ne pourrait-on pas arracher à sa faiblesse ou à son inexpérience des concessions qui ne sont pas à craindre de la part de la justice, et que la caution n'eût jamais consenties ?

La transaction faite par le créancier avec l'un des débiteurs solidaires profitera-t-elle ou nuira-t-elle aux autres ? Tout le monde admet qu'elle leur profitera, parce que les débiteurs solidaires sont présumés s'être donné respectivement pouvoir pour améliorer leur situation, mais on doit, selon nous, décider qu'elle ne pourra pas leur nuire, parce que leur mandat ne va pas jusqu'à les autoriser à faire des contrats qui la rendent plus mauvaise. Et cette solution ne contredit pas celle que nous avons donnée en exposant les principes de la chose jugée, car il est vrai de dire, pour les débiteurs solidaires comme pour la caution, que le mandat tacite, autorisant chacun à plaider pour tous, ne saurait lui donner pouvoir de compromettre leurs intérêts en transigeant.

Autre chose est transiger ; autre chose est plaider.

Le créancier hypothécaire ayant un droit direct, un droit réel sur l'immeuble hypothéqué, ne doit pas souffrir d'une transaction que le débiteur ferait à son détriment, pas plus qu'il ne doit souffrir des jugements qui seraient prononcés contre ce dernier.

La transaction faite avec l'un des héritiers soit du créancier, soit du débiteur, ne profite ni ne nuit aux autres héritiers, parce que les héritiers n'ont aucun mandat pour se représenter les uns les autres.

*De l'*EFFET *de la transaction.* — L'art. 2052 assimile inexactement l'effet d'une transaction à celui d'un jugement ; car un contrat n'est pas, comme un jugement, susceptible d'être infirmé, soit par voie de cassation, soit par voie de requête civile. Souvent, du reste, la transaction prend la forme d'un jugement. Les avoués des parties tombées d'accord rédigent leurs conventions en manière de *dispositif*, et le tribunal les convertit en jugement véritable. C'est là ce qu'on appelle un *jugement d'expédient.*

Les parties sont seulement liées pour les droits qu'elles avaient en vue dans le contrat, et si des droits identiques viennent à leur échoir, la transaction faite pour les premiers ne sera pas applicable aux seconds (art. 2050).

Ici se présente une question vivement débattue. Les transactions sont elles *déclaratives* ou *translatives* de propriété ?

En d'autres termes, constituent-elles une simple reconnaissance d'un titre préexistant, ou forment-elles un titre nouveau?

La question est grave, car si les transactions transfèrent
la propriété, elles sont par cela même soumises au droit proportionnel, et de plus à la transcription dans le cas où la propriété dont il s'agit est immobilière. Si, au contraire, elles
sont simplement déclaratives de droits préexistants, elles ne
sont soumises qu'à un droit fixe, et elles peuvent être opposées aux tiers indépendamment de toute transcription.

On doit, selon nous, décider en principe que la transaction
ne fait que reconnaître un titre préexistant, et ne constitue
pas un titre nouveau. Ainsi, quand je revendique contre
vous un terrain et que par transaction nous convenons que
ce terrain litigieux sera partagé entre nous par moitié, nous
reconnaissons implicitement par cette transaction que le
terrain nous appartenait à chacun pour moitié, et on ne peut
pas dire que je vous transfère la moitié qui vous reste, pas
plus qu'on ne peut dire que vous me transférez la moitié que
vous me livrez. En conséquence, il n'y aura pas lieu au droit
proportionnel, et chacun de nous pourra opposer aux tiers
son droit de propriété, sans que la transaction ait été transcrite,
parce que ce droit de propriété a été *reconnu* et non point
transféré par la transaction [1].

Cette solution, admise par l'ancien droit français et par la
plupart des auteurs modernes, ne s'applique, bien entendu,
qu'aux objets qui sont en litige, et si, dans une transaction,
l'une des parties donnait à l'autre, en compensation de ce
qu'elle reçoit, un immeuble dont la propriété ne lui fût pas
contestée, il n'est pas douteux que la transaction ne fût alors
translative de la propriété de cet immeuble, que le droit
proportionnel ne fût dû, et que la transcription ne devînt
nécessaire.

Des causes de RESCISION *des transactions.* — Là transac-

---

[1] Valette, *Rev. étr. et franç.*, t. X. Gabriel Demante, *Exposé des principes de l'Enregist.*, n° 316, et suiv. — Pont, t. II, n°ˢ 630 et suiv.

tion est soumise, sauf exception, aux mêmes causes de
nullité ou de rescision que les autres contrats. Ainsi, elle peut
être attaquée pour incapacité des parties, pour dol, pour
violence, et même pour erreur dans la personne, lorsqu'elle
a été faite en vue de la personne.

La transaction a aussi ses causes de rescision ou de nullité
particulières.

Il est d'abord à remarquer que l'erreur sur l'*objet même*
de la transaction, donne lieu à une simple action en rescision
(art. 2053). Dans ce cas cependant il n'y a pas eu, à proprement parler, concours des deux volontés et le contrat devrait
être regardé, en bonne logique, comme inexistant. Mais le
texte de l'art. est formel, et dès lors la rescision d'une telle
transaction devra être demandée dans les dix ans du contrat
(art. 1304).

Les causes de nullité que nous allons énumérer se rattachent toutes à cette première cause générale de rescision.
Voici en quoi elles consistent :

1° La *nullité* du titre qui a servi de base au contrat entraîne la nullité du contrat lui-même, car il y a eu erreur sur
la sub-tance du droit contestable ou contesté. Ainsi, la transaction faite sur un testament signé par le nombre légal des
témoins serait rescindable, si l'un d'eux se trouvait étranger,
car ce testament était entaché de nullité. Cette cause de
rescision cesserait d'exister, si les parties avaient transigé
sur la nullité même du titre, dans le cas où elle était douteuse.

2° Pareillement, et par la même raison, la transaction
faite sur *pièces fausses* est rescindable.

3° La transaction est nulle, comme faite sans cause, lorsque le procès intenté sur le droit qui forme la base du contrat
a pris fin, à l'insu des parties, par un jugement inattaquable,
car les parties n'ont pu vouloir éteindre une contestation
déjà éteinte par le jugement ; mais si ce jugement peut être
réformé par voie d'opposition ou d'appel, la transaction est

valable, puisque la contestation n'avait pas encore reçu une solution définitive. Il en est autrement, dans le cas où le jugement ne peut être attaqué que par le pourvoi en cassation ou par la requête civile, parce que ce sont là des moyens extraodinaires de faire réformer les jugements, et que leur admissibilité ne les empêche pas d'être définitifs.

Si la partie gagnante avait connu le jugement, la transaction vaudrait comme donation, car on ne peut s'expliquer autrement les sacrifices auxquels elle a consenti ; mais si c'était la partie perdante, la transaction serait nulle, car elle n'aurait plus de cause possible de la part de l'autre partie.

Des cas où la transaction NE PEUT ÊTRE *rescindée*. — La transaction ne peut être rescindée :

1° Ni pour *erreur de droit*, car les parties doivent s'être suffisamment éclairées avant d'en arriver à des sacrifices réciproques. Ainsi, la transaction sur un testament qui ne serait signé que par trois témoins serait valable, car les parties ont dû savoir qu'il en fallait quatre. En dehors des transactions, l'erreur de droit peut, aussi bien que l'erreur de fait, entraîner la nullité du contrat, car les art. 1109 et 1110 du Code ne font aucune distinction. Il suffit que cette erreur puisse être considérée comme ayant déterminé la volonté de la partie qui l'a commise.

2° Ni pour cause de *lésion*, car elle est un contrat aléatoire, chacune des parties ayant fait des sacrifices pour se soustraire aux chances qu'elle avait de perdre son procès.

3° Ni pour *découverte de certains titres*, lorsque la transaction a été faite sur *toutes les affaires en général* qui divisaient les parties, car il reste encore une base du contrat ; mais si les titres avaient été retenus par le fait de l'une d'elles, son dol donnerait naissance à l'action en rescision.

4° Ni pour *erreur de calcul*, laquelle doit être simplement réparée.

LIVRE III. TITRE XVI.

(Décrété le 13 février 1804. Promulgué le 23 du même mois.)

De la Contrainte par corps en matière civile.

Art. 2059. La contrainte par corps a lieu, en matière civile, pour le stellionat. — Il y a stellionat : — lorsqu'on vend ou qu'on hypothèque un immeuble dont on sait n'être pas propriétaire ; — lorsqu'on présente comme libres des biens hypothéqués, ou que l'on déclare des hypothèques moindres que celles dont ces biens sont chargés.

2060. La contrainte par corps a lieu pareillement : — 1° pour dépôt nécessaire ; — 2° en cas de réintégrande, pour le délaissement, ordonné par justice, d'un fonds dont le propriétaire a été dépouillé par voies de fait ; pour la restitution de fruits qui en ont été perçus pendant l'indue possession, et pour le payement des dommages et intérêts adjugés au propriétaire ; — 3° pour répétition de deniers consignés entre les mains de personnes publiques établies à cet effet ; — 4° pour la représentation des choses déposées aux séquestres, commissaires et autres gardiens ; — 5° contre les cautions judiciaires et contre les cautions des contraignables par corps, lorsqu'elles se sont soumises à cette contrainte ; — 6° contre tous officiers publics, pour la représentation de leurs minutes, quand elle est ordonnée ; — 7° contre les notaires, les avoués et les huissiers (les greffiers, les commissaires-priseurs et les gardes du commerce, L. 13 décembre 1848, art. 3), pour la restitution des titres à eux confiés et des deniers par eux reçus pour leurs clients, par suite de leurs fonctions.

2061. Ceux qui, par un jugement rendu au pétitoire, et passé en force de chose jugée, ont été condamnés à désemparer un fonds, et qui refusent d'obéir, peuvent, par un second jugement, être contraints par corps, quinzaine après la signification du premier jugement à personne ou domicile. — Si le fonds ou l'héritage est éloigné de plus de cinq myriamètres du domicile de la partie condamnée, il sera ajouté au délai de quinzaine un jour par cinq myriamètres.

2062. Les fermiers et les colons partiaires peuvent être contraints par corps, faute par eux de représenter, à la fin du bail, le cheptel de bétail, les semences et les instruments aratoires qui leur ont été confiés, à moins qu'ils ne justifient que le déficit de ces objets ne procède point de leur fait.

2063. Hors les cas déterminés par les articles précédents, ou qui pourraient l'être à l'avenir par une loi formelle, il est défendu à tous juges de prononcer la contrainte par corps ; à tous notaires et greffiers de recevoir des actes dans lesquels elle serait stipulée, et à tous Français de consentir pareils actes, encore qu'ils eussent été passés en pays étrangers ; le tout à peine de nullité, dépens, dommages et intérêts.

2064. Dans les cas mêmes ci-dessus énoncés, la contrainte par corps ne peut être prononcée contre les mineurs.

2065. Elle ne peut être prononcée pour une somme moindre de trois cents francs.

2066. Elle ne peut être prononcée contre les septuagénaires, les femmes et les filles, que dans les cas de stellionat. — Il suffit que la soixante-dixième année soit commencée pour jouir de la faveur accordée aux septuagénaires. — La contrainte par corps pour cause de stellionat pendant le mariage n'a lieu contre les femmes mariées que lorsqu'elles sont séparées de biens, ou lorsqu'elles ont des biens dont elles se sont réservé la libre administration, et à raison des engagements qui concernent ces biens. — Les femmes qui, étant en communauté, se seraient obligées conjointement ou solidairement avec leur mari, ne pourront être réputées stellionataires à raison de ces contrats.

2067. La contrainte par corps, dans les cas même où elle est autorisée par la loi, ne peut être appliquée qu'en vertu d'un jugement.

2068. L'appel ne suspend pas la contrainte par corps prononcée par un jugement provisoirement exécutoire en donnant caution.

2069. L'exercice de la contrainte par corps n'empêche ni ne suspend les poursuites et les exécutions sur les biens.

2070. Il n'est point dérogé aux lois particulières qui autorisent la contrainte par corps dans les matières de commerce, ni aux lois de police correctionnelle, ni à celles qui concernent l'administration des deniers publics.

Observation. — Une loi du 22 juillet 1867 a supprimé la contrainte par corps en matière civile, commerciale et contre les étrangers. Le *titre* qui précède sera donc désormais dépourvu d'application ; mais comme il n'est pas sans intérêt de connaître la législation abrogée, pour mieux comprendre l'étendue et la gravité de la loi qui l'abroge, nous croyons devoir résumer rapidement les principes et les règles du Code sur notre matière.

Régime du Code *en matière de* CONTRAINTE PAR CORPS. — En général, le Code, comme la plupart des législations modernes, tendait à procurer l'exécution des obligations, moins par voie de coercition sur la personne du débiteur que par voie de saisie sur son patrimoine. Cependant certains débiteurs sont tellement défavorables, que le législateur avait admis, non sans quelque raison, la contrainte par corps pour assurer le payement de leurs dettes.

Du reste, la contrainte par corps ne pouvait jamais être pratiquée qu'en vertu d'un jugement, et il était expressément défendu de porter atteinte, par simple stipulation privée, à la liberté individuelle du débiteur. En matière civile, la contrainte par corps était tout à fait exceptionnelle.

La contrainte par corps tantôt *devait* et tantôt *pouvait* être prononcée par la justice. Dans le premier cas, elle était dite *impérative*, et dans le second *facultative*. Dans deux cas seulement elle pouvait être appliquée en vertu de la convention des parties : on l'appelait alors *conventionnelle*.

De la contrainte par corps IMPÉRATIVE. — La contrainte par corps était impérative dans sept cas prévus par les articles 2059, 2060 du Code, et par le décret du 13 décembre 1848, qui avait ajouté à la nomenclature des officiers publics déjà contraignables les greffiers, les commissaires-priseurs et les gardes du commerce.

Plusieurs de ces cas ne demandent aucune explication : disons un mot des autres.

Les stellionataires étaient contraignables par corps, parce qu'ils commettent un délit civil qui se rapproche beaucoup du délit criminel appelé escroquerie.

On est, en effet, stellionataire :

1° Si l'on vend ou hypothèque un immeuble dont on sait n'être pas propriétaire ;

2° Si l'on vend ou hypothèque un immeuble que l'on déclare faussement libre d'hypothèques ou de priviléges, ou si l'on déclare des charges moindres que celles qui existent réellement ;

3° Enfin si un mari ou tuteur ne déclare pas les hypothèques légales non inscrites qui grèvent ses biens du chef de la femme ou du mineur.

Les dépositaires nécessaires étaient contraignables par corps, parce que la dette a un caractère d'autant plus sacré, qu'elle a été contractée par suite de circonstances de force majeure.

Dans le cas de réintégrande, la contrainte par corps avait un double but, qui était de faire disparaître du fonds le détenteur récalcitrant, et de le forcer à payer les dommages-intérêts auxquels il avait été condamné.

Notons que les personnes publiques dont il est parlé dans l'article 2060 pour la restitution des choses, minutes, titres ou deniers à elles confiés, ne sont en réalité que des dépositaires nécessaires.

De la contrainte par corps FACULTATIVE. — Elle avait lieu :
1° Lorsqu'un jugement rendu au pétitoire, et passé en force de chose jugée, condamnait une personne à restituer la possession d'un immeuble. Ce cas différait du cas analogue que nous avons vu précédemment, en ce que le possesseur avait perdu un procès en revendication au lieu d'un procès en réintégrande. Or, il pouvait arriver que sa possession fût paisible et ancienne, tandis que, dans l'autre hypothèse, elle avait souvent commencé par le dol ou la violence, et toujours depuis moins d'une année. On conçoit, dès lors, que la loi fût moins rigoureuse à l'égard de celui qu'un jugement allait priver d'une possession ancienne et paisible, qu'à l'égard de celui qui était condamné à perdre une possession récente et frauduleuse ou violente.

2° Elle avait lieu contre les fermiers et colons partiaires pour la représentation des objets qui servaient à l'exploitation de l'immeuble ; il y avait là un grave intérêt à protéger, car il importait que les fonds fussent toujours pourvus des meubles nécessaires à leur culture. De plus, le fermier ou le colon partiaire avait commis en détournant ces objets une sorte d'abus de confiance, qu'il fallait réprimer.

3° Elle avait lieu enfin contre les personnes condamnées à des dommages-intérêts au-dessus de 300 fr. ou à des payements de reliquats de comptes de tutelle, d'administration, etc. (art. 126 du C. de pr.). De semblables dettes impliquent souvent, de la part du débiteur, ou un dol, ou au moins une grave négligence.

De la contrainte par corps CONVENTIONNELLE. — Le Code permettait aux fermiers de se soumettre à la contrainte par corps pour le payement des fermages ; mais la loi de 1848 avait abrogé cette disposition.

Depuis cette loi la contrainte par corps ne pouvait résulter de la convention des parties que s'il s'agissait de caution judiciaire ou de caution de contraignable par corps.

Des personnes qui N'ÉTAIENT PAS CONTRAIGNABLES. — La condition ou la qualité du débiteur le faisaient quelquefois déclarer non contraignable. Ainsi les mineurs, les septuagénaires, les femmes, les parents en ligne ascendante ou descendante à l'infini, et en ligne collatérale jusqu'au second degré inclusivement, les alliés au même degré, n'étaient pas contraignables. La loi laissait cependant les septuagénaires et la femme sous l'empire du droit commun, lorsqu'ils étaient coupables de stellionat.

QUOTITÉ *de la* SOMME *pour laquelle la contrainte par corps pouvait être prononcée.* — L'article 2065 du Code Napoléon et l'article 126 du Code de procédure disaient que la contrainte ne pouvait être prononcée que pour dettes de 300 fr. et au-dessus. Fallait-il 300 fr. de capital, ou suffisait-il que cette somme fût complétée par les accessoires ? Les auteurs n'étaient pas d'accord ; mais comme, d'un côté, le créancier avait été négligent en ne se faisant pas payer les accessoires de la dette, et que, de l'autre, le doute devait s'interpréter en faveur de l'obligé, on n'admettait habituellement la contrainte que pour 300 fr. de capital.

En matière commerciale, une somme de 200 fr. en principal était suffisante pour la contrainte.

Disposition particulière pour les ÉTRANGERS. — Les étrangers non autorisés à fixer leur domicile en France, étaient toujours contraignables par corps pourvu que la dette fût de 150 fr., parce qu'ils ne présentaient pas d'autre garantie que leur personne.

DURÉE *et* FIN *de la contrainte par corps*. — D'après la loi du 13 décembre 1848, qui avait modifié sous ce rapport la loi du 17 avril 1832, la contrainte par corps durait, en matière civile, six mois au *minimum*, cinq ans au *maximum*, et, en matière commerciale, trois mois au *minimum*, trois ans au *maximum*.

La durée de l'incarcération, opérée à la requête d'un créancier, servait au débiteur même à l'égard des autres créanciers dont la créance était antérieure à l'arrestation, et exigible à l'époque de l'élargissement. Ils ne pouvaient prolonger sa détention que si leur titre autorisait une contrainte plus longue que celle autorisée par le titre du premier créancier.

La contrainte par corps finissait :

1° Par l'expiration du temps ;

2° Par la cession de biens que faisait le débiteur ;

3° Par le consentement du créancier ;

4° Par la non-consignation des frais de nourriture pendant un mois au moins et d'avance ;

5° Par le payement intégral de la dette ;

6° Par le payement d'un tiers de la dette, si le débiteur fournissait pour le surplus une caution solidaire qui s'engageât à le payer dans l'année.

RÉGIME ACTUEL. — La loi du 22 juillet 1867 a été radicale, puisqu'elle a supprimé la contrainte par corps en matière civile, même dans le cas si grave du stellionat, en matière commerciale, où il est si aisé aux débiteurs de mauvaise foi de cacher ou de faire disparaître leurs ressources, et enfin contre les étrangers qui peuvent se soustraire si facilement par la fuite aux poursuites de leurs créanciers français. Cette loi n'a pas été cependant absolue, et elle a maintenu la contrainte par corps en matière criminelle, correctionnelle et de simple police (art. 2).

La contrainte par corps a ou peut avoir dans ces matières un double objet. Elle est destinée à garantir :

1° L'exécution des arrêts ou jugements portant condamnation au profit *de l'État*, à des *amendes, restitutions* et *dommages-intérêts* (art. 3).

2° L'exécution des arrêts ou jugements contenant des condamnations en faveur des *particuliers*, pour réparation du dommage à eux causé par des *crimes*, *délits* ou *contraventions* (art. 4).

Seulement, lorsque les particuliers veulent user de la contrainte par corps, ils sont, aux termes de l'art. 6, obligés de pourvoir aux aliments des détenus.

Aux termes de l'art. 8, le débiteur élargi faute de consignation d'aliments, ne peut plus être incarcéré pour la même dette.

La durée de la contrainte est, en matière de simple police, de *cinq* jours au *maximum*, en matière correctionnelle ou criminelle de un à deux ans au *maximum*, et encore faut-il que les condamnations excédent 2,000 fr.

Telles sont les principales dispositions de la loi nouvelle. Comme elles appartiennent plutôt au droit criminel qu'au droit civil, nous ne les approfondirons pas davantage.

LIVRE III. TITRE XVII.

(Décrété le 19 mars 1804. Promulgué le 29 du même mois.)

Du Nantissement.

ART. 2071. Le nantissement est un contrat par lequel un débiteur remet une chose à son créancier pour sûreté de la dette.

2072. Le nantissement d'une chose mobilière s'appelle *gage*. — Celui d'une chose immobilière s'appelle *antichrèse*.

Observation. — Le *nantissement* désigne à la fois le *gage* et l'*antichrèse :* il prend tantôt la forme de l'un et tantôt la forme de l'autre.

Le *gage* peut être défini : un contrat par lequel le débiteur ou un autre pour lui remet au créancier une chose mobilière, corporelle ou incorporelle, pour sûreté de la dette.

Lorsque la chose remise est immobilière, le contrat prend le nom d'*antichrèse*.

Qualités COMMUNES *au* GAGE *et à* l'ANTICHRÈSE. — 1° Ces deux contrats ont une *origine* commune dans les lois romaines, et ils présentent de grandes analogies dans l'ancienne et la nouvelle législation.

2° Le droit qui résulte du gage ou de l'antichrèse est *indivisible*, c'est-à-dire qu'il porte tout entier sur toute la chose et sur chaque partie de la chose.

Par exemple, si quatre diamants ont été donnés en gage par le débiteur et que celui-ci meure laissant quatre héritiers, l'un d'eux ne pourrait pas reprendre un des diamants, lors même qu'il aurait payé sa part dans la dette. Pareillement, si la créance garantie par le gage se divisait entre les héritiers du créancier, celui d'entre eux qui serait désintéressé ne pourrait pas restituer au débiteur un des diamants, au préjudice de ses cohéritiers.

L'indivisibilité n'est pas essentielle, mais seulement naturelle au gage et à l'antichrèse. Elle est admise comme étant dans l'intention présumée des parties, et celles-ci pourraient convenir qu'elle n'existerait pas.

3° Le gage et l'antichrèse engendrent un droit *réel*, c'est-à-dire opposable aux tiers. Cet effet, non contesté pour le gage, l'a été longtemps pour l'antichrèse. La difficulté venait de l'article 2091, aux termes duquel l'antichrèse ne préjudicie pas aux droits que des tiers *pourraient* avoir sur l'immeuble donné en nantissement.

Selon les uns, le verbe *pourraient* se référait à un événement futur et avait pour but d'empêcher que l'antichrèse, qui n'est pas opposable aux créanciers hypothécaires dont le titre est antérieur à sa constitution, ne le devînt aux créanciers hypothécaires dont le titre serait postérieur.

Les autres répondaient que ce verbe, au lieu de se référer à un événement futur, indiquait seulement un événement supposé, et voulait dire que l'antichrèse n'est pas opposable aux créanciers qui *se trouveraient avoir* une hypothèque sur l'immeuble lors de sa constitution. Dans ce sens, on ajoutait, avec raison, que l'antichrèse serait inutile, si le débiteur pouvait, en conférant une hypothèque sur l'immeuble donné en nantissement, la rendre, à son gré, illusoire.

Cette dernière opinion a été consacrée par plusieurs textes législatifs et elle est aujourd'hui indiscutable.

Ainsi, le nouvel art. 446 *in fine* du Code de commerce, en annulant les antichrèses constituées par le failli depuis la cessation des payements, ou dans les dix jours qui l'ont précédée, montre que l'antichrèse est de sa nature opposable aux tiers, puisque, si elle n'était pas annulée, la masse des créanciers de la faillite devrait en subir les effets.

On peut encore citer dans le même sens l'art. 2¹⁰ de la loi du 23 mars 1855, qui soumet à la transcription tout acte constitutif d'antichrèse, par la raison évidemment que l'antichrèse est opposable aux tiers, et qu'ils ont tout intérêt à la connaître.

4° Le gage et l'antichrèse *s'établissent* de la même manière. Il faut le consentement des parties et la remise de la chose. Sans cette remise, le droit réel ne prendrait pas naissance, et il n'y aurait qu'une obligation de constituer le gage ou l'antichrèse, sans qu'il y eût, à proprement parler, gage ou antichrèse (art. 2071, 2076).

Suivant quelques auteurs, l'écrit exigé dans tous les cas pour l'antichrèse, et au-dessus de 150 francs pour le gage, l'est non pour la *preuve*, mais pour l'*existence* même du contrat. Cette opinion n'est pas généralement admise ; en effet, dans les donations où l'écrit est nécessaire pour l'existence du contrat, le législateur l'a exigé dans tous les cas, et sans distinction. Pourquoi donc, si sa théorie était ici la même, aurait-il distingué, pour le gage, le cas où la chose vaut plus de 150 francs de celui où elle ne vaut que cette somme ?

Dans un seul cas, le gage s'établit *tacitement :* c'est le cas où, ayant été constitué pour une première dette, le débiteur en contracte une nouvelle, exigible aussitôt que la précédente. La loi présume, avec raison, que le créancier qui n'avait pas voulu suivre la foi de son débiteur lors de la première obligation, l'a moins que jamais suivie lors de la seconde. Dès lors, le même gage garantira les deux dettes (art. 2082 2°).

5° Le gage et l'antichrèse se *conservent* tous les deux par la demeure de la chose entre les mains du créancier ou d'un tiers convenu entre les parties. Mais il faut entendre par là une demeure de droit plutôt qu'une demeure de fait, et il n'est pas douteux qu'en dehors de toute fraude, le créancier nanti d'une chose ne pût la prêter ou la louer à son débiteur, et que ce titre de détention de la part du dernier ne fût pour le premier un mode légal de conserver son droit. Le créancier nanti possédera son gage par les mains du débiteur devenu détenteur précaire, tout comme si un tiers était à la place de ce débiteur.

6° La *preuve* du gage et de l'antichrèse se fait par écrit ayant date certaine [1], puisque le droit est opposable aux tiers ; mais, à côté de cette analogie, se trouve une différence, car la loi déroge au principe pour le gage dont la valeur est inférieure à 150 francs, en permettant de le prouver par témoins.

L'écrit doit contenir l'indication précise, et du montant de la créance garantie, et de l'importance de la chose qui la garantit, pour que les tiers ne puissent jamais être victimes d'une exagération relative soit à la première, soit à la seconde.

Nous avons établi qu'en matière de nantissement l'écrit n'est que probatoire ; par suite, il faut admettre que, dans le cas où il y a un commencement de preuve par écrit, la preuve testimoniale est recevable.

7° Le gage et l'antichrèse *s'éteignent* par l'extinction même de la dette, car l'accessoire ne peut subsister sans le principal ; et par la perte de la possession de la part du créancier, car cette possession est, comme nous l'avons vu, un des éléments essentiels du *jus pignoris*. Entre les parties, le gage et l'antichrèse, constitués avec ou sans les formalités voulues, donnent lieu aux actions pignératitiennes directe et contraire. Le but de ces actions est, en droit français comme en droit romain, l'exécution des obligations personnelles aux parties contractantes.

Par l'action directe, celui qui a remis l'objet du nantissement le réclamera du créancier et se fera indemniser de toutes les détériorations qui n'auraient point pour cause un cas fortuit. La faute du créancier s'appréciera de la manière la plus rigoureuse, car le contrat lui profite comme au débiteur. Il sera donc responsable non-seulement de la faute grave, mais encore de la faute légère, appréciée *in abstracto*. S'il a retiré de l'objet donné en nantissement quelques bénéfices en

---

[1] Troplong, n° 199. — Cass., 17 février 1858.

dehors de sa créance, il sera encore passible de l'action directe.

Par l'*action contraire*, le créancier poursuivra la restitution des impenses nécessaires ou utiles qu'il a faites pour la conservation ou l'amélioration de l'objet donné en nantissement.

En ce qui touche les impenses utiles, le juge ne devra écouter ni un débiteur trop récalcitrant ni un créancier trop exigeant, et il condamnera le premier à restituer au second toutes les impenses qu'il eût probablement faites lui-même. L'action contraire servirait aussi au créancier, s'il venait à perdre la possession du gage, afin que le débiteur la lui restituât après l'avoir recouvrée. Enfin, s'il avait été trompé lors de la constitution du gage, par exemple, en ce qu'il aurait reçu la chose d'autrui, il pourrait intenter la même action.

Arrivons aux caractères spéciaux du gage et de l'antichrèse.

CHAPITRE PREMIER

DU GAGE.

Art. 2073. Le gage confère au créancier le droit de se faire payer sur la chose qui en est l'objet, par privilége et préférence aux autres créanciers.

2074. Ce privilége n'a lieu qu'autant qu'il y a un acte public ou sous seing privé, dûment enregistré, contenant la déclaration de la somme due, ainsi que l'espèce et la nature des choses remises en gage, ou un état annexé de leur qualité, poids et mesure. — La rédaction de l'acte par écrit et son enregistrement ne sont néanmoins prescrits qu'en matière excédant la valeur de cent cinquante francs.

2075. Le privilége énoncé en l'article précédent ne s'établit sur les meubles incorporels, tels que les créances mobilières, que par acte public ou sous seing privé, aussi enregistré, et signifié au débiteur de la créance donnée en gage.

2076. Dans tous les cas, le privilége ne subsiste sur le gage qu'autant que ce gage a été mis et est resté en la possession du créancier ou d'un tiers convenu entre les parties.

2077. Le gage peut être donné par un tiers pour le débiteur.

2078. Le créancier ne peut, à défaut de payement, disposer du gage ; sauf à lui à faire ordonner en justice que ce gage lui demeurera en payement et jusqu'à due concurrence, d'après une estimation faite par experts, ou qu'il sera vendu aux enchères. — Toute clause qui autoriserait le créancier à s'approprier le gage ou à en disposer sans les formalités ci-dessus est nulle.

2079. Jusqu'à l'expropriation du débiteur, s'il y a lieu, il reste propriétaire du gage, qui n'est, dans la main du créancier, qu'un dépôt assurant le privilége de celui-ci.

2080. Le créancier répond, selon les règles établies au titre des *Contrats ou des Obligations conventionnelles en général*, de la perte ou détérioration du gage qui serait survenue par sa négligence. — De son côté, le débiteur doit tenir compte au créancier des dépenses utiles et nécessaires que celui-ci a faites pour la conservation du gage.

2081. S'il s'agit d'une créance donnée en gage, et que cette créance porte intérêts, le créancier impute ces intérêts sur ceux qui peuvent lui être dus. — Si la dette pour sûreté de laquelle la créance a été donnée en gage ne porte point elle-même intérêts, l'imputation se fait sur le capital de la dette.

2082. Le débiteur ne peut, à moins que le détenteur du gage n'en abuse, en réclamer la restitution qu'après avoir entièrement payé, tant en principal qu'intérêts et frais, la dette pour sûreté de laquelle le gage a été donné. — S'il existait de la part du même débiteur, envers le même créancier, une autre dette contractée postérieurement à la mise en gage, et devenue exigible avant le payement de la première dette, le créancier ne pourra être tenu de se dessaisir du gage avant d'être entièrement payé de l'une et de l'autre dette, lors même qu'il n'y aurait eu aucune stipulation pour affecter le gage au payement de la seconde.

2083. Le gage est indivisible nonobstant la divisibilité de la dette entre les héritiers du débiteur ou ceux du créancier. — L'héritier du débiteur, qui a payé sa portion de la dette, ne peut demander la restitution de sa portion dans le gage, tant que la dette n'est pas entièrement acquittée. — Réciproquement, l'héritier du créancier, qui a reçu sa portion de la dette, ne peut remettre le gage au préjudice de ceux de ses cohéritiers qui ne sont pas payés.

2084. Les dispositions ci-dessus ne sont applicables ni aux matières de commerce, ni aux maisons de prêt sur gage autorisées, et à
l'égard desquelles on suit les lois et règlements qui les concernent.

Observation. — Nous savons déjà quelles sont l'origine
et la nature du gage, et comment il s'établit, se conserve, se
prouve et s'éteint. Il reste à voir sur quoi il s'établit et quels
effets il engendre.

Sur quoi *il* s'établit. — Le gage ne s'établit que sur les
choses mobilières. Lorsqu'elles sont corporelles, la tradition
suffit; lorsqu'elles sont incorporelles, comme les créances, il
faut, de plus, la signification du gage au débiteur ; cette signification pourrait évidemment être remplacée par une acceptation authentique du gage, émanée de lui. En effet, la
loi n'a pas d'autre but que, d'une part, d'avertir les tiers et,
en rendant certaine la date du gage, de les protéger contre
toute constitution frauduleuse ; et, d'autre part, d'avertir le
débiteur, afin qu'il ne paye pas entre les mains de son créancier avant l'extinction du gage. Or, ce double but est également atteint des deux manières précédentes.

Il y a une grande analogie entre celui qui reçoit une créance
en gage et celui qui s'en rend cessionnaire : l'un et l'autre sont
en possession du titre et peuvent, soit recevoir, soit même
poursuivre le payement. Cependant une différence radicale
les sépare ; dans le cas du gage, la créance reste aux risques
de celui qui l'a donnée en garantie, et si le créancier gagiste
en reçoit le payement, il devra restituer tout ce qui excédera
sa propre créance. Dans le cas de cession, au contraire, la
créance est aux risques du cessionnaire, et, lorsqu'elle est
payée, il ne doit rendre aucun compte au cédant.

On admet généralement que dans le cas de gage, comme
dans celui de transport, le débiteur peut opposer au créancier
des quittances qui n'ont pas date certaine avant la signification qui lui est faite.

Si le débiteur avait donné en gage la chose d'autrui, le
créancier de bonne foi pourrait invoquer la règle : « En fait

de meubles, la possession vaut titre, » pourvu que la chose n'eût été ni perdue ni volée. Mais, comme personne ne peut être contraint à opposer la prescription, il aurait le droit de refuser la chose d'autrui et de réclamer du débiteur un gage qui lui appartînt.

EFFETS *du gage*. — Le gage confère aux créanciers quatre droits principaux ; savoir :

1° *Le droit de* RÉTENTION. — Le créancier ne sera tenu de se dessaisir de la chose, que lorsqu'il aura été intégralement désintéressé en principal et accessoires.

2° *Un* PRIVILÉGE. — Si la chose est vendue aux enchères publiques, il sera payé, avant tous les autres créanciers, sur le prix qui en proviendra.

3° *Le droit d'arriver lui-même à la* PROPRIÉTÉ *du gage*, en se le faisant adjuger par le tribunal, sur l'estimation d'un expert nommé d'office ; c'est le seul cas où notre législation permette au créancier d'arriver à la propriété de la chose du débiteur, par une autre voie que celle des enchères publiques.

4° *Le droit de* REVENDIQUER *le gage perdu ou volé*. — Les uns limitent la durée de cette action à quinze jours, par analogie de ce qui se passe lorsque le preneur d'un bien urbain détourne les meubles qui garantissent le payement de ses loyers (art. 2102 1°). Mais il faudrait peut-être l'étendre à trois ans, car c'est là le droit commun (2279 2°), et quand la loi n'y a pas dérogé, il est naturel d'en faire l'application.

La clause qui autoriserait le créancier à s'approprier de plein droit le gage, ou à en disposer, faute de payement, a été interdite dans la crainte qu'elle ne devînt de style, le prêteur faisant toujours la loi à l'emprunteur.

La faveur accordée au crédit des marchands a toujours fait admettre, en matière commerciale, des dispositions exceptionnelles. Mais, jusque dans ces derniers temps, les règles qui régissaient le gage commercial ne différaient pas notablement de celles que nous venons d'exposer pour le gage civil.

Une loi du 23 mai 1863 est venue changer toute notre législation sur cette matière. Ainsi, aux termes du nouvel article 91 du Code de commerce, le gage constitué, soit par un commerçant, soit par un individu non commerçant pour un acte de commerce, se constate à l'égard des tiers, comme à l'égard des parties contractantes, par tous les modes de preuve admis en matière commerciale, c'est-à-dire, par des titres, par les livres, par la correspondance, et au besoin par témoins (art. 109); un écrit ayant date certaine est donc désormais inutile.

De plus, les valeurs négociables peuvent être valablement constituées en gage au moyen d'un simple endossement, pourvu que cet endossement soit régulier.

Enfin, aux termes du nouvel art. 93, le créancier non payé à l'échéance peut, huit jours après une simple signification faite au débiteur et au tiers qui a fourni le gage, s'il y en a un, faire procéder à la vente publique des objets donnés en gage. Toutefois, il ne peut jamais stipuler que le gage lui appartiendra de plein droit, ou qu'il pourra en disposer sans les formalités de la vente publique, laquelle sera faite par ministère de courtier ou d'agent de change.

CHAPITRE II

DE L'ANTICHRÈSE.

Art. 2085. L'antichrèse ne s'établit que par écrit. — Le créancier n'acquiert par ce contrat que la faculté de percevoir les fruits de l'immeuble, à la charge de les imputer annuellement sur les intérêts, s'il lui en est dû, et ensuite sur le capital de sa créance.

2086. Le créancier est tenu, s'il n'en est autrement convenu, de payer les contributions et les charges annuelles de l'immeuble qu'il tient en antichrèse. — Il doit également, sous peine de dommages et intérêts, pourvoir à l'entretien et aux réparations utiles et néces-

saires de l'immeuble, sauf à prélever sur les fruits toutes les dépenses relatives à ces divers objets.

2087. Le débiteur ne peut, avant l'entier acquittement de la
dette, réclamer la jouissance de l'immeuble qu'il a remis en antichrèse. — Mais le créancier qui veut se décharger des obligations
exprimées en l'article précédent peut toujours, à moins qu'il n'ait
renoncé à ce droit, contraindre le débiteur à reprendre la jouissance de son immeuble.

2088. Le créancier ne devient point propriétaire de l'immeuble
par le seul défaut de payement au terme convenu ; toute clause
contraire est nulle : en ce cas, il peut poursuivre l'expropriation de
son débiteur par les voies légales. ·

2089. Lorsque les parties ont stipulé que les fruits se compen-
seront avec les intérêts, ou totalement, ou jusqu'à une certaine
concurrence, cette convention s'exécute comme toute autre qui
n'est point prohibée par les lois.

2090. Les dispositions des articles 2077 et 2083 s'appliquent à
l'antichrèse comme au gage.

2091. Tout ce qui est statué au premier chapitre ne préjudicie
point aux droits que des tiers pourraient avoir sur le fonds de l'immeuble remis à titre d'antichrèse. — Si le créancier, muni à ce titre,
a d'ailleurs sur le fonds des priviléges ou hypothèques légalement
établis et conservés, il les exerce à son ordre et comme toute autre
créancier.

Observation. — Nous savons déjà quelles sont l'origine et
la nature de l'antichrèse, comment elle s'établit, se conserve,
se prouve et s'éteint.

Examinons sur quoi elle s'établit et quels en sont les effets.

Sur QUOI *elle* S'ÉTABLIT. — L'antichrèse ne s'établit que
sur des immeubles; mais peu importe qu'ils puissent ou non
être vendus aux enchères publiques, car la garantie du
créancier consiste dans le droit de les retenir et non de les
faire vendre.								▸

Quels EFFETS *elle produit.* — Outre le droit de rétention
qu'elle confère, l'antichrèse donne au créancier celui de
percevoir les fruits, à la condition qu'ils seront imputés sur
les intérêts de la créance ou sur la créance elle-même, suivant que celle-ci en produira ou n'en produira pas.

Depuis la loi du 3 septembre 1807, les parties ne pourraient pas convenir, comme sous l'empire du Code, que les intérêts et les fruits se compenseraient, quelle que fût leur valeur relative : il y aurait pacte usuraire, et, par suite, illicite, si l'importance des fruits excédait celle des intérêts calculés au taux de 5 pour cent en matière civile, et de 6 pour cent en matière commerciale. Au surplus, tout cela est vrai pour le gage comme pour l'antichrèse.

Le créancier, étant le gardien et l'administrateur de l'immeuble qu'il a reçu en nantissement, doit :

1° Payer les contributions et autres charges annuelles ;

2° Pourvoir aux réparations nécessaires, sauf imputation sur les fruits de tous ses déboursés.

Il peut, à moins d'une convention contraire, se libérer de cette double obligation en renonçant à l'antichrèse.

Faisons observer, en terminant, que, malgré son droit de rétention, le créancier antichrésiste ne pourrait pas empêcher la saisie de l'immeuble par les créanciers de son débiteur, qui sont porteurs de titres exécutoires. Seulement cette saisie ne devra point lui préjudicier, toutes les fois que son droit sera opposable aux créanciers saisissants. On atteindra ce but par l'insertion, dans le cahier des charges, d'une clause portant que l'adjudicataire ne pourra entrer en possession de l'immeuble, qu'après avoir intégralement désintéressé le créancier antichrésiste. Et même, si ce dernier a une créance non échue, et qu'il ait stipulé le terme à son profit, par exemple pour faire un placement de ses capitaux sur antichrèse, l'adjudication devra être retardée jusqu'à l'échéance du terme, car autrement elle nuirait au créancier, ce qui ne peut être.

LIVRE III. TITRE XVIII

(Décrété le 19 mars 1804. Promulgué le 29 du même mois.)

Des Priviléges et des Hypothèques.

NOTIONS GÉNÉRALES

L'exécution des obligations est un des éléments les plus essentiels du crédit public, et, par suite, de la prospérité générale. Le législateur devait donc organiser un système de garanties tendant à ce but avec ensemble, et l'atteignant avec sûreté.

Tous les peuples ont senti ce besoin, les anciens comme les modernes, et plus on remonte dans l'histoire, plus les moyens de contrainte donnés par la loi au créancier contre le débiteur sont énergiques. La loi des Douze-Tables conférait au créancier le droit de vie et de mort sur la personne du débiteur, et les Égyptiens privaient de la sépulture celui qui mourait insolvable.

Chez les peuples modernes, la législation est plus portée à épargner les personnes, mais plus ingénieuse à saisir les biens, de sorte que, sans diminuer les ressources du crédit, elle a arrêté le pouvoir du créancier aux limites indiquées par l'humanité et la raison.

Les sûretés que le Code offre aux créanciers sont de deux espèces :

Les unes sont *personnelles* et reposent sur la tête du débiteur ou sur celle d'un cobligé, tel qu'une caution ou un codébiteur solidaire ;

Les autres sont *réelles* et portent sur une chose affectée au payement de la dette, soit à titre de garantie générale, soit à titre de garantie spéciale.

En tête des garanties spéciales, se placent les *priviléges* et les *hypothèques*.

Les *priviléges*, toujours créés par la loi, servent aux créanciers qui, par des raisons d'humanité, d'ordre ou d'intérêt public, les ont soit acquis sur les biens de leur débiteur, soit retenus sur des effets par eux aliénés. Ils priment les hypothèques, quelle que soit la date de leur naissance, et lors même que les tiers n'auraient pas pu les prévoir.

Les *hypothèques*, quelquefois créées par la loi, le plus souvent par les parties, servent aux créanciers qui, à raison de leur qualité ou de la nature de leur titre, méritaient une garantie spéciale, dont l'effet fût cependant, pour les tiers, moins préjudiciable que celui des priviléges ; ou qui, refusant de suivre la foi de leur débiteur, n'ont traité avec lui qu'à la condition d'être protégés par ces hypothèques.

L'organisation du crédit attaché aux sûretés réelles, toujours les plus solides, a depuis longtemps été l'objet d'efforts moins heureux que multipliés, et l'on en est encore à désirer un bon régime hypothécaire.

Cependant un grand pas a été fait vers ce but. Il suffit, pour s'en convaincre, de comparer les législations ancienne et moderne.

A Rome, les emprunteurs étaient, dans le principe, obligés de transférer la propriété du gage à leurs créanciers. Ils ne devaient le recouvrer qu'après s'être acquittés de leur dette. C'était le contrat de *fiducie*.

Plus tard, vint celui de *gage* proprement dit. Le débiteur remit simplement la chose au créancier, sans lui en transférer la propriété. Celui-ci ne pouvait en disposer que si le débiteur, sommé de payer, n'exécutait point son obligation.

Enfin, le droit prétorien donna naissance à l'hypothèque. Elle supprima l'inconvénient de la dépossession qui résultait du gage, comme le gage avait supprimé le danger de l'aliénation qui résultait du contrat de *fiducie*. Le débiteur put donner, sans cesser d'être à la fois propriétaire et détenteur de la chose, une garantie non moins efficace que celles antérieurement permises. Effectivement, le créancier hypothécaire obtint la faculté de poursuivre, sur la tête du débiteur et même sur celle des tiers détenteurs, la vente des biens qui lui servaient de garantie, et d'être payé sur le prix par préférence aux créanciers chirographaires et aux créanciers hypothécaires dont le titre était postérieur au sien.

Un double vice affectait ce régime hypothécaire encore dans l'enfance.

D'une part, le débiteur pouvait d'un seul coup, et pour une dette insignifiante, grever d'hypothèque tous ses biens présents et à venir, mobiliers ou immobiliers, et ruiner ainsi d'avance son crédit.

D'autre part, l'hypothèque était occulte, c'est-à-dire que rien n'en révélait au public l'existence. De là, un risque pour le créancier, qui n'avait aucun moyen de connaître le nombre et l'importance des hypothèques précédant la sienne, et, par contre, un préjudice pour le débiteur, qui ne pouvait pas prouver la franchise totale ou partielle de son patrimoine.

Les législations modernes ont introduit deux améliorations capitales ; la *spécialité* et la *publicité* des hypothèques. Aujourd'hui, le débiteur ne peut hypothéquer ses immeubles que par une désignation détaillée, et les créanciers sont mis au courant, par un registre public, de leur état hypothécaire.

Ce n'est pas ici le lieu d'examiner toutes les réformes tentées ou à tenter en matière d'hypothèques. Nous signalerons, en passant, les dispositions du Code qui ont été le plus critiquées par les jurisconsultes, et les innovations qui sont le plus sollicitées par les publicistes.

Le Code expose successivement le *droit commun,* les *priviléges,* et les *hypothèques.*

CHAPITRE PREMIER

DISPOSITIONS GÉNÉRALES.

ART. 2092. Quiconque s'est obligé personnellement est tenu de remplir son engagement sur tous ses biens mobiliers et immobiliers, présents et à venir.

2093. Les biens du débiteur sont le gage commun de ses créanciers, et le prix s'en distribue entre eux par contribution, à moins qu'il n'y ait entre les créanciers des causes légitimes de préférence.

2094. Les causes légitimes de préférence sont les priviléges et hypothèques.

Du DROIT COMMUN *entre* CRÉANCIERS *et* DÉBITEURS. — Tous les biens d'un débiteur sont le gage commun de ses créanciers ; et de même qu'en principe ces biens sont tous, au même titre et au même degré, affectés au payement des dettes qu'ils garantissent, ainsi les créanciers concourent, au même titre et dans la proportion exacte de leurs créances, à la distribution du prix produit par la vente de leur gage commun.

Mais cette théorie, si simple en elle-même, est soumise, comme nous l'avons vu, à une multitude de restrictions que la nécessité commande et que la raison approuve. Ces restrictions se rattachent toutes à la théorie des priviléges, des hypothèques, et du droit de rétention, que nous allons étudier.

Ajoutons que certains biens, soit par leur nature même, soit par des raisons d'humanité et d'intérêt public, ont dû être soustraits aux règles ordinaires et déclarés insaisissables. Ainsi les droits d'usage, d'habitation et de servitude, les aliments déclarés insaisissables, les instruments de travail du débiteur, les rentes sur l'État, etc., sont à l'abri de l'action des créanciers. (V. Pr. civ., art. 592.)

Quant à la différence de date entre les diverses créances,

la loi n'en a pas tenu compte ; car il était raisonnable d'appliquer la même règle à ceux qui avaient eu la même foi dans leur débiteur, et puis la disposition contraire aurait, par le défaut de publicité des obligations, entièrement détruit le crédit public. Dès lors les créanciers, derniers en date, seront sur la même ligne que les premiers, et ils viendront au marc le franc avec eux sur les sommes provenant de la vente des biens du débiteur commun.

Dans quelles limites on peut être TENU D'UNE DETTE. — 1° Celui qui est tenu d'une dette provenant d'un contrat ou d'un quasi-contrat, d'un délit ou d'un quasi-délit, que cette dette ait pris naissance en lui ou dans la personne de celui auquel il a succédé à titre universel, doit remplir son obligation sur tous ses biens mobiliers et immobiliers, présents et à venir, corporels et incorporels. Il ne pourra soustraire à l'action de ses créanciers que les biens insaisissables.

L'art. 2092 s'exprime inexactement lorsqu'il parle de celui qui *s'est obligé.* Il importe peu en effet que le débiteur ait lui-même contracté l'engagement qui le lie, ou qu'il ait succédé à celui qui l'avait contracté. Dans l'un et l'autre cas, il est tenu *personnellement*, c'est-à-dire sur la généralité de son patrimoine présent et futur.

2° Celui qui est tenu d'une dette *non personnellement*, mais en vertu d'un simple fait, tel que la détention d'un immeuble hypothéqué, peut toujours se soustraire aux poursuites des créanciers en faisant cesser le fait à l'occasion duquel elles sont exercées. Mais, tant que ce fait dure, il reste sous le coup de ces poursuites. Sur quels biens peut-il être actionné ? Ordinairement les poursuites des créanciers ne peuvent atteindre que le bien même à l'occasion duquel elles prennent naissance. Ainsi les créanciers privilégiés ou hypothécaires n'ont le droit de saisir sur le tiers détenteur que l'immeuble spécialement affecté à leur garantie. Quelquefois cependant leur droit de poursuite n'est pas limité au bien déterminé qui lui sert de point de départ. Par exemple, le copropriétaire d'un mur mitoyen a le droit de contraindre sur tous ses biens le propriétaire voisin à supporter sa part dans les frais de reconstruction ou de réparation du mur, et, tant que celui-ci n'en aura pas abandonné la mitoyenneté, si toutefois cet abandon lui est permis, il sera tenu sur la généralité de son patrimoine.

Il faut remarquer que les créanciers n'ont pas droit sur les biens mêmes du débiteur, mais sur *le prix* qui doit en provenir. La loi exige toujours, sauf le cas de l'article 2071, leur conversion en argent au moyen des enchères publiques, et cette disposition est doublement utile, d'abord en ce qu'elle facilite les liquidations, et ensuite en ce qu'elle sauvegarde les intérêts du débiteur, en mettant un frein à l'avidité de ses créanciers qui auraient toujours tenté de s'approprier à vil prix les biens qui leur servent de gage commun.

Le droit qui appartient à la masse des créanciers sur le patrimoine de leur débiteur n'enlève pas à ce dernier la faculté de l'administrer et même de l'aliéner. Il n'en pouvait être autrement, car il n'est personne qui ne soit grevé d'un passif quelconque, et si l'existence d'une dette avait suffi pour paralyser entre les mains du débiteur son droit de disposition, toutes les fortunes eussent été en quelque sorte frappées d'interdit. En conséquence, les créanciers devront respecter les ventes et même les donations que le débiteur aura faites, et ils ne pourront les attaquer que dans le cas où elles auraient un caractère frauduleux, et en vertu de l'art. 1167 du Code Napoléon.

Pour se soustraire au danger de ces aliénations, les créanciers n'ont qu'à stipuler des garanties spéciales, telles que gage, antichrèse, hypothèque. Ils peuvent en outre, quand ils ont des créances exigibles et qu'ils sont porteurs de titres exécutoires, faire saisir les biens de leur débiteur, et, en plaçant ainsi ces biens sous la main de la justice, le mettre dans l'impossibilité de les aliéner. Mais, tant qu'ils n'auront pas pris ces mesures conservatoires, ils devront accepter et subir tous les actes faits de bonne foi par leur débiteur, qui est leur mandataire général pour la gestion de leur gage commun.

Du droit de RÉTENTION. — Le droit de rétention, sans être, à proprement parler, un droit de préférence, produit souvent le même résultat. Il consiste dans la faculté qu'a le détenteur d'une chose, d'en conserver la détention jusqu'à l'acquittement de ce qui lui est dû à raison de cette même chose. Ainsi, le dépositaire, l'emprunteur, le créancier gagiste ont un droit de rétention, garantissant les répétitions qu'ils ont à exercer contre le déposant, le prêteur, et le bailleur du gage, conformément aux règles que nous avons exposées en étudiant chacun de ces contrats.

D'après ce que nous venons de dire, trois conditions doivent concourir pour donner naissance au droit de rétention : Il faut :

1° Que la chose soit possédée par un tiers;

2° Que le possesseur soit devenu créancier du propriétaire;

3° Que cette créance soit relative à la chose elle-même.

Reprenons l'exemple du dépôt, et supposons qu'il ait pour objet un cheval que je vous ai confié. Vous aurez contre moi un droit de rétention sur le cheval pour les frais d'entretien et de nourriture que vous aurez supportés, parce que ces frais ont été occasionnés par le cheval lui-même, et qu'il n'est pas juste que je reprenne le cheval sans vous restituer vos dépenses. Mais si avant le dépôt je vous avais emprunté une somme d'argent, vous n'auriez plus le droit de rétention pour me la faire restituer, parce que cette créance est étrangère à la chose, et qu'il n'y a plus entre l'une et l'autre cette corrélation, cette connexité qui est la raison d'être du droit de rétention.

Le droit de rétention, avons-nous dit, sans constituer un véritable droit de préférence, produit souvent le même

résultat. Il est en effet un droit *réel*, opposable non-seulement au débiteur lui-même, mais encore à ses créanciers.
Aucune aliénation ne pourra donc être faite par le débiteur,
ni aucune saisie pratiquée par les créanciers au détriment
du rétenteur, et si, en fait la chose était saisie et vendue
aux enchères publiques, l'adjudicataire ne pourrait en
prendre possession qu'après l'avoir intégralement désintéressé. Toutefois, le créancier rétenteur ne pourrait pas
poursuivre lui-même la vente publique de la chose sans
perdre son droit de rétention. En effet, il y aurait contradiction de sa part à vouloir retenir la chose, et à la mettre
aux enchères. Comme il n'a pas de privilége sur le prix,
la sûreté qu'il trouve dans le droit de rétention s'évanouirait
entièrement par la vente faite sur son initiative.

Le droit de rétention est très-fréquent dans notre législation. En dehors du gage et de l'antichrèse, où il résulte de
la convention même des parties, il appartient de droit à
chacune des parties dans tous les contrats synallagmatiques,
car l'une ne peut pas être forcée à livrer sa chose quand
l'autre ne livre pas la sienne. Il est de plus accordé par
le Code dans plusieurs cas prévus par les art. 571, 867,
1612, 1673, 1749, 1948, 2280. On admet d'ordinaire que
cette énumération n'est pas *limitative*, et que le droit de
rétention appartient à toute personne qui a fait des dépenses et est devenue créancière à l'occasion d'une chose
qu'elle possède.

En *résumé*, comme on le voit par ce qui précède, notre
législation admet quatre classes de créanciers, savoir :

1° Les créanciers *chirographaires* qui occupent tous le
même rang et sont colloqués au marc le franc, après tous les
créanciers nantis de garanties spéciales ;

2° Les créanciers *hypothécaires ;*

3° Les créanciers *privilégiés ;*

4° Enfin les créanciers qui ont un droit *de rétention.*

La classe des créanciers qui avaient à Rome un *privi-*

legium, et se plaçaient entre les créanciers hypothécaires et les créanciers chirographaires, a aujourd'hui disparu. Il nous reste maintenant à étudier les priviléges et les hypothèques.

CHAPITRE II

DES PRIVILÉGES.

ART. 2095. Le privilége est un droit que la qualité de la créance donne à un créancier d'être préféré aux autres créanciers, même hypothécaires.

2096. Entre les créanciers privilégiés, la préférence se règle par les différentes qualités des priviléges.

2097. Les créanciers privilégiés qui sont dans le même rang, sont payés par concurrence.

2098. Le privilége, à raison des droits du Trésor public, et l'ordre dans lequel il s'exerce sont réglés par les lois qui les concernent. — Le Trésor public ne peut cependant obtenir de privilége au préjudice des droits antérieurement acquis à des tiers.

2099. Les priviléges peuvent être sur les meubles ou sur les immeubles.

PREMIÈRE SECTION

DES PRIVILÉGES SUR LES MEUBLES.

ART. 2100. Les priviléges sont ou généraux, ou particuliers sur certains meubles.

ORIGINE *des priviléges.* — Les priviléges sont presque tous de création moderne. On les appelait, à Rome, *hypothèques privilégiées.*

On peut citer, comme exemple, l'hypothèque privilégiée que Justinien accorda à la femme pour le recouvrement de sa dot, soit du mari, soit de ses héritiers, et que l'article 1572 a formellement abrogée pour ne laisser subsister qu'une hypothèque légale ordinaire.

NATURE *des priviléges.* — Les priviléges sont indivisibles

comme le gage et l'antichrèse. Nous avons déjà dit en quoi consiste cette indivisibilité, et nous aurons l'occasion d'y revenir en parlant des hypothèques.

COMMENT *ils* S'ÉTABLISSENT. — Le privilége est un droit inhérent à *la qualité* de la créance, et, par suite, il prend naissance avec la créance même. Étudier les créances que la loi a jugées dignes de cette garantie, ce sera donc étudier les différents modes de constitution des privléges. Nous les verrons dans les articles 2101 et suivants.

Sur QUOI *ils* S'ÉTABLISSENT. — Les priviléges s'établissent à la fois sur les meubles et sur les immeubles. Mais il faut que ceux-ci puissent être vendus aux enchères publiques ; car autrement le droit de préférence serait sans objet utile. Ainsi les différents objets mobiliers ou immobiliers dont nous avons fait connaître l'insaisissabilité, ne peuvent par cela même être affectés d'aucun privilége.

Comment ils se DIVISENT. — Ils se divisent en *généraux* et *spéciaux*. Les premiers portent sur tous les meubles et, par extension, sur tous les biens ; les seconds ne portent que sur certains meubles ou sur certains immeubles.

Comment ils se CONSERVENT. — Les priviléges sur les meubles ne continuent à subsister que si le débiteur reste propriétaire des meubles. Le droit de suite n'a pas été et ne pouvait pas être admis ici, à cause de la célérité que demandent les transactions commerciales, et de la facilité que l'on doit laisser à la circulation des biens en général et des meubles en particulier. Toutefois, nous verrons, dans l'article 2102, une légère dérogation à ce principe.

Le droit de suite a été admis pour les priviléges sur les immeubles ; il se conserve sous plusieurs conditions que nous aurons lieu d'exposer.

Comment ils se PROUVENT. — Les priviléges se prouvent comme la créance même à la qualité de laquelle ils sont attachés. Il faut donc s'en référer aux principes généraux, en matière de preuve.

EFFETS *qu'ils* PRODUISENT. — Ils confèrent aux créanciers un droit de *préférence*, s'ils portent sur des meubles ; un droit de *préférence* et un droit de *suite* s'ils portent sur des immeubles. Nous reviendrons avec détail sur ce double effet des priviléges.

Comment ils S'ESTIMENT. — A la différence des hypothè-ques, les priviléges s'estiment non d'après leur *date*, mais d'après la *qualité* de la créance qu'ils garantissent (art. 2096). De là découle cette conséquence, que des priviléges nés à des époques très-différentes auront le même rang et seront colloqués en concurrence les uns avec les autres, s'ils se rattachent à des créances de même qualité (art. 2097). Supposons, par exemple, que les créances privilégiées aient toutes pour cause des fournitures de subsistances faites au débiteur et à sa famille, les derniers fournisseurs seront payés en même temps et de la même manière que les pre-miers (art. 2101 5°).

L'ordre des dates étant indifférent, et la qualité des créances étant seule à considérer pour déterminer le rang des privilé-ges, il arrivera souvent qu'un créancier postérieur en date, sera colloqué avant des créanciers antérieurs. C'est ainsi que les frais de justice, les frais funéraires et ceux de la der-nière maladie passeront toujours avant les fournitures de subsistances faites antérieurement, parce que la qualité de ces différentes créances est préférable à la qualité de la créance des fournisseurs (art. 2101).

Nous avons dit plus haut que les priviléges priment les hypothèques (art. 2095). Cette règle générale n'est cepen-dant pas sans exception, et nous verrons plus tard que dans tous les cas où le créancier privilégié est lui-même *passible de l'hypothèque*, il ne peut la primer. Par exemple, le pro-priétaire d'un immeuble qui l'hypothèque et le vend ensuite, ne saurait avoir la prétention de faire passer son privilége de vendeur avant l'hypothèque qu'il a lui-même consentie. Décider la question autrement, serait l'autoriser à détruire de sa propre main la garantie qu'il a donnée à son créancier, et à se jouer ainsi de ses engagements.

Comment ils s'ÉTEIGNENT. — Les priviléges s'éteignent comme la créance dont ils sont l'accessoire, et périssent avec les choses qu'ils frappent. Pour les meubles, l'aliénation équivaut à la perte, puisque les créanciers privilégiés n'ont point sur eux un droit de suite. La renonciation du créancier à son privilége est encore une cause d'extinction.

Nous reviendrons sur cet ordre d'idées, en étudiant les art. 2180 et suiv. qui traitent de l'extinction des priviléges et des hypothèques.

Des Priviléges du TRÉSOR. — Les priviléges du Trésor auxquels l'art. 2098 fait allusion sont : le privilége *des douanes* (loi du 22 août 1791); le privilége de la régie de l'enregistrement pour les droits de *mutation après décès,* privilége admis par la jurisprudence, mais dont l'existence est vivement controversée; le privilége de la régie des *contributions indirectes* (décret du 1er germinal an XIII. Le privilége du Trésor sur les biens des *comptables* (loi du 5 septembre 1807); le privilége des *frais de Justice criminelle* (autre loi du 5 septembre 1807); le privilége pour le recouvrement des *contributions directes* (loi du 12 novembre 1808); le privilége pour droits et amendes en matière de timbre (loi du 28 août 1816).

§ 1. — Des priviléges généraux sur les meubles.

ART. 2101. Les créances privilégiées sur la généralité des meubles sont celles ci-après exprimées, et s'exercent dans l'ordre suivant : — 1° les frais de justice ; — 2° les frais funéraires ; — 3° les frais quelconques de la dernière maladie, concurremment entre ceux à qui ils sont dus ; — 4° les salaires des gens de service pour l'année échue et ce qui est dû sur l'année courante ; — 5° les fournitures de subsistances faites au débiteur et à sa famille, savoir : pendant les six derniers mois, par les marchands en détail, tels que boulangers, bouchers et autres, et, pendant la dernière année, par les maîtres de pension et marchands en gros.

Observation. — Les créances désignées par la loi sont les seules privilégiées. Cela devait être, car si les priviléges avaient pu résulter de la convention, tous les créanciers n'auraient pas manqué d'en exiger de leurs débiteurs, ce qui eût rendu leur institution illusoire.

Les priviléges de l'art. 2101 sont presque tous fondés sur des raisons d'humanité ou d'ordre public.

Sont privilégiés sur *tous les meubles* et dans *l'ordre suivant :*

I. Les FRAIS DE JUSTICE, lorsqu'ils sont faits dans l'*intérêt commun* des créanciers; tels sont les frais qui servent à constater, conserver et convertir en argent les biens du débiteur ; par exemple, ceux de saisie, de scellés, d'inventaire, de gardien, de commissaire-priseur, d'affiches, d'insertion dans les journaux, de vente, etc. Les frais faits dans l'intérêt d'un seul n'auraient que le rang de sa créance, et, s'ils étaient inutiles à un seul, ils ne primeraient pas la sienne. Un double exemple va rendre ce principe plus facile à saisir.

Supposons en premier lieu que les droits d'un créancier privilégié soient contestés, et que ce créancier qui est, si l'on veut, un domestique réclamant ses gages, ait besoin d'obtenir un jugement pour faire consacrer sa créance. Il est bien évident que, dans ce cas, les frais de justice profitent exclusivement au domestique et ne peuvent avoir que le rang de sa créance. Mais d'un autre côté ce rang leur appartient, parce que le privilége qui garantit le principal garantit en même temps les accessoires, et les frais ne sont que des accessoires de la créance pour le recouvrement de laquelle ils sont déboursés.

Supposons, en second lieu, que le débiteur soit décédé dans une maison dont il n'était que locataire, et que les scellés aient été apposés. Il est incontestable que les frais de scellés, sont, dans ce cas, inutiles au bailleur puisque celui-ci avait en sa possession, dans sa propre maison, les meubles de son locataire. Dès lors ils ne primeront pas sa créance de loyers.

Le privilége général des frais de justice et sa priorité sur tous les autres, trouve ainsi sa justification dans son utilité même à la masse des créanciers. Sans ces frais, leur gage commun ne pourrait pas être réalisé, et personne ne serait désintéressé.

II. *Les* FRAIS FUNÉRAIRES. — Ce privilége a une double raison d'être. D'une part, la décence publique ne permet pas de laisser sans sépulture les débiteurs morts insolvables, et de l'autre, il est nécessaire, dans un but de salubrité générale, de rendre à la terre les corps des personnes décédées.

Les frais funéraires comprennent ceux d'enlèvement du corps et de sépulture, et ceux de cérémonie funèbre. Les premiers ne peuvent jamais être réduits, car ils sont indispensables ; les seconds peuvent l'être, s'ils sont évidemment au-dessus des facultés du défunt.

Le Code ne s'explique pas sur les personnes dont les frais funéraires sont ainsi privilégiés. Ceux faits pour la sépulture du débiteur, le sont indubitablement. En est-il de même des frais funéraires faits pour ses proches? Sur cette question les auteurs sont divisés. Mais nous pensons qu'il faut étendre le privilége aux frais faits pour la sépulture des proches du débiteur. Effectivement, le dernier alinéa de notre article déclare privilégiées les fournitures de subsistances faites à *la famille* du débiteur, comme celles faites au débiteur lui-même. La dette de la sépulture n'est-elle pas aussi sacrée que celle des aliments, et si ceux qui font vivre la famille ont un privilége, pourquoi n'en serait-il pas de même de ceux qui lui procurent sa dernière demeure?

Nous serions même d'avis, de placer le deuil de la veuve parmi les frais funéraires et de le déclarer privilégié. Le motif de haute décence qui a fait établir notre privilége nous paraît commander cette solution [1].

---

[1] *Sic*, Pont, art. 2101, n° 73. — *Contrà*, Valette, *Priv. et Hyp.*, t. I, p. 28 et 29.

III. *Les* FRAIS *de la* DERNIÈRE MALADIE. — Deux systèmes sont ici en présence : les uns [1] prétendent que la loi entend seulement parler des frais de la maladie dont est mort le débiteur, et les autres qu'elle entend parler de la dernière maladie dont le débiteur a été atteint avant sa faillite ou sa déconfiture, que cette maladie ait été ou non mortelle [2].

Pour soutenir la première opinion, on s'appuie sur un argument historique, sur une raison théorique, et sur la place que notre privilége occupe dans l'article 2101.

Au point de vue historique, on invoque l'opinion de Pothier et de Brodeau, qui paraissent confondre dans le même privilége les frais funéraires et les frais de la dernière maladie, entendant par là les frais de la maladie dont est mort le débiteur. Or, dit-on, les rédacteurs du Code ayant employé la même locution, il est à penser qu'ils ont aussi voulu désigner la maladie à laquelle le débiteur a succombé.

Cet argument serait péremptoire si Pothier et Brodeau avaient donné leur solution dans l'hypothèse d'une faillite ou d'une déconfiture arrivées du vivant du débiteur, comme ils la donnent dans l'hypothèse d'une faillite ou d'une déconfiture survenues après son décès. Mais ils ne prévoient pas la première hypothèse, et ils ne s'occupent que de la seconde. C'est donc avec raison qu'ils ne comprennent alors dans le privilége que les frais de la maladie dont est mort le débiteur, et qu'ils en excluent les frais de toute maladie antérieure ; mais rien ne prouve que, s'ils avaient examiné le cas d'une faillite ou d'une déconfiture arrivées pendant la vie du débiteur, ils n'auraient pas aussi accordé un privilége pour les frais de la dernière maladie qu'a eue ce débiteur, lors même qu'il n'y aurait point succombé. Brodeau semble le décider ainsi dans un autre passage où il dit, qu'il n'est point de créance plus *privilégiée* que celle des médecins, par le moyen desquels « la personne du débiteur est maintenue en

---

[1] Valette, *Priv. et Hyp.*, nᵒ 27. — Cass., 21 novembre, 1864.
[2] Mourlon, *Exam. crit.*, nᵒ 73. — Pont, nᵒ 76.

« santé pour le bien et la sûreté des autres créanciers. »

L'argument théorique consiste à dire que c'est seulement dans le cas de décès du débiteur, que le privilége est nécessaire aux médecins et pharmaciens, parce qu'alors ils n'ont pas d'autre moyen d'être payés ; mais que la loi ne leur doit plus son office, quand le débiteur est encore là pour répondre de sa dette et la solder.

Ce raisonnement manque, à nos yeux, d'exactitude. Il ne faut pas oublier que nous sommes en présence d'une faillite ou d'une déconfiture. Dès lors le débiteur vivant n'est pas plus en état de payer que le débiteur décédé, et le privilége seul peut sauver la créance des médecins et des pharmaciens. Or, comme ceux-ci ont donné leurs soins ou fait leurs fournitures, sans savoir quelle serait l'issue de la maladie, et dans tous les cas sans pouvoir compter sur la solvabilité personnelle du débiteur, ils sont, à notre avis, toujours recevables à invoquer un privilége sans lequel ils se fussent peut-être abstenus.

Enfin la place que le privilége occupe dans l'art. 2101 n'a, selon nous, aucune signification. En effet, si les frais de la dernière maladie sont désignés immédiatement *après* les frais funéraires, on peut répondre qu'ils sont aussi désignés immédiatement *avant* les salaires des gens de service, lesquels sont privilégiés quand la faillite ou la déconfiture arrivent pendant la vie du débiteur, tout aussi bien que lorsqu'elles arrivent après son décès. Pourquoi donc rattacher les frais de la dernière maladie au privilége qui les précède, plutôt qu'au privilége qui les suit ? Et même ne peut-on pas dire que les soins du médecin ou du chirurgien méritent pour le moins autant de faveur que les soins des simples domestiques ?

La pensée qui a dicté le privilége des frais de la dernière maladie n'est point douteuse : c'est une pensée d'humanité. Or, que la maladie doive ou non être mortelle, ne convient-il pas d'accorder au débiteur malheureux et insolvable le crédit nécessaire pour se faire soigner, et faut-il que le pharmacien, avant de livrer ses remèdes à crédit, en soit réduit à se demander si la maladie doit être mortelle et lui assurer un privilége, ou se terminer par une guérison qui le reléguera dans la masse des créanciers chirographaires? La seconde opinion nous paraît donc mieux-répondre à l'esprit de la loi, et à son texte ; à son esprit, puisqu'elle donne aux médecins et aux pharmaciens un encouragement que tous ne sont pas disposés à dédaigner ; à son texte, puisque l'article parle de *la* dernière maladie, locution qui ne saurait être grammaticalement confondue avec celle *de* dernière maladie.

Lorsque la dernière maladie est chronique et dure longtemps, le privilége doit-il comprendre tous les frais qu'elle a occasionnés? Le décider ainsi serait, à notre avis, exagérer l'étendue du privilége. Ces frais, qui remontent quelquefois à plusieurs années, peuvent être considérables, et le privilége serait alors trop nuisible à la masse chirographaire. Aussi pensons-nous que l'on doit déclarer uniquement privilégiés les frais qui ont été faits dans la période voisine de la faillite ou de la déconfiture. Les tribunaux auront, à cet égard, plein pouvoir d'appréciation.

IV. *Les* SALAIRES *des* GENS DE SERVICE. — Le privilége des gens de service ou domestiques repose sur cette double idée, que, d'un côté, ils n'ont d'ordinaire que leurs gages pour tout moyen d'existence, et que, d'un autre, ces gages ne montent pas à un taux tellement élevé, que les autres créanciers aient beaucoup à souffrir du droit de préférence qui les garantit.

L'expression du Code *gens de service* trouve son commentaire le plus clair dans celle de *domestiques* dont se servait Treilhard dans son *Exposé des motifs?* Aussi faut-il exclure du privilége tous les gens de service qui ne sont pas de la domesticité du débiteur. — En conséquence, les secrétaires, les précepteurs, les aumôniers, les clercs, les maîtres d'étude employés par le débiteur n'ont pas de privilége. Leur condition n'est jamais aussi précaire que celle des domestiques, et puis leurs salaires sont, en général, assez élevés, pour que la masse chirographaire eût trop à souffrir de leur collocation privilégiée [1].

Les personnes employées accidentellement à la journée, comme les ouvriers, les gens de travail, qui ne demeurent pas chez le débiteur, ne rentrent pas non plus dans la domesticité proprement dite et n'ont pas de privilége.

Cependant il faut remarquer que l'art. 549 du Code de comm. a apporté une modification au Code civil, en admettant les ouvriers et les commis employés par le commerçant failli, au bénéfice du privilége que nous étudions.

Les salaires des gens de service sont privilégiés pour l'année échue et ce qui est dû sur l'année courante. Ces délais sont les mêmes que ceux de l'existence de la créance. Effectivement, aux termes de l'art. 2272 *in fine*, l'action des domestiques qui se louent à l'année, pour le payement de leurs salaires, se prescrit par un an ; — mais comme la prescription ne commence à courir que du jour où l'année *est échue*, il en résulte que la créance non prescrite comprend toujours et l'année échue et l'année courante.

Au surplus, si les domestiques du débiteur étaient loués au mois, au lieu de l'être à l'année, il n'est pas douteux, selon nous, que leur créance ne fût encore privilégiée, pour tout ce qui ne serait pas prescrit ; *ubi eadem causa, ibi idem jus esse debet*. Seulement, dans ce cas, la prescription des salaires aurait lieu par six mois (art. 2271), et, à moins d'interruption, le privilége ne s'étendrait qu'à cette période. Les salaires des ouvriers du failli sont privilégiés pour le mois, et ceux de ses commis pour les six mois qui ont précédé la déclaration de faillite.

V. Les FOURNITURES *de* SUBSISTANCES *faites au débiteur et à sa famille.* — Quelques auteurs croient qu'il faut entendre par *subsistances* les choses seulement qui se consomment jour par jour ; mais tel ne paraît pas être le sens de la loi, qui a eu

---

1 Massé et Vergé, t. V, § 790, note 8. — Pont, t. I, nº 81. — Cass., 15 janvier 1855.

pour but de fournir à chacun le crédit nécessaire pour se procurer toutes les choses indispensables à la vie, qu'elles se consomment dans un jour, ou dans plusieurs jours, ou même dans plusieurs semaines. Par exemple, les fournisseurs du bois, du charbon, de l'huile, etc., seront privilégiés tout comme les boulangers ou les bouchers. Toutefois, l'expression *subsistances* ne saurait comprendre les habits et le logement. Ainsi le tailleur n'aura pas de privilége, et le bailleur en aura un, mais différent de celui que nous étudions.

La *famille* du débiteur comprend évidemment ici toutes les personnes qui composent sa maison, même les domestiques.

Quant à l'étendue du privilége, nous ferons seulement observer que, pour les marchands en gros, elle est d'une année et coïncide avec les délais de la prescription (2272), et que, pour les marchands en détail, elle est plus restreinte que celle de la créance, puisque le privilége ne comprend que les six derniers mois, tandis que la créance s'étend à toute l'année.

§ 2. Des priviléges sur certains meubles.

ART. 2102. Les créances privilégiées sur certains meubles sont : — 1º les loyers et fermages des immeubles, sur les fruits de la récolte de l'année, et sur le prix de tout ce qui garnit la maison louée ou la ferme, et de tout ce qui sert à l'exploitation de la ferme, savoir : pour tout ce qui est échu, et pour tout ce qui est à échoir, si les baux sont authentiques, ou si, étant sous signature privée, ils ont une date certaine ; et, dans ces deux cas, les autres créanciers ont le droit de relouer la maison ou la ferme pour le restant du bail, et de faire leur profit des baux ou fermages, à la charge toutefois de payer au propriétaire tout ce qui lui serait encore dû ; — et, à défaut de baux authentiques, ou lorsque, étant sous signature privée, ils n'ont pas une date certaine, pour une année, à partir de l'expiration de l'année courante ; — le même privilége a lieu pour les réparations locatives et pour tout ce qui concerne l'exécution du bail ; — néanmoins, les sommes dues pour les semences ou pour les frais de la récolte de l'année sont payées sur le prix de la récolte, et celles dues pour ustensiles sur le prix de ces ustensiles, par préférence au propriétaire, dans l'un et l'autre cas ; — le propriétaire peut saisir les meubles qui garnissent sa maison ou sa

ferme, lorsqu'ils ont été déplacés sans son consentement, et il conserve sur eux son privilége, pourvu qu'il ait fait la revendication,
savoir : 1° lorsqu'il s'agit du mobilier qui garnissait une ferme, dans
le délai de quarante jours ; et dans celui de quinzaine, s'il s'agit
des meubles garnissant une maison : — 2° la créance sur le gage
dont le créancier est saisi ; — 3° les frais faits pour la conservation
de la chose ; — 4° le prix d'effets mobiliers non payés, s'ils sont
encore en la possession du débiteur, soit qu'il ait acheté à terme
ou sans terme ; — si la vente a été faite sans terme, le vendeur
peut même revendiquer ces effets tant qu'ils sont en la possession
de l'acheteur, et en empêcher la revente, pourvu que la revendica-
cation soit faite dans la huitaine de la livraison et que les effets se
trouvent dans le même état dans lequel cette livraison a été faite ;
— le privilége du vendeur ne s'exerce toutefois qu'après celui du
propriétaire de la maison ou de la ferme, à moins qu'il ne soit
prouvé que le propriétaire avait connaissance que les meubles et
autres objets garnissant sa maison ou sa ferme n'appartenaient pas
au locataire ; — il n'est rien innové aux lois et usages du commerce
sur la revendication ; — 5° les fournitures d'un aubergiste, sur les
effets du voyageur qui ont été transportés dans son auberge ; —
6° les frais de voiture et les dépenses accessoires, sur la chose voiturée ; — 7° les créances résultant d'abus et prévarications commis
par les fonctionnaires publics dans l'exercice de leurs fonctions,
sur les fonds de leur cautionnement et sur les intérêts qui en peuvent être dus.

Notions générales. — Les priviléges spéciaux sur les
meubles découlent de deux idées générales qui dominent
toute cette matière.

Les uns résultent d'une constitution de *gage, expresse ou
tacite* (art. 2102 1°, 2°, 5°, 6°, 7°).

Les autres proviennent de ce que le créancier a maintenu ou augmenté le patrimoine du débiteur, en y conservant ou en y mettant les meubles qui sont frappés de privilége à son profit (art. 2102 3°, 4°.) Nous allons examiner
successivement ces deux classes de priviléges.

PREMIÈRE CLASSE DE PRIVILÉGES SPÉCIAUX.

I. *Privilége du* BAILLEUR. — (Art. 2102 1°.) Nous avons

déjà signalé, en parlant du louage, l'existence et la raison
d'être de ce privilége, l'un des plus importants que l'on
trouve dans notre législation. Il nous reste à l'étudier dans
ses détails. Nous allons voir :

A. Quels sont les meubles qu'il frappe.

B. Quelles sont les créances qu'il garantit.

C. Quels sont les priviléges qui le priment.

D. Quelle est son étendue, *ratione temporis*.

E. Enfin le droit de revendication, qui est l'une de ses
sanctions.

A. *Sur* QUELS MEUBLES *porte le privilége.* — Les objets
mobiliers atteints par le privilége du bailleur varient selon
qu'il s'agit de biens urbains, ou de biens ruraux.

Lorsqu'il s'agit de biens urbains, le privilége porte :

1° *Sur les* MEUBLES GARNISSANT *les lieux loués.* — On appelle
communément meubles *garnissants*, tous les meubles apparents sur lesquels le bailleur a pu raisonnablement compter
pour le payement de ses loyers. Ainsi les fauteuils, les chaises,
les tables, les buffets, etc., sont des meubles garnissants. —
Les marchandises que le locataire met en vente dans ses magasins, celles qu'il place dans ses caves ou ses greniers pour sa
consommation personnelle, ont le même caractère. On doit
en dire autant des objets renfermés dans les armoires,
lorsque la nature de ces objets ne permet pas de les laisser
en évidence, comme le linge, les vêtements. Mais les bijoux,
l'argent comptant, les titres de créance échappent au privilége du bailleur, parce qu'on ne peut pas voir en eux des
meubles garnissants.

Le privilége du bailleur est, avons-nous dit, basé sur une
idée de gage tacite. Dès lors il atteint, en principe, les meubles appartenant à autrui que le locataire a apportés dans la
maison [1]. Mais le bailleur ne peut invoquer la possession
de son gage que dans les cas où la maxime « En fait

---

[1] Massé et vergé, t. V, § 791, note 9. — Pont, n° 119.

de meubles, » etc., lui serait applicable. Ainsi son privilége ne peut porter :

Ni sur les meubles perdus ou volés que le locataire a introduits dans la maison, tant que les trois ans pendant lesquels ils peuvent être revendiqués par le vrai propriétaire, ne sont pas expirés ; ni sur les meubles appartenant à des tiers dont le bailleur a connu ou dû connaître le droit de propriété, parce qu'alors la bonne foi lui fait défaut[1]. Ainsi, les montres neuves qui garnissent la boutique d'un horloger sont soumises au privilége, mais les montres qui lui ont été remises en dépôt, ou en réparation, y échappent, par la raison que le bailleur n'a pu ignorer que certaines montres, appartenant à des tiers, se trouveraient dans la boutique de son locataire. Les tribunaux apprécieront souverainement si le bailleur est ou non de bonne foi, en invoquant son privilége sur tel ou tel objet déterminé, ou si au contraire les tiers prouvent suffisamment à son encontre, qu'il connaissait ou devait connaître leur droit de propriété.

Comme conséquence de ces principes, nous dirons que le privilége du bailleur ne primerait pas celui du marchand qui a vendu à crédit un meuble à son locataire, si ce marchand lui avait fait savoir qu'il n'était pas payé et qu'il entendait conserver sa priorité.

2° *Sur les* MEUBLES DES SOUS-LOCATAIRES, jusqu'à concurrence de leur dû (Procéd. civ., art. 820), à la condition que ces meubles aient le caractère de meubles garnissants, ainsi que nous venons de le dire.

3° *Sur les* SOMMES DUES *au locataire par les* SOUS-LOCATAIRES. — Nous avons, en effet, expliqué, sur l'art. 1753, que le droit conféré au bailleur de poursuivre les sous-locataires jusqu'à concurrence du prix de leur loyer n'est pas une application de l'art. 1166 du Code Nap., mais qu'il constitue un droit propre et direct, équivalent à un véritable pri-

---

[1] Paris, 18 décembre 1848. — Aix, 30 mars 1865.

vilége, et qu'en conséquence, le propriétaire prime tous les autres créanciers de son locataire principal, qui voudraient exercer les droits de leur débiteur sur les sommes qui lui sont dues par les sous-locataires.

Lorsqu'il s'agit des biens ruraux le privilége porte :

1° *Sur tous les* MEUBLES GARNISSANT *la ferme*, comme nous venons de l'expliquer pour les maisons.

2° *Sur la* RÉCOLTE DE L'ANNÉE. — Quand cette récolte existe en nature, le bailleur la fait saisir et vendre, et il exerce son privilége sur le prix d'adjudication. Quand elle a été déjà vendue par le fermier, et que le prix est encore dû par l'acheteur, le privilége s'exerce sur ce prix, qui en est la représentation exacte [1]. Enfin, quand elle a été vendue et que le prix a été payé, le bailleur n'a plus de privilége, parce que ce prix s'est confondu avec les autres biens du fermier. Cependant, si la vente de la récolte et le payement du prix avaient été faits avec une telle précipitation, que l'on pût y voir une fraude organisée contre le privilége du bailleur, celui-ci aurait le droit de faire annuler cette vente en vertu de l'art. 1167 du Code, et alors il recouvrerait son gage et avec lui son privilége. Il aurait même, aux termes du dernier alinéa de l'art. 2102, la faculté de revendiquer, dans les 40 jours, la récolte livrée par son fermier aux mains du tiers détenteur complice de sa fraude.

Le Code ne parle point de la récolte des années précédentes. Le bailleur aura-t-il sur elles son privilége ? assurément, si ces récoltes sont encore dans les bâtiments de la ferme, car elles sont des *meubles garnissants* [2]. Mais si elles ont été engrangées dans les bâtiments d'un tiers sans fraude, et à cause de l'insuffisance de ceux de la ferme, il est certain que le privilége du bailleur n'a plus sa raison d'être, puisque d'une part il ne s'agit pas de la récolte de l'année, et que de l'autre le bailleur n'est pas en possession

---

[1] V. Pont, t. I, n° 149.
[2] Valette, n° 94. — Troplong, n° 159.

des objets mobiliers qui sont ainsi placés dans les bâtiments d'autrui.

3° *Sur tout ce qui* SERT A L'EXPLOITATION *de la ferme.* — Les objets servant à l'exploitation d'un fonds peuvent y avoir été placés par le propriétaire ou par le fermier. Dans le premier cas, ils sont immeubles par destination, et comme ils appartiennent au bailleur, il ne peut pas être, à leur égard, question de privilége. Dans le second cas, ils restent meubles comme tout ce qui appartient au fermier, et dès lors ils sont frappés par le privilége du bailleur.

B. *Quelles sont les* CRÉANCES GARANTIES *par le privilége du bailleur ?* — Le privilége du bailleur garantit :

1° L'exécution de toutes les obligations qui découlent naturellement du bail, telles que le payement des loyers ou fermages, les réparations locatives, les indemnités pour abus de jouissance, etc.

2° L'exécution des obligations accessoires qui ont pu être insérées dans le contrat, telles que travaux de réparation ou d'amélioration mis à la charge des fermiers ou locataires, en un mot, « tout ce qui concerne l'exécution du bail. »

C. *Quels sont les* PRIVILÉGES QUI PRIMENT *celui du bailleur.* — Le privilége du bailleur sur la récolte de son fermier ne peut s'exercer au préjudice des personnes qui ont concouru à la production même de cette récolte, et comme ceux qui produisent la récolte rendent service au bailleur en lui procurant le gage de sa créance, le privilége que la loi leur accorde doit primer celui qu'elle accorde au bailleur.

C'est ainsi que le vendeur de semences, le laboureur, le moissonneur, etc., ont un privilége préférable à celui du bailleur.

Dans quel ordre faudra-t-il colloquer les différents créanciers qui ont concouru à la récolte ? A cet égard on devra suivre l'ordre inverse des créances, et voici pourquoi. Celui qui fait le dernier travail, par exemple, le moissonneur, rend service à ceux qui ont fait les travaux précédents, car il leur conserve le gage de leur créance ; et on ne peut pas dire qu'il ait reçu d'eux un service analogue, car si la récolte n'eût pas été préparée, sa créance de moissonneur n'eût pas pris naissance, et il n'eût rien pu perdre. En conséquence, on les payera dans l'ordre suivant : 1° le moissonneur ; 2° le laboureur ; 3° le vendeur de semences, enfin viendra le bailleur.

L'art. 2102 indique un dernier privilége qui prime celui du bailleur, c'est le privilége du vendeur d'*ustensiles*. Pourquoi cette priorité, lorsque le vendeur de tous autres objets mobiliers subirait au contraire la préférence du bailleur? On peut donner, comme raison, que les fermiers sont habituellement en compte courant avec le vendeur d'ustensiles, et que le bailleur a dû s'attendre aux frais qui donnent lieu à ce privilége, frais nécessaires à l'exploitation de sa ferme ; tandis que les autres meubles qui peuvent être achetés par le fermier sont presque toujours payés comptant, et que le bailleur ne doit pas subir la priorité d'une créance à laquelle il ne devait pas songer.

D. *Quelle est*, RATIONE TEMPORIS, *l'étendue du privilége?* — Lorsque le bailleur est seul à poursuivre le locataire ou le fermier, il n'est pas question de privilége, par la raison qu'il n'y a pas de conflit engagé entre lui et les autres créanciers. Dès lors, le preneur payera uniquement les loyers ou fermages échus, dont il ne s'est pas acquitté. Mais lorsque ce preneur est en faillite, ou que d'autres créanciers font saisir les meubles garnissant les lieux loués, le bailleur se trouve en présence de la masse chirographaire ou des créanciers saisissants, et alors il s'agit de savoir quelle est l'étendue de son privilége sur les meubles qui servent de gage commun aux uns et aux autres, et qui vont être vendus aux enchères publiques. Le payement des loyers ou fermages échus ne peut plus lui suffire, puisque la garantie des loyers ou fermages à échoir, lesquels deviennent exigibles par la faillite ou la déconfiture du preneur, va disparaître par la vente en justice de tous les objets mobiliers sur lesquels porte son privilége.

Pour résoudre cette grave question, le Code fait une distinction entre les baux qui ont acquis *date certaine, avant* la faillite ou la saisie, et les baux qui n'ont pas date certaine, ou qui ne l'ont acquise que postérieurement. Le bail a-t-il date certaine avant la faillite ou la saisie : alors sa sincérité est présumée, et l'art. 2102 accorde privilége au bailleur pour tous les termes échus et pour tous les termes à échoir. Ainsi, en supposant que la durée du bail soit de 12 ans, et que la faillite du locataire arrive au commencement de la 3me année, le bailleur aura privilége pour les deux années échues, si elles ne lui ont pas été payées, et en outre pour les 10 années à échoir. Cette solution est singulièrement favorable au bailleur, puisqu'il touchera par anticipation les loyers de 10 années, et qu'il bénéficiera ainsi des intérêts pendant cet intervalle. Mais cette faveur paraît plus grande encore, si l'on considère que la créance d'un bailleur n'est à proprement parler que *conditionnelle*, et que les loyers ne lui sont dus qu'au fur et à mesure de la jouissance qu'il procure au locataire. Et cependant, d'après la jurisprudence, toute sa créance devient exigible par la seule faillite du preneur, lors même que la vente du mobilier garnissant n'aurait pas encore eu lieu, et le plus souvent cette créance absorbe presque tout l'actif au grand détriment de la masse chirographaire [1].

La présomption de sincérité du bail qui a date certaine avant la faillite peut être combattue par toute preuve contraire, et s'il est établi que le preneur, prévoyant sa faillite, s'est frauduleusement concerté avec le bailleur pour donner naissance à un privilége qui absorbera la plus grande partie de son actif, le bail sera annulé pour tout ce qui excédera la

[1] V. Albert Desjardins, *Rev. de lég. et de jurispr.*, t. XXIX, 1er et 2 livr. — Cass., 28 mars 1865. — Demangeat sur Bravard, t. V, p. 140.

la durée normale qu'il devait avoir d'après les circonstances.

Le bail n'a-t-il pas date certaine, ou ne l'a-t-il acquise *qu'après* la faillite ou la saisie? Alors sa sincérité est suspecte, et le Code présume qu'il a pu être fait pour une longue durée, dans le but de frustrer la masse chirographaire. En conséquence, l'art. 2102 limite le privilége à *une année* à partir de l'expiration de l'année courante. Ainsi, en supposant que le bail ait commencé le 1er avril 1867, et que la faillite éclate le 1er janvier 1868, le privilége ne s'étendra, dans l'avenir, qu'à l'année commençant le 1er avril 1868 et finissant le 1er avril 1869.

Le Code ne s'explique pas sur les loyers de l'année courante ni sur les loyers des années précédentes qui n'auraient pas été payés. Seront-ils privilégiés, comme dans le cas où le bail a date certaine?

Presque tout le monde est d'avis que les loyers de l'*année courante* sont privilégiés. Et, en effet, si ceux de l'année à échoir le sont, à plus forte raison ceux de l'année courante doivent-ils l'être, puisque les premiers ne sont dus qu'éventuellement, et que les derniers le sont certainement. La faillite ou la saisie font d'ailleurs présumer que le locataire n'a pas pu les payer, et toute idée de fraude se trouve ainsi écartée.

Quant aux loyers des *années échues*, les auteurs sont fort divisés. Les uns refusent le privilége au bailleur, et ils se fondent :

1° Sur le silence de la loi, qui se serait expliquée aussi bien pour les baux sans date certaine que pour ceux avec date certaine, si elle avaitvoulu leur appliquer la même théorie;

2° sur la fraude, préjudiciable aux autres créanciers, que pourraient commettre le bailleur et le preneur, soit en faisant remonter le bail à une époque antérieure à celle où il a véritablement commencé, soit en exagérant l'importance des loyers, soit en dissimulant le payement des termes échus,

dont le preneur se serait effectivement libéré envers le
bailleur [1].

Ces raisons sont plus graves en apparence qu'en réalité. Et
d'abord l'argument à tirer du silence de la loi est plutôt
favorable que contraire à l'extension du privilége aux années échues. En effet, qu'avait à dire le législateur? devait-il
répéter pour les baux sans date certaine, ce qu'il avait déjà
dit pour ceux ayant date certaine, et qu'il entendait maintenir; ou ne devait-il pas plutôt se borner à signaler les
différences qu'il voulait établir entre les uns et les autres?
Après avoir accordé au bailleur ayant date certaine un privilége pour toutes les années échues et à échoir, il arrive au
bailleur qui n'a pas date certaine, et, ne disant rien ni du
passé ni du présent, il se contente de limiter le privilége pour
l'avenir, à une année à compter de l'expiration de l'année
courante. N'est-il pas évident que, s'il eût voulu modifier ce
qu'il venait de dire pour le passé, comme il modifiait ce qu'il
avait dit pour l'avenir, il s'en fût exprimé formellement, et
que son silence ne peut avoir d'autre signification, en ce qui
concerne le passé, que le maintien pour les baux sans date
certaine, de ce qui venait d'être établi pour les baux avec
date certaine?

Quant aux fraudes-relatives au point de départ du bail,
ou au taux de la location, elles seront rendues bien difficiles
par la notoriété publique, qui fixera aisément l'époque précise
où le preneur est entré en jouissance, et toujours très-
approximativement le montant du loyer.

Enfin la dissimulation du payement de certains termes
échus est tout autant à craindre dans les baux ayant date
certaine que dans les autres, et puisque cette considération
n'a pas arrêté le législateur pour les premiers, pourquoi
arrêterait-elle le jurisconsulte pour les seconds?

Concluons donc que le bailleur sans date certaine, qui

---

[1] Valette, t. I, p. 72, et suiv. — Demante, *Rev. étr. et franç.*, t. IX,
p. 697.

n'a privilége que pour un an à venir, à la différence du bailleur avec date certaine, a cependant comme lui privilége pour l'année courante et pour toutes les années échues [1].

Le bailleur qui a touché les loyers non échus ne peut évidemment pas priver les autres créanciers de la chose dont il a reçu l'équivalent. Aussi l'art. 2102 [1o] leur donne-t-il le droit de céder le bail ou de sous-louer, et de faire leur profit des loyers ou fermages qu'ils pourront retirer de l'immeuble. Et comme une telle disposition n'aurait point d'utilité si elle s'appliquait à un bail où n'existerait pas la prohibition de céder le bail et de sous-louer, puisque le droit commun permet l'un et l'autre, il faut en conclure que le bailleur qui touche les loyers à échoir renonce par cela seul au bénéfice de la prohibition, imposée par lui au preneur, et que les créanciers de celui-ci peuvent dans ce cas céder le bail et sous-louer, comme ils le peuvent dans les cas où la prohibition n'a pas été stipulée. Le bailleur qui ne veut pas de la cession du bail ou de la sous-location interdites au locataire n'a qu'à se contenter du payement des loyers échus, et à faire résilier le bail pour l'avenir. C'est le seul moyen pour lui de profiter de la prohibition qu'il a insérée au contrat [2].

E. *Du* DROIT DE REVENDICATION *accordé au* BAILLEUR. — Pour protéger le bailleur, non plus contre les créanciers du locataire, mais contre ce locataire lui-même, la loi lui accorde *le droit* de saisir-revendiquer les meubles garnissant sa maison ou sa ferme, qui auraient été déplacés sans son consentement. Ce droit ne suspend, à l'égard des tiers détenteurs, la règle « En fait de meubles, etc. » que pendant 40 jours, s'il s'agit du mobilier d'une ferme, et pendant 15 s'il s'agit du mobilier d'une maison.

Le point de départ de ces délais est l'enlèvement des meu-

---

[1] Demangeat sur Bravard, t. V, p. 140, note. — Massé, *Droit comm.*, t. VI, n° 2949. — Metz, 6 janvier 1859.

[2] Mourlon, *Exam. crit.*, n° 70. —Massé, *Droit comm.*, t. VI, n° 2950. — Cass., 28 déc. 1858.

bles, ou, en cas de fraude organisée pour le dissimuler, la découverte qu'en fait le bailleur.

La différence des délais pour les biens ruraux et les biens de ville s'explique par cette considération que la surveillance est plus difficile pour les premiers que pour les seconds.

Le droit de revendication peut être exercé par le bailleur, même contre les tiers détenteurs de bonne foi, par le motif que le preneur a commis, en détournant les meubles, un véritable vol du gage de son bailleur, et qu'il a ainsi rendu inapplicable la maxime « En fait de meubles, etc. » Mais comme le bailleur ne peut pas avoir plus de droits que n'en a le propriétaire même qui revendique sa chose perdue ou volée, il faut décider que, si les meubles détournés avaient été vendus à un tiers qui les aurait achetés soit sur un marché public, soit d'un marchand vendant des choses pareilles, il ne pourrait se les faire rendre qu'en remboursant au possesseur le prix qu'ils lui auraient coûté (art. 2280).

Par la revendication, le bailleur fait réintégrer les meubles dans sa maison ou dans sa ferme, et il conserve ainsi ur eux son privilége.

II. *Privilége du* CRÉANCIER GAGISTE. — (art. 2102 [20]) Nous l'avons exposé en traitant des effets du gage.

III. *Privilége de l'*AUBERGISTE *sur les* EFFETS *du* VOYAGEUR (art. 2102 [50]). — L'aubergiste ne peut pas, dans la plupart des cas, contrôler la solvabilité des voyageurs qu'il reçoit et il est présumé ne leur faire ses fournitures qu'à raison de la garantie spéciale, qu'il trouve dans les effets apportés par eux dans son auberge. En d'autres termes, la loi suppose un gage tacitement constitué entre le voyageur et l'aubergiste, pour le payement des fournitures que le dernier fera au premier. De là découlent plusieurs conséquences. Ainsi :

1° L'aubergiste a, comme le créancier gagiste ordinaire, un droit de rétention en même temps qu'un privilége sur les effets du voyageur, et si celui-ci les détournait sans avoir payé les dépenses qu'il a faites, l'aubergiste aurait le droit de les saisir, revendiquer, même contre les tiers détenteurs de bonne foi, puisque son gage lui a été volé.

2° Le privilége de l'aubergiste porte sur tous les effets mis par le voyageur en sa possession, même lorsque ces effets appartiennent à des tiers, et l'on applique ici les règles que nous avons vues en parlant du privilége du bailleur sur les meubles qui n'appartiennent pas à son locataire.

3° Mais l'aubergiste n'a privilége que pour les dépenses faites dans le voyage actuel, car pour celles faites dans des voyages précédents et que le voyageur n'avait pas payées en partant, il a été dessaisi de son gage, et il ne peut pas rétroactivement le recouvrer.

Quand les dépenses du voyageur sont excessives, les tribunaux peuvent restreindre le privilége, car si la loi déclare privilégiées les fournitures raisonnables, elle n'entend pas accorder la même faveur à des dépenses extravagantes.

L'art. 2102 5° supposant que l'aubergiste réclame le prix de ses *fournitures,* il faut en conclure que, s'il avait prêté de l'argent au voyageur, il serait présumé avoir suivi sa foi et n'aurait pas de privilége.

Enfin ce privilége n'existerait pas, non plus, pour les fournitures faites à d'autres qu'à des *voyageurs.* Ainsi quand l'aubergiste tient une table d'hôte et donne à manger aux personnes de la localité, il n'a point de privilége sur les effets que ces personnes auraient par hasard apportés dans son auberge. On doit le regarder comme suivant la foi de ses débiteurs, dont il connaît ou peut facilement connaître la solvabilité.

IV. *Privilége* du voiturier *sur la chose voiturée* (article 2102 6°). — Certains auteurs disent que la cause de ce privilége est dans la plus value que la chose reçoit du transport. Mais le plus grand nombre soutient, avec raison, qu'elle est dans le nantissement tacite du voiturier. En effet, sans nier qu'en général le transport ne produise ou ne doive produire une plus value, ni que la créance du voiturier complaisant qui remet la chose sans être payé, ne soit aussi digne de faveur que celle du voiturier prudent qui ne se dessaisit pas sans l'être ; il est certain que, si la cause du privilége était dans la plus value, ce privilége devrait être limité à cette plus value, ce qui n'est pas. D'ailleurs, cela serait-il, qu'il resterait encore à expliquer pourquoi la loi, qui refuse un privilége à celui qui a donné une plus value à la chose en l'améliorant, en accorderait un à celui qui lui a donné cette plus-value en la transportant. On peut donc affirmer que la cause de ce privilége est dans le nantissement tacite du voiturier.

Les articles 306 et 307 du Code de commerce confirment pleinement ce système. Aux termes de ces articles, le capitaine d'un navire ne conserve sur les marchandises qu'il a transportées son privilége pour le payement du frêt, qu'à la condition d'en rester nanti, soit par lui-même, soit par les mains d'un tiers qui les détiendra pour son compte. Pourquoi le voiturier par terre et le voiturier par eau auraient-ils des priviléges différents dans leur cause, lorsqu'ils ont le même titre à être privilégiés ?

La conséquence à tirer de là est que le voiturier par terre ne conservera, comme le voiturier par eau, son privilége sur les objets transportés qu'à la condition de ne pas les livrer au destinataire avant son payement. Une fois dessaisi, il rentrerait dans le droit commun et se confondrait dans la masse des créanciers chirographaires [1]. Mais à quel instant le voiturier devra-t-il être regardé comme dessaisi ? Le seul fait du déchargement de la marchandise ne suffit évidemment pas pour le dessaisir, car il faut bien que le destinataire la vérifie avant de la recevoir, et d'ailleurs le voiturier est présent et retient virtuellement les objets qu'il commence à livrer matériellement. A nos yeux le voiturier ne sera dessaisi, et ne devra être réputé avoir suivi la foi du

---

[1] Valette, p. 90 et suiv. — Pont, n° 169. — Paris, 29 août 1855.

débiteur, que si, après avoir remis les objets, il s'est retiré sans être payé et sans avoir fait aucun acte conservatoire. Alors seulement il cesse d'être nanti et devient simple créancier chirographaire.

V. *Privilége sur les* CAUTIONNEMENTS *pour* FAITS *de* CHARGE (art. 2102 7°). Les officiers ministériels, auxquels le public doit avoir nécessairement recours pour l'accomplissement de certains actes, tels que les notaires, les avoués, les huissiers, les agents de change, peuvent léser les particuliers par des abus ou prévarications, ou même par de simples fautes ou négligences.

Ces faits, commis par les officiers publics dans l'exercice de leurs fonctions, s'appellent des *faits de charge*. On peut citer, comme exemples, le détournement commis par un agent de change des sommes qui lui avaient été remises par un client pour l'achat d'une valeur cotée à la Bourse ; la nullité du testament reçu par un notaire qui n'a pas observé toutes les formalités voulues ; celle d'une assignation mal dressée par un huissier, etc.

Afin de donner aux particuliers une sérieuse garantie, la loi oblige tous les officiers publics à déposer au Trésor une certaine somme, appelée *cautionnement*, et dont le chiffre varie suivant les offices. Il y a là, au profit des personnes lésées par des faits de charge, un gage tacite dont le Trésor est le tiers détenteur.

A ce privilége il faut ajouter celui *en sous ordre* du bailleur de fonds pour le cautionnement, qui a rempli les formalités voulues. Il conserve sur les fonds prêtés par lui à l'officier public un droit de préférence, mais il n'est colloqué qu'après ceux qui ont souffert des faits de charge. (L. du 25 niv. et du 6 vent. an XIII).

DEUXIÈME CLASSE DE PRIVILÉGES SPÉCIAUX.

VI. *Privilége du* CONSERVATEUR *sur la chose conservée* (art. 2102 3°). Celui qui conserve la chose d'autrui, doit être colloqué sur le prix qui en provient par préférence aux autres créanciers ; et, en effet, si cette chose est encore dans le patrimoine de leur débiteur, ils le doivent uniquement à celui qui l'a conservée.

Lorsque plusieurs ont concouru à la conservation de la même chose, celui qui aura donné les derniers soins ou fait les dernières dépenses passera le premier ; car, outre qu'il a le même titre de créance que ses cocréanciers, il leur a de plus conservé à tous l'objet de leur privilége. Après lui, viendra celui qui l'aura immédiatement précédé dans les soins ou dépenses occasionnés par la chose, et ainsi de suite en remontant jusqu'au premier.

Par exemple, dans le cas où plusieurs vétérinaires auraient successivement soigné le même cheval, celui qui a donné les derniers soins passera avant les autres, l'avant-dernier viendra ensuite, etc., de telle manière que les rangs soient dans l'ordre inverse des diverses créances.

Le Code civil a aboli l'ancien privilége du premier saisissant, apparemment pour ne pas provoquer par l'appât d'une espèce de prime, les poursuites des créanciers contre les débiteurs.

Les dépenses de simple *amélioration*, qui donnent bien lieu au droit de rétention, ne sont pas, comme nous l'avons dit, garanties par un privilége. L'art. 2102 3º est formel, et il n'accorde le privilége que pour les frais de *conservation*. Le système contraire, quoique juste, eût été rendu à peu près impraticable par la difficulté de séparer dans les meubles la plus value qui seule devait être grevée du privilége, de la valeur primitive qui doit en être exempte, puisqu'elle existait indépendamment des dépenses d'améliorations qui ont été faites.

VII. *Privilége du* VENDEUR *sur la* CHOSE VENDUE (article 2102 4º). — Le vendeur d'un objet mobilier, qui n'est pas payé de son prix, a plusieurs moyens à mettre en œuvre pour sauvegarder ses intérêts. Il peut :

1° *Retenir* la chose vendue comptant jusqu'à son parfait payement (art. 1612).

2° Faire *résoudre* la vente, et par suite réintégrer dans son patrimoine la propriété de la chose vendue (art. 1654).

3° Poursuivre l'acheteur sur tous ses biens, comme s'il était un *créancier ordinaire*, et en vertu du droit commun.

4° Faire revendre la chose en justice, et exercer son *privilége* sur le prix d'adjudication.

5° Enfin *revendiquer* la chose elle-même.

Nous connaissons déjà les trois premiers partis que peut prendre le vendeur : examinons les deux derniers.

Celui qui vend un objet mobilier en transfère la propriété à l'acheteur par le seul consentement, lors même que la vente serait faite à terme. C'est la conséquence nécessaire des principes admis dans notre législation actuelle. Mais en même temps qu'il transmet la propriété de la chose, le vendeur est présumé retenir sur elle un droit réel, un privilége, au moyen duquel il pourra se faire payer par préférence. En d'autres termes, la propriété n'est transférée que sous la déduction du privilége retenu par le vendeur.

Ce privilége est subordonné par l'art. 2102 4° à la condition que la chose soit encore *en la possession du débiteur*. Opposable aux autres créanciers de l'acheteur, il ne le serait donc pas aux tiers détenteurs, entre les mains desquels la chose serait parvenue. C'est une différence notable qui le sépare du privilége accordé au bailleur, lequel donne un droit de suite sur les meubles garnissants qui seraient détournés par le preneur, ainsi que nous l'avons expliqué tout à l'heure.

Tout privilége se traduit, en général, par un droit de préférence sur le prix d'adjudication de la chose vendue, après saisie, aux enchères publiques. Qu'arriverait-il si, la chose ayant été revendue à l'amiable par l'acheteur, le prix ne lui en était pas encore payé? Le premier vendeur pourrait-il exercer son privilége sur ce prix amiable, comme il le peut sur un prix d'adjudication publique?

Plusieurs auteurs [1], se fondant sur les termes de l'article 2102 [4o], qui n'accorde de privilége au vendeur que si la chose est encore *en la possession de l'acheteur*, soutiennent la négative, et ils n'admettent pas que le prix de la revente, qui est encore dû, puisse être assimilé à la chose même qui avait été vendue. Cette opinion ne nous paraît pas exacte. Sans doute le meuble revendu n'est plus matériellement en la possession de l'acheteur, mais il y est virtuellement par le prix qui reste dû, et ce prix représente bien exactement le meuble lui-même. Le Code dans plusieurs de ses dispositions, notamment dans les successions anomales, assimile le prix qui est encore dû pour une chose aliénée à la présence effective de cette chose dans le patrimoine du vendeur. Ajoutons que certains effets mobiliers ne sont point, par leur nature, susceptibles d'être vendus aux enchères publiques, et que le vendeur ne pourra jamais exercer son privilége que sur le prix de la revente amiable qu'en fera l'acheteur. Ainsi, les offices ministériels ne peuvent pas être vendus aux enchères publiques, et cependant il est universellement admis que le titulaire vendeur a un privilége sur le prix de l'office que son successeur cède à l'amiable à un sous-successeur [2].

Les modifications ou altérations qu'éprouverait la chose restée en la possession de l'acheteur ne feraient pas perdre au vendeur son privilége, pourvu que l'identité de la chose vendue pût être constatée. Par exemple, nous pensons que le vendeur d'un sac de blé conserverait son privilége sur le sac de farine qui en proviendrait, s'il établissait avec certitude que ce blé a produit cette farine.

Au contraire le vendeur perdrait son privilége s'il faisait

[1] Valette, *Priv. et Hyp.*, p. 107.
[2] Aubry et Rau, t. II, § 261. — Pont, no 147-148. — Cass., 13 juin 1853, 20 janvier 1857.

novation de sa créance, parce qu'alors la nouvelle créance ne serait plus celle d'un vendeur, mais bien la créance d'une personne qui a suivi la foi de son débiteur. Ainsi, quand le vendeur accepte en payement des billets que lui souscrit son acheteur, il renonce par cela même à son privilége, car désormais il n'est plus créancier en vertu de la vente, mais en vertu des billets qui par eux-mêmes ne donnent aucun droit de préférence.

Passons au droit de *revendication*.

L'exercice de ce droit est subordonné à quatre conditions, savoir :

1° Que la vente ait été faite *sans terme ;*

2° Que la chose vendue soit encore *en la possession* de l'acheteur ;

3° Qu'elle soit dans *le même état ;*

4° Enfin que la revendication soit faite dans *la huitaine* de la livraison.

Avant de justifier chacune de ces conditions, il est nécessaire d'expliquer la nature même du droit de revendication. Sur ce point, deux opinions se sont produites.

Les uns veulent que cette revendication ait pour objet la *propriété* de la chose vendue ;

Les autres veulent qu'elle ait simplement pour objet la *possession* de cette chose.

Les partisans du premier système [1] disent que le droit de revendication dont il s'agit ici est tout simplement l'action *en résolution* exercée par le vendeur, non plus contre l'acheteur lui-même, mais *contre ses créanciers*, et que, par l'effet de cette résolution, la propriété de la chose transmise par la vente à l'acheteur reviendra au vendeur. Dans cette opinion, il y aurait donc deux actions résolutoires, l'une *personnelle*, exercée contre l'acheteur, l'autre *réelle*, exercée contre les créanciers de l'acheteur.

---

[1] Bravard, *Code comm.*, art. 576. — Duranton, t. XVI, p. 204 et 280.

Mais toutes les deux aboutiraient au même résultat, qui serait le retour de la propriété de l'objet entre les mains du vendeur.

Ce système est généralement abandonné aujourd'hui. D'abord on ne trouve nulle part trace dans notre législation de cette dualité de la même action qui s'appellerait *action résolutoire*, dans le cas où le vendeur l'exercerait contre son acheteur, et qui s'appellerait au contraire *revendication*, quand le vendeur l'exercerait contre les créanciers de son acheteur. Ensuite, les termes mêmes de l'art. 2102 4° indiquent bien que le Code a voulu accorder au vendeur un droit nouveau et tout autre que le droit de résolution déjà formulé par les art. 1184 et 1654. Il est en outre constant que l'action en résolution édictée par ces derniers articles n'est pas seulement opposable à la partie adverse, mais encore à ses créanciers et même aux tiers détenteurs, ce qui rendait inutile la création d'un droit de revendication spécialement destiné à produire ses effets contre les créanciers de l'acheteur. Enfin on ne voit pas pourquoi cette revendication ne durerait que huit jours et existerait dans les ventes sans terme seulement, tandis que l'action en résolution dure trente ans et existe dans les ventes à terme tout comme dans les ventes au comptant.

L'objet de la revendication du vendeur ne peut donc pas être la propriété de la chose vendue qui a été transférée par le seul consentement, et qui n'est point ici révoquée. Dès lors cette revendication n'aura pour objet, comme nous l'avons dit, que la *possession* de la chose vendue, possession que le vendeur au comptant avait aux termes de l'art. 1612 le droit de *retenir* jusqu'à parfait payement, et que le Code lui permet de reprendre, parce que le défaut de payement immédiat ne permet pas de considérer comme définitive la livraison qu'il en a faite à l'acheteur [1].

---

[1] Valette, *priv.*, n° 90, Mourlon, t. III. n°ˢ 1307 et suiv.

Dans ce système, toutes les conditions de la revendication s'expliquent et s'harmonisent. Ainsi :

La vente doit être *au comptant*, parce que dans les ventes à terme le vendeur suit, dans une certaine mesure, la foi de son acheteur, et que, n'ayant pas le droit de retenir la chose jusqu'au payement, il ne saurait avoir celui de la revendiquer.

La chose doit être restée en la *possession* de l'acheteur, parce que les tiers détenteurs qui peuvent invoquer la maxime « En fait de meubles, etc. », contre le propriétaire ne doivent pas à plus forte raison être troublés par la revendication d'un vendeur.

La chose doit être dans le *même état*, parce que le vendeur doit être rétabli dans la situation où il était au moment de la vente, et que, si la chose a été modifiée par l'acheteur, il ne revendiquerait plus exactement ce qu'il avait le droit de retenir.

Enfin la revendication doit être faite dans la *huitaine* de la livraison, parce qu'après ce délai le vendeur est présumé avoir renoncé au bénéfice de son droit de rétention, pour se contenter de l'action résolutoire et du privilége qui lui appartiennent.

En somme, la revendication diffère sous trois points de vue de la résolution. Elle laisse subsister la vente, tandis que la résolution l'anéantit. Elle s'exerce en vertu d'une simple ordonnance du président, rendue sur requête (Pr., art. 826), tandis que la résolution ne peut résulter que d'un jugement. Enfin le vendeur n'a pas à craindre que son débiteur poursuivi par la saisie en revendication obtienne un délai de grâce, pendant lequel il pourrait faire disparaître la chose, tandis qu'il en est tout autrement dans le cas d'un procès en résolution du contrat, qui doit être jugé par le tribunal au lieu d'être tranché par simple ordonnance du président.

En matière commerciale, les règles de la revendication

ne sont pas les mêmes qu'en matière civile, parce que le législateur commercial avait principalement des considérations de crédit à ménager.

D'abord, plus de distinction entre la vente sans terme et celle avec terme, ni entre la huitaine de la livraison et l'époque suivante.

La revendication pourra toujours avoir lieu, s'il n'y a pas eu tradition effectuée des meubles vendus *dans les magasins* de l'acheteur ou de son commissionnaire. Elle ne pourra jamais avoir lieu si cette tradition a été effectuée, quand même la chose serait dans le même état et que la huitaine de la vente ne se serait pas écoulée. Il faut aller plus loin et dire que, même avant la tradition, le droit de revendication serait perdu si, sur factures ou connaissements, les marchandises avaient été revendues sans fraude.

Ces différences, entre la théorie du droit commercial et celle du droit civil, tiennent à ce que la masse des créanciers d'un failli a pu et dû compter sur les marchandises livrées au débiteur commun, et qu'établir à chaque pas des privléges que rien ne révèle au public, ce serait faire plus de mal que de bien au crédit commercial.

CLASSEMENT DES PRIVILÉGES.

La loi a classé les privléges généraux de 2101 ; mais elle n'a pas classé tous les privléges spéciaux de 2102, ni réglé le conflit qui aura nécessairement lieu entre ceux de 2101, d'un côté, et ceux de 2102, de l'autre.

Faisons ce classement.

Privléges SPÉCIAUX. — Presque tous ces privléges ont leur cause dans un gage tacite, et leur consécration dans la règle « En fait de meubles, la possession vaut titre ». Or, cette règle suppose la bonne foi du possesseur. Si donc le créancier nanti avait reçu la notification d'un privlége antérieur, existant sur les meubles qu'il détient, il serait primé par ce privilége. De plus, il faut que l'objet du gage n'ait été perdu ni volé, sans quoi la règle ne serait plus applicable.

Par contre, le créancier gagiste, exprès ou tacite, primant le propriétaire, primerait à plus forte raison le vendeur non payé et qui n'aurait pas fait de notification.

Si, depuis que la chose est donnée en gage, des frais ont été faits pour la conserver, celui qui les a faits primera le gagiste, car il a sauvé le gage. Mais si ces frais avaient été faits avant la constitution expresse ou tacite du gage, le créancier nanti, qui ne les aurait pas connus, primerait le conservateur, comme nous avons vu qu'il prime le vendeur non payé et même le propriétaire, quand la chose n'a été perdue ni volée.

En d'autres termes, tout privilége basé sur un nantissement exprès ou tacite, accompagné de la bonne foi du créancier, prime tout autre privilége, même antérieur ; mais, à l'inverse, il est primé par tous les priviléges préexistants, lorsque le créancier nanti n'est pas de bonne foi, c'est-à-dire lorsqu'il a connu ou dû connaître l'antériorité de ces priviléges.

Ces règles, ajoutées à celles que nous avons déjà données en traitant des priviléges de 2102, suffisent pour décider tous les cas.

Priviléges GÉNÉRAUX *en conflit avec les priviléges* SPÉCIAUX. — Ici se présentent plusieurs systèmes. Nous exposerons les trois principaux.

Premier système. — Les priviléges de 2101 doivent primer ceux de 2102. Ce système se fonde : 1° sur l'ordre suivi par le Code, qui a dû apparemment parler en premier lieu des créances dignes d'être placées les premières ; 2° sur l'art. 2104, qui étend aux immeubles les priviléges de 2101, et sur l'art. 2105, qui les rend préférables aux priviléges spéciaux de 2103, préférence qui, par analogie, doit, dit-on, exister par rapport aux priviléges spéciaux de 2102.

Deuxième système. — Les priviléges de 2102 doivent primer ceux de 2101. On dit : 1° l'ordre suivi par le Code ne prouve rien, car il était naturel d'aller du général au particulier ; 2° si le législateur a cru nécessaire de dire expressément que les priviléges de 2101 priment ceux de 2103, il est probable qu'il aurait vu la même nécessité de dire qu'ils priment aussi ceux de 2102, s'il eût voulu cette priorité ; 3° si l'on fait passer les créanciers de 2101 avant ceux de 2102, ceux-ci n'auront qu'une garantie illusoire, car leur privilége spécial se trouvera absorbé par le privilége général ; et, au contraire, si l'on fait passer les créanciers de 2102 avant ceux de 2101, le privilége spécial des premiers ne nuira presque pas au privilége général des seconds, qui d'ailleurs ont leur recours sur les immeubles du débiteur.

Troisième système [1]. — Ce système, qui est le plus suivi, se rapproche beaucoup du second, et n'en diffère qu'en ce qu'il admet quelques distinctions.

On divise les priviléges en quatre catégories.

La première comprend les *frais de justice*. Cette priorité se justifie par cette considération que, sans elle, le privilége des autres créanciers serait complétement illusoire, les biens du débiteur ne pouvant pas, faute de crédit, être convertis en argent. — L'art. 662 du Code de proc. civ. est conforme à cette doctrine.

La seconde catégorie comprend *les gages tacites ou conventionnels* de 2102. La loi, en faisant passer le privilége du locateur de bonne foi même avant le droit du propriétaire, semble avoir voulu donner aux créanciers nantis ce rang favorable. D'ailleurs l'art. 662 du Code de procédure civile consacre cette théorie ; car, en prenant la peine de dire que les frais de justice doivent primer toute créance autre que celle des loyers dus au propriétaire, il indique bien qu'aucun autre privilége général ne doit passer avant aucun autre pri-

---

[1] Aubry et Rau, t. II, § 289. — Cass., 19 janvier 1864.

vilége spécial. Il faut encore mettre dans cette catégorie les frais d'enlèvement du corps ; car telle était l'ancienne jurisprudence, et rien ne prouve qu'on ait voulu l'abroger.

La troisième comprend les créances de ceux qui ont *mis* ou *conservé* la chose dans le patrimoine du débiteur, c'est-à-dire les créances du vendeur et du conservateur.

Enfin, la quatrième contient tous les *priviléges généraux* de 2101, autres que celui des frais de justice.

DEUXIÈME SECTION
DES PRIVILÉGES SUR LES IMMEUBLES.

Art. 2103. Les créanciers privilégiés sur les immeubles sont : — 1° le vendeur, sur l'immeuble vendu, pour le payement du prix ; — s'il y a plusieurs ventes successives dont le prix soit dû en tout ou en partie, le premier vendeur est préféré au second, le deuxième au troisième, et ainsi de suite ; — 2° ceux qui ont fourni les deniers pour l'acquisition d'un immeuble, pourvu qu'il soit authentiquement constaté, par l'acte d'emprunt, que la somme était destinée à cet emploi, et, par la quittance du vendeur, que ce payement a été fait des deniers empruntés ; — 3° les cohéritiers, sur les immeubles de la succession, pour la garantie des partages faits entre eux, et des soultes ou retour de lots ; — 4° les architectes, entrepreneurs, maçons et autres ouvriers employés pour édifier, reconstruire ou réparer des bâtiments, canaux, ou autres ouvrages quelconques, pourvu néanmoins que, par un expert nommé d'office par le tribunal de première instance dans le ressort duquel les bâtiments sont situés, il ait été dressé préalablement un procès-verbal, à l'effet de constater l'état des lieux relativement aux ouvrages que le propriétaire déclarera avoir dessein de faire, et que les ouvrages aient été, dans les six mois au plus de leur perfection, reçus par un expert également nommé d'office ; — mais le montant du privilége ne peut excéder les valeurs constatées par le second procès-verbal, et il se réduit à la plus value existant à l'époque de l'aliénation de l'immeuble et résultant des travaux qui y ont été faits ; — 5° ceux qui ont prêté les deniers pour payer et rembourser les ouvriers jouissent du même privilége, pourvu que cet emploi soit authentiquement constaté par l'acte d'emprunt, et par la quittance des ouvriers, ainsi qu'il a été dit ci-dessus pour ceux qui ont prêté les deniers pour l'acquisition d'un immeuble.

Observation. — L'art. 2103 énumère cinq priviléges sur les immeubles ; mais ces cinq priviléges se réduisent à trois, parce que deux d'entre eux ne viennent que par subrogation de deux autres avec lesquels ils se confondent.

I. *Privilége du* VENDEUR *sur l'*IMMEUBLE *vendu* (art. 2103[1°]). — Le vendeur d'un immeuble est, avec raison, présumé retenir sur lui un droit réel pour garantir le payement du prix convenu : conséquemment lorsqu'il livre cet immeuble à l'acheteur, il en déduit le privilége dont nous allons étudier la nature et les effets.

Ce privilége existe au profit du vendeur, aussi bien dans le cas où la vente est constatée par acte sous seing privé, que dans celui où elle est constatée par acte authentique. Mais dans l'une et l'autre hypothèse il ne garantit que le payement du prix déclaré dans l'acte, parce que les tiers ne doivent jamais souffrir des dissimulations que les parties peuvent commettre. Dès lors, le vendeur qui aurait consenti à ne laisser porter dans l'acte qu'une partie du prix réel, dans le but de diminuer les droits de mutation, ne serait que créancier chirographaire pour la portion du prix ainsi dissimulée.

En général, les priviléges priment les hypothèques, ainsi que nous l'avons déjà expliqué. Cependant il est certain que le vendeur ne peut pas primer avec son privilége les créanciers qui ont hypothèque sur l'immeuble avant la vente, que ces hypothèques aient été constituées par lui ou par ses auteurs. Le vendeur semble donc ne devoir primer que les hypothèques postérieures à la vente. Mais alors. on ne voit pas quel avantage il trouve dans le privilége plutôt que dans une hypothèque légale que la loi lui aurait conférée, car cette hypothèque légale eût, comme le privilége, primé les hypothèques postérieures à la vente. Néanmoins un privilége est préférable, car il primera les hypothèques légales ou judiciaires grevant déjà les biens de l'acheteur, et qui auraient frappé l'immeuble vendu dès qu'il fut entré dans son patrimoine. Au contraire, une hypothèque légale eût, suivant un système, subi le concours de ces hypothèques générales résultant de la loi ou de jugements, puisque l'immeuble eût été simultanément grevé par toutes au moment même du transfert de la propriété ; et même, suivant un autre système que je crois préférable, elle eût été primée par elles, du moment que ces dernières étaient antérieures à la vente. De là cette conséquence que celui qui aurait vendu son immeuble à un mari, à un tuteur, à un débiteur déjà condamné par justice à payer son créancier, aurait subi la préférence de la femme, du mineur ou de l'interdit, et du créancier porteur du jugement de condamnation. Avec son privilége, au contraire, le vendeur sera colloqué avant tous ces créanciers hypothécaires.

Lorsque le même immeuble passe successivement entre les mains de plusieurs personnes, chacune d'elles a un privilége. Mais le second n'a pris naissance que lorsque le premier grevait déjà l'immeuble, et, dans la distribution du prix, le second vendeur sera primé par le premier, le troisième par le second, et ainsi de suite. Si le prix d'adjudication est égal au prix le plus élevé des ventes amiables, tous les vendeurs seront désinteressés. Soit un immeuble vendu 100, revendu 110, revendu 120, saisi sur le dernier acheteur et adjugé 120. Le premier vendeur touchera ses 100 sur le prix d'adjudication, le second 10, et le troisième 10. Mais, comme le second vendeur devait 100 au premier, en définitive, il a profité de 110, puisque, d'une part, sa dette de 100 est éteinte, et que de l'autre, il a touché 10 : il est donc complétement désintéressé. On peut en dire autant du troisième vendeur.

Dans ce cas, aucun des vendeurs n'est donc lésé. Il en serait autrement si l'immeuble n'avait été adjugé que 115. Le dernier vendeur perdrait 5, et c'est juste, puisque son privilége n'avait pris naissance sur l'immeuble que déduction faite des priviléges antérieurs.

L'existence du privilége n'empêche pas le vendeur non payé de conserver son droit de résolution. Il sera libre d'exercer l'un ou l'autre.

Si l'immeuble a notablement augmenté de valeur, son intérêt sera de demander la résolution de la vente pour le recouvrer. S'il a au contraire conservé à peu près la même valeur ou s'il n'a qu'une faible plus value, son intérêt sera d'en poursuivre la vente en justice pour se faire colloquer par privilége sur le prix d'adjudication. Enfin si l'immeuble a diminué de valeur, le vendeur sera exposé dans l'une et l'autre hypothèse à perdre la moins value.

.Lorsqu'un immeuble est échangé contre un autre, moyennant une soulte, l'échangiste créancier de la soulte a-t-il privilége sur l'immeuble qu'il a livré à son coéchangiste ? Cette question est controversée.

Les uns ne voient dans la soulte qu'un accessoire de l'échange, et ils refusent tout privilége à celui qui en est créancier.

Les autres disent que le contrat est à la fois un échange et une vente, un échange jusqu'à concurrence de l'immeuble moindre ; une vente jusqu'à concurrence de la soulte ; et en conséquence ils accordent un privilége au créancier de cette soulte [1].

Cette dernière opinion nous paraît seule exacte. D'abord lorsqu'un immeuble de 100 est échangé contre un immeuble de 10, moyennant une soulte de 90, il est bien impossible de dire que la soulte est l'accessoire de l'échange. Mais fût-elle minime, et purement accessoire de l'échange, est-ce que le coéchangiste qui livre l'immeuble le plus important n'entend pas, comme le vendeur, retenir un privilége sur cet immeuble pour le payement de la soulte ? Peut-on raisonnablement dire qu'il suit la foi de l'acheteur ? Nous ne saurions le penser, et, à notre avis, il a dans tous les cas son privilége sur l'immeuble qu'il a livré, jusqu'à concurrence de la soulte dont il est créancier.

Y a-t-il un privilége au profit du donateur pour assurer l'exécution des charges qu'il a imposées au donataire ? La

[1] Massé ét Vergé, t. V, § 793, note 9. — Pont, n° 187. — Cass., 11 mai 1863.

négative nous paraît certaine. En effet, nous avons vu, en parlant des dispositions entre-vifs et testamentaires, que le donateur n'a pas, à proprement parler, une véritable créance contre le donataire pour le contraindre, sous peine de saisie et de vente forcée, à l'exécution des charges de la donation, et qu'en cas d'inexécution de ces charges, il ne peut demander que la résolution du contrat. Dès lors tout privilége lui est inutile, puisqu'un privilége doit toujours garantir une créance se traduisant en argent, et ne saurait devenir l'accessoire d'un droit de résolution [1].

S'il y a eu vente à réméré, et que l'acheteur restitue l'immeuble au vendeur sans être remboursé du prix et des frais du contrat, il n'aura pas de privilége ; car l'exercice du pacte de rachat n'est pas une nouvelle vente, comme en droit romain, mais la résolution de la première, et l'acheteur qui restitue l'immeuble ne saurait être assimilé à un vendeur.

Le vendeur d'immeubles qui aurait accepté en payement des billets serait déchu de son privilége comme le vendeur de meubles, et pour les mêmes raisons. Cette déchéance serait même, à notre avis, encourue dans le cas où les billets seraient *causés pour vente*. En effet, les tiers sont toujours en droit de penser que l'immeuble est libre, car l'acheteur, en souscrivant les billets, a dù se faire donner quittance par le vendeur, et, du moment que les tiers traitent sur cette quittance, les droits réels qui sont constitués à leur profit doivent être maintenus à l'encontre d'un privilége qu'ils croyaient éteint.

II. *Privilége de ceux qui ont* FOURNI LES DENIERS *pour payer le vendeur* (art. 2103²₀). — Ce privilége est le même que le précédent. Au lieu de se trouver sur la tête du vendeur, il est passé sur celle du tiers qui a fourni les fonds pour le payer. La subrogation peut, comme nous l'avons dit en exposant cette matière, être opérée, soit par le fait du créancier, c'est-à-dire ici du vendeur, soit par le fait du débiteur, c'est-à-dire ici de

---

[1] Demolombe, t. XX, nº 576. — Aubry et Rau, t. II, p. 634, note 15. — Colmar, 30 mai 1865.

l'acheteur. Lorsqu'elle émane du premier, il suffit qu'elle soit accordée au tiers dans la quittance même, authentique ou privée, qui lui est remise. Lorsqu'elle émane du second, la loi exige certaines formalités, savoir : un acte d'emprunt notarié, contenant mention que les deniers empruntés sont destinés à payer le prix de la vente ; une quittance notariée constatant que le prix a été payé avec ces deniers. Cette dernière condition, nécessaire d'après l'art. 1250, semblerait inutile d'après notre alinéa ; mais il n'est pas présumable que les rédacteurs du Code aient entendu innover, et il faut s'en référer à l'article précité. D'ailleurs, le mot *authentiquement* de notre alinéa peut aussi bien se référer à la quittance qu'à l'acte d'emprunt.

Quand l'acheteur emprunte pour désintéresser non plus le vendeur lui-même, mais les créanciers inscrits antérieurement sur l'immeuble, nous pensons qu'il peut à son gré subroger le prêteur aux droits de ces créanciers contre le vendeur, ou au privilége de ce dernier. Dès lors, si le payement n'est que partiel, le prêteur subrogé aux droits des créanciers primera le vendeur auquel une partie de son prix resterait encore due, tandis que si la subrogation ne pouvait avoir pour objet que le privilége du vendeur, celui-ci conserverait pour le restant de son prix un droit de préférence sur le subrogé (art. 1252).

III. *Privilége des* COHÉRITIERS *et* COPARTAGEANTS (art. 2103 3º). A s'en tenir au texte de notre alinéa, les cohéritiers seuls auraient un privilége. Mais l'art. 2109 étend formellement ce privilége aux copartageants, et met ceux-ci sur la même ligne que ceux-là.

Le privilége des cohéritiers ou copartageants peut avoir pour objet :

1º La garantie des partages ;

2º Les soultes ou retours de lots ;

3º Le prix de la licitation.

Cette dernière cause de privilége ne figure pas non plus

dans l'art. 2103, mais l'art. 2109 l'indique expressément.

La garantie des partages donne lieu au privilége lorsque l'un des copartageants est évincé de tout ou partie de son lot, et exerce son action récursoire contre les autres copartageants.

Les soultes ou retours de lots donnent lieu au privilége, lorsque, les lots étant inégaux, les attributaires des lots plus forts sont obligés de payer une somme différentielle aux attributaires des lots plus faibles.

Enfin la licitation donne lieu au privilége, lorsqu'un immeuble n'étant pas commodément partageable est vendu aux enchères publiques. Deux cas peuvent se présenter : ou l'immeuble sera adjugé à l'un des copropriétaires, et alors tous les autres copartageants auront le privilége de licitation pour obtenir le payement de leurs parts dans le prix d'adjudication ; ou bien l'immeuble sera adjugé à un tiers, et alors tous les copartageants sans exception auront un privilége de vendeurs, et non plus un privilége de licitation.

Lorsqu'il s'agit de la garantie du partage, le privilége est général et porte sur chaque lot pour la part dont chaque cohéritier sera tenu dans l'action en garantie.

Lorsqu'il s'agit de la soulte ou du prix de licitation, le privilége ne porte que sur les lots débiteurs de la soulte ou sur l'immeuble licité.

Le cohéritier ou copartageant qui est évincé de tout ou partie de son lot ne peut exercer son action en garantie contre ses cohéritiers ou copartageants que pour la part dont chacun est tenu, car, s'il demandait à l'un plus que sa part, il le mettrait dans le cas de l'actionner lui-même reconventionnellement en garantie. Or, *quem de evictione tenet actio, eumdem agentem repellit exceptio* [1].

Le privilége des cohéritiers ou copartageants peut être transmis, comme tout autre, par voie de subrogation. Cette

[1] Marcadé, art. 885. — Demolombe, *Succ.*, t. V, n° 369. — Cass., 19 janvier 1864.

subrogation sera soumise aux règles que nous venons d'exposer.

IV. *Privilége des* ARCHITECTES, ENTREPRENEURS *et* OUVRIERS (art. 2103 4°). La loi a créé ce privilége afin de donner aux propriétaires gênés le crédit suffisant pour conserver les constructions anciennes qu'ils possèdent, ou en faire de nouvelles.

Tous travaux qui ne consisteraient pas à *édifier, construire* ou *réparer*, ne donneraient lieu à aucun privilége, car les priviléges sont de droit strict, et le texte de notre alinéa ne permet pas de décider que les travaux agricoles, par exemple, sont privilégiés. Toutefois, la loi du 16 septembre 1807 a accordé un privilége aux ouvriers pour travaux de défrichement, et la loi du 20 avril 1810 leur en a accordé un autre pour les travaux de recherche des mines.

Les ouvriers employés par un entrepreneur à la reconstruction ou réparation d'un bâtiment ont, aux termes de l'art. 1798, une action *directe* contre le propriétaire. Auront-ils aussi un privilége sur l'immeuble comme l'entrepreneur lui-même, à raison des sommes encore dues à ce dernier, qu'ils peuvent réclamer du propriétaire? Cette question, assez vivement controversée, doit, selon nous, être résolue affirmativement. L'entrepreneur, en obligeant le propriétaire envers lui, est présumé l'avoir aussi obligé directement envers ses ouvriers dont il était l'organe et le représentant, et puisque les ouvriers sont en rapport direct avec le propriétaire, pourquoi ne seraient-ils pas aussi en rapport direct avec l'immeuble, et n'auraient-ils pas sur lui un privilége tout comme l'entrepreneur?

L'acquisition du privilége des architectes, entrepreneurs et ouvriers est subordonnée à un double procès-verbal, l'un constatant la valeur de l'immeuble avant les travaux, et l'autre sa valeur après les travaux.

La raison en est que le privilége, qui ne doit jamais nuire aux droits préexistants, porte uniquement sur la plus-value donnée à l'immeuble par la construction ou la réparation. Il s'opère donc, en quelque sorte, par ces deux procès-verbaux une séparation de patrimoines : l'un, comprenant l'ancienne valeur, reste le gage des créanciers qui, avant les travaux, avaient des droits sur l'immeuble ; l'autre, comprenant la valeur nouvelle, devient le gage spécial du constructeur.

Il est à noter que le second procès-verbal doit être dressé dans les six mois au plus de la perfection des travaux. Ajoutons que les deux procès-verbaux doivent émaner d'experts commis par justice, et non d'experts nommés par les parties, afin que leurs évaluations présentent pour les tiers toute garantie d'impartialité.

Les architectes, entrepreneurs et ouvriers, en acquérant leur privilége, au moyen des deux procès-verbaux dont il s'agit, retiennent, comme un gage spécial, la plus-value qu'ils donnent à l'immeuble, et l'empêchent ainsi d'être atteinte à leur préjudice par les priviléges ou hypothèques antérieurs qui, aux termes de l'art. 2133, doivent s'étendre à toutes les améliorations survenues au fond qui en est grevé. Mais qu'arrivera-t-il si, après les travaux, l'immeuble reconstruit ou réparé reçoit une plus-value notable par suite de circonstances fortuites ? Cette plus-value accidentelle profitera-t-elle exclusivement aux priviléges ou hypothèques antérieurs aux travaux ; ou profitera-t-elle aussi aux architectes, entrepreneurs et ouvriers ?

On décide généralement qu'elle ne profitera pas aux architectes, entrepreneurs et ouvriers, par le motif que l'art. 2103 4° paraît la limiter rigoureusement à la plus-value *résultant des travaux*. Mais cette interprétation est, à notre avis, erronée. Quand la loi parle de la plus-value *résultant des travaux*, elle entend uniquement l'opposer à la valeur ancienne, et elle ne se préoccupe nullement de notre question. Dès lors, pourquoi le privilége des architectes, entrepreneurs et ouvriers, ne s'étendrait-il pas, comme tout autre privilége ou hypothèque, aux améliorations survenues à l'immeuble, dans la proportion de la plus-value résultant des travaux, comparée à la valeur ancienne de cet immeuble? Par exemple, l'immeuble valait 20 avant les travaux, il a valu 30 après les travaux, et maintenant, par suite d'une plus-value fortuite de 15, il vaut 45. Pourquoi la plus-value de 15 ne profiterait-elle pas pour 10 aux priviléges et hypothèques antérieurs aux travaux, et pour 5 au privilége du constructeur [1]?

Si, à l'inverse, on suppose une moins-value fortuite dans l'immeuble, les architectes, entrepreneurs et ouvriers, perdent-ils leur privilége? Pas davantage. Par exemple, l'immeuble valait 20 avant les travaux, il a valu 30 après les travaux, et maintenant il ne vaut plus que 20 comme à l'origine. Dans ce cas on estimera ce que l'immeuble vaudrait si les travaux n'avaient pas été exécutés. Supposons que ce soit 15. La plus-value résultant des travaux est de 5, et le privilége du constructeur continuera d'exister, jusqu'à concurrence de cette somme.

V. *Privilége de ceux qui ont* FOURNI LES DENIERS *pour payer les travaux* (art. 2103 5°). — Ce privilége est le même que le précédent, et nous n'avons pas besoin de rappeler ici les règles et les conditions de la subrogation.

En étudiant l'art. 2111, nous verrons que la loi qualifie de *privilége* le droit des créanciers et légataires de la succession qui demandent *la séparation des patrimoines*, mais qu'il ne serait point exact de considérer ce droit comme un sixième privilége sur les immeubles.

TROISIÈME SECTION

DES PRIVILÉGES QUI S'ÉTENDENT SUR LES MEUBLES ET LES IMMEUBLES.

ART. 2104. Les priviléges qui s'étendent sur les meubles et les immeubles sont ceux énoncés en l'article 2101.

2105. Lorsqu'à défaut de mobilier les priviléges énoncés en l'arti-

---

[1] *Sic*, Mourlon, t. III, p. 555. — *Contrà*, Pont, n° 213.

cle précédant se présentent pour être payés sur le prix d'un immeuble en concurrence avec les créanciers privilégiés sur l'immeuble, les payements se font dans l'ordre qui suit : — 1° les frais de justice et autres énoncés en l'article 2101 ; — 2° les créances désignées en l'article 2103.

Observation. — Les priviléges généraux sur les meubles s'étendent aux immeubles et priment les priviléges spéciaux qui les grèvent. Toutefois, ce droit de préférence ne leur est accordé que *subsidiairement* et en cas d'insuffisance du mobilier. Dès lors, s'ils ont négligé de se faire colloquer sur le prix provenant de la vente des meubles, ils seront primés par les créanciers ayant des priviléges spéciaux sur les immeubles ; et ils devront l'être aussi par les créanciers hypothécaires, car leur négligence pourrait porter préjudice à ces derniers, en les empêchant d'arriver en ordre utile pour la totalité des créances hypothéquées. Par conséquent, ils ne primeront que les créanciers chirographaires, à l'égard desquels l'ordre de collocation des différents priviléges sur le prix des meubles ou sur celui des immeubles est indifférent.

Si les immeubles étaient vendus avant les meubles, les créanciers de l'art. 2101 auraient le droit de se faire colloquer sur le prix par préférence aux créanciers de l'art. 2103, car il n'est pas certain qu'ils puissent être payés sur le prix des meubles. Seulement cette collocation ne sera que provisoire, et si en fait les meubles suffisent pour les payer, le montant intégral de leur collocation sera restitué à la masse privilégiée ou hypothécaire.

QUATRIÈME SECTION

COMMENT SE CONSERVENT LES PRIVILÉGES.

Art. 2106. Entre les créanciers, les priviléges ne produisent d'effet, à l'égard des immeubles, qu'autant qu'ils sont rendus publics par inscription sur les registres du conservateur des hypothèques, de la manière déterminée par la loi, et à compter de la date de cette inscription, sous les seules exceptions qui suivent.

2107. Sont exceptées de la formalité de l'inscription les créances énoncées en l'article 2101.

2108. Le vendeur privilégié conserve son privilége par la transcription du titre qui a transféré la propriété à l'acquéreur, et qui constate que la totalité ou partie du prix lui est due ; à l'effet de quoi la transcription du contrat faite par l'acquéreur vaudra inscription pour le vendeur et pour le prêteur qui lui aura fourni les deniers payés, et qui sera subrogé aux droits du vendeur par le même contrat : sera néanmoins le conservateur des hypothèques tenu, sous peine de tous dommages et intérêts envers les tiers, de faire d'office l'inscription sur son registre des créances résultant de l'acte translatif de propriété, tant en faveur du vendeur qu'en faveur des prêteurs, qui pourront aussi faire faire, si elle ne l'a été, la transcription du contrat de vente, à l'effet d'acquérir l'inscription de ce qui leur est dû sur le prix.

2109. Le cohéritier ou copartageant conserve son privilége sur les biens de chaque lot ou sur le bien licité, pour les soulte et retour de lots, ou pour le prix de la licitation, par l'inscription faite à sa diligence, dans les soixante jours, à dater de l'acte de partage ou de l'adjudication par licitation, durant lequel temps aucune hypothèque ne peut avoir lieu sur le bien chargé de soulte ou adjugé par licitation, au préjudice du créancier de la soulte ou du prix.

2110. Les architectes, entrepreneurs, maçons et autres ouvriers employés pour édifier, reconstruire ou réparer des bâtiments, canaux ou autres ouvrages et ceux qui ont, pour les payer et rembourser, prêté les deniers dont l'emploi a été constaté, conservent, par la double inscription faite, — 1° du procès-verbal qui constate l'état des lieux, — 2° du procès-verbal de réception, leur privilége à la date de l'inscription du premier procès-verbal.

2111. Les créanciers et légataires qui demandent la séparation du patrimoine du défunt, conformément à l'article 878, au titre *des Successions*, conservent, à l'égard des créanciers des héritiers ou représentants du défunt, leur privilége sur les immeubles de la succession, par les inscriptions faites sur chacun de ces biens, dans les six mois à compter de l'ouverture de la succession. — Avant l'expiration de ce délai, aucune hypothèque ne peut être établie avec effet sur ces biens par les héritiers ou représentants au préjudice de ces créanciers ou légataires.

2112. Les cessionnaires de ces diverses créances privilégiées exercent tous les mêmes droits que les cédants, en leurs lieu et place.

2113. Toutes créances privilégiées soumises à la formalité de l'inscription, à l'égard desquelles les conditions ci-dessus prescrites pour conserver le privilége n'ont pas été accomplies, ne cessent pas néanmoins d'être hypothécaires ; mais l'hypothèque ne date, à l'égard des tiers, que de l'époque des inscriptions qui auront dû être faites ainsi qu'il sera ci-après expliqué.

NOTIONS GÉNÉRALES. — La matière de la *conservation des priviléges* est une des plus délicates de notre droit civil. Une méthode rigoureuse peut seule permettre d'exposer clairement et de résoudre sûrement les difficultés qu'elle présente.

Rappelons d'abord qu'un privilége peut donner lieu soit au droit de *préférence* seulement, soit au droit de *préférence* et au droit de *suite*. Les règles de conservation ne sont pas les mêmes, quand il s'agit du droit de préférence, que quand il s'agit du droit de suite, et c'est là une première distinction essentielle à établir.

Ajoutons en second lieu que la conservation des différents priviléges n'est pas soumise à un seul et même régime, et qu'il est indispensable, pour la connaître, d'étudier séparément chaque privilége au double point de vue du droit de préférence et du droit de suite.

Avant d'aller plus loin, précisons ce qu'il faut entendre par droit de *préférence* et par droit de *suite*.

On dit qu'un privilége donne lieu au droit de préférence seulement, lorsqu'il ne doit produire son effet qu'à l'encontre des autres créanciers du débiteur, et non à l'encontre des tiers détenteurs. L'exercice exclusif du droit de préférence suppose donc nécessairement la présence de l'objet grevé de privilége entre les mains du débiteur. Si celui-ci l'a aliéné, le créancier privilégié qui n'a pas le droit de suite a perdu le seul avantage que la loi lui eût concédé, et il n'est plus désormais qu'un créancier chirographaire.

Les priviléges sur les meubles ne donnent jamais lieu qu'au droit de préférence. Ainsi le vendeur d'un meuble a, comme

nous l'avons vu, privilége sur ce meuble tant qu'il reste en
la possession de l'acheteur ; mais il le perd du moment que
l'objet passe entre les mains d'un tiers détenteur qui en paye
le prix, et alors il n'a plus contre son acheteur qu'une créance
chirographaire. La facilité avec laquelle les meubles se transmettent et circulent ne permettait pas d'organiser à leur
égard l'exercice du droit de suite, sans nuire gravement à la
sécurité des transactions mobilières.

Les priviléges sur les immeubles donnent au contraire lieu,
ainsi que nous l'avons dit, à un droit de préférence et à un
droit de suite. Si l'immeuble est resté entre les mains du débiteur, le créancier privilégié n'aura à exercer que son droit
de préférence. Mais s'il est passé entre les mains d'un tiers
détenteur, le créancier devra d'abord exercer le droit de suite
pour ressaisir l'objet de son privilége, et, après le droit de
suite, il exercera son droit de préférence sur le prix de la vente
qui sera faite aux enchères publiques.

Le droit de préférence n'étant de sa nature opposable
qu'aux autres créanciers du débiteur commun, et le droit de
suite étant opposable aux tiers-acquéreurs ou sous-acquéreurs
de l'immeuble grevé de privilége, on conçoit que les règles
de conservation de l'un ou de l'autre de ces droits soient
toutes différentes.

Passons à l'examen de ces règles. Les unes sont générales
et les autres spéciales. — Nous allons étudier ici les premières, et nous verrons les secondes à propos de chacun des
priviléges.

Disons tout d'abord qu'il ne peut pas être question de formalités quelconques à remplir pour la conservation des priviléges sur les meubles. En effet de deux choses l'une : ou les
meubles frappés de privilége sont encore entre les mains du
débiteur, et alors le droit de préférence existe et se conserve
indépendamment de toute formalité. Ou bien ces meubles
sont sortis des mains du débiteur pour passer entre celles d'un
tiers détenteur, et alors le privilége est éteint, sans qu'il y ait

aucun moyen de le conserver, puisque les meubles ne donnent pas lieu au droit de suite. Les règles relatives à la conservations des priviléges ne peuvent donc concerner que les priviléges sur les immeubles.

Pour simplifier l'exposé de cette matière, nous dirons immédiatement que le *droit de suite* est dans tous les cas et pour tous les priviléges subordonné à la formalité de l'*inscription*. On appelle *inscription*, la mention faite sur un registre public, tenu par le conservateur des hypothèques, des éléments essentiels du titre qui a donné naissance au privilége. Elle diffère de la *transcription* qui consiste dans la copie littérale et entière de ce titre. Le but de la première est de faire connaître au public l'existence d'un privilége ou d'une hypothèque, tandis que le but de la seconde est de lui révéler une transmission de propriété. On conçoit d'ailleurs que l'inscription soit toujours la condition préalable et nécessaire de l'exercice du droit de suite, car il s'agit de troubler la possession d'un tiers détenteur, et on ne pouvait pas ne point l'avertir de cette redoutable éventualité.

La conservation du *droit de préférence* est-elle, comme la conservation du *droit de suite*, subordonnée dans tous les cas et pour tous les priviléges à la formalité de l'inscription ? A cet égard, l'art. 2106 pose cette règle que les priviléges ne produisent d'effet, entre les créanciers, que s'ils sont rendus publics par l'inscription, *et à compter de la date de cette inscription*, sous les exceptions qui suivent.

La rédaction de cet article a fait naître de graves difficultés. Si on le prend au pied de la lettre et avec le sens qui se présente naturellement à l'esprit, il semble que le législateur renverse toute la théorie que nous avons donnée des priviléges, puisque non-seulement le droit de préférence est subordonné à l'inscription, mais qu'encore le privilége ne prend rang *qu'à dater* de cette inscription. Avec cette interprétation on ne pourrait plus distinguer les priviléges des hypothèques, car, au lieu de les estimer *causâ*, c'est-à-dire par la *qualité* de la créance privilégiée, on devrait les estimer *tempore*, c'est-à-dire par la *date* de l'inscription. Dans quelques cas *exceptionnels* seulement, les priviléges produiraient leur effet à l'encontre des créanciers, autrement *qu'à compter de la date* de cette inscription.

Deux explications ont été données de l'art. 2106 : nous allons sommairement les exposer.

La première est une explication purement historique tirée de la loi du 11 brumaire an VII dont les rédacteurs du Code se sont évidemment inspirés. Cette loi, édictant les règles de conservation relatives aux priviléges du vendeur et des ouvriers (celui des copartageants n'était pas admis, et celui de séparation des patrimoines n'était pas soumis à la publicité), portait que les deux priviléges dont il s'agit ne produiraient d'effet que si leur inscription précédait ou accompagnait le fait qui leur donnait naissance. Ainsi le vendeur d'un immeuble ne pouvait se prévaloir de son privilége que si, sur la transcription de l'acte de vente, le conservateur l'avait inscrit d'office, et les ouvriers ne pouvaient invoquer le leur que si *avant* le commencement des travaux ils avaient fait inscrire le premier procès-verbal qu'ils doivent dresser. L'art. 2106 voudrait donc dire, comme la loi de brumaire, que le privilége du vendeur ne prendra naissance qu'à dater de la transcription de la vente, laquelle entraîne de droit une inscription d'office, et que le privilége des ouvriers n'existera que si l'inscription de leur premier procès-verbal a *précédé* les travaux.

Ce système ne nous paraît pas exact. D'abord il est peu en harmonie avec les termes de l'art. 2106 dont le sens serait entièrement divinatoire si une telle interprétation devait être adoptée. Puis nous verrons, en étudiant chacun des priviléges, que l'on ne peut pas raisonnablement refuser le droit de préférence au vendeur et aux ouvriers qui n'ont pas fait inscrire leur privilége, quand d'ailleurs l'immeuble n'est pas sorti des mains de leur débiteur.

La seconde explication de l'art. 2106 consiste à dire que, dans tous les cas où le droit de préférence est subordonné à l'inscription, il suffira que cette inscription soit prise pour qu'à *compter de sa date*, le privilége produise tout son effet, c'est-à-dire un effet qui s'estimera *causâ* et non *tempore*. En d'autres termes, dans ce système, l'inscription du privilége le conserve rétroactivement et avec sa nature de privilége, quelle que soit l'époque où elle soit prise, pourvu qu'aucun obstacle légal, et nous verrons plus tard quels ils peuvent être, n'ait empêché de prendre valablement cette inscription.

Cette interprétation de l'art. 2106 est, à notre avis, plus satisfaisante que la première. Toutefois sa rédaction est bien défectueuse, car il est facile de montrer par l'examen attentif de chacun des priviléges sur les immeubles, que l'article pris avec son sens apparent présente l'exception comme la règle, et la règle comme l'exception.

Faisons cette démonstration, et bientôt, en étudiant individuellement les différents priviléges, nous établirons que le sens véritable de l'article est bien celui qu'indique la seconde interprétation.

Le nombre des priviléges sur les immeubles s'élève au total à dix, en y comprenant les cinq priviléges généraux sur les meubles de l'art. 2101 qui s'étendent subsidiairement aux immeubles. Or huit priviléges sur les dix s'estiment *causâ*, *non tempore*, et deux seulement *tempore*, *non causâ*.

D'abord, les cinq priviléges de l'art. 2101 sont dispensés d'inscription par l'art. 2107. La règle leur est donc inapplicable, puisqu'au lieu de produire leur effet à compter de la date de leur inscription, ils le produisent sans être inscrits.

Passons aux priviléges de l'art. 2103. Celui du vendeur n'a pu être compris dans la règle par les rédacteurs du Code. Effectivement, la vente était encore régie par la loi de brumaire an VII, qui exigeait la transcription pour que la propriété fût transférée à l'égard des tiers. Or, aux termes de l'art. 2108, la transcription vaut inscription; de telle sorte que le fait translatif de la propriété était en même temps conservateur du privilége. Par cela seul que la vente existait, et que la propriété était transmise, le privilége était inscrit. Il ne pouvait donc pas être question d'une inscription postérieure, *à dater de* laquelle le privilége produirait son effet. Si la transcription n'avait pas été faite, le vendeur était considéré comme ayant conservé la propriété de l'immeuble, et, comme il avait l'action en revéndication, il se trouvait sans intérêt à invoquer le privilége. Dans tous les cas, la règle de l'art. 2106 qui aurait soumis le rang de son privilége à la date de son inscription lui était inapplicable.

Le second privilége de l'art. 2103, étant le même que le précédent, ne rentre pas davantage dans la règle.

Le troisième, qui est celui des cohéritiers et copartageants, est encore dans l'exception, puisque l'inscription prise dans les soixante jours à dater du partage produit effet rétroactif, et prime les hypothèques inscrites antérieurement du chef des cohéritiers ou copartageants.

Les seuls priviléges régis par l'art. 2106 sont, dans la doctrine généralement suivie, ceux de l'architecte ou de son subrogé, qui, à l'égard des créanciers hypothécaires postérieurs aux travaux, ne produisent leur effet qu'à compter de la date de leur inscription (2110). Encore certains auteurs soutiennent-ils que, même dans ce cas, ils conservent leur nature de privilége et priment ces créanciers hypothécaires.

Arrivons à l'examen des règles de conservation applicables à chacun des priviléges pris individuellement.

1° PEIVILÉGE DU VENDEUR.

Droit de PRÉFÉRENCE. — Les partisans de la première interprétation de l'art. 2106 prétendent que le vendeur ne conserve son privilége qu'à *la date* de la transcription de l'acte de vente, et par le fait même de cette transcription qui entraîne une inscription d'office. Ils raisonnent ainsi : de deux choses l'une, ou la vente n'a pas été transcrite, et alors le vendeur conserve son droit de propriété, et conséquemment

l'action en revendication ; ou bien la vente a été transcrite, et
alors le privilége est par cela même inscrit d'office, en telle
sorte que le droit de suite comme le droit de préférence sont
sauvegardés. Ainsi, dans ce système, il n'y a jamais lieu pour
le vendeur dont l'immeuble est resté entre les mains de l'a-
cheteur, d'exercer le seul droit de préférence, mais simplement de revendiquer la propriété d'un immeuble qui n'est
pas réellement aliéné tant que la vente n'est pas transcrite.

Les partisans de la seconde interprétation repoussent,
avec raison, cette revendication exercée contre l'acheteur
dans le cas où la transcription n'a pas été faite. La vente en
effet transfère par elle-même et toujours la propriété *inter*
partes, et le vendeur ne peut jamais revendiquer une propriété qu'il a perdue par le seul effet du contrat. Si la transcription est nécessaire, elle l'est seulement à l'égard des tiers
et nullement à l'égard de l'acheteur ou de la masse de ses
créanciers. Dès lors le vendeur, qui ne peut pas revendiquer
l'immeuble contre l'acheteur, doit pouvoir exercer son droit
de préférence à l'encontre des créanciers chirographaires et
même hypothécaires de ce dernier. Et en effet, par cela seul
que les créanciers retiennent dans le patrimoine de leur débiteur l'immeuble comme acheté, ils sont non recevables
à nier l'existence du privilége découlant de la vente qu'ils
invoquent. Et puisque la vente leur profite, elle doit aussi
profiter au vendeur, en lui conférant un privilége. Les
créanciers n'ont pas à se plaindre de la clandestinité du droit
de préférence que le vendeur conserve, car ils ont dû s'assurer auprès de l'acheteur, quand ils ont contracté avec lui,
s'il avait ou non payé son prix, et, s'ils ont omis de le faire,
ils n'ont qu'à se l'imputer à eux-mêmes. Dans ce système,
le vendeur exercera donc son droit de préférence toutes les
fois que, la vente n'ayant pas été transcrite, l'immeuble se
trouvera encore *apud emptorem*. Et ce droit de préférence
se conservera sans aucune formalité, par le seul fait que
l'immeuble restera dans les mains de l'acheteur. Toutefois si

cet acheteur est un commerçant, et que la faillite soit déclarée, le vendeur ne pourra, d'après l'opinion la plus commune, se prévaloir de son privilége que s'il était inscrit avant la faillite [1].

Droit de SUITE. — Le droit de suite suppose, nous l'avons dit, la sous-aliénation de l'immeuble par l'acheteur au profit d'un tiers détenteur. Dans ce cas, la publicité légale du privilége est absolument nécessaire à sa conservation. Voyons en quoi elle consiste.

De l'inscription. — La publicité légale du privilége ne peut résulter que de son inscription sur le registre du conservateur. Cette inscription peut être une inscription *d'office*, ou une inscription *directe*.

L'inscription *d'office* est celle que le conservateur doit prendre au moment de la transcription qu'il fait de l'acte de vente. La loi lui impose cette obligation, sous sa responsabilité. Si en fait il ne l'a pas remplie, le vendeur ne sera pas déchu de son privilége, puisque pour lui la transcription vaut inscription, mais les tiers qui auraient éprouvé un préjudice de la clandestinité du privilége sont fondés à poursuivre le conservateur en dommages-intérêts [2]. Au surplus le Code ne fixe aucun délai de rigueur pour faire cette inscription.

Il est à noter que la transcription faite par un nouvel acheteur de son contrat d'acquisition ne conserverait le privilége que du dernier vendeur : cette transcription ne profiterait pas au précédent vendeur qui n'a pas fait transcrire son propre titre, alors même que, dans la seconde vente, il serait fait mention de la première [3].

A quoi sert l'inscription d'office, puisque la transcription de l'acte de vente rend public le privilége? Elle a pour but et pour effet de rendre plus faciles et plus sûres les recherches

---

[1] Mourlon, *Transcr.*, n⁰ˢ 643 et suiv. — Troplong, *Priv.*, n⁰ 650. — Nancy, 6 août 1859.

[2] Pont, n⁰ 270. — Troplong, *Transcr.*, n⁰ 280.

[3] Pont, n⁰ 265. — Aubry et Rau, t. II, § 278, note 2. — Paris, 30 novembre 1860.

du conservateur, qui de la sorte se trouve moins exposé à oublier l'existence du privilége qu'il doit révéler aux tiers, sur leur réquisition.

L'inscription *directe* est celle que le vendeur prend lui-même indépendamment de l'inscription faite d'office, ou même sans que le contrat de vente ait été transcrit [1]. L'inscription directe est préférable, parce que le vendeur peut y faire une élection de domicile, ce qui lui donnera plus de sécurité au point de vue de la purge qu'un nouvel acheteur opérerait. En effet, nous verrons que les notifications exigées pour la purge sont toujours signifiées aux domiciles élus dans les inscriptions, et si aucun domicile n'est élu, comme cela arrive nécessairement dans une inscription d'office, le créancier privilégié est exposé à ne pas connaître le fait qui va détruire son privilége.

Tous les dix ans, les inscriptions doivent être renouvelées; mais le conservateur n'est obligé par aucun texte à faire d'office le renouvellement [2].

Si le vendeur a pris une inscription directe, et que l'acheteur fasse plus tard transcrire l'acte de vente, le conservateur n'en devra pas moins prendre une inscription d'office. En effet la durée de la seconde excédera celle de la première de tout l'intervalle qui a séparé l'inscription directe de la transcription. D'ailleurs, l'inscription directe pourrait être nulle pour défaut de forme, et le vendeur a un grand intérêt à ce que l'inscription d'office soit prise.

Le subrogé aux droits du vendeur devra soit faire mentionner la subrogation en marge de la transcription, soit prendre une inscription directe pour conserver son privilége. Il est dans les mêmes conditions que le vendeur (art. 2108).

Délais *de l'inscription*. — La loi ne fixe aucun délai pour la transcription de l'acte de vente ni pour l'inscription directe du privilége. Faut-il en conclure qu'une inscription,

---

[1] Mourlon, *Exam. crit.*, n° 237. — Aubry et Rau, t. II, § 278, note 4.
[2] Troplong, *Transcr.*, n° 294. — Cass., 2 décembre 1863

prise à n'importe quelle époque, le conservera ? A cet égard, nous devons rappeler la distinction que nous avons faite entre le droit de préférence et le droit de suite.

S'agit-il du droit de préférence ? Aucune formalité ni condition n'est exigée, ainsi que nous l'avons établi. Les autres créanciers de l'acheteur n'ont qu'à s'en prendre à eux-mêmes s'ils ne se sont pas assurés, par la représentation des quittances, que le prix était payé et le privilége éteint.

S'agit-il du droit de suite ? Une inscription en temps utile est, nous l'avons dit, absolument nécessaire. Dans quel délai devra-t-elle être prise ? Sur ce point, la législation a beaucoup varié.

Sous l'empire du Code civil et avant le Code de procédure, l'inscription du privilége pouvait être prise à toute époque, pourvu qu'elle le fût avant la sous-aliénation de l'immeuble par l'acheteur. On appliquait aux priviléges comme aux hypothèques l'art. 2166 ; et, en effet, la suppression de la transcription avait rendu à peu près inutile l'art. 2108, qui prescrivait l'inscription d'office toutes les fois qu'il y avait transcription de l'acte de vente.

Sous l'empire du Code de procédure, l'inscription du privilége ainsi que celle des hypothèques pouvait, aux termes de l'art. 834, être prise jusqu'à la sous-aliénation de l'immeuble par l'acheteur, plus pendant la quinzaine qui suivait la transcription du second acte d'aliénation. Cet état de choses a duré jusqu'à la loi du 23 mars 1855.

Depuis cette loi, qui a rétabli la transcription, le privilége du vendeur est presque toujours inscrit d'office. Mais si, en fait, la transcription n'a pas eu lieu, on n'applique plus la disposition précédente du Code de procédure qui a été formellement abrogée par l'art. 6, et l'inscription directe du privilége est régie par les règles suivantes : Tant que l'immeuble n'est pas sous-aliéné par l'acheteur, le privilége peut être inscrit. Si, au contraire, il intervient une sous-aliénation et que l'acte de sous-aliénation soit transcrit, cette transcription empêche le vendeur de s'inscrire. Toutefois, si le vendeur est encore dans les quarante-cinq jours de sa propre vente, son privilége peut être utilement inscrit, nonobstant toute transcription faite dans l'intervalle.

Un double exemple va montrer l'application de ces deux règles.

Un immeuble est vendu le 1er novembre 1867, et revendu le 1er novembre 1868. Si la première vente est transcrite, le privilége du vendeur est par cela même conservé. Si elle n'est pas transcrite, le vendeur doit inscrire son privilége avant la transcription de la seconde vente, et, pourvu qu'il prenne cette inscription la veille de la transcription, il est en règle. Le lendemain il serait forclos.

Un immeuble est vendu le 1er novembre 1867, et revendu quatre ou cinq fois dans le même mois. Le premier vendeur, dont l'acte de vente n'a pas été transcrit, peut utilement inscrire son privilége, avec effet rétroactif au jour de son contrat, pendant les quarante-cinq jours qui le suivent, c'est-à-dire jusqu'au 15 décembre, et, toutes les reventes intermédiaires eussent-elles été transcrites, il conserverait toujours sa priorité.

Tel est le régime de conservation auquel le privilége du vendeur est actuellement soumis. Ce régime est sous un rapport plus large et sous un autre rapport plus étroit que celui de l'art. 834 du Code de procédure. Il est plus large dans la période des quarante-cinq jours, puisque l'inscription du privilége est toujours efficace, même faite après plus de quinzaine des transcriptions intermédiaires. Il est plus étroit dans la période suivante, puisque l'inscription doit précéder toute transcription qui serait faite d'un acte de sous-aliénation, et que la quinzaine de grâce accordée par l'art. 834 est supprimée.

EFFETS *de l'inscription*. — L'inscription d'office ou directe conserve au vendeur son droit de suite contre les tiers détenteurs. Aux termes de l'art. 7, de la loi du 23 mars 1855, elle lui conserve aussi son action résolutoire, dont le sort est désormais inséparable de celui du privilége.

Privilége du SUBROGÉ *au vendeur.* — Les règles de conservation de ce privilége sont en tout point les mêmes que les précédentes.

Privilége des COHÉRITIERS ET COPARTAGEANTS. *Droit de* PRÉFÉRENCE. — Le droit de préférence, comme le droit de suite, est ici soumis à l'inscription. Aux termes de l'art. 2109, cette inscription doit être prise dans les *soixante jours* à dater de l'acte de partage ou de la licitation.

Si le partage n'a pas date certaine, quel sera le point de départ? Selon les uns, ce sera la date même mentionnée dans l'acte de partage, quoiqu'elle manque de certitude. Selon les autres, ce sera le fait qui a produit l'indivision, c'est-à-dire l'ouverture de la succession, la dissolution de la société, etc. Cette dernière opinion nous paraît plus juste, car les tiers ne doivent pas être exposés à souffrir du retard des cohéritiers ou copartageants à donner date certaine à leur acte de partage.

L'inscription, prise dans le délai de soixante jours, produit effet rétroactif au jour du partage ou de la licitation, et le créancier privilégié prime toutes les hypothèques inscrites avant lui du chef de son cohéritier ou copartageant. Après les soixante jours, le privilége est dégénéré en hypothèque (art. 2113), et l'inscription ne produit d'effet qu'à compter de sa date.

Droit de SUITE. — La conservation du droit de suite a subi pour les cohéritiers et copartageants les mêmes vicissitudes que pour le vendeur. Nous croyons, dès lors, inutile de rappeler les régimes du Code civil, ou du Code de procédure, et nous arrivons immédiatement au régime actuel.

La loi du 23 mars 1855 n'a pas modifié la conservation du privilége en ce qui concerne le droit de préférence considéré isolément. Mais, pour le droit de suite, elle l'a soumis aux mêmes règles et conditions que celui du vendeur. Ainsi, aux termes de l'art. 6, l'inscription des cohéritiers et copartageants ne peut, en principe, être prise que jusqu'à la transcription qui serait faite d'un acte d'aliénation des immeubles partagés ou licités. Seulement, si on est dans les 45 jours du partage ou de la licitation, cette inscription peut être encore utilement prise nonobstant toute transcription intermédiaire, et avec effet rétroactif comme pour le vendeur.

Lorsque les 45 jours sont expirés et qu'il survient une transcription avant que les cohéritiers ou copartageants se soient inscrits, leur droit de suite est éteint, et avec lui leur droit de préférence, puisque l'exercice du premier est la condition indispensable de l'exercice du second [1].

Privilége des ARCHITECTES *et ouvriers. Droit de* PRÉFÉRENCE. — Dans la première interprétation de l'art. 2106, ce droit de préférence est subordonné à l'inscription du premier procès-verbal *avant* l'exécution des travaux. Une fois la plus-value créée sans cette inscription, elle est atteinte par les priviléges ou hypothèques antérieurs, et elle échappe entièrement au privilége des architectes et ouvriers qui ne l'ont pas retenue par une inscription préalable. Ceux-ci ne sont plus dès lors que des créanciers hypothécaires, et ils ne prendront rang qu'à dater de leur inscription ultérieure [2].

Ce système est parfaitement conforme à la loi de brumaire, mais il l'est moins, à notre avis, aux termes de l'art. 2110 qui ne suppose nullement une inscription *préalable* aux travaux et qui dit simplement que le privilége sera conservé « à la date de l'inscription du premier procèsverbal. »

Dans une seconde opinion [3], qui nous paraît préférable, on fait la distinction suivante. Par rapport aux créanciers hypothécaires antérieurs aux travaux, l'inscription peut être

---

[1] *Sic*, Mourlon, t. II, n° 702. — Flandin, t. II, n°s 1142 et 1143. — *Contrà*, Aubry et Rau, t. II, § 278, note 26. — Pont, n° 318.

[2] Valette, p. 54 et suiv. — Pont, n° 281.

[3] Massé et Vergé, t. V, § 813, note 17.

utilement prise à toute époque. Et, en effet, le privilége ne
leur nuira pas plus si l'inscription est prise après les travaux
que si elle est prise avant. Mais, par rapport aux créanciers
hypothécaires postérieurs, l'inscription ne produira d'effet
qu'à compter de sa date, car si les architectes et ouvriers ont
un véritable privilége vis-à-vis des premiers, ils n'ont jamais qu'une hypothèque vis-à-vis des derniers. Dans ce système, le double procès-verbal n'a qu'un but : séparer la plus-
value de la valeur ancienne, et donner sur cette plus-value
un droit de préférence et de suite aux architectes et ouvriers,
à l'encontre des créanciers hypothécaires déjà inscrits.
Ceux-ci, n'ayant jamais dû compter sur une valeur qui
n'existait pas lorsqu'ils ont traité avec le propriétaire, ne
peuvent se plaindre du privilége et, quelle que soit la date
de son inscription, ils doivent le supporter. Au contraire,
les créanciers postérieurs aux travaux ont compté sur la
plus-value, et si une inscription ne leur révèle pas l'existence du privilége, ils ne doivent pas en souffrir. Ils ne seront primés par ce privilége que si son inscription précède
celle qu'ils prendront eux-mêmes.

On fait à cette solution, qui est manifestement équitable,
une objection théorique. Tout privilége, dit-on, suppose le
concours de plusieurs créanciers sur le prix d'une seule et
même chose. Or, si le double procès-verbal a pour effet de
séparer la nouvelle valeur de l'ancienne, les créanciers
hypothécaires antérieurs aux travaux, d'une part, et les architectes et ouvriers, d'autre part, exercent leur droit sur
deux objets différents. Cette objection serait fondée si le sens
du mot *privilége* était aussi restreint qu'on le prétend. Mais
ce mot signifie simplement une dérogation légale au droit
commun, produisant droit de préférence et parfois droit de
suite. Or, il y a précisément ici une dérogation de cette nature, puisque la règle générale veut que les créanciers hypothécaires exercent leur droit sur les améliorations de la chose
comme sur la chose elle-même (art. 2133), et que, par ex-

ception, les constructeurs peuvent faire séparer la plus-value de la valeur ancienne, pour exercer sur elle un droit de préférence et de suite.

Comment colloquer les différents créanciers lorsque, sur l'immeuble reconstruit ou réparé, se trouvent des inscriptions hypothécaires antérieures aux travaux , et d'autres postérieures, mais primant l'inscription du privilége ?

L'architecte dira aux créanciers inscrits après les travaux : Je prime les créanciers antérieurs aux travaux, puisque, par rapport à eux, j'ai un privilége ; or, comme ils vous priment, à plus forte raison dois-je vous primer.

D'un autre côté, les créanciers postérieurs lui diront : Nous vous primons, puisque notre inscription précède la vôtre; or, comme vous primez les créanciers antérieurs, à plus forte raison devons-nous les primer.

Ce double résultat est, à nos yeux , inadmissible, et nous pensons que, du moment où les architectes et ouvriers ont laissé les créanciers hypothécaires postérieurs prendre avant eux inscription sur l'immeuble reconstruit ou réparé , ils ont par cela même perdu leur privilége par rapport aux créanciers antérieurs et leur rang par rapport aux créanciers postérieurs. Ils n'ont qu'à s'imputer à eux-mêmes de n'avoir pas pris les mesures conservatoires de leur droit, et, s'ils sont les derniers, ils ne le doivent qu'à leur propre négligence.

Droit de SUITE. — Conformément aux dispositions générales de l'art. 6 de la loi du 23 mars 1855, les architectes et ouvriers ne conserveront leur droit de suite que par la double inscription de leurs deux procès-verbaux prise avant toute transcription qui serait faite d'un acte d'aliénation consenti par le propriétaire de l'immeuble reconstruit ou réparé. Ils n'ont donc pas le délai de 45 jours qui a été accordé au vendeur et aux cohéritiers ou copartageants, et la seule transcription d'un acte d'aliénation suffira pour les forclore.

Privilége du SUBROGÉ *aux architectes et ouvriers.* —

Mêmes règles de conservation que pour les architectes et ouvriers.

Privilége des CRÉANCIERS *et* LÉGATAIRES *qui demandent la* SÉPARATION *des* PATRIMOINES. — Lorsqu'une succession solvable tombe entre les mains d'un héritier insolvable, les créanciers et légataires du défunt ont intérêt à demander la séparation des patrimoines, afin d'éviter le concours des créanciers personnels de l'héritier. On sait (art. 878 et suiv.) qu'ils le peuvent pendant trois ans pour les meubles, et, pour les immeubles, tant qu'ils ne sont pas aliénés par l'héritier, et que cette faculté cesse, s'ils ont accepté celui-ci comme débiteur et voulu courir les chances de son insolvabilité. On sait, en outre, que les créanciers d'un héritier solvable qui accepterait une succession insolvable ne peuvent point demander la séparation des patrimoines, parce qu'ils sont en faute d'avoir traité avec un débiteur qui administrait mal ses affaires.

L'art. 2111 du Code Napoléon est venu modifier et compléter le système des art. 878 et suivants. D'abord il qualifie de *privilége* le droit des créanciers et légataires du défunt qui demandent la séparation des patrimoines. Faut-il prendre ce mot au pied de la lettre? L'intérêt de la question est grave ; car , s'il y a privilége, les créanciers et légataires du défunt seront payés par préférence sur les biens de succession, et de plus ils concourront avec les créanciers de l'héritier sur ses biens personnels. Si, au contraire, il n'y a pas privilége, les deux masses de créanciers exerceront leurs droits, l'une sur les biens de succession, l'autre sur ceux de l'héritier, sans qu'il y ait entre elles aucun conflit.

Cette dernière idée nous paraît seule exacte. Effectivement, rien ne prouve que le Code ait voulu innover, et, dans l'ancien droit français pas plus qu'en droit romain, les créanciers du défunt ne concouraient avec les créanciers de l'héritier sur ses biens personnels. La première masse, excluant la seconde des biens de succession, était, par une juste réciprocité, exclue à son tour des biens de l'héritier. Le seul point qui fît controverse était celui de savoir si les créanciers de succession avaient un recours *subsidiaire* à exercer sur les biens de l'héritier, une fois que ses propres créanciers étaient désintéressés. Il n'est pas présumable que l'art. 2111 ait entendu renverser une théorie si équitable. Mais comment alors justifier l'expression *privilége?* On le peut, en lui donnant un sens analogue à celui que nous avons indiqué pour le privilége des architectes et ouvriers. Il y a ici une dérogation au droit commun, qui est la séparation de deux patrimoines déjà confondus par suite de l'acceptation pure et simple de l'hérédité. De cette séparation naît un droit de préférence pour les créanciers et légataires du défunt, sans qu'ils soient exclus, au moins dans l'opinion la plus suivie [1], des biens personnels de l'héritier après le désintéressement complet de ses propres créanciers, et sans que pareillement ceux-ci soient exclus des biens de succession après le payement intégral des legs et dettes du défunt.

INSCRIPTION *du* PRIVILÉGE. — Aucune publicité n'est nécessaire en ce qui concerne les meubles : il suffit que le privilége soit exercé dans les trois ans et que les meubles se trouvent encore en la possession de l'héritier, car ils ne donnent jamais lieu à un droit de suite. Mais il en est tout autrement pour les immeubles. L'art. 2111 exige qu'une inscription soit prise dans le délai de six mois, à dater de l'ouverture de la succession, sans quoi la séparation des patrimoines ne serait pas opposable aux créanciers personnels de l'héritier qui auraient pris hypothèque sur ces immeubles. L'inscription prise dans ledit délai produit effet rétroactif au jour de l'ouverture de la succession. Prise après les six mois, elle n'aurait d'effet qu'à compter de sa date : le privilége serait dégénéré en hypothèque. Cette innovation de l'art. 2111 est également utile aux créanciers et légataires du défunt et aux

---

[1] Marcadé, art. 881. — Mourlon, t. III, n° 1415.

créanciers personnels de l'héritier. Elle est utile aux premiers, en ce qu'elle les met à l'abri des constitutions d'hypothèque qui auraient pu être faites par l'héritier sur les biens
de succession au lendemain de son ouverture, et avant qu'ils
aient pu eux-mêmes prendre les mesures conservatoires
de leurs droits ; elle est utile aux derniers, en ce qu'après
le délai de six mois, ils pourront avec toute sécurité accepter
de l'héritier des droits réels sur les immeubles laissés par le
défunt.

Il va de soi que le délai de six mois pourrait être abrégé
par la transcription qui serait faite d'un acte d'aliénation consenti par l'héritier (art. 6 de la loi du 23 mars 1855).

EFFET *de l'inscription.* — Les créanciers et légataires
inscrits en temps utile peuvent désormais opposer la séparation des patrimoines aux créanciers de l'héritier. Mais leurs
positions respectives ne sont nullement changées. Ainsi les
créanciers seront payés avant les légataires, car *non sunt
bona nisi deducto œre alieno*, et, parmi les créanciers, ceux
qui avaient des priviléges ou des hypothèques primeront
ceux qui étaient simplement chirographaires.

Que décider si certains créanciers se sont inscrits en temps
utile, et les autres tardivement, c'est-à-dire après des créanciers personnels de l'héritier qui ont reçu hypothèque sur
les biens de la succession ? La raison et l'équité veulent que
le créancier diligent ne profite ni ne souffre de la négligence
de son cocréancier. Dès lors, voici comment se fera la collocation. Soient une succession de 100 et deux créanciers de
60 chacun. Le créancier inscrit dans les six mois a conservé
60 par rapport aux créanciers personnels de l'héritier; mais
il ne doit avoir que 50 vis-à-vis de son cocréancier. Il
prendra donc 60 et rendra 10 à ce dernier. De cette manière, il n'aura ni plus ni moins qu'il n'aurait eu dans
l'hypothèse où le cocréancier se fût inscrit en temps utile,
et n'eût pas été primé par les créanciers de l'héritier qui
ont reçu hypothèque sur les biens de la succession.

Si l'on suppose que l'inscription prise en temps utile soit celle d'un légataire, et que celle prise tardivement soit celle d'un créancier, on fera un raisonnement analogue et l'on dira : le légataire inscrit dans les six mois a conservé 60 par rapport aux créanciers personnels de l'héritier, mais comme les légataires ne doivent venir qu'après les créanciers de la succession, il n'a droit en principe qu'aux 40 restant après le prélèvement des 60 dus aux créanciers. La diligence du légataire ne devant ni profiter ni nuire au créancier négligent, le légataire gardera donc les 40 auxquels il a droit, et il rendra 20 au créancier. De cette manière, tout se passera entre le légataire et le créancier, comme si ce dernier s'était inscrit avant les créanciers personnels de l'héritier. Maintenant, il est vrai, le créancier n'a que 20 au lieu de 60, mais c'est par le fait de l'inscription prise par les créanciers personnels de l'héritier avant la sienne, et non par le fait du légataire qui conserve exactement ce qu'il eût obtenu dans le cas où le créancier lui-même eût été diligent.

L'art. 1017 du Code accorde aux légataires une hypothèque sur le lot de chaque héritier. Dès lors, on ne voit pas quel intérêt ils ont à demander la séparation des patrimoines, puisque cette hypothèque les protège contre les créanciers de l'héritier. L'intérêt est médiocre lorsque la succession est immobilière ; tout l'avantage consiste en ce que l'inscription prise dans les six mois rétroagit pour la séparation des patrimoines, tandis qu'elle ne rétroagirait pas pour l'hypothèque. Mais quand la succession est mobilière, l'hypothèque ne pouvant porter sur des meubles, la séparation des patrimoines est la seule ressource des légataires.

Au reste, cette hypothèque, telle qu'elle a été entendue par l'art. 1017, produira souvent un résultat inique. En effet, le légataire peut exiger son payement intégral de chaque héritier, tandis que le créancier ne peut lui demander que sa part dans la dette. Dès lors, le légataire sera désintéressé si l'un des héritiers a un immeuble suffisant pour couvrir la

totalité du legs, déduction faite de la part qu'il doit supporter
dans les dettes, tandis que le créancier aura à supporter pour
leurs parts l'insolvabilité des autres héritiers.

Il nous reste à examiner deux questions importantes.

La première est celle de savoir si, dans le cas où l'héritier
a accepté la succession sous bénéfice d'inventaire, les créanciers et légataires du défunt ont intérêt à prendre leur inscription. Les uns soutiennent l'affirmative, et se fondent
sur la faculté qu'a l'héritier de changer, soit en faisant acte
de propriétaire, soit au moyen d'une déclaration expresse,
sa qualité d'héritier bénéficiaire en qualité d'héritier pur et
simple, et d'opérer ainsi la confusion des deux patrimoines.
Mais cette solution ne nous paraît pas conforme aux principes. Le bénéfice d'inventaire doit, à notre avis, pouvoir
être aussi bien invoqué par les créanciers contre l'héritier
que par l'héritier contre les créanciers. L'acceptation bénéficiaire crée une situation réciproque, et il ne peut pas dépendre de l'une des parties de la rompre au gré de ses caprices
ou de son intérêt. Lorsque l'héritier fait des actes de propriétaire, il empire sa condition, puisqu'il sera tenu des dettes
ultrà vires successionis; mais ce qui est une peine pour lui
ne saurait en être une pour les créanciers, auxquels la loi a
précisément voulu donner une garantie nouvelle. Conséquemment ils pourront exiger que, par rapport à eux, le
bénéfice d'inventaire soit maintenu. D'ailleurs, il importe
d'épargner les frais d'une séparation de patrimoines, qui
viendraient s'ajouter aux frais déjà considérables du bénéfice
d'inventaire, si les créanciers et légataires de la succession ne
pouvaient pas se prévaloir de l'état de choses que l'héritier
bénéficiaire lui-même avait d'abord établi [1].

La deuxième question à examiner est celle de savoir si le
droit de préférence accordé aux créanciers et légataires de la
succession est *indivisible.* Un exemple va faire comprendre

---

[1] Demante, *Cours analyt.*, t. III, n° 222. — Aubry et Rau, t. V, § 619,
note 58. — Cass., 8 juin 1863.

la difficulté. La succession ouverte est dévolue à deux héritiers. Un créancier du défunt accepte l'un des héritiers comme débiteur pur et simple, et il demande contre l'autre la séparation des patrimoines. Au premier il ne pourra évidemment demander que la moitié de la dette, puisque chaque héritier n'est tenu personnellement que de sa part dans le passif. Mais s'il s'adresse d'abord au second, ne peut-il pas lui demander toute la dette? La raison de douter vient de ce que, dans ce dernier cas, il poursuit plutôt les biens héréditaires que l'héritier. En d'autres termes, par la séparation des patrimoines, il semble agir *réellement* et non *personnellement* contre l'héritier, et il est dans une situation analogue à celle d'un créancier hypothécaire qui peut toujours poursuivre pour le tout le recouvrement de la créance sur chacun des immeubles qui lui sont hypothéqués.

Ceux qui voient dans la séparation des patrimoines un véritable privilége admettent l'affirmative, et avec raison, puisque le privilége, comme l'hypothèque, doit emporter l'indivisibilité de la poursuite [1]. Mais nous avons dit que la tradition historique et l'équité ne permettent pas d'adopter ce système, et, si le principe est rejeté, il doit en être de même de la conséquence. La séparation des patrimoines doit, à notre avis, se concilier avec le principe que les dettes se divisent de plein droit entre tous les héritiers, et qu'elles naissent dans leurs personnes aussi distinctes que si chacun avait contracté séparément. Dès lors le créancier qui demande la séparation des patrimoines contre un seul héritier ne peut la demander et l'obtenir que pour sauvegarder sa part de créance contre cet héritier, et il excéderait son droit en prétendant que la séparation obtenue contre l'un peut lui garantir la part dont l'autre héritier est tenu dans la même dette. Nous avons vu un résultat identique dans le cas où la séparation des patrimoines résulte, non plus de la demande formée par

---

[1] Gabriel Demante, *Revue crit. de jurispr.*, 4ᵉ année, p. 177.

les créanciers ou légataires de la succession, mais de l'acceptation par les héritiers sous bénéfice d'inventaire. Une telle acceptation ne fait pas obstacle à la division des dettes, et chacun des héritiers bénéficiaires ne peut être poursuivi que pour sa part dans le passif de la succession [1].

De la CESSION *des* CRÉANCES PRIVILÉGIÉES. — La loi ne permettant pas aux particuliers de créer des priviléges, on ne peut faire un placement avec cette sorte de garantie qu'en se rendant cessionnaire d'une créance privilégiée. Dans ce cas, le cessionnaire est entièrement substitué au cédant, et en ce qui touche l'étendue de ses droits et en ce qui concerne la manière de les conserver (art. 2112).

De la TRANSFORMATION *des* PRIVILÉGES *en* HYPOTHÈQUES LÉGALES. — Dégénèrent en hypothèques légales tous les priviléges qui doivent être inscrits dans un certain délai, lorsque ce délai est expiré sans qu'il ait été pris d'inscription. Au lieu de les estimer *causâ*, on les estimera désormais *tempore*.

Les priviléges qui sont ainsi susceptibles de dégénérer en hypothèques légales sont :

1° Le privilége des cohéritiers ou copartageants qui, après les soixante jours, ne produit son effet qu'à compter de la date de son inscription ;

2° Le privilége des architectes et ouvriers, envisagé dans ses rapports avec les hypothèques constituées postérieurement aux travaux ;

3° Enfin le privilége des créanciers et légataires de la succession, qui, après les six mois, ne prend rang qu'à compter du jour où il est inscrit.

[1] Aubry et Rau, t. IV, p. 245, note 53. — Mourlon, t. III, n° 1419.

CHAPITRE III

DES HYPOTHÈQUES.

ART. 2114. L'hypothèque est un droit réel sur les immeubles affectés à l'acquittement d'une obligation. — Elle est, de sa nature, indivisible et subsiste en entier sur tous les immeubles affectés, sur chacun et sur chaque portion de ces immeubles. — Elle les suit dans quelques mains qu'ils passent.

2115. L'hypothèque n'a lieu que dans les cas et suivant les formes autorisées par la loi.

2116. Elle est ou légale, ou judiciaire, ou conventionnelle.

2117. L'hypothèque légale est celle qui résulte de la loi. — L'hypothèque judiciaire est celle qui résulte des jugements ou actes judiciaires. — L'hypothèque conventionnelle est celle qui dépend des conventions et de la forme extérieure des actes et des contrats.

2118. Sont seuls susceptibles d'hypothèques : — 1° les biens immobiliers qui sont dans le commerce et leurs accessoires réputés immeubles ; — 2° l'usufruit des mêmes biens et accessoires pendant le temps de sa durée.

2119. Les meubles n'ont pas de suite par hypothèque.

2120. Il n'est rien innové, par le présent Code, aux dispositions des lois maritimes concernant les navires et bâtiments de mer.

DÉFINITION et CARACTÈRES de l'hypothèque. — L'hypothèque est un droit réel sur les immeubles affectés à l'acquittement d'une obligation.

Nous allons successivement examiner ses caractères essentiels, naturels et accessoires.

Caractères ESSENTIELS. — L'hypothèque est :

1° Un droit réel, car elle donne un droit de préférence et un droit de suite ;

2° Un droit accessoire, car elle est précisément constituée pour garantir l'exécution d'une obligation principale ;

3° Un droit immobilier au point de vue de son objet, car elle ne peut porter que sur des immeubles, mais presque toujours mobilier au point de vue de la créance garantie, puisque les créances immobilières sont très-rares dans notre droit actuel.

Faut-il dire qu'elle est un démembrement de la propriété ? Certains auteurs soutiennent la négative, en se fondant sur l'art. 543 du Code, qui énumère les divers démembrements de la propriété, et ne comprend pas parmi eux l'hypothèque. Cependant il paraît difficile de ne pas admettre l'opinion contraire, car la capacité pour constituer hypothèque doit être, sauf exception, la même que pour aliéner ; de plus, l'hypothèque se prescrit comme la propriété, et enfin il est incontestable que le débiteur n'a plus, sur l'immeuble hypothéqué, un droit d'*abusus* complet. Ainsi, il ne pourrait pas démolir la maison qui garantit le payement de la dette : or, si son droit de disposer est amoindri, ce ne peut être qu'au profit du créancier, qui dès lors a acquis une fraction de la propriété. On dirait en vain que le droit d'hypothèque pouvant, à la différence de l'usufruit, de l'usage ou de l'habitation, être éteint par le propriétaire de l'immeuble au moyen du payement de la dette qu'il est libre de faire quand il lui plaît, manque du caractère essentiel de l'inviolabilité qui appartient à la propriété ou à ses démembrements. On répondrait que la propriété elle-même ne jouit pas toujours du privilége de l'inviolabilité et que, par exemple, le propriétaire d'un mur peut être contraint d'en céder à prix d'argent la mitoyenneté à son voisin qui la réclame au gré de son intérêt ou de son caprice. Il est donc permis de conclure que l'hypothèque n'est pas seulement un droit réel, mais encore un démembrement de la propriété [1].

Caractères NATURELS. — L'hypothèque est naturellement indivisible comme le gage et le privilége, et si quatre immeubles, par exemple, ont été hypothéqués pour une dette de 40, et que le débiteur meure laissant quatre héritiers dont chacun prendra un immeuble dans le partage, celui d'entre

---

[1] Valette, t. I, p. 178. — Mourlon, t. III, p. 603.

eux qui aura payé sa part dans la dette n'aura pas affranchi son immeuble de l'hypothèque, tant que ses cohéritiers ne se seront pas libérés.

Réciproquement, si le créancier mourait laissant quatre héritiers, et que l'un d'eux fût payé de sa part dans la créance, ses cohéritiers n'en conserveraient pas moins leur droit d'hypothèque sur les quatre immeubles.

L'indivisibilité est admise par la loi, comme résultant de la convention tacite des parties, et une déclaration contraire suffirait pour la faire disparaître.

Caractères ACCESSOIRES. — L'hypothèque peut être, ainsi que la créance, pure et simple, ou même à terme ou sous condition, s'il y a eu, à cet égard, convention expresse ; mais, comme l'accessoire ne peut excéder le principal, l'hypothèque donnée purement et simplement pour une créance à terme ou sous condition, serait nulle ; tandis qu'au contraire, une hypothèque à terme ou sous condition, donnée pour une obligation pure et simple, serait valable.

Un régime hypothécaire exerce la plus grande influence sur le crédit public, et c'est pourquoi la loi fixe rigoureusement les formes et les conditions de l'hypothèque.

Des DIFFÉRENTES ESPÈCES *d'hypothèques*. — Les hypothèques sont *légales*, *judiciaires*, ou *conventionnelles*, suivant qu'elles résultent de la loi, des jugements ou actes judiciaires, ou enfin de la convention des parties. Nous examinerons plus loin la nature et les effets de ces différentes sortes d'hypothèques.

Des BIENS SUSCEPTIBLES *ou* NON *d'être hypothéqués*. — Les immeubles seuls peuvent être hypothéqués ; par exception, certains ne le peuvent pas, soit parce que la vente en est impossible, soit parce qu'elle serait peu profitable. Nous allons successivement examiner la règle et les exceptions.

I. *Des immeubles qui* PEUVENT *être hypothéqués*. — Peuvent être hypothéqués :

1° Les immeubles *par nature* qui sont dans le commerce.

La condition que les immeubles soient dans le commerce
est indispensable, car toute hypothèque a pour but la vente
aux enchères publiques, et la collocation par ordre sur le
prix d'adjudication. Au surplus, la constitution d'une hypothèque n'empêche pas le propriétaire de l'immeuble qui en
est grevé de l'administrer et d'en jouir comme s'il était
franc et quitte de toute charge. Ainsi il peut le cultiver, le
louer, en percevoir les fruits, etc. A partir de la trancription
de la saisie seulement, les fruits seront immobilisés pour le
prix en être distribué aux créanciers comme celui de l'immeuble.

2° Les immeubles *par destination.* L'article 2118 a peut-
être eu tort de les désigner nommément, car, ou on les considère en eux-mêmes et abstraction faite de l'immeuble par
nature auquel ils sont attachés, et alors ils sont des meubles
non susceptibles d'hypothèques; ou on les considère comme
formant un tout indivisible avec l'immeuble par nature, et
alors il était inutile d'en parler, puisque l'hypothèque constituée sur le principal s'étendait nécessairement à tous les
accessoires.

3° *L'usufruit* des biens immobiliers. Cette hypothèque
sera soumise à toutes les causes d'extinction de l'usufruit.
Cependant si celui-ci disparaissait par la consolidation,
l'hypothèque subsisterait encore. En effet, on ne peut pas
dire que l'usufruitier qui acquiert la nue propriété perde à
proprement parler son droit d'usufruit. Ce droit est bien
plutôt amélioré qu'il n'est éteint, et il n'y a aucun motif de
déclarer l'hypothèque anéantie.

Lorsque le nu propriétaire et l'usufruitier constituent
chacun une hypothèque séparée, celle du nu propriétaire est
préférable, puisqu'elle contient éventuellement celle de l'usufruitier. Effectivement, lorsque l'usufruit venant à s'éteindre
fera retour à la nue propriété, l'hypothèque constituée par
l'usufruitier disparaîtra ; mais celle constituée par le nu propriétaire s'améliorera d'autant, puisqu'elle portera sur la

pleine propriété au lieu de ne porter, comme auparavant, que sur la nue propriété.

4° Les *mines* qui, d'après la loi de 1810, forment une propriété distincte de celle de la surface.

5° Les *actions* de la Banque de France qui ont été *immobilisées*, conformément au décret du 16 janvier 1808.

6° Enfin selon la jurisprudence, mais contrairement à la doctrine, *l'emphytéose* dont nous avons discuté la nature en traitant du louage [1].

II. *Des immeubles qui ne* PEUVENT PAS *être hypothéqués*. — En indiquant les immeubles qui peuvent être hypothéqués, nous avons implicitement fait connaître ceux qui ne peuvent pas l'être, ce sont :

1° Les droits *d'usage* et *d'habitation*, car ils sont exclusivement attachés à la personne, et ils ne peuvent pas être vendus aux enchères publiques.

2° Les *servitudes* prises séparément du fonds auquel elles profitent, car les voisins seuls ont intérêt à les acquérir, et la vente en serait peu profitable, si elle n'était pas impossible.

3° Les *créances* et *actions immobilières*, car le créancier ne saurait ni où ni comment prendre une inscription, et d'ailleurs, ou ces droits sont litigieux, et alors la vente en serait impossible à cause du retrait auquel serait exposé l'adjudicataire, ou ils ne sont pas litigieux, et alors il est plus simple que le débiteur les exerce lui-même et donne ensuite directement hypothèque sur l'immeuble qu'ils ont pour objet. Ainsi quand le débiteur a une action, soit en réméré, soit en rescision pour lésion de plus des sept douzièmes, soit en résolution de la vente pour non-payement du prix, il ne peut pas hypothéquer ces diverses actions, mais il peut hypothéquer l'immeuble qu'elles tendent à faire rentrer dans son patrimoine. Si la vente est révoquée, l'hypothèque subsistera rétroactivement : dans le cas contraire elle

[1] Cass., 6 mars 1850, 26 avril 1853.

sera sans valeur comme constituée sur la chose d'autrui.

III. *Les* MEUBLES *ne* SONT PAS SUSCEPTIBLES *d'hypothèque.* — L'art. 2119 déclare que les meubles *n'ont pas de suite* par hypothèque, ce qui semble dire, *à contrario*, qu'ils sont susceptibles d'un droit de préférence : faut-il admettre ce droit en excluant l'autre, ou faut-il exclure également l'un et l'autre ?

Les anciennes coutumes n'étaient pas d'accord : les unes, à l'imitation du droit romain, permettaient l'hypothèque sur les meubles, tant au point de vue du droit de suite qu'au point de vue du droit de préférence ; les autres admettaient le droit de préférence, en excluant le droit de suite ; d'autres, enfin, excluaient à la fois et le droit de préférence et le droit de suite. Le Code a suivi, en apparence, les coutumes intermédiaires ; mais, en réalité, il est conforme aux dernières : la preuve en est dans la désignation même qu'il a faite des choses susceptibles d'hypothèque parmi lesquelles il n'a pas mis les meubles. Peut-être l'art. 2119 a-t-il voulu dire que dans le cas où les meubles sont atteints par l'hypothèque comme accessoires d'un immeuble par nature, ils échappent à l'action hypothécaire s'ils viennent à en être séparés et à perdre ainsi leur qualité d'immeubles par destination. Mais avec cette interprétation, la formule du Code est encore vicieuse, puisqu'elle tend à faire supposer que, le droit de suite étant éteint, il peut survivre un droit de préférence, ce qui est de toute inexactitude.

On ne peut d'ailleurs qu'approuver le législateur de n'avoir pas déclaré les meubles susceptibles d'hypothèques En effet, les meubles manquant d'assiette fixe, il eût été également difficile au créancier hypothécaire de rendre public son droit de préférence et d'exercer utilement son droit de suite. Puis, les meubles peuvent être facilement donnés en gage, et devenir ainsi pour le créancier la source d'un privilége, ce qui est plus avantageux pour lui que l'hypothèque.

PREMIÈRE SECTION

DES HYPOTHÈQUES LÉGALES.

ART. 2121. Les droits et créances auxquels l'hypothèque légale est attribuée sont : — ceux des femmes mariées, sur les biens de leur mari ; — ceux des mineurs et interdits, sur les biens de leur tuteur; — ceux de l'État, des communes et des établissements publics, sur les biens des receveurs et administrateurs comptables.

2122. Le créancier qui a une hypothèque légale peut exercer son droit sur tous les immeubles appartenant à son débiteur, et sur ceux qui pourront lui appartenir dans la suite, sous les modifications qui seront ci-après exprimées.

Observation. — Les hypothèques légales ne sont pas très-nombreuses : on en compte cinq seulement. Ces hypothèques sont, en principe, *générales*, c'est-à-dire qu'elles portent sur tous les immeubles présents et à venir du débiteur (art. 2122). Nous verrons toutefois qu'il y a deux exceptions, l'une relative à l'hypothèque des légataires, l'autre relative à l'hypothèque provenant d'un privilége dégénéré.

Les hypothèques légales les plus usuelles, savoir, celle des femmes mariées, et celle des mineurs ou interdits, sont dispensées d'inscription. Mais les trois autres y sont soumises.

Passons à l'examen de ces diverses hypothèques.

I. *Hypothèque des* FEMMES MARIÉES *sur les biens de leurs* MARIS. — La loi accorde une hypothèque aux femmes mariées, parce que, dans la plupart des cas, leur état de dépendance les met dans l'impossibilité d'exiger de leurs maris des garanties spéciales. Le droit romain leur avait même concédé dans les derniers temps une hypothèque privilégiée.

Le mariage célébré à l'étranger est, comme nous le savons, parfaitement valable si les époux ont rempli les formalités voulues, et dès lors il emportera hypothèque comme s'il avait été célébré en France.

Mais faut-il accorder l'hypothèque légale à la femme d'un étranger qui a des immeubles en France ? En d'autres termes, la loi protége-t-elle les femmes étrangères comme les femmes françaises? Non, d'après les uns; car, disent-ils, l'hypothèque est une création du droit civil dont les Français peuvent seuls profiter, et, d'ailleurs, le mariage contracté entre étrangers sera rarement connu en France, et il y aurait dans cette hypothèque légale un péril pour les tiers qui traiteraient avec le mari [1]. Oui, suivant les autres; car les étrangers jouissent, en France, de tous les droits civils qui ne leur ont pas été expressément refusés, et l'hypothèque est de ce nombre. Quant à la publicité de l'hypothèque, elle est nulle même pour les femmes françaises, et l'objection de la clandestinité s'adresse au législateur, au lieu de s'adresser à ce système qui nous paraît préférable. Toutefois, comme la femme étrangère ne peut demander aux lois françaises plus de protection qu'elle n'en reçoit de sa loi personnelle, il faudrait lui refuser l'hypothèque légale si la loi étrangère ne la lui avait pas accordée [2].

Créances GARANTIES *par l'hypothèque.* — L'hypothèque légale de la femme garantit toutes les créances qu'elle peut avoir contre son mari, car l'art. 2121 ne fait aucune distinction. Ainsi la dot qu'elle apporte, les donations qu'elle reçoit, les successions qui lui arrivent, les indemnités que le mari peut lui devoir pour mauvaise gestion de ses biens, sont protégées par cette hypothèque.

BIENS FRAPPÉS *par l'hypothèque.* — Aux termes de l'art. 2121 l'hypothèque de la femme porte sur les biens *du mari.* Cette règle, dont l'application est fort simple quand les intérêts des époux sont distincts comme sous les régimes sans communauté, de séparation de biens, et dotal, présente au contraire quelques difficultés dans le cas de communauté à l'égard des immeubles qui en dépendent. Pour les résoudre, il est nécessaire de distinguer plusieurs hypothèses.

---

[1] Demolombe, t. 1, n° 88. Massé, *Droit comm.*, t. II, n° 827. — Cass., 20 mai 1862.
[2] Demangeat sur Fœlix, *Droit int.*, t. I. p. 136, note *a*. — Pont, *Priv. et Hypoth.*, n° 433.

Supposons, en premier lieu, que les immeubles sur lesquels la femme veut exercer son hypothèque n'ont pas été aliénés avant la dissolution de la communauté. De deux choses l'une : ou la femme sera acceptante, ou elle sera renonçante. Si elle accepte, elle aura évidemment hypothèque sur les immeubles qui par l'effet du partage deviendront la propriété de son mari. Et comme son acceptation emporte ratification tacite des actes d'administration qu'avait faits le mari, il en résulte qu'elle ne sera colloquée qu'après les créanciers auxquels il avait consenti des hypothèques pendant la communauté [1]. Quant aux biens tombés au lot de la femme, ils sont exempts de l'hypothèque puisqu'ils n'ont jamais été la la propriété du mari, et que les biens du mari seul en sont grevés. Dès lors les tiers auxquels la femme aurait cédé son hypothèque légale ne pourront pas l'exercer sur les acquêts de communauté qui lui ont été dévolus par l'effet du partage.

Si maintenant il y a renonciation de la femme, son hypothèque existera sur tous les immeubles de la communauté, devenus la propriété exclusive du mari. Elle primera même celles établies pendant la communauté, auxquelles elle serait antérieure en date, car la femme n'a en rien ratifié les actes de gestion émanés du mari au sujet des immeubles communs dont il est présumé avoir toujours été propriétaire.

Supposons, en deuxième lieu, que les acquêts sur lesquels la femme veut exercer son hypothèque aient été aliénés avant la dissolution de la communauté. Si la femme accepte la communauté, elle n'a point d'hypothèque, car d'un côté les immeubles aliénés n'ont pas été les immeubles du mari, mais simplement ceux de la communauté, et de l'autre l'intérêt même de la femme veut que le mari puisse aliéner librement les biens communs, quand il le juge opportun ou nécessaire.

---

[1] *Sic*, Aubry et Rau, t. II, § 264, note 29. — *Contrà*, Bertauld, *Hyp. lég.*, n° 1 et suiv. — Pont, n° 524 et suiv.

Si maintenant la femme renonce, la jurisprudence et la doctrine sont en désaccord. Selon la jurisprudence et certains auteurs, la femme a hypothèque sur les conquêts aliénés qui sont présumés avoir toujours appartenu au mari propriétaire exclusif de la communauté [1]. Suivant une seconde opinion, que nous croyons préférable, la femme n'a pas d'hypothèque parce que les conquêts ont été aliénés non comme biens du mari, mais comme biens de communauté, et qu'on ne peut pas faire dépendre la sécurité des tiers du parti que prendra la femme lors de la dissolution de la communauté, déclarant ces biens grevés de l'hypothèque si elle renonce, et libres si elle accepte. D'ailleurs, comment soutenir que le mari est censé avoir été rétroactivement propriétaire d'un bien qui n'a jamais appartenu qu'à la communauté? [2]. Dans tous les cas, les tiers agiront prudemment en exigeant que la femme concoure à l'aliénation, ce qui la rendra non recevable à invoquer contre eux son hypothèque.

L'hypothèque légale frappe-t-elle les biens advenus au mari, après la dissolution du mariage? L'affirmative doit, selon nous, être admise parce que cette hypothèque est générale et atteint par cela même tous les biens à venir comme les biens présents du débiteur [3]. Toutefois elle ne frapperait pas les biens personnels des héritiers du mari, parce qu'ils n'ont jamais été les biens du mari lui-même.

II. *Hypothèque des* MINEURS *et* INTERDITS *sur les biens de leurs tuteurs.* — L'impossibilité où sont les mineurs et les interdits de sauvegarder par eux-mêmes leurs intérêts est encore plus manifeste que celle des femmes, et il est inutile de développer les motifs qui leur ont fait accorder une hypothèque légale.

Créances GARANTIES *par l'hypothèque.* — Sont garanties

---

[1] Aubry et Rau, t. II, § 264, *ter*, note 28. — Bertauld, *Hyp. lég.*, n° 51.
[2] Valette, t. I, p. 251, et suiv. — Rodière et Pont, *Contrat de mariage*, n°s 834 et 888.
[3] Valette, t. I, p. 238. — Lyon, 23 novemb. 1850.

par l'hypothèque légale toutes les créances qui résultent de la gestion de la tutelle, à la différence de celles que le mineur ou l'interdit pourraient avoir contre leur tuteur pour toute autre cause. Les créances ainsi garanties peuvent avoir pour objet soit des dommages-intérêts dus pour mauvaise administration, soit un reliquat de compte, soit enfin des sommes dues par le tuteur au pupille, qui n'ont pas été payées à l'échéance, comme elles devaient l'être, ce qui change la dette primitive du tuteur en une dette de responsabilité.

Mais si, par exemple, la créance que le mineur ou l'interdit avaient avant la tutelle contre celui qui est devenu leur tuteur, n'était pas échue au moment où celui-ci rend ses comptes, il est clair que l'hypothèque légale ne saurait la garantir, puisque cette créance n'est pas une suite de la tutelle.

BIENS FRAPPÉS *par l'hypothèque.* — Aux termes de l'art. 2121 l'hypothèque légale des mineurs ou interdits porte sur les biens de *leurs tuteurs.* Ainsi sont grevés de cette hypothèque :

1° Les tuteurs légitimes, testamentaires ou datifs, car il n'y a aucune distinction à faire entre ceux qui ont la même fonction et la même responsabilité ;

2° Le mari en secondes noces de la femme tutrice de ses enfants du premier lit, puisque la loi le déclare cotuteur et solidairement responsable (art. 395). Si la femme ne s'est point fait maintenir en tutelle par le Conseil de famille, et que, malgré la déchéance de plein droit dont elle est frappée, elle ait en fait continué d'administrer, l'hypothèque n'en devra pas moins être admise, car il serait étrange que la tutrice et le cotuteur sans pouvoirs offrissent moins de garanties que la tutrice et le cotuteur légalement investis de leurs fonctions.

3° Les protuteurs et tuteurs officieux, puisqu'ils administrent et que la loi ne les a pas exceptés.

Mais l'hypothèque légale des mineurs et interdits n'atteint :
Ni les biens du subrogé tuteur qui n'administre pas, et

qui d'ailleurs fut exprèssément excepté, lors de la discussion du Code au Conseil d'État ;

Ni ceux du tuteur à une substitution, qui n'administre pas davantage ;

Ni ceux du père, administrateur légal des biens de ses enfants avant la dissolution du mariage, par la double raison qu'il n'est pas tuteur et que déjà il est grevé de l'hypothèque légale de la femme [1] ;

Ni ceux du Conseil judiciaire donné aux faibles d'esprit (499) ou aux prodigues (413) ;

Ni enfin ceux de l'administrateur provisoire donné au défendeur à une demande en interdiction. Cependant il est permis aux tribunaux de constituer, dans la mesure qu'ils jugent convenable, une hypothèque sur les biens de l'administrateur provisoire donné aux personnes non interdites qui sont placées dans une maison d'aliénés. (Voy. art. 34 de la loi du 30 juin 1838.)

III. *Hypothèque de* L'ÉTAT, *des* COMMUNES *et des* ÉTABLISSEMENTS PUBLICS *sur les biens des* RECEVEURS *et* ADMINISTRATEURS COMPTABLES. — Cette hypothèque a pour but de garantir toutes les créances que l'État, les communes ou les établissements publics peuvent avoir contre les comptables dépositaires ou ayan t la manutention de leurs deniers, et qui sont la suite de la gestion financière dont ils sont chargés.

L'hypothèque dont s'agit porte sur les biens des trésoriers-payeurs généraux, des receveurs particuliers et des payeurs, mais non sur ceux des percepteurs qui, aux termes de la loi du 5 septembre 1807, ne sont tenus à donner qu'un cautionnement. Toutefois, quand le percepteur remplit les fonctions de receveur minicipal de la commune, il est, à ce titre, sous le coup de l'hypothèque légale.

Les inspecteurs et vérificateurs, n'ayant pas la manuten-

---

[1] Marcadé, t. II, p. 154. — Demolombe, t. VI, n° 420.

tion des deniers publics, sont par cela même exempts de l'hypothèque.

Ajoutons, en terminant, que, si les immeubles possédés par les agents comptables des deniers publics, ont été acquis à *titre onéreux*, postérieurement à leur nomination, ils sont grevés non plus d'une simple hypothèque, mais d'un privilége, car ils sont présumés avoir été payés des deniers de l'État, des communes ou des établissements publics (L. du 5 septembre 1807).

IV. *Hypothèque des* LÉGATAIRES. — Nous l'avons exposée sous l'art. 1017 (voy̆. t. II, p. 308 et suiv.).

V. *Hypothèques provenant de* PRIVILÉGES DÉGÉNÉRÉS (art. 2113). — Nous renvoyons à ce que nous en avons dit en étudiant les priviléges.

VI. *Hypothèque de la* MASSE DES CRÉANCIERS *sur les* IMMEUBLES DU FAILLI. Cette hypothèque est établie par l'art. 490 du Code de commerce. Nous y renvoyons.

Les hypothèques légales sont toutes générales, sauf celle des légataires qui porte bien sur tous les immeubles de la succession, mais n'atteint pas les propres de l'héritier, et celle provenant d'un privilége dégénéré qui ne porte que sur l'immeuble même qui était frappé de privilége.

DEUXIÈME SECTION
DES HYPOTHÈQUES JUDICIAIRES.

ART. 2123. L'hypothèque judiciaire résulte des jugements, soit contradictoires, soit par défaut, définitifs ou provisoires, en faveur de celui qui les a obtenus. — Elle résulte aussi des reconnaissances ou vérifications, faites en jugement, des signatures apposées à un acte obligatoire sous seing privé [1]. — Elle peut s'exercer sur les immeubles actuels du débiteur et sur ceux qu'il pourra acquérir,

---

[1] *Loi du* 3 *septembre* 1807 *relative aux inscriptions hypothécaires en vertu de jugements rendus sur les demandes en reconnaissance d'obligations sous seing privé.*

1. Lorsqu'il aura été rendu un jugement sur une demande en reconnaissance d'obligation sous seing privé, formée avant l'échéance ou l'exigibilité de ladite obligation, il ne pourra être pris aucune inscription hypothécaire

sauf aussi les modifications qui seront ci-après exprimées. — Les décisions arbitrales n'emportent hypothèque qu'autant qu'elles sont revêtues de l'ordonnance judiciaire d'exécution. — L'hypothèque ne peut pareillement résulter des jugements rendus en pays étranger, qu'autant qu'ils ont été déclarés exécutoires par un tribunal français ; sans préjudice des dispositions contraires qui peuvent être dans les lois politiques ou dans les traités.

Observation. — Dans le but de donner plus de force aux décisions de justice, et d'en assurer la pleine et entière exécution, le législateur attache une hypothèque générale à tous les jugements portant des condamnations pécuniaires et à tout acte judiciaire portant reconnaissance d'une dette.

Le *jugement* diffère de l'*acte judiciaire* en ce qu'il statue sur un fait ou un droit contestable et contesté, tandis que l'acte judiciaire constate un fait ou un droit non contesté ; par exemple, la reconnaissance d'un acte sous seing privé par celui qui l'a souscrit.

Dans le premier cas, le tribunal *juge* un différend ; dans le second il fait plutôt l'office d'un notaire.

Nous allons successivement examiner l'hypothèque résultant des jugements, et celle résultant des actes judiciaires.

I. *Hypothèque résultant des* JUGEMENTS. — Emportent hypothèque tous les jugements émanés d'un tribunal compétent dans l'ordre judiciaire ou administratif, pourvu qu'ils contiennent explicitement ou implicitement une condamnation pécuniaire. De là il résulte que les jugements préparatoires ou interlocutoires ne peuvent jamais donner hypothèque que pour les frais, car ils ne font que prescrire certaines procédures tendant à la solution du fond, et n'impli-

---

en vertu de ce jugement qu'à défaut de payement de l'obligation après son échéance ou son exigibilité, à moins qu'il n'y ait eu stipulation contraire.

2. Les frais relatifs à ce jugement ne pourront être répétés contre le débiteur, que dans le cas où il aura dénié sa signature.

Les frais d'enregistrement seront à la charge du débiteur, tant dans le cas dont il vient d'être parlé, que lorsqu'il aura refusé de se libérer après l'échéance ou l'exigibilité de la dette.

quent aucunement une dette de la part de la partie perdante
envers la partie gagnante.

Les jugements définitifs eux-mêmes sont quelquefois sans
intérêt pécuniaire. Ainsi, lorsque le débat porte sur une
question d'état, par exemple sur une question de paternité,
de filiation, de nullité de mariage, etc., la décision qui intervient ne donne point lieu à l'hypothèque, puisqu'elle ne
contient même virtuellement aucune condamnation à
payer une somme d'argent. Mais si le jugement rendu, sans
contenir une condamnation pécuniaire actuelle, implique
une condamnation pécuniaire éventuelle, l'hypothèque prend
naissance. On peut citer comme exemple le jugement qui
ordonne une reddition de compte, parce que ce jugement
implique la condamnation éventuelle de celui qui va rendre
compte, à payer la somme dont il sera reconnu reliquataire.

L'hypothèque judiciaire, étant la conséquence du jugement, subit toutes les modifications apportées au jugement
lui-même, par suite, soit d'une opposition, soit d'un appel.
Ainsi, dans le cas où la condamnation est mise à néant,
l'hypothèque disparaît, et, dans le cas où elle est augmentée
ou réduite, l'hypothèque elle-même est augmentée ou réduite dans la même proportion.

Toutefois la partie qui a obtenu un jugement de condamnation peut, malgré l'opposition ou l'appel, faire inscrire son
hypothèque judiciaire, car c'est là une mesure conservatoire,
et non un acte d'exécution.

Les jugements rendus à l'étranger par des magistrats
français, tels que les consuls, emportent hypothèque, tout
comme les jugements rendus en France.

Hypothèque résultant des JUGEMENTS *rendus par les* TRIBU-
NAUX ÉTRANGERS. — L'article 2123 ³⁰ déclare que les jugements
rendus par les tribunaux étrangers n'emportent hypothèque,
en France, qu'autant qu'ils ont été *déclarés exécutoires* par
un tribunal français, à moins que des lois ou traités particuliers n'aient expressément décidé le contraire ; ce qui a eu lieu,

par exemple, pour les jugements respectifs rendus par les tribunaux français et suisses.

Les auteurs ne sont pas d'accord sur le sens de cette condition.

D'après les uns, le tribunal français aurait la faculté de réviser le fond même du jugement rendu par les tribunaux étrangers [1] ; mais un tel système n'est pas admissible, car alors ce serait toujours un jugement français, et non un jugement étranger, qui emporterait hypothèque.

D'après les autres, le tribunal français doit se borner à examiner si le jugement étranger est régulier et s'il peut s'exécuter en France, sans violation de nos lois et règlements. Ce système paraît rationnel, car l'article 7 du Code d'instruction criminelle reconnaît, en France, l'autorité des jugements criminels rendus par les tribunaux étrangers, et on ne peut pas être plus exigeant lorsqu'il s'agit de condamnations purement pécuniaires, que lorsqu'il s'agit d'une condamnation touchant à la liberté et à l'honneur des citoyens [2].

Enfin, un dernier système [3], écartant une interprétation douteuse pour s'attacher à une loi positive, distingue, conformément à l'article 121 de l'ordonnance de 1629, qui n'a jamais été abrogée, si le jugement rendu par le tribunal étranger est pour ou contre un Français.

S'il est pour un Français, soit contre un étranger, soit même contre un autre Français, et encore s'il est rendu entre étrangers, il a force de chose jugée, et le tribunal français ne fera qu'y ajouter la formule exécutoire.

S'il est contre un Français au profit d'un étranger, il n'a ni force exécutoire ni force de chose jugée, et le tribunal français doit statuer sur le fond, comme n'y s'il avait pas de jugement étranger.

---

[1] Aubry et Rau, t. I, § 32. — Paris, 22 avril 1864.
[2] Marcadé, art. 15, n° 3. — Demolombe, t. I, n° 263.
[3] Fœlix et Demangeat, *Droit int.*, t. II, n° 352 et suiv. — Valette, *Rev. du droit franç.*, t. VI, p. 597.

A notre avis, le choix ne peut être douteux qu'entre les deux derniers systèmes. Le plus suivi est celui qui reconnaît aux tribunaux français la faculté, non de juger à nouveau le fond du procès, mais d'examiner si le jugement étranger ne contient pas, au point de vue de son exécution, des dispositions contraires aux maximes de notre droit public ou privé, par exemple s'il n'a pas prononcé la contrainte par corps quand nos lois la prohibent. Quoique l'impartialité des tribunaux étrangers statuant sur une action dirigée par un étranger contre un Français ne soit pas à l'abri de toute suspicion, nous pensons qu'on ne peut pas, sans une sorte de contradiction, admettre la validité de leurs décisions en matière criminelle, et la rejeter en matière civile. D'ailleurs le dernier système, dont l'autorité historique est bien contestable puisqu'elle se rattache à une ordonnance remontant à plus de deux siècles et rendue sous l'empire d'une législation aussi hostile aux étrangers que le Code leur est favorable, nous paraît prêter à une double objection également irréfutable. En effet, de deux choses l'une : ou le tribunal français sera en présence d'un jugement obtenu par un Français contre un étranger, et alors il y apposera sans examen la formule exécutoire, rôle secondaire que le Président du tribunal devrait seul remplir ; ou bien il sera en présence d'un jugement obtenu par un étranger contre un Français ou même contre un autre étranger, et alors il révisera le fond, et ce ne sera plus le jugement étranger qui sera exécutoire en France, mais un véritable jugement français qui lui aura été substitué. C'est donc, selon nous, le système intermédiaire qui doit être adopté.

De l'hypothèque résultant des ACTES JUDICIAIRES. — Le seul acte judiciaire emportant hypothèque est celui qui constate la reconnaissance d'une dette prouvée par acte sous seing privé. L'article 2123, plus restreint que l'article 2117, ne permet pas d'étendre cet effet aux jugements d'adjudication. Ainsi, le payement du prix que doit l'adjudicataire ne sera pas garanti par une hypothèque judiciaire.

Le créancier muni d'un acte sous seing privé est, à certains égards, dans une position meilleure que le créancier muni d'un acte authentique. Effectivement il peut, en assignant le débiteur en reconnaissance d'écriture, obtenir une hypothèque judiciaire qui est générale, tandis que le créancier qui est muni d'un acte authentique ne peut ni demander une reconnaissance judiciaire qui emporterait hypothèque, ni même stipuler, lors du contrat, une hypothèque aussi avantageuse que celle résultant d'un jugement, car nous verrons que les hypothèques conventionnelles sont spéciales.

On explique cette anomalie historiquement. Autrefois tout acte exécutoire emportait hypothèque générale, et la loi, qui a abrogé cette disposition pour les, actes notariés, a omis de le faire pour les actes judiciaires.

Dans le but d'atténuer les effets souvent désastreux et toujours iniques de notre hypothèque, une loi du 3 septembre 1807 interdit au créancier de prendre inscription avant l'exigibilité de la dette.

. L'abrogation de l'hypothèque dont il s'agit est une des réformes les plus désirables. Effectivement, l'acte judiciaire, ne faisant que constater un état de choses préexistant, ne devrait rien ajouter au droit tel que les parties l'ont constitué, et nous n'avons pas besoin de démontrer l'importance de l'amélioration que le créancier trouve pour son titre dans l'hypothèque judiciaire qui lui est concédée.

De l'hypothèque résultant des SENTENCES ARBITRALES. — La sentence arbitrale a force de chose jugée entre les parties, et il lui manque seulement la force exécutoire, qui lui sera donnée, non plus par le tribunal tout entier, car le fond est à l'abri de tout examen, mais simplement par le président du tribunal. Elle emportera hypothèque dès qu'elle aura été revêtue de cette formalité essentielle.

TROISIÈME SECTION

DÉS HYPOTHÈQUES CONVENTIONNELLES.

Art. 2124. Les hypothèques conventionnelles ne peuvent être consenties que par ceux qui ont la capacité d'aliéner les immeubles qu'ils y soumettent.

2125. Ceux qui n'ont sur l'immeuble qu'un droit suspendu par une condition, ou résoluble dans certains cas, ou sujet à rescision, ne peuvent consentir qu'une hypothèque soumise aux mêmes conditions ou à la même rescision.

2126. Les biens des mineurs, des interdits, et ceux des absents, tant que la possession n'en est déférée que provisoirement, ne peuvent être hypothéqués que pour les causes et dans les formes établies par la loi, ou en vertu de jugements.

2127. L'hypothèque conventionnelle ne peut être consentie que par acte passé en forme authentique devant deux notaires ou devant un notaire et deux témoins.

2128. Les contrats passés en pays étranger ne peuvent donner d'hypothèque sur les biens de France, s'il n'y a pas de dispositions contraires à ce principe dans les lois politiques ou dans les traités.

2129. Il n'y a d'hypothèque conventionnelle valable que celle qui, soit dans le titre authentique constitutif de la créance, soit dans un acte authentique postérieur, déclare spécialement la nature et la situation de chacun des immeubles actuellement appartenant au débiteur, sur lesquels il consent l'hypothèque de la créance. — Chacun de tous ses biens présents peut être nominativement soumis à l'hypothèque. — Les biens à venir ne peuvent pas être hypothéqués.

2130. Néanmoins, si les biens présents et libres du débiteur sont insuffisants pour la sûreté de la créance, il peut, en exprimant cette insuffisance, consentir que chacun des biens qu'il acquerra par la suite y demeure affecté à mesure des acquisitions.

2131. Pareillement, en cas que l'immeuble ou les immeubles présents, assujettis à l'hypothèque, eussent péri, ou éprouvé des dégradations, de manière qu'ils fussent devenus insuffisants pour la sûreté du créancier, celui-ci pourra ou poursuivre dès à présent son remboursement, ou obtenir un supplément d'hypothèque.

2132. L'hypothèque conventionnelle n'est valable qu'autant que la somme pour laquelle elle est consentie est certaine et déterminée par l'acte : si la créance résultant de l'obligation est conditionnelle pour son existence, ou indéterminée dans sa valeur, le créancier ne pourra requérir l'inscription dont il sera parlé ci-après que jusqu'à concurrence d'une valeur estimative par lui déclarée expressément, et que le débiteur aura droit de faire réduire, s'il y a lieu.

2133. L'hypothèque acquise s'étend à toutes les améliorations survenues à l'immeuble hypothéqué.

Observation. — Pour constituer valablement hypothèque, deux conditions sont nécessaires, la *capacité* du constituant, et la *forme* du contrat. Nous allons les examiner l'une après l'autre.

I. *De la capacité* NÉCESSAIRE *pour hypothéquer.* — La capacité d'hypothéquer suppose celle *d'aliéner,* car la constitution d'hypothèque est une aliénation partielle, si on admet que l'hypothèque est un démembrement de la propriété ; et, si on ne l'admet pas, elle n'en est pas moins un préliminaire de l'aliénation, puisque toute hypothèque est donnée en vue d'une vente de l'immeuble, pour le cas où le débiteur ne payerait pas la dette.

Il ne suffit donc pas que le débiteur soit capable de *s'obliger* pour constituer hypothèque au profit de son créancier, il faut encore qu'il soit capable *d'aliéner* l'immeuble sur lequel il la constitue.

Deux exceptions ont été cependant apportées à ce principe :

La première au profit du mari, dans le cas d'ameublissement d'un ou plusieurs immeubles jusqu'à concurrence d'une certaine somme (art. 1507 ³⁰). Incapable de les aliéner, il pourra néanmoins les hypothéquer ;

La seconde au profit du mineur commerçant qui peut hypothéquer ses immeubles pour actes de son commerce, quoiqu'il n'ait pas la faculté de les aliéner (C. de c., art. 6).

L'hypothèque établie sur un immeuble subit toutes les modifications par lesquelles peut passer la propriété, et si le droit du constituant se trouve résolu en vertu d'une cause antérieure à l'hypothèque, celle-ci disparaît. Par exemple, quand l'hypothèque est établie par un acheteur sur l'immeuble qui lui a été vendu à réméré, l'exercice du rachat par le vendeur fera tomber l'hypothèque, en même temps qu'il révoquera le droit de propriété de l'acheteur : *nemo plus juris in alium transferre potest quàm ipse habet.*

Rappelons, toutefois, que la révocation d'une donation d'immeubles pour cause d'ingratitude ne fait pas tomber les hypothèques concédées à des tiers par le donataire, car c'est là une peine qui, comme toutes les autres, ne doit frapper que le coupable.

L'art. 2126 contient une erreur de rédaction, lorsqu'il parle des *causes* et des *formes* établies par la loi pour hypothéquer les biens des *absents*, car si la loi indique les causes et les formes nécessaires pour hypothéquer les biens des mineurs et des interdits, elle ne parle, en aucun endroit, des causes et des formes nécessaires pour hypothéquer les biens des absents. L'article a évidemment voulu dire que, si les biens des *mineurs* et des *interdits* ne peuvent être hypothéqués que pour les *causes* et suivant les *formes* exigées, ceux des *absents* ne peuvent l'être qu'en vertu de *jugements,* par exemple, s'il s'agit de faire un emprunt pour réparer des constructions qui tombent en ruine. Dans ce cas, les envoyés en possession provisoire seront autorisés par la justice à concéder l'hypothèque comme s'ils étaient propriétaires.

Examen de PLUSIEURS CAS *de constitution d'hypothèque.* — 1° Le *mineur émancipé* peut-il donner hypothèque pour les actes dont il est capable ? Nullement, car la capacité d'hypothéquer n'est pas corrélative à celle de contracter, mais à celle d'aliéner ; et, si le mineur émancipé peut s'obliger pour les actes d'administration, il ne peut jamais aliéner ses immeubles. On objecte en vain que les dettes mènent à une aliénation par autorité de justice, lorsqu'elles ne sont pas payées, car, en refusant au mineur la faculté d'hypothéquer, on l'empêche précisément de contracter ces dettes avec autant de facilité ; d'ailleurs, si tout mineur émancipé avait la capacité d'hypothéquer, l'art. 6 du Code de commerce n'aurait

pas eu besoin de la conférer expressément au mineur émancipé qui est commerçant.

2° L'hypothèque consentie par un *mineur non autorisé*
est-elle radicalement nulle, ou simplement annulable ? On
décide généralement que l'hypothèque sera simplement annulable, et pourra dès lors être ratifiée par le mineur devenu
majeur. Mais cette ratification sera-t-elle opposable à un
second créancier, auquel le mineur aurait consenti hypothèque depuis sa majorité? La raison de douter vient de l'article
1338 aux termes duquel la ratification d'un acte ne peut
jamais nuire aux tiers. On doit, selon nous, décider que si la
valeur de l'immeuble est suffisante pour couvrir les deux
dettes, la ratification produira un effet rétroactif parce que,
dans ce cas, elle ne nuira pas au second créancier ; mais que,
si cette valeur est insuffisante, la ratification ne sera pas
opposable au second créancier, qui pourra toujours dire avec
raison que le majeur avait, en lui consentant hypothèque,
implicitement renoncé en sa faveur à la ratification de l'hypothèque constituée pendant sa minorité, et dont la priorité
lui serait préjudiciable [1].

3° L'hypothèque consentie par le *tuteur* qui a omis les
formalités voulues est radicalement nulle, comme tous les
actes faits par un mandataire en dehors de son mandat. On
ne saurait, en effet, mettre le tuteur sur la même ligne que
le mineur, qui a la propriété de l'immeuble et auquel manque
seulement l'exercice de ses droits. Dès qu'il agit en dehors
de ses pouvoirs, il est un étranger qui ne peut en rien
porter atteinte à la chose d'autrui. Toutefois si le mineur ne
demande pas la nullité dans les dix ans de sa majorité, il sera
réputé avoir ratifié l'acte de son représentant. C'est, du moins,
l'opinion la plus accréditée.

4° L'hypothèque constituée *à non domino* serait valable
si le constituant devenait, après coup, propriétaire de l'im-

---

[1] *Sic*, Marcadé, art. 1338, n° 5. — Larombière, art. 1338, n° 51 et suiv.
Contrà, Pont, t. II, n° 616. — Aubry et Rau, t. II, § 266.

meuble, car la nullité ne pourrait en être invoquée ni par le débiteur qui ne peut se soustraire aux conséquences de son fait personnel, ni par les tiers que l'inscription du créancier a dû avertir. Ainsi, quoique l'hypothèque établie sur la chose d'autrui soit nulle en théorie, en fait elle serait ici maintenue, à cause de l'irrecevabilité des actions qui seraient dirigées contre sa validité.

II. Formes du contrat *d'hypothèque*. — L'hypothèque est un contrat *solennel,* comme la donation et le contrat de mariage, c'est-à-dire que l'écrit est nécessaire non-seulement pour la preuve du droit, mais encore pour son existence. Il doit être reçu par un notaire, et si les parties avaient fait le contrat d'hypothèque par acte sous seing privé, il faudrait que cet acte fût déposé chez un notaire, qui dresserait un acte nouveau contenant toutes les énonciations de l'ancien : c'est alors seulement que l'hypothèque existerait. La solennité dont il s'agit a été établie pour empêcher que les débiteurs ne constituent trop facilement des hypothèques qui ruinent leur crédit, et entravent la circulation des immeubles.

L'acte constitutif d'hypothèque sera, du reste, rédigé en la forme ordinaire, c'est-à-dire par deux notaires, ou par un notaire assisté de deux témoins, et, d'après la loi du 21 juin 1843, il n'est même pas nécessaire que le notaire en second ou les deux témoins soient présents à la lecture et à la signature de l'acte, comme dans le cas de donation.

Dans le but d'empêcher les parties de se soustraire à l'obligation et aux frais d'un acte notarié, la loi refuse force exécutoire et d'hypothèque aux procès-verbaux de conciliation dressés par un juge de paix : l'une et l'autre ne seront attachées qu'à ses jugements mêmes. Sans cette disposition de l'art. 54 *in fine* du Code de procédure, les parties auraient pu simuler une contestation, aller devant le juge de paix, lui faire rédiger, sous forme de procès-verbal de conciliation, un véritable acte constitutif d'hypothèque, et le détourner ainsi de l'exercice de ses fonctions, pour lui faire remplir l'office des notaires, ce qui eût été à tous les points de vue regrettable.

Le mandataire muni d'une procuration sous seing privé peut-il, au nom du mandant, constituer hypothèque ? Certains auteurs soutiennent l'affirmative en disant que, d'un côté, le mandat peut aux termes de l'article 1985 être donné par acte sous seing privé, et que de l'autre le caractère privé de cette procuration n'empêchera pas de dresser l'acte constitutif d'hypothèque en la forme authentique [1]. Mais l'esprit du Code paraît contraire à cette opinion, car, dans la donation, par exemple, la procuration doit être authentique (art. 933) ; et il n'y a aucune raison de différence entre deux contrats qui sont également solennels [2].

Des actes passés à l'étranger. — Les actes constitutifs d'hypothèque passés à l'étranger n'emportent pas hypothèque en France, à moins que des lois ou des traités n'aient décidé le contraire. Comment expliquer que la volonté des parties, constatée par acte passé devant un officier public étranger, soit efficace lorsqu'il s'agit de transférer la propriété, tandis qu'elle ne l'est pas lorsqu'il s'agit de conférer hypothèque ? Aucune bonne raison ne peut en être donnée. Cette anomalie a été, sans aucun doute, puisée par le Code dans l'ancien droit français, où l'on considérait l'hypothèque comme une sorte de voie d'exécution qui ne pouvait résulter que d'un acte public français ; mais c'était certainement là une erreur, car si l'hypothèque peut être envisagée comme étant l'aliénation d'un démembrement de la propriété, elle ne saurait jamais l'être comme constituant par elle-même une mesure ou un fait d'exécution.

Des énonciations nécessaires *dans l'acte constitutif d'hypothèque.* — L'acte constitutif d'hypothèque doit énoncer :

1° Les *immeubles* hypothéqués avec leurs tenants et aboutissants, leur nature et leur situation ;

2° La *créance* que l'hypothèque doit garantir, avec son

---

[1] Marcadé, *Rev. crit.* t. II, p. 199. — Massé et Vergé, t. V, § 800, note 4.
[2] Aubry et Rau, t. II, § 266, note 15. — Pont, n°s 470 et 657.

montant, ses modalités et les divers caractères qu'elle peut présenter.

Au moyen de ces deux sortes d'énonciations, les tiers connaîtront également et les biens grevés d'hypothèque et l'étendue des droits que cette hypothèque garantit.

Examinons en détail chacune des deux énonciations dont il s'agit.

Indication des BIENS. — Le débiteur ne peut aujourd'hui grever tous ses biens qu'à la condition de les désigner successivement et individuellement, à la différence de l'ancien droit français, où il avait la faculté de les hypothéquer en bloc et d'une manière générale. C'est là ce qui constitue la *spécialité de l'hypothèque.* Cette règle nouvelle est, avec la nécessité d'un acte authentique, une protection accordée au débiteur contre lui-même, car, plus les formalités sont nombreuses pour la constitution de l'hypothèque, moins les débiteurs sont portés à la consentir.

La loi a interdit en principe l'hypothèque des biens à venir, car elle n'a pas voulu qu'un débiteur pût, d'un seul coup, grever les acquisitions immobilières qu'il peut faire et ruiner ainsi d'avance son crédit.

Mais ce principe proclamé par l'art. 2129 *in fine*, n'a pas été franchement appliqué, et l'art. 2130 est venu le modifier profondément. On explique cette incertitude dans les dispositions de la loi par les dissentiments qui existaient au conseil d'État entre les partisans des hypothèques spéciales, et ceux des hypothèques générales. Après de vives discussions, le conflit se termina par une transaction entre les deux systèmes. D'un côté, on prohiba l'hypothèque sur les biens à venir, et de l'autre on la permit sous des conditions, peut-être trop faciles à remplir. Il suffit en effet, pour pouvoir hypothéquer tous les biens à venir, d'hypothéquer d'abord spécialement tous les biens présents, et de déclarer ensuite leur insuffisance pour la sûreté de la dette. De la sorte le débiteur, qui est par exemple un fils de famille, n'a qu'à se procurer un lambeau de terre pour grever d'avance toutes les donations ou successions immobilières qui peuvent lui échoir. Avec une barrière aussi fragile, la prohibition des hypothèques générales devient illusoire, et, en définitive, les partisans de la spécialité n'ont obtenu qu'un triomphe apparent.

La loi exige que les biens présents soient hypothéqués, quoique insuffisants et grevés d'autres hypothèques, parce qu'ils peuvent augmenter de valeur, et qu'en outre les inscriptions déjà prises peuvent périmer, ce qui enlève leur rang aux créanciers hypothécaires antérieurs, et améliore d'autant celui du créancier qui a reçu la dernière hypothèque.

Quand le débiteur n'a pas de biens présents, est-il absolument empêché d'hypothéquer ses biens à venir? Nous le pensons, car l'article 2129 paraît subordonner la validité de l'hypothèque à l'existence de biens présents, et l'art. 2130 faire de l'insuffisance de ces biens la condition nécessaire d'une constitution d'hypothèque sur les biens à venir [1].

Néanmoins certains auteurs, invoquant l'esprit de la loi qui est essentiellement favorable au crédit, soutiennent que, si le débiteur dont les biens présents sont insuffisants peut hypothéquer ses biens à venir, il doit en être à plus forte raison de même du débiteur qui n'a aucun bien présent, et qui ne peut dès lors offrir à ses créanciers d'autres sûretés que celles de l'avenir. Dans cette opinion, le débiteur en état de donner des sûretés actuelles et suffisantes au créancier, serait le seul qui n'eût pas la faculté de porter atteinte à son crédit futur. Mais celui qui n'a aucune sûreté actuelle à donner pourrait directement hypothéquer ses biens à venir. Ce système est, avec raison, généralement rejeté et nous avons suffisamment indiqué les motifs qui le condamnent.

Indication de la CRÉANCE. — Aux termes de l'art. 2132, le titre constitutif d'hypothèque doit indiquer le montant de la

---

[1] Pont, n° 688. — Zachariæ, t. II, p. 136. — Dijon, 25 avril 1855.

créance toutes les fois qu'elle est certaine et déterminée, et, quand elle est indéterminée, son *quantum* approximatif, qui peut ne pas être évalué dans le contrat, mais qui devra toujours l'être dans l'inscription. Pareillement si la créance est subordonnée à une condition non encore accomplie, le titre doit mentionner cette condition, de laquelle dépend l'existence même de l'obligation. Ainsi quand l'hypothèque est conférée pour garantie d'un crédit ouvert à celui qui la consent, l'acte doit faire connaître toutes les conditions relatives à la réalisation de ce crédit au double point de vue des sommes et des époques de versement.

Le Code ne précise, ni pour la créance ni pour les biens, quelles sont les énonciations essentielles et les énonciations accessoires. En l'absence de tout texte, il est rationnel de décider que celles-là sont essentielles et exigées à peine de nullité sans lesquelles les tiers ne pourraient pas connaître l'importance de l'hypothèque soit au point de vue des biens qu'elle frappe, soit au point de vue des droits qu'elle garantit. Ainsi, en ce qui concerne les biens, les parties devront les désigner de telle manière qu'aucune confusion ne soit possible entre les immeubles grevés et les immeubles restés libres ; et, en ce qui concerne la créance, elles devront indiquer toutes ses modalités, c'est-à-dire si elle est pure et simple, à terme ou conditionnelle, déterminée ou indéterminée. Rappelons seulement qu'au cas où elle est indéterminée, comme, par exemple, si le débiteur a été condamné à payer des dommages-intérêts dont le montant doit être fixé ultérieurement, le créancier est, aux termes de l'art. 2132, obligé de mettre dans l'inscription qu'il prend une évaluation approximative de la créance, sauf au débiteur à la faire réduire ; car autrement les tiers ne seraient pas suffisamment éclairés par la simple indication que la créance est indéterminée.

Si la créance est conditionnelle, le créancier prendra ins-

[1] V. Aubry et Rau, t. II, § 266. — Pont, t. II, 711. — Cass., 8 mars 1853.

cription pour la totalité, et, suivant que la condition s'accomplira ou ne s'accomplira pas, l'hypothèque existera pour toute la dette, ou n'aura jamais existé : c'est aux tiers à apprécier les chances qu'ils peuvent courir en prenant une inscription subséquente.

III. *De la détérioration ou de la perte de l'immeuble hypothéqué.* — L'immeuble peut devenir insuffisant, soit par cas fortuit, soit par la faute ou le fait du débiteur.

Dans le premier cas, le débiteur, auquel rien ne peut être reproché, a le choix, ou de donner au créancier un supplément d'hypothèque, ou de le rembourser, car l'un et l'autre parti sauvegardent également ses intérêts. Lorsque le débiteur n'a pas d'immeubles sur lesquels il puisse donner le supplément d'hypothèque, cette disposition de l'art. 2131 paraît trop rigoureuse, mais, d'un autre côté, elle était nécessaire pour protéger les intérêts compromis du créancier. Toutefois le juge peut, selon les circonstances, accorder au débiteur des délais modérés pour le remboursement de la somme.

Dans le cas où le débiteur a, par sa faute ou par son fait, détérioré ou détruit l'immeuble, il est, aux termes de l'art. 1188, déchu du bénéfice de son terme, et dès lors le créancier a le choix ou de le poursuivre en remboursement de la somme ou d'exiger de lui un supplément d'hypothèque.

La vente de l'immeuble hypothéqué n'est pas une diminution de sûreté, puisque le créancier a contre le tiers détenteur les mêmes droits que contre le débiteur principal.

Il est bien vrai qu'alors l'extinction de l'hypothèque par la prescription est ordinairement, ainsi que nous le verrons, plus facile et plus prompte qu'elle ne l'était avant l'aliénation, mais le créancier peut aisément parer par des actes interruptifs à un inconvénient de cette nature, et d'ailleurs il est présumé l'avoir accepté en n'interdisant pas au débiteur l'aliénation tant qu'il ne serait point payé.

Si le débiteur est privé de l'immeuble par expropriation pour cause d'utilité publique, l'indemnité qu'il reçoit est distribuée, par ordre, aux créanciers hypothécaires, car elle représente l'immeuble (art. 18 de la loi du 3 mai 1841).

Si le débiteur est privé de l'immeuble par un sinistre, et qu'il touche d'une compagnie d'assurances une indemnité, celle-ci sera distribuée au marc le franc entre tous les créanciers sans distinction, car elle représente, non l'immeuble, mais les chances qu'avait courues l'assuré de payer toujours la prime, sans jamais rien recevoir. Pour avoir un droit exclusif à l'indemnité, le créancier hypothécaire devra se la faire transporter par le propriétaire de l'immeuble, et la signification de ce transport ou son acceptation par la Compagnie devront précéder toute opposition de la part des autres créanciers.

IV. — *De la* PLUS-VALUE *donnée à l'immeuble hypothéqué.* — L'hypothèque s'étend, ainsi que nous l'avons dit précédemment, à toutes les améliorations fortuites ou volontaires de l'immeuble hypothéqué, sauf le droit des architectes et ouvriers qui ont rempli les formalités exigées pour la conservation de leur privilége. Il en devait être ainsi, et parce le créancier a plus ou moins compté sur ces améliorations, et parce qu'il eût été impossible de distinguer, après un certain temps, l'ancienne valeur de la nouvelle.

L'alluvion, les îles qui se forment dans le fleuve dont l'immeuble est riverain, sont des accessoires, et l'hypothèque existant sur ce fonds doit, selon nous, les atteindre parce que les *améliorations* dont parle l'art. 2133 ont évidemment un sens général qui englobe toutes les acquisitions se rattachant au principe de l'*accession*.

Mais on ne peut voir, à notre avis, une acquisition accessoire dans le lit abandonné par le fleuve, qui est accordé comme indemnité au propriétaire du fonds envahi (563); ni dans un enclos qui serait ajouté à l'immeuble hypothéqué : ce sont là des fonds distincts du précédent et qui ne doivent

[1] V. Pont, t. I, nᵒ 410. — Aubry et Rau, t. II, § 284, p. 846.

en rien être atteints par les droits qui le grèvent : ils ne seraient donc pas soumis à l'hypothèque.

QUATRIÈME SECTION

DU RANG QUE LES HYPOTHÈQUES ONT ENTRE ELLES.

Art. 2134. Entre les créanciers, l'hypothèque, soit légale, soit judiciaire, soit conventionnelle, n'a de rang que du jour de l'inscription prise par le créancier sur les registres du conservateur, dans la forme et de la manière prescrites par la loi, sauf les exceptions portées en l'article suivant.

2135. L'hypothèque existe, indépendamment de toute inscription : — 1° au profit des mineurs et interdits, sur les immeubles appartenant à leur tuteur, à raison de sa gestion, du jour de l'acceptation de la tutelle ; — 2° au profit des femmes, pour raison de leurs dot et conventions matrimoniales, sur les immeubles de leur mari, et à compter du jour du mariage. — La femme n'a hypothèque pour les sommes dotales qui proviennent de successions à elles échues, ou de donations à elle faites pendant le mariage, qu'à compter de l'ouverture des successions ou du jour que les donations ont eu leur effet. — Elle n'a hypothèque pour l'indemnité des dettes qu'elle a contractées avec son mari, et pour le remploi de ses propres aliénés, qu'à compter du jour de l'obligation ou de la vente. — Dans aucun cas, la disposition du présent article ne pourra préjudicier aux droits acquis à des tiers avant la publication du présent titre.

2136. Sont toutefois les maris et les tuteurs tenus de rendre publiques les hypothèques dont leurs biens sont grevés, et, à cet effet, de requérir eux-mêmes, sans aucun délai, inscription aux bureaux à ce établis, sur les immeubles à eux appartenant, et sur ceux qui pourront leur appartenir par la suite. — Les maris et les tuteurs qui, ayant manqué de requérir et de faire faire les inscriptions ordonnées par le présent article, auraient consenti ou laissé prendre des priviléges ou des hypothèques sur leurs immeubles, sans déclarer expressément que lesdits immeubles étaient affectés à l'hypothèque légale des femmes et des mineurs, seront réputés stellionataires, et, comme tels, contraignables par corps.

2137. Les subrogés tuteurs seront tenus, sous leur responsabilité personnelle, et sous peine de tous dommages-intérêts, de veiller à ce que les inscriptions soient prises sans délai sur les biens du tuteur pour raison de sa gestion, même de faire faire lesdites inscriptions.

2138. A défaut par les maris, tuteurs, subrogés tuteurs, de faire faire les inscriptions ordonnées par les articles précédents, elles seront requises par le procureur impérial près le tribunal de première instance du domicile des maris et tuteurs, ou du lieu de la situation des biens.

2139. Pourront les parents, soit du mari, soit de la femme, et les parents du mineur, ou, à défaut de parents, ses amis, requérir lesdites inscriptions ; elles pourront aussi être requises par la femme et par les mineurs.

2140. Lorsque, dans le contrat de mariage, les parties majeures seront convenues qu'il ne sera pris d'inscription que sur un ou certains immeubles du mari, les immeubles qui ne seraient pas indiqués pour l'inscription resteront libres et affranchis de l'hypothèque pour la dot de la femme et pour ses reprises et conventions matrimoniales. Il ne pourra pas être convenu qu'il ne sera pris aucune inscription.

2141. Il en sera de même pour les immeubles du tuteur, lorsque les parents, en conseil de famille, auront été d'avis qu'il ne soit pris d'inscription que sur certains immeubles.

2142. Dans le cas des deux articles précédents, le mari, le tuteur et le subrogé tuteur ne seront tenus de requérir inscription que sur les immeubles indiqués.

2143. Lorsque l'hypothèque n'aura pas été restreinte par l'acte de nomination du tuteur, celui-ci pourra, dans le cas où l'hypothèque générale sur ses immeubles excéderait notoirement les sûretés suffisantes pour sa gestion, demander que cette hypothèque soit restreinte aux immeubles suffisants pour opérer une pleine garantie en faveur du mineur. — La demande sera formée contre le subrogé tuteur, et elle devra être précédée d'un avis de famille.

2144. Pourra pareillement le mari, du consentement de sa femme, et après avoir pris l'avis des quatre plus proches parents d'icelle, réunis en assemblée de famille, demander que l'hypothèque générale sur tous ses immeubles, pour raison de la dot, des reprises et conventions matrimoniales, soit restreinte aux immeubles suffisants pour la conservation entière des droits de la femme.

2145. Les jugements sur les demandes des maris et des tuteurs ne seront rendus qu'après avoir entendu le procureur impérial, et contradictoirement avec lui. — Dans le cas où le tribunal prononcera la réduction de l'hypothèque à certains immeubles, les inscriptions prises sur tous les autres seront rayées.

Observation. — Nous savons que l'hypothèque donne un **droit de préférence** et un *droit de suite*. Dans notre section, le Code traite du *droit de préférence*.

Le rang des hypothèques était déterminé, en droit romain et dans l'ancien droit français, par la date de l'événement qui leur donnait naissance, et comme cet événement pouvait rester ignoré du public, les différents créanciers hypothécaires ne connaissaient leurs rangs respectifs qu'à la dernière heure et lorsque tout était déjà irrévocablement consommé. Avec un semblable régime, les créanciers étaient exposés à de cruels mécomptes, et le crédit des particuliers était paralysé.

La législation intermédiaire (loi du 9 messidor an III et du 11 brumaire an VII), introduisit le principe nouveau de *la publicité*, et dès lors le rang des créanciers ne fut determiné que par la date de l'inscription.

Le Code a suivi le même système, et en principe l'hypothèque non inscrite est comme inexistante. Mais il a été dérogé à cette règle en faveur de certains incapables, savoir : des mineurs, des interdits et des femmes mariées. Le législateur a craint, avec raison, que l'hypothèque destinée à garantir leurs droits ne fût presque toujours inefficace si elle devait nécessairement être inscrite, car ceux-là précisément sont et devaient être chargés de l'inscription, dont les biens sont frappés par l'hypothèque.

Rang des hypothèques GÉNÉRALES *entre elles.* — Le rang de ces hypothèques sur les biens acquis avant qu'elles soient inscrites est déterminé par la date même de leurs inscriptions. Mais il y a difficulté pour les classer sur les biens qui ont été acquis après l'accomplissement de cette formalité. En effet, quoique d'un côté la date des inscriptions prises soit ou puisse être différente, de l'autre cependant les biens acquis ont été simultanément frappés par toutes ces hypothèques, au moment où ils sont entrés dans le patrimoine du débiteur. Faut-il conserver sur le prix de tous les biens indistinctement le rang des inscriptions prises, ou faut-il faire une distribu-

tion au marc le franc du prix des biens acquis postérieurement
à ces inscriptions ?

Certains auteurs soutiennent la dernière opinion qui, on
doit le reconnaître, se fonde sur une logique rigoureuse.
Mais il s'agit moins ici d'appliquer à un principe certain des
déductions mathématiques, que de donner une solution équitable et propre à prévenir la fraude. Or, il est équitable de
maintenir, dans tous les cas et sur tous les biens, le rang des
inscriptions prises, car autrement le créancier négligent serait à peu près sur la même ligne que le créancier diligent,
si les biens présents avaient peu de valeur, comparativement
aux biens à venir. Puis, on prévient ainsi une fraude facile
à commettre. En effet, dans l'autre système, il ne dépendrait
que du débiteur, dont la fortune consiste principalement en
espérances, de ruiner les créanciers ayant hypothèque générale déjà inscrite, en constituant lui-même des hypothèques
sur biens à venir, qui viendraient concourir avec les précédentes [1].

L'inscription d'une hypothèque générale, prise dans
un bureau, suffit pour tous les immeubles que ce débiteur acquiert dans le même arrondissement. Toutefois si cette hypothèque avait été constituée par le débiteur
lui-même à cause de l'insuffisance de ses biens présents, le
créancier devrait, pour prendre rang, s'inscrire sur chacun
des immeubles, au fur et à mesure que le débiteur les acquer-
rait. Effectivement, l'article 2148 exige, d'une manière absolue, l'indication de l'espèce et de la situation des biens grevés d'hypothèques conventionnelles, et il n'est fait exception
à cette règle que pour les hypothèques légales et judiciaires.
En résumé, quand il s'agit de ces dernières hypothèques,
l'inscription prise dans un bureau suffit pour tous les immeubles que le débiteur acquiert plus tard dans le ressort du
même bureau; et quand il s'agit de l'hypothèque générale

---

[1] Massé et Vergé, t. V, p. 173, note. 16. — Pont, t. I, n° 599. —
Caen, 5 avril 1856.

conventionnelle, il faut autant d'inscriptions qu'il y a d'immeubles différents, et l'hypothèque ne produit son effet qu'à compter de ces inscriptions.

Examinons comment se détermine le rang des hypothèques dispensées d'inscription.

Rang de l'hypothèque des MINEURS ET INTERDITS. — L'hypothèque des mineurs et interdits a un rang unique; et, quelle que soit l'époque où la créance de l'incapable contre son tuteur prenne naissance, ce rang remonte au jour où la responsabilité du tuteur a commencé. Ainsi, en supposant que le dernier jour d'une tutelle qui a duré dix ans le tuteur commette un détournement de fonds appartenant à l'incapable, celui-ci a le droit de se faire colloquer rétroactivement au rang qui lui appartiendrait si le délit avait été commis le premier jour de la tutelle. De la sorte l'incapable primera tous les créanciers auxquels le tuteur aurait consenti des hypothèques dans l'intervalle des dix années. L'hypothèque du mineur et de l'interdit est donc *prépostère*, puisque d'avance elle garantit des créances qui ne naîtront que postérieurement.

Quel est le moment précis où commence la responsabilité du tuteur? A notre avis elle commence dès que le tuteur a connaissance de la fonction que vient de lui déférer la loi, ou le testament du dernier mourant des père et mère, ou, enfin, le choix du conseil de famille.

Peu importe qu'il ait ou non accepté la tutelle, lorsqu'il n'a aucun motif de la refuser. Souvent même il sera responsable précisément pour refus d'accepter et d'administrer en temps utile.

Rang de l'hypothèque des FEMMES MARIÉES. — L'hypothèque des femmes mariées n'a pas, comme la précédente, un rang unique. Elle ne prendra naissance et ne produira son effet qu'au fur et à mesure des créances et à compter du jour où elles existeront.

Les créances qu'une femme peut avoir contre son mari sont

multiples. Nous allons indiquer les plus fréquentes. La femme peut être créancière de son mari :

1° Pour sa *dot* et ses *conventions matrimoniales*, telles que préciput, gains de survie : dans ce cas, l'hypothèque produira son effet à compter de la célébration du mariage [1], lors même que le payement de la dot n'aurait pas été immédiat, car la loi ne fait pas de distinction, et d'ailleurs la responsabilité du mari pourra précisément provenir de sa négligence à recouvrer la dot promise.

2° Pour les sommes dotales provenant de *donations* ou *successions* à elle échues : dans ce cas, l'hypothèque produira son effet à compter de l'acceptation de la donation ou de l'ouverture de la succession.

3° Pour *dettes contractées* avec le mari envers des tiers : dans ce cas, l'hypothèque produira son effet à compter du contrat, pourvu qu'il ait date certaine, car la femme qui s'oblige avec son mari est réputée n'être que sa caution, et l'action récursoire qu'elle a quand elle paye, a son point de départ dans le contrat même, et non dans le payement qu'elle effectue de ses deniers personnels. Ainsi, en supposant qu'il s'écoule deux ans entre la naissance de l'obligation et son payement, l'hypothèque de la femme remonte à deux ans dans le passé, et prime toutes les hypothèques nées dans l'intervalle [2].

Les créanciers pouvant exercer les droits de leur débiteur (1166), le créancier chirographaire de la femme deviendra le créancier hypothécaire du mari, à la condition d'agir au nom de sa débitrice. Il primera donc les créanciers hypothécaires du mari qui seront postérieurs à la femme, mais il subira le concours des autres créanciers de sa débitrice, car il n'exerce pas un droit propre, et les sommes payées par le mari tom-

---

[1] Benech, *Remploi*, n° 111. — Pont, *Hyp.*, n° 572.

[2] Demolombe, *Rev. crit.*, t. I, p. 527. — Pont, n° 761. — Cass., 15 mars 1859.

bent dans le patrimoine de la femme pour y subir une distribution proportionnelle.

4° Pour le *remploi de ses propres aliénés :* dans ce cas,
l'hypothèque produira son effet à dater de l'aliénation ; car,
dès ce moment, le mari est devenu responsable du prix qui
en provient.

5° Pour *dégradations*, commises par le mari sur les propres
de la femme, ou pour des *sommes paraphernales* qu'il aurait
touchées. Dans ces cas, non prévus par l'art. 2135, la créance
est encore hypothécaire aux termes de l'art. 2121, et l'hypothèque produira son effet à dater du jour où le mari est devenu débiteur [1].

La dernière disposition de l'art. 2135 fait allusion à la loi
du 11 brumaire an VII, qui exigeait l'inscription pour toutes
les hypothèques, sans exception.

DIFFÉRENCE *entre l'hypothèque des* MINEURS *ou* INTERDITS *et
celle des* FEMMES MARIÉES. — On vient de voir par ce qui
précède que l'hypothèque des mineurs ou interdits est plus
avantageuse que celle des femmes mariées : effectivement, lors
même que la créance du mineur ou interdit serait née le dernier jour de la tutelle, le rang de l'hypothèque remontera au
jour où avait commencé la responsabilité du tuteur, tandis
que l'hypothèque de la femme a autant de rangs qu'il y a de
créances nées à des époques différentes.

On peut donner trois raisons de cette différence. D'abord
la femme est présumée avoir une intelligence de ses intérêts
qui manque aux mineurs et aux interdits, et elle peut, jusqu'à un certain point, prendre des mesures conservatoires.

En second lieu, elle a la ressource de la séparation de
biens, que n'ont ni les mineurs ni les interdits.

Enfin, le mariage étant plus fréquent que la tutelle, il importait au crédit public que les tiers pussent toujours connaître avec précision l'étendue des charges qui grèvent actuel-

---

[1] Aubry et Rau, t. II, p. 700, note 72. — Cass., 27 avril 1852.

lement les biens d'un mari, tandis qu'il y avait un moindre inconvénient à laisser incertaine la situation hypothécaire des tuteurs.

Le Code avait exagéré la protection qu'il accordait aux incapables, en dispensant leur hypothèque d'inscription, même après que leur incapacité avait disparu. Sans péril pour leurs droits et avec grand avantage pour le crédit public, il pouvait fixer un délai après la tutelle ou le mariage, passé lequel l'hypothèque n'aurait plus produit son effet sans inscription. Cette lacune de notre législation a été comblée par la loi du 23 mars 1855 dont l'article 8 porte que les hypothèques légales des incapables doivent être inscrites dans l'année qui suit la cassation de leur incapacité. Si elles sont inscrites dans ce délai, elles conservent le rang unique ou multiple que l'article 2135 leur assigne. Si elles sont inscrites après ledit délai, elles produisent seulement leur effet à compter de la date de leur inscription. En d'autres termes, les hypothèques légales dispensées d'inscription par le Code rentrent sous l'empire du droit commun, dès qu'il s'est écoulé un an à dater de l'époque où l'incapacité du créancier a cessé, et où, par conséquent, une inscription a pu être prise soit par lui, soit par ses ayants cause.

Des personnes DEVANT *ou* POUVANT *requérir l'inscription des hypothèques précédentes.* — Nous savons que, si l'inscription de l'hypothèque légale des femmes mariées, mineurs et interdits, n'est pas nécessaire, elle n'en est pas moins dans le vœu du législateur. C'est pourquoi le Code impose à certaines personnes l'*obligation* et donne à d'autres la *faculté* de requérir cette inscription.

Sont *obligés* de prendre inscription (art. 2136) :

Pour les femmes, les maris ; pour les mineurs et interdits, les tuteur et subrogé tuteur ; pour les uns et les autres, le procureur impérial.

La sanction varie suivant les personnes : ainsi les maris et tuteurs sont stellionataires, si, en l'absence de toute inscription, ils *consentent* des hypothèques, sans faire connaître aux tiers leur qualité. Mais si l'hypothèque légale est inscrite, les maris et tuteurs qui gardent le silence ne deviennent pas stellionataires, car ils ont pu et dû croire que les tiers connaissaient leur situation hypothécaire. On ne pourrait, dans ce cas, les accuser justement de stellionat, que si, par une déclaration mensongère, ils avaient induit le créancier en erreur.

L'article 2136 2º soumet à la même sanction les maris et tuteurs qui ont simplement *laissé prendre* des hypothèques. De là il semble résulter que, s'ils acceptent, par exemple, les fonctions d'agents comptables, sans faire connaître leur qualité, ils sont stellionataires. Une telle disposition paraît bien rigoureuse. L'article devient, de plus, inintelligible, lorsqu'il parle des maris ou tuteurs qui *consentent* ou *laissent prendre des priviléges;* car c'est toujours la loi qui les confère. On pourrait tout au plus trouver une application de ce texte dans le cas où le mari laisserait un tiers se faire subroger à un privilége qu'il sait primé par l'hypothèque légale de sa femme ; par exemple, au privilége des architectes et ouvriers qui auraient fait des constructions ou réparations sur un de ses immeubles postérieurement au mariage. Mais il est probable que les rédacteurs du Code n'ont attaché aucune portée aux mots *laisser prendre une hypothèque* et *consentir ou laisser prendre un privilége*. Dès lors il faut les regarder comme non avenus.

L'article 2194, *in fine*, nous y autorise, car, en précisant les cas où des poursuites pourraient avoir lieu contre les maris et tuteurs, pour hypothèques par eux *consenties* au profit de tierces personnes, sans déclaration de l'hypothèque légale, il ne parle plus des maris ou tuteurs qui auraient soit *laissé prendre une hypothèque*, soit *consenti ou laissé prendre un privilége*.

Les subrogés tuteurs ne peuvent être stellionataires, puisque leurs biens ne sont pas grevés d'hypothèque. Mais ils sont, aux termes de l'art. 2137, tenus sous leur responsabilité personnelle et à peine de tous dommages-intérêts, de veiller à l'inscription de l'hypothèque légale des mineurs ou interdits.

Leur responsabilité existe d'abord et sans conteste envers les incapables lésés. Existe-t-elle aussi envers les tiers ? Quelques auteurs soutiennent l'affirmative, en se fondant sur ce que la négligence du subrogé tuteur est un quasi-délit qui l'oblige à réparer le préjudice dont il peut être la cause. Mais cette opinion est erronée, car le subrogé tuteur est déclaré responsable dans l'intérêt exclusif des mineurs ou des interdits, et, comme il n'a aucun devoir à remplir envers les tiers, ceux-ci ne peuvent jamais lui reprocher justement sa négligence.

Quel préjudice les mineurs et interdits peuvent-ils éprouver de la non-inscription de leur hypothèque légale, puisque, même non inscrite, elle produit tous ses effets ? Aucun, si l'on considère le droit de préférence. Mais il en est tout autrement si l'on considère le droit de suite, car nous verrons que l'inscription est très-utile pour sa conservation.

Le procureur impérial n'est soumis à aucune responsabilité.

L'article 2139 indique les personnes ayant *faculté* de requérir l'inscription, sans y être obligées ; ce sont :

Pour la femme, les parents du mari, les parents de la femme, et la femme elle-même.

Pour les mineurs et interdits, les parents des mineurs et interdits, leurs amis, les mineurs et les interdits eux-mêmes.

De la RESTRICTION *de l'hypothèque légale des femmes mariées, des mineurs et des interdits.* — La généralité de cette hypothèque est un grand obstacle au crédit public ; aussi, lorsque la fortune des maris et tuteurs excède notoirement les sûretés nécessaires à leur gestion, la loi permet-elle de la restreindre à certains immeubles. Cette restriction ne saurait toutefois aller jusqu'à une renonciation complète à toute hypothèque, car il est d'ordre public que les incapables ne puissent pas se dépouiller des garanties que la loi a jugées nécessaires à la sauvegarde de leurs intérêts (art. 2140, *in fine*).

Nous allons examiner successivement la restriction de l'hypothèque légale de la femme, et celle de l'hypothèque légale des mineurs et interdits.

De la RESTRICTION *de l'hypothèque légale de la* FEMME. — Cette restriction peut être stipulée par contrat de mariage, ou demandée par le mari au cours du mariage. Les règles à suivre pour l'opérer ne sont pas les mêmes dans les deux hypothèques.

Lorsque la restriction est faite dans le contrat de mariage, il semble, aux termes de l'article 2140, que la validité de la convention soit subordonnée à la *majorité des parties*. Faut-il prendre ces expressions au pied de la lettre ? On est d'accord que la majorité du mari n'est pas nécessaire, puisque la restriction est toute dans son intérêt. Mais celle de la femme est évidemment indispensable [1], et voici la raison qu'on peut donner de cette condition. Quand la loi permet à la femme mineure de faire ses conventions matrimoniales, avec l'assistance des personnes qui doivent consentir à son mariage, elle part de cette idée que l'importance des conventions faites sera de la part de la famille l'objet d'un examen et d'un contrôle sévères. Mais la sévérité de ce contrôle de la part des parents était peu à espérer, dans le cas où il s'agit d'une simple restriction d'hypothèque, et la loi n'a pas voulu que de semblables stipulations devinssent des clauses de style. Elle exige donc que la femme soit majeure et conséquemment capable de comprendre la portée de la restriction qui va être accordée au mari. La présence des parents n'a pas paru être, dans le cas de minorité de la femme, une garantie suffisante que ses intérêts seraient sauvegardés.

---

[1] Aubry et Rau, t. II, § 264 *ter*, note 40. — Pont, n° 551.

La restriction stipulée peut, du reste, avoir plus ou moins d'étendue. Tantôt les parties conviendront qu'il ne sera pris d'inscription que sur un ou certains immeubles du mari. Dans ce cas, l'hypothèque légale de la femme est limitée à l'immeuble ou aux immeubles désignés, et, de générale qu'elle était, elle devient *spéciale*. Tantôt, au contraire, les parties conviendront qu'il ne sera pris aucune inscription sur tels ou tels immeubles. Dans ce cas l'hypothèque légale de la femme portera sur tous les autres biens du mari, et elle ne cessera pas d'être *générale*.

Passons à la restriction de l'hypothèque de la femme pen- .dant le mariage.

Lors du contrat de mariage, la femme n'a encore rien perdu de son indépendance, et, si elle est majeure, une simple convention suffit pour la restriction. Au cours du mariage, au contraire, la femme est sous la dépendance absolue de son mari, et la restriction ne peut plus émaner que de la justice : encore faut-il le concours des cinq conditions suivantes :

1° Il faut que l'hypothèque n'ait pas déjà été restreinte dans le contrat de mariage ;

2° La femme doit consentir à la restriction, et elle ne le peut valablement que si elle est majeure [1] ;

3° La valeur des immeubles du mari doit excéder notoirement la fortune présente et à venir de la femme ;

4° Il faut que les quatre plus proches parents de la femme aient été consultés, sauf au tribunal à ne pas se conformer à leur avis ;

5° Enfin la demande de restriction doit être formée par le mari, non contre sa femme, mais contre le procureur impérial qui la représente, et joue le rôle de partie principale [2].

L'examen de la restriction de l'hypothèque légale de la

---

[1] Mourlon, p. 488. — Massé et Vergé, t. V, § 812, p. 205, note 15. — Pont, n° 559. — Limoges, 9 mars 1859.

[2] Aubry et Rau, p. 839. — Pont, n° 565.

femme au profit du *mari* appelle naturellement celui des *cessions*, ou *subrogations* que la femme peut en consentir, ou des *renonciations* qu'elle peut y faire au profit de *tiers* avec lesquels elle contracte.

Les formalités et conditions que nous venons de voir, nécessaires pour protéger la femme contre l'excessive et dangereuse facilité avec laquelle elle aurait adhéré à une diminution de ses sûretés en faveur de son mari, étaient inutiles, dans le cas où elle consent, au profit d'un tiers, soit une cession, soit une renonciation, ayant pour objet son hypothèque légale. Dans ce cas, en effet, la femme voit la gravité de l'acte qu'elle accomplit, et comme d'ailleurs elle peut disposer de tous ses biens, sauf le cas de dotalité, avec la seule autorisation de son mari, il est naturel qu'elle puisse aussi, avec la même autorisation, disposer de son hypothèque. Ajoutons que quelquefois cette hypothèque sera la seule sûreté que les époux puissent offrir aux tiers pour se procurer les capitaux nécessaires à leur commerce ou à leur industrie [1].

Les femmes qui se font de l'hypothèque légale un moyen de crédit déclarent, tantôt *céder* leur hypothèque aux tiers envers lesquels l'engagement est contracté, tantôt les y *subroger*, et tantôt y *renoncer* à leur profit. Ces locutions, qui ne sont pas synonymes pour un grammairien, ont toutes dans la pratique la même signification. Elles veulent dire que la femme détache de la créance qu'elle a contre son mari l'hypothèque qui la garantit, pour en investir le créancier auquel elle la transfère. En d'autres termes, la femme, dans le but d'obtenir pour elle-même, pour son mari, ou même pour un tiers le crédit nécessaire, transporte au créancier avec lequel elle contracte le bénéfice de sa situation hypothécaire, et ce créancier est mis en son lieu et place pour l'exercice de l'hypothèque légale, dans la mesure des droits qu'il a contre la femme, le mari ou le tiers débiteurs.

---

[1] V. Massé et Vergé, t. V, § 796, p. 167, note 26. — Pont, nos 454 et 543, — Nimes, 5 août 1862.

Quelques auteurs ont soutenu que, pour transporter son hypothèque, la femme devait transporter aussi sa créance en reprises à laquelle elle est attachée et dont elle doit rester inséparable. Mais cette théorie ne nous semble pas exacte, car l'hypothèque a une existence propre qui permet de la transférer isolément, et l'article 9 de la loi du 23 mars 1855, qui règle la publicité de ce transfert, ne suppose nullement une cession concomitante de la créance en reprises de la femme contre le mari [1].

La conséquence des cessions, subrogations ou renonciations hypothécaires consenties par la femme au profit des tiers est facile à déduire. Lorsque la vente des immeubles du mari aura lieu, les créanciers subrogés se feront colloquer par ordre sur le prix d'adjudication, tandis que sans cette subrogation les créanciers qui ont traité avec le mari seul, ne seraient venus qu'au marc le franc avec la masse de ses autres créanciers sur la partie du prix restée libre après les collocations privilégiées ou hypothécaires ; et les créanciers qui ont traité avec la femme ne seraient venus qu'au marc le franc avec la masse de leurs cocréanciers sur le montant de la collocation hypothécaire obtenue par elle dans la distribution.

Avant la loi du 23 mars 1855, aucune publicité n'était prescrite pour les subrogations que la femme peut consentir, et le rang des différents subrogés était déterminé par la date de leur subrogation. Avec un pareil système, la femme avait la possibilité de multiplier à l'infini ses subrogations, et de tromper ainsi les tiers qui n'avaient aucun moyen de connaître le rang qui devait leur appartenir. L'article 9 de la loi du 23 mars 1855 est venu mettre un terme à cet état de choses. Il exige que la subrogation soit rendue publique, soit par l'inscription de l'hypothèque de la femme prise directement au profit du tiers subrogé, soit par la mention de la

---

[1] *Sic* Valette, n° 129. — Pont, t. I, n° 334. — Beudant, *Rev. crit.*, t. XXVIII, p. 223. — *Contrà* Bertauld, *Subrog.*, n° 21 et suiv. — Benech, *Nant.*, n° 18 et suiv.

subrogation en marge de l'inscription préexistante. Sans
cette publicité les créanciers subrogés ne sont pas saisis à l'é-
gard des tiers, et ils ne peuvent par conséquent pas se prévaloir de leur subrogation. Avec cette publicité, au contraire,
ils sont saisis et colloqués à la date de l'inscription ou de la
mention dont nous venons de parler.

L'innovation apportée par la loi de 1855 au régime du
Code constitue une amélioration importante, mais il est à
regretter qu'elle soit limitée aux subrogations consenties par
les femmes, car celles consenties par d'autres créanciers hypothécaires peuvent, avec la clandestinité qui les entoure toujours, donner encore lieu aux abus ou aux fraudes que le
législateur a voulu prévenir [1]. On ne peut d'ailleurs méconnaître qu'en général notre législation sur cette matière laisse
beaucoup à désirer. Ainsi, au lieu de se borner à prescrire
la publicité des subrogations consenties par les femmes mariées, elle devrait étendre les résultats déjà acquis par la
pratique et organiser tout un système de sous-ordres. Et
en effet, pourquoi les priviléges sur les immeubles et les
hypothèques ne seraient-ils pas, aussi bien que d'autres
droits immobiliers, tels que l'usufruit, par exemple, affectés
à l'acquittement des obligations et ne deviendraient-ils pas
pour le débiteur un moyen de crédit ? Pour faire cette ré-
forme, il suffirait de dire que les priviléges immobiliers
et les hypothèques sont susceptibles d'hypothèque, tout
comme il est admis que les hypothèques sont susceptibles de
subrogation, et alors il y aurait deux ordres, l'ordre principal dans lequel le débiteur serait colloqué sur le prix d'adjudication de l'immeuble, et le sous-ordre dans lequel les
créanciers seraient colloqués à leur tour sur le montant de
cette collocation [2].

L'article 9 de la loi de 1855 précité contient une autre dis-

---

[1] V. Beudant, *De la subrogation aux droits d'hypothèque et des sous-
ordres*, p. 7.

[2] Beudant, *ibid.*, p. 73.

position essentielle. L'acte portant cession ou subrogation doit être *authentique*. Cette authenticité est exigée dans un double but, d'abord pour protéger la femme contre un consentement irréfléchi, et ensuite pour servir de base à l'inscription qui doit être prise.

Rappelons que, sous le régime dotal, la dot mobilière est, d'après la jurisprudence, inaliénable comme la dot immobilière, et qu'en conséquence la femme ne peut transférer à autrui, par un moyen ni sous une forme quelconques, son hypothèque légale [1].

De la RESTRICTION *de l'hypothèque légale des* MINEURS *et* INTERDITS. — Cette restriction peut avoir lieu soit au commencement de la tutelle, soit pendant sa durée.

Au commencement de la tutelle, la restriction dépend uniquement du conseil de famille qui, en nommant le tuteur, limite l'hypothèque légale dont ses immeubles doivent être grevés. Quoique l'article 2143 ne parle que du tuteur datif, l'esprit du Code veut évidemment que la même restriction puisse être accordée aux tuteurs testamentaires ou légitimes.

Le survivant des père et mère, qui a le pouvoir de nommer un tuteur testamentaire, a-t-il aussi celui de restreindre l'hypothèque légale qui frappera ses immeubles ? L'affirmative est généralement admise, car la restriction dont il s'agit est un acte moins grave que le choix même du tuteur.

Quant à la restriction qui serait demandée par le tuteur au cours de sa gestion, la loi, dans le but de protéger le conseil de famille et l'incapable contre l'effet de ses obsessions, exige les conditions suivantes ; il faut :

1° Que l'hypothèque n'ait pas été déjà restreinte au commencement de la tutelle ;

2° Que la valeur des biens du tuteur excède notoirement la fortune présente et à venir de l'incapable ;

---

[1] Cass., 17 décembre 1866.

3° Que le conseil de famille donne son avis, sauf au tribunal à ne pas s'y conformer ;

4° Que la demande en restriction soit introduite contre le subrogé tuteur ;

5° Qu'enfin le ministère public donne ses conclusions ; seulement, le rôle de partie principale appartenant ici au subrogé tuteur, le procureur impérial ne jouera que celui de partie jointe.

CHAPITRE IV

DU MODE DE L'INSCRIPTION DES PRIVILÉGES ET HYPOTHÈQUES.

ART. 2146. Les inscriptions se font au bureau de conservation des hypothèques dans l'arrondissement duquel sont situés les biens soumis au privilége ou à l'hypothèque. Elles ne produisent aucun effet, si elles sont prises dans le délai pendant lequel les actes faits avant l'ouverture des faillites sont déclarés nuls. — Il en est de même entre les créanciers d'une succession, si l'inscription n'a été faite par l'un d'eux que depuis l'ouverture, et dans le cas où la succession n'est acceptée que par bénéfice d'inventaire.

2147. Tous les créanciers inscrits le même jour exercent en concurrence une hypothèque de la même date, sans distinction entre l'inscription du matin et celle du soir, quand cette différence serait marquée par le conservateur.

2148. Pour opérer l'inscription, le créancier représente, soit par lui-même, soit par un tiers, au conservateur des hypothèques, l'original en brevet ou une expédition authentique du jugement ou de l'acte qui donne naissance au privilége ou à l'hypothèque. — Il y joint deux bordereaux écrits sur papier timbré, dont l'un peut être porté sur l'expédition du titre ; ils contiennent : — 1° les nom, prénom, domicile du créancier, sa profession, s'il en a une, et l'élection d'un domicile pour lui dans un lieu quelconque de l'arrondissement du bureau ; — 2° les nom, prénom, domicile du débiteur, sa profession, s'il en a une connue, ou une désignation individuelle et spéciale, telle que le conservateur puisse reconnaître et distinguer, dans tous les cas, l'individu grevé d'hypothèque ;

— 3° la date et la nature du titre ; — 4° le montant du capital des créances exprimées dans le titre, ou évaluées par l'inscrivant, pour les rentes et prestations, ou pour les droits éventuels, conditionnels ou indéterminés, dans les cas où cette évaluation est ordonnée, comme aussi le montant des accessoires de ces capitaux, et l'époque de l'exigibilité ; — 5° l'indication de l'espèce et de la situation des biens sur lesquels il entend conserver son privilége ou son hypothèque. — Cette dernière disposition n'est pas nécessaire dans le cas des hypothèques légales ou judiciaires : à défaut de convention, une seule inscription, pour ces hypothèques, frappe tous les immeubles compris dans l'arrondissement du bureau.

2149. Les inscriptions à faire sur les biens d'une personne décédée pourront être faites sous la simple désignation du défunt, ainsi qu'il est dit au n° 2 de l'article précédent.

2150. Le conservateur fait mention, sur son registre, du contenu aux bordereaux, et remet au requérant, tant le titre ou l'expédition du titre, que l'un des bordereaux, au pied duquel il certifie avoir fait l'inscription.

2151. Le créancier inscrit pour un capital produisant intérêt ou arrérages a droit d'être colloqué pour deux années seulement, et pour l'année courante, au même rang d'hypothèque que pour son capital ; sans préjudice des inscriptions particulières à prendre, portant hypothèque à compter de leur date, pour les arrérages autres que ceux conservés par la première inscription.

2152. Il est loisible à celui qui a requis une inscription, ainsi qu'à ses représentants, ou cessionnaires, par acte authentique, de changer sur le registre des hypothèques le domicile par lui élu, à la charge d'en choisir et indiquer un autre dans le même arrondissement.

2153. Les droits d'hypothèque purement légale de l'Etat, des communes et des établissements publics sur les biens des comptables, ceux des mineurs ou interdits sur les tuteurs, des femmes mariées sur leurs époux, seront inscrits sur la représentation de deux bordereaux, contenant seulement : — 1° les nom, prénom, profession et domicile réel du créancier, et le domicile qui sera par lui, ou pour lui, élu dans l'arrondissement ; — 2° les nom, prénom, profession, domicile, ou désignation précise du débiteur ; — 3° la nature des droits à conserver, et le montant de leur valeur quant aux objets déterminés, sans être tenu de les fixer quant à ceux qui sont conventionnels, éventuels ou indéterminés.

2154. Les inscriptions conservent l'hypothèque et le privilége pendant dix années, à compter du jour de leur date ; leur effet cesse, si ces inscriptions n'ont été renouvelées avant l'expiration de ce délai [1].

2155. Les frais des inscriptions sont à la charge du débiteur, s'il n'y a stipulation contraire ; l'avance en est faite par l'inscrivant, si ce n'est quant aux hypothèques légales, pour l'inscription desquelles le conservateur a son recours contre le débiteur. Les frais de la transcription, qui peut être requise par le vendeur, sont à la charge de l'acquéreur.

2156. Les actions auxquelles les inscriptions peuvent donner lieu contre les créanciers seront intentées devant le tribunal compétent, par exploits faits à leur personne, ou au dernier des domiciles élus sur leur registre ; et ce, nonobstant le décès soit des créanciers, soit de ceux chez lesquels ils auront fait élection de domicile.

Observation. — Nous avons dit précédemment en quoi consiste l'inscription, et nous savons que, si elle n'est pas nécessaire à l'existence de l'hypothèque, elle l'est du moins à son efficacité.

Du LIEU *de l'inscription.* — L'inscription doit être prise au bureau des hypothèques dans l'arrondissement duquel l'immeuble est situé. D'où la conséquence que, si l'hypothèque porte sur des immeubles situés dans différents arrondissements, il faut autant d'inscriptions qu'il y a de bureaux.

DÉLAIS *de l'inscription.* — En règle générale, l'inscription

---

[1] *Avis du conseil d'Etat du 15 décembre 1807, approuvé le 22 janvier 1808, sur la durée des inscriptions relatives aux hypothèques légales.*

Le Conseil d'Etat, consulté sur la question de savoir si les inscriptions hypothécaires prises d'office, et celles prises par les femmes, les mineurs et le Trésor public, sur les biens des maris, des tuteurs et des comptables, doivent être renouvelées avant l'expiration du délai de dix années.

Est d'avis que : 1° toute inscription doit être renouvelée avant l'expiration du laps de dix années ;

2° Lorsque l'inscription a été nécessaire pour l'hypothèque, le renouvellement est nécessaire pour sa conservation ;

3° Lorsque l'hypothèque existe indépendamment de l'inscription, et que celle-ci n'est ordonnée que sous des peines particulières, ceux qui ont dû la faire doivent la renouveler sous les mêmes peines ;

4° Enfin, lorsque l'inscription a dû être faite d'office par le conservateur, elle doit être renouvelée par le créancier qui a intérêt.

peut être prise à toute époque. Il était inutile de fixer un délai aux créanciers, car, du moment que les hypothèques ne prennent rang que par l'inscription, leur intérêt est une garantie suffisante contre leur lenteur à s'inscrire.

Cependant, plusieurs circonstances peuvent limiter les délais de l'inscription ; savoir :

1° *Un jugement déclaratif de faillite.* Il fallait empêcher que celui-là n'obtînt la préférence que le hasard aurait le plus tôt instruit de la faillite ; et, de plus, il était juste de frapper le créancier qui avait consenti à retarder son inscription, pour laisser au débiteur un crédit frauduleux.

En conséquence, la loi déclare *nulles* toutes les inscriptions prises depuis le *jugement* déclaratif de faillite, et *annulables* celles prises après l'*ouverture* de la faillite que le tribunal fixe à l'époque où remonte la cessation des payements, et même celles qui se placent dans les dix jours qui ont précédé cette ouverture, s'il s'est écoulé plus de quinze jours entre la constitution du privilége ou de l'hypothèque et son inscription, car alors la négligence du créancier a pu nuire aux tiers (art. 448 C. comm.).

L'art. 446 du même Code va même plus loin, car il déclare nulles toutes *constitutions* d'hypothèques conventionnelles ou judiciaires, de droits d'antichrèse ou de nantissement sur les biens du débiteur, soit depuis l'ouverture de la faillite, soit dans les dix jours qui l'ont précédée, pour dettes contractées antérieurement.

En résumé, le législateur a voulu que le sort de tous les créanciers fût irrévocablement fixé au jour de l'ouverture de la faillite, et que le débiteur ne pût pas avantager les uns au préjudice des autres. De là il suit que les inscriptions, nulles ou annulables par rapport à la masse des créanciers, seraient valables par rapport aux créanciers postérieurs à la faillite.

Les hypothèques ne venant pas du failli pourraient valablement être inscrites, car alors aucune fraude n'est à craindre ; ainsi, dans l'hypothèse où une succession écherrait au failli, les créanciers et légataires du défunt pourraient faire inscrire leur privilége ou leur hypothèque, comme si l'héritier n'était point en faillite.

Ce que nous avons dit de la faillite est inapplicable à la déconfiture, car aucun jugement n'en précise l'époque, et la loi ne l'a pas même organisée.

2° Le second obstacle à l'inscription des hypothèques est, depuis la loi du 23 mars 1855, la *transcription* qui serait faite d'un acte d'aliénation de l'immeuble hypothéqué consenti par le débiteur (art. 6).

Le créancier hypothécaire n'a donc plus, comme sous l'art. 834 du Code de procédure aujourd'hui abrogé, le délai de quinzaine qui suivait cette transcription. Si son inscription n'est pas prise avant la transcription, il est forclos, et, quoique son hypothèque conserve encore une existence nominale, elle a perdu toute son efficacité. Toutefois les hypothèques légales des femmes, des mineurs et des interdits restent, même sous la loi nouvelle, soumises au régime du Code, et elles peuvent être valablement inscrites pendant les délais de la purge fixés par les articles 2194 et 2195, quoique l'immeuble soit sorti des mains du débiteur et que la transcription de l'acte d'aliénation ait été faite.

Rappelons que les priviléges sont soumis à la même règle que les hypothèques, sauf ceux du vendeur et des cohéritiers ou copartageants qui peuvent être valablement inscrits pendant 45 jours, nonobstant toutes transcriptions faites dans l'intervalle.

3° Enfin l'inscription des priviléges et hypothèques est empêchée par l'*acceptation bénéficiaire* et à plus forte raison par la *répudiation* de la succession du débiteur qui vient à décéder. Dans ces deux cas, en effet, tout porte les créanciers à croire que la succession est mauvaise, et, comme dans la faillite, il importe d'éviter que la priorité ne devienne le prix de la course au bureau des hypothèques. Le sort des créanciers est donc irrévocablement fixé par la mort du débiteur.

ceux qui ont négligé de faire inscrire leurs hypothèques, ne seront plus que chirographaires.

L'acceptation sous bénéfice d'inventaire, provenant de ce que l'héritier est mineur ou interdit, n'implique pas l'insolvabilité de la succession, puisqu'elle ne peut jamais être pure et simple, et dès lors il faudrait maintenir l'inscription prise après l'ouverture. Cependant quelques auteurs décident le contraire, en se fondant sur ce que l'article 2146 ne fait aucune distinction.

Ici, comme dans la faillite, la nullité de l'inscription ne peut être invoquée que par les créanciers antérieurs à l'événement qui empêche de la prendre, et cette inscription serait parfaitement opposable aux créanciers qui traiteraient postérieurement avec les héritiers du débiteur.

Notons que les circonstances qui font obstacle à l'inscription des priviléges ou hypothèques n'empêchent point le renouvellement des inscriptions déjà prises, car alors on ne peut reprocher au créancier aucune négligence.

Des inscriptions prises le MÊME JOUR *et à des* HEURES DIFFÉRENTES. Aux termes de l'article 2147, tous les créanciers inscrits le même jour, quoique à des heures différentes, concourent. Ce système était le seul praticable, car, si on avait tenu compte des heures, le conservateur eût pu intervertir l'ordre véritable, en mettant le dernier celui qui était arrivé le premier. Or, cette interversion, possible pour les heures, ne l'est point pour les jours; car chaque soir le conservateur doit clore ses registres, qui peuvent, d'un moment à l'autre, être examinés et vérifiés par le contrôleur.

Des PIÈCES A PRODUIRE *et des* FORMALITÉS A REMPLIR *pour l'inscription.* — Le créancier qui requiert inscription doit produire :

I. L'ORIGINAL en brevet, ou une EXPÉDITION AUTHENTIQUE de l'acte *constitutif* d'hypothèque (jugement, acte judiciaire, testament, etc.).

II. DEUX BORDEREAUX, dont l'un restera entre les mains du

TOME III.   37

conservateur pour sa décharge, et l'autre entre les mains du
créancier pour sa sûreté. Ils doivent être conformes et contenir toutes les indications nécessaires pour éclairer les tiers
sur les personnes, les créances et les biens hypothéqués, savoir :

1° Les *nom, prénoms, profession et domicile du créancier.*
La mention doit comprendre à la fois le domicile *réel*, car
c'est là que doivent être signifiées les demandes judiciaires
qui concernent la restriction ou la radiation de l'inscription
(art. 548 C. de pr.), et un domicile *élu* dans l'arrondissement
du bureau, afin de faciliter, comme nous le verrons plus tard,
les formalités de la purge des hypothèques et de la vente
forcée de l'immeuble (art. 692 C. de pr.).

2° Les *nom, prénoms, profession et domicile du débiteur.*
Lorsque c'est un tiers qui hypothèque son immeuble pour la
dette d'autrui, l'inscription doit être prise sous le nom du
débiteur, afin que chacun sache la mesure de son crédit.

3° *La date et la nature du titre,* afin que les tiers puissent, s'il y a lieu, contester la dette.

4° Le *montant réel ou approximatif du capital de la
créance et des accessoires,* plus l'époque de l'*exigibilité.* Lorsqu'il s'agit d'hypothèques judiciaires ou légales, il suffit
d'indiquer la *nature des droits* à conserver, sans en fixer le
montant quant à ceux qui sont conditionnels, éventuels ou
indéterminés (art. 2153 3°).

5° L'*espèce et la situation des biens* grevés de priviléges
ou hypothèques, à moins qu'il ne s'agisse d'une hypothèque
générale.

La loi n'a pas indiqué les énonciations exigées à peine de
nullité ; mais la jurisprudence n'admet la validité des inscription que si elles contiennent les indications essentielles, sans
lesquelles les tiers ne seraient pas suffisamment renseignés ;
c'est-à-dire l'indication du créancier, celle du débiteur et celle
des immeubles. Quant aux énonciations accessoires, leur
absence n'entraînerait pas la nullité de l'inscription.

Effets de l'inscription quant aux INTÉRÊTS *ou* ARRÉRAGES.
— Les intérêts ou arrérages échus avant l'inscription sont
garantis pour leur montant intégral, et comme le capital lui-
même, pourvu qu'ils aient été mentionnés dans le bordereau.

Les intérêts ou arrérages échus *depuis l'inscription* ne
sont garantis que pour *deux années*, plus l'*année courante*.
Il eût été naturel de colloquer le créancier pour tous les intérêts ou arrérages non encore prescrits, car la garantie du
principal doit s'étendre à tous les accessoires ; mais le législateur a craint, avec raison, que les tiers ne fussent lésés par
suite de l'ignorance où ils seraient si les intérêts ont ou non
été payés, et c'est pourquoi il s'est arrêté au terme moyen qu'il
indique. Le créancier pourra, du reste, prendre, pour tous
autres intérêts ou arrérages, des inscriptions supplémentaires.

Les intérêts échus depuis la *demande en collocation* jusqu'à *la collocation même* sont garantis par l'hypothèque,
quelle que soit leur étendue ; car on ne peut plus reprocher
au créancier de n'en avoir pas réclamé le payement.

On controverse la question de savoir si le privilége, comme
l'hypothèque, garantit ou non deux années d'intérêts ou arrérages, plus l'année courante. Certains auteurs prétendent
que le créancier privilégié sera seulement colloqué pour le
capital ; car, disent-ils, la disposition de l'art. 2151 ne comprend que les créanciers hypothécaires, et l'on ne doit pas
étendre des dispositions qui, par leur nature, sont *stricti
juris.*

Ce système est inadmissible, car il serait étrange qu'un
créancier privilégié fût, pour les accessoires, dans une condition inférieure à celle d'un créancier hypothécaire.

Une opinion opposée, fondée sur l'ancien droit, et admise
par la jurisprudence, étend le privilége à tous les accessoires
sans exception [1]. Mais il faut l'écarter, car elle est trop dangereuse pour les tiers qui ne peuvent savoir si les intérêts ou

---

[1] Pont, t. I, n° 192.— Cass., 11 mai 1863.

arrérages ont ou non été payés. Il est préférable d'appliquer aux priviléges la disposition écrite pour les hypothèques, car les raisons de prendre un terme moyen sont les mêmes, et, d'ailleurs, l'art. 2151 est placé dans le titre XVIII, qui est commun aux priviléges et aux hypothèques [1].

Notons que l'année commence au jour de l'inscription, et finit pour recommencer au jour anniversaire. Ordinairement, on arrête la fraction de l'année courante au jour de la demande en collocation.

De l'inscription *des* hypothèques légales. — L'art. 2153 exige pour elles moins de formalités que l'art. 2148 n'en exigeait pour les hypothèques conventionnelles, parce que la nature même des hypothèques légales ne comporte pas une détermination précise soit de la créance garantie, soit des biens grevés. Il suffit que l'inscription indique le créancier, le débiteur et la nature des droits à conserver.

De la péremption *et du* renouvellement *de l'inscription.* — L'inscription d'un privilége ou d'une hypothèque ne conserve son efficacité que pendant dix ans, et si le créancier ne la renouvelle pas dans ce délai, il est censé ne l'avoir jamais prise.

On a donné plusieurs raisons de cette disposition.

D'abord, le renouvellement des inscriptions rend les recherches plus faciles pour le conservateur, puisque, dans aucun cas, elles ne doivent remonter au delà de dix années.

Mais il est certain qu'avec des tables bien dressées, les recherches seraient encore faciles, quand même l'inscription durerait aussi longtemps que l'hypothèque. Le vrai motif de la loi est de faire tomber toutes les inscriptions qui n'ont pas été rayées par la négligence des parties, lorsqu'est survenue l'extinction de l'hypothèque elle-même soit par payement, soit autrement, et de conserver ainsi au crédit public une étendue apparente égale à son étendue réelle, en révélant le véritable état hypothécaire des immeubles.

---

[1] Mourlon, *Exam. crit.*, t. I, n°s 156 et suiv.

La péremption de l'inscription laisse subsister l'hypothèque, mais le créancier n'aura plus que le rang de sa nouvelle
inscription. Quelquefois, même, la perte de l'inscription est
équivalente à la perte de l'hypothèque ; car si, par exemple,
le débiteur est tombé en faillite, le créancier hypothécaire,
n'ayant plus la faculté de s'inscrire, sera nécessairement re-
légué dans la masse des créanciers chirographaires.

A quel moment commencent et finissent les dix années ?
Le Code est muet sur cette question ; mais il est rationnel de
compter le *dies à quo*, puisque l'inscription prise le soir équivaut à celle prise le matin.

Ainsi, l'inscription prise le 3 octobre 1850 a dû être renouvelée le 2 octobre 1860 au plus tard, et c'est juste ; car
le créancier, profitant du 3 octobre 1850, ne peut profiter
du 3 octobre 1860 ; autrement, le 3 octobre se trouverait
compté onze fois dans dix années, ce qui est impossible.

Toutes les inscriptions, même celles des hypothèques légales, sont soumises au renouvellement.

A quel moment devient-il inutile de renouveler l'inscription ? Le Code est encore muet sur cette question : généralement, on décide que l'inscription doit être renouvelée tant
que l'immeuble n'est pas irrévocablement converti en argent,
soit par une vente volontaire, soit par une vente forcée.
Ainsi, le renouvellement devrait être fait même dans les délais de la surenchère. Une fois l'immeuble converti en argent,
tout renouvellement est impossible, car on ne peut s'inscrire
sur des sommes ; l'hypothèque a, en quelque sorte, atteint
son objet, et la distribution du prix doit se faire entre tous
les créanciers qui étaient en règle au moment de la conversion
de l'immeuble en argent[1].

L'inscription prise en renouvellement doit être rédigée
comme la première ; seulement, mention doit y être faite du
renouvellement, afin que, lors de la collocation, l'on n'oublie

---

[1] Troplong, nos 723 et suiv. — Pont, nos 1060 et 1061.

pas de remonter à la première inscription, pour connaître le
véritable rang du créancier [1].

Des FRAIS *de l'inscription*. — Ces frais comprennent ceux
du papier timbré, du fisc et les honoraires du conservateur :
le débiteur les supporte ; car, en concédant hypothèque, il a
consenti, par cela même, à payer tous les frais nécessaires
pour la faire valoir.

Des ACTIONS *relatives aux inscriptions*. — Toutes les actions relatives aux inscriptions, telles que les demandes en
nullité, en radiation ou en restriction, sont portées devant le
tribunal dans l'arrondissement duquel est situé l'immeuble
hypothéqué (2159). Cependant, si ces actions étaient inciden-
tes, au lieu d'être principales, le tribunal saisi de la demande
principale serait compétent pour statuer sur la demande relative à l'inscription.

CHAPITRE V

DE LA RADIATION ET RÉDUCTION DES INSCRIPTIONS.

ART. 2157. Les inscriptions sont rayées du consentement des parties intéressées et ayant capacité à cet effet, ou en vertu d'un jugement en dernier ressort ou passé en force de chose jugée.

2158. Dans l'un et l'autre cas, ceux qui requièrent la radiation
déposent au bureau du conservateur l'expédition de l'acte authentique portant consentement, ou celle du jugement.

2159. La radiation non consentie est demandée au tribunal dans
le ressort duquel l'inscription a été faite, si ce n'est lorsque cette
inscription a eu lieu pour sûreté d'une condamnation éventuelle
ou indéterminée, sur l'exécution ou liquidation de laquelle le débiteur et le créancier prétendu sont en instance ou doivent être
jugés dans un autre tribunal ; auquel cas la demande en radiation
doit y être portée ou renvoyée. — Cependant la convention faite
par le créancier et le débiteur de porter, en cas de contestation, la

---

[1] Ballot, *Rev. prat.*, t, I, p. 459. — Pont, n° 1053. — Cass., 16 février 1864.

demande à un tribunal qu'ils auraient désigné, recevra son exécution entre eux.

2160. La radiation doit être ordonnée par les tribunaux, lorsque l'inscription a été faite sans être fondée ni sur la loi ni sur un titre, ou lorsqu'elle l'a été en vertu d'un titre soit irrégulier, soit éteint ou soldé, ou lorsque les droits de privilége ou d'hypothèque sont effacés par les voies légales.

2161. Toutes les fois que les inscriptions prises par un créancier qui, d'après la loi, aurait droit d'en prendre sur les biens présents ou sur les biens à venir d'un débiteur, sans limitation convenue, seront portées sur plus de domaines différents qu'il n'est nécessaire à la sûreté des créances, l'action en réduction des inscriptions, ou en radiation d'une partie en ce qui excède la proportion convenable, est ouverte au débiteur. On y suit les règles de compétence établies dans l'article 2159. — La disposition du présent article ne s'applique pas aux hypothèques conventionnelles.

2162. Sont réputées excessives les inscriptions qui frappent sur plusieurs domaines, lorsque la valeur d'un seul ou de quelques-uns d'entre eux excède de plus d'un tiers en fonds libres le montant des créances en capital et accessoires légaux.

2163. Peuvent aussi être réduites, comme excessives, les inscriptions prises d'après l'évaluation faite par le créancier des créances qui, en ce qui concerne l'hypothèque à établir pour leur sûreté, n'ont pas été réglées par la convention, et qui, par leur nature, sont conditionnelles, éventuelles ou indéterminées.

2164. L'excès, dans ce cas, est arbitré par les juges, d'après les circonstances, les probabilités des chances et les présomptions de fait, de manière à concilier les droits vraisemblables du créancier avec l'intérêt du crédit raisonnable à conserver au débiteur ; sans préjudice des nouvelles inscriptions à prendre avec hypothèque du jour de leur date, lorsque l'événement aura porté les créances indéterminées à une somme plus forte.

2165. La valeur des immeubles dont la comparaison est à faire avec celle des créances et le tiers en sus est déterminée par quinze fois la valeur du revenu déclaré par la matrice du rôle de la contribution foncière, ou indiqué par la cote de contribution sur le rôle, selon la proportion qui existe dans les communes de la situation entre cette matrice ou cette cote et le revenu, pour les immeubles non sujets à dépérissement, et dix fois cette valeur pour ceux qui y sont sujets. Pourront néanmoins les juges s'aider, en outre, des éclaircissements qui peuvent résulter des baux non suspects, des procès-verbaux d'estimation qui ont pu être dressés précédemment à des époques rapprochées, et autres actes semblables, et évaluer le revenu au taux moyen entre les résultats de ces divers renseignements.

DÉFINITION *de la* RADIATION. — La radiation consiste dans l'indication, mise en marge de l'inscription, que cette inscription est rayée. On ne fait pas la radiation matériellement, afin qu'il soit plus facile de rétablir l'inscription si la radiation est annulée.

La radiation diffère de la réduction, en ce que la première s'applique à toute l'inscription, tandis que la seconde s'applique seulement à ce que l'inscription a d'exagéré, soit quant aux immeubles grevés, soit quant à la créance garantie.

La radiation est de deux sortes : *volontaire* ou *judiciaire*.

I. *De la radiation* VOLONTAIRE. — Le créancier doit être capable de disposer de l'hypothèque elle-même pour consentir à la radiation ; car, quoique celle-ci n'emporte pas renonciation à l'hypothèque, il peut arriver, comme nous l'avons vu, que l'une soit l'équivalent de l'autre. Ainsi le mineur émancipé ne pourrait pas sans l'assistance de son curateur consentir à la radiation d'une hypothèque garantissant la créance d'un capital, parce qu'il ne peut pas disposer d'une telle créance, ni par conséquent de ses accessoires; mais il pourrait sans cette assistance consentir à la radiation d'une hypothèque garantissant une simple créance de revenus, tels que loyers ou fermages, parce qu'il en a la libre disposition.

Le consentement du créancier à la radiation doit toujours être constaté par acte notarié ; car le notaire connaît ses clients, et le conservateur ne connaît personne, ce qui l'exposerait à être trompé.

Une quittance notariée, donnée par suite du payement de la dette, ne serait pas suffisante ; car il est possible que le créancier ait encore des droits à conserver.

II. *De la radiation* JUDICIAIRE. — On appelle ainsi la radiation ordonnée par la justice, lorsque les droits à conserver sont éteints, ou que l'inscription avait été prise indûment.

La radiation ne peut être opérée qu'en vertu de jugements passés en force de chose jugée, c'est-à-dire non susceptibles d'opposition ou d'appel. Cette règle ne reçoit même pas d'exception lorsque ces jugements sont exécutoires nonobstant opposition ou appel, car la radiation d'une inscription peut avoir des effets désastreux qu'il serait souvent impossible de réparer.

Le pourvoi en cassation et la requête civile n'empêcheraient pas la radiation, car ils sont des moyens extraordinaires d'attaquer les jugements, et jamais ils n'ont, comme l'opposition ou l'appel, un effet suspensif.

Mais si, par exemple, le jugement qui ordonnait la radiation est cassé, faut-il conserver à l'inscription son rang ancien, ou ne lui donner que le rang de l'inscription nouvelle qui sera prise par le créancier ? Les uns soutiennent la dernière opinion, par la raison que les tiers ont dû compter sur la radiation, et qu'il serait injuste de placer avant eux le créancier auquel l'arrêt de cassation a donné tardivement gain de cause [1].

Un second système consiste à restituer au créancier hypothécaire son rang ancien par rapport à tous les créanciers qui étaient inscrits avant la radiation, car alors celle-ci n'a pas pu les induire en erreur ; et à ne lui accorder que le rang de sa nouvelle inscription par rapport aux créanciers inscrits depuis la radiation, et qui, par cela même, n'ont pas dû compter sur l'hypothèque rayée.

Mais on doit admettre, à notre avis, que le créancier reprendra son rang ancien par rapport à tous les créanciers sans distinction ; car ceux-là mêmes qui se sont inscrits après la radiation ont dû faire entrer dans leur calcul la possibilité d'une cassation, et ils sont en faute de n'avoir pas vérifié si le jugement pouvait encore ou ne pouvait plus être infirmé par

[1] Cass., 13 avril 1863. — Rouen, 22 mai 1863.

une voie extraordinaire quelconque. D'ailleurs, les principes veulent qu'un jugement cassé soit réputé n'avoir jamais existé. Conséquemment, tous ses effets en général, et la radiation en particulier, doivent être anéantis, et il faut laisser au créancier son rang ancien [1].

On doit, avons-nous dit, pour obtenir la radiation judiciaire, prouver que le jugement qui l'ordonne est inattaquable par les voies ordinaires ; or, cette preuve résulte de deux certificats émanés, l'un de l'avoué de la partie poursuivante, constatant l'époque précise de la signification du jugement, l'autre du greffier constatant qu'il n'y a eu ni opposition ni appel (C. de pr., 548). En comparant les dates des deux certificats, le conservateur s'assurera que les délais de l'opposition ou de l'appel sont expirés, et c'est alors seulement qu'il fera la radiation.

Quel est le tribunal compétent pour statuer sur la demande en radiation ? Il faut distinguer si cette demande est principale ou incidente. Quand elle est principale, elle doit être portée devant le tribunal de l'arrondissement où l'immeuble est situé ; quand elle est incidente, elle est jugée par le tribunal saisi de la contestation principale à laquelle elle se rattache.

III. *De la* RÉDUCTION *de l'hypothèque.* — La réduction peut se référer soit aux immeubles, soit à la créance : aux immeubles, lorsque la garantie donnée au créancier est plus que suffisante ; à la créance, lorsque le montant en a été fixé par le créancier à un taux exagéré.

La réduction peut, comme la radiation, être volontaire ou judiciaire, et, dans les deux cas, les règles à suivre sont les mêmes que pour la radiation, car la réduction consiste en une radiation partielle.

La réduction judiciaire ne peut être demandée que si la valeur des immeubles hypothéqués excède de plus du tiers

---

[1] V. Massé et Vergé, t. V, § 819, p. 227, note 15. — Pont, n° 1107.

le montant de la créance garantie. L'art. 2165 indique la manière dont cette valeur doit être calculée. Lorsque l'immeuble est sujet à dépérissement, son revenu, dûment constaté, est multiplié par 10, et, lorsqu'il n'est pas sujet à dépérissement, par 15. Ainsi, un immeuble rapportant 5 vaudrait 50 dans la première hypothèse, et 75 dans la seconde : cette évaluation pouvait être exacte lors de la rédaction du Code, mais aujourd'hui elle est bien inférieure à la valeur réelle des immeubles.

L'article 2165 indique la manière dont doit se faire l'évaluation du revenu. Les juges doivent d'abord se baser sur la matrice du rôle de la contribution foncière, ou la cote de contribution sur le rôle, et ensuite consulter des baux non suspects, des procès-verbaux d'estimation qui auraient été dressés à des époques rapprochées, ou autres actes semblables.

Ne *sont pas susceptibles* de *réduction :*

1° Les hypothèques *conventionnelles,* car il ne peut être porté atteinte à un contrat librement consenti ;

2° Les hypothèques judiciaires ou légales *déjà réduites ;* car, par cela même, elles sont devenues conventionnelles.

Sont donc seules *susceptibles* de *réduction :*

1° Les hypothèques *légales* qui n'ont *pas été déjà réduites;*

2° Les hypothèques *judiciaires :* encore faut-il que ces dernières garantissent des dettes non échues, par exemple, les arrérages d'une rente ; car si elles garantissaient une somme actuellement exigible, le débiteur n'aurait qu'à payer pour se soustraire à l'hypothèque et il ne serait pas recevable à en demander la réduction.

Nous avons vu que la réduction est possible pour la créance indéterminée, évaluée par le créancier à un taux exagéré dans l'inscription qu'il a prise.

Par une juste réciprocité, le créancier qui aurait évalué le montant de ses droits à un taux inférieur au taux véritable aurait la faculté de demander un supplément d'inscription.

CHAPITRE VI

DE L'EFFET DES PRIVILÉGES ET HYPOTHÈQUES CONTRE LES TIERS DÉTENTEURS.

Art. 2166. Les créanciers ayant privilége ou hypothèque inscrite sur un immeuble le suivent, en quelques mains qu'il passe, pour être colloqués et payés suivant l'ordre de leurs créances ou inscriptions.

2167. Si le tiers détenteur ne remplit pas les formalités qui seront ci-après établies (2181 à 2193) pour purger sa propriété, il demeure, par l'effet seul des inscriptions, obligé, comme détenteur, à toutes les dettes hypothécaires, et jouit des termes et délais accordés au débiteur originaire.

2168. Le tiers détenteur est tenu, dans le même cas, ou de payer tous les intérêts et capitaux exigibles, à quelque somme qu'ils puissent monter, ou de délaisser l'immeuble hypothéqué, sans aucune réserve.

2169. Faute par le tiers détenteur de satisfaire pleinement à l'une de ces obligations, chaque créancier hypothécaire a droit de faire vendre sur lui l'immeuble hypothéqué, trente jours après commandement fait au débiteur originaire, et sommation faite au tiers détenteur de payer la dette exigible ou de délaisser l'héritage.

2170. Néanmoins le tiers détenteur qui n'est pas personnellement obligé à la dette peut s'opposer à la vente de l'héritage hypothéqué qui lui a été transmis, s'il est demeuré d'autres immeubles hypothéqués à la même dette dans la possession du principal ou des principaux obligés, et en requérir la discussion préalable selon la forme réglée au titre *du Cautionnement;* pendant cette discussion, il est sursis à la vente de l'héritage hypothéqué.

2171. L'exception de discussion ne peut être opposée au créancier privilégié ou ayant hypothèque spéciale sur l'immeuble.

2172. Quant au délaissement par hypothèque, il peut être fait par tous les tiers détenteurs qui ne sont pas personnellement obligés à la dette, et qui ont la capacité d'aliéner.

2173. Il peut l'être même après que le tiers détenteur a reconnu l'obligation ou subi condamnation en cette qualité seulement : le délaissement n'empêche pas que, jusqu'à l'adjudication, le tiers détenteur ne puisse reprendre l'immeuble en payant toute la dette et les frais.

2174. Le délaissement par hypothèque se fait au greffe du tribunal de la situation des biens ; et il en est donné acte par ce tribunal. — Sur la pétition du plus diligent des intéressés, il est créé à l'immeuble délaissé un curateur sur lequel la vente de l'immeuble est poursuivie dans les formes prescrites pour les expropriations.

2175. Les détériorations qui procèdent du fait ou de la négligence du tiers détenteur, au préjudice des créanciers hypothécaires ou privilégiés, donnent lieu contre lui à une action en indemnité ; mais il ne peut répéter ses impenses et améliorations que jusqu'à concurrence de la plus-value résultant de l'amélioration.

2176. Les fruits de l'immeuble hypothéqué ne sont dus par le tiers détenteur qu'à compter du jour de la sommation de payer ou de délaisser, et si les poursuites commencées ont été abandonnées pendant trois ans, à compter de la nouvelle sommation qui sera faite.

2177. Les servitudes et droits réels que le tiers détenteur avait sur l'immeuble avant sa possession renaissent après le délaissement ou après l'adjudication faite sur lui. — Ses créanciers personnels, après tous ceux qui sont inscrits sur les précédents propriétaires, exercent leur hypothèque à leur rang, sur le bien délaissé ou adjugé.

2178. Le tiers détenteur qui a payé la dette hypothécaire, ou délaissé l'immeuble hypothéqué, ou subi l'expropriation de cet immeuble, a le recours en garantie, tel que de droit, contre le débiteur principal.

2179. Le tiers détenteur qui veut purger sa propriété en payant le prix, observe les formalités qui sont établies dans le chapitre VIII du présent titre.

Observation. — Dans ce chapitre, le Code traite du droit de SUITE. Ce droit consiste dans la faculté qu'a le créancier de saisir et de faire vendre l'immeuble entre les mains des tiers détenteurs. Il ne peut être exercé, sauf le cas d'hypothèque légale dispensée d'inscription, que par le créancier qui s'est inscrit en temps utile. Nous avons vu, tant pour les priviléges que pour les hypothèques, la limite extrême au delà delaquelle il n'est plus permis de prendre inscription, et nous n'avons pas à revenir sur ce sujet.

Nous allons examiner quelles sont les aliénations qui donnent ou ne donnent pas lieu au droit de suite.

I. *Des aliénations qui* DONNENT LIEU *au droit de* SUITE.

L'exercice du droit de suite suppose que l'immeuble est entre les mains d'un *tiers* détenteur. Tant qu'il appartient au débiteur, il ne peut être question que du droit de préférence. Il en est de même, s'il est passé entre les mains de ses successeurs universels ou à titre universel, puisque ces successeurs représentent le débiteur dans l'ensemble de ses droits actifs et passifs. Ainsi quand le débiteur laisse, soit des héritiers légitimes, soit des successeurs irréguliers, ou même des légataires universels ou à titre universel, la situation des créanciers privilégiés ou hypothécaires ne change pas. Tous ces successeurs, au lieu d'être des tiers détenteurs, sont aux lieu et place du débiteur lui-même, et obligés comme lui au payement de la dette, *ultrà vires* s'ils sont héritiers légitimes ayant accepté purement et simplement la succession, *intrà vires* dans toutes les autres hypothèses. La seule circonstance qui puisse modifier la situation des créanciers est, nous l'avons vu, l'acceptation bénéficiaire ou la répudiation de la succession, parce qu'alors ceux qui n'avaient pas pris leur inscription avant son ouverture ne sont plus dans les délais utiles pour la prendre.

Au contraire, quand l'immeuble grevé de privilége ou d'hypothèque passe entre les mains d'un successeur à titre particulier, tel qu'un acheteur, un donataire, un coéchangiste, la situation du créancier subit un grave changement. D'un côté, en effet, se trouve le débiteur qui reste toujours personnellement tenu de l'obligation, et de l'autre il y a le tiers qui est devenu propriétaire de l'immeuble affecté au payement de la dette, sans être tenu de la dette elle-même. C'est alors que le droit de suite trouve son application et apparaît avec toute son efficacité.

En généralisant les idées qui précèdent, il est facile d'indiquer les aliénations qui donnent lieu au droit de suite. Ce sont :

1° Toutes les transmissions à *titre particulier*, résultant soit d'un acte entre-vifs, soit d'un testament. Effectivement, d'une part, le tiers détenteur n'a acquis l'immeuble que déduction faite de l'hypothèque, et, de l'autre, le créancier auquel une somme insuffisante serait offerte par l'acquéreur peut toujours prétendre qu'une vente publique, surveillée par lui, donnerait un prix supérieur ;

2° Les ventes VOLONTAIRES qui ont lieu en *justice*, c'est-à-dire les ventes faites dans les cas de succession indivise, bénéficiaire ou vacante, et les ventes de biens appartenant à des mineurs, à des interdits ou à des femmes dotales. Dans ces diverses aliénations, le tiers détenteur n'a encore reçu l'immeuble que déduction faite de l'hypothèque, et le créancier peut toujours prétendre que, s'il eût été appelé à la vente, elle aurait donné un prix supérieur.

Le débiteur a pu concéder sur l'immeuble hypothéqué des démembrements de la propriété, tels qu'usufruit, usage, habitation, servitudes. Les créanciers pourront-ils exercer le droit de suite contre les acquéreurs de ces divers démembrements ?

Oui, s'il s'agit de l'usufruit, qui peut toujours être saisi et vendu isolément. Et même, dans le cas où la vente séparée de l'usufruit et de la nue propriété leur porterait préjudice, il faut leur reconnaître la faculté de faire vendre la pleine propriété, car la constitution de l'usufruit cesse de leur être opposable du moment qu'elle leur nuit.

Non, s'il s'agit de l'usage, de l'habitation et des servitudes, qui ne peuvent jamais être vendus isolément ; mais alors les créanciers, éprouvant un préjudice, poursuivront la vente de l'immeuble comme si ces droits réels n'avaient pas été constitués. On objecte que le débiteur, en hypothéquant un immeuble, ne s'en est pas interdit l'aliénation totale, et, à plus forte raison, l'aliénation partielle, et que, par suite, ces droits réels devraient être maintenus. Or, comme ils ne peuvent être saisis ni vendus, le tiers détenteur n'aurait rien à démêler avec les créanciers hypothécaires. Seulement, ces derniers auraient le droit de demander au débiteur un supplément d'hypothèque pour diminution des sûretés promises. Mais cette argumentation est inadmissible, car l'aliénation totale n'entrave pas l'exercice de l'hypothèque, tandis qu'il en serait autrement des aliénations partielles dont nous parlons. Ajoutons qu'aux termes de l'article 2091, le débiteur ne peut constituer une antichrèse opposable aux créanciers hypothécaires, et il y a les mêmes raisons pour qu'il ne puisse pas davantage constituer, à leur préjudice, les droits réels de servitude, d'usage ou d'habitation. Il y a lieu au supplément d'hypothèque, lorsque le débiteur a diminué matériellement les sûretés promises ; mais lorsque la diminution provient de droits réels constitués au profit de tiers, il est plus simple de les regarder comme non avenus, par rapport aux créanciers hypothécaires. C'est ce qui arrive pour l'aliénation totale, qui, comme nous l'avons dit, n'altère en rien le droit de suite et de saisie appartenant aux créanciers, et il serait étrange que l'acquéreur d'un démembrement de la propriété pût, à raison de la nature même de son droit, se soustraire à des poursuites que ne peut pas éviter l'acquéreur de la pleine propriété.

Le seul droit qu'on doive maintenir à l'encontre des créanciers est celui du preneur dont le bail a date certaine et ne présente aucun caractère frauduleux (Pr. civ., art. 684). L'intérêt public exige en effet que les locataires ou les fermiers ne puissent pas être expulsés des immeubles qu'ils habitent ou qu'ils exploitent. S'ils avaient à redouter un tel danger, les locations immobilières seraient paralysées, au grand détriment des créanciers eux-mêmes. Ajoutons que, depuis la loi du 23 mars 1855, les baux de plus de dix-huit ans ne sont opposables aux créanciers hypothécaires que s'ils ont été passés et *transcrits* avant l'inscription de leurs hypothèques. Il en est de même des quittances anticipées de plus de trois années de loyers ou de fermages.

II. *Des aliénations qui ne* DONNENT PAS LIEU *au droit de* SUITE. — Ne donnent pas lieu au droit de suite :

1° La vente de l'immeuble sur *saisie*, car tous les créanciers hypothécaires reçoivent sommation d'y être présents, et ils peuvent réclamer du tribunal toutes les mesures tendant à l'aliénation la plus avantageuse possible. L'adjudicataire s'affranchira donc de toutes les hypothèques, en payant son prix aux créanciers inscrits jusqu'à due concurrence ;

2° Les adjudications sur *délaissement* de l'immeuble par le tiers détenteur ;

3° L'aliénation par suite d'*expropriation* pour cause d'utilité publique ; car le tiers détenteur a acquis ses droits en vertu d'une loi d'intérêt général, devant laquelle doivent fléchir tous les droits particuliers.

Mais, dans ces différents cas, les droits des créanciers privilégiés ou hypothécaires sont transportés sur le prix ou sur l'indemnité, et, quoique le droit de suite soit éteint, le droit de préférence survit. Nous verrons, en étudiant les articles 2194 et 2198, deux autres cas de survivance du droit de préférence au droit de suite.

Des créanciers QUI ONT LE *droit de* SUITE. — Nous savons que le droit de suite n'appartient qu'aux créanciers inscrits en temps utile. Rappelons seulement :

Que, sous l'empire du Code, cette inscription devait être prise avant l'*aliénation* de l'immeuble hypothéqué ;

Que, sous l'article 834 du Code de procédure, elle pouvait être prise même après l'aliénation, pourvu qu'elle le fût dans la *quinzaine de la transcription* de l'acte qui l'avait opérée ;

Qu'enfin, depuis la loi du 23 mars 1855, elle doit être prise *avant la transcription* de l'acte d'aliénation qui surviendrait, d'où la conséquence que, si l'aliénation n'est jamais transcrite, l'inscription pourra toujours être utilement prise.

*De l'*EXERCICE *du* DROIT DE SUITE. — Pour exercer le droit de suite, le créancier privilégié ou hypothécaire doit :

1° Faire un *commandement* au débiteur de payer :

2° Faire une *sommation* au tiers détenteur de délaisser l'immeuble, si mieux il n'aime payer.

Il fait un *commandement* au débiteur, parce qu'il a contre lui un titre exécutoire, en vertu duquel il peut le saisir ;

Il fait une simple *sommation* au tiers détenteur, parce qu'il n'a contre lui aucun titre exécutoire, le tiers détenteur n'étant pas personnellement obligé à la dette. Cette circonstance empêche même que le créancier puisse lui demander de la *payer*, ainsi que le dit à tort l'article 2169 ; il ne peut lui demander que de *délaisser* l'immeuble, sauf au tiers détenteur à *payer* la dette s'il préfère conserver l'immeuble.

L'exercice du droit de suite appartient à tous les créanciers hypothécaires inscrits sans distinction. Il en était autrement en droit romain, où le premier en date pourrait seul agir, sauf la faculté pour les créanciers postérieurs de prendre sa place en le désintéressant. Cette faculté portait le nom de *jus offerendi.*

Trente jours après le commandement et la sommation dont nous venons de parler, le créancier poursuivant peut procéder à la saisie de l'immeuble hypothéqué. Si les deux actes n'ont pas été faits simultanément, les trente jours courent de celui qui a été signifié le dernier.

Des DIVERS PARTIS *que peut prendre le* TIERS DÉTENTEUR. — Le tiers détenteur peut prend cinq partis différents, savoir :

1° *Payer toutes les créances inscrites :* ce parti est possible, lorsque le montant des créances n'excède pas le prix d'acquisition ; mais il ne donne pas au tiers détenteur une entière sécurité ; car il peut être plus tard poursuivi par des créanciers dont l'hypothèque, dispensée d'inscription, lui est restée inconnue ;

2° *Payer* les créances inscrites *jusqu'à concurrence du prix d'acquisition :* ce parti présente un inconvénient plus grave que celui du premier, puisqu'il est certain que tous les créanciers hypothécaires ne sont pas désintéressés ; cependant, le tiers détenteur trouve, dans la subrogation de plein droit que lui accorde l'article 1251 2°, une garantie contre les créanciers postérieurs à ceux qu'il a payés. Ils pourront bien poursuivre la vente de l'immeuble, mais ou le prix d'adjudication sera supérieur à celui qu'il a payé lui-même, et alors il sera utilement colloqué pour le montant intégral de ses déboursés ; ou il sera inférieur, et alors il n'aura qu'à se porter adjudicataire de l'immeuble qu'il a déjà payé, et qu'il pourra ainsi conserver. Sa perte sera, dans ce cas, limitée aux frais de la vente ; mais, dans le cas précédent, il aura perdu toute la plus-value.

En fait ce parti est désavantageux ; car ou l'immeuble acquiert une valeur supérieure à celle qu'il avait au moment du contrat, et alors le tiers détenteur a la certitude d'être poursuivi par les créanciers hypothécaires non désintéressés ; ou il n'augmente pas de valeur, et alors encore le tiers détenteur doit redouter la poursuite des créanciers ayant une hypothèque non sujette à inscription, restée inconnue, et précédant celles qu'il a obtenues par subrogation ;

3° *Purger*, c'est-à-dire éteindre toutes les hypothèques, en payant aux créanciers inscrits son prix d'acquisition jusqu'à due concurrence, et après l'accomplissement de certaines formalités que nous verrons plus tard ;

4° *Se laisser exproprier*, et nous savons que la saisie peut être pratiquée trente jours francs après le commandement de payer, et la sommation de délaisser;

5° *Délaisser*, c'est-à-dire abandonner la détention de l'immeuble hypothéqué.

Le délaissement doit être fait sur les premières poursuites du créancier, car si le tiers détenteur laisse saisir et vendre sur lui-même l'immeuble hypothéqué, on rentre dans le cas précédent. Toutefois le délaissement serait recevable même après un commencement de procédure sur saisie immobilière [1].

---

[1] Aubry et Rau, t. II, § 287. — Pont, n° 1186. — Lyon, 4 décembre 1860.

Procédure *du délaissement.* — Le tiers détenteur qui veut délaisser n'a qu'à faire, avec l'assistance de son avoué, une déclaration au greffe du tribunal. Cette déclaration est notifiée aux créanciers hypothécaires inscrits. Le plus diligent d'entre eux poursuit la nomination d'un curateur chargé de surveiller la vente et de signifier ou de recevoir tous les actes de procédure qui la concernent.

Nature *et* effets *du délaissement.* — Par le délaissement, le tiers détenteur abandonne la *détention* de l'immeuble hypothéqué, mais il en conserve la *propriété*, et même la *possession*, car les actions possessoires lui appartiennent toujours, et, si la chose est à autrui, la prescription ne cesse pas de courir à son profit. L'immeuble reste donc à ses risques, il peut le reprendre, l'hypothéquer, le grever de toutes sortes de charges, et, si le prix d'adjudication surpasse le montant des créances inscrites, c'est lui qui touchera l'excédant.

On objecterait en vain que, si le délaissement est suivi d'expropriation, le tiers détenteur, dont la propriété se trouvera ainsi résolue au profit de l'adjudicataire, n'aura pas pu valablement constituer des hypothèques en faveur de ses propres créanciers, ou consentir tous autres droits réels. En effet, l'éviction qu'il subit ne saurait être considérée comme une véritable résolution de son droit, susceptible de produire un effet rétroactif. Du jour de son acquisition au jour de la revente aux enchères publiques le tiers détenteur a été réellement propriétaire, et, s'il n'a eu qu'un droit en quelque sorte intérimaire, il l'a eu du moins tout entier, et il a pu, en conséquence, faire des actes de disposition. Seulement ces actes ne doivent ni ne peuvent nuire aux créanciers antérieurs, et quand des hypothèques ont été constituées, les créanciers personnels du tiers détenteur qui les ont obtenues ne sont colloqués qu'après tous les créanciers inscrits sur les précédents propriétaires (art. 2177 *in fine*).

D'un autre côté cependant, l'adjudication aura pour effet

de faire revivre au profit du tiers détenteur les hypothèques et autres droits réels qu'il avait sur l'immeuble. Effectivement la confusion qui s'était opérée en sa personne n'existera plus, et il est juste que les choses soient rétablies pour lui dans l'état où elles se trouvaient avant l'aliénation, puisque, pour tous les autres créanciers qui tiennent leurs droits des précédents propriétaires, cette situation n'a nullement changé.

C'est à tort que l'article 2177 attribue au délaissement le rétablissement des droits du tiers détenteur : il ne peut évidemment résulter que de l'adjudication de l'immeuble au profit d'un nouvel acquéreur.

Le tiers détenteur, étant éventuellement appelé à se prévaloir des hypothèques qu'il a sur l'immeuble, doit faire tous les actes nécessaires à leur conservation. Ainsi, dans le cas où il n'en renouvellerait pas l'inscription en temps utile, il perdrait son rang, tout comme s'il n'était pas tiers détenteur [1].

Des détenteurs qui NE PEUVENT *délaisser*. — Ne peuvent délaisser les détenteurs personnellement obligés au payement de la dette, car alors la poursuite des créanciers a une double cause : la détention et l'obligation. Or, la première disparaissant, la seconde subsisterait encore. La caution, le codébiteur solidaire, ne pourront donc pas délaisser.

Le tiers détenteur n'est pas obligé personnellement par la reconnaissance qu'il fait de l'hypothèque ou par la condamnation qu'il subit en sa seule qualité de détenteur. Cette reconnaissance ou cette condamnation ont lieu, lorsque le créancier hypothécaire veut interrompre la prescription de l'hypothèque sans pouvoir ou vouloir encore poursuivre la vente forcée de l'immeuble. Ainsi, quand le tiers détenteur possède l'immeuble depuis un temps assez long pour que la prescription extinctive de l'hypothèque soit sur le point de s'accomplir, il ne peut pas se refuser à reconnaître le droit du

---

[1] Massé et Vergé, t. V, § 810. — Pont, 1054. — Paris, 21 août 1862.

créancier, ou, s'il s'y refuse, il ne peut pas échapper à la constatation de ce droit par la justice ; mais la reconnaissance
qu'il fait, ou la condamnation qu'il subit sont des actes purement conservatoires de l'hypothèque, et ils ne lui imposent
aucune obligation personnelle. Dans la double hypothèse qui
précède, le tiers détenteur pourra donc délaisser.

Les tiers détenteurs incapables d'aliéner n'ont pas l'exercice du droit de délaissement, quoiqu'ils soient restés étrangers à tout engagement personnel. Mais pourquoi exiger
cette capacité, puisque le délaissement n'est pas une aliénation ? Parce que, après le délaissement, la vente forcée sera
poursuivie sur la tête d'un curateur qui, n'étant pas propriétaire, donnera au tiers des renseignements moins exacts
du moins précis sur l'origine de la propriété et sur les droits
de servitude ou autres qui peuvent exister au profit de l'immeuble, ce qui amènera peut-être une vente à un prix inférieur au prix véritable. C'est pourquoi le Code veut que le
délaissement ne puisse pas être fait par les incapables, à moins
qu'ils n'accomplissent toutes les formalités nécessaires pour
l'aliénation.

Du bénéfice de discussion. — Le bénéfice de discussion,
créé par Justinien, avait été supprimé par la loi de brumaire,
et il a été justement rétabli par le Code. Aujourd'hui tout
tiers détenteur non personnellement obligé à la dette peut
opposer le bénéfice de discussion, en remplissant les mêmes
formalités que le fidéjusseur. Mais il faut que l'hypothèque
soit générale, c'est-à-dire légale ou judiciaire, car, si elle
était conventionnelle, le bénéfice porterait atteinte à un contrat librement consenti.

L'hypothèque légale qui serait spéciale comme celle des légataires ne donnerait pas lieu au bénéfice de discussion. Il en
serait de même, à notre avis, de l'hypothèque constituée sur
biens à venir en cas d'insuffisance des biens présents. En effet,
si cette hypothèque est générale, en ce sens qu'elle atteint
les immeubles ultérieurement acquis par le débiteur, elle

reste toujours spéciale, en ce sens que le créancier ne peut pas se borner à prendre une seule inscription comme dans le cas d'hypothèque légale ou judiciaire, sur l'ensemble des immeubles situés dans le même arrondissement, et qu'il est obligé, pour lui donner son efficacité, de s'inscrire sur chacun de ces immeubles au fur et à mesure de leur acquisition. Or la spécialité de l'inscription équivaut évidemment, au point de vue de la poursuite du créancier, à la spécialité de l'hypothèque ; et, du moment que tous les immeubles sur lesquels le créancier n'est pas inscrit échappent à son action hypothécaire, il doit à son tour échapper au bénéfice de discussion.

Celui qui réunirait sur sa tête la qualité de caution et celle de tiers détenteur pourrait user du bénéfice, quoique personnellement obligé, puisque l'une et l'autre de ces deux qualités le comportent.

Toutefois plusieurs auteurs soutiennent l'opinion contraire, en disant que la caution, qui est poursuivie, non comme caution, mais comme tiers détenteur, n'est pas recevable à invoquer d'autre exception que celle qui est établie par l'art. 2170, et qu'aux termes de cet article elle ne peut pas user du bénéfice de discussion, puisqu'elle est *personnellement obligée* [1]. Mais la première solution est préférable.

Avant le Code, la discussion pouvait porter sur tous les biens du débiteur ; mais, pour que le bénéfice dont nous parlons ne soit pas légèrement invoqué, la loi déclare qu'il ne portera désormais que sur les immeubles hypothéqués à la *même créance*, pourvu qu'ils soient *non litigieux, possédés* encore *par le débiteur* principal et situés dans le ressort de la Cour impériale du lieu où *doit se faire le payement* (art. 2170 et 2023.)

Le créancier ne peut donc être contraint de discuter ni les meubles, ni les immeubles non hypothéqués à sa créance, ni les immeubles hypothéqués à sa créance qui sont déjà en-

---

1 Pont, art. 2170, n° 1160.

tre les mains d'autres tiers détenteurs, ni enfin les immeubles hypothéqués à sa créance et encore possédés par le principal obligé, s'ils sont litigieux ou situés hors du ressort de la cour impériale où le payement doit être effectué.

Le tiers détenteur n'a pas, comme la caution, le bénéfice de division, car la caution, en payant la dette, libère ses cofi-déjusseurs et gère leurs affaires ; tandis que le tiers détenteur ne peut prétendre avoir libéré les autres tiers détenteurs qui ne sont pas plus que lui personnellement obligés.

Qu'arrivera-t-il si un seul des tiers détenteurs, payant toute la dette, exonère, par cela même, les autres tiers détenteurs du droit de suite auquel ils étaient soumis? Il est incontestable que ce tiers détenteur sera subrogé aux droits du créancier, en vertu de l'article 1251 ³⁰ qui accorde la subrogation à quiconque étant tenu « avec d'autres ou pour d'autres » au payement de la dette, avait intérêt à l'acquitter. Mais pourra-t-il poursuivre pour le tout chacun des tiers détenteurs qui n'ont pas payé, ou devra-t-il diviser son action récursoire ? Nous pensons que cette action devra être divisée, par analogie de ce qui a lieu dans le cas de solidarité (art. 1214), et pour les mêmes motifs. Quant au montant des sommes à réclamer, il devra être proportionnel à la valeur de l'immeuble dont chacun est détenteur, et la jurisprudence décide même que celui des tiers détenteurs qui est poursuivi le premier a le droit de mettre en cause tous les autres, pour faire prononcer contre eux la subrogation, et avec elle la répartition entre tous de la dette hypothécaire, en raison de l'importance de leurs acquisitions respectives ¹.

Des RESTITUTIONS *à faire par le tiers détenteur aux créanciers hypothécaires ou réciproquement.* — Le tiers détenteur est responsable, vis-à-vis des créanciers hypothécaires, de toutes les détériorations provenant de sa faute ou de son fait, et, comme la loi ne distingue pas, il faut admettre cette responsabilité tant à l'égard des créanciers inscrits posté-

---

¹ Pont, n° 133. — Zachariæ, t. II, p. 211 et 212.

rieurement à l'aliénation, mais avant la transcription, que de ceux inscrits antérieurement. La responsabilité dont il s'agit n'est que la conséquence naturelle et nécessaire de la réalité de l'hypothèque. Le tiers détenteur ne devient effectivement propriétaire de l'immeuble que sous la déduction des charges qui le grèvent, et il ne peut disposer de la propriété qui est à lui, qu'à la condition de respecter les droits réels qui sont aux autres.

L'indemnité dont le tiers détenteur sera tenu appartiendra exclusivement aux créanciers privilégiés ou hypothécaires, puisqu'elle est la représentation de l'amoindrissement que leur gage avait subi. Elle sera donc distribuée par ordre et non par contribution.

De leur côté, les créanciers hypothécaires doivent tenir compte au tiers détenteur des améliorations apportées par lui à l'immeuble jusqu'à concurrence de la plus-value, car nul ne peut s'enrichir au préjudice d'autrui.

Le Code ne parle ni des réparations ni des impenses voluptuaires ; mais il est évident, d'une part, que les créanciers doivent tenir compte, pour le tout, des réparations nécessaires, puisqu'elles ont conservé leur gage commun, et que, d'autre part, ils ne doivent tenir aucun compte ni des réparations d'entretien, puisqu'elles sont une charge de la jouissance, ni des impenses voluptuaires, puisqu'il n'y a pour eux aucun profit.

Faut-il accorder au tiers détenteur un droit de rétention pour assurer le payement de toutes les sommes qui peuvent lui être dues ? Sur cette question les auteurs sont divisés. Le Code étant muet, il paraît bien difficile de la résoudre affirmativement, et il vaut mieux décider que le tiers détenteur aura simplement le droit de faire une saisie-arrêt entre les mains de l'adjudicataire, jusqu'à concurrence des sommes qui sont à déduire du prix pour former l'indemnité que lui doivent les créanciers hypothécaires [1].

[1] Mourlon, *Exam. crit.*, t. II, n° 232. — Pont, n° 1209.

Outre le règlement de compte dont nous parlons, le tiers détenteur a évidemment son recours à exercer contre le vendeur d'après les termes du droit commun. Il aura aussi une action *negotiorum gestorum contraria* contre le débiteur principal, s'il est autre que le vendeur, car la plus-value qu'il a donnée à l'immeuble a servi dans une mesure plus ou moins étendue à sa libération (art. 2178).

Quant aux fruits, l'art. 2176 donne aux créanciers le droit de les réclamer du tiers détenteur à partir de la *sommation*. L'art. 682 du Code de procédure fixe pour point de départ la *transcription* qui doit être faite de la saisie au bureau des hypothèques. Quelques auteurs ont vu là une contradiction : mais elle n'existe pas réellement, car l'art. 2176 règle le cas où l'immeuble est saisi sur le *tiers détenteur*, et l'article 682 du Code de procédure règle celui où il a été saisi sur le *débiteur* lui-même.

Au bout de trois ans, les poursuites sont périmées, et le tiers détenteur ne doit plus compte des fruits perçus. Il faudra que la péremption soit formellement invoquée par lui ; car rien n'autorise à penser que le Code a dérogé ici au droit commun en pareille matière.

CHAPITRE VII

DE L'EXTINCTION DES PRIVILÉGES ET HYPOTHÈQUES.

Art. 2180. Les priviléges et hypothèques s'éteignent : — 1° par l'extinction de l'obligation principale ; — 2° par la renonciation du créancier à l'hypothèque ; — 3° par l'accomplissement des formalités et conditions prescrites aux tiers détenteurs pour purger les biens par eux acquis ; — 4° par la prescription. — La prescription est acquise au débiteur, quant aux biens qui sont dans ses mains, par le temps fixé pour la prescription des actions qui donnent l'hypothèque ou le privilége. — Quant aux biens qui sont dans la main d'un tiers détenteur, elle lui est acquise par le temps réglé pour la prescription de la propriété à son profit : dans le cas où la prescription suppose un titre, elle ne commence à courir que du jour où il a été transcrit sur les registres du conservateur. — Les inscriptions prises par le créancier n'interrompent pas le cours de la prescription établie par la loi en faveur du débiteur ou du tiers détenteur.

Observation. — Les priviléges et hypothèques s'éteignent par *voie de conséquence*, ou par *voie principale*. Dans le premier cas, la dette disparaît; dans le second, elle continue à subsister.

I. *Extinction* PAR VOIE DE CONSÉQUENCE. — Elle a lieu toutes les fois que la dette elle-même est éteinte, car l'accessoire ne peut survivre au principal. Nous n'avons pas à rappeler ici les nombreuses causes d'extinction des obligations. Il nous suffit de renvoyer à l'article 1234 et à l'explication que nous en avons donnée (t. II, p. 501 et s.).

Ajoutons toutefois que l'extinction de l'hypothèque n'a lieu que si celle de la dette elle-même est réelle et définitive. Ainsi, lorsque le créancier est évincé d'une chose qu'il avait reçue en payement, il faut décider que l'obligation principale et l'hypothèque revivent, car le créancier n'avait renoncé à ses droits qu'à la condition de devenir propriétaire de la chose, et il ne l'était pas devenu.

Il est vrai que, dans ce cas, les cautions restent libérées (art. 2038), mais rien n'autorise à étendre aux hypothèques l'exception établie pour les cautions. D'ailleurs l'hypothèque, en revivant, ne touchera que le débiteur ou ses ayants cause ; tandis que les cautions sont des tiers qui s'engagent à titre gratuit pour autrui, et en faveur desquels toute libération sur laquelle ils ont pu raisonnablement compter doit être irrévocable.

Le créancier évincé pourra se prévaloir de son ancienne inscription, si elle n'est pas périmée, et, dans le cas contraire, il devra en prendre une nouvelle.

Rappelons aussi que la confusion paralyse, mais n'éteint

pas l'obligation principale, ni, par suite, ses accessoires. Dès qu'elle cessera, cette obligation et ces accessoires revivront.

Exceptionnellement, l'hypothèque survit à l'obligation principale :

1° Dans le cas de *novation*, lorsque le créancier se l'est expressément réservée (art. 1278) ;

2° Dans le cas de *compensation*, lorsque celui qui a payé sa dette avait *une juste cause* d'en ignorer l'extinction (art. 1299).

Ce fait se présentera, par exemple, si le débiteur devient, à son insu, héritier de quelqu'un qui était créancier de son créancier. Payant la dette avant d'avoir connu sa qualité d'héritier, qui engendrait compensation, il aura, non pas la *condictio indebiti*, qui est une action chirographaire, mais l'action même du défunt qui était, par hypothèse, munie de priviléges ou d'hypothèques.

Ajoutons à ces causes indirectes d'extinction :

1° La *consolidation*, c'est-à-dire la réunion dans la même main des droits garantis et de l'immeuble hypothéqué ;

2° La *résolution* du droit du constituant en vertu d'une cause antérieure à l'hypothèque, car on ne peut pas plus hypothéquer que vendre la chose d'autrui ; et, du moment que le droit du constituant est résolu *ex antiquâ causâ*, il se trouve que l'immeuble était celui d'un autre et ne pouvait pas être valablement hypothéqué.

II. *Extinction* PAR VOIE PRINCIPALE. — Elle a lieu :

1° Par la *renonciation* expresse ou tacite du créancier à l'hypothèque ; il faudrait voir une renonciation tacite dans le fait que le créancier aurait signé en cette qualité l'acte de vente de l'immeuble hypothéqué, car il n'y a pas d'autre moyen d'expliquer son intervention au contrat ;

2° Par la *purge*, que le Code expose dans le chapitre suivant ;

3° Par la *prescription* : elle s'accomplit différemment, suivant que l'immeuble est resté entre les mains du débiteur ou est passé entre celles d'un tiers détenteur; nous allons l'étudier dans chacune de ces hypothèses.

De la PRESCRIPTION *lorsque l'immeuble reste entre les mains du* DÉBITEUR. Tant que l'immeuble reste *apud debitorem*, la prescription de l'hypothèque et celle de l'obligation principale sont inséparables l'une de l'autre. Dès lors, si l'obligation est prescriptible par un an ou par trente, l'hypothèque elle-même sera prescriptible par un an ou par trente. Et s'il survient un fait suspensif ou interruptif de la prescription, tel que l'interdiction du créancier, ou une reconnaissance du débiteur, ce fait suspendra ou interrompra la prescription à la fois pour l'hypothèque et pour l'obligation.

Dans l'ancien droit français et en droit romain, la prescription de l'hypothèque ne coïncidait pas, comme aujourd'hui, avec celle de l'obligation principale. Le délai de la première était de quarante ans, et celui de la seconde était de trente au maximum. Mais alors que garantissait l'hypothèque pendant sa survivance de dix années à la dette principale? Elle garantissait l'obligation naturelle qui survit à l'extinction de la dette civile par prescription. Le débiteur se trouvait de la sorte exactement dans la situation d'un tiers détenteur. Le créancier ne pouvait pas intenter contre lui l'action personnelle qui était prescrite, mais il pouvait encore intenter l'action hypothécaire, et ce débiteur, libéré par la prescription, était contraint, comme l'eût été un tiers, de délaisser l'immeuble ou de subir l'expropriation.

De la PRESCRIPTION *lorsque l'immeuble est passé entre les mains d'un* TIERS DÉTENTEUR. — Lorsque l'immeuble a été aliéné par le débiteur, la prescription de l'hypothèque est tout à fait indépendante de la prescription de la dette, par la raison que ce n'est plus la même personne qui est tenue du principal et qui est en possession de l'accessoire. Il faudra donc, pour le créancier qui voudra conserver ses droits, un double fait interruptif de prescription : l'un à l'égard du débiteur en ce qui concerne l'obligation principale, l'autre à l'égard du tiers détenteur en ce qui concerne l'hypothèque.

Quel est le caractère de la prescription qui va courir au profit du tiers détenteur? Elle est *acquisitive*, et non libératoire, puisque la loi dit de s'en référer aux règles établies pour la prescription de la propriété elle-même. Effectivement, le tiers détenteur n'étant pas personnellement obligé, on ne voit pas comment il serait possible de lui appliquer la prescription libératoire. Au contraire, nous savons qu'il lui manque un démembrement de la propriété, et la prescription qui doit le lui rendre est nécessairement acquisitive. Le tiers détenteur acquerra donc *la franchise* de l'immeuble hypothéqué.

Indiquons les règles du Code pour la prescription acquisitive.

Elle s'accomplit par dix ans entre présents, et vingt ans entre absents, lorsque le possesseur est de bonne foi et a un juste titre : or, il y a présence, si le propriétaire contre lequel court la prescription réside dans le ressort de la Cour impériale où est situé l'immeuble, et absence dans le cas contraire. Le juste titre consiste dans un fait qui eût transféré la propriété, s'il fût émané du véritable propriétaire, tel qu'une vente, un échange, une donation, etc. ; et la bonne foi, dans la croyance de celui qui recevait l'immeuble en la qualité de propriétaire que s'attribuait celui qui le lui livrait. La bonne foi se présume toujours.

Lorsqu'il n'y a que juste titre ou bonne foi, et, à plus forte raison, lorsqu'il n'y a ni juste titre ni bonne foi, la prescription dure trente ans, et il n'y a plus à distinguer s'il y a présence ou absence (art. 2262 et suiv.).

Appliquons ces principes à la prescription de l'hypothèque. Le tiers détenteur ayant juste titre et bonne foi acquerra la franchise de l'immeuble par dix ans, si le créancier hypothécaire réside dans le ressort de la Cour impériale où il est situé, et par vingt ans, dans le cas contraire. Le point de départ sera la *transcription* du juste titre. (Art. 2180).

Mais quand y aura-t-il juste titre et bonne foi pour le

tiers détenteur? Il y aura juste titre, lorsque l'immeuble aura été livré comme franc de toute hypothèque; et bonne foi, lorsque le tiers détenteur aura cru à cette franchise [1].

Mais comment pourra-t-il y croire; car il n'a qu'à faire transcrire son titre, et à demander un état des inscriptions existant sur l'immeuble, pour connaître toutes les hypothèques? Sa bonne foi sera possible, lorsqu'il s'agira des hypothèques dispensées d'inscription, et qu'il n'a aucun moyen de connaître. Seulement rappelons que la prescription est suspendue par la minorité et l'interdiction (art. 2252): d'où la conséquence que la prescription de dix et vingt ans n'aura lieu, en ce qui concerne les mineurs et les interdits, qu'à partir du jour où leur incapacité aura cessé. Une semblable suspension existerait au profit de la femme dans le cas où la prescription ne court pas contre elle, par exemple, si elle est mariée sous le régime dotal.

La prescription de l'hypothèque par le tiers détenteur pourra évidemment courir, lors même que la prescription de la dette serait suspendue par un terme, par une condition, ou par tout autre événement. Pareillement, dans le cas où le tiers détenteur aurait besoin de prescrire à la fois la propriété de l'immeuble qui lui a été vendu *à non domino*, et l'hypothèque dont cet immeuble avait été grevé par le véritable propriétaire, il pourra se faire que la prescription de l'une coure avant celle de l'autre, et même que la première soit accomplie avant que la seconde ait commencé, ou réciproquement. Supposons par exemple que le véritable propriétaire de l'immeuble soit majeur, tandis que le créancier hypothécaire est mineur ou interdit. Le tiers détenteur, ayant juste titre et bonne foi, prescrira la propriété par dix ou vingt ans, et si la minorité ou l'interdiction du créancier hypothécaire n'ont pas pris fin à l'expiration de ces délais, il aura accompli la prescription de la propriété, avant d'avoir

---

[1] Aubry et Rau, t. II, § 293. — Pont, nos 1247 et suiv. — Cass., 7 août 1860.

commencé celle de la franchise de son immeuble. On voit donc que la prescription extinctive de l'hypothèque est également indépendante et de la prescription libératoire de la dette et de la prescription acquisitive de la propriété.

Comment le créancier pourra-t-il interrompre la prescription de son hypothèque par le tiers détenteur? Il l'interrompra soit en obtenant de lui une reconnaissance volontaire de l'hypothèque, soit par une poursuite judiciaire qui aura pour résultat de substituer à l'ancien titre un acte judiciaire constatant l'hypothèque. On doit même admettre que la sommation faite au tiers détenteur de délaisser, si mieux il n'aime payer, est interruptive de la prescription. Ordinairement, il est vrai, un commandement est nécessaire (art. 2244) et la sommation insuffisante. Mais comme ici cette sommation équivaut à un commandement, puis qu'après trente jours elle peut être suivie d'une saisie, elle doit produire le même effet interruptif [1].

La simple inscription de l'hypothèque, ou le renouvellement de l'inscription déjà prise, ne suffisent pas pour cette interruption, car elles ne mettent pas le tiers détenteur en demeure, et souvent même elles ont lieu à son insu.

Ajoutons, comme causes directes d'extinction de l'hypothèque :

1° La *restriction* obtenue par le débiteur;

2° La *condition résolutoire* prévue par les parties.

CHAPITRE VIII

DU MODE DE PURGER LES PROPRIÉTÉS DES PRIVILÉGES ET HYPOTHÈQUES.

Art. 2181. Les contrats translatifs de la propriété d'immeubles ou droits réels immobiliers, que les tiers détenteurs voudront purger

---

[1] Mourlon, t. III, n° 1677.

de priviléges et hypothèques, seront transcrits en entier par le conservateur des hypothèques dans l'arrondissement duquel les biens sont situés. — Cette transcription se fera sur un registre à ce destiné, et le conservateur sera tenu d'en donner reconnaissance au requérant.

2182. La simple transcription des titres translatifs de propriété sur le registre du conservateur ne purge pas les hypothèques et priviléges établis sur l'immeuble. — Le vendeur ne transmet à l'acquéreur que la propriété et les droits qu'il avait lui-même sur la chose vendue : il les transmet sous l'affectation des mêmes priviléges et hypothèques dont il était chargé.

2183. Si le nouveau propriétaire veut se garantir de l'effet des poursuites autorisées dans le chapitre VI du présent titre, il est tenu, soit avant les poursuites, soit dans le mois, au plus tard, à compter de la première sommation qui lui est faite, de notifier aux créanciers, aux domiciles par eux élus dans leurs inscriptions : — 1° extrait de son titre, contenant seulement la date et la qualité de l'acte, le nom et la désignation précise du vendeur ou du donateur, la nature et la situation de la chose vendue ou donnée ; et, s'il s'agit d'un corps de biens, la dénomination générale seulement du domaine et des arrondissements dans lesquels il est situé, le prix et les charges faisant partie du prix de la vente, ou l'évaluation de la chose, si elle a été donnée ; — 2° extrait de la transcription de l'acte de vente ; — 3° un tableau sur trois colonnes, dont la première contiendra la date des hypothèques et celle des inscriptions ; la seconde, le nom des créanciers ; la troisième, le montant des créances inscrites.

2184. L'acquéreur ou le donataire déclarera, par le même acte, qu'il est prêt à acquitter sur-le-champ les dettes et charges hypothécaires, jusqu'à concurrence seulement du prix, sans distinction des dettes exigibles ou non exigibles.

2185. Lorsque le nouveau propriétaire a fait cette notification dans le délai fixé, tout créancier dont le titre est inscrit peut requérir la mise de l'immeuble aux enchères et adjudications publiques ; à la charge : — 1° que cette réquisition sera signifiée au nouveau propriétaire dans quarante jours, au plus tard, de la notification faite à la requête de ce dernier, en y ajoutant deux jours par cinq myriamètres de distance entre le domicile élu et le domicile réel de chaque créancier requérant ; — 2° qu'elle contiendra soumission du requérant de porter ou faire porter le prix à un dixième en sus de celui qui aura été stipulé dans le contrat, ou déclaré par le nouveau propriétaire ; — 3° que la même signification sera faite, dans le même délai, au précédent propriétaire, débiteur principal ; — 4° que l'original et les copies de ces exploits seront signés par le créancier requérant, ou par son fondé de procuration expresse, lequel, en ce cas, est tenu de donner copie de sa procuration ; — 5° qu'il offrira de donner caution [1] jusqu'à concurrence du prix et des charges. — Le tout à peine de nullité.

2186. A défaut, par les créanciers, d'avoir requis la mise aux enchères dans le délai et les formes prescrits, la valeur de l'immeuble demeure définitivement fixée au prix stipulé dans le contrat, ou déclaré par le nouveau propriétaire, lequel est, en conséquence, libéré de tous privilège et hypothèque, en payant ledit prix aux créanciers qui seront en ordre de recevoir, ou en le consignant.

2187. En cas de revente sur enchères, elle aura lieu suivant les formes établies pour les expropriations forcées, à la diligence soit du créancier qui l'aura requise, soit du nouveau propriétaire. — Le poursuivant énoncera dans les affiches le prix stipulé dans le contrat, ou déclaré, et la somme en sus à laquelle le créancier s'est obligé de la porter ou faire porter.

2188. L'adjudicataire est tenu, au delà du prix de son adjudication, de restituer à l'acquéreur ou au donataire dépossédé les frais et loyaux coûts de son contrat, ceux de la transcription sur les registres du conservateur, ceux de notification, et ceux faits par lui pour parvenir à la revente.

2189. L'acquéreur ou le donataire qui conserve l'immeuble mis aux enchères, en se rendant dernier enchérisseur, n'est pas tenu de faire transcrire le jugement d'adjudication.

2190. Le désistement du créancier requérant la mise aux enchères ne peut, même quand le créancier payerait le montant de la soumission, empêcher l'adjudication publique, si ce n'est du consentement exprès de tous les autres créanciers hypothécaires.

2191. L'acquéreur qui se sera rendu adjudicataire aura son recours tel que de droit contre le vendeur, pour le remboursement de ce qui excède le prix stipulé par son titre, et pour l'intérêt de cet excédant, à compter du jour de chaque payement.

2192. Dans le cas où le titre du nouveau propriétaire comprendrait des immeubles et des meubles, ou plusieurs immeubles, les uns hypothéqués, les autres non hypothéqués, situés dans le même

---

[1] *Loi du* 21 *février* 1827 *qui dispense le Trésor de donner caution.*

Article unique. Dans le cas prévu par les articles 2185 du Code civil et 832 du Code de procédure civile, si la mise aux enchères est requise au nom de l'Etat, le Trésor impérial sera dispensé d'offrir et de donner caution.

ou dans divers arrondissements de bureaux, aliénés pour un seul et même prix, ou pour des prix distincts et séparés, soumis ou non à la même exploitation, le prix de chaque immeuble frappé d'inscriptions particulières et séparées sera déclaré dans la notification du nouveau propriétaire, par ventilation, s'il y a lieu, du prix total exprimé dans le titre. — Le créancier surenchérisseur ne pourra, en aucun cas, être contraint d'étendre sa soumission ni sur le mobilier, ni sur d'autres immeubles que ceux qui sont hypothéqués à sa créance et situés dans le même arrondissement ; sauf le recours du nouveau propriétaire contre ses auteurs, pour l'indemnité du dommage qu'il éprouverait, soit de la division des objets de son acquisition, soit de celle des exploitations.

Définition, NATURE et UTILITÉ *de la purge*. — La purge est un moyen d'éteindre les hypothèques, qui consiste dans le payement des créanciers, jusqu'à concurrence du prix d'acquisition, après l'accomplissement de certaines conditions et formalités. Ce qui caractérise la purge, c'est la plénitude de son effet extinctif, car elle affranchit l'immeuble des hypothèques qui ne sont pas couvertes par le prix d'acquisition ou d'évaluation tout comme de celles qui sont couvertes. Et même, à vrai dire, les premières seules sont éteintes par la purge, puisque les dernières le sont plutôt par le payement qui est fait aux créanciers venant en ordre utile.

La purge est très-usitée par la raison que, d'une part, elle permet au tiers détenteur de conserver l'immeuble dont il vient de faire l'acquisition, à la différence du délaissement qui implique son abandon ; et que, d'autre part, elle lui donne toute sécurité pour l'avenir, à la différence des payements faits sans les formalités dont elle est entourée. Dans la pratique les acquéreurs d'immeubles font la purge aussitôt après leur acquisition.

On distingue deux sortes de purge : celle des hypothèques inscrites, et celle des hypothèques non inscrites. Les règles à suivre pour l'une ou pour l'autre sont différentes. Le Code traite de la première dans le chapitre VIII, et de la seconde dans le chapitre suivant.

Nous savons que la purge est opérée de plein droit par la vente forcée de l'immeuble, car alors toutes les garanties ont été données aux créanciers hypothécaires ; mais qu'il n'en est pas de même dans les ventes volontaires faites soit de particulier à particulier, soit par l'intermédiaire d'un officier public ou de justice, car il n'est pas prouvé que l'immeuble, vendu sous la surveillance des créanciers, n'eût pas donné un prix supérieur. Il faut alors que ces derniers soient mis en demeure, ou de se contenter du prix de la vente volontaire, ou de requérir une vente publique faite avec leur concours.

Qui NE PEUT PAS PURGER. — La faculté de purger est une dérogation grave au droit commun, établie par la loi pour faciliter la circulation des immeubles. Elle ne peut donc appartenir à tous indistinctement. Ainsi ne peuvent purger ceux qui ont des droits non susceptibles d'être vendus aux enchères publiques, tels que droits d'usage, d'habitation ou de servitude, puisque, sur l'offre qu'ils feraient de leur prix aux créanciers, ceux-ci ne pourraient pas, même en cas d'insuffisance évidente, faire de surenchère et requérir la vente publique. Ne peuvent pas non plus purger, ceux qui sont personnellement obligés à la dette, car ils n'ont qu'à payer, s'ils veulent éteindre l'hypothèque.

Ainsi, le débiteur principal, la caution, leurs héritiers légitimes ou leurs successeurs, soit universels, soit à titre universel, n'ont pas la faculté de purger. Il en est de même de celui qui, sans s'obliger personnellement à payer la dette, a donné hypothèque au créancier sur l'un de ses immeubles, car il a par cela même consenti à laisser cet immeuble hypothéqué jusqu'à l'extinction totale de la dette : en d'autres termes, il est devenu caution *réelle,* et au point de vue de l'hypothèque il est soumis au même régime que la caution *personnelle* [1].

L'héritier bénéficiaire ne pourrait pas davantage purger

---

[1] Mourlon, t. III n° 1685. — Pont, n° 1272.

les hypothèques qui grèvent les immeubles de la succession, car cette succession *sustinet personam defuncti*, et l'héritier bénéficiaire n'en est pas le *tiers détenteur*, mais simplement l'*administrateur* dans l'intérêt commun des créanciers, des légataires et de lui-même.

Une question fort controversée est celle de savoir si, dans le cas où l'un des héritiers aurait payé sa part dans une dette hypothécaire grevant les biens de la succession, il pourrait, en faisant transcrire l'acte de partage, purger l'immeuble hypothéqué qui a été placé dans son lot? Pour l'affirmative, on dit que l'héritier a cessé d'être personnellement obligé par le payement qu'il a fait de sa part dans la dette, et qu'il se trouve désormais dans la condition d'un tiers détenteur ordinaire. Pour la négative, on répond avec raison que le défunt avait contracté envers son créancier une double obligation, l'une principale ayant pour objet la dette elle-même, l'autre accessoire ayant pour objet l'hypothèque. La première est bien éteinte pour l'héritier par le payement qu'il a fait de sa part dans la dette; mais la seconde subsiste encore, car toute constitution d'hypothèque est indivisible, et, tant que la dette n'est pas intégralement éteinte, tous les héritiers du débiteur sont indivisiblement tenus de la laisser subsister jusqu'à parfait payement [1].

QUI PEUT PURGER. — D'après ce qui précède, peuvent purger tous les acquéreurs de droits susceptibles de vente, et qui ne sont pas personnellement obligés. La loi s'en explique pour l'acheteur et le donataire ; mais il n'y a aucune raison de refuser ce droit au légataire à titre particulier. Il est vrai que les créanciers seront dans l'impossibilité de faire la surenchère du dixième pour éviter la purge, si le légataire leur offre une somme moindre que la valeur réelle de l'immeuble, mais cependant assez forte pour que, augmentée du dixième, elle excède le prix réel de l'immeuble, par exemple, si le lé-

[1] Labbé, *Rev. crit. de lég.*, t. VIII, p. 209. — Mourlon, t. III, p. 709.

gataire d'un immeuble de 100 leur offre 94, dont le dixième, c'est-à-dire 9,4, ajouté à la somme principale, donnerait 103,4, total supérieur à la valeur de l'immeuble. Mais comme cette objection n'a pas arrêté le législateur en ce qui concerne le donataire (art. 2189), elle ne doit pas arrêter le jurisconsulte en ce qui concerne le légataire.

PROCÉDURE *de la purge.* — Le tiers détenteur qui veut purger doit :

I. *Faire transcrire* son titre d'acquisition, afin d'enlever au précédent propriétaire la possibilité de consentir de nouvelles hypothèques, et aussi afin d'arrêter les inscriptions de celles qu'il a déjà constituées. (Loi du 23 mars 1855, art. 6.)

On voit ici un nouvel effet de la transcription.

Nous savons déjà qu'elle consolide les donations d'immeubles (art. 939), et les substitutions dans l'intérêt des appelés (art. 1069) ;

Qu'à l'égard des tiers, elle est, depuis la loi de 1855, translative de la propriété des immeubles;

Qu'elle conserve le privilége du vendeur et vaut pour lui inscription (art. 2108) ;

Qu'elle fixe le point de départ de la prescription de l'hypothèque par le tiers détenteur (art. 2180 4°);

Qu'enfin elle limite le délai pendant lequel les créanciers privilégiés ou hypothécaires peuvent utilement s'inscrire après l'aliénation.

II. *Notifier* aux créanciers hypothécaires trois choses, savoir :

1° Un *extrait du titre d'acquisition,* contenant toutes les indications propres à renseigner les créanciers sur la valeur de l'immeuble, sur les conditions et les époques fixées pour le payement du prix, etc. ;

2° Un *certificat* de la transcription, afin que les créanciers qui ne seraient pas suffisamment éclairés par l'extrait du titre se souviennent qu'ils peuvent consulter au bureau des hypothèques le titre lui-même;

3° Un *tableau en trois colonnes* dont la première contient la date des hypothèques et des inscriptions, la seconde le nom des créanciers, et la troisième le montant des créances inscrites. De la sorte, chaque créancier verra s'il vient en ordre utile.

III. *Faire offre* aux créanciers hypothécaires de les payer jusqu'à concurrence du prix d'acquisition, ou, en cas que l'acquisition ait été faite à titre gratuit, du prix d'évaluation. Cette offre deviendra un contrat, si elle est acceptée expressément ou tacitement par les créanciers.

Quant aux intérêts du prix, ils appartiennent aux créanciers privilégiés ou hypothécaires, à l'exclusion de la masse chirographaire, à compter des notifications qui leur ont été faites, si l'acquéreur a pris l'initiative de la purge, et, dans le cas contraire, à partir de la sommation qui l'a mis en demeure.

Des CRÉANCES HYPOTHÉCAIRES QUE *le tiers détenteur* PEUT OU *ne* PEUT PAS *purger*. — L'art. 2184 permet de purger par un payement actuel même les hypothèques garantissant des créances à terme. La loi de brumaire, dans l'intérêt des autres créanciers, ne permettait ce payement qu'après l'échéance. L'innovation du Code, faite dans le but de faciliter l'affranchissement hypothécaire des immeubles aliénés et par suite leur circulation, mérite cependant une double critique. D'un côté, en effet, le créancier qui avait fait un placement sur hypothèque est obligé de subir son remboursement, avant l'échéance du terme qu'il avait stipulé, ce remboursement fût-il fait le lendemain même du contrat. D'un autre côté, le payement des dettes hypothécaires non encore échues et non productives d'intérêts peut porter un grave préjudice aux créanciers hypothécaires de rang inférieur et surtout à la masse chirographaire, puisque les sommes ainsi payées par anticipation eussent fructifié jusqu'à l'échéance du terme entre les mains du débiteur commun et augmenté d'autant sa solvabilité.

Les créanciers conditionnels ne seront pas payés, puisque leur droit n'existe pas encore ; mais, si la condition s'accomplit, ils auront un recours contre ceux qui leur étaient postérieurs et qui auraient été utilement colloqués, car leur collocation ne devait devenir définitive que si la condition venait à défaillir.

Délai *des* notifications. — Les notifications doivent être faites dans le délai d'un mois, s'il y a eu sommation, et peuvent l'être à toute époque, dans le cas contraire. Elles sont faites soit à la personne même des créanciers, soit aux domiciles par eux élus dans leurs inscriptions.

Délai *qu'ont les créanciers hypothécaires pour* accepter *ou* refuser *les offres du tiers détenteur*. — Les créanciers hypothécaires ont quarante jours, à dater des notifications, pour délibérer s'ils accepteront ou non les offres faites par le tiers détenteur. Ils sont présumés les trouver suffisantes, si, pendant ledit délai, ils ne déclarent pas le contraire en requérant la mise aux enchères de l'immeuble hypothéqué.

Le silence des créanciers étant considéré comme une adhésion, tant qu'ils n'ont pas fait de surenchère, on doit, à notre avis, décider que le tiers détenteur n'aurait pas le droit de retirer les offres qu'il leur a signifiées. D'où la conséquence que, si l'immeuble périssait pas cas fortuit après les offres dont il s'agit, les créanciers n'en conserveraient pas moins le droit de contraindre au payement le tiers détenteur qui a pris ainsi l'engagement personnel de verser entre leurs mains son prix d'acquisition ou d'évaluation [1].

Conditions *et* formalités *à remplir pour la mise aux enchères*. — Le créancier qui trouve insuffisantes les offres du tiers détenteur peut, avons-nous dit, requérir la mise aux enchères. Il doit alors remplir cinq conditions, toutes exigées à peine de nullité, savoir :

---

[1] Aubry et Rau, t. II, § 294, note 34. — Grenier, t. II, n° 458.

1° *Signifier* dans les quarante jours sa réquisition au *tiers détenteur*, dont la position incertaine ne peut sans inconvénient durer plus longtemps ;

2° S'engager à porter ou à faire porter le prix *à un dixième en sus* du prix offert ; car la réquisition ne doit pas être faite pour un avantage douteux ou insignifiant. Le dixième dont il s'agit est celui du prix offert, et non celui de la somme totale déboursée par l'acheteur qui, outre le prix, a dû payer les frais d'actes, les droits de mutation, etc. ;

3° Faire la même *signification* au *précédent propriétaire*, débiteur principal ; car, pour éviter le recours en garantie de l'acheteur, il payera peut-être les créanciers qui ne seraient pas utilement colloqués ;

4° *Signer* l'original et les copies de ces exploits, car il importe d'éviter des réquisitions faites à la légère, et l'obligation où sera le créancier de signer les actes est de nature à le faire réfléchir ;

5° Offrir de *donner caution* jusqu'à concurrence du prix, du dixième en sus, et enfin des charges, c'est-à-dire des frais de la première vente et de la revente.

La réquisition de mise aux enchères émanée d'un créancier, profite à tous les autres et dès lors elle ne pourrait être retirée qu'avec leur consentement unanime (art. 2190). Autrement il eût été à craindre que le requérant ne se laissât désintéresser par le tiers détenteur. Toutefois, comme cette réquisition peut être nulle, chacun de ceux qui veulent la vente publique fera bien de la demander lui-même et pour son propre compte.

D'après ce qui précède, l'acquisition du nouveau propriétaire sera consolidée :

1° Par le délai de quarante jours, passé sans réquisition de mise aux enchères ;

2° Par la nullité de la réquisition qui serait faite.

Néanmoins cette consolidation n'opère pas de plein droit

la purge de l'immeuble, et le payement effectif ou la consignation du prix pourront seuls produire cet effet .

Notons qu'il y a trois espèces de surenchère :

Celle sur aliénation volontaire, que nous venons d'étudier ;

Celle sur saisie immobilière, qui est du sixième, peut être faite par toute personne, et ce, dans le délai de huitaine (C. de p., art. 708).

Celle sur vente des immeubles du failli, qui est du dixième, peut être faite par toute personne, et ce, dans le délai de quinzaine (C. de com., art. 573).

*De l'*ADJUDICATION *faite sur la* SURENCHÈRE. — Cette adjudication peut être prononcée soit au profit du tiers détenteur, soit au profit d'une autre personne. Lorsque c'est le tiers détenteur qui se rend adjudicataire, l'article 2189 le dispense de la transcription. Cette disposition, utile sous la loi de brumaire, devenue sans objet sous le régime du Code, a retrouvé son utilité depuis la loi du 23 mars 1855 qui a rétabli la transcription. Elle est d'ailleurs très-logique, puisque le tiers détenteur ne fait pas, en se portant adjudicataire, une acquisition nouvelle, mais consolide simplement dans ses mains le titre de propriétaire dont il était déjà investi.

L'acheteur, adjudicataire ou non, aura recours contre le vendeur, d'après les règles du droit commun, pour se faire indemniser du préjudice qu'il peut avoir éprouvé [2].

Lorsque ce n'est pas le tiers détenteur, mais une autre personne qui se porte adjudicataire, le jugement d'adjudication doit être transcrit, puisqu'il opère véritablement mutation de propriété. Cette mutation se fait non du tiers détenteur à l'adjudicataire, mais de l'aliénateur à l'adjudicataire. La propriété momentanée qu'a eue le tiers détenteur se trouve résolue à son profit, car les hypothèques ou autres droits réels

---

[1] Pont, t. II, n° 1332. — Cass., 24 août 1847.

[2] Pont, n° 1395. — Aubry et Rau, t. II, § 294. — Cass., 15 décembre 1862.

qu'il avait sur l'immeuble revivent ; mais elle ne l'est point à son préjudice, car si le prix d'adjudication dépasse le montant de toutes les créances hypothécaires, l'excédant lui appartient [1].

En sus de son prix d'adjudication, qui est intégralement affecté au payement des créances hypothécaires, l'adjudicataire doit directement rembourser au tiers détenteur évincé les frais et loyaux coûts de son contrat, ceux de la transcription, ceux des notifications, et enfin ceux faits pour parvenir à la revente (art. 2188).

L'article 2192 règle l'hypothèse où, par le même contrat et pour un seul prix, l'acheteur a acquis soit des meubles avec des immeubles, soit des immeubles hypothéqués avec des immeubles non hypothéqués, soit enfin des immeubles hypothéqués situés dans des arrondissements différents. Dans tous ces cas, il doit faire la ventilation des biens hypothéqués, c'est-à-dire l'évaluation proportionnelle du prix qui leur est afférent dans le prix total. Si elle est contestée par les créanciers, elle aura lieu par experts que la justice nommera. Une fois que le prix des immeubles hypothéqués aura été déterminé, le tiers détenteur en fera l'offre aux créanciers, dont la surenchère ne devra s'étendre ni aux meubles ni aux immeubles non hypothéqués ou situés dans des arrondissements différents.

CHAPITRE IX

DU MODE DE PURGER LES HYPOTHÈQUES, QUAND IL N'EXISTE PAS D'INSCRIPTION SUR LES BIENS DES MARIS ET DES TUTEURS.

ART. 2193. Pourront les acquéreurs d'immeubles appartenant à des maris, ou à des tuteurs, lorsqu'il n'existera pas d'inscription sur lesdits immeubles à raison de la gestion du tuteur, ou des dot, re-

[1] Mourlon, t. III, n° 1700. — Flandin, *Trans.*, t. I, n° 575.

prises et conventions matrimoniales de la femme, purger les hypothèques qui existeraient sur les biens par eux acquis.

2194. A cet effet, ils déposeront copie dûment collationnée du
contrat translatif de propriété au greffe du tribunal civil du lieu de
la situation des biens, et ils certifieront par acte signifié, tant à la
femme ou au subrogé tuteur qu'au procureur impérial près le tribunal, le dépôt qu'ils auront fait [1]. Extrait de ce contrat, contenant
sa date, les noms, prénoms, professions et domiciles des contractants, la désignation de la nature et de la situation des biens, le prix
et les autres charges de la vente, sera et restera affiché pendant
deux mois dans l'auditoire du tribunal ; pendant lequel temps, les
femmes, les maris, tuteurs, subrogés tuteurs, mineurs, interdits,
parents ou amis, et le procureur impérial, seront reçus à requérir,
s'il y a lieu, et à faire faire au bureau du conservateur des hypothèques, des inscriptions sur l'immeuble aliéné, qui auront le même
effet que si elles avaient été prises le jour du contrat de mariage,
ou le jour de l'entrée en gestion du tuteur ; sans préjudice des
poursuites qui pourraient avoir lieu contre les maris et les tuteurs,
ainsi qu'il a été dit ci-dessus, pour hypothèques par eux consenties
au profit de tierces personnes sans leur avoir déclaré que les
immeubles étaient déjà grevés d'hypothèques, en raison du mariage
ou de la tutelle.

1° *Avis du Conseil d'État du 9 mai 1807, approuvé le 1er juin, sur les*
formalités relatives à la purge des hypothèques légales.

Le Conseil d'État est d'avis : 1° que lorsque, soit la femme ou ceux qui la
représentent, soit le subrogé tuteur, ne seront pas connus de l'acquéreur,
il sera nécessaire et il suffira, pour remplacer la signification qui doit leur
être faite, aux termes de l'article 2194 du Code civil, en premier lieu, que,
dans la signification à faire au procureur impérial, l'acquéreur déclare que
ceux du chef desquels il pourrait être formé des inscriptions pour raison
d'hypothèques légales, existantes indépendamment de l'inscription, n'étant pas
connus, il fera publier la susdite signification dans les formes prescrites par
l'article 683 du Code de procédure civile ; en second lieu, que le susdit
acquéreur fasse cette publication dans lesdites formes de l'article 683 du
Code de procédure civile, ou que, s'il n'y avait pas de journal dans le départe-
tement, l'acquéreur se fasse délivrer par le procureur impérial un certificat
portant qu'il n'en existe pas ;

2° Que le délai de deux mois fixé par l'article 2194 du Code civil, pour
prendre l'inscription du chef des femmes et des mineurs et interdits, ne devra courir que du jour de la publication faite aux termes du susdit article
683 du Code de procédure civile, ou du jour de la délivrance du certificat du
procureur impérial, portant qu'il n'existe pas de journal dans le département.

2195. Si, dans le cours des deux mois de l'exposition du contrat, il n'a pas été fait d'inscription du chef des femmes, mineurs ou interdits, sur les immeubles vendus, ils passent à l'acquéreur sans aucune charge à raison des dot, reprises et conventions matrimoniales de la femme, ou de la gestion du tuteur, et sauf le recours, s'il y a lieu, contre le mari et le tuteur. — S'il a été pris des inscriptions du chef desdites femmes, mineurs ou interdits, et s'il existe des créanciers antérieurs qui absorbent le prix en totalité ou en partie, l'acquéreur est libéré du prix ou de la portion du prix par lui payée aux créanciers placés en ordre utile ; et les inscriptions du chef des femmes, mineurs ou interdits, seront rayées, ou en totalité, ou jusqu'à due concurrence. — Si les inscriptions du chef des femmes, mineurs ou interdits, sont les plus anciennes, l'acquéreur ne pourra faire aucun payement du prix au préjudice desdites inscriptions, qui auront toujours, ainsi qu'il a été dit ci-dessus, la date du contrat de mariage, ou de l'entrée en gestion du tuteur ; et, dans ce cas, les inscriptions des autres créanciers qui ne viennent pas en ordre utile seront rayées.

Observation. — Dans le but de favoriser le crédit public et la circulation des biens, le Code offre un moyen de purger les hypothèques légales dispensées d'inscription, et, en fait, non inscrites. Si cette inscription avait été prise, le tiers détenteur devrait suivre les règles que nous venons d'exposer pour la purge ordinaire. Mais, quand elle ne l'a pas été, il doit se conformer aux règles particulières et exceptionnelles que nous allons étudier.

Formalités *de la purge* LÉGALE. — Le tiers détenteur doit, pour purger les hypothèques légales non inscrites :

1° *Déposer* au greffe copie de l'acte translatif de propriété, afin que les parties intéressées puissent le consulter ;

2° *Notifier* l'acte de dépôt aux maris, tuteurs, subrogés tuteurs et procureur impérial, afin qu'ils aient à prendre inscription ;

3° *Faire afficher* pendant *deux mois*, dans l'auditoire du tribunal, un extrait du titre d'acquisition, afin que les parents et amis des incapables soient avertis.

Lorsque ces incapables sont inconnus par suite d'aliénations successives, on peut, aux termes d'un avis du Conseil d'État du 1er juin 1807, remplacer les notifications qui devraient leur être faites par une insertion dans les journaux et une notification au procureur impérial.

EFFET *de la purge légale.* — Les incapables, ou leurs représentants, ont deux mois, à dater de l'accomplissement des formalités ci-dessus, pour prendre inscription ; s'ils ne la prennent pas, ils sont déchus du droit de suite.

Mais conservent-ils le droit de préférence, pour le cas où le tiers détenteur n'aurait pas encore payé son prix d'acquisition ?

Cette question était des plus controversées dans la doctrine et dans la jurisprudence. La Cour de cassation déclarait le droit de préférence éteint comme le droit de suite ; un grand nombre de Cours impériales soutenaient le système contraire.

La loi du 21 mai 1858 est venue mettre fin à ces discussions en déclarant que le droit de préférence survit au droit de suite, mais sous les restrictions suivantes :

1° Il faut, pour que les femmes, les mineurs ou les interdits puissent s'en prévaloir, qu'un ordre soit ouvert dans les *trois mois* qui suivent le délai de deux mois pendant lequel ils peuvent s'inscrire.

2° Quand l'ordre est ouvert dans le délai ci-dessus, les incapables doivent, à peine de déchéance, y produire dans les quarante jours que l'art. 754 du Code de procédure accorde aux créanciers inscrits pour faire leur production.

3° Enfin, dans le cas où ils n'auraient pas provoqué l'ouverture d'un ordre, leur droit de préférence disparaît par le payement que le tiers détenteur fait de son prix, même au lendemain de la purge, soit aux créanciers hypothécaires inscrits, soit à la masse chirographaire.

La survivance du droit de préférence au droit de suite en faveur des femmes mariées, des mineurs et des interdits, est donc essentiellement précaire, et dans aucun cas elle ne peut retarder la libération du tiers détenteur.

Nous venons d'examiner le cas où il n'a pas été pris d'inscription. Si, au contraire, cette inscription a été prise dans le délai des deux mois de la purge, il arrivera ou que les incapables seront primés par d'autres créanciers qui absorberont tout le prix, et alors leur inscription sera rayée ; ou qu'au contraire ils primeront les autres créanciers, et alors le tiers détenteur ne pourra faire aucun payement à leur préjudice. Il gardera donc le prix, ou le consignera. Mais il ne faut pas rayer les inscriptions des autres créanciers, ainsi que l'ordonne l'article 2195 *in fine*, car on ne sait pas actuellement l'étendue de la créance garantie par l'hypothèque légale, et il est possible qu'elle n'absorbe pas tout le prix de l'immeuble.

Le Code ne s'explique pas sur la surenchère au cas de purge légale. Les incapables ont-ils le droit de la requérir, et, en cas d'affirmative, quel est le délai qu'il faut leur accorder ?

Il est d'abord évident que les incapables ont le droit de surenchère, car leur hypothèque pourrait devenir illusoire, si, pour se protéger contre l'insuffisance des offres du tiers détenteur, ils n'avaient pas, comme les créanciers inscrits, la faculté de requérir la vente de l'immeuble aux enchères publiques.

Dans quel délai ce droit devra-t-il être exercé ? Certains auteurs pensent que les incapables se placent, en s'inscrivant, dans la situation des créanciers hypothécaires ordinaires, et qu'alors le tiers détenteur doit leur faire les notifications de l'article 2183, ce qui revient à leur accorder quarante jours pour faire leur surenchère à compter des dites notifications. Mais cette opinion, qui a pour résultat de superposer les formalités de la purge ordinaire à celles de la purge légale, n'est pas suivie, et l'on décide habituellement que les incapables n'ont que le délai de deux mois pour prendre leur inscription et faire leur surenchère [1]. Tel était le système adopté par l'an-

---

[1] Aubry et Rau, t. II, § 295. — Pont, n° 1419. — Bordeaux, 1er juin 1863.

cienne jurisprudence, et rien ne montre que le Code l'ait changé.

On ne peut se dissimuler que cette manière de procéder ne soit plus favorable à l'affranchissement et à la circulation des biens qu'à la conservation des droits appartenant aux incapables. En effet, la surenchère ne sera ordinairement faite ni par les maris ou les tuteurs, qui ont un intérêt contraire à celui de l'incapable , ni par l'incapable lui-même qui est dans l'impossibilité d'agir, et presque toujours le prix d'acquisition ou d'évaluation de l'immeuble sera le prix définitif que les créanciers à hypothèque légale auront à se distribuer.

Notons en terminant que certaines aliénations opèrent par elles-mêmes et de plein droit la purge de toutes les hypothèques. Ce sont :

1° Les adjudications sur *saisie,* par la raison que d'une part les créanciers *inscrits* sont liés à la vente par des sommations et qu'ils n'ont qu'à enchérir eux-mêmes s'ils trouvent que le prix ne s'élève pas assez haut ; et que, d'autre part, depuis la loi du 21 mai 1858 les créanciers non *inscrits* sont aussi appelés à la vente, soit par un exploit d'huissier, si le saisissant connaît leurs droits, d'après son titre (C. Pr., art. 692), soit par publication dans un journal du département où les biens sont situés (Cod. de Pr., art. 696), en telle sorte que, comme les créanciers inscrits, ils sont mis en demeure d'intervenir et de faire monter le prix d'adjudication ;

2° Les adjudications sur *délaissement,* car le curateur à la vente doit, comme le saisissant dans le cas ci-dessus, et par les mêmes moyens, mettre les créanciers inscrits et non inscrits en demeure d'assister aux opérations qui préparent ou consomment l'adjudication ;

3° Les adjudications sur saisie *convertie* en aliénation volontaire, pourvu que la conversion n'ait eu lieu qu'après la double mise en demeure dont nous venons de parler ;

4° Enfin l'*expropriation* pour cause d'utilité publique,

cas auquel le droit des créanciers hypothécaires ne peut plus s'exercer que sur l'indemnité. (Loi du 3 mai 1841, art. 17.)

CHAPITRE X

DE LA PUBLICITÉ DES REGISTRES ET DE LA RESPONSABILITÉ DES CONSERVATEURS.

Art. 2196. Les conservateurs des hypothèques sont tenus de délivrer, à tous ceux qui le requièrent, copie des actes transcrits sur leurs registres et celle des inscriptions subsistantes, ou certificat qu'il n'en existe aucune.

2197. Ils sont responsables du préjudice résultant : — 1° de l'omission sur leurs registres des transcriptions d'actes de mutation et des inscriptions requises en leurs bureaux ; — 2° du défaut de mention, dans leurs certificats, d'une ou de plusieurs des inscriptions existantes, à moins, dans ce dernier cas, que l'erreur ne provînt de désignations insuffisantes qui ne pourraient leur être imputées.

2198. L'immeuble à l'égard duquel le conservateur aurait omis, dans ses certificats, une ou plusieurs des charges inscrites, en demeure, sauf la responsabilité du conservateur, affranchi dans les mains du nouveau possesseur, pourvu qu'il ait requis le certificat depuis la transcription de son titre ; sans préjudice néanmoins du droit des créanciers de se faire colloquer suivant l'ordre qui leur appartient, tant que le prix n'a pas été payé par l'acquéreur, ou tant que l'ordre fait entre les créanciers n'a pas été homologué.

2199. Dans aucun cas, les conservateurs ne peuvent refuser ni retarder la transcription des actes de mutation, l'inscription des droits hypothécaires, ni la délivrance des certificats requis, sous peine des dommages et intérêts des parties ; à l'effet de quoi, procès-verbaux des refus ou retardements seront, à la diligence des requérants, dressés sur-le-champ, soit par un juge de paix, soit par un huissier audiencier du tribunal, soit par un autre huissier ou un notaire assisté de deux témoins.

2200. Néanmoins, les conservateurs seront tenus d'avoir un registre sur lequel ils inscriront, jour par jour et par ordre numérique, les remises qui leur seront faites d'actes de mutation pour être transcrits, ou de bordereaux pour être inscrits ; ils donneront au requérant une reconnaissance sur papier timbré, qui rappellera le numéro du registre sur lequel la remise aura été inscrite, et ils ne pourront transcrire les actes de mutation ni inscrire les bordereaux sur les registres à ce destinés qu'à la date et dans l'ordre des remises qui leur en auront été faites.

2201. Tous les registres des conservateurs sont en papier timbré, cotés et paraphés à chaque page par première et dernière, par l'un des juges du tribunal dans le ressort duquel le bureau est établi. Les registres seront arrêtés chaque jour comme ceux d'enregistrement des actes.

2202. Les conservateurs sont tenus de se conformer, dans l'exercice de leurs fonctions, à toutes les dispositions du présent chapitre, à peine d'une amende de deux cents à mille francs pour la première contravention, et de destitution pour la seconde ; sans préjudice des dommages et intérêts des parties, lesquels seront payés avant l'amende.

2203. Les mentions de dépôts, les inscriptions et transcriptions, sont faites sur les registres, de suite, sans aucun blanc ni interligne, à peine, contre le conservateur, de mille à deux mille francs d'amende, et des dommages et intérêts des parties, payables aussi par préférence à l'amende.

Observation. — Ce chapitre ne présente aucune difficulté. Notons seulement que l'instant précis où le tiers détenteur peut requérir l'état des inscriptions, avec la certitude de les y voir toutes figurer, a varié selon les époques. Sous l'empire du Code, il pouvait le requérir aussitôt après l'*aliénation*, puisque le cours des inscriptions était arrêté par l'aliénation elle-même. Il est est bien vrai que l'art. 2198 dit que c'est après la *transcription*, mais on était d'accord que cette expression devait être remplacée par celle d'*aliénation*. Sous le régime établi par l'art. 834 du Code de procédure, l'état dont s'agit ne pouvait être obtenu qu'après la *quinzaine* qui suivait la transcription, puisque pendant cette quinzaine les créanciers ayant reçu hypothèque avant l'aliénation pouvaient encore utilement s'inscrire. Enfin depuis la loi du 23 mars 1855, le tiers détenteur peut requérir cet état aussitôt après la *transcription* de son titre, puisque le cours des inscriptions est arrêté par elle, et de la sorte l'art. 2198 se trouve désormais susceptible de recevoir son application littérale.

Les erreurs ou omissions commises par le conservateur ne retombent que sur lui, et la loi fait perdre au créancier omis son droit de suite contre le tiers détenteur, tout en lui conservant le droit de préférence sur le prix non payé.

Il va de soi que, si le créancier omis ne se présente qu'après le payement du prix, ou, ce qui revient au même, après l'homologation de l'ordre ouvert entre les créanciers, il aura contre le conservateur une action en dommages-intérêts pour le préjudice qui lui est causé.

LIVRE III. TITRE XIX.

(Décrété le 19 mars 1804. Promulgué le 29 du même mois.)

De l'Expropriation forcée et des ordres entre les créanciers.

CHAPITRE PREMIER

DE L'EXPROPRIATION FORCÉE.

Art. 2204. Le créancier peut poursuivre l'expropriation : — 1° de biens immobiliers, et de leurs accessoires réputés immeubles, appartenant en propriété à son débiteur ; — 2° de l'usufruit appartenant au débiteur sur les biens de même nature.

2205. Néanmoins, la part indivise d'un cohéritier dans les immeubles d'une succession ne peut être mise en vente par ses créanciers personnels, avant le partage ou la licitation qu'ils peuvent provoquer s'ils le jugent convenable, ou dans lesquels ils ont le droit d'intervenir conformément à l'art. 882, au titre *des Successions*.

2206. Les immeubles d'un mineur même émancipé, ou d'un interdit, ne peuvent être mis en vente avant la discussion du mobilier.

2207. La discussion du mobilier n'est pas requise avant l'expropriation des immeubles possédés par indivis entre un majeur et un mineur ou interdit, si la dette leur est commune, ni dans le cas où les poursuites ont été commencées contre un majeur, ou avant l'interdiction.

2208. L'expropriation des immeubles qui font partie de la communauté se poursuit contre le mari débiteur seul, quoique la femme soit obligée à la dette. — Celle des immeubles de la femme qui ne sont point entrés en communauté se poursuit contre le mari et la femme, laquelle, au refus du mari de procéder avec elle, ou si le mari est mineur, peut être autorisée en justice. — En cas de minorité du mari et de la femme, ou de minorité de la femme seule, si son mari majeur refuse de procéder avec elle, il est nommé par le tribunal un tuteur à la femme, contre lequel la poursuite est exercée.

2209. Le créancier ne peut poursuivre la vente des immeubles qui ne lui sont pas hypothéqués que dans le cas d'insuffisance des biens qui lui sont hypothéqués.

2210. La vente forcée des biens situés dans différents arrondissements ne peut être provoquée que successivement, à moins qu'ils ne fassent partie d'une seule et même exploitation. — Elle est suivie dans le tribunal dans le ressort duquel se trouve le chef-lieu de l'exploitation, ou, à défaut de chef-lieu, la partie des biens qui présente le plus grand revenu, d'après la matrice du rôle.

2211. Si les biens hypothéqués au créancier, et les biens non hypothéqués, ou les biens situés dans divers arrondissements, font partie d'une seule et même exploitation, la vente des uns et des autres est poursuivie ensemble, si le débiteur le requiert, et ventilation se fait du prix de l'adjudication, s'il y a lieu.

2212. Si le débiteur justifie, par baux authentiques, que le revenu net et libre de ses immeubles pendant une année suffit pour le payement de la dette en capital, intérêts et frais, et s'il en offre la délégation au créancier, la poursuite peut être suspendue par les juges, sauf à être reprise s'il survient quelque opposition ou obstacle au payement.

2213. La vente forcée des immeubles ne peut être poursuivie qu'en vertu d'un titre authentique et exécutoire, pour une dette certaine et liquide. Si la dette est en espèces non liquidées, la poursuite est valable ; mais l'adjudication ne poura être faite qu'après la liquidation.

2214. Le cessionnaire d'un titre exécutoire ne peut poursuivre l'expropriation qu'après que la signification du transport a été faite au débiteur.

2215. La poursuite peut avoir lieu en vertu d'un jugement provisoire ou définitif, exécutoire par provision, nonobstant appel ; mais l'adjudication ne peut se faire qu'après un jugement définitif en dernier ressort, ou passé en force de chose jugée. — La poursuite ne peut s'exercer en vertu de jugements rendus par défaut durant le délai de l'opposition.

2216. La poursuite ne peut être annulée sous prétexte que le créancier l'aurait commencée pour une somme plus forte que celle qui lui est due.

2217. Toute poursuite en expropriation d'immeubles doit être précédée d'un commandement de payer fait, à la diligence et requête du créancier, à la personne du débiteur ou à son domicile, par le ministère d'un huissier. — Les formes du commandement et celles de la poursuite sur l'expropriation sont réglées par les lois sur la procédure.

Observation. — Sous la rubrique d'*expropriation forcée,* le Code traite de la vente des *immeubles* par autorité de justice. L'inexactitude de ces expressions est évidente, car la vente des *meubles* par autorité de justice est aussi une expropriation forcée. Le Code de procédure emploie celle beaucoup plus juste de *saisie immobilière.* Le titre qui nous occupe est un corollaire naturel de celui des priviléges et hypothèques, puisque l'un et l'autre de ces droits ne peuvent s'exercer qu'après la conversion en argent des immeubles affectés à la sûreté de la dette. Au surplus, la saisie immobilière peut être pratiquée sur le débiteur aussi bien par les créanciers chirographaires porteurs de titres exécutoires que par les créanciers privilégiés ou hypothécaires. Mais ces derniers ont seuls le droit de suite contre les tiers détenteurs.

Des immeubles qui PEUVENT *ou ne* PEUVENT PAS *être saisis.* — *Peuvent* être saisis :

1° Les *immeubles par nature*, et, avec eux, les immeubles par destination;

2° L'*usufruit* de ces immeubles.

Ainsi, les immeubles susceptibles de saisie et de vente aux enchères publiques sont les mêmes que les immeubles susceptibles d'hypothèque.

Ne *peuvent pas* être saisis :

1° Les droits d'*usage et d'habitation*, qui sont exclusivement attachés à la personne ;

2° Les *servitudes* prises séparément du fond, car la vente en serait ou impossible ou peu profitable;

3° Les *actions immobilières*, car il est plus simple que les créanciers les exercent du chef de leur débiteur, et que, s'ils réussissent dans leurs poursuites, ils fassent saisir et vendre l'immeuble même qui sera ainsi rentré dans son patrimoine ;

4° La *part indivise* d'un immeuble de succession avant le partage ou la licitation, car l'adjudicataire serait exposé au retrait successoral de la part des autres héritiers (art. 841), et d'ailleurs l'indivision serait à elle seule de nature à éloigner les enchérisseurs ;

5° Les immeubles d'un mineur ou d'un interdit, tant que leur *mobilier* n'a pas été *discuté*. Et, à la différence de ce qui a lieu pour la caution ou pour le tiers détenteur, c'est le créancier lui-même qui doit spontanément appliquer ici ce bénéfice au débiteur en dirigeant sa poursuite sur les meubles, avant de la diriger sur les immeubles. S'il procédait autrement, la justice devrait déclarer nulle la saisie immobilière qu'il aurait pratiquée, avant la discussion du mobilier (art. 2206)[1].

L'art. 2207 dispense exceptionnellement le créancier de la discussion dans deux cas, savoir :

Lorsque l'immeuble à saisir est indivis entre un majeur et

---

[1] Pont, n° 15. — Agen, 18 mars 1857.

un mineur ou un interdit, et que la dette est comuune à tous les copropriétaires, car autrement le créancier qui peut toujours saisir la part du majeur dans l'immeuble eût été obligé de diviser sa poursuite pour discuter le mobilier de l'incapable, et cette double procédure de saisie eût augmenté les frais d'une manière sensible ;

Lorsque les poursuites ont été commencées contre une personne capable, qui est remplacée par un mineur ou un interdit, car il était important d'éviter les frais d'une saisie mobilière, puisque déjà le créancier a fait ceux de la saisie immobilière ;

6° Les immeubles *non hypothéqués,* lorsque ceux hypothéqués suffisent au payement de la dette. La loi a voulu empêcher que tout le crédit du débiteur ne fût paralysé, et qu'à une hypothèque grevant certains immeubles ne vînt se joindre une poursuite sur les autres immeubles.

L'insuffisance des biens hypothéqués sera constatée par le juge, d'après les derniers baux authentiques, dont le produit sera multiplié par 25, ou, à leur défaut, d'après le rôle des contributions sur le pied du denier *trente.* (Loi du 14 novembre 1808).

Enfin la poursuite peut être *suspendue,* même à l'égard des immeubles hypothéqués, si le débiteur justifie que le revenu net et libre de ces immeubles pendant une année suffit pour le payement de la dette, et s'il en fait la délégation au créancier (art. 2212).

La poursuite sera reprise sur les derniers errements, s'il survient quelque obstacle au payement. Or, il y aura obstacle, si d'autres créanciers pratiquent des saisies sur les revenus délégués. Effectivement, l'on ne saurait reconnaître au créancier délégataire un droit exclusif sur des *choses futures,* qui peut-être n'existeront jamais, et qui, dans le cas de leur réalisation, ne sauraient entrer dans le patrimoine du débiteur qu'à la charge de toutes les saisies. L'antichrèse seule confère au créancier mis en possession de l'immeuble un droit exclusif sur le revenu qu'il produira, et une simple délégation ne peut évidemment équivaloir à la perception directe des fruits par l'antichrésiste. Cette décision est d'autant préférable, qu'un débiteur, en déléguant ses revenus à un créancier pour quinze ou vingt ans, pourrait frustrer les autres créanciers par la constitution d'un droit occulte de préférence.

Il est toutefois à remarquer que l'art. 2 ^{5o} de la loi du 23 mars 1855, en autorisant les cessions des loyers ou fermages futurs, semble avoir modifié cette doctrine. Mais alors la cession doit être transcrite, si elle porte sur plus de trois années de revenus. On peut assimiler cette transcription à une sorte de prise de possession anticipée de la chose future par le créancier délégataire, et c'est ce qui explique comment la délégation transcrite devient opposable aux tiers.

Conditions requises *pour la saisie des immeubles.* — La saisie ne peut être pratiquée qu'en vertu d'un *titre exécutoire*, c'est-à-dire d'un acte notarié ou d'un jugement; et que pour une créance *certaine*, c'est-à-dire incontestée; *liquide*, c'est-à-dire déterminée dans son *quantùm*, et enfin actuellement *exigible*.

Formalités *de la saisie immobilière.* — Le créancier fait un commandement au débiteur, et la saisie peut être pratiquée trente jours après, au plus tôt; quatre-vingt-dix jours, au plus tard : elle consiste dans un procès-verbal dressé par huissier, et contenant l'indication précise tant des personnes que des choses saisies. Pour éviter le concours de plusieurs saisies, la loi exige que ce procès-verbal soit rendu public par une transcription au bureau des hypothèques, et la poursuite appartient à celui qui, le premier, a fait cette transcription. Les créanciers hypothécaires sont appelés à la vente par des sommations; une mise à prix est fixée par le tribunal; un cahier des charges, contenant toutes les conditions relatives à la vente, est dressé, et l'adjudication est faite au plus offrant et dernier enchérisseur.

Contre qui *les poursuites de saisie sont dirigées.* — La poursuite est dirigée contre le débiteur capable, et, s'il est incapable, contre ceux qui le représentent.

Du tribunal compétent. — Est compétent le tribunal dans le ressort duquel se trouve situé l'immeuble, d'où il suit qu'il faut autant de saisies successives, en cas d'insuffisance de la première, qu'il y a d'arrondissements différents dans lesquels sont situés les immeubles. Il est fait exception à la règle des saisies successives :

1° Lorsque les biens saisis font partie d'une même exploitation ;

2° Lorsque la valeur totale des biens est inférieure au montant des sommes dues, tant au poursuivant qu'aux créanciers inscrits et non poursuivants. (Loi du 14 novembre 1808.)

Dans ces deux cas, le tribunal compétent est celui dans le ressort duquel se trouve le chef-lieu de l'exploitation, ou, à son défaut, la plus grande partie des immeubles.

Des effets *de la saisie.* — La saisie a pour effets principaux :

1° De mettre l'immeuble sous la main de la justice, ce qui enlève au débiteur le droit d'en disposer.

2° D'immobiliser les fruits, dont le prix sera distribué par ordre, comme celui de l'immeuble.

L'adjudication n'a jamais lieu qu'en vertu d'un titre définitif et inattaquable, car on ne peut dépouiller un débiteur qui aurait, par exemple, l'espoir de faire réformer en appel le jugement exécutoire par provision, sur lequel était fondée la poursuite d'exécution.

L'adjudicataire a sur l'immeuble les mêmes droits que le précédent propriétaire auquel il est substitué, comme un acheteur ordinaire l'est à son vendeur.

CHAPITRE II

DE L'ORDRE ET DE LA DISTRIBUTION DU PRIX ENTRE LES CRÉANCIERS.

Art. 2218. L'ordre et la distribution du prix des immeubles et la manière d'y procéder sont réglés par les lois sur la procédure.

Observation. — Une fois que l'immeuble est converti en argent par l'adjudication, il s'agit d'en distribuer le prix aux différents créanciers.

Lorsqu'il y a des créanciers privilégiés ou hypothécaires, cette distribution se fait par *ordre*, c'est-à-dire d'après le rang de chacun.

Après qu'ils sont désintéressés, le surplus du prix est distribué entre les créanciers chirographaires par *contribution*, c'est-à-dire proportionnellement.

Toutes les contestations qui peuvent s'élever sur la collocation des différents créanciers sont portées devant le tribunal qui a présidé à la vente de l'immeuble.

APPENDICE AU TOME III

LOI DU 23 MARS 1855.

Art. 1er. Sont transcrits au bureau des hypothèques de la situation des biens : — 1° tout acte entre-vifs translatif de propriété immobilière ou de droits réels susceptibles d'hypothèque ; — 2° tout acte portant renonciation à ces mêmes droits ; — 3° tout jugement qui déclare l'existence d'une convention verbale de la nature ci-dessus exprimée ; — 4° tout jugement d'adjudication autre que celui rendu sur licitation au profit d'un cohéritier ou d'un copartageant.

2. Sont également transcrits : — 1° tout acte constitutif d'antichrèse, de servitude, d'usage et d'habitation ; — 2° tout acte por-

tant renonciation à ces mêmes droits ; — 3° tout jugement qui en déclare l'existence en vertu d'une convention verbale ; — 4° les baux d'une durée de plus de dix-huit années ; — 5° tout acte ou jugement constatant, même pour bail de moindre durée, quittance ou cession d'une somme équivalente à trois années de loyers ou fermages non échus.

3. Jusqu'à la transcription, les droits résultant des actes et jugements énoncés aux articles précédents ne peuvent être opposés aux tiers qui ont des droits sur l'immeuble et qui les ont conservés en se conformant aux lois. Les baux qui n'ont point été transcrits ne peuvent jamais leur être opposés pour une durée de plus de dix-huit ans.

4. Tout jugement prononçant la résolution, nullité ou rescision d'un acte transcrit doit, dans le mois à dater du jour où il a acquis l'autorité de la chose jugée, être mentionné en marge de la transcription faite sur le registre. — L'avoué qui a obtenu ce jugement est tenu, sous peine de 100 francs d'amende, de faire opérer cette mention, en remettant un bordereau rédigé et signé par lui au conservateur, qui lui en donne récépissé.

5. Le conservateur, lorsqu'il en est requis, délivre, sous sa responsabilité, l'état spécial ou général des transcriptions et mentions prescrites par les articles précédents.

6. A partir de la transcription, les créanciers privilégiés ou ayant hypothèque, aux termes des articles 2123, 2127 et 2128 du Code Napoléon, ne peuvent prendre utilement inscription sur le précédent propriétaire. — Néanmoins, le vendeur ou le copartageant peuvent utilement inscrire les priviléges à eux conférés par les articles 2108 et 2109 du Code Napoléon, dans les quarante-cinq jours de l'acte de vente ou de partage, nonobstant toute transcription d'actes faits dans ce délai. — Les articles 834 et 835 du Code de procédure civile sont abrogés.

7. L'action résolutoire établie par l'article 1654 du Code Napoléon ne peut être exercée, après l'extinction du privilége du vendeur, au préjudice des tiers qui ont acquis des droits sur l'immeuble du chef de l'acquéreur et qui se sont conformés aux lois pour les conserver.

8. Si la veuve, le mineur devenu majeur, l'interdit relevé de l'interdiction, leurs héritiers ou ayants cause n'ont pas pris inscription dans l'année qui suit la dissolution du mariage ou la cessation de la tutelle, leur hypothèque ne date, à l'égard des tiers, que du jour des inscriptions prises ultérieurement.

9. Dans le cas où les femmes peuvent céder leur hypothèque légale ou y renoncer, cette cession ou cette renonciation doit être faite par acte authentique, et les cessionnaires n'en sont saisis, à l'égard des tiers, que par l'inscription de cette hypothèque, prise à leur profit, ou par la mention de la subrogation en marge de l'inscription préexistante. — Les dates des inscriptions ou mentions déterminent l'ordre dans lequel ceux qui ont obtenu des concessions ou renonciations exercent les droits hypothécaires de la femme.

10. La présente loi est exécutoire à partir du 1er janvier 1855.

11. Les articles 1, 2, 3, 4 et 9 ci-dessus ne sont pas applicables aux actes ayant acquis date certaine et aux jugements rendus avant le 1er janvier 1856. — Leur effet est réglé par la législation sous l'empire de laquelle ils sont intervenus. — Les jugements prononçant la résolution, nullité ou rescision d'un acte non transcrit, mais ayant date certaine avant la même époque, doivent être transcrits conformément à l'article 4 de la présente loi. — Le vendeur dont le privilége serait éteint au moment où la présente loi deviendra exécutoire pourra conserver vis-à-vis des tiers l'action résolutoire qui lui appartient, aux termes de l'article 1654 du Code Napoléon, en faisant inscrire son action au bureau des hypothèques, dans le délai de six mois à partir de la même époque. — L'inscription exigée par l'article 8 doit être prise dans l'année à compter du jour où la loi est exécutoire; à défaut d'inscription dans ce délai, l'hypothèque légale ne prend rang que du jour où elle est ultérieurement inscrite. — Il n'est point dérogé aux dispositions du Code Napoléon relatives à la transcription des actes portant donations ou contenant des dispositions à charge de rendre; elles continueront à recevoir leur exécution.

12. Jusqu'à ce qu'une loi spéciale détermine les droits à percevoir, la transcription des actes ou jugements qui n'étaient pas soumis à cette formalité avant la présente loi est faite moyennant le droit fixe d'un franc.

Observation. — La loi du 23 mars 1855 contient trois sortes de dispositions, savoir :

1° Celles relatives à la transmission par actes entre-vifs de la propriété et des divers démembrements de la propriété; ainsi qu'à la constitution de certains droits purement personnels ou à la réalisation de certains payements et transferts qui sont de nature à léser les tiers, comme les baux de longue durée et les quittances ou cessions anticipées de loyers ou fermages (art. 1-6) ;

2° Celles relatives à la conservation des priviléges et hypothèques, et en particulier des subrogations à l'hypothèque légale de la femme, et de l'action résolutoire appartenant au vendeur (art. 6-9) ;

3° Enfin les dispositions d'exécution, et celles qui sont purement transitoires (art. 10-12).

Le but général de ces prescriptions a été d'élargir et de consolider les bases du crédit public. En d'autres termes, le législateur a voulu créer, en quelque sorte, pour la propriété foncière, comme il avait déjà créé pour la famille, des registres de l'état civil où chacun pût trouver, avec exactitude et précision, les noms des personnes qui ont des droits à exercer sur les différents immeubles, et les limites dans lesquelles ces droits sont circonscrits. Mais on peut alors se demander pourquoi les actes entre-vifs doivent seuls être rendus publics, et pourquoi les testaments, par exemple, ne sont pas comme les actes de vente, d'échange, etc., soumis à la transcription. Voici les raisons qu'on a données de cette grave exception. Les testaments ont été dispensés de publicité, dans le double intérêt des testateurs et des légataires : dans l'intérêt des testateurs, parce que autrement l'efficacité de leurs dispositions eût été subordonnée à une formalité indépendante de leur volonté ; et dans l'intérêt des légataires, parce qu'un héritier insolvable eût impunément pu les frustrer, en aliénant les biens légués avant de leur faire connaître leur qualité, et par suite leur droit sur ces biens. Tels sont les motifs qui ont empêché le législateur d'étendre aux dispositions testamentaires l'innovation qu'il introduisait pour les actes entre-vifs.

Les acquisitions par testament ne sont pas les seules qui échappent à la publicité exigée par la loi nouvelle. Il faut y ajouter les acquisitions par succession *ab intestat*, et par prescription. Ce sont encore là, comme on le voit, de graves exceptions à la règle. Il est vrai que la prescription n'est pas un moyen fréquent d'acquisition, et que la publicité de la possession qui la précède et qui la suit fait disparaître les inconvénients de la clandestinité avec laquelle s'opère la mutation de la propriété ; mais il en est autrement des successions *ab intestat* et des testaments, et peut-être eût-il été désirable que le législateur complétât son système de publicité, en exigeant la transcription de toutes les acquisitions immobilières, sans distinction ni restriction.

En étudiant les différents actes dont l'efficacité à l'égard des tiers est subordonnée à la transcription, nous avons fait connaître en détail les innovations apportées par la loi du 23 mars 1855 au régime du Code. Il nous suffira, pour en compléter l'exposé, d'ajouter quelques explications sommaires à celles que nous avons déjà données au cours de l'ouvrage.

Il est d'abord à remarquer qu'aux termes des art. 1^{2o} et 2^{2o}, les actes portant renonciation à la propriété ou à ses divers démembrements doivent être rendus publics, comme les actes destinés à les transmettre. La raison de cette disposition est facile à saisir. Effectivement renoncer à un droit, c'est en réalité le transférer à celui qui le recueille par suite de cette renonciation. Ainsi l'usufruitier qui renonce à son usufruit, l'usagiste à son usage, le propriétaire d'un fonds dominant à sa servitude, etc., transmettent au propriétaire des fonds grevés de ces différentes charges, exactement ce que le propriétaire leur avait transmis lorsque lesdites charges avaient été constituées, et il y avait, pour rendre publique cette transmission par voie de renonciation, les mêmes motifs que pour rendre publique leur transmission par voie de constitution directe. Il est, toutefois, certaines renonciations dispensées de transcription. Ce sont celles qui ont pour objet une universalité, par exemple, une part héréditaire, une part de communauté. Dans ces cas, en effet, il n'y a pas véritable transmission de droits, puisque les héritiers ou le mari, qui profitent de la renonciation, *conservent* les biens *jure non decrescendi*, plutôt qu'ils ne les acquièrent.

D'autre part, sont dispensés de la publicité tous contrats et jugements de partage ou de licitation au profit d'un cohéritier ou d'un copartageant (art. 1 ⁴°). La raison en est que ces contrats ou jugements ne transmettent aucun droit et ne font que *déclarer* des droits fictivement préexistants, et, en effet, l'article 883 porte que chaque copartageant « est censé « avoir succédé seul et immédiatement à tous les effets com- « pris dans son lot, ou à lui échus en licitation, et n'avoir « jamais eu la propriété des autres effets de la succession, « de la société ou de la communauté. »

Quant aux personnes qui peuvent opposer le défaut de transcription, l'article 3 déclare que ce sont « les tiers qui ont des droits sur l'immeuble, et qui les ont conservés en se conformant aux lois. » Nous avons vu que les tiers dont il s'agit sont tous les successeurs à titre particulier du disposant, tels qu'acheteurs, coéchangistes, donataires, créanciers antichrésistes.

Ajoutons que ni l'incapacité de la partie intéressée à la transcription, ni même la connaissance que les tiers auraient eu de l'acte qui devait être transcrit, n'empêcheraient ces derniers d'opposer le défaut de transcription. Le législateur n'a fait aucune exception pour ces hypothèses.

Il nous reste à dire quelles sont les personnes qui ne peuvent pas opposer le défaut de transcription. Ce sont :

1° Les parties contractantes, car entre elles tous les droits sujets à transcription sont, comme par le passé, transmis ou modifiés, constitués ou anéantis, par le seul effet du consentement.

2° Leurs héritiers ou successeurs universels, parce qu'ils sont, comme elles, tenus de toutes leurs obligations ;

3° Les créanciers chirographaires des parties, parce que ces créanciers sont toujours représentés par leur débiteur, sauf le cas de fraude.

Dans les deux dernières hypothèses, la solution que nous donnons diffère de celle que nous avons admise en matière de donations. Et en effet, les donations sont restées, soumises au régime du Code, tandis que les actes à titre onéreux sont régis par la loi du 23 mars 1855 dont les termes sont tout différents.

En ce qui concerne l'action résolutoire du vendeur non payé, nous avons dit plus haut que sa conservation est subordonnée à celle du privilége. Déjà, dans le cas de vente forcée, le nouvel article 717 du Code de procédure avait décidé que cette action ne pourrait pas être intentée contre l'adjudicataire, si elle n'avait été préalablement notifiée au greffe du tribunal où se poursuivait la vente. La loi du 23 mars 1855 est venue achever ce que la loi du 2 juin 1841 avait commencé, en soumettant la conservation de l'action résolutoire aux mêmes conditions de publicité que la conservation du privilége. Le vendeur ne pourra donc plus l'exercer ainsi que nous l'avons expliqué, que s'il est encore investi de son privilége, et sans qu'il y ait à distinguer entre les ventes amiables et les ventes publiques faites soit sur saisie, soit sur publications volontaires. Mais comme la loi du 23 mars 1855 a uniquement voulu protéger les tiers acquéreurs de la propriété ou de ses divers démembrements contre les effets de l'action résolutoire, il s'ensuit que celle-ci pourrait toujours être exercée contre l'acheteur, même à l'encontre de ses créanciers hypothécaires, parce que, au point de vue du droit de préférence, le privilége aussi est dispensé de toute formalité conservatoire [1].

Nous avons vu que, d'après l'opinion la plus générale, le vendeur qui a aliéné son immeuble au profit d'un commerçant perd son privilége s'il ne l'a pas fait inscrire avant l'ouverture de la faillite de son acheteur. Perd-il aussi dans ce cas le droit de résolution? La question est des plus contro-

[1] Besançon, 14 décembre 1861. — Cass., 14 février 1865.

versées. Nous inclinons à la négative, par la raison que l'action résolutoire n'est alors dirigée que contre les créanciers de l'acheteur, et que l'art. 7 de la loi nouvelle semble avoir eu pour but unique de protéger contre elle les tiers acqué-reurs [1].

La loi du 23 mars 1855 étant muette sur l'action résolu-toire du donateur et du copermutant, il faut en conclure que cette double action serait encore soumise à la prescription trentenaire.

Quant aux dispositions transitoires et d'exécution dont parlent les trois derniers articles de la loi, il nous suffit de renvoyer à leur texte.

[1] *Sic,* Pont, n° 902. — Cass., 1er mai 1860.— Dijon, 13 juin 1864. *Contrà,* Mourlon, *Exam. crit.,* t. II, n° 379.— Troplong, *Transc.,* n°ˢ 295 et 296.

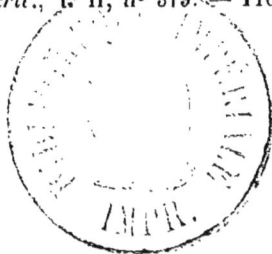

FIN DU TOME TROISIÈME.

TABLE DES MATIÈRES

DU TROISIÈME VOLUME.

TITRE V

Du contrat de mariage et des droits respectifs des époux.

Chap. I. Dispositions générales.............................. 6
— II. Du régime en communauté......................... 15
1re *partie.* De la communauté légale..................... 15
Sect. 1. *De ce qui compose la communauté activement et passivement*... 18
§ 1. De l'actif de la communauté..................... 18
§ 2. Du passif de la communauté, et des actions qui en résultent contre la communauté.............. 34
Sect. 2. *De l'administration de la communauté, et de l'effet des actes de l'un ou de l'autre époux relativement à la société conjugale*................................... 48
— 3. *De la dissolution de la communauté et de quelques-unes de ses suites*................................. 73
— 4. *De l'acceptation de la communauté, et de la renonciation qui peut y être faite, avec les conditions qui y sont relatives*................................. 86
— 5. *Du partage de la communauté après l'acceptation*.... 91
§ 1. Du partage de l'actif....................... 92
§ 2. Du passif de la communauté, et de la contribution aux dettes................................... 98
Sect. 6. *De la renonciation à la communauté et de ses effets.* 103
Disposition relative à la communauté légale, lorsque l'un des époux ou tous deux ont des enfants de précédents mariages................................. 104
2e *partie.* De la communauté conventionnelle et des conventions qui peuvent modifier ou exclure même la communauté légale......................... 106
Sect. 1. *De la communauté réduite aux acquêts*............ 107

—　2. *De la clause qui exclut de la communauté le mobilier en tout ou partie*.. 108

—　3. *De la clause d'ameublissement* 113

—　4. *De la clause de séparation des dettes*.............. 115

—　5. *De la faculté accordée à la femme de prendre son apport franc et quitte*............................... 121

—　6. *Du préciput conventionnel*........................ 123

—　7. *Des clauses par lesquelles on assigne à chacun des époux des parts inégales dans la communauté*....... 127

—　8. *De la communauté à titre universel*.............. 130

　　　Dispositions communes aux huit sections ci-dessus... 130

—　9. *Des conventions exclusives de la communauté*....... 131

§　1. De la clause portant que les époux se marient sans communauté................................... 131

§　2. De la clause de séparation de biens.............. 133

CHAP. III. DU RÉGIME DOTAL.............................. 134

Sect. 1. *De la constitution de dot*.................... 137

—　2. *Des droits du mari sur les biens dotaux, et de l'inaliénabilité du fonds dotal*.......................... 141

—　3. *De la restitution de la dot*...................... 164

—　4. *Des biens paraphernaux* 171

　　　Dispositions particulières 172

TITRE VI

De la vente.

CHAP. I. DE LA NATURE ET DE LA FORME DE LA VENTE.......... 173

—　II. QUI PEUT ACHETER OU VENDRE...................... 190

—　III. DES CHOSES QUI PEUVENT ÊTRE VENDUES.............. 197

—　IV. DES OBLIGATIONS DU VENDEUR....................... 205

Sect. 1. *Dispositions générales*........................ 206

　　　De la délivrance................................ 206

—　2. *De la garantie*................................. 215

§　1. De la garantie en cas d'éviction................. 215

§　2. De la garantie des défauts de la chose vendue.... 228

CHAP. V. DES OBLIGATIONS DE L'ACHETEUR................... 233

—　VI. DE LA NULLITÉ ET DE LA RÉSOLUTION DE LA VENTE..... 238

Sect. 1. *De la faculté de rachat*...................... 239

—　2. *De la rescision de la vente pour cause de lésion*...... 246

CHAP. VII. DE LA LICITATION.............................. 249

—　VIII. DU TRANSPORT DES CRÉANCES ET AUTRES DROITS INCORPORELS.. 250

TITRE VII

De l'échange.

TITRE VIII

Du contrat de louage.

Chap. I. Dispositions générales........................... 271
— II. Du louage des choses........................... 278
Sect. 1. Des règles communes aux baux des maisons et des
biens ruraux............................... 279
— 2. Des règles particulières aux baux à loyer........... 294
— 3. Des règles particulières aux baux à ferme........... 297
Chap. III. Du louage d'ouvrage et d'industrie............... 302
Sect. 1. Du louage des domestiques et ouvriers............. 302
— 2. Des voituriers par terre et par eau 304
— 3. Des devis et des marchés...................... 306
Chap. IV. Du bail a cheptel............................. 313
Sect. 1. Dispositions générales......................... 313
— 2. Du cheptel simple............................. 314
— 3. Du cheptel à moitié........................... 316
— 4. Du cheptel donné par le propriétaire à son fermier ou
colon partiaire............................. 317
§ 1. Du cheptel donné au fermier.................... 317
§ 2. Du cheptel donné au colon partiaire............... 317
Sect. 5. Du contrat improprement appelé cheptel............ 319

TITRE IX

Du contrat de société.

Chap. I. Dispositions générales........................... 319
— II. Des diverses espèces de sociétés.................. 324
Sect. 1. Des sociétés universelles....................... 324
— 2. De la société particulière...................... 325
Chap. III. Des engagements des associés entre eux et a l'égard
des tiers................................. 328
Sect. 1. Des engagements des associés entre eux............. 328
— 2. Des engagements des associés à l'égard des tiers....... 334
Chap. IV. Des différentes manières dont finit la société.... 336
Disposition relative aux sociétés de commerce...... 337

TITRE X.

Du prêt.

Chap. I. Du prêt a usage, ou commodat...................... 341
    Sect. 1. *De la nature du prêt à usage*...................... 341
    — 2. *Des engagements de l'emprunteur*.................. 343
    — 3. *Des engagements de celui qui prête à usage*......... 346
Chap. II. Du prêt de consommation ou simple prêt........... 348
    Sect. 1. *De la nature du prêt de consommation*............ 348
    — 2. *Des obligations du prêteur*........................ 351
    — 3. *Des engagements de l'emprunteur*.................. 352
Chap. III. Du prêt a intérêt............................... 353

TITRE XI.

Du dépôt et du séquestre.

Chap. I. Du dépôt en général, et de ses diverses espèces.... 365
— II. Du dépôt proprement dit.......................... 366
    Sect. 1. *De la nature et de l'essence du contrat de dépôt*...... 366
    — 2. *Du dépôt volontaire*............................. 367
    — 3. *Des obligations du dépositaire*.................... 368
    — 4. *Des obligations de la personne par laquelle le dépôt a*
        été fait.. 373
    — 5. *Du dépôt nécessaire*............................. 374
Chap. III. Du séquestre................................. 375
    Sect. 1. *Des diverses espèces de séquestre*....... 375
    — 2. *Du séquestre conventionnel*..................... 375
    — 3. *Du séquestre ou dépôt judiciaire*.................. 376

TITRE XII.

Des contrats aléatoires

Chap. I. Du jeu et du pari............................... 379
— II. Du contrat de rente viagère.................... 382
    Sect. 1. *Des conditions requises pour la validité du contrat*... 382
    — 2. *Des effets du contrat entre les parties contractantes*... 386

TITRE XIII.

Du mandat.

Chap. I. De la nature et de la forme du mandat........... 388

— II. Des obligations du mandataire................... 396

— III. Des obligations du mandant...................... 399

— IV. Des différentes manières dont le mandat finit 402

TITRE XIV.

Du cautionnement.

Chap. I. De la nature et de l'étendue du cautionnement..... 405

— II. De l'effet du cautionnement.................... 412

Sect. 1. De l'effet du cautionnement entre le créancier et la
caution... 412

— 2. De l'effet du cautionnement entre le débiteur et la
caution.. 416

— 3. De l'effet du cautionnement entre les cofidéjusseurs... 419

Chap. III. De l'extinction du cautionnement................ 420

— IV. De la caution légale et de la caution judiciaire... 422

TITRE XV.

Des transactions.

TITRE XVI.

De la contrainte par corps en matière civile.

TITRE XVII.

Du nantissement.

Chap. I. Du gage................. 444

— II. De l'antichrèse.............................. 448

TITRE XVIII.

Des priviléges et hypothèques.

Chap. I. Dispositions générales 454

— II. Des priviléges................................. 459

Sect. 1. Des priviléges sur les meubles................... 459

§ 1. Des priviléges généraux sur les meubles.......... 462

§ 2. Des priviléges sur certains meubles............... 469

Sect. 2. Des priviléges sur les immeubles................. 493

— 3. Des priviléges qui s'étendent sur les meubles et les immeubles.. 502

— 4. *Comment se conservent les priviléges*.............. 503

CHAP. III. DES HYPOTHÈQUES............................ 527

Sect. 1. *Des hypothèques légales*...................... 533

— 2. *Des hypothèques judiciaires*..................... 539

— 3. *Des hypothèques conventionnelles*............... 545

— 4. *Du rang que les hypothèques ont entre elles*......... 556

CHAP. IV. DU MODE DE L'INSCRIPTION DES PRIVILÉGES ET HYPOTHÈ-
QUES.. 572

— V. DE LA RADIATION ET RÉDUCTION DES INSCRIPTIONS..... 582

— VI. DE L'EFFET DES PRIVILÉGES ET HYPOTHÈQUES CONTRE LES
TIERS DÉTENTEURS.............................. 588

— VII. DE L'EXTINCTION DES PRIVILÉGES ET HYPOTHÈQUES.... 602

— VIII. DU MODE DE PURGER LES PROPRIÉTÉS DES PRIVILÉGES ET
HYPOTHÈQUES.................................. 608

— IX. DU MODE DE PURGER LES HYPOTHÈQUES, QUAND IL N'EXISTE
PAS D'INSCRIPTION SUR LES BIENS DES MARIS ET DES
TUTEURS...................................... 619

— X. DE LA PUBLICITÉ DES RESGISTRES, ET DE LA RESPONSABI-
LITÉ DES CONSERVATEURS 625

TITRE XIX.

De l'expropriation forcée et des ordres entre les créanciers.

CHAP. I. DE L'EXPROPRIATION FORCÉE..................... 627

— II. DE L'ORDRE ET DE LA DISTRIBUTION DU PRIX ENTRE LES
CRÉANCIERS................................... 634

TITRE XX.

De la prescription — (V. t. II, p. 638.)

APPENDICE... 634

ERRATA DU TOME TROISIÈME

Page 12, ligne 19 : de la communauté légale ; *ajoutez*, ou de tout autre régime non dotal.

Page 507, ligne 3 : conservations ; *lisez*, conservation.

Page 538, ligne 31 : minicipal ; *lisez*, municipal.

CORBEIL, typ. et stér. de CRÉTÉ.

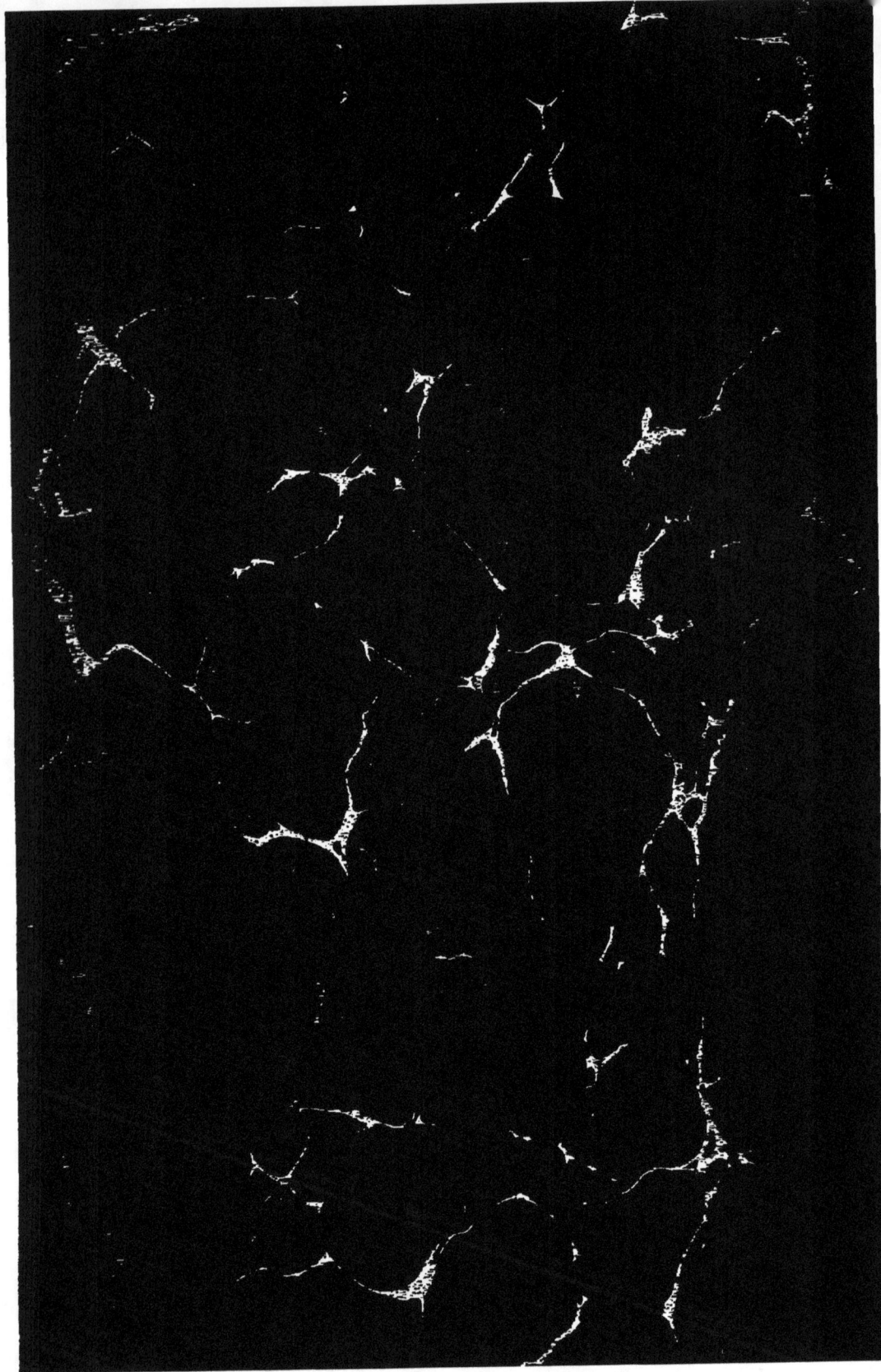

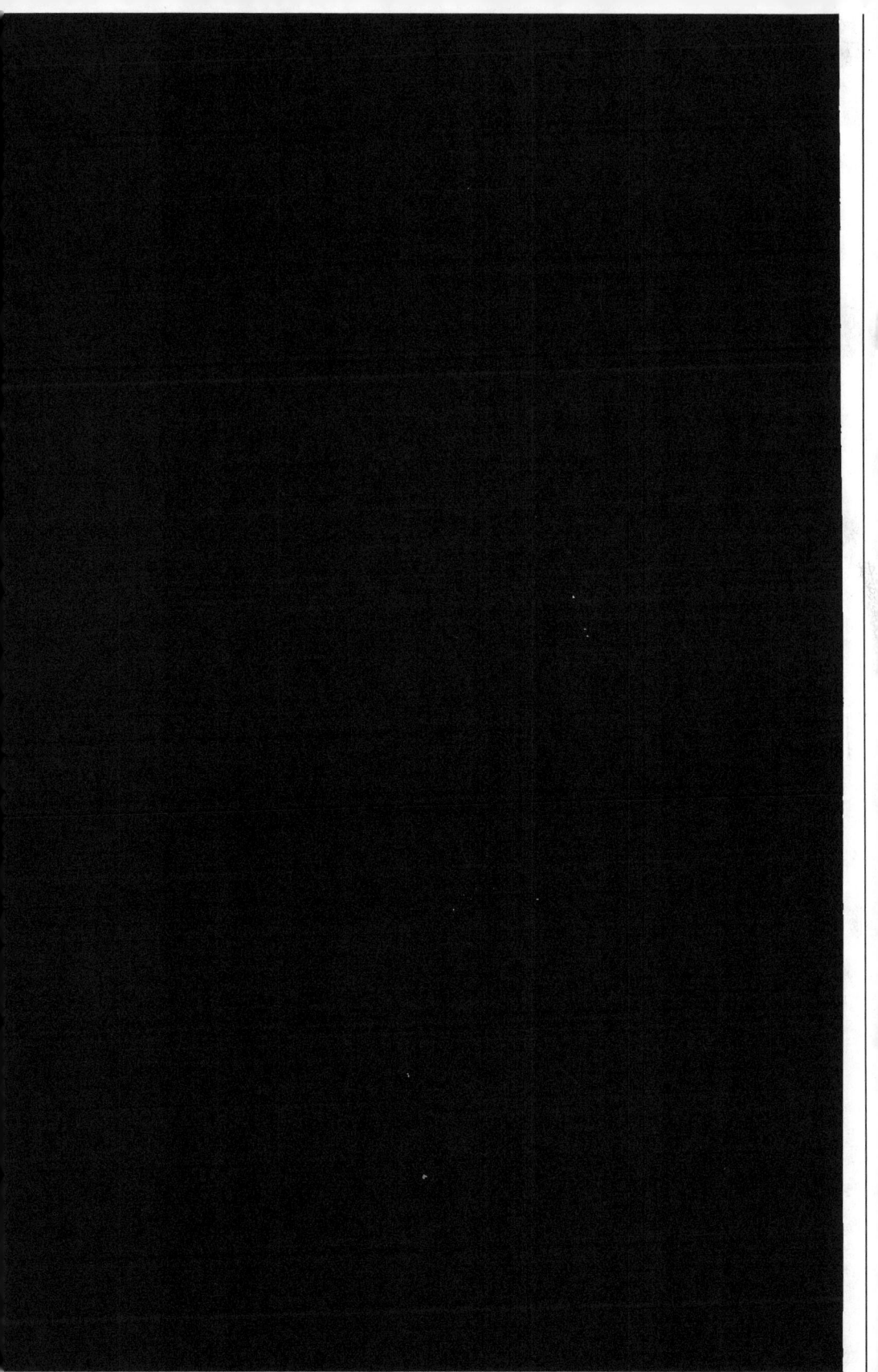